学习科学学研究

邵瑞珍著

学习科学学研究

高 文 等 ◎ 著

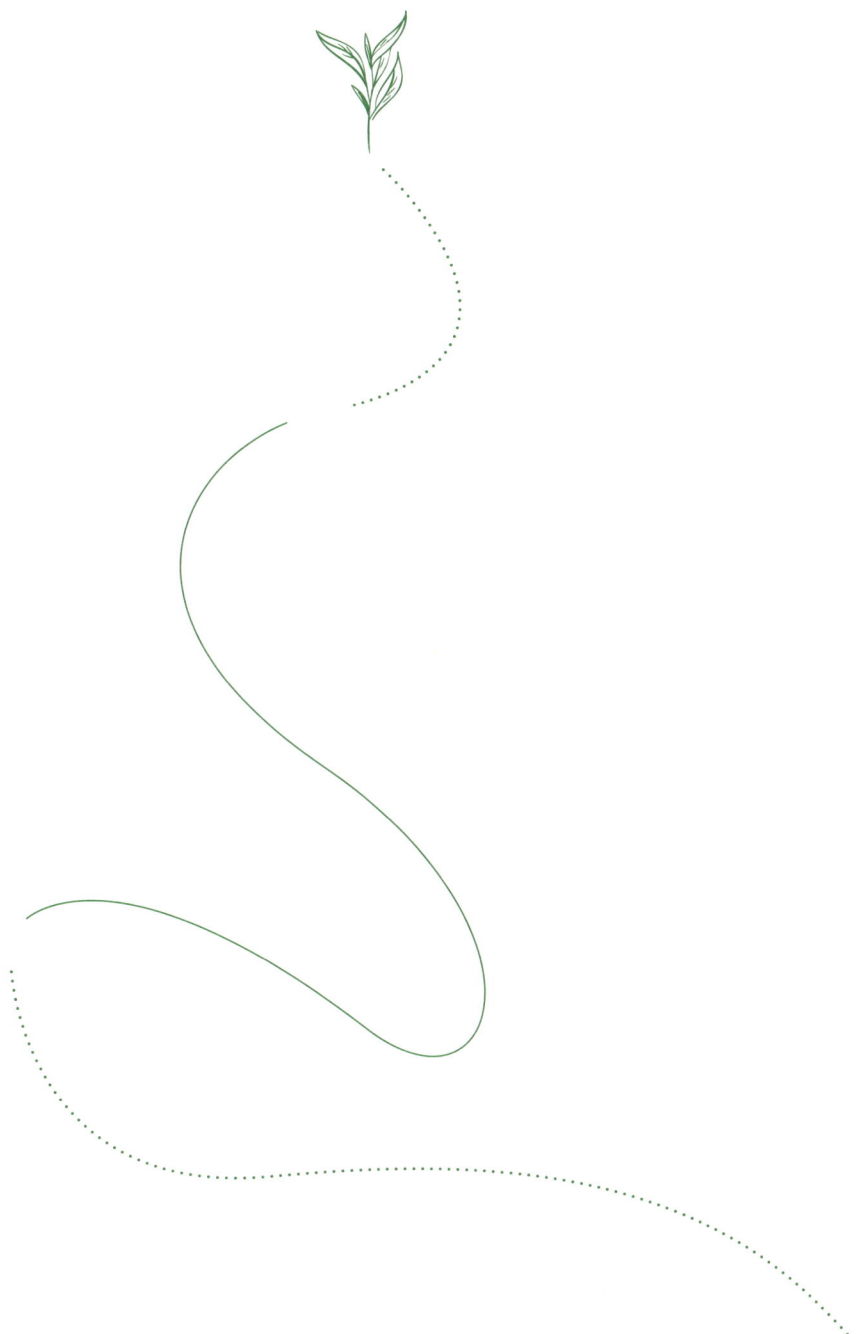

华东师范大学出版社
·上海·

图书在版编目(CIP)数据

学习科学研究/高文等著. —上海:华东师范大
学出版社,2024. —ISBN 978 - 7 - 5760 - 5373 - 9

Ⅰ. G40 - 53

中国国家版本馆 CIP 数据核字第 2024DV6455 号

学习科学研究

著　　者　高　文等
责任编辑　吴　伟
责任校对　教心分社
装帧设计　卢晓红

出版发行　华东师范大学出版社
社　　址　上海市中山北路 3663 号　邮编 200062
网　　址　www.ecnupress.com.cn
电　　话　021 - 60821666　行政传真 021 - 62572105
客服电话　021 - 62865537　门市(邮购)电话 021 - 62869887
地　　址　上海市中山北路 3663 号华东师范大学校内先锋路口
网　　店　http://hdsdcbs.tmall.com

印　刷　者　上海盛隆印务有限公司
开　　本　787 毫米×1092 毫米　1/16
印　　张　35.75
插　　页　1
字　　数　696 千字
版　　次　2024 年 10 月第 1 版
印　　次　2024 年 10 月第 1 次
书　　号　ISBN 978 - 7 - 5760 - 5373 - 9
定　　价　158.00 元

出版人　王　焰

高文，华东师范大学终身教授，课程与教学论、学习科学与技术设计专业博士生导师，华东师大学习科学研究中心创始人、首任主任，"211工程"课程与教学开发实验室负责人，曾任首批教育部人文社会科学重点研究基地——华东师范大学课程与教学研究所首任副所长、《全球教育展望》杂志副主编、全国维果茨基研究会副理事长。长期从事学习科学与技术设计、教学模式、教学设计、建构主义教育、维果茨基心理与教育思想、苏联教育等领域的研究。

吴刚，华东师范大学国际与比较教育研究所教授、博士生导师。1998年加入高文教授团队，1999年与高文、徐斌艳教授一起为创办首批教育部人文社会科学重点研究基地——华东师范大学课程与教学研究所作出重要贡献，并于2006年共同创建华东师大学习科学研究中心。主要从事教育社会学、学习科学理论、课程与教学论、比较教育等领域的研究。华东师范大学教育高等研究院副院长。

徐斌艳，华东师范大学数学科学学院教授、博士生导师。1994年11月获得德国理学博士学位后回国，随后加入高文教授团队，1999年与高文、吴刚教授一起为创办首批教育部人文社会科学重点研究基地——华东师范大学课程与教学研究所作出重要贡献，并于2006年共同创建华东师大学习科学研究中心。主要从事数学课程与教学国际比较研究、学习科学与教学设计研究。上海交通大学教育学院长聘教授、山东大学教育高等研究院院长。

彭正梅，华东师范大学国际与比较教育研究所教授、博士生导师。1993—1996年师从高文教授攻读硕士学位。主要研究领域为德国教育学、中西教育哲学、IB课程哲学、知识论与教学论。华东师范大学国际与比较教育研究所所长。

毛新勇，知名上市公司投资副总裁。1997—2000年师从高文教授攻读硕士学位，主要研究方向为建构主义学习理论。现主要关注和研究互联网、智能制造、机器人、人工智能等投资方向。嘉定区政协经济委员会副主任，民建上海市委社会服务委员会执行主任。

王文静，北京师范大学教授、博士生导师。1999—2002年师从高文教授攻读博士。主要从事学习科学和中华优秀传统文化教育等领域的研究。北京师范大学中华文化教育研究院院长。

王海澜,上海师范大学学前教育学院副教授、硕士生导师。1999—2002年师从高文教授攻读博士学位。主要从事学前教育原理、儿童语言发展与教育、儿童数字素养、儿童哲学等领域的研究。

任友群,华东师范大学教授、博士生导师。1999—2002年师从高文教授攻读博士学位。主要研究领域涉及学习科学与技术设计、教育技术与教育信息化、教师教育等。山东大学党委书记。

乔连全,厦门大学教育研究院副教授、硕士生导师。2000—2003年师从高文教授攻读博士学位。主要从事高校课程与教学理论、高等教育学原理等领域的研究。厦门大学教育研究院党委委员。

沈晓敏,华东师范大学课程与教学研究所教授、博士生导师。2000—2005年师从高文教授攻读博士学位。主要从事社会与人文课程、道德教育等领域的国际比较研究、教学设计与课例研究。

侯新杰,河南师范大学物理学院教授、硕士生导师。2000—2005年师从高文教授攻读博士学位。主要从事物理课程与教学论、学习理论与教学设计、物理学史与科学本质教育等领域的研究。

裴新宁,华东师范大学教育学部国际与比较教育研究所教授、博士生导师。2000—2003年师从高文教授攻读博士学位。长期致力于学习科学的理论与方法研究、科学教育与传播研究。华东师范大学学习科学研究中心共同主任。

王旭卿,上海师范大学信息与机电工程学院计算机系副教授、硕士生导师。2001—2005年师从高文教授攻读博士学位。主要从事中小学信息科技教育研究、职前教师教育研究。

孙亚玲,云南师范大学教育学部教授、博士生导师。2001—2004年师从高文教授攻读博士学位。主要从事课程论与教学论、教师教育等领域的教学和研究工作。原云南省政府参事、民进云南省委常委。

郑太年,华东师范大学国际与比较教育研究所教授、博士生导师。2001—2004年师从高文教授攻读博士学位。主要从事学习科学、课程与教学、国际与比较教育等领域的研究。华东师范大学学习科学研究中心共同主任。

程可拉,岭南师范学院教育科学学院教授,华南师范大学硕士生导师,广东省特色重点学科"课程与教学论"带头人。2001—2004年师从高文教授攻读博士学位。主要从事外语课程与教学研究、比较教育研究。

吕林海,南京大学教育研究院·陶行知教师教育学院教授、博士生导师。2002—2005年师从高文教授攻读博士学位,主要从事学习理论与教学设计、数学教育、高等教育等领域的研究。

赵健,华东师范大学国际与比较教育研究所教授、博士生导师。2002—2005年师从高文教授攻读博士学位。研究领域主要为学习科学、数智教育、国际课程以及教师教育等。华东师范大学教师发展学院(开放教育学院)党总支书记。

黄都,广西民族大学化学化工学院教授,兼任教育学科学院教育学方向硕士生导师。2003—2006年师从高文教授攻读博士学位。主要从事化学教育、学习科学、教学设计、学业水平测试等领域的研究。

丁炜,上海师范大学教育学院教授、博士生导师。2004—2009年师从高文教授攻读博士学位。主要研究领域为小学生语文学习研究、语文课程与教学研究、教师专业发展研究等。上海师范大学小学教育研究所所长。中国语文报刊协会课程与教学专业委员会副理事长兼秘书长。

王美,华东师范大学教育学部国际与比较教育研究所副教授、硕士生导师。2004—2010年师从高文教授攻读硕士、博士学位。主要从事学习科学与技术设计、科学与技术教育、情境教育、教师学习等领域的研究。

李妍,华东师范大学国际教师教育中心助理研究员。2004—2007年师从高文教授攻读博士学位。主要从事基于学习创新的学习与教学、学习环境设计等领域的研究。

杨南昌,江西师范大学教育研究院教授、博士生导师。2005—2008年师从高文教授攻读博士学位,主要从事学习科学与教学设计、数字化课程与教学、教师教育等领域的研究。江西师范大学教育研究院院长。

陈家刚,华东师范大学外语学院副教授、硕士生导师。2005—2009年师从高文教授攻读博士学位,研究领域为英语课程与教学论、大学英语教学等。华东师范大学外语学院大学外语教学部副主任。

冯锐,扬州大学新闻与传媒学院教授。2007—2011年师从高文教授攻读博士学位,主要从事信息化教学、数字教学资源开发、人工智能教育等领域的研究。江苏省重点智库长江文化研究院大数据研究中心主任。

鲍贤清,上海师范大学教育学院教育技术学系副教授、硕士生导师。2007—2012年在高文教授和林小东教授合作指导下攻读博士学位。主要研究方向为博物馆学习设计、STEM及创客教学、信息技术在教学中的创新应用等。

目录

第五部分   411
学习科学与教学变革

第一部分

维果茨基学派研究

学习科学的兴起与发展,可谓国际学术领域多学科交叉研究的成功典范。在近 40 年的时间里,随着技术革新和科学研究范式更迭,学习科学学术集群不断自我更新,发现并精制人类学习的基本规律。如今,学习科学已经进化为一个以解释学习与求知(knowing)为目标的基础科学学科,并致力于为创建有效学习环境、改革学校课程与教学、确立终身学习路径提供科学基础和设计方法。

社会文化流派(取向)无疑是学习科学最重要、最稳定的基本成分之一,也是当今备受关注的学习科学基础子领域,这主要是因为社会文化取向的理论与方法广泛影响着学习科学所有组成学科的学术努力,比如,学习科学家们运用社会文化理论解释移动学习、多场景中的非正式学习,人工智能学者尤为相信社会文化取向,并以此作为优化分布式认知网络技术的依据。然而,一个公认的事实是,整个社会文化流派的研究中几乎无一例外地汲取了维果茨基(Lev Vygotsky)关于心理发展的理论思想。即人的智慧发展主要由社会交往和文化工具所驱动;思维与意识形成于社会交往逐步内化的过程之中。

维果茨基的心理发展理论有着坚实的、系统的实验基础。他提出了单元分析法,建立了"交往—思维/意识"整体分析方法论,强调聚焦心理形成与发展的"变化"过程本身,开展动态、整体和相互联系的研究,推动了心理学学科的科学化以及新的学习科学的建立,并启发诞生了众多新技术环境中基于交往的教学模式。无疑,维果茨基的思想对美国等西方教育学术研究的影响是巨大的,这主要得益于 20 世纪 70 年代其著作英译本的发行。如今,维果茨基的理论已得到广泛传播,对众多国家现行的教育变革产生了深远影响。

高文教授自 20 世纪 80 年代初起,对维果茨基的心理发展与教学理论进行全面研究,是我国维果茨基思想研究的主要代表之一,为中国教育学术的改革开放与振兴贡献了大量的学术智慧。1998 年 10 月,全国维果茨基研究会成立,标志着我国对维果茨基思想的研究进入一个崭新阶段。站在新的历史高度上,高文教授又发表了关于维果茨基思想研究的系列成果,深刻、系统地阐述了维果茨基心理发展理论的方法论、维果茨基对社会建构主义贡献的核心思想,以及维果茨基心理发展理论对教育教学实践的影响(参见本部分收录的前三篇系列研究)。这些成果的独特贡献在于,与通常对外国学术成果的简单介绍或观点罗列不同,高文教授采用社会文化发生法对维果茨基心理发展理论进行深刻剖析,建立了维果茨基学派研究的内在一致性和科学性,也由此为我国教育研究者和实践者深刻认识新学术思想构建了清晰的理路。这种对维果茨基思想进行研究的方法在我国是非常新颖的,其本身是对学术流派研究方法论的重大创新和发展。不限于此,高文教授与裴新宁教授将知识的社会建构性放在心理学和社会学的长维视域中加以比照(参见本部分的第四篇研究),不仅扩展了对知识与学习本质的研究范畴和理论理解,也进一步发现了维果茨基理论对于重建技术时代教育教学之社会功能的新意义。重温四篇经典文章,仿佛找到了一面镜子,可反观教育研究与实践的得与失,也可照明新进路的方向。

1

维果茨基心理发展理论的方法论取向*

高 文

1998 年 10 月 17 日至 19 日,全国维果茨基研究会成立大会暨第一届学术研讨会在浙江舟山普陀区党校召开。这标志着我国学者对维果茨基理论成果的重视达到了一个新的高度,对其思想遗产的研究进入了一个崭新的阶段。我衷心地希望全国维果茨基研究会的正式成立能作为一个良好的开端,对我国这一领域的研究产生深远的影响。同时,我也期待着研究会能与国外同行加强学术上的交流与联系,从而进一步拓宽视野,扩大研究的文化多元性。

我认为,可以毫不过分地说,维果茨基是 20 世纪心理学界的一个奇才。他从未正式接受过心理学专业的正规教育,心理学与哲学、美学一样,都只是他的个人爱好。从他考入莫斯科大学法律系,对心理学产生兴趣开始,到 1934 年去世,他实际从事心理学研究仅短短 17 年。然而,他在该领域取得的成就却令人难以置信。他是文化历史学派的奠基人,该学派不仅对苏联心理学与教育学的发展产生了深远的影响,而且也受到西方学者的推崇,使其影响波及全世界。我希望通过对维果茨基思想的系列介绍,帮助读者了解其内涵。

维果茨基是苏联早期一位才华横溢、极富开拓意识的杰出心理学家,苏联心理科学的奠基人之一。他充满探究与创新精神的研究涉足心理科学的众多领域。他在试图摆脱行为主义的束缚以及克服对心理现象的主观唯心主义的理解中,为建立科学心理学体系作出了自己不懈的努力与影响极其深远的重大贡献。这包括他在以下重要课题方面作出的

---

* 原文发表于《外国教育资料》1999 年第 3 期。

卓越成就:确定"意识"研究对心理学的重要意义;通过活动与意识、活动与心理的统一,客观地研究心理;以文化历史中介的观点看待心理现象和心理的发展等。维果茨基有关心理发展的文化历史学说正是在这些重大研究的基础上形成的。在苏联,维果茨基的学说及其研究成果为开创心理学中一个完整的科学学派——维果茨基学派奠定了坚实的基础,这些成果一次又一次地影响着苏联心理学与教育学理论的创新以及教育教学的改革。自20世纪70年代末维果茨基的著作被介绍到西方后,其有关心理发展的社会文化取向的理论受到国际学术界的广泛关注。这位被誉为"心理学界莫扎特"的天才心理学家的学术遗产终于从人类文化的宝库中被发掘出来,抹去历史的尘埃,重新散发出更加耀眼的光芒。本研究将着重阐述维果茨基心理发展理论的方法论取向,以便使教育理论工作者与实践工作者从中获得有益的启迪。

一、有关维果茨基思想的研究

维果茨基的科学创新活动正处于十月革命取得胜利、苏维埃政权建立的初期,即20世纪20—30年代。由于政权的变更,社会各领域均发生了巨大变化,心理学界也不例外。以维果茨基为首的一群年轻的心理学家立即投身于这场批判唯心主义、坚持唯物主义心理学观的斗争之中。他们既力求克服把心理过程理解为精神内部固有属性的唯心主义心理观,又注重摆脱无视动物行为与人的心理活动的本质差异的自然主义主张,坚持把历史研究作为建立人类心理学的基本原则,在运用因果发生分析法的基础上构建了心理发展的活动说、心理发展的中介说和心理发展的内化说三位一体的心理发展理论。该理论被称为"心理发展的文化历史学说"。该学说为维果茨基学派的形成与发展奠定了理论基础。

出于种种原因,维果茨基的作品直到20世纪50年代末和60年代初才得以出版发行。实际上迄今为止,他的许多著作还没有被翻译成英语。但是,他的理论对西方国家的影响却日益增强。尤其是在他的著作《社会中的心理》(*Mind in Society*)(英译本)于1978年问世后,维果茨基思想在美国乃至整个世界产生了极大的影响。

应该说,由于他的早逝,他的很多充满睿智的设想尚未得到充分的发展,但也因而为后人留下了思考和行动的空间。近些年来,在不同政体国家、不同民族文化背景中,各国学者对维果茨基文本的解读,促进了维果茨基思想的广泛传播,对心理、教育理论与应用领域的研究开发均产生了深远的、全方位的影响。可以说,各国学者共同努力缔造了一个多元文化背景下,由既相关又有差异的理解、建议以及相应的模式与技术构成的知识的综合体。这无疑是一种由各国学者共建共享的知识库。对我国从事维果茨基思想研究的学者而言,在关注苏联学者研究成果的同时,把握西方学者的研究走向,无疑有助于开阔研究视野、开拓研究领域,使研究更具时代性、创新性。

西方学者一般将维果茨基的理论定位于个体心理发展的社会文化取向。他们认为,维果茨基思想的力量就在于解释了社会过程与个体过程之间动态的相互依赖关系。这一关系的实质可从以下三个方面加以澄清:个体的发展,包括高级心理机能,起源于社会的源泉——共同活动与语言的获得;人类行为同时在社会和个体层次上受到工具与符号的中介作用;个体心理发展的研究必须运用因果发生分析法。同时,他们十分公正地指出,如果不理解维果茨基研究心理发展问题时所采用的辩证方法,就无法真正理解维果茨基表述的理论内容以及他在具体研究方法上的创新。

从 1917 年涉足心理学领域到 1934 年去世,维果茨基在这一领域仅仅耕耘 17 年,然而他所收获的丰硕成果却令人惊叹。面对这样一个事实,或者,更确切地说,一个奇迹,我们不得不关注维果茨基在心理发展研究中的方法论取向。事实上,在维果茨基的时代,心理学界占主导地位的是热衷于刺激—反应理论模式的行为主义学派,其代表有美国的华生、桑代克以及苏联著名生理学家巴甫洛夫等。与此同时,在欧洲,尤其是在德国兴起了与行为主义完全不同的格式塔心理学派,该学派的代表人物有韦特海默、苛勒、考夫卡、勒温等。然而,初涉心理学的维果茨基却以初生牛犊不怕虎的精神,大胆地指出当时盛行的各种心理学理论都不能成功地解释人的高级心理机能,也正因如此,区分人的低级心理机能与高级心理机能成为构建维果茨基心理发展理论的一块重要基石。尽管维果茨基本人在短暂的 17 年中也未能达到他自己所设定的目标——从科学的角度完整地描述与解释人的高级心理机能,但是他毕竟以其超凡脱俗的才智与锲而不舍的探究精神开创了心理学界一个令人耳目一新的文化历史学派,从而成为敢于直面人复杂的高级心理机能的现代心理学分析的先驱。因此,无论苏联学者还是西方学者都清楚地意识到,维果茨基之所以能在心理学研究中取得如此高的成就,是因为他在研究中采用了辩证的方法论取向并在此基础上更新了心理研究的具体方法。

二、维果茨基心理发展理论的方法论取向

1. 研究人的心理发展问题的辩证方法

维果茨基在运用辩证方法研究人的心理发展问题的过程中,并不试图将辩证原理简单地强加于现存的心理学理论,而是力求运用辩证原理科学地调查和分析特定心理学研究领域中的具体问题。维果茨基的重要合作者之一列昂捷夫(Leontyev)写道,在科学中,"辩证逻辑不等于形式主义地将其原则强加于任何特定学科。它本身是作为一种科学探究的过程而发展的;它是实验科学的结果"[1]。维果茨基在他的所有作品中都曾反复强调这一辩证方法的中心地位。他认为,对方法的探寻成了力图理解独特的人类心理活动形式的全部研究中最为重要的一个问题。在这一意义上,方法同时是前提和产物,是工具和研究的结果。在其名著《思维与言语》中,维果茨基曾深刻地论述心理学在他那一时代所遭遇的严重危机。他指出:"这一危机是由于科学的实际材料与方法论基础处于尖锐矛盾而产生的……心理学危机首先就是这门科学的方法论基础的危机。"[2]他指出,这一危机给同时代许多杰出的、开辟新道路的研究烙上了二重性印记。"这二重性来自:科学在积累实际材料方面前进一步,它在理论解释和阐述方面倒退两步。当代心理学几乎每前进一步都要出现这种极其可悲的情景:最重要的、值得骄傲的最新科学成就和发明却完全陷入科学前的概念而不能自拔,而且正是为这些重大发现而建立的半形而上学的理论体系使它们(这些发现)蒙上科学前概念的阴影。"[3]正是基于对当时心理学研究现状的反思,同时也因为"事实与哲学是难解难分的",维果茨基试图在更新方法论的前提下,运用辩证方法构建能概括和统一一切现代心理学知识的科学体系。由此,维果茨基迈出了超越其同时代心理学家的重要的一步。

2. 因果分析法与单元分析法

维果茨基在应用辩证方法建立科学心理学理论的过程中,与同事一起进行了一系列系统的实验研究。在实验研究领域,维果茨基采用了新的研究方法——因果发生分析法。当时,广为使用的传统研究方法主要研究业已完成的心理形成与发展过程的结果,这一研

究是孤立与静止的,它无法把握过程的动态、发展、进程、起点与终点。新的因果发生分析法的引进使研究者不再局限于对现代结果的研究,而真正有可能对心理形成与发展的过程本身作动态的、整体的、相互联系的研究。显然,因果发生分析法关注的焦点是针对现象的起源于历史的研究;是形成更高级形式的发展过程,而不是发展的产物;是研究事物的发展过程,在运动中揭示其本质。这种对某一事物的变化过程作历史研究正是辩证方法所要求的。

在运用因果发生分析法研究心理现象的过程中,维果茨基从"意识是统一整体"的观点出发,提出以"单元分析法"取代将复杂心理整体肢解成丧失整体固有特性的各个成分的"成分分析法"。确实,在心理学的研究中对心理形成物进行分析是必不可少的。但是,这一分析可以具有根本不同的形式。维果茨基指出,"第一种心理分析方法可以称之为将复杂的心理整体分解为各个成分的分解法","另一种分析就是将一个复杂的统一整体划分为单元"[4]。前者试图通过对组成有机整体的各个成分的孤立分析来取代对整体的研究,结果使整体固有的特性丧失殆尽。后者则试图将复杂的统一整体分解成"单元"。作为分析产物的单元不同于成分,它具有整体所固有的一切属性,它是整体无法进一步分解的活的部分。正如保持着活的有机体所固有的生命的全部基本特性的活细胞是生物学分析的单元一样,心理学也应该发现自己的分析单元。

维果茨基在利用这一新的因果发生分析法研究思维与言语的关系时,曾试图对复杂的言语思维统一体进行单元分析。他指出,传统的成分分析将言语具有的两种职能——交往与思维分离为平行的、互不相干的两种职能。事实上,言语兼容了交往与思维这两种职能。有关交往的研究表明,人为了把自己体验与意识到的内容传递给另一个人,首先必须对所要传递的内容进行分类,而这正是作为思维产物的概括。显然,正由于人能凭借思维概括地反映现实,人才可能具有社会交往的高级形式。因此,词的意义不仅是思维与言语的统一,而且是概括与交往、思维与沟通的统一。他最终在词的意义里找到了这个单元,因为词的意义以最简单的形式反映了言语和思维的统一。

维果茨基还谈到,用单元分析法取代成分分析法进一步为研究者敞开了心理学理论研究的大门,指明了解决复杂的思维与言语的关系、总的意识以及意识的各个方面等对于心理学理论研究极为重要的问题的道路。因为它表明存在一个活跃的意义体系,这就是理智与情感过程的统一体。只有将理智与情感联系起来,揭示思想以及思想活动的需求、兴趣、意向等的动因,心理学家才有可能打开解释思维本身原因的通道。

我认为,维果茨基在心理学研究中正确的方法论取向是他在该领域中取得成就的重要原因,这对今天的教育研究与教育实践具有重要的启迪意义。

参考文献 ···

[1] Steiner V J, Mahn H. Sociocultural Approaches to Learning and Development: A Vygotskian Framework [J]. Educational Psychologist, 1995, 31(3-4):191-206.

[2][3][4] 维果茨基. 维果茨基教育论著选[M]. 余震球,选译. 北京:人民教育出版社,1994.

2

维果茨基心理发展理论与社会建构主义 *

高　文

维果茨基心理发展理论是 20 世纪世界心理学宝库中颇具特色的瑰宝。该理论主要涉及彼此间有机联系着的有关人的高级心理机能发展的活动说、中介说和内化说。这一形成于 20 世纪初的心理发展理论在 20 世纪 70 年代传入西方后，与建构主义思潮融汇，产生了作为建构主义重要范型之一的"社会建构主义"。本研究将扼要阐述维果茨基心理发展理论的框架，并在此基础上对西方的社会建构主义作一个简要介绍。

一、心理发展的活动说

心理发展的活动说是维果茨基有关心理发展理论的重要组成部分之一。维果茨基有关"心理发展的文化历史学说"有一个重要的理论假设："人的心理过程的变化与他的实践活动过程的变化是同样的。"维果茨基早在 20 世纪 20 年代就注意到活动在高级心理机能形成中的重要作用，认识到意识与活动的统一性，即意识不是与世隔绝、与活动分离的内部封闭系统，活动正是意识的客观表现。所以，可以通过活动对意识进行客观研究，把意识的事实加以物化，转换成客观的语言，转换成客观存在的东西。由此，维果茨基明确区分了"意识"与"心理"是两个本质上不同的概念："心理"概念既适用于动物，也适用于人，是

---

* 原文发表于《外国教育资料》1999 年第 4 期。

人与动物共有的反映形式;而"意识"则是人所特有的最高级的反映形式。混淆"心理"与"意识"的本质区别不仅仅是一个实验研究的具体问题,而且是一个极为重要的方法论问题,这会导致生物还原论的错误。

维果茨基提出活动与意识统一的心理学原则,强调意识从来都是某种整体,是一个完整的系统结构。该原则的提出表明:(1)维果茨基力求克服传统心理学最主要、最基本的弊病之一——将意识的理智方面与其激情—意志方面分离开来,而坚持将意识看作是由理智与激情、认知与情绪—意志这两个不可分割的部分构成的统一的、动态的意义系统。(2)维果茨基努力纠正孤立看待各种心理机能的形而上学的观点,以及视心理发展为个别心理机能变化的机能心理学的错误。他指出,意识与高级心理机能之间的关系是整体与部分之间的关系。这意味着,各种心理机能(如感觉、知觉、记忆、思维、想象等)是相互联系、相互影响、相互制约的,心理的发展不仅表现为各种心理机能的变化,而且更重要的是表现为它们之间的联系与相互关系的变化。这一切正是人的意识所特有的,它们决定了意识的系统结构性。

维果茨基试图运用活动与心理、活动与意识统一的原则解释活动与儿童发展的关系,并由此阐明教师在教育教学过程中的重要作用。他十分明确地提出,"作为教育过程基础的应该是学生的个人活动,而一切教育的艺术则应该归结为引导和调节这一活动……从心理学的观点出发,教师是教育环境的组织者,是教育环境与受教育者相互作用的调节者和控制者……社会环境是教育过程真正的杠杆,而教师的全部作用则可归结为对这一杠杆的管理"[1];他还指出动机在引发活动中的重要作用:"心理学的规律宣称,在你打算吸引儿童参与某一活动之前,必须使儿童对该活动发生兴趣并积聚为活动所需的全部力量,而且儿童将自己进行活动,教师则仅仅对儿童的活动给予指导和引导。"[2]显然,维果茨基充分肯定了作为自己活动主体的儿童在新的民主教育中的重要地位,而教师的作用则体现在如何利用社会环境的巨大可能性去引导和指导在其中生活与行动的儿童,凭借自己的活动去达到进一步发展的目的。

持社会建构主义观点的西方学者也认为活动是维果茨基理论的中心概念。他们强调维果茨基心理发展理论的社会文化取向并把儿童与其养育者、儿童与同伴之间的共同活动视为儿童发展的社会源泉。儿童是通过参与和比较有知识的人的共同活动,在做中学习的。因为活动驱动了对话,在对话中思想自然而然地发生变化,发展因而相应发生。总之,与强调内部或主观经验的取向和强调外部经验的行为主义取向相比,维果茨基把发展定义为社会共享的活动向内转化的过程。因为人类的发展之初必须依靠养育者,发展中的个体依赖于他人传授的大量经验,所以个体所有的高级心理机能都是社会关系的内化,正是这些内化了的社会关系构成了个性的社会结构。罗格夫(Rogoff)曾运用这一原则进行了跨文化的研究。观察表明,儿童与他们的养育者以及同伴之间共同活动中的日常事务和交互作用,给儿童提供了上千次的机会来观察和参与他们所属文化中的熟练活动。儿童在有支持的日常富于挑战性的情境中获得重复的和不同的经验,由此逐渐成为共同体中特定认知活动的熟练参与者。显然,在这一过程中,儿童发展的社会源泉是他们参与的各种共同活动。正是这些共同活动提供了机会,将不同的影响融入学习者新颖的理解和参与方式之中。新手正是通过内化合作工作的效果,而获得有用的策略和重要的知识。罗格夫将这一过程称为对共同活动的"指导性参与"(guided participation)[3]。

显然,维果茨基有关活动与意识相统一的原则,为研究人所特有的高级心理形式——意识开辟了一条现实的途径。由此出发,他在强调个体活动是人的心理与意识发展的重要基础的同时,明确指出,儿童与同伴以及成人之间的共同活动不仅仅是儿童发展的重要因素,事实上,这种社会性的活动乃是儿童发展极其重要的源泉,儿童高级心理机能的形成正是这一活动中介的结果。

二、心理发展的中介说

维果茨基是20世纪初敢于面对人的心理复杂性的少数心理学家之一。他将人的心理机能区分为两种形式:低级心理机能和高级心理机能。前者具有自然的、直接的形式,而后者则具有社会的、间接的形式。区别人与动物最根本的东西就是工具和符号。人所特有的高级心理机能是以社会文化的产物——符号为中介的。人类的文化则随人自身的发展而增长与变化并对人的一切产生越来越强大的影响。正是通过工具的运用和符号的中介,人才有可能实现从低级心理机能向高级心理机能的转化。因此,根据维果茨基的心理发展中介说,一个儿童为了某种目的将某一物体作为工具使用,这就意味着他朝着形成外部世界与自身的积极联系迈进了一大步,因为一个儿童掌握某一特定工具的能力正是其高级心理机能发展的标志。

显然,心理发展中介说是维果茨基有关心理发展的文化历史学说的另一个不可分割的重要组成部分。它与心理发展的活动说紧密联系,共同体现了心理发展的文化历史学说的核心思想:无论是在社会历史发展过程中,还是在个体发展过程中,心理活动的发展都应被理解为对心理机能的直接形式,即"自然"形式的改造,以及运用各种符号系统对心理机能的间接形式,即"文化"形式的掌握。这表明,人的心理发展的源泉与决定因素是人类历史过程中不断发展的文化,是作为人的社会生活与社会活动产物的文化。

西方学者在接触维果茨基的符号中介理论时,常常联想起维特根斯坦(Wittgenstein)关于以社会方式提供的符号手段的工具箱的隐喻。这些工具包括直接指向外部世界的物理工具和直接指向内部世界并可以在活动中加以利用的心理工具。正是这种符号与工具的中介在知识的建构中起着关键作用。

正是基于上述观点,西方学者肯定了维果茨基在人的发展领域中作出的两个重大贡献:对社会性交互作用中活动与语言的重要性的确认。这两点正是人与其他生物之间根本性的差异。有关活动的重要性已经在上一节中谈及,这里主要阐述语言在人的发展中的重要中介作用:

- 语言是思考与认知的工具。维果茨基认为,语言的获得与活动一样,是个体发展的一个极其重要的社会源泉。众所周知,一个人在学习语言时,他不仅仅在学习语词(语词的书写符号与发音),而且同时还在学习与这些语词相连的思想。因此,可以将语言视作可供儿童用以认识与理解世界的一种"文化工具"包。语言的获得可促进儿童认知的发展,语言可作为一种中介物帮助儿童建构自己有关世界的知识并随后对这一知识进行检验、精制和反思。

- 语言可用于进行社会性的互动与活动。儿童可以凭借语言与他人相互作用,进行文化与思想的交流。这种社会性互动正是文化共享与传递的主要途径,同时也是儿童进行认知和掌握语言的基础。

- 语言是自我调节和反思的工具。维果茨基在研究被皮亚杰(Piaget)称为儿童的"自我中心言语"的现象时,作出了与皮亚杰不同的解释。他认为,学前儿童的自我中心言语与成年人的内部言语有着共同的功能,即两者都是指向自己的。它们与社会言语不同,不承担与他人交际的任务。事实上,自我中心言语应作为言语发展从外部转向内部的过渡阶段[4]。维果茨基的实验研究表明,自我中心言语的机能是与内部言语的机能同源的,是一种独立的机能,是为智力定向的,是为认识、理解和思维的目的服务的,它有助于克服认知过程中的困难与障碍[5]。因此,这种从表面上看似乎漫无目标的小声嘀咕作为内部言语的开端,在儿童自我调节能力的发展中起着重要的作用,承担着帮助儿童形成复杂认知技能的职能,如维持注意、记忆新的信息和解决问题等[6]。

维果茨基对语言在人的发展中的作用的阐述表明,他在研究中采用的是不同于传统的成分分析法的单元分析法,因此,他认为言语的交际职能、思维职能与调节职能不是分离的、平行的、互不相干的。事实上,言语兼容了所有上述职能。有关交往的研究证明,人若想将自己的体验与意识的内容传递给他人,他首先必须对这一内容进行概括归类,而这些操作正是思维的产物。可见,正是由于人能凭借思维概括地反映现实,人才具有了其他动物所不具备的高级交往形式。因此,在维果茨基区分出的言语思维的基本分析单位——词义中,既体现了思维与言语的统一,又体现了概括与交际的统一、沟通与思维的统一。

受维果茨基"符号中介说"的启发,西方学者进而提出了符号中介的多元论。在现实生活中,一个有经验的思考者在做笔记时常常混合使用词汇、绘画、音符和科学图表等不同的表征手段,以便用多种方式加工信息,促进思考。此外,在多元文化背景中工作或面对有特殊需要的儿童时,教育者也会借助不同的中介手段及其表征的心理工具,去帮助缺陷儿童获取不同的符号系统(如,布莱叶体系、符号语言、唇读、手语等),以独特的方式适应文化。总之,符号中介的概念是理解维果茨基心理发展的社会文化观点的基础。中介说表明,人类的心理机能的发展是与文化的、制度的和历史的场景联系在一起的,正是这些场景形成并提供了文化工具,而个体则通过掌握这些文化工具以形成相应的心理机能。因此,中介工具可以被定义为社会文化模式和知识的"携带者"。这种中介工具作为人的精神与心理活动的特殊工具具有一个显著的特点,即可以在作用于外部物质变革的同时作用于人的内部心理过程。由此出发,维果茨基研究了被中介的心理过程发展的规律。

三、心理发展的内化说

维果茨基指出,人的心理发展的第一条客观规律是:人所特有的被中介的心理机能不是从内部自发产生的,它们只能产生于人们的协同活动和人与人的交往之中。与此相关的第二条客观规律是:人所特有的新的心理过程结构最初必须在人的外部活动中形成,随后才可能转移至内部,成为人的内部心理过程的结构。据此,维果茨基阐明了儿童文化发展的一般发生法则:"在儿童的发展中,所有的高级心理机能都会两次登台,第一次是作为集体活动、社会活动,即作为心理间的机能;第二次是作为个体活动,作为儿童的内部思维方式,作为内部心理机能。"[7]显然,这种从社会的、集体的、合作的活动向个体的、独立的活动形式的转换,从外部的、心理间的活动形式向内部的心理过程的转化,就其实质而言就是人的心理发展的一般机制——"内化"机制。同时,这也表明内化的过程是一种转化的过程,而不是传授的过程[8]。

西方学者十分重视维果茨基的"内化说"。他们认为,"内化"概念表明:"独特的人类思维植根于社会的、历史的、文化的和物质的过程(包括脑的活动)并与它们交织在一起。"因此,儿童的心理发展既是个体的又是社会的,个体的知识建构过程是和社会共享的理解过程不可分离的。在西方学者中,一种观点是将内化视作表征活动,另一种观点则认为内化是同时发生在社会实践和人类大脑或心理中的过程。这两种看法对开拓这一领域的研究有着重要意义。其中,社会文化理论的代表从自然与文化的统一对人的发展的影响这一角度,重点研究了在正式与非正式环境中,共同建构的知识是如何被内化、利用、传授或转化的,而个人又是如何通过这些过程与外部的自然界、他人进行相互作用,从而在这一过程中同时改变外部世界与自身(包括自己心理的建构)的。美国学者莱恩哈特(Leinhardt)则通过实验探索表征活动在数学概念内化中的作用。她通过组织学生讨论不同的表征方式,如线段、圆周和四方形,达到对"百分数"概念理解的共享。这一表征活动不管是内部语言、表象的形式,还是运动的概念形式,都和文化共享的系统(如语言),其中包括教师为支持学生学习而搭建的"脚手架"(scaffoldings)的发展活动相联系。由此可见,心理工具不是个体在孤立的状态下创造的,它们是社会文化生成的产品,是由个体通过积极地参与团体的实践活动而获得的。

显然,要了解维果茨基有关心理发展理论并将其有效地运用于促进儿童发展的教学之中,就必须认真研究以"转化过程"作为研究对象的维果茨基的心理发展的内化说。事实上,内化说正是由维果茨基首创的实验性发生研究策略的重要理论依据。

四、社会建构主义与维果茨基理论

1. 维果茨基与皮亚杰知识建构观的比较

在 20 世纪末,建构主义对教学、学习以及学校课程的影响与日俱增。然而,正如不存在唯一的认知学习理论一样,建构主义者对知识的本质以及知识建构过程中各种要素的重要性等问题的看法也不是一致的。不过,尽管存在着分歧,但大多数建构主义者对学习有四点共识:(1)学习者建构自己的理解;(2)新的学习依靠现有的理解;(3)社会性的互动可促进学习;(4)意义学习发生于真实的学习任务之中。这四点共识表明,建构主义的核心是知识的建构。但是,建构主义的不同范型则各有不同的侧重点。现以皮亚杰的认知建构主义与深受维果茨基理论影响的社会建构主义为例作一个比较(见表2.1)。据表2.1可见,皮亚杰更多地强调每一个人对新知识的创建,而维果茨基则侧重文化和语言等知识工具的传播。对此,有人十分生动形象地作了这样一个比喻:皮亚杰面对的是 PC 机,而维果茨基面对的是万维网(PC is to Piaget as WWW is to Vygotsky)。

表2.1　皮亚杰与维果茨基知识建构观的比较

	皮亚杰	维果茨基
基本问题	新知识是如何从各种文化中创造出来的?	通过某一特殊文化传递的知识工具是怎样的?
语言的作用	有助于符号思维的发展;语言不能在实质上提高智力功能的水平(该水平是通过活动提高的)	语言是思维、文化传递和自我调节的基本机制,它能在本质上提高智力功能的水平
社会性互动	提供了测试与验证图式的途径	社会性互动提供了获得语言、改变文化观念的途径
有关学习者的观点	学习者应积极操纵对象和观念	学习者应在社会情境中积极地相互作用
对教学的启示	教学应设计打破平衡的经验	教学应提供支架,指导互动

资料来源:Eggen, P. & Kauchak, D., Educational Psychology, 1997, p.59。

2. 社会建构主义

(1) 社会建构主义的主要依据

作为当今建构主义思潮中一个重要范型,社会建构主义主要是以维果茨基的理论为基础的。社会建构主义将知识视作社会的建构,其主要依据是:

● 知识的基础是语言知识、约定和规则,而语言则是一种社会的建构。

● 人类知识、规则和约定对某一领域知识真理的确定和判定起着关键作用。

● 个人的主观知识经发表而转化为使他人有可能接受的客观知识。这一转化需要人际交往的社会过程,因此,客观性本身应被理解为社会性。

● 发表的知识须经他人的审视和评判,才有可能重新形成并成为人们接受的客观知识,即主观知识只有经社会性接受方能成为客观知识。

● 个人所具有的主观知识就其本质而言是内化了的、再建构的客观知识,即是客观知识获得了主观的内在表现。

● 无论是在主观知识的建构和创造过程中,还是在参与对他人发表的知识进行评判并使之再形成的过程中,个人均能发挥自己的积极作用。

(2) 知识的社会建构循环过程

综上所述,我们发现,参照维果茨基理论的社会建构主义的独到之处是:同时考虑主观与客观知识,并将两者循环地联系起来,使之互相促进(见图 2.1)。在这一循环过程中,新的知识的形成首先源于个人对新知识的主观建构,即个人通过自身的创造过程,在其主观知识的基础上,对客观知识的积累发挥潜在的作用。这一作用简单地区分为"增添""再建""再现"。"增添"意味着新的猜想或证明,或许还包括新的概念或新的定义,或者是对已有知识的新的应用。"再建"作用可以是提出新概念或新定理,以便对现存知识进行概括或将原先分割的两部分或更多部分的知识联系起来。"再现"最典型的作用体现在高水平的课本编制与知识的讲解之中。基于个体的主观建构产生的新知识通过媒介表征(印刷、手写、口头或电子方式)发表,经他人根据一定的客观标准进行审视、评判而重新形成并为人们所接受(即社会性接受),由此成为客观知识。在学习过程中,客观知识被个体内化和再建构,在获得意义的基础上成为个人的主观知识。个体依据这一主观知识进一步创造并发表新的知识。由此完成知识建构的一个循环。显然,在知识的社会建构的循环过程中,主观知识与客观知识彼此促进着对方的产生、更新与再生产。这一知识社会建构的循环过程充分证明,个体的主观世界是和社会相互联系的。知识是在人类社会范围里,通过个体间的相互作用以及自身的认知过程而建构的。因此,尽管社会建构主义也把学习或意义的获得看成个体自己建构的过程,但它更关注社会性的客观知识对个体主观知

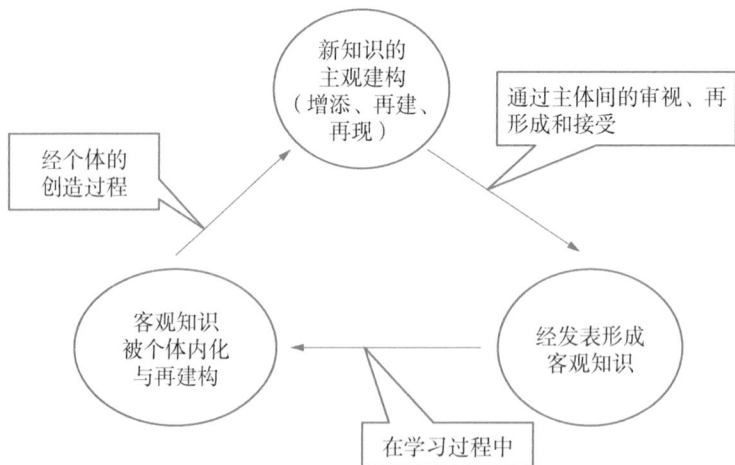

图 2.1　知识的社会建构
资料来源:本文作者据珀尔·欧尼斯特(Paul Ernest):《数学教育哲学》
p.51-54 的阐述绘图。

识建构过程的中介作用,更重视社会的微观和宏观背景与自我的内部建构、信仰和认知之间的相互作用,并视它们为不可分离的、循环发生的、彼此促进的、统一的社会过程。

(3)社会协商——个体发展的主要媒介

珀尔·欧尼斯特认为,社会建构主义的中心论点是:只有当个人建构的、独有的主观意义和理论跟社会和物理世界"相适应"时,才有可能得到发展。因为发展的主要媒介是由交互作用引发的意义的社会协商。他指出该论点与维果茨基及其追随者的心理发展理论十分接近。维果茨基的理论表明,对于个人而言,思维的发展是受语言中介的,思维是与语言一起发展的,概念的进化取决于语言经验,高级心理机能产生于心理间的社会交互作用。根据维果茨基的观点,个人的认知结构是在社会交互作用中形成的,发展正是将外部的、存在于主体间的东西转变为或内化为内在的、为个人所特有的东西的过程。维果茨基的这一理论后来在列昂捷夫的活动理论中得到进一步的发展。后者提出活动的内部与外部结构相同的假设,并在此基础上试图从活动水平、活动形式、活动的内部结构成分的转化等各个水平上,揭示个体发展的社会机制。

小结

形成于 20 世纪 20—30 年代的维果茨基心理发展理论,几经沉浮,终于在 20 世纪下半叶,被拂去历史的尘埃,脱颖而出,备受关注。进而,在多元文化的交流背景以及建构主义思潮的兴起中,该理论通过与各种建构主义范型,尤其是与社会建构主义的碰撞与交融,得以旧貌换新颜,代表着一种值得注意的并且已经对当代教育教学的理论与实践产生深远影响的理论取向。

参考文献 ••

[1][2] 维果茨基. 教育心理学(俄文版)[M]. 莫斯科:教育学出版社,1991.

[3][8] Steiner V J, Mahn H. Sociocultural Approaches to Learning and Development: A Vygotskian Framework [J]. Educational Psychologist, 1995, 31(3-4):191-206.

［4］［5］［7］维果茨基.维果茨基教育论著选［M］.余震球,选译.北京:人民教育出版社,1994.

［6］ Eggen P, Kauchak D. Educational Psychology ［M］. Upper Saddle River: Merrill, 1997.

3

维果茨基心理发展理论对教育教学实践的影响*

高　文

　　产生于 20 世纪 20—30 年代的维果茨基的心理发展理论在苏联历次教育教学改革中都起到了十分重要的支撑性作用。达维多夫(Davydov)曾经将维果茨基有关人心理发展的理论概括为以下五条原理:(1)人从出生起就是一个社会实体,是社会历史的产物;(2)人满足各种需要的手段是在后天通过不断学习掌握的,因此人的心理具有文化历史特点;(3)教育与教学是人的心理发展的形式;(4)人的心理发展是在掌握人类满足需要的手段、方式的过程中进行的,这一发展过程离不开通过语言交流实现的人与人的交往过程;(5)人与人的交往最初表现为外部形式,然后内化为内部心理形式。显然,这五条原理的统一说明人的心理发展的本质是个体对人类已经形成的物质与精神财富的掌握。这一有关人的心理发展与教育教学关系的科学假设推动着维果茨基的战友、学生、后继者在各自研究领域中进一步检验、修正、充实维果茨基学说的理论与实证成果,由此,在维果茨基研究成果的基础上开创了一个完整的、颇具特色的科学学派——维果茨基学派。20 世纪 50 年代中期,以长达两年之久的"教学与发展"问题的专题讨论为起点,苏联教学理论的研究跨入了一个崭新的阶段,维果茨基关于"教学必须走在发展前面"的论断重新受到广大学者的认同与重视,并成为开展现代教学理论与实践研究的基本原理。维果茨基的研究成果是苏联科学教学论形成与发展的重要理论支柱之一,这显然是一个毋庸置疑的事实。

　　20 世纪 70 年代中期,维果茨基的思想通过其译著的出版而传入西方,在西方掀起了维果茨基热。对此作出重要贡献的美国心理学家布鲁纳(Bruner)给予了维果茨基很高的评

---

* 原文发表于《外国教育资料》1999 年第 5 期。

价,他认为,凡从事认识过程及其发展研究的每一个心理学家都无法否认维果茨基著作的巨大影响。他在为维果茨基选著英文版撰写的序中指出,维果茨基的发展观同时也是一种教育理论,是一种动态的学习与教学理论。该理论认为学习的进展通过教学,同时,教学的进展也通过学习。总之,维果茨基的研究成果以及受其影响的社会建构主义学习理论不仅对苏联的教育教学产生了重大而深远的影响,并且在 20 世纪后期的西方同样是引人注目的。

一、"最近发展区"概念及其在教学实践中的应用

早在 20 世纪 20—30 年代,维果茨基在从事教学与发展问题研究时就提出了反映教学与发展内部联系的重要概念"最近发展区",以区别"现有发展水平"。他指出:"我们至少应该确定儿童发展的两种水平,如果不了解这两种水平,我们将不可能在每一种具体情况下,在儿童发展进程与他受教学的可能性之间找到正确的关系。"[1]维果茨基将第一种水平称为"现有发展水平",指一定的已经完成的儿童发展周期的结果和由它而形成的心理机能的发展水平。第二种发展水平是"最近发展区",意指儿童"正在形成、正在成熟和正在发展的过程"[2]。其实质表现为,儿童在自己的这一发展阶段上还不能独立解决问题,但可以在成人的帮助下做事。由此,维果茨基认为:"教育学不应当以儿童发展的昨天,而应当以儿童发展的明天为方向。只有这样,教育学才能在教学过程中激发起那些目前尚处于最近发展区内的发展过程。"[3]达维多夫正是由此出发对传统的小学教学进行了反思。他认为,传统的小学教学不能真正地影响小学生智力的发展,因为这种教学着眼于小学生思维发展的现有水平,即经验思维的发展水平。这种教学由于不能有效地作用于儿童的最近发展区,所以不能为儿童思维发展中质的飞跃奠定基础。随着中等教育的逐渐普及,小学教学在儿童生活与发展中的重要作用日渐鲜明,小学教学与儿童发展之间的矛盾也突显了出来。为此,达维多夫提出将真正的、展开的学习活动作为小学阶段的主导活动类型,以便有效地形成小学生的理论思维基础以及相应的理论知识、技能与技巧。他认为应该根据从抽象上升到具体的辩证的叙述逻辑重建教学内容以及学习活动结构,从而使教学有效地作用于儿童心理发展的潜在水平,即心理的最近发展区。据此,达维多夫提出了构建学科内容的一系列逻辑—心理学原理:(1)掌握一般与抽象性质的知识应先于了解比较局部与具体的知识;(2)知识不能作为现成的东西传授给学生;(3)应善于揭示教材

中最初发生的普遍关系;(4)善于凭借物质形式再现普遍关系,以便于研究;(5)善于将普遍关系具体化;(6)善于完成智力动作与外部动作之间的相互转化。在对小学教学内容进行改革的同时,达维多夫对学习活动的结构进行了深入研究,区分出活动的需要、动机、任务、动作与操作等结构成分,并对以完成学习任务为目标的学习动作作了进一步的分析:第一动作是通过改造学习任务的条件揭示所学知识的某种普遍的关系;第二动作是以实物、图表或字母等形式建立普遍关系的模式,该模式构成掌握理论知识与概括动作的重要内部环节;第三动作是对所建立的模型进行改造,以便以"纯粹形式"研究知识的普遍关系;第四动作是构建可以发现的以一般方式解决的局部任务体系,使初始的学习任务具体化并通过局部任务的解决检验一般方式的实效性;第五、第六动作是对上述动作完成情况的检查评估。达维多夫曾根据上述原理与学习活动的一般结构在俄语、数学、造型艺术等学科进行了长期的形成性实验研究,并取得了大量有关教学与发展关系的宝贵的实证材料,为小学课程与教学的改革提供了依据。

西方学者在将"最近发展区"的概念用于教学时,提出教师应该完成三项任务:(1)评估;(2)学习活动的选择;(3)提供教学支持以帮助学生成功地通过最近发展区。教师在进行教学时,首先应该检测学生对某一现实问题的理解能力,这包括推理能力、背景知识、认知兴趣。这一切都可能影响儿童的最近发展区。这一过程可称为动态性的评估,是教师应完成的第一项任务。第二项任务是学习活动的选择,其目的在于使学习任务能适应学生的发展水平,而不至于过难或过易。除了选择任务外,教师还应该决定如何呈现任务。这一过程的目标是通过教师和学生对任务的共同理解而产生理解的共享。理解的共享是十分重要的,因为它标志着学生通过参加问题的解决而获得发展的起点。教师可以通过两个方面来保证理解的共享:其一是将任务镶嵌在有意义的情境之中,以取代用抽象方式提出大量问题;其二是通过对话帮助学生分析他们所面对的问题,以达到理解的共享。第三项任务是提供教学的支持。这里,研究人员从建筑行业中借用了"脚手架"这一用语,以表明在学生需要时,可通过为其搭建脚手架来支持他们的学习。

在教育中,"脚手架"是指一种辅助物,学生凭借这种辅助物可能完成其无法独立完成的任务。因此,脚手架的重要功能就是帮助学生顺利穿越"最近发展区"。脚手架可以有不同的种类(见表3.1):(1)模拟:教师可通过演示如何解题,为学生提供一个专家工作的具体实例。(2)出声思维:有能力的教师在模拟解题过程时,还可以出声地思维。这一技术有助于学生在自己绞尽脑汁思考问题的同时,直接读取教师的思维方法。(3)问题:当学生解决问题时,教师可以运用问题向学生提供援助,帮助学生集中注意并提供新的思路。以上是交互式脚手架。除此以外,教师还可以通过改编教材向学生提供脚手架,改变任务的要求就是其中的一种形式。例如,在教学生根据所阅读的教材提问时,教师可以先要求学生根据一个个句子提问,然后根据段落,最后根据完整的一节提问。此外,教师还可以通过书面或口头的提示与暗示来提供脚手架(参见图3.1)。重要的是,当学生已经内化了这些过程时,脚手架就应该及时被拆除。

表 3.1　教学中脚手架的类型

脚手架的类型		例　子
交互式脚手架	模拟	在学生自己尝试一种新的画法之前,美术教师可以演示如何利用透视法作画
	出声思维	物理教师在黑板前解决动力学问题时,可以用语言描述自己的思维过程
	问题	在通过模拟进行演示和出声思维后,物理教师可以通过提问扮演学生,在几个结合点上向学生提出问题
	改编教材	体育教师在教射击技术时,可以先降低作为靶子的篮子,然后,随着学生的技术变得熟练,再升高篮子
	提示与暗示	幼儿园教师在教孩子扎鞋带时,可以用儿童喜欢的形象进行提示:小兔子绕着小洞跑,然后一下子从小洞中穿了过去

资料来源[4]:Eggen P & Kauchak D, Educational Psychology, 1997, p.57。

```
                            写作计划
    姓名:      日期:      题目:
    谁:我为谁写?
    为什么:我为什么写这些内容?
    什么:我知道些什么?(头脑风暴)
    怎样:我可以怎样将想法进行分类?
    我将以何方式组织思想?
        比较——对照              问题——解决
        解释                    其他
```

图 3.1　一项书写作业的书面提示
资料来源[5]:Eggen P & Kauchak D, Educational Psychology, 1997, p.58。

二、有关合作学习的研究

维果茨基提出的"最近发展区"概念的实质是:儿童在其发展的现阶段还不能独立解

决问题,却能借助成年人或具有相关知识的同龄人的指导与合作而学会解决。因此,"……在儿童那里发展来自合作……发展来自教学——这是一个基本的事实……教学对于发展的全部意义正是以此为基础的,而且,这一点实际上又构成了最近发展区概念的内容"[6]。维果茨基所揭示的促进发展的教学是以合作为其基本形式的。[7]该思想对现代的建构主义有很大的启迪。尤其是其中的社会建构主义在很大程度上受到维果茨基思想的影响。它们继承维果茨基的观点,重视学习的社会性的一面,强调知识存在于社会情境之中。与他人共享知识要胜于独自一人在头脑中苦思冥想。人的高级心理活动源于社会性相互作用。因此,它们十分重视合作学习、共同发现以及教师应通过与学生的共同建构来传递知识。这方面的研究主要集中在课堂中的交互作用和合作的模式并注意确定合作者的价值观、作用、工作方法和冲突解决的策略。目前,已开发了四种个体、小组和更大范围的复杂的合作团体间的合作模式——分布式的(distributed)、整合式的(integrative)、补充式的(complementary)、家庭式的(family)。这些合作模式是动态的、变化的过程,它们没有等级之分,可以在任何水平上发生,并可进行转化。分布式合作,如通过电子邮件开展以交换各自拥有的信息为特征的讨论,其价值观在于基于个体兴趣与活动基础上的信息交流。整合式合作通常是长期的、动态的、关系密切的,其价值观反映在共享理念的发展上。补充式合作,如课堂和企业界的团队组织的合作,是以明确的劳动分工和学科本位取向为特征的。家庭式合作经常集中在提供包括教育在内的社会服务,它以职责的流动性和专长的整合为特征。

社会文化取向研究者揭示了关于教育中的合作研究观点的三个主要特征:(1)社会文化取向的研究者除了探求个体动机的来源和在个体内或个体间理解合作,他们还把合作放在社会文化的实践中。儿童通过社会文化的实践有机会观察和参与基本的经济、宗教、法律、政治、教学或娱乐活动。通过有指导的参与,儿童可内化或利用他们的感情、社会和智力的价值。(2)维果茨基认为,认知的、社会的和动机的因素在发展中是相互联系的。因而,以纯粹的智力因素,也就是说通过对个体的业绩测试来评价同伴合作的益处是没有意义的。同伴合作的效果必须在相应的背景中并通过时间来加以评价。(3)言语的分析可以用来研究参与者对合作解决问题的认识和情感的意向。他们的言语反映了他们对任务情境个人的和共有的理解与情感,同时也反映了他们对其所属的特定文化和历史情境提供的活动的定义。

社会文化取向关于合作的研究还包括研究教师在参与课程革新过程的集体活动中一定的相互依赖性。传统学校中的教师经常没有机会和同事交互作用,因而缺乏机会通过模仿和反馈来获得帮助。然而,这两种辅助的方式(模仿和反馈)对于教师获得复杂的社会能力是非常关键的,这有助于教师把教学作为作用于儿童发展中的"最近发展区"的辅助性活动。教师与同事、学生、研究者和改革者的交互作用将是社会文化取向研究合作和教育改革的持续主题。

三、有关读写能力的研究

读写能力的获得是维果茨基当年研究的一个课题,它也是今天社会文化理论关注的问题。例如,根据维果茨基对儿童入学后读写能力在学习转化中的作用的检查,斯克里布纳和科尔(Scribner & Cole)分析了读写能力与认知发展的关系。他们发现读写能力的获得可以不依赖于教学(尤其是巨大的西方教育体系的教学),同时发现不同背景中的读写训练会对认知能力产生特殊的影响[8]。

威尔斯等(Chang-Wells & Wells)则运用维果茨基关于学习和发展、自发概念和科学概念的研究成果,探讨了正式学习所造成的心理功能变化的三个维度:(1)心理功能的智力化,这使心理功能处在有意识和自动控制之下;(2)非情境化,这能够把一个概念和它首次出现的情境分离出来;(3)朝向整合和系统化的变化。他们强调认知变化的三个方面都依赖于读写能力,这种读写能力不能简单地被理解为书面语言的编码和译码或为了功能性目的而运用书面文本,而应该被理解为书面文字的读与写事实上是开发意义的符号表征方式,该方式可作为增强个体内部心理活动的方式,对各种文本进行处理[9]。

维果茨基写道:"教学应该以这样一种方式来组织,其中读写能力是必要的……写应该是有意义的……写的教学应该是自然的……读写教学的自然方法包括正确地控制儿童的环境。"[10]这一有关创建有效的获得读写能力的学习环境的观点,对加强有关儿童与成人在学校、校外、工作单位、家里、日托场所等处读写能力教学的研究有着重要影响。

社会文化理论在运用发生方法研究读写能力的获得时,检验了读与写的起源。帕诺夫斯基(Panofsky)研究了父母—儿童读物在早期读写能力社会化中的作用,她关注的焦点是语言的功能和使用。她区分了语言的表征性和交互性功能,并说明脚手架和最近发展区的作用[11]。

维果茨基曾研究早期读写经验对读写能力获得的重要意义。他发现,在儿童的发展过程中,在两个领域中姿势和书面语言是彼此联系的:第一个领域是涂鸦,其中总是伴随着很多夸张的成分;第二个领域是符号游戏,儿童通过姿势来表现物体的意义。这说明儿童早年的写有着不同起源,因此,他认为绘画和游戏是读和写的准备。与此相关,麦克莱恩(McLane)的研究也发现:"在成人的参与和支持下,儿童会用写来发展他们对绘画、角色扮演和探索性游戏的兴趣,并且还会把写作为探索和处理社会关系的方式。"[12]作为能够读和能够使用书写工具在纸或墙上写的结果,儿童在讲故事和想象的游戏中扮演角色,或在创造表征物的过程中发展自发概念。当儿童开始接受正式教育时,他们已具有了一定的基础。这种基础是通过儿童和养育者的相互作用、特定文化下使用的读和写、环境中的印刷物以及儿童自己的读写实践所形成的。现在的任务就是需要重视儿童带到课堂的知识,并以此为基础进行教学。"教师和学生都要进一步拓展对学生的背景和已有知识的认识,学生带到课堂的独特的知识对于读写能力的获得是至关重要的。"[13]

另外,在民族混合的班级中,不同的语言使用也会导致不同的读写能力的获得。教师经常无意地排除或减少少数民族学生对读写活动的参与,因为他们的语言特征不符合教师的要求或说话风格。理解这些异同对于教授非英语母语学生的英语也很重要。社会文化理论认为,需要在英语作为第二外语的学生和他们的新环境之间建立起文化的、认知的和态度的桥梁。书面对话在小学和中学的学生以及成人中的使用被证明是一种有效的共同建构知识的方法,即让英语是第二外语的学生利用自己的经验,在有意义的、交互作用的书面交流中发展他们自己的语言能力。在今天这样一个基于网络的信息社会中,通过电子邮件或网上的实时交谈,这种书面交流形式已经在事实上成为为获得信息而有效发展语言能力的一种十分有效的形式。

近年来,传统的基于单一的时间表和无视文化多元性背景的统一的读写教学正在受到批判性的再评价。读写教学的新取向体现了维果茨基的关于读写教学是自然过程的观点。这些取向认为,作为每个学生发展的自然组成部分,个体过程和社会过程是相互依赖的。读和写不是个人的孤立活动,读写能力是个人在学习团体中通过与他人的合作活动发展起来的。这些关于读写教学革新的中心内容正是以社会文化理论及其研究为来源和基础的。

美国西佛罗里达大学的克劳斯(Klaus)曾根据维果茨基的心理发展理论开发了一种进行读写能力教学的动态中介模式。该模式依据的是维果茨基思想的两条原则:其一,维果茨基认为,语言的基本功能是为交际服务的社会性功能。依据这一观点,读写能力被视作利用印刷符号作为一种交际手段、以中介意义进行共享的能力。其二,维果茨基提出的"最近发展区"概念使得学校中的读写能力教学被视作处于社会中介活动之中的一种符号中介活动。在读写能力的教学中正是教师中介者意义的共享。克劳斯教授开发的读写能力教学的动态中介模式可用以指导教师在教学中的问题解决过程,该模式通过在教学活动中发生的社会性交互作用,既发展自身的导向作用,又求得不断的自我发展。在这一过程中,教师创造和采取的行动是与为学习情境特制的知识相关的。借助该模式,教师不必简单地向学生读者传递文本的含义,而代之以社会性的交互作用去中介学生的学习。教师的这种中介作用除了表现为对某事的模拟与演示外,更应表现为在师生互动中,对学生的思维方式、解决问题的策略等的分析,以决定给予学生什么样的支持以及什么类型的支持。这种教学中介的目的是帮助学生发展他自身固有的自主中介系统,即成为具有自知之明的学习者,成为一个独立自主的读者。

综上所述,我们不得不承认维果茨基理论对世界范围内的教育与教学的影响是巨大的。他的理论遗产无愧为世界文化宝库中一块熠熠生辉的无价之宝,为后继的研究提供了强有力的支撑。

小结

有关维果茨基思想研究系列文章的撰写是对维果茨基的思想进行跨文化、多视角研究的一种尝试,希望呈现一个既具有悠悠历史感又与时代的脉搏一起跃动的、博大精深的维果茨基文化现象。在准备与撰写本文的过程中,我深深地为维果茨基在短短 17 年(1917—1934 年)中,在心理学众多领域里所作出的大胆、独特而又深刻的探索与研究而震撼。终其短暂而辉煌的一生,维果茨基取得了超越他所处时代的丰硕成果。是他力求正视具有系统结构、复杂的人的高级心理机能,更新了传统的机械切割式的成分分析法,提出了超越二元论的、辩证的发生分析法,大胆革新方法论,开辟了通往人所特有的意识研究的道路。是他坚持基础理论研究与应用研究的密切结合,因而不仅在缜密的思辨领域,而且在十分具体的实验研究领域,为后世留下了极其宝贵的理论与实证的资料。维果茨基的一生是在心理学的领域中高举批判的大旗、勇敢创新改革的一生。也正因为此,他的思想遗产才会随着时间的流逝,在具有不同政体、不同文化背景的国家中散发出耀眼夺目的光彩,在 20 世纪末代表着心理发展研究中一种新的理论取向。我认为,这正是维果茨基思想研究给予我们的深刻启示。

参考文献 ∙∙∙

［1］［2］维果茨基.维果茨基教育论著选［M］.余震球,选译.北京:人民教育出版社,1994.

［3］［6］达维多夫.发展性教学问题［M］.王义高,等译.南昌:江西教育出版社,1996.

［4］［5］Eggen P, Kauchak D. Educational Psychology ［M］. Upper Saddle River: Merrill, 1997.

［7］维果茨基.教育心理学(俄文版)［M］.莫斯科:教育学出版社,1991.

［8］［9］［10］［11］［12］［13］Steiner V J, Mahn H. Sociocultural Approaches to Learning and Development: A Vygotskian Framework ［J］. Educational Psychologist, 1995,31(3－4):191－206.

4

试论知识的社会建构性 *
——心理学与社会学的视角

高 文 裴新宁

回顾 20 世纪学习理论的演化过程，我们看到，有关学习的研究经历了一个从猜测到科学、从简单到复杂、从低级到高级、从静态到动态的发展过程。尤其是从 20 世纪 80 年代后期以来，有关学习的研究进入了一个全面创新的阶段，关于学习的诸多研究都无一例外地涉及与学习密切相关的知识概念。我们注意到，在从工业化社会经由信息社会向着鼓励知识创新、以培养知识创新人才为己任的知识社会转型时，强调知识的建构性、社会性、情境性、复杂性和默会性的许多新颖的知识观正在成为创造学习、教学、课程乃至整个教育新范式的主要依据。本文将从知识的社会建构性角度出发，在"客观—建构"与"个人—社会"两个维度的交叉中探讨有关知识的本质及其对学习、教学的启示。

知识是个人的还是社会的，构成了长期以来知识研究的重要维度。前者将知识看作是居于个体内部的，而后者则认为知识是内含在团队或共同体中的。知识的这一维度正是通过个人与社会之间互动、中介、转化等的张力形式，构建一个完整的、发展的知识观。与此同时，20 世纪 80 年代末在西方兴起的建构主义思潮，又从"新认识论"的角度重新唤起了人们对以往知识的客观主义的反思。建构主义的思想渗透到了许多领域，其中在关于知识研究的诸多观点中，知识的社会建构性便是由知识的"客观—建构"与"个人—社会"两个维度交叉之后的一种取向。从建构主义的连续统中看，激进建构主义正是从个人的角度接近学习和认识的，重点描述的是个人方面的心理。社会取向的建构主义理论强调了知识的社会本质，由此，"学习是知识的社会协商"的学习的新隐喻在这些理论框架中

＊ 原文发表于《全球教育展望》2002 年第 11 期。

形成,相应地,有关建立"学习共同体""学习者共同体"的新的教学隐喻也已呈现并受到关注。关于知识是一种社会建构的主张有着诸多重要的理论基础,下面我们将从心理学和社会学的视角阐述知识的社会建构性的理论基础。

一、知识社会建构性的心理学理论

1. 维果茨基的心理发展理论

社会取向的建构主义理论都在不同程度上受到维果茨基关于心理发展的社会中介理论的影响。维果茨基创立的有关人的心理发展的文化历史学说,其核心是高级心理机能的发展问题。围绕着这一核心,他提出了彼此之间有机联系的心理发展的活动说、中介说和内化说。维果茨基有关心理发展的理论构成了基于知识社会建构性的学习研究的重要基础之一。他认为人的内部心理活动不可能从其外部的行为及其发生的社会情境中分离出来,人的社会结构和心理结构是相互贯穿和渗透的。所谓社会关系和社会角色这些概念(即"社会结构")是同身体的和意识的过程协调地整合在一起的。知识是内嵌于社会的,学习通过社会中介的合作过程而发生。形成和评价某种方案或政策在概念上跟个人作为某一团体成员的身份是分不开的。可以通过活动对意识进行客观研究,把意识的事实加以物化,转换成客观的语言,转换成客观存在的东西。另外,维果茨基在将人的心理机能区分为低级心理机能和高级心理机能时,强调区别人与动物最根本的东西就是工具和符号。人所特有的高级心理机能是以社会文化的产物——符号为中介的。他以发生学的方法提出人的心理发展的源泉与决定因素是人类历史过程中不断发展的文化,是作为人的社会生活与社会活动产物的文化。能在质上改变低级心理机能,促进高级心理机能发展的"心理工具"则是人类文化发展的一个重要方面。这种起着中介作用的心理工具具有一个显著的特点,即可以在作用于外部物质变革的同时作用于人的内部心理过程。由此出发,维果茨基研究了被中介的心理过程发展的规律。他提出了人的心理发展的两条彼此相关的客观规律,其一是:人所特有的被中介的心理机能不是从内部自发产生的,它们只能产生于人们的协同活动和人与人的交往之中;其二是:人所特有的新的心理过程结构最初必须在人的外部活动中形成,随后才可能转移至内部,成为人的内部心理过程的结构。维果茨基的这一"心理发展内化说"表明:独特的人类思维植根于社会的、历史的、文化的和物质的过程(包括脑的活动)并与它们交织在一起,近来的科学研究也证明了这一点[1]。因此,人的心理发展既是个体的又是社会的,个体的知识建构过程是和社会共享的理解过程不可分离的。维果茨基提出的对改革传统教育教学具有重大意义的概念"最近发展区"体现了教学与发展之间的内在联系,强调教学必须致力于学生潜力的开发,能对学生的发展施加合理作用的教学应该以师生的合作交往为基本形式,文化、语言以及其他符号系统等各种心理工具和认知工具的中介可以促进儿童高级心理机能的发展,而一切外部心理过程内化的基础则是从学生自身需要和动机出发的学生个人的积极活动。

2. 从维果茨基心理发展理论出发理解学习与教学及社会建构主义

维果茨基的理论启发我们对学习与教学作出新的理解。由"最近发展区"概念引出了生动的学习与教学的隐喻,"专家—新手"正是一个定向学习过程中一对个体的隐喻。"搭建支架"(scaffolding)是专家用来根据学习实践中来自新手的反馈而有目地发展新手技能的动态过程。专家在创设新手的"最近发展区"的过程中通过和新手相互促进,共同建构共享的经验和表征。不论是专家还是新手,都要把他们自己的任务行为(自我的规则)跟他人的言语和行为(他人的规则)联系起来,借此来调节自己的感知并对语言和活动作出新的选择。换句话说,"最近发展区"是在专家与新手的互动中构建起来的,它用来维持通过"搭建支架"而形成的"自制"和"他制"行为之间的和谐。"专家—新手""搭建支架"以及"最近发展区"等概念描绘了学习是如何通过不断协调感知、谈话和其他行为而发生的。学习过程中彼此间是相互限制的,而学习结果是由每个人的观念和行为共同决定的。

对维果茨基心理发展理论的第二点理解是,工具(心理工具和认知工具)是执行有组织的社会性活动的基础,而这样的活动又是新的心理机能发展和新的社会活动进行的基础。符号(语言及其他表征)是被再建构和内化了的外部活动的表征。言语(比如,借助词的抽象与概括)把社会世界中的意义组织起来,并内化成为个体的思想;进而,再经过言语的生产(必须加入到社会共同体中),成为新的活动的基础。工具和符号都是通过在社会环境中的参与而获得的。

例如,对一个"智能物理教学系统"研究共同体而言,程序语言、电子邮件、图形程序等,都是该系统研究共同体的工具。它们都是当一个个体开始参与到一个研究环境(比如一所大学或一个公司)中时获得的。某种谈话方式和书写方式要想被共同体中的成员所内化,必须协调新研究者的行为。也就是说,活动中的各种概念是通过活动的参与者在对话中进行工具和表征的交换而分享的。

今天,维果茨基的理论已经得到了极大的丰富与发展,在学习与教学研究方面提出了促进个体进行有效知识建构的具体策略。这些在德赖佛(Driver)的科学教育研究、欧内斯特(Paul Ernest)及鲍尔斯费尔德(Heinrich Bauersfeld)的数学教育研究中有清晰的论述。在建构主义领域形成了重要的以维果茨基理论为基础的社会建构主义(social constructivism)流派,而且,这一流派日益发展壮大(尤其在科学及数学教育领域),并开始衍生出新枝。如鲍尔斯费尔德将个人建构主义(如皮亚杰和冯·格拉塞斯费尔德的观点)的合理内核整合到维果茨基的观点中,具体研究了个体心理与社会环境的关系,提出创建数学课堂教学的文化,让个体通过积极的参与体验来自共同体中的矛盾与冲突,以促进个体的主观建构。为此,他将"最近发展区"内的互动具体化为"课堂上分阶段教学""谨慎对待学生的每一步建构""把错误当作学生'入门'的积极信号""教师要充当专家和社会代理,以成为课堂文化的典范"等策略,并据此发展了社会建构主义。沃茨奇(James V. Wertsch)则指出,维果茨基在关于个体心理功能的社会根源的论述中,由于没有意识到心理间机能往往处于不同情境中的本质,而将社会的和心理内机能等同起来。针对维果茨基理论的这一不足之处,他提出了个体的"心理机能就其本质而言是镶嵌在文化的、历史的和制度的情境脉络之中"[2]的观点。该观点的提出不仅是对维果茨基理论的发展,而且,以其合理的假设和严谨的论证正逐步成为教育建构主义中独到的"对待中介行为的社会文化观"(socio-cultural approaches to mediated action)。

通过上述分析,我们可以找到以维果茨基理论为基础的社会建构主义学派将知识看作社会建构的基本理据(或假设)是:

● 知识的基础是语言知识,而语言是一种社会建构;

● 人类知识对某一领域知识真理的确定和判定起着关键作用;

● 知识的社会建构是一个循环的过程,即个人的主观知识经过人际交往的社会过程(如需与他人行为协调、受到他人的评判等),通过发表而转化为使他人有可能接受的客观知识,而个人所具有的主观知识其本质就是内化了的、再建构的社会性知识。

由此说明,个体的主观世界是和社会相互联系的。知识是在人类社会范围内,通过个体间的相互作用及其自身的认知过程而建构的。因此,社会建构主义的知识观有这样的特点:尽管社会建构主义也把学习或意义的获得看成是个体自己建构的过程,但它更加关注社会性的客观知识对个体主观知识建构的中介作用,更重视社会的微观和宏观背景与自我的内部建构、信仰和认知之间的相互作用,并视它们为不可分离的、循环发生的、彼此促进的、统一的社会过程。基于以上假设,社会建构主义的核心论点是:只有当个人建构的、独有的主观意义和理论跟社会和物理世界"相适应"时,才有可能得到发展;发展的主要媒介是通过交互作用导致的意义的社会协商。

二、知识社会建构性的社会学理论

建构主义有三种主流传统,即教育建构主义、哲学建构主义和社会学建构主义。有关教育建构主义和哲学建构主义我们已有较多介绍。社会学建构主义以英国爱丁堡大学的强纲领(strong programme)学派及其对科学知识社会学(sociology of scientific knowledge)的研究而著名[3]。这种理论,把科学的发展与变化解释成社会状况与利益的变化,从而体现对认知内容及理性推理的解释权,或只把一部分理性推理作为有效的对命题中信念的解释。知识与信念是同义词,但知识是指已被群体接受的信念,而不是指正确的信念,"事实是由集体界定的"[4]。个体大脑被当作一只"黑箱",社会学家主要关注的是社会学的输入和情境与理论的输出,或信念的陈述,而其中的心理过程被滤出了这一参照系统。

现在,我们来看一下作为拥有这种社会学建构主义基本信念的典型代表吉尔根(Gergen)是如何解答知识的性质问题的。吉尔根也可谓一个全才。与维果茨基不同的是,吉尔根虽研究心理学,但他首先是一名社会学家,更关注的是微观心理层面之外个体之间及共同体之间的社会关系。他提出的社会取向的知识建构观点是一种激进的思想,称为知识的社会建构论(social constructionism)。社会建构论最基本的着眼点既不是外部世界(像外源论一样),也不是个人心理(像内源论那样),而是语言以及语言作品的知识库,是人类交互作用的完整的偶发流程。

吉尔根正是从研究"语言"的性质出发,提出了其知识的社会建构论的三条基本假设:

- 语言的意义是通过社会性的相互依赖而获得的;
- 语言的意义依赖于语境;
- 语言主要服务于公共功能。

第一条假设是说意义的制定来自两个人或多个人的共同努力,故应用一种公共意识形态替代传统知识观念中的个人主义意识形态,即合理清晰的陈述只能来自共同体;第二条假设意指语言与其指代物之间关系的约定总是根植于特定的社会历史环境;第三条假设指语言不是事实的运载,对语言的理解不能脱离使用语言的语境,研究的价值在于揭示处于动态关系中语言的功能，语言的运用有着实际条件和限制，即语言功能的运作总是与某种有着共同约定的"游戏规则"的共同体联系在一起的。

基于以上假设，社会建构论的核心论点是：我们所陈述的一切（或可被承认是知识的东西）是通过社会的交换、协商与约定过程而获得合法性的。

吉尔根提出了一个学习的隐喻：对话。对此，他解释道："在最抽象的水平上，我们可以说那些被我们认为是知识的东西就是对话空间中的暂时空位，即话语的范本，这些话语的范本在既定场合被授予'富有知识的讲述'（knowledgeble tellings）的地位。更具体一点，知识是随着对话的继续而被不停地生产出来的东西。要想变得富有知识，就必须在某一确定的时间，在一正在进行的对话关系中占据某一确定的位置。"[5] 由此可知，为大家所共享、公认的概念或名词仅仅是反映了某一社会团体的"一种恰当的约定"。作为普通人，我们的真实是依靠我们对话的方式构建起来的，这种方式存在于维持我们相互之间日常交流的生活传统之中。社会建构论并没有关注对话中个体的心理活动，而是把对话的方式作为中心，因为对话本身提供的虽不是"心智表征"，但却是可以形成新意义、发现已有意义符号的"心理工具"。正是这些对话的方式组成了我们的经验。这就是语言的对话功能——激发和生成不断"流淌着"的集体协商认可的意义。

吉尔根的"对话"隐喻启示我们在教学实践中要削弱权威。因为在他看来，权威并不是借助经验的积累或理性的提炼便属于个体所拥有的，"权威是社会赋予的，在大多数学术领域内，权威被特意授予那些占据某一特定的话语位置的人。因此，如果得到相关社会团体的认可，任何一个占据该位置的人都可能成为权威"[6]。在许多情况下，教师并不总是专家，但是，教师需要而且能够被培养成专家。教师的角色是多重的，可以是一个协调者、促进者或是使学生能够配置资源的顾问，这样做的目的在于使学生为有效地占据"对话关系中特定的位置"而作好准备。教师的这个角色更显出指导教师或教练的一面。要维持教学系统有效且良性的运转，在削弱权威的同时，必须不断注入来自外界环境（甚至其他共同体）的新的能量。因此，吉尔根提出，要激活对话关系，要用具有实践意义的主题去发展对话的意义，要欢迎多元声音加入到教学实践中来。

三、试析社会建构主义与社会建构论的异同

从强调社会关系这一点讲，社会建构论与维果茨基学派的社会建构主义之间有着相

似之处。首先,二者都把社会置于个体之上,强调知识的社会文化来源,关注社会交往对学习的影响。强调共同体的作用,认为共同体是个体意义存在的前提或载体,个体合理性依赖于社会团体而存在。其次,二者都把合作或对话的过程看作是教育的核心。但二者也存在着明显的区别。

首先,社会建构论把个体之间的关系——处于微观或宏观社会水平的相互依赖的行为范型(如一些社会关系范型)——置于首要位置,却并不从个体内部心理过程来解释这些范型。相反,维果茨基作为一名心理学家,尽管也关心社会过程,但仍将个体心理发展的研究作为其首要任务,一切社会性过程最终都要服务于个体心理的发展。维果茨基给予极大关注的是符号中介特殊的思维过程(如感觉、知觉、记忆、注意等)。

其次,虽然他们都把语言作为知识的基础和获取知识的工具,但维果茨基强调语言的心智表征的功能以及语言作为中介个体心理发展的心理工具;而吉尔根则关注语言的对话功能,在共同体成员间及不同共同体之间等社会关系层面上通过语言的传输与反馈不断生成新的"约定",所以说,对话是共同体生长所依赖的方式。

再者,双方都对合作学习感兴趣,但社会建构论把视线放在提高学生能力的合作过程这一社会关系水平上,而维果茨基的兴趣在于研究处于心理水平的最近发展区。

另外,社会建构主义和社会建构论对共同体成员的角色看法不同。如维果茨基及其追随者非常看重"最近发展区"中成人或较有学识的伙伴(作为教师)的专家及社会规范代理的作用;而社会建构论则极为倡导削弱这种固定的权威。

因此,我们认为,维果茨基和吉尔根的社会取向的建构主义都从知识建构的社会互动协商过程强调了人的社会性发展——这一人类发展的本质。可以说,吉尔根将维果茨基对知识建构的内部心理层面的关注进一步拓展到外部人与人之间及共同体间这一微观及宏观的社会关系水平,以激进的形式强调知识之根本来自社会,是经过社会协商后所达成的一致约定。

本研究对社会建构主义和社会建构论的分析与比较,让我们从心理学和社会学两个角度认识了知识的社会建构性,理解了学习是"对话"、学习是"社会协商"、学习是积极参与中的"个体建构"的概念,相信这对我们如何对待学习、如何进行教学设计有一定的启发。

参考文献 ···

［1］Lan Tattersall,范淑霞. 人类语言和符号的历史渊源[J]. 科学(中文版),

2002(3):30 - 37.

［2］Steffe L P, Gale J E(Eds). Constructivism in Education ［M］. Mahwah, NJ: Lawrence Erlbaum Associates, Inc., 1995:159.

［3］Editorial. Science & Education ［J］. 2000,9(1):1 - 10.

［4］巴里·巴恩斯.科学知识与社会学理论［M］.鲁旭东,译.上海:东方出版社,2001:7.

［5］［6］Gergen K J. Social Construction and the Educational Process ［M］. New Jersey: Lawrence Erlbaum Associates, Inc.,1995:30 - 31.

第二部分

情境认知与情境学习

本部分收录了高文教授及其团队关于情境认知与情境学习领域的 7 篇代表性文章,既从理论层面高位引领,建构模型,又从实践角度紧贴真实情境,探讨具体特征和设计问题。成体系、全方位地解读了情境认知与情境学习是什么、为什么、怎么办等问题。

首先,高文教授的系列文章介绍了情境认知与情境学习的缘起,以试图破解传统学校教育的弊病为抓手,提出情境元素在知识、认知与学习中的必要性;基于情境认知与情境学习的理论假设和基本特征,勾勒出情境认知与情境学习的应然状态和实践路径。如何使抽象的理论、概念变得更接地气,走进真实的课堂教学?高文教授阐述了情境认知与情境学习作为一种教学模式其设计的关键特征,以及作为情境学习重要模式之一的认知学徒制的基本构成组件和有效性。怎样的情境教育是好样板?高文教授推荐了李吉林老师的《情境教育三部曲》,透过二十余载的情境教学、情境教育、情境课程探索,抒写了李老师不懈的追求、探索、实践、思考、建构与创造,走出一条浸润于中华文脉的教育改革之路的答卷!

情境教育本土化经历了怎样的过程?应该如何更好地理解情境教育的理论意涵?吴刚教授从中国情境教育出发,把握情境教育这一基础教育的重大问题,论述了情境认知假设与中国情境教育探索;并从意境到情境、情境与意义、情境的构造、情境的作用机制和情境教育的价值意图五个方面,揭示情境教育的实质是重构学生与社会生活及世界意义的关联。

郑太年教授、赵健教授的文章聚焦情境认知与情境学习的应用层面。为什么要关注知识双重情景化?知识的双重情景化对于学校教育场境中的学习和教学革新带来了怎样的促进作用?郑教授借鉴情境知识和学习观、建构主义观和学习、教学理论,分析课程教学中的知识关涉问题,提出双重情景化的具体含义,引发关于教学革新的思考。赵教授关注科学类教材中的情境问题。何为教材的知识情境?教材的知识情境蕴含哪些德育价值?教材情境中的隐性德育是如何发生的?《论教材知识情境设计的德育维度》一文试图为解答这些问题提供参考。赵教授在文中论述了科学类教材情境中隐性德育的发生原理,从"物理—社会"和"过去经验—未来经验"两条线索解析了知识情境中隐性德育的展开方式,并提出了教材知识情境隐性德育设计的模型,为理论研究和实践探索提供有益的参考。

5

认知学徒制 *
——一种基于情境的有效学习模式

高 文

　　对传统学校教学与学习的反思使我们发现，知识的学习与运用之间，即通常所说的
"知什么"（know what）和"知怎样"（know how）之间是割裂的。这似乎是目前仍很流行的
说教式教育的产物。这种教育假设知与行之间是分离的，视知识为自给自足的、整体的存
在物，并认为知识在理论上可独立于其学习和运用的情境。根据这种假设，学校主要关心
的似乎只是抽象的、脱离背景的、正式概念的迁移。活动和背景只是附属于这种学习。显
然，传统教育是建立在有关学习的错误假设之上的。在对传统教育进行认真反思时，首先
有必要揭示有关学习的错误假设。

一、有关学习的错误假设

　　研究表明学校中的许多学习情境是无效的，这是因为有关学习的假设是错误的。这
些错误的假设是[1]：

＊ 原文发表于《外国教育资料》1998 年第 5 期。

1. 人可以按预定方式将学习从一种情境迁移至另一种情境

学校教育的最终目的是帮助学生做好在非学校场合工作的准备。然而,数十年的研究表明,个人无法按预定的方式将知识迁移至应当发生迁移的新情境中,比如从学校的知识到日常实践,从校内的一门学科到另一门学科等。

2. 学习者是智慧的被动接受者,即是灌输知识的容器

这一假设的产生是将教育的目的视作一代代地传递社会知识与文化,这样的教育通常鼓励教学的讲授模式并视教师为学习过程的控制者。学习的控制权掌握在教师的手中,这削弱了学生认知管理技能的形成,该技能包括确立目标、策略的制定、评价以及修正——这些技能对于有效学习都是十分关键的。长此以往,学生对自己的学习能力或感觉发展能力缺乏信心,他们从经验中学习的可能性也会受到抑制。

这种被动、消极学习的另一后果是:由于学生采取的是置身于学习过程之外的等待的态度,所以他们只是最低限度地注意和参与学习过程。这种态度通常会转变为一大堆的纪律或其他问题。进而,被动学习鼓励学生在教师提问或测验时仅仅再现"正确"答案,而不进行真正的学习。由此,被动学习实际上是在纵容学生以虚假的方式完成学习,也就是学习的结果仅仅停留在口头上,而不是行为的改变。

3. 学习就是巩固刺激与正确反应之间的联结

基于这种假设的教学产生于有关学习的行为主义理论,并导致了由互不相干的项目、任务和技能组成的课程。这种课程通常不关心项目、任务、技能产生的背景。这种脱离背景的教学无法充分促进人最重要的特性——判断能力与解决问题能力的发展,妨碍了儿童天然学习系统的正常运作,因而使学习成为机械的操作。

4. 学习者是一块可以记录知识的白板

这一假设的持有者认为,学习者如同一块白板,可以记录通过教师的教学灌输的知识,同时,将他们从任何地方获得的观念和概念带进学校情境。但是,如果这些观念与概

念在学校中没有得到充分检验,学生通常倾向于返回抵制校外新情境的老观念。

5. 需转移至新情境的技能与知识的获得应独立于它们的运用背景

该假设的依据是传统的迁移观,即认为只有脱离具体情境、背景的高度抽象与概括的知识与技能才易于向新的情境迁移。然而,情境认知的研究表明,背景对于理解、学习是十分重要的。事实上,正是背景赋予了学习以意义。儿童解决镶嵌于背景中的问题要比解决脱离背景的问题容易。由此获得的知识和技能更易于迁移至真实情境。

由于目前的学校实践依据的是以上有关学习的错误假设,因此,学校中发生的学习通常是无效的。没有真正经历学习活动,即使已理解的知识和流程也无法像预期那样迁移至新的情境。

当前对学习的研究已对"学什么"和"如何学""如何用"的分离、知识和知识产生与运用情境的分离提出了挑战。研究表明,知识在其中得到开发和发展的活动并不脱离或附属于学习与认知。活动也不是中立的,活动应该是所学知识整体的一部分。情境可以说是通过活动与合作产出知识的。总之,现有的研究已能证明,学习和认知基本上是情境性的,"知什么"与"知怎样"应该融为一体。由此产生了这样一个问题:我们应以何种深思熟虑的方式,使活动与情境跟认知与学习整合起来。为解决这一问题,首先应该改变习惯了的学习观,因为对待学习活动的不同看法会导致截然不同的学习结果。我们认为,教育若忽略认知的情境性本质,分割知与行,就无法达到提供有用、健全的知识这一教育自身的目标。我们认为,主张把学习镶嵌在活动之中和有意识地利用社会与物理环境的认知学徒模式,比较符合对学习和认知本质的理解,可在一定程度上克服上述传统教育的弊病。认知学徒模式是情境学习的重要模式之一,该模式是依据情境学习与情境认知的原理构建的。

二、有关情境学习与认知的思考

1. 知识和学习的情境性

米勒和吉迪亚(Miller & Gidea)对词汇教学的研究表明,有关知与行分离的假设导致教学方法忽略了语词的情境结构认知。他们的研究描述了如何按词典定义和以若干句子作为范例对儿童进行词语教学,他们还将这种方法和校外按日常方式学习词语的方法进行了比较。

研究发现,在日常交际的语境中,人通常能以惊人的速度成功学习语词。一个人通过听、说、读,16年中平均每长一岁可学到5 000个单词(平均每天13个词)。相反,通过从日常用途中抽取出来的抽象定义和例句教学来学习词语,则不仅学习速度慢,而且通常很不成功。在一般的学校教学中,几乎没有足够的课堂教学时间用以教每年100—200个单词。而且,即使学过的词语,其中大多数往往也无法在实际中应用。这是因为:源于词典的教学认为,定义和例句是自足的知识"碎片"。但是,事实上,词语和句子并不是孤立的,它们总是存在于一定的交际场合和说话情境之中。

首先,在错综复杂的语言中,最突出的就是索引词,如这里、现在、明天、后来等。这些索引词标志着交际发生情境的一部分。这些词完全依赖情境,因此,只有在一定的情境中,才能对它们作出解释。令人惊讶的是,几乎所有的词都可以被视作索引词。

其次,对日常阅读的观察表明,有经验的读者能意会到词语的情境性。因此,在解释一个词前,他们会先了解上下文(语境),然后才去查阅词典中有关词的应用的情境性例句。虽然情境与词典一样都支持对词的解释,不过学生在提出词典中列出的句子时,往往没有得到源于常规交际情境中的实例的支持。这一事实常常被学校教学所忽视。

有关词语教学与学习的研究所得出的结论具有一定的普遍意义。因为所有的知识都和语言一样,它们的组成部分都是对世界的索引,所以也就必然是其从中产出的活动和情境的产物。认知学徒制正是试图通过真实实践中类似职业学徒制中的活动和社会性互动,促进学生的文化适应。因此,认知学徒制强调将知识视作工具。

(1) 作为工具的概念性知识

有关概念的陈旧观念是把概念视为抽象的、自足的整体,而新观点则将概念性知识看作一整套工具。工具和知识共享着若干重要特征:它们都只能通过运用才能完全被理解,它们运用既必须改变使用者对世界的看法,又必须适用所处文化的信仰体系。因此,概念既是情境性的,又是通过活动和运用不断发展的。

如果把知识作为工具来考虑,就必须注意消极概念的获得和有用的、健全的知识开发之间的区别。例如:学生获得算法、规则和脱离情境的定义,却无法加以运用,只能听凭它们处于消极状态。这在传统教学中是非常普遍的现象。遗憾的是,这一问题往往因人们的熟视无睹,而得不到重视。

然而,在现实生活中,人们总是积极地使用工具,而不仅仅是获取工具,人们在使用工具的同时,不断构建对于使用工具的世界和工具自身丰富内涵的理解。这一理解是随着人与世界以及工具的相互作用而持续变化的。因此,学习与行动之间的界限是模糊的,学习已成为发生于某一情境中的一种持续的、终身的活动过程。

学习使用一种工具,除了解一些确定的规则外,更重要的是要了解工具使用的场合和条件,后者直接来自使用这一工具的某一共同体的活动情境。正是该共同体及其观点决定了工具的用途。因为工具及其使用方式反映了共同体逐渐积累的独特的洞察力,不理解共同体使用工具的文化,就无法以恰当的方式使用它。

概念工具同样反映了使用这些工具的文化的累积性智慧以及个人的洞察力和体验。概念工具的意义不是一成不变的,而是共同体内部社会协商的产物。再者,适当的使用并不仅仅是抽象概念的功能,这是概念得以在其中发展的文化和活动的功能。正如粗木匠和细木匠以不同方式使用凿子,物理学家和工程师对数学公式的使用也是不同的。活动、概念和文化是彼此依赖的。离开了其他两个,谁也不可能被完全理解。学习应该包括它们全体。传统教学常常试图传授作为固定不变的、定义完善的独立存在物的抽象概念,这一概念可以通过原型和课本中的练习进行探索。但是,这样的范例既不能提供对文化的重要洞察,也不能提供对该文化成员的真实活动的重要洞察,而这正是学习者所需要的。

研究证明,如果学生能像学徒一样,进入某一从业者的共同体及其文化并同时学习像从业者那样使用工具,学习才可能成为有效的。

(2)学习与文化适应

进入文化的过程初看似乎和学习无关。然而,事实上,在进入文化的过程中人们所做的正是学习听、说、读、写、算,或成为一个学生,或成为办公室工作人员、研究人员等。人们从很小的年纪开始,直至整个一生,有意或无意地接受着新的社会团体的行为和信念。人们如果获得机会去观察和实践某种文化成员的行为,他们就会熟悉相关的行话,仿效其行为并逐渐开始按相应的规范行动。这种文化的实践往往是隐藏的和极端复杂的。尽管如此,若提供观察和实践它们的机会,人们就能十分成功地感觉和接受它们。对文化适应的这种隐蔽性往往会掩盖这一过程的重要性以及这样一个客观存在的事实,即人们所熟悉的一切不是外部教学的结果,而是周围环境文化的产物。

正是由于这个缘故,当代学校教育的实践常常不给学生参与相关领域文化的机会。虽然学校也向学生提供学校课程中所隐含着的很多学术文化的工具以及所观察到的一般文化的工具,然而,凭借这种文化工具,他们只能有效地进入这样一种学校特有的文化。这种文化在无意之间可能是跟所学知识的真实应用领域相对立的。因此,学生可以通过考试(学校文化的特别组成部分),但仍然不能在真实实践中使用该领域的概念工具。当然,这并不意味着要求所有学数学或历史的学生都必须成为专业的数学家或历史学家,而是要求学生为了学习这些科目(而不仅仅是一般了解它们)必须拥有比抽象概念和自足的范例更多的知识。他们必须直接面对能在真实活动中使用的某一领域中的概念工具,面对像从业者一样工作的教师并运用这些工具解决这一领域中的问题。这样的活动可梳理出一个数学家或历史学家看待世界的方式并解决应急问题。在这一过程中出现的也许是非正式的,但却是生气勃勃的真实活动,它不用课本中的范例和说明性解释,但却包含着极其广博的真实见闻。显然,只有按照真实情境改造学校传统的教学情境,才能使学习有利于学生对某一特定共同体文化的适应。

2. 真实的活动

众所周知,某一领域中的活动是由其文化规定的。活动的意义和目的是通过现今与过去成员之间的磋商而以社会方式构建的。因此,一切有意义、有目的的活动都是真实的。这样,真实活动可以最简单地定义为日常的文化实践。

然而,学校活动常常倾向于成为一种混合物,它是由一种文化从内部规定的,但在外部却归属于另一种文化。例如:大部分课堂活动都是在学校文化内部发生的,虽然这些活动(如读、写、算等)又分别归属于读者、作家、数学家、历史学家、经济学家、地理学家,等等,但是学生并不将其活动理解为相应的从业者的活动,同时也不理解这些活动归属的文化。此外,这种混合的活动限制着学生接近源于情境的重要结构性和支持性的线索。学生所做的一切倾向于完成一种活动的代用品。

由于学校的活动缺乏真实性,因此在学校中进行的学习活动往往是缺乏能动性且无效的。即使将真实活动移至课堂,其情境也不可避免地产生变形,变成课堂上的任务和学校文化的一部分。讲授式的教学、被动的学习和形式化的业绩测试与评估被隐含在学校的这种自给自足的文化之中,形成了至今在学校中占有优势的传统教学模式。结果,与学校教育的目标相反,这一学校文化中的成功常常很少影响其他真实活动场合的绩效。

以创设有效学习环境为己任的认知学徒模式正是试图通过在学校情境中设置基于工作的、模仿从业者真实活动的学习环境,来提高学习的有效性,并保证知识向真实情境的迁移。

(1) 学生、从业者和普通人的活动

情境学习的主张认为,大部分的学校活动存在于学校特有的文化之中,这正是造成学校中学习困难的中心问题。莱夫(Lave)有关学习和日常活动的人种学研究揭示了这样一个事实:源于不同文化和活动的学校教育是各不相同的,因为正是文化与活动赋予所学东西以目的与意义。莱夫研究的焦点是普通人的行为。他的观察记录证明,普通人习得知识和解决问题的方式和要求学生所做的完全不同。由此,他提出了"普通人""学生"和"从业者"三个范畴。[2]

当普通人立志学习一套特定的实际活动时,他们可以选择通过学徒制进入文化,成为一个学徒,这与一个普通人正常所做的并无质的区别。人一直在进入不同共同体,处于不同的文化之中。所以,可以认为学徒的行为和普通人的行为是极为相同的。第二个比较习惯的选择是进入学校,做一个学生。然而,学校似乎要求学生的行为发生一种质的变化。希望一个学生所做的和一个普通人所做的有重大的区别。普通人日常活动中发展起来的直觉推理、解决问题和切磋意义等一般策略,却被严谨的定义、完善的问题、正式的定义以及许多学校活动的象征性处理所取代。由此,学生在学校中学习的同时,也就进入了一种学校特有的文化。

公认的学生行为、普通人行为与从业者行为的突出特征的比较显示了这样的一个事实,即普通人和从业者的活动之间有着很大的相似之处。两者的活动都处在他们工作所置身的文化之中,他们在这一文化中切磋意义、构建理解并在他们实施的活动范围内详细地说明问题和解决问题。莱夫曾提供了一个普通人通过参与真实活动,利用问题产生的情境,去发现问题的解决方案的实例。问题是这样的:桌上放着奶酪,一个节食者为了准备一份食物,需要取三分之二量杯奶酪的四分之一。在开始解决问题时,该人嘀咕说,他曾在大学里学过微积分……然后,停顿了一小会儿,他突然宣称,他已经找到了答案! 在他完成这一过程之前,他就对自己的正确性表现出充分的自信。他拿起量杯,装满三分之二杯奶酪,将它们倒在砧板上,拍打着奶酪,使它们排列成圆圈,然后在上面画一个十字,取出其中的一份。[3]

应该说,以上的问题解决方法是很合理的,而且有创造性,仅依靠抽象知识是不可能这样解决问题的。这反映了普通人与从业者的活动特征和本质。这一创造性解答的产出依靠的是节食者看到的镶嵌在具体背景和活动中的问题。因此,他能看到问题并根据所看到的量杯、砧板和刀找到解决问题的途径。这就是普通人和专家所特有的解题方式。

学生则不同,其推理过程依靠已知的定理,他不是依据情境,而是依据符号行动,他所面对的是定义完善的问题,最终,通过学习产出的结果是固定的概念及其固定的意义。

这一研究表明,真实活动对于学习者是十分重要的,因为这是使学习者能像从业者一样有意义、有目的地行动的唯一途径。这一活动还有助于学习者对工具的使用与掌握,并使其趋于完善,此外,它向学习者提供了对于后继行动十分重要的经验。

为了使学生在学校中所学的知识能更好地运用到新的情境中去,成功地解决生活中的问题,设计基于学校的有效学习环境,已成为关注的焦点。

(2) 活动的"索引性"表征

真实活动对于学习者是十分重要的,因为这是使学习者能像从业者一样有意义、有目的地行动的唯一途径。这一活动还能促进学习者对工具的使用并使其趋于完善,此外,它还向学习者提供对于后继行动十分重要的经验。布朗、柯林斯和杜吉德(Brown,Collins & Duguid)曾强调一种超越概念和各种表征的积极领悟的新认识论,提出产生于活动的特殊的"索引性"表征。[4]

产生于活动的表征不能简单地用描述取代。因为,无论是清晰的(在最好的场合)描述,还是模糊的(在最坏的场合)描述,都是强行插入说话者与话题之间的。听众首先集中注意去描述并试图去解释它们,发现它们可能涉及什么。然后,命题才有可能被理解。显然,无论描述有多么细致,它们都很难取代索引词。只有产生于行动的知觉才既是学习又是活动的中心特征。一个人如何认识活动也许是由工具及其合理应用所决定的。然而,人感知的是什么,则有助于他们怎样行动和学习。不同的活动产生不同的索引性表征(它们不是等同的、通用的)。因而,导致这些表征的活动在学习中起着中心的作用。对这些表征进行索引的方式不仅仅是语言。这意味着,表征依靠背景。在面对面的谈话中,人们可以对索引性的表述作出解释(在解释中包含以下语词:我、你、这里、现在、那,等等),以接近所索引的情境特征。通常,人们很少注意周围环境对其理解的重要意义,但当人们试图远距离地进行类似谈话时,周围环境的重要性就凸现了出来。因为在这种情况下,索引性的表述常常会引起问题,这就需要使参照物情境化,以保证对索引性表述作出解释。情境化最好的途径就是用清晰的话语作精细的描述,以取代"这里、我、你、他、那"等一类不确切的索引项,由此保证远距离谈话的顺利进行。总之,一个共享环境的内容对于促进谈话是十分重要的。

研究者认为,知识,同样的还有对情境(知识从该情境中产生并被加以利用)的索引,是镶嵌在环境中的。正是知识得以产生的环境提供了知识的结构和意义。因此,知识是通过活动和知识得以发展的环境进行编码的,知识跟活动与环境密切联系。知识正是这样穿越其基本组成成分而展开的,这些成分有的在心理之中,有的在世界之中。由此可见,认知的结构广泛地分布在环境(同时包括社会环境和自然环境)之中。环境因此对促进人在活动中形成的索引性表征起着十分重要的作用。反之,这些表征也促进了未来的活动。如果构成该表征的环境的组成成分不变,通过参与某项任务而得到发展的索引性表征,能大大增强后继任务完成的效率。这证明情境学习有利于提高完成任务的能力,而脱离情境的学习则无此功效。因为环境特征的再现有可能会提供再现的行动序列。显然，记忆和后继行动并不是独立于背景的过程。惯例应该是实现这种索引的产物。正因如此，真实活动成为学习的中心成分。索引性概念所表达的重要观点之一就是指出，不仅学习，而且知识也是情境性的。由此出发，镶嵌在真实情境中的学习方法不仅仅是有用的，而且是必不可少的。

三、设计有效学习环境

1. 设计有效学习环境的线索

为设计有效学习环境，认知科学家研究了大量相关的知识与经验，其中包括 19 世纪和 20 世纪初教育家的研究工作、对学徒制学习与幼儿快速学习的分析以及有关认知的研究。首先，他们从杜威（Dewey）的研究与实验中汲取了最早的灵感：经验课程的发展经历的是从实际经验到正式学科再到整体学习（如：从园艺栽培到植物学，再将植物学置于自然科学之中）。接着，他们研究了如何使儿童成为一个令人吃惊的学习者。他们分析了幼儿进行学习的条件并由此获得设计有效学习环境的线索。这些线索是：

● 学习是在背景中发生的。幼儿最初五年的学习是在富有意义的、进行着的活动中发生的。在学习的同时，幼儿可以获得有关他们行动成功的即时反馈。

● 父母和朋友是幼儿模仿性学习的模特儿，为幼儿提供经验的结构以及经验之间的联系。

● 学习是功能性的。幼儿在学习中需要获得概念和工具以作为解决问题的工具。

● 学习的需要和目的常常清晰地呈现在幼儿面前。

2. 传统学徒制的研究

此外，他们还研究了传统的学徒制学习。有关有效学习环境设想的另一个启示是研究个人是如何在传统的学徒制中学习的。既然有效学习环境的设计致力于使学校课程成为某种实践的具体化，那么学徒制的学习方式则提供了大量实践的机会。有关的研究还识别出了传统学徒制学习的若干特征：

● 工作是一种驱动力。在传统的学徒制学习中,学徒逐渐掌握完成任务的方式。在这一学习过程中学习的动机主要不是为了一步步接近一个遥远的、象征性的目标(诸如获得一份证书),而是为了出色完成工作。

● 学徒制是从掌握相对简易的技能开始的,因此很少出错。

● 学习的重点是亲自动手操作。因此,这种学习包括的主要是"做什么"的能力,而不是"说什么"的能力。

● 实际操作的标准是镶嵌在工作环境中的。对学习者能力的判断是自然地、持续地在工作背景中显现的。学徒是在继续掌握下一个技能时,产生"自己的"问题的。

教师和教学在这种学徒制的学习中通常是无形的。学徒获得的有关行动的指示基本上不是来自教师的教学,而是来自对工人如何从事同一工作的观察。简言之,学徒是逐渐被一个专家的实践共同体所接纳的。在这种学徒式的学习中,师父作为"教师"始终参与同一实践活动,他们的实际操作为学徒构建了标准。

显然,传统的学徒式学习不能完全迁移至现代社会。因为现代社会所需要的许多技能,如数学的、法律的或基于计算机的处理等,至多也只有部分是可视的。据此,认知科学家进行了一系列开发有效学习环境与课程的尝试,试图以此满足今天非可视性学习的需要。这一领域的研究是跨学科的,其中包括:数学、物理、阅读、写作和室内设计。

总之,以上所有研究为有效学习环境的设计奠定了坚实的基础,由此产生了将各种关键要素融为一体的认知学徒模式。这一模式消除了学术性教育与职业教育之间通常存在的差异,将其目标定位于接纳新手进入专家的实践共同体。

四、认知学徒模式

"认知学徒制"通过允许学生获取、开发和利用真实领域中的活动工具的方法,来支持学生在某一领域中的学习。"学徒制"概念强调经验活动在学习中的重要性,并突出学习内在固有的依存于背景的、情境的和文化适应的本质。在传统的学徒制中,完成所学任务的步骤通常易于观察。然而,在认知学徒制中,必须使思考过程变得更加明显。当师父的思维更接近于学徒,而学徒的思维对师父一目了然时,学习才有可能逐渐地同时既完善行动又改进潜在的过程。

由柯林斯、布朗和纽曼(Newman)首先提出的认知学徒模式包括四个构件:内容、方法、序列和社会性。应该承认,认知学徒模式的组成成分并不是新的,但是将它们组合在一起,则能定义一个适合不同课堂和师生角色的有效学习情境。[5]

1. 认知学徒模式的基本构件

（1）内容

学校通常特别关注某门学科的概念、事实和程序。然而,为了在任何场景中都能有效地运作,学生还需要另外三种其他的内容类型,它们是:专家从经验中精选出的问题解决策略;认知管理策略,即目标的设定,策略的制定,监控、评价和修正;学习策略,即知道如何学,包括新领域的探索、温故知新、原有知识的重组。

（2）方法

教学方法应给予学生在一定的背景中进行观察、参与、发明或发现的机会。为此,在该模式中包括了大量系统地激励学生进行探索和独立活动的方法,如:教师给予指导,即由教师提供线索、反馈和暗示,搭建脚手架,以支持学生学习如何执行任务;然后,教师"淡出",即逐渐将其对学习的控制权移交给学生。

（3）序列

学习是分阶段进行的,学习者须不断构建专家在实际操作中所必需的多项技能并发现技能应用的条件。这需要一种逐渐复杂的任务序列和不断变化的问题解决情境的序列,以及对学习进行分级,以便让学生在注意细节以前,发展一种对全局的知觉。

（4）社会性

学习环境应该再现运用所学知识的真实世界的特征,即技术的、社会的、时间的和动机方面的特征。然而,只有通过在一定背景中遭遇学科重要知识,大部分学生才能学习何时、何处和怎样将这些知识运用于其他情境。例如,在真实世界中,人们必须与他人一起工作,因此,认知学徒模式要求学生共同工作,通过协作解决问题,完成任务。社会性交互是认知学徒模式的重要组成成分——学习者处于一种"实践的共同体之中",该共同体具体体现学生应获得的信念和行为。随着学生作为一个初学者或新手逐渐从该共同体的边缘向中心移动时,他们会变得更加积极,更多地接触其中的文化,因而逐渐进入专家或熟手的角色。

2. 认知学徒模式的设计指南

研究表明,凡是由动机驱动的活动（无论是经验性的,还是反思性的）都是富于挑战性和自我激励的。人可以在这样的活动中形成积极的思维流、良好的心态和令人愉悦的体验，即所谓的"巅峰体验"。这证明积极的参与、良好的心态以及挑战性的思维流是学习的最佳条件。由此，可提出以下适用于认知学徒模式的设计指南：

- 强化社会性的互动和反馈；
- 具有具体目标并建立相应的程序；
- 激发活动的动机；
- 提供持续的挑战感，不害怕挫折，不轻易失望与厌倦；
- 提供直接参与感，产生对环境的直接体验和亲自完成任务的感觉；
- 提供适合用户和任务的工具；
- 避免分心与中断，以干扰和破坏主观体验。

3. 认知学徒模式的范例

美国的一些中学学科或项目已经引进了认知学徒模式。例如，有一所中学确立了一项制造和驾驶太阳能汽车的科学项目。这个项目持续时间长达九个多月。这既是学校中的一项科学项目，同时又是真实世界中的一项现实的任务。这个项目的完成中包括了认知学徒模式全部的四个构件。这个项目要求学生获得许多跨学科（物理、数学、太阳能工程学、水力学、电子学、草图设计、模型制作、金属加工和焊接）的技能和知识。同时，学生还需要一些处理事务的能力（争取赞助、管理获得的基金、跟报界打交道以及公关技能）。令学生意外的是，他们还需要获得领导、管理和人际方面的技能，以便合理地分配工作，保证项目的正常进行。

4. 认知学徒制的前景展望

目前教育中存在着两个问题：一是缺乏一种使年轻人能顺利地从学校进入工作岗位的国家体制；二是大部分学校本位的课程，甚至于连许多职业课程，都不能很好地满足工作单位的需要。这两个问题的存在以及解决问题的需要，现已引起人们对仿效真实工作情境的认知学徒制的广泛兴趣和关注。

显然，认知学徒模式可通过开发兼容职业课程的灵活性与实用性以及学术课程的基础性与系统性的整合课程，以促进职业教育与学术教育一体化问题的解决。

进一步的研究表明，认知学徒制作为一种专门设计的与工作相关的、学校本位环境中的情境学习,应该重点培养学生的学习能力以及适应现代工作的一般技能(如:信息的获取与处理、认知工具的掌握与运用、解决问题的能力、人际交往能力等),从而使学生在学校中获得的知识能符合工作单位的需要并有效地迁移至新的情境之中。

小结

研究表明,认知学徒模式是有一定理论根据的,其策略的构建依据从杜威、维果茨基到当代认知科学家等在内的许多思想家和研究者共同的发现,强调一种超越概念和各种表征的积极领悟的新认识论。这些策略是建立在传统学徒制基础上的、经过检验的跨文化策略。该模式在现代技术手段的支持下能为学生创设一个有利于可视技能获得的、不同于传统学校"温室型学习环境"的、日常生活型的、真实有效的学习环境。

作为情境学习的重要模式之一,认知学徒模式试图揭示学习的真实本质——学习是学习者与知识以及知识得以产生的活动、背景和文化互动的结果。该模式反映了情景认知的基本原则:学习需要社会性的互动和合作;学习是在知识镶嵌于其中的真实情景中进行的;在情境学习中学习者无意的、偶然的、边缘性的参与是合法的。认知学徒模式还使学生有可能在某一真实领域的活动中获取、开发和利用认知工具并以此支持某一范围内的学习。

研究情境学习的学者在区分新手与专家的同时,又深入研究了学习者、从业者和普通人三个范畴,试图以认知学徒模式改造传统学习模式,填补知与行之间的断层,实现职业教育与学术教育的统一,以更好地满足社会对新型人才的需求。

参考文献 ••

[1] Berryman S E. Designing Effective Learning Environments: Cognitive Apprenticeship Models [M]. New York: Columbia University, 1991.

[2][3] Lave J, Wenger E. Situated Learning: Legitimate Peripheral Participation [M]. Cambridge: Cambridge University Press, 1991.

[4] Brown J S, Collins A, Duguid P. Situated Cognition and the Culture of

Learning [J]. Educational Researcher, 1989,18(1):32 - 42.

[5] Collins A, Brown J, Newman S E. Cognitive Apprenticeship: Teaching the Crafts of Reading, Writing, and Mathematics. In Resnick L B (ed.). Knowing, Learning, and Instruction: Essays in Honor of Robert Glaser [M]. Hillsdale, NJ: Lawrence Erlbaum Associations, 1989:453 - 494.

6

情境学习与情境认知 *

高 文

在过去的 100 年中,有关学习的理论研究经历了三个主要范型的转变。20 世纪初,以动物行为研究建模的行为主义"刺激—反应"学习理论的假设在心理学界占据主导地位。行为主义学习观虽曾受到来自格式塔心理学派的挑战,然而,因主客观条件的制约,主张"学习是对理解的探索"的格式塔心理学的学习假设终究未能被广泛接受。直到 20 世纪 50 年代,以计算机建模的认知心理学的崛起以及内涵更为丰富、跨学科研究领域的"认知科学"的创建,才提出了基于认知的信息加工理论的学习隐喻——"学习是知识获得",形成了挑战行为主义学习观的新的学习理论。然而,在进入 80 年代以后,作为认知科学"长期战略"的两大目标受到了质疑,因为这两大目标均定位于"还原说":其一,将人类复杂的行为同基本的信息加工及其组织联系在一起,试图将复杂行为还原为一连串的简单行为;其二,在说明信息加工的神经基质时,试图表明人类思维可以还原为神经生理学。为此,作为认知心理学创始人之一的奈瑟(Neisser)和作为认知的信息加工理论主要倡导者的西蒙(Simon),分别在 70 年代后期和 80 年代后期对认知心理学的信息加工模型进行了深刻的反思,提出认知心理学应该作出更加现实主义的转变,主张以生态学的方法取代信息加

---

* 原文发表于《教育发展研究》2001 年第 8 期。

工的方法,强调研究自然情境中的认知,更多地关注环境对于智能的影响。进入 90 年代后,研究情境认知和情境学习以及情境化人工智能的热潮已在认知科学领域出现。这表明认知科学家正试图努力突破信息加工理论的局限,更多地关注社会、历史、文化等外部因素对智能系统内部复杂的信息加工和符号处理的影响,并力求将人类智能的研究推向一个新的高度。由此可见,自 60 年代以来,一直在有关人的思维、学习和发展的各种观点中占据着无可争议的领导地位的认知的信息加工观点,今天已经受到情境认知理论的挑战。

自 80 年代末以来,情境认知已成为一种能提供有意义学习并促进知识向真实生活情境转化的重要学习理论。随着以计算机和网络技术为核心的现代信息技术的发展,随着脑科学有关人的高级认知机制研究成果的呈现,随着建构主义理论研究的不断深入以及基于知识的经济与社会形态的出现,学术界对人的学习本质的认识不断深入,基于情境认知与情境学习的理论研究和实践模式的开发正越来越受到研究者的关注。学习理论的研究首次参照人脑的认知机制构建学习隐喻——"学习是知识的建构,是意义的制定"。这一隐喻的提出开创了真正意义上有关人的学习的研究。而且,与这一有关人的学习隐喻的建立相应的是,有关计算机的进一步研究与开发也开始以人脑为隐喻。人与计算机隐喻的互换标志着:人类正在长期以来分析、还原、简化研究的基础上,开始直面世界的真实性与复杂性,其中包括正视人的学习的本质。在 20 世纪 90 年代,维果茨基有关人的心理发展的文化历史学说的传播对整个世界的教育改革产生了重大的影响。此外,网络时代的到来也为广泛意义的协作学习提供了物质与理念相结合的最有力的支持。目前,正在形成第四种有关学习的隐喻,即学习是社会协商。这表明,有关学习是知识建构的隐喻正在被修正,认知—建构正在被纳入学习的社会和文化情境之中,人的认识、认知与学习的情境性本质正在被逐渐揭示出来。

二、知识、认知与学习的情境性

关于情境认知的思考最初起始于对词汇教学的研究。在传统教学中,有关知与行分离的假设导致课堂词语教学的低速、低效和学生的失败。相反,在日常交际语境中,人通常能以惊人的速度成功学习语词。一个人通过听、说、读,16 年中平均每长一岁可学到 5 000 个单词(平均每天 13 个词)。研究所揭示的事实表明,词语和句子并不是孤立的,它们总是存在于一定的交际场合和说话情境之中。研究人员认为,有关词语教学与学习的研究所得出的结论具有一定的普遍意义。因为所有的知识都和语言一样,都是对世界的索引,都是人的活动和情境互动的产物。因此,情境认知强调将知识视作工具并试图通过真实实践中的活动和社会性互动促进学生的文化适应。

1. 作为工具的概念性知识

情境认知作为有关知识的新观点将概念性知识看作一整套工具。工具和知识共享着若干重要特征:它们都只能通过运用才能完全被理解,它们的运用既必须改变使用者对世界的看法,又必须适用所处文化的信念体系。因此,概念既是情境性的,又是通过活动和运用不断发展的。

如果把知识作为工具来考虑,就必须注意区分消极概念的获得和有用的、健全的知识开发。例如,学生通过课堂教学获得算法、规则和脱离情境的定义,却常常无法加以运用,只能听凭它们处于消极状态。这在传统教学中是非常普遍的现象。遗憾的是,人们往往对这一问题熟视无睹。

然而,在现实生活中,人们总是积极地使用工具,而不仅仅是获取工具,人们在使用工具的同时,不断构建对于世界和工具自身丰富内涵的理解。这一理解是随着人与世界、人与工具的相互作用而持续变化的。因此,在生活中,学习与行动之间的界限是模糊的,学习已成为发生于某一情境中的一种持续的、终身的活动过程。学习使用一种工具,除了解某些确定的规则外,更重要的是要了解工具使用的场合和条件,后者直接来自使用这一工具的某一共同体的活动情境、共同体逐渐积累的独特的洞察力以及共同体的文化。因为,正是该共同体以及他们的共同信念决定了工具的用途。

与生活中使用的其他工具一样,概念工具同样反映了使用这些工具的文化的累积性智慧以及个人的洞察力和活动体验。概念工具的意义不是抽象的、一成不变的,而是共同体内部社会协商的产物。总之,活动、概念和文化是彼此依赖的。

2. 学习与文化适应

对人的文化适应的研究表明,人从出身直至生命的终结都有意或无意地通过观察和实践接受着他所处的各种社会团体的信念、行为标准与价值取向的影响。由于这种文化适应的隐蔽性、复杂性和客观存在性,人们往往忽略了这样一个事实:人们所熟悉的一切不是外部教学的结果,而是周围环境文化的产物。据此,当代学校教育往往并不提供学生参与相关领域文化实践的机会,学校所提供的课程以及作为学校文化特殊组成部分的考试并不能帮助学生有效地进入知识的真实应用领域。正是在反思传统学校脱离生活实践的基础上,情境学习与情境认知的研究者都十分强调按照真实的社会情境、生活情境、科学研究活动改造学校教育,使学生有可能在真实的、逼真的活动中,通过观察、概念工具的应用以及问题的解决,形成科学家、数学家或历史学家等看待世界的方式和解决问题的能力,从而使学习真正有利于学生对某一特定共同体文化的适应。

3. 真实与逼真的活动

众所周知,某一领域的活动都是由其文化规定的。活动的意义和目的是通过现今与过去成员之间的磋商而以社会方式建构的。因此,一切有意义、有目的的活动都是真实的。这样,真实活动可以被最简单地定义为日常的文化实践。然而,学校提供给学生的则常常是被传统学校文化扭曲了的真实活动的劣质替代品。讲授式的教学、被动的学习和形式化的成绩测试与评估被隐含在学校的这种自给自足的文化之中,形成了至今在学校中占有优势的传统教学模式。由此产生的结果是:与学校教育培养人才的目标相反,在学校文化中的成功者未必能够成为真实活动中的成功者。情境学习与情境认知的研究正是试图通过设置基于工作的、模仿从业者真实活动的学习环境,或借助信息技术设计的逼真、仿真环境和虚拟实境来提高学习的有效性,并保证知识向真实情境的迁移。

三、情境学习与情境认知的假设

在有关情境认知与情境学习的研究中,我们发现了以下这些理论假设:

● 认识学习者的生活经验以及在新知识的获得与运用中利用这一生活经验对于情境认知与情境学习是十分重要的。

● 在研究情境认知与情境学习时必须认识到,对于以行动为目的的知识必须提供以下学习机会,这种学习机会既跟真实的职业实践的境域相整合,又能十分贴切地模拟实践的需求。

● 在发展与从业者、教育者、行政工作者和研究者相关的技能的全部课程中,都必须提供基于真实情境的学习的机会。

● 在情境认知与情境学习中必须提供学习者对各种基本的假设进行反思的机会,因为正是在这些假设的基础上,同时形成了专业实践活动中的问题发现与问题解决。

● 必须为学习者提供机会,以从多种观点中识别关键概念,由此促进学习者对真实活动过程复杂性的鉴赏力以及形成学习者在根据独特的真实活动情境发现应对问题的方式时的灵活性。

四、情境学习与情境认知的基本特征

情境认知与情境学习对知识在学习过程中的特征与作用的传统观点发起了挑战。该理论不是把知识作为心理内部的表征,而是把知识视为个人和社会或物理情境之间联系的属性以及互动的产物。因此,参与基于社会情境的一般文化实践是个人知识结构形成的源泉。越来越多的研究表明,在特定情境中获得的知识比所谓的一般知识更有力和更有用。为此,该理论认为,学习不仅仅是为了获得一大堆事实性的知识,学习还要求思维与行动,要求将学习置于知识产生的特定的物理或社会情境中,学习更要求学习者参与真正的文化实践。总之,持知识和情境活动相联系观点的情境认知与情境学习理论将研究学习的焦点移至实践共同体中学习者社会参与的特征,将参与视作学习的关键成分,并要求学习者通过理解和经验的不断地相互作用,在不同情境中进行知识的意义协商。由此可见,情境学习与情境认知具有以下基本特征。

1. 基于情境的行动

情境认知理论认为,人类活动是复杂的,包括社会、物理和认知的因素。人们不是根据内心关于世界的符号表征行动的,而是直接通过与环境直接接触与互动来决定自身行动的。在这种基于情境的行动中,隐含在人的行动模式和处理事件的情感中的默会知识将在人与情境的互动中发挥作用。情境行动的另一个重要特征是:实践者经常对情境进行反思。这表明,虽然随着实践者经验的日益丰富,其默会知识的复杂性与有用性都会增加,但是当实践者处理不同情境中的问题时,必须通过行动中的反思建构设计与解决问题的新方法,以便使情境行动得以继续。研究表明,不同领域的实践都存在着情境行动与行动中的反思相互交替的现象。因此,情境学习的理论鼓励学习者在解决问题时采取相似的行为,这显然是有益的。

2. 合法的边缘性参与

合法的边缘性参与(legitimate peripheral participation)是情境学习与情境认知理论的中心概念和基本特征。该概念的提出在很大程度上增强了情境学习的非中心化观点,由此,该理论的分析重点从"居于权威地位的专家"概念转移至"共同体中学习资源的复杂结构"概念。根据这一特征,基于情境的学习者必须是共同体中的"合法"参与者,而不是被动的观察者,同时他们的活动也应该在共同体工作的情境中进行。"边缘的"参与是指这样一个事实,即由于学习者是新手,他们不可能完全地参与所有的共同体活动,而只是作为共同体某些活动的参与者。他们应该在参与部分共同体活动的同时,通过对专家工作的观察,与同伴及专家的讨论,进行学习。在这样一种学习共同体中,专家不能因为新手的潜力而感到有所威胁,而应该尽可能地提供自己的知识与技能。"参与"意味着学徒(或新手)在知识产生的真实情境中,通过与专家、同伴的互动,学习他们为建构知识而应该做的事情。为此,合法的边缘性参与应该是学习者获得文化的机制,它既包括了学徒与专家之间的联系,也包括了与其他所有作为实践文化组成部分的参与者、人工制品、符号、技能和观点的联系。情境学习中有关合法的边缘性参与的研究主要关注的是学习者的社会参与的形式,学习则是其中必不可少的要素。最后,合法的边缘性参与不是一种教学方法。确切地说,它是用新的方式观察和理解学习的透镜。

3. 实践共同体的建构

情境学习将社会性交互作用视作情境学习的重要组成成分。由此,在研究中显现出一个统一的概念,这就是"实践共同体"(communities of practice)。该概念既强调学习是通过参与有目的的模仿活动而构建的,同时也强调实践与共同体的重要性。该概念的提出表明,在情境认知中,知识被视作行动与成功的实践能力;意义可被理解为一种社会单元的构建,该单元共享着某一共同情境中的支柱;学习作为一种结果,可被看作是一种增强对共同体验情境参与的能力。总之,学习是建构一致性与建构理解的一项双重性事业。

学习者正是在这样一种实践共同体之中获得该共同体具体体现的信念和行为的。学生作为一个初始者或新手逐渐从该共同体的边缘向中心移动,他们会较多地接触共同体中的文化,行动也会变得比较积极,随后,开始更为广泛地接触并进入成熟的实践舞台,扮演专家或熟手的角色。

<h2>五、作为教学模式的情境学习与情境认知</h2>

对作为教学模式的情境学习与情境认知的研究源于研究者对成功的学习情境的观察。这些研究证明,只有当学习被镶嵌在运用该知识的社会和自然情境中时,有意义学习才有可能发生。为此,这是通过活动和社会性的互动使学生达到文化适应这一真实实践目的而设计的教学模式。

1. 教学模式设计的关键特征

研究人员通过分析提出了这类教学模式设计的关键特征:
- 提供真实与逼真的境域以反映知识在真实生活中的应用方式;
- 提供真实与逼真的活动,为理解与经验的互动创造机会;
- 提供接近专家以及对其工作过程进行观察与模拟的机会;
- 在学习中为学习者扮演多重角色,为其产出多重观点提供可能;
- 构建学习共同体和实践共同体以支撑知识的社会协作性建构;
- 在学习的关键时刻应为学习者提供必要的指导并搭建"脚手架";
- 促进对学习过程与结果的反思以便从中汲取经验,扩大缄默知识;
- 促进清晰表述以便使缄默知识转变为明确知识;
- 提供对学习的真实性、整合性评价。

2. 认知学徒制——基于情境学习与情境认知的教学模式

基于情境认知与情境学习的教学模式有抛锚式教学、随即访问教学、认知学徒制(cognitive apprenticeship)以及基于交互式多媒体的教学等。以下仅对认知学徒制作一介绍。

鉴于传统学校教育的弊病以及传统学徒制的某些结构性特征,20 世纪 80 年代后期,学者们试图通过对传统学徒制的改造,使其适应培养学生的思维能力、创新精神和实践能力的需求。认知学徒制正是作为一种整合传统的学校教育与学徒制方法的新教育范型而受到重视的。

一方面,认知学徒制侧重的是概念知识与事实知识在问题解决和任务完成过程中的应用。这意味着,在认知学徒制中,概念与事实知识应处于其运用的情境之中并用大量例证加以说明。因此,这些概念与事实知识应在变化多样的情境中通过运用而学习,而这些变化的情境既有助于深化对概念或事实知识本身意义的理解,又有助于构建反映概念、事实知识与问题解决情境之间重要联系的内涵丰富的网络。认知学徒制正是试图通过对专家的活动过程和情境学习的双重关注,去改造现今学校教育存在的主要问题,即学生通过学校教育获得的是不扎实的技能与惰性的知识。

另一方面,认知学徒制关注的主要不是体力技能和信息加工过程,而是有关认知与元认知技能的学习经验。也就是说,在将学徒制方法主要应用于认知技能的获得时,首先必须使专家在解决问题和完成任务时进行的内部认知过程外化,使原来隐蔽的过程公开,以便于学生在教师或其他同学的帮助下进行观察、复演和实践。

认知学徒制还需要一种延伸的技术以促进自我修正和自我监控技能的发展,这是因为在认知技能的学习中,过程与结果之间的关系不可能十分清晰地显示出来。为此,为了培养学生的元认知技能,研究者识别出两种重要的基本手段:(1)通过新手与专家轮流作业或通过被称为"抽象重演"的技术,鼓励学生对新手与专家之间的区别进行反思。新手与专家轮流作业是指在一个共享的问题解决情境中,由专家和新手轮流作出努力,这一方法能帮助学生增强对专家作业细节的敏感度,并以此作为基础强化对自己作业的调节。"抽象重演"的技术则试图借助计算机或录像,通过突出关键特征,使学生在进行观察和比较时,直接将注意的中心放在他们自己与专家作业的基本特征上。(2)促进自我修正和自我监控技能发展的第二种手段基于这样一种认识,即自我修正和自我监控技能要求问题解决者在执行复杂任务时轮流从事不同的认知活动。最值得注意的是,复杂的认知活动通常包括生成性过程和评价性过程。然而,这两种类型的过程是合成的,会给学习造成困难。为此,在认知学徒制中,研究人员设计了一个"生产者—评论者对话",将生成性过程和评价性过程外化。这一外化过程可以通过讨论、教师与学生角色的互换以及小组问题解决等方法完成。以上手段均有助于学生将复杂的认知与元认知过程逐渐内化。

由柯林斯、布朗和纽曼首先提出的认知学徒制包括四个构件:内容、方法、序列和社会性。这些构件的有机组合能有效地使传统学徒制的特征适应学校教育中有关认知技能的教学,从而定义一个适合不同课堂和师生角色的有效学习情境。为了帮助教师设计支撑认知学徒制教学模式的理想的一般学习环境,学者们在研究中不仅识别出反映该学习环境的四个维度的主要构件,而且还从每一个构件中又识别出在建构或评估学习环境时必须考虑的一系列特征(见表6.1)。

表6.1 理想的学习环境的基本组成构件

认知学徒制学习环境的基本组成构件	内容	学科领域知识
		启发式策略
		控制策略
		学习策略
	方法	建模
		教练
		脚手架的搭建与拆除
		清晰表述
		反思
		探究
	序列	复杂性的递增
		多样性的递增
		全局技能先于局部技能
	社会性	情境学习
		专家实践的文化
		内部动机
		开发性的合作
		开发性的竞争

总之,"认知学徒制"通过允许学生获取、开发和利用真实领域中的活动工具的方法,支持学生在某一领域中的学习。"学徒制"概念强调经验活动在学习中的重要性,并突出学习内在固有的依存于背景的、情境的和文化适应的本质。

参考文献 ••

［1］Collins A, Brown J, Newman S E. Cognitive Apprenticeship: Teaching the Crafts of Reading, Writing, and Mathematics. In Resnick L B (ed.). Knowing, Learning, and Instruction: Essays in Honor of Robert Glaser [M]. Hillsdale, NJ: Lawrence Erlbaum Associations, 1989:453 - 494.

[2] McLellan H. Situated Learning Perspectives [M]. Englewod Cliffs, NJ: Educational Technology Publications, 1996.

[3] Steffe L P, Gale J E (Eds). Constructivism in Education [M]. Mahwah, NJ: Lawrence Erlbaum Associates, Inc., 1995.

[4] Lave J, Wenger E. Situated Learning: Legitimate Peripheral Participation [M]. Cambridge: Cambridge University Press, 1991.

[5] De Corte E, Weinert F E (eds). International Encyclopedia of Developmental and Instructional Psychology [M]. Leiden: Elsevier Science Ltd., 1996.

7

关于学习的情境性研究

高　文

一、学习的情境理论提出的背景

在 20 世纪的一百年中，有关学习的理论研究经历了三个主要范型的转变，即世纪之初以动物行为研究建模的行为主义学习理论、世纪中叶以计算机建模的认知的信息加工的学习理论、世纪之末基于人脑的建构主义以及情境认知学习理论等。自 20 世纪 80 年代末以来，随着以多媒体计算机和网络技术为核心的智能化的现代信息技术的发展，随着脑科学有关人的高级认知机制研究成果的呈现，随着基于知识的经济与社会形态的出现，对具有实践能力和创新精神的人才的培养已不再仅仅是进步教育长期以来所追求的一种理想，而是真真切切地成为社会发展极其迫切的实际需求。随着人们对学习本质认识的不断深化，与人才的培养密切相关的教育的研究重点在世纪之交也完成着从教到学的重大的、战略性的基点的转移。

对学习理论演化过程的追溯表明，有关学习的研究经历了一个从猜测到科学、从简单到复杂、从低级到高级、从静态到动态的发展过程。今天有关人的学习的研究正在形成一个全新的学习科学的研究领域。人的学习已经成为一个跨学科研究的对象，有关学习的研究不再局限于心理学领域，与学习科学有关的研究领域已变得十分宽泛，其中包括认知科学、神经科学、脑科学、人类学、社会学、教育学、计算机科学、管理科学等跨学科研究，同时还涉及跨文化研究、各具体学科领域的研究。即使在心理学领域，有关学习的研究也涉足发展心理学、认知心理学和社会心理学等。学习研究的新进展还将科学与实践的关系带入了一个新时代。研究人员正在走出实验室,去关注学习在其中发生的真实情境。学校中教师、学生、家长、日常生活中的普通人、各行各业的从业者和专家都已成为研究中互动的对象。正式学习与非正式学习、学校中的学习与工作场所中的学习一起进入了研究者的视野。严格的质性研究方法和案例研究方法的运用更开阔了研究学习的视野,补充和丰富了实验研究传统,并使研究者有可能将基础研究与应用研究、开发研究密切结合起来。由于学习科学研究的跨学科性,研究的视角极其多元化,使新的学习理论层出不穷、流派纷呈,而它们又共享着如此多的理论假设并具有共同基础。这在学习理论相对短暂的历史上是少见的,但又是十分引人注目的。这恰恰说明人类正在迎接一场意义重大的学习革命。

有关认知与学习的情境理论作为能提供有意义学习并促进知识向真实生活情境转化的重要学习理论,具有极其广泛的研究基础,目前正越来越受到心理学、人工智能、社会学、人类学等领域研究者的关注。学术界方兴未艾的情境化运动正在不同研究领域人员的对话与互动中,跨越局限于心理学领域的学习理论研究,朝着跨学科研究的方向前进。

二、有关学习的情境性研究的多重视角

关注学习的情境性是揭示人类的学习、认知、知识与理解等本质的一个新视角。为此,我们必须给予有关学习的情境理论以高度关注。有关认知、知识、学习、理解的情境性研究是多视角的,其中包括以莱夫与温格(Wenger)为代表的人类学的视角,以布朗、柯林斯和杜吉德为代表的心理学的视角以及以格里诺(Greeno)等为代表的人工智能研究领域中的知识情境观。尽管上述各观点在研究的侧重点、使用的术语以及所提出的解决问题的方案上存有差异,但是关于情境理论发展的主要因素都包括两个方面:其一是不满现行的学校教育实践,其二是需要一种对发生在学校以外的真实情境中的学习进行解释的理论。为此,对学习的情境理论的研究关心的是对传统学校教育的改革,但其关注点又不局限于学校内部的学习,而是拓展到对日常生活中普通人学习的研究以及对各行各业从业者、专家的学习的研究。而且,所有的情境理论都强调认知与学习的交互特性,个体、认知、意义正是在互动中以社会和文化的方式建构的。同时,学习的情境理论也强调实践的重要性,并认为实践不是独立于学习的,而意义也不是与实践和情境脉络相分离的,意义

正是在反映人的积极活动本质的实践基础上进行协商的。这一切都为研究和理解学习的社会、历史、文化的本质开辟了新路。为此,学习的情境理论在20世纪90年代已经成为学术界关注的焦点。

1. 有关学习的情境性的心理学研究

20世纪80年代,雷斯尼克(Resnick)在美国教育研究会就职演说中指出,与个体在校外学习和应用知识的方法相比,现行学习教学实践主要关注的是知识的获得,并由此造成知与行的分离和惰性知识的产生。她对学生校外学习的分析表明,校外学习的主要特征是学习的合作性、情境性与具体性,这与校内学习的个体化、抽象性、去情境性等特征形成了强烈的反差。可以认为,正是雷斯尼克的这个分析推动了强调情境化活动的学习参与观的发展。

与此同时,布朗、柯林斯和杜吉德等人对不同于正式的学校教育的学徒制方式进行了研究,并指出,这种学徒制方式通常不包括学校教育中通用的说教式教学,而普遍通过采用观察、交流、训练逐渐地接近成功。学校教育与学徒制方式最重要的区别是:在学校中,作为教与学的对象的知识与技能被人为地从它们实际运用的情境中抽象了出来,由此造成了理论与实践明显的脱节。然而在学徒制方式中,作为学习对象的知识与技能是镶嵌在它们实际运用的情境之中的,而且这些知识与技能对于从事学习的学徒则是完成有意义的任务所必需的工具,他们正是在这些技能与知识镶嵌其中的社会性和功能性的情境中进行解决真实复杂任务的学习的。由此,他们从心理学角度提出了有关认知与学习的情境观,该理论的中心观点是:参与实践促成了学习和理解。所有的知识都和语言一样,都是对世界的索引,都是人的活动和情境互动的产物。因此,心理学的情境认知理论强调:(1)将概念性知识看作一整套工具,因为工具和知识共享着若干重要特征:它们都只能通过运用才能完全被理解,它们的运用既必须改变使用者对世界的看法,又必须适用所处文化的信念体系。因此,概念既是情境性的,又是通过活动和运用不断发展的。这一知识观抛弃了概念是独立实体的设想,强调把知识看作工具,只有通过应用才能被完全理解的观点。(2)在反思传统学校脱离生活实践的基础上,有关学习的情境性的研究者都十分强调利用真实的社会情境、生活情境、科学研究活动改造学校教育,为学生提供参与相关领域文化实践的机会,帮助学生有效地进入知识的真实应用领域,使学生有可能在真实的、逼真的活动中,通过观察、概念工具的应用以及问题的解决,形成科学家、数学家或历史学家等看待世界的方式和解决问题的能力,从而使学习真正有利于学生对某一特定共同体文化的适应。(3)在现行的学校中,给学生提供的常常是被传统学校文化扭曲了的真实活动的劣质替代品。讲授式的教学、被动的学习和形式化的成绩测试与评估被隐含在学校特有的自给自足的文化之中,形成了至今在学校中占优势的传统教学模式。由此产生的结果是:与学校教育培养人才的目标相反,在学校文化中的成功者未必能够成为真实活动中的成功者。情境学习与情境认知的研究基于"一切有意义、有目的的活动都是真实的"假设,试图通过创设基于工作的、模仿从业者真实活动的学习环境,或借助信息技术设计逼真、仿真环境和虚拟实境来提高学习活动的真实性与有效性,以保证知识向真实情境的迁移。

基于上述考虑,该情境学习理论主张用认知学徒制取代现行的学校教学模式。因为认知学徒制是在真实领域的活动中为学生提供获得、发展和运用认知工具的机会的,并据此支持学生通过某一领域真实实践中的活动和社会性互动促进学生对文化的适应。这样学生就能通过学校内部和外部的学习中协作性的社会互动和知识的社会建构而获得发展。

格里诺和穆尔(Moore)强化了上述观点,指出情境性在所有认知活动中都是根本性的,并据此提出知识情境观的构想。他们的观点使学习的内涵远远超过了理解的获得,进一步扩展到对使用工具的世界和对工具本身形成日益丰富的内在理解,而这个理解正是由在其中学习和应用这种理解的情境促成的。格里诺等还试图根据这种情境观为评价学生的成绩提供一种清晰的理论构想。他认为从学习的情境理论出发,必须从以下几个方面去评价学生的成绩:(1)对实践的参与;(2)学生作为共同体成员的资格以及身份的确认;(3)学生在作为特定共同体的成员,以特殊的方式看待世界的过程中,提出问题和问题的解决方案以及目标和应用的标准;(4)意义的建构;(5)实用技术方法和表征的流畅性。

显然,上述来自心理学的情境理论研究十分关注改革学校情境下的学习,因此特别注意达到特定的学习目标和学会特定的内容,其研究重点是真实的学习活动中的情境化内容。对于教学而言,重要的问题就是如何设计学习环境来支持学生的学习,如数学、科学等的学习。换言之,教学的中心问题就是创建实习场,在这个实习场中,学生遇到的问题和进行的实践与今后校外所遇到的是一致的。

2. 有关学习的情境性的人类学研究

与上述情境理论相关但又略有差异的是人类学视角的情境学习与认知理论。人类学的框架明显地丰富了认知与学习的情境理论的框架。源于人类学研究的情境理论不是把知识作为心理内部的表征,而是把知识视为个人和社会或物理情境之间联系的属性以及互动的产物,并将研究学习的焦点移至实践共同体中学习者社会参与的特征,从而将参与视作学习的关键成分。据此,我们注意到在该理论的框架中一个新的学习隐喻——"学习是合法的边缘性参与"——已显露出来。从参与隐喻出发,该理论将"实践共同体"视作教学的新隐喻,强调新手作为一个完整的人在实践共同体中通过合法的边缘性参与(作为一种特殊的社会实践)在互动中同时建构意义和身份。显然,该理论希望建立一个学习的生态系统,从而将个人和环境看作是相互建构的要素而包含其中。总之,人类学的情境观点不同于心理学的情境观点,前者研究的重点是个体与共同体的关系,后者是认知;前者的学习者是实践共同体的成员,后者是学校中的学生;前者其分析单位是共同体中的个体,后者是情境化活动;前者共同体中互动的结果是意义与身份的建构以及共同体的形成与发展,后者是意义的建构;前者学习的场所是日常世界,后者是学校;前者学习的目标是满足即时的共同体的社会需要,后者是为未来的任务作准备;前者对于教学设计具有重要意义的是实践共同体,后者是实习场。

人类学的情境理论包括以下一些彼此联系的核心概念:合法的边缘性参与、实践共同体(community of practice)和社会实践与社会世界(social practice and social world)。

(1)合法的边缘性参与

合法的边缘性参与是情境学习与情境认知理论的中心概念和基本特征。该概念的提出在很大程度上增强了情境学习的非中心化观点,由此,该理论的分析重点从"居于权威地位的专家"概念转移至"共同体中学习资源的复杂结构"概念。根据这一特征,基于情境的学习者必须是共同体中的"合法"参与者,而不是被动的观察者,同时他们的活动也应该在共同体工作的情境中进行。"边缘的"参与是指这样一个事实,即作为新手的学习者部分地、不充分地参与共同体的活动。"参与"意味着学徒(或新手)应该在知识产生的真实情境中,通过与专家、同伴的互动,学习他们为建构知识而应该做的事情。为此,合法的边缘性参与应该是学习者获得文化的机制,它既包括了学徒与专家之间的联系,也包括了与其他所有作为实践文化组成部分的参与者、人工制品、符号、技能和观点的联系。情境学习中有关合法的边缘性参与的研究主要关注的是学习者的社会参与形式,学习则是其中必不可少的要素。显然,在情境理论的框架中,学习被看作是与名为合法的边缘性参与相关的一种特殊的社会实践类型。合法的边缘性参与在某种程度上是用新的方式观察和理解学习的透镜,这一概念提供了谈论新手与熟手的关系,谈论活动、身份、人工制品和知识与实践共同体的一种方式,提供了将情境活动和有关社会次序的生产与再生产的理论整合在一起的框架。

（2）实践共同体

情境学习将社会性交互作用视作情境学习的重要组成成分。由此,在研究中显现出一个统一的概念,这就是"实践共同体"。某一实践共同体就是人、活动和世界之间的一整套关系,一个实践共同体会跟其他实践共同体相切或相交。实践共同体是知识存在的一个内在条件,因为它为了解共同体的传统提供了解释性的支持。因此,参与知识存在与其中的文化实践是学习的一条认识论原理。实践的社会结构、极其强大的关系以及确保其合法性的条件详细说明了学习(亦即合法的边缘性参与)的可能性。实践共同体的主要特点是:(1)共同的文化历史传统:这包括共同的目标、协商的意义、实践;(2)相互依赖的系统:在该系统中个体成为更大的集合的一个部分;(3)再生产循环:通过生产与再生产循环,新来者能成为老手,而共同体也因此得以维持与发展。正是由于实践共同体所具有的这三个特点,决定了参与者是否有机会通过合法的边缘性参与而进行学习和建立身份。由此凸显出实践共同体所特有的"学习课程"(learning curriculum)的概念。不同于教学课程,学习课程是由实践共同体创建的潜在课程,新手可以通过合法的边缘性访问学习这种课程。学习课程的特点是该课程是由各种情境性机会组成的,抓住这些机会有利于新的实践的即兴发展。学习课程还是从学习者的视角审视的日常实践中的学习资源领域。在教学情境中,学习课程的发展将超越对由教育关系和教学科目规定的某一特定的实践共同体的参与。总之,学习课程是在实践共同体中生成的,并与实践共同体一起发展和成熟。

（3）社会实践与社会世界

该情境理论将学习看作是社会实践的一个方面,是对不断变化的社会实践的理解与参与。对学习的这种理解强调学习所涉及的是完整的人,是处于世界之中的人,是作为某一社会文化共同体成员的人。这种有关社会实践的理论,强调作用者和世界、活动、意义、认知、学习以及识知的关系是彼此依赖的,由此强调意义的社会协商性,并宣称学习、思维和识知是活动中的人们之间的关系,而这种活动产生于按社会和文化方式构成的世界之中。因此,活动、任务、各种功能及其理解并不是孤立存在的,它们是形成于社会共同体的更为广泛的关系系统的一部分,而它们自身也正是在这一关系系统中获得意义的。据此,我们可以通过详细说明这些关系来说明人。就这个意义而言,学习意味着在这些关系系统允许的范围内成为一个不同的人。也就是说,和意义的建构一样,人的身份的建构也是学习不可忽略的一部分。学习不仅仅是获得共同体成员资格的条件,而且自身也是这种成员资格演化的形式。身份因此被看成是人与其处境和对实践共同体的参与之间一种长期存在的关系。

该理论认为,如果参与实践是学习的基本形式,那么,对隐含在这一学习过程中的社会世界应给予必要的关注。也就是说,学习应被置于使学习获得意义的参与的轨道上,而这些轨道也必须将自身置于社会世界之中。提出社会世界,是因为莱夫提出的实践理论脱胎于心理学取向的活动理论,该实践理论还需要进一步揭示活动与互动系统之间,活动系统与共同体、文化以及政治、经济之间的相互联系。社会世界的提出也有助于进一步掌握彼此联系的"人""活动""识知",以及了解在通过社会实践而辩证建构起来的"社会世界"中所有这一切究竟是如何发生的。

这一人类学视角的情境学习观的价值正如麦克尔·杨(Michael Young)所指出的:"以这种源于人类学研究的基本定义为起点的好处是,它不是'学校中心'的,而且避免了学习自动地跟教学相联系。然而,它并不拒绝有计划的教学和系统的课程,因为它们能够辅助学习,而只是指出作为任何一种成功的学习过程基础的是一种社会过程。这种学习观点的另一个优点是,它将作为一种社会参与形式的学习被放置于在学校中心观点中作为社会选择形式的学习之前。"

三、基于学习情境性的教学研究

以上有关学习的情境性研究的心理学和人类学两个视角具有很多的共同点:首先,它们都批判学校中学习与真实世界的脱节,以及由此造成学生所得知识的呆滞性。其次,我们发现以下这些理论假设是两种情境学习理论所共有的。

● 认识学习者的生活经验以及在新知识的获得与运用中利用这一生活经验对于情境认知与情境学习是十分重要的。

● 在研究情境认知与情境学习时必须认识到,对于以行动为目的的知识必须提供这样的学习机会:这种学习机会既跟真实的职业实践的情境脉络相整合,又能十分贴切地模拟实践的需求。

● 在发展与从业者、教育者、行政工作者和研究者相关的技能的全部课程中,都必须提供基于真实情境的学习的机会。

● 在情境认知与情境学习中必须为学习者提供对各种基本的假设进行反思的机会,因为正是在这些假设的基础上形成了专业实践活动中的问题发现与问题解决。

● 必须为学习者提供机会从多种观点中识别关键概念,由此促进学习者形成对真实活动过程复杂性的鉴赏力,以及形成根据独特的真实活动情境发现应对问题的方式时的灵活性。

虽然有这些相似之处,但二者也存在一些重要的不同。实习场作为情境认知与学习的心理学理论的教学隐喻,与实践共同体作为情境学习的人类学理论的教学隐喻的主要区别在于:是否具有可持续发展的共同的文化历史传统;是否具有相互依赖的系统,即个体和他们融入其中的共同体是否是更大的集合(如社会)的一部分;是否具有进行再生产的能力,即任何一个共同体的参与者是否有机会从合法的边缘性参与者朝着充分参与实践共同体的方向前进。这三点恰恰就是实践共同体的主要特征。

1. 认知学徒制——实习场设计的典范

鉴于传统学校教育的弊病以及传统学徒制的某些结构性特征,20 世纪 80 年代后期,不少研究者试图通过对传统学徒制的改造,使其适应培养学生的思维能力、创新精神和实践能力的需求。认知学徒制正是作为一种超越传统的学校教育与学徒制方法的新教育范型而受到重视的。

首先,认知学徒制侧重的是概念知识与事实知识在问题解决和任务完成过程中的应用。这意味着,在认知学徒制中,概念与事实知识应处于其运用的情境之中并用大量例证加以说明。因此,这些概念与事实知识应在变化多样的情境中通过运用而学习,而这些变化多样的情境既有助于深化对概念或事实知识本身意义的理解,又有助于构建反映概念、事实知识与问题解决情境之间重要联系的内涵丰富的网络。认知学徒制正是试图通过对专家的活动过程和情境学习的双重关注,去改造现今学校教育中存在的主要问题,即学生通过学校教育获得的是不扎实的技能与惰性的知识。

此外,认知学徒制关注的主要不是体力技能和信息加工过程,而是有关认知与元认知技能的学习经验。也就是说,在将学徒制方法主要应用于认知技能的获得时,首先必须使专家在解决问题和完成任务时进行的内部认知过程外化,使原来隐蔽的过程公开,以便于学生在教师或其他同学的帮助下进行观察、复演和实践。

认知学徒制还需要一种延伸的技术以促进自我修正和自我监控技能的发展,这是因为在认知技能的学习中,过程与结果之间的关系不可能十分清晰地显示出来。因此,为了培养学生的元认知技能,研究者识别出两种重要的基本手段:(1)通过新手与专家轮流作业或通过被称为"抽象重演"的技术鼓励学生对新手与专家之间的区别进行反思。新手与专家轮流作业是指在一个共享的问题解决情境中,由专家和新手轮流作出努力,这一方法能帮助学生增强对专家作业细节的敏感度,并以此作为基础强化对自己作业的调节。"抽象重演"的技术则试图借助计算机或录像,通过突出关键特征,使学生在进行观察和比较时,直接将注意的中心放在他们自己与专家作业的基本特征上。(2)促进自我修正和自我监控技能发展的第二种手段是基于这样一种认识,即自我修正和自我监控技能要求问题解决者在执行复杂任务时轮流从事不同的认知活动。最值得注意的是,复杂的认知活动通常包括生成性过程和评价性过程。然而,这两种类型的过程是合成的,这会给学习造成困难。为此,在认知学徒制中,研究人员设计了一个"生产者—评论者对话",将生成性过程和评价性过程外化。这一外化过程可以通过讨论、教师与学生角色的互换以及小组问题解决等方法完成。以上手段均有助于学生将复杂的认知与元认知过程逐渐内化。

由柯林斯、布朗和纽曼首先提出的认知学徒制包括四个构件:内容、方法、序列和社会性。这些构件的有机组合能有效地使传统学徒制的特征适应学校教育中有关认知技能的教学,从而定义一个适合不同课堂和师生角色的有效学习情境。[1]为了帮助教师设计支撑认知学徒制教学模式的理想的一般学习环境,学者们在研究中不仅识别出反映该学习环境的四个维度的主要构件,而且还从每一个构件中又识别出在建构或评估学习环境时必须考虑的一系列特征。

总之,"认知学徒制"通过允许学生获取、开发和利用真实领域中的活动工具的方法,支持学生在某一领域中的学习。"学徒制"概念强调经验活动在学习中的重要性,并突出学习内在固有的依存于背景的、情境的和文化适应的本质。

2. 教师共同体——实践共同体设计的一个案例

"实践共同体"作为人类学情境学习理论的重要术语,是由莱夫和温格首先提出的。他们的意图在于创建一种有关学习的社会理论,以改变长期以来的看法,即仅仅将学习视作一种从头到尾与其他活动无关的,而且必然是某种教学的结果的个人的活动过程。这一有关学习的社会理论认为人是社会的存在物;知识是与某种有价值的事业相关的一种能力(如发现某种科学事实、完成一首诗歌的创作、将一个孩子抚养成人等);识知是参与到对这样一种事业的追求中;意义则是人对于世界的体悟,是以有意义方式投身于世界,意义最终是由学习所产生的。显然,这一理论首先将学习视作一种社会参与,包括对社会共同体实践的积极参与以及与该实践共同体相关的身份的建构过程。这一研究表明促进实践共同体出现是十分重要的,因为这一共同体具有有意义的参与轨迹,它能使学习者通过合法的边缘性参与投身于共同体,在积极的活动与社会协商的过程中进行意义与身份的双重建构,同时对共同体的发展作出贡献。下面我想通过一个有关教师共同体的案例对实践共同体的设计做一个简要的说明。

教师共同体(community of teacher,简称 CoT)是印第安纳大学的一个以培养未来教师为目标的专业发展项目,该项目为职前教师获得教师资格开展培训。它具有高度的现场性,要求每个参与者进入一所学校进行实地研究。职前教师在这里不是作为教师,而是像学生一样深入课堂听课,与教师交谈,那些教师也是项目的一部分。这样就在社会协商和互惠互利的基础上与某个教师建立起一种学徒关系。同样,在由即将成为教师的学生组成的共同体中,学生(无论新手还是熟手)一起参加讨论、进行协商。

该项目还包括一个核心讨论会,由所有层次的学生参加(从新手到实习教师),并得到了大学教授的支持。该共同体有大约 15 名成员,他们每周聚会 3 小时,来讨论阅读材料、预期目标和学校里的工作。学生轮流主持各种讨论会,对各自的陈述进行策划,向小组提供信息,对遇到的不同问题进行讨论。在每周的讨论会以外,学生还通过电子邮件和电话进行交流。

该共同体的一个重要特征就是其成员队伍的不断壮大:随着学生毕业和流动,一些原来的学生成为教师,但仍然回到教师共同体中来分享自己的经验;一些新学生成员又加入到共同体中,接受共同体文化的熏陶。这表明共同体正是通过一个个成员从新手到熟手、从职前教师到在职教师的滚动发展,而不断地进行自我再生产。目前,该共同体已经存在多年,它在印第安纳大学已经有了自己的历史文化传统和可供传承与分享的精神财富,并通过不断跨越多种课堂和多种场合建构起一个嵌套的互动网络。

CoT 项目正是依据莱夫和温格的情境学习理论进行设计的,它允许学生通过参加共同体而达到获得资格证书的要求。在这样一个实践共同体中,最重要的事是帮助学生形成 CoT 项目预期目标中所描述的好教师的 30 种品质,以获得教师资格,而不是积累学分和评定等级。CoT 项目的建立依据六条原则:(1)共同体:共同体及其目标是围绕着一个共享的目标形成一个异质的个体集合;(2)个性化:促进学生的个体化,即让每一个学生都能通过该项目自由地创建自己独特的、个性化的发展途径;(3)学徒制:学生可以寻找一个在职教师作为自己的指导教师,并与他一起工作;(4)强化的现场工作:学生每周必须有一整天的时间与自己的指导教师一起在课堂中工作;(5)真实的绩效:学生应参与完成同该资格证书相当的真实任务,逐渐积累证据以说明他们在一所学校中进行教学的能力,并根据他们在这方面的能力预计其获得的资格证书;(6)民主管理:每个成员都有机会提出对项目运作的修改建议,并对这些修改建议进行投票表决。

类似于 CoT 项目这样的在学校中培育和支持实践共同体或者试图帮助学校与专业领

域的实践共同体建立联系的项目还有不少。我相信,有关学习的情境理论的多元研究,将有助于在反思与克服现存学校存在的弊病的基础上去建构一种与社会实践密切联系的全新的学校教育范型,即更多地关注真实世界、真实情境中的真实问题的解决;更多地着眼于直接知识与间接知识的交融;更多地强调学习者对社会实践的积极参与;更注重在共创共同体的文化价值的同时完成学习者对于知识的意义与成员的身份的双重建构。显然,有关学习的情境理论的研究具有一个十分重要的特点,那就是试图从社会的视角将有关学习的行为主义、认知主义、建构主义的研究整合起来,勾勒出一个有关完整个体的教育的全新图景。对这一领域中理论与实践研究动向的关注,对于推动学校教育的改革无疑将是十分有益的。

参考文献 ···

［1］Collins A, Brown J, Newman S E. Cognitive Apprenticeship: Teaching the Crafts of Reading, Writing, and Mathematics. In Resnick L B (ed.). Knowing, Learning, and Instruction: Essays in Honor of Robert Glaser ［M］. Hillsdale, NJ: Lawrence Erlbaum Associations, 1989:453 - 494.

8

知识与其双重情境化 [*]

——关于教学革新的思考

郑太年

在课程教学改革中,对于与知识相关问题的探讨和争论一直是一个非常令人关注的热点。笔者认为,对于这个问题的思考可以从两个方面进行,第一,大家都在使用的"知识"这个概念的内涵是什么? 第二,课程教学中撷取哪些知识作为学习的对象,这些知识能不能通过传授而使学生获得? 弄清了第一个问题,对于现行教育中是过于重视知识还是忽视知识的判断就有了统一的概念基础。弄清了第二个问题,才能使我们真正可以回答如何实现课程教学创新。

一、课程教学中的知识关涉问题

在知识经济时代,知识在社会经济发展中的作用至关重要。事实上,在人类发展历史的各个阶段,知识莫不如此——尤其是从更为广义的知识观角度看。只是到了今天的发展阶段,知识的生产、加工、传播和应用成了一个专门的经济部门,而且以此为基础的经济活动成为我们这个时代发展的火车头。[1] 因此,毫无异议地,作为知识再生产和为生产做准备的机构——学校,其根本性的任务是知识的传承和发展。关于教育目的及其取向的观点中,有诸如个人本位、社会本位、知识本位的论争。这种论争也反映到课程中,形成取

---

* 原文发表于《全球教育展望》2004 年第 12 期。

向不同的课程流派。其实,从人的发展的核心是为"文"所"化"、从而成为一个社会文化的人,社会发展依靠的是个人充分自由的发展,知识的传承是社会文化存在和发展的基础这些方面来看,尽管不同取向的人在探讨知识、课程、教学问题时在策略和方案层面上有着很大的差异,但在更高的层次上不同的取向仍然是内在相通的。也许正因为如此,知识作为学校教育的重要目的和对象,乃至最重要的目的,似乎无须争议和讨论。在许多研究者的论著和政策性的文件中,都已经将其作为一个内在的前提(所以,可以认为,不能以是否提到了重视知识来判断是否注重知识)。

不过,这种隐而未明的观念,对于不同言语(包括文本的、口语的)的作者和读者/听者而言,仍旧会有不同的意义。实际上,笔者觉察到,越是常用的概念和表面上公认的观念,越容易引起歧义。这大概是由语言本身的特点所决定的。语言本身是通过社会化的方式建构起来的,不同的建构者在共同参与建构的过程中形成了各自的意义,这些意义的核心的、公共的成分构成了公共性的意义区域,这是语词的辞典意义的基础。但是,辞典意义并不能完全涵盖众多个人在说/写出和读/听到这个词时产生的丰富意义。参与意义建构的人越多,词的内涵就越可能是不清晰的。即便对于辞典意义明晰的词,在作者和读者/听者那里也会有不同的心理产物。这正是维果茨基所谓内部语言之意思高于意义的特征。[2]知识正是这样一个内涵和外延并未得到清晰界定的词。在援用"知识"一词来讨论课程、教学、教育时,必须弄清楚,不同的人用这个词指什么? 否则,对于是否注重知识这样的问题的讨论就会失去意义。因为表面上争论同一个问题,实际上使用的是不同的概念。对于教育政策的讨论,在应用这个词时还必须考虑到它的社会文化语境。因此,单纯的概念之争并不具有守护或者批驳某种教育政策的作用。

这样,"知识"是什么,包括什么,换言之,哪些是知识,就成为从知识视角探讨课程教学的第一个问题。对于哪些是知识,毫无疑问,不可能有一个统一的、唯一正确的答案。不过,一些提法颇值得注意。一是认为知识不仅包括传统的"know what"的知识,也包括了"know why""know how""know when""know who""know where"的知识。[3]这一观点的直接意义在于,知识不仅包括事实性的、陈述性的知识,也包括程序性的知识,即传统上所说的能力。而一些人所说的知识仅仅包括了前者,这样看来,用"知能"比用"知识"可能会少一些误解和混淆,比如"expertise"就常常被译为"专家知能"。更值得注意的是,所有这些知识都包含了情境化的特征,就是说要使知能之所以为知能,不但要知其然(know what),还要知其所以然(know why),知之切(确切,切合实际),即能在适当的时间(when)、适当的场合(where)加以应用。从这一概念系统的语境看,许多人反对的只重视知识倾向实际上是传统的知识概念,这种反对只注重知识并不是要忽视知识,而是要求得到全面的知识。另外一个有关知识的说法是将知识放在一个金字塔之中,自下而上的内容包括:数据、信息、智力、知识、智慧、美德。这个架构内隐了以下观点:(1)知识不仅仅是数据信息等简单的事实;(2)知识和智力、智慧、美德密切相关。如此看来,没有知识,智慧和美德只是空中楼阁。前文提到知识作为学校教育的重要目的和对象乃是一种预设,不过,考虑到语言和概念系统中如此常见的纷乱,不去理清实在容易造成太多的误读。

与此相关的第二个问题是,课程教学中撷取哪些知识作为学习的对象?亦即课程教学内容的选择和编排问题。泰勒认为,从学生、当代社会生活和学科三方面考虑建立一般性的教育目标,之后要用两把筛子作为工具来确定具体的课程目标,一是教育哲学,二是学习理论。[4]那么,选定课程教学内容、组织学生的适当经验以达成这些目标也必然主要考虑这些方面。参见新近的诸多相关的论述和观点,至少概括出如下的一些标准:一是有用的而非惰性的知识[5];二是有生成力的知识,不仅仅是学习 established 知识,关键是学习的结果能够 establishing 知识;三是适于学习者学习的知识。无论是从学生发展、社会需要还是从学科发展看,单纯的事实性知识(尤其是在传授—接受方式中获得时)都明显是不够的,因为这种知识常常是惰性的、没有生成力的,学习过程也是枯燥乏味的。

接下来的第三个问题就是,如何帮助学生学习这些知识?比如,传统的以讲授为主的方式行吗?许多政策性文件和学者论述中反对片面追求知识或者片面注重知识传授的倾向,可能意味着以下某种含义或者兼而有之:(1)不能只关注知识而忽略了学生全面发展;(2)不能只注重单纯的事实性知识;(3)不能简单地以传授(讲授)的方式组织教学活动。这里,我们在界定这个问题时,避免了传统的说法,即如何将这些知识传授给学生。传授知识的说法隐含了一种观点,即知识是可以像物品那样传授或者传输的。不能否认,某些知识是可以以讲授的方式传输给学生的,但这显然不适合于所有的知识,甚至可以肯定地说,这种方法不适用于绝大部分知识。即便常奉"传道授业"为本职工作的我国传统形象中的教师,也丝毫不能否认至圣先师孔子并非告诉学生一切,那种问答式的教学活动虽然仍然充满了为师者的权威,但注重启发和弟子领悟的风格已经让我们很难说为师者就是"施教者"了。对于这一问题,我们可以从当前国际学术界学习—教学研究的路向中得到许多启发。一个重要的路向是认为教学是学习环境创设,教学是以促进学习为核心目标的。这个看似平淡的研究取向有着极为深刻的意涵:教学和教学研究从片面的知识角度的分析转向学生与知识关系的分析,教学须循学习的规律,在必要的时候为学习提供必需的支撑,而这种规律则要从更为广阔的人类社会实践场境中去寻找。

遗憾的是,在传统的学校教育场境中,主要重视事实性知识和固定的程序化知识,以这种知识的传授和机械记诵、反复操练主宰的课堂仍然非常普遍。

在学校教育场境中,教师和学生面临的一个最为重要的限制是,他们必须接受社会文化条件所规定的目标和任务。在基础教育阶段,这些任务可以具体化到课程标准,在职业教育和专业教育阶段也有预期的知能结构。虽然这些目标和任务看似是基本的要求,但在运作中甚至在政策性的文本中常常就"上不封顶"了。比如,在当今许多国家基础教育的课程标准和大学的培养目标中,有创新、国际理解方面的要求,这些可能让教师和学生觉得难以企及。自然,所有的目标和任务是人为的规定,既在某种程度上以某种方式反映当前的社会文化现实,又反映了当时社会文化背景下主导性的认识成果。从学校的生存和发展的实际要求看,它们自然只能接受而无法无视这些"规定"。这样,对于教师而言,他们面临的问题就变成了:在目标既定的情况下,如何能够让学生获得理想状态的知识,如何促进他们的全面发展,这里我们重点谈知识(知能)方面,不直接涉及道德、情感、身体发展等方面。进一步说,在知识范围和知识目标基本确定的情况下,如何促进学习者获得知识?

在此,笔者借鉴情境知识和学习观、教育中的建构主义和学习、教学理论研究领域的其他思想,探索通过知识的双重情境化促进学习和教学革新的问题。这里的双重情境化是指:(1)将知识置于其发生和应用的真实世界的情境之中,恢复知识与其所指、发生和应用情境之间的本然联系;(2)将知识与学习者已有知识和经验构成的主体情境结合起来,使知识成为学习者动态复杂的知能结构中强有力的部分。

二、置知识于真实世界的情境

这里所说的第一重情境化,就是将知识置于其发生和应用的真实世界的情境之中,恢复知识与其所指、发生和应用情境之间的本然联系,源于知识生产和建构的对象性和情境性。

探索多源于困惑,困惑的产生往往有其深厚的社会历史根源。就自然科学知识而言,多源于人类生存的需要。在人类与自然环境共存的过程中,人类一直努力地了解自然、认识自然,按照认识自然的成果利用其或改造自然,使其成为适合人类生存和生活的场所。因此,可以说,在知识建构的过程中,首先有一个真实世界的存在,有一个人类将真实世界在认识过程中加以对象化的阶段。这是认识论上主客观二元划分的基础之一。在人对自然界的探索过程中,这个真实世界的存在,成为人类进行探索的重要前提和基础,也成为检验探索成果的重要参照标准之一。人类在生产和生活中还结成了各种社会关系，以此为认识对象所要认识的是人和人之间的关系。与此同时，人还希望了解自身，探索人的精神内涵、存在的价值等。由此产生了人文社会科学。人类还要力图了解如何确证自己获得的认识成果是可靠的，因此去努力探讨知识论的问题等，不一而足。因此，我们可以说，知识建构具有明确的对象性，是为了认识世界和解决问题而进行的。知识因此在同其所要认识的世界和解决的问题的联系中获得意义。在人类生产的知识中，一部分是以外化的形式出现的，如概念系统、理论体系、科学定理、算法公式等，这些外化形式可以通过物化的形式（如书本）记载和传播。但是，毫无疑问，这些外化的知识，表面上看是独立的存在，实际上它们丝毫不失其对象性和情境性。

在知识生产和演进的过程中，随着每一个领域探索范围的扩大和认知程度的加深，后来的知识生产未必以真实世界和问题为直接的对象，而是直接在原先知识的基础上发展。知识的发展方向以原有的知识为直接基础，容易形成一种假象，即知识可以脱离其对象而成为独立的和独立发展的存在，甚至成为一个独立于物理世界和社会生活的自足的系统。从知识的表现形式看，它也越来越具有抽象性、越来越符号化。此时，高深的知识，乍看与真实世界似乎不相关，好像只是反映了纯粹智力活动的成果。知识的这种发展历程，实际上是将真实世界里提出的问题和认识要求，从整体上转换成了认知的问题，而知识建构的对象仍旧是真实世界。

在现行的学校教育中，人们常常无视知识与知识建构的对象——真实世界——之间不可分割的内在关系，比如，许多人常常认为只要记住了作为认识成果的知识，就自然可以解决真实世界中的问题，就可以认识世界。其实这种观点推到极致，就会认为知识是可以脱离情境而存在的，没有情境学习也能发生。且不说学习者应用知识的情境往往迥异于学习知识的情境所带来的迁移问题，以及人类认识不断深化和拓展的创新要求，就连与所学知识直接联系的任务和问题可能都难以应对了。[6] 忽略知识建构的对象性还有一个客观原因，就是知识就整体而言是与真实世界相联系的，但是对于局部知识而言，可能这种联系不直接、不明显。在学校学习的过程中，这种情况更加明显，因为这种学习常常是分时间片段、分内容、分主题进行的，这给加强知识与知识建构的对象之间的联系带来许多困难。明确因分别学习的需要而暂时"割裂"的"片断"知识与其所属的知识体系之间、知识体系与真实世界之间的联系，是课程教学设计面临的巨大挑战。

在学习和教学中，将知识与其所指向的世界、所用以解决的问题结合起来，是克服惰性知识的一条重要途径。这种结合包括两个方面，第一个方面是建立知识与真实世界或者真实世界中的真实任务的关系，是知识的真实与环境的真实的相互开放。"知识的真实"的说法来自波普尔关于客观知识的描述，[7]客观知识已经成为我们居于其中的世界的一部分。"环境的真实"的说法借自克拉夫基（Klafki）的观点，他认为，所有的课程都应当以此为目标：创设对个体开放的环境真实（environmental reality）和对环境的真实保持开放的个体。[8]第二个方面是借鉴各知识领域的专家、从业者的共同体中探索知识及运用知识解决问题的真实方法，进行参与模式的学习与教学，这样在知识探索和运用的真实性方面获得意义，即知识不单单是在应用中产生意义，更从以真实的探索者、应用者在真实情境中的真实探索、应用方式进行学习的过程中获得意义。前一方面着力于引入真实世界，知识与真实世界的关系也可以通过教师指出的方式被告知，相较于只有知识世界中的知识没有真实世界中的真实，知识在通过与真实世界联系获得意义这一层面上已经前进了一步。后一方面是前一种联系的深化，知识与世界的关系是通过真实的探索和应用方式加以认识的。

需要指出的是，在这里，在将真实世界引入课堂，让知识在与世界的联系中凸现意义的时候，并没有放弃知识，而仍然是将知识作为教学重点关注的东西。不同的是，这里的关注不再仅仅是对于作为思维和探索的结果的表现形式——编码的以文本形式呈现的概念、公式、定理、规则、信息等——的关注，而是进一步表现出对于知识的实质的关注：这些知识在现实世界中指什么？它是以何种事实何种现象为对象建构出来的？为什么以这种方式建构出这样的知识？这样的知识在认识世界和解决问题的过程中是如何发挥（或者将如何发挥）什么样的作用的？所以，这种实践隐含着这样一种观念：怎样获得知识与获得哪些知识同样重要，学习方式与课程内容同样重要，前者甚至比后者更为重要。在相应的教学中，对于学科知识的理解和掌握仍是重要的目标，这种理解和掌握是在一种更加关注知识的建构过程和实践意涵的学习活动中进行的。每一门学科都是人类以特定的方式认识世界或其某个领域的成果，以适当的方式让学习者体认这种认识过程是学习人类积累的知识的重要手段。对于间接知识和经验的获取，是学校教育存在的根本理由，甚至是进行各种学习的根本理由。引入真实世界，不是要撇开这些间接知识和经验，而是要以与世界和实践更为关联的方式获得这些间接知识和经验。在我国实施素质教育的过程中，有人认为学科教学仍是在搞应试教育，其他各类活动才是素质教育，认为学生能唱会跳、能说会道就是素质教育，这是一个很严重的错误。素质教育的关键是要能以一种更加有效的方式学习科学文化知识，形成道德规范，促进个性发展，而绝不能走到反知识的错误倾向上去。当然，素质教育不排除包括音体美等特殊才艺的发展，这些都是全面发展的一部分。

我们可以看看阅读和数学领域这一取向的教学革新的例子。在阅读方面，传统的做法是认字、读诵文章,理解文章的意义(大多情况下实则是记住老师所说的文章的意义)。在内容上侧重文学,在教学方法上注重讲授,这降低了语言与学生所处的世界的关联性。对于阅读内容和教学方法的一些革新力图改变这种状况。例如,有的做法是,在初始阶段的基本语言学习之后,将文学性的阅读和针对其他学科内容(社会、数学、科学)的阅读区分开来。这样实际上相应地增加了其他领域的阅读量。早在1970年,赫伯(H. Herber)出版了专门探讨中学阶段整合性学科内容阅读教学的专著,阅读的教学不是由一个专门教阅读的教师在一个单独的项目中进行的,而是将阅读作为课堂教师在引导学生理解常规的学科教材中进行的学习活动。此后,一些教师教育者出版专著,将阅读和写作融合到学科教学中。最近,有关学科内容的阅读让位于有关"青少年素养"(adolescent literacy)主题的阅读,将与青少年在社会文化生活中面临的问题有关的内容作为阅读的对象。[9]阅读教学上的这种做法,将语言文字与其应用情境、学生面临的世界和任务结合起来,克服了单纯学习语言文字的种种缺点。在外语教学中,情境化的语言实践、注重交际的语言学习、以任务为载体的课程设计,都与这里所说的母语阅读教学有异曲同工之处。

在数学教学的研究中,斯泰恩(Stein)概括了当前数学教学发展的两种模式:一种是认知心理学模式,是指向于数学理解的模式;另一种是社会文化模式,这种模式旨在通过让学习者成为一名数学实践共同体的成员。后一种模式的数学教学强调超越"对于学科的结构、概念、程序和事实性知识的掌握",走向注重"数学实践共同体解决问题过程中所包含的'心理习惯':架构问题、寻求解决方案、寻找模型、表述猜想、将数学逻辑和数学推理作为自己进行推理的依据",注重通过对数学共同体的话语方式、价值观和规范的逐步掌握而成为数学的识知者、评价者、应用者和制造者。[10]社会文化模式的数学教学寻求的主要目标在于使数学成为解决问题过程中的强有力工具,使学习者成为数学的实践者。数学的公式定理、数学的逻辑和推理方法要在解决现实世界的问题的过程中彰显其意义。这种追求不仅远远超越了传统的程式化数学教学,与"做数学"相比也有不少独到之处,因为社会文化模式的教学要培养的不仅仅是数学思维,而且是实践中的数学思维。[11]

三、置知识于学习者的主体情境

知识情境化的第二个方面,是要将知识与学习者已有知识和经验结合起来,使知识成为学习者动态复杂的知能结构中强有力的部分。在过去的许多教育学和心理学的相关论述中,这种提法并不少见,如在我国教育研究和实践界所熟悉的赫尔巴特(Herbart)、加涅(Gagne)、奥苏贝尔(Ausubel)等人的著作中,以及 20 世纪 50—60 年代兴起的掌握学习和众多个别化学习、程序学习的论述和实践中。但是,需要注意的是,在这些论述中,绝大多数论者所说的个人已有的经验或知识仍是从知识的逻辑关系看的先后层次关系或相关关系,而且,这里所说的已有经验和知识同要学习的知识在内容上是关联的。这就暗含了一个假设:学生已有的知识和经验在内容上和即将学习的知识是一致的,没有冲突的存在,因为这里所说的已有的知识和经验是知识结构中已经储存在学习者头脑中的那一部分,这实际上排斥了学习者在这个知识体系之外获得的往往在观念、结构和组织方式上与要学习的知识结构并不一致的知识和经验。在目前的相关研究中,这二者的差异已经广为注意,往前可以追溯到维果茨基对于科学概念和日常概念的研究,[12]向后可以一直延伸至目前科学教育研究中对于概念转变的大量探索。[13]而且,这类观点还内涵了一个假设:只能以这种逻辑关系学习知识,只能产生这样的知识。如果知识与世界之间是同一的,知识又能自然地应用到各种实践情境之中,那么,这些知识的获得就会自然导向问题解决能力的增强和实践能力的提升。但可惜,这些假设恰恰将学习者本身的已有知识、经验和认知方式排除在学习过程之外,从认知与行动的关系看,这些假设常常不成立。

从学习者所拥有的全部知识、经验出发支撑新知识的学习,才能更好地使知识有意义。学习作为一种知识建构活动,受到学习者当时的情境的限制,而构成他学习基础的情境是能够被他利用的知识和经验。在此,我们姑且尝试以“主体情境”概括之,以区别于前文从知识与世界关系的角度探讨的知识的情境,同时也是为了突出学习者作为知识建构的主体的地位。如同一个人的所得是他掌握的全部生产资料的函数一样,一个人能够获得的新知识是构成他的主体情境的所有要素的函数。构成学习者的主体情境的因素,从场域来说,是学习者本身所处的社会文化和自然环境;从构成他学习新知识基础的自身因素来说,包括他所有相关的知识和经验(不仅限于在客观知识系统中他已经掌握的),或成系统的或零碎的,或内在统一的或相互矛盾的,或与科学知识一致的或与之冲突的。学习者以其为基础的知识和经验,有许多是他在社会文化生活中形成的日常概念和知识,其中有些有促进学习的作用,有些有干扰的作用。

因此,关照学习者全部知识经验对于学习活动的影响,是教学革新的出发点之一。在当今社会里,学习者在课堂之外接收的各种信息、知识越来越丰富,在他们接收的信息知识总量中的比重越来越大,即使是在社会经济条件不发达的地方,儿童也能通过电视和网络等媒体了解外面的世界。看一看我们传统课程和教材中的内容和课堂上发生的事情,我们常常感觉到学习是一个与学习者背景无关的事件,因为很大一部分——如果不是全部的话——的知识是按照一个远离学习者世界的方式编排和组织的。视学习为刺激—反应联结的行为主义学习观和视学习为信息输入—储存—提取过程的信息加工观,给这些实践提供了理论注脚和话语支持。对知识与世界的联系以及知识与学生丰富知识经验的联系的双重忽略,最终导致学校成为一个缺乏生机的技术化、工程化的流水线工厂。

当学校场境中的学习置源于社会文化生活中的心理发展和知识基于不顾时,在学习过程中就形成了所学知识的隔离状态,知识成为学生的记忆中的无意义符号,无法融入学生的认知结构。金特希(Kintsch)将文本中的学习分为三个层次:一是了解文本的字面意思;二是形成对于文本意义的整体性的表征;三是将文本的内容融入学习者的知识系统,成为这一系统的一部分。当新学习的知识不能融入学习者已有的知识经验系统时,它依旧是心理形式的孤立文本。[14]时常,当学习者面临日常生活中的知识经验和没有融合进已有知识经验系统的孤立知识时,他有着两个主观知识的世界:一个是原有的观念提供的解释图式,是直觉的、经验的;另一个是正式的,在学习中获得的。当原有观念在日常生活情境中能够成功地解释学习者所遇到的现象和种种问题时,概念转变常常难以有效发生。[15]

考虑学习者的知识经验,就必须考虑学习者已有知识经验的多样性。内尔森(Nelson)提出了知识组织的三层结构:第一层是通过没有语言参与的直接经验建构的知识;第二层是依据文化组织起来的知识(culturally organized knowledge);第三层是正式组织的理论知识。[16]第一层和第二层的知识是非正式地获得的,第三层则必须作为一个抽象系统而加以掌握。对于教师而言,学生所拥有的第一层和第二层的知识是既定的存在,而且这种存在是个体化的或者小团体化的。对于学习者而言,所谓的社会文化环境总是被归结为具体的社会文化环境,这就自然涉及社会文化环境的多样性和由此引致的知识经验的多样性。每个人都在具体的社会文化环境中长大,在探讨其发展时,脱离这个环境的具体性就无法揭示个体经验的丰富性和多样性。无论在何种制度的社会中,各方面的差异普遍存在,不同社会文化背景的人所接收到的信息和指导也大为不同。从我国目前的社会发展的情境脉络看,个体所处的社会文化情境的多样性和变动性是这个以改革为标志的时代的突出特征。对社会文化所形塑的知识经验的重视,意味着对学习者所处具体情境的不断认识和反思。基于此设计的教学才会具有充分的针对性和丰富性,不同的学习者——实际上也包括不同的教育实践者——的交流只有建立在经验的异质性的基础上,才会有真正的碰撞。

在学习中将学习者的主体情境作为创设学习环境和安排学习活动的基础,实际上是将知识"主题情境化"。

四、结语

关于情境,莱夫明确地指出:情境……意味着在特殊性和普遍性的许多层面上,一个特定的社会实践与活动系统中社会过程的其他方面具有多重的交互联系。[17]我国有学者有将英文的"situated"翻译成"置身",即身置其中之意。也有学者将与此意密切关联的"context"翻译为有"共存关系"的。文物贩子说,自己贩卖文物,使文物向有钱者集中,从而得到保护,法官反驳说,这种行为破坏了文物和其场景与其他相关文物的"共存关系"。学习这个特定的社会实践,如果脱离了所学知识与"社会过程的其他方面"的"多重的交互联系",就必然会使知识和与其有共存关系的诸要素(知识的对象、生产和应用的场景、学习者已有知识经验、相关的知识、同样学习着的他者、参与学习过程的一切人和资源等)割裂开来,从而知识无处置身,成为无意义和待忘记的言词。

笔者曾尝试以波普尔(Popper)关于三个世界划分的框架来探讨知识的意义和学习的意义问题,认为有意义的学习的形成有赖于物理状态的世界(知识的所指)、主观知识与经验的世界、客观知识的世界这三个世界之间的联系与对话。[18]教学活动中要促成知识的双重情境化,实际上就是促成这种意义上的有意义的学习。具体地说,建立知识与世界的联系,在知识应用的情境中学习知识,知识的这一重情境化是建立客观知识同物理世界之间的关系,从而使得知识的"能指"与社会文化背景中的"所指"融合起来。将教学作为知识的主体情境化开发,是着力将客观知识的获得建立在学生的主观知识经验的基础上,从而实现皮亚杰所说的同化、顺应意义上的——还可能需要加上其他的心理过程——"有意义"。

知识的这种双重情境化,仍没有也不必要和不应该去精确确定教学和学习的具体形式,甚至对于某些知识而言,不能完全排斥传统的形式和方法。这里甚至仍未能确定教学的大致状况,因为要确定这一点,至少还需要两个方面的规定:一是谁来首先建立这种联系,进行这双重的情境化? 教师在这个过程中发挥怎样的作用? 二是对于不同的学习者建立联系的方式及其与社会文化普遍认可的知识意义的关系,如何进行处理? 自然,这些问题没有固定的答案,答案的倾向取决于不同的知识观、课程观和教学观,这似乎又回到了第一部分所提的几个问题上。

不管如若增加上了这两个方面的规定后教学会是什么样子,这里还是先从如何让学生学习知识这个问题入手,立足知识的"课堂化"视角作出一些思考。这些有人可能认为偏向"理论化"的思考,其实所依赖的理论是通过实践发展起来的(theory through practice)。仔细观察课程教学实践中涌现出来的多种经验,我们很高兴地发现彼此也有不少相通之处。

进而言之,在这种形式的教学革新的深处,隐含的是对回归人类原来的学习方式和克服学校学习异化现象的期盼。若此,革新所要做的并不是革新,而是"守旧"。这也正回应了一位研究者对于研究的研究结果:大多数有效的学习项目都包含了校外认知活动的典型特征。

参考文献 ....

［1］达尔·尼夫.知识经济［M］.樊春良,冷民,译.珠海:珠海出版社,1998.

［2］维果茨基.维果茨基教育论著选［M］.余震球,选译.北京:人民教育出版社,1994:363-266.

［3］高文.教学模式论［M］.上海:上海教育出版社,2002:32.

［4］拉尔夫·泰勒.课程与教学的基本原理［M］.施良方,译.北京:人民教育出版社,1994.

［5］怀特海.教育的目的［M］.徐汝舟,译.北京:生活·读书·新知三联书店,2002.

［6］Brown J S, Collins A, Duguid P. Situated Cognition and the Culture of Learning ［J］. Educational Researcher, 1989, 18(1):32-42.

［7］卡尔·波普尔.客观知识:一个进化论的研究［M］.舒炜光,等译.上海:上海译文出版社,2001.

［8］Lewy A. The International Encyclopedia of Curriculum ［M］. Oxford: Pergamon Press, 1991:230-233.

［9］Alvermann D E, Hruby G G. In Brophy J (ed.). Subject-specific Instructional Methods and Activities ［M］. Leiden: Elsevier Science Ltd, 2001.

［10］Stein M K, Brophy J. Subject-specific Instructional Methods and Activities ［M］. Leiden: Elsevier Science Ltd, 2001.

［11］De Corte E, Weinert F E. International Encyclopedia of Developmental and Instructional Psychology ［M］. Leiden: Elsevier Science Ltd, 1996.

［12］ 维果茨基. 维果茨基教育论著选［M］. 余震球，选译. 北京：人民教育出版社，1994.

［13］［15］ Fraser B J, Tobin K G. International Handbook of Science Education［M］. Amsterdam：Kluwer Academic Publishers, 1998.

［14］ Resnick L B. Knowledge, Learning and Instruction：Essays in Honor of Robert Glaser ［M］. Mahwah, NJ：Lawrence Erlbaum Associates, Inc, 1989：27.

［16］ Daniels H. Vygotsky and Pedagogy ［M］. London：Routledge Falmer, 2001：96.

［17］ 戴维·H·乔纳森. 学习环境的理论基础［M］. 郑太年，任友群，译. 上海：华东师范大学出版社，2002：55.

［18］ 郑太年. 意义：三个世界的联系与对话［J］. 全球教育展望，2002,31(11)：25－30.

9

论教材知识情境设计的德育维度 *

赵 健

　　教材是课程的核心教学材料,"集中体现了社会规范文化与国家政策,便于实现国家的教育目标,有助于统一全国教育教学的标准,是评价考核教育教学效果的主要依据,是充当教师教学的指南及规范教师课堂教学的依据,是学生掌握知识的基本源泉"[1]。近年来,教材的德育功能日益为人们所重视,2019 年教育部印发了《中小学教材管理办法》《职业院校教材管理办法》和《普通高等学校教材管理办法》,明确指出:"中小学教材必须体现党和国家意志。坚持马克思主义指导地位,体现马克思主义中国化要求,体现中国和中华民族风格,体现党和国家对教育的基本要求,体现国家和民族基本价值观,体现人类文化知识积累和创新成果。"[2]随着管理力度的不断加强,目前教材文本建设中已经越来越重视"育知"与"育德"并重,但有一些情况仍值得进一步研究和关注,如教材中所提人物男女比失衡、中外比失衡,所提场景城乡比失衡等。这些"失衡"虽不影响教材所承载的学科知识本体的正误,却可能影响这些知识所嵌入情境的社会性价值取向,日积月累会对学习者(尤其是处在道德发展关键期的未成年学习者)产生较大影响。

　　为学习者创设情境,引导学生在真实情境的问题解决过程中理解和建构知识是近年来我国课程改革的一大方向。王湛指出,要"以学科大概念为核心,使课程内容结构化,并以活动主题为引领,使课程内容情境化"[3]。将知识置入情境之中,也早已成为各学科在教材编订过程中的共同要求。例如,《高中信息技术课程标准(2017 年版)》要求:"通过丰富多样的任务情境,鼓励学生在数字化环境中学习与实践;在课程中嵌入与信息技术有关

---

* 原文发表于《课程·教材·教法》2020 年第 12 期。

的现实社会问题和情境;鼓励学生在不同的问题情境中,运用计算思维形成解决问题的方案,体验信息技术行业实践者真实的工作模式和思考方式。"[4]《普通高中化学课程标准(2017年版)》给出课程和教材内容的"情境素材建议",提出"创设真实问题情境,促进学习方式转变"的教学建议和"以真实情境为测试载体"为命题原则之一,并将真实情境作为典型试题的分析要素。《普通高中地理课程标准(2017年版)》明确提出:"创新培育地理学科核心素养的学习方式,在自然、社会等真实情境中开展丰富多样的地理实践活动。"《普通高中物理课程标准(2017年版)》则要求:"关注物理学的技术应用带来的社会问题,培养学生的社会参与意识和社会责任感;通过创设学生积极参与、乐于探究、善于实验、勤于思考的学习情境,培养和发展学生的自主学习能力。"

不难看出,教材的"情境化"设计已是共识,"情境"作为教材文本的一部分将潜移默化地影响学习者。但是,情境所承担的德育功能尚未得到充分研究,亟待系统地梳理教材中知识所寄寓情境的德育维度,帮助教材编制者在情境设计过程中主动融入德育目标,规避德育风险,充分发挥教材的育人功能。下面将以高中信息技术学科及其教材为例解析这一问题。

一、教材的知识情境及其德育价值

从形式上看,学科知识虽然早已从情境中被抽离出来,但要能够为学习者真正理解并娴熟运用,仍然需要被嵌回到具体情境之中。长期以来,知识学习的"脱境化"(decontextualized)使得学习者出现了所学知识难以迁移的"呆滞"顽疾。怀特海(Whitehead)认为,课程内容的情境化,将学科知识的学习嵌入广泛的真实工作情境和真实社会发展情境,可以帮助学生在获取相应的知识、技能和思维方式的同时,还能领会应用这些知识、技能和思维方式的情境化条件,由此为改变"呆滞"顽疾提供重要支撑。[5]课程内容的情境化,使学生从学校的"脱境化解题"逐步走向真实情境中的复杂问题解决,这是学校为学生适应社会生活和进入职业生涯做好准备的一条重要路径。而其中,教材中知识的情境化,无疑又是课程内容情境化的核心。目前,教材的编写者都在情境创设上作出了极大努力,一本教材中大大小小的情境(导入性情境、解释性情境、项目情境等)可能有数十个甚至更多,既增加了教材文本的可读性,也为学生理解概念和原理搭建了脚手架,成为学习者已有经验和现实世界之间的中介。值得注意的是,这种情境除了具有帮助学生理解概念、原理的智育价值外,还有其他价值。以高中信息技术教材为例,其中情境所构成的教育场域,除了具有支持信息技术学科领域的知识建构和问题解决能力提升的"智育价值"外,还应帮助学生养成在信息社会中的公民意识。那么该如何理解情境的"德育价值"呢?

社会学家齐曼(Ziman)认为,科学具有"形而下"和"形而上"两个侧面。[6]形而下指的是,科学及其衍生的技术大大改善了人类的安全、营养、健康、舒适、通信、交通、娱乐等状况,增强了人们抗御自然灾害和影响自然的能力;形而上则意味着它同时是一种文化,是一种复杂的生活方式,是在一群具有共同传统的人中间产生出来的,并为群体成员不断传承和强化。[7]在齐曼看来,任何一个科学领域本身就包含着文化属性,只是这种文化属性常常居于形而上的侧面而容易被无视。[8]因而,科学知识的运用不是一个纯粹价值中立的事情,是有其价值来源和价值方向的。[9]这种知识的运用实际上就发生在一种情境中。在教材编制设置知识情境时,任务实施的目的性可能自觉、不自觉地就隐含在其中,于是这种教材中的知识情境也就具有某种价值取向了。

情境认知的理论来源之一是生态心理学,生态心理学家吉布森(Gibson)就将学习者描述为环境的探测者,而环境提供的给养(affordance)是那些环境所呈现的东西、提供的信息以及它"邀请"学习者所做的事情。[10]学习者在教材创设的学习情境中,会探测到给养所包含的目的性,并通过与环境的交互作用而浸润到一个感知—行动循环中。[11]格林奈尔(Grinnell)认为,在"做科学"和"教科学"的过程中,人们实际上就是在教、学"观察方式"和"做人的方式"。[12]亦如布鲁纳(Bruner)所说的从"学会做事"到"学会成为人"。[13]因此,在这一意义上,情境实际上是教材实现濡化(enculturalized)学习者的责任和使命的工具。格林奈尔由此认为,显性的科学教育必然与一种隐性的科学价值教育(implicit scientific values education, ISVE)同时并行。[14]

沿此逻辑,可以看出教材中的情境设计也存在一明一暗两条分析线索。其一是相对显性的学科德育一层(或可称为领域特定性德育)。按照信息技术课程标准,这一层表述为"信息社会责任"。按照课程标准,高中信息技术教材一般会专辟一节来组织"信息社会责任"的课程内容,如某教材在《信息系统与社会(必修二)》中的第三章"信息安全"中有专门一节"信息社会责任",该节由数字公民、知识产权和自媒体时代三个部分构成,利用网络谣言、开源代码运动和网络霸凌等具体的案例,展开论述信息社会中公民的责任。相关情境的设计目的,是使学生形成对信息技术学科特定的道德与伦理的认知,继而使其内化成为信息素养的一部分。其二是相对隐性的一层,且该层往往是"超学科"的。实际上,任何一个学科的教学除了要传递特定的领域价值外,还需要传递一些超学科的价值。以信息技术学科为例,除了"信息社会责任"之外,不可避免地还要在教学过程中帮助学习者在学习过程中树立国家认同、民族认同、文化认同,以及诸如科学事业中的性别平等观念,帮助学习者成长为具有良善品性的合格公民等。这要求在编写教材设计知识情境时,不仅要遵循"实践共同体"的道德与伦理规范,还需要引导学习者思考"为谁而计算""谁可以去计算""为什么而计算""哪里需要计算"等普遍价值问题,让学生在思考和解决技术问题的同时,暴露在"以什么情怀做事、以什么责任做事"的价值体验和行动中。而教材所设置的知识情境就是给学习者提供一个机会,使学习者能为知识赋予意义(make sense),并和情境中包含的其他人或物产生社会关系和情感关系。因为学生在情境中必然会被赋予一个角色,从这个角色的视角来遭遇社会角色及社会关系的生产和再生产,从而"重构学生与社会生活及世界意义的关联"。[15]但这层隐性的德育却往往容易被忽略。目前所有学科的课程标准或指南,都非常重视显性的学科德育,但"潜伏"在情境中的那些隐性的价值却一直很难上浮到研究的视野中,以至于教材编写者自身的经验局限、文化视角或者社会传统中长期默认的"偏见",往往会不知不觉地影响到情境的创设。尽管许多研究已经揭示了教材中存在的这些问题,如中外教材中常有的女性的刻板印象或边缘化问题,西方教材中常见的"英语国家文化被偏爱、非洲文化常被忽略"问题[16][17],外国历史教材中的中国形象偏见问题[18],以及近年来为我国学者关注的教材内容城市化所造成的农村学生边缘化问题[19][20],但客观地说,将上述问题系统地纳入教材编制的实践研究仍然非常缺乏。

二、教材情境设计的德育维度

本研究在科学社会学、情境认知的视角下,借助信息技术教材编制中编制团队的前期探索,认为可以从两条线索出发来实现情境在德育维度的设计。

1. 物理性—社会性

学生在怎样的情境中从事怎样的学习活动,决定着他对所学习的概念和原理的理解。只有当学习者置身于具有布迪厄(Bourdieu)所说的真实实践逻辑的情境脉络中[21],用类似这类实践中的从业者的思维和方法建构对概念和原理的理解时,所学习的知识才能与情境建立联系,才能使所习得的知识获得意义。

教材中所谓"真实情境"的真实,包括物理性和社会性两个方面。分布式认知理论认为,学习是发生在具体的场所之内或之间的,与具体场所相关联的物理特征、可用材料以及典型活动,对学习过程和学习结果都会产生重要的影响[22],这是真实情境物理性的一面。以某高中信息技术教材为例。该教材一共运用了 56 个情境,其中无明显城乡倾向性的情境为 39 个,城市情境 13 个,乡村情境 4 个。乡村情境偏少(在有些教材中基本缺失),无论对城市高中生还是农村高中生而言,都会大大减少他们认识乡村、在乡村情境中思考信息技术的机会。这样是否不利于弥合新数字鸿沟?[23]

对真实情境的社会性的认识,源于社会建构主义和学习的社会文化观。知识是实践共同体中社会协商的产物,因而为知识建构所提供的情境,可以使学习者经历质疑、讨论、辩论、对质、认同等社会性过程,这有助于学生在理解专业知识的同时,建立起对自己在社会中所处位置,以及和他人关系的感知,有助于理解一个科学家所具有的社会成员身份。情境要反映学习者所处的真实社会境脉,就是要反映真实社会的各种多元性与差异性。根据联合国教科文组织和美国布鲁金斯学会联合发布的《迈向通用学习——学习测量的全球框架》,这些多元性或差异性包括:年龄、居住地(城市、乡村)、收入水平和社会经济地位、语言和种族状况、国内区域间差异、国籍情况等。[24]学习者置身情境之中将会产生一定的角色体验,同时也会有从不同视角看待同一事物的机会,这对学习者理解社会、培养批判性思维都有着重要意义。

下面以一套高中信息技术新教材中的人物设置为例,来揭示相关问题。

该教材一共出现 22 个人物①。从性别分布上看,除了一名是女性以外,其余全部是男性。由此看来,该教材中的男性优势非常显著,女性在计算机和信息技术领域涉及的话题中,显示度比较低。而教材中多次出现的篮球比赛的案例或项目,所涉及的美国男子职业篮球联赛(NBA)和中国男子职业篮球联赛(CBA)也是男性优势情境,同等强度的女性活动情境几乎没有,凸显了男性在整个信息技术所涉场景中无论是专业角色还是用户角色上的绝对优势。

英国高等教育局(HESA)2018 年至 2019 年英国高等教育入学学生组数据显示,选择修读计算机科学课程的女生只有 18%。究其原因,领域中缺乏强有力的女性榜样和高中时期的影响是其中两个重要原因。前者暗示这个领域中女性成功的机会太少,后者则是高中时期接收到的信息和受到的影响。[25]

查尔斯(Charles)和布莱德利(Bradley)指出,要使女性更多地参与到计算机行业,鼓励更多的女性进入信息技术、计算机科学和计算机工程领域的措施之一就是在"还没有被

---

① 只统计教材情境中作为行为主体的人的名字,不含已经成为概念命名中的名字,如贝叶斯公式里的贝叶斯,并且不含数据表里作为处理对象的人名。

性别身份角色左右之前,就推进男女学生接触计算机"[26],因此高中信息技术教材中有意识地提升女性在该领域作为专家、用户的比例,对于高中生在学习信息技术课程中建立平等的性别观、提升女性对自身在信息技术领域发展的意愿具有极大意义。

　　教材中出现人物的文化特征是另一个分析视角。从国籍看,该教材出现的真实人物包括美国 11 个、英国 4 个、荷兰 1 个、中国 3 个。美、英、荷三国的 16 个人物中,有 12 个是与计算机相关的专家(克劳德·香农、道·卡廷等),1 位建筑师、1 位科幻作家、1 位航天员、1 位诗人;3 名中国人均为非学科领域的古人(秦始皇、韩信、马融)。由此可以看出,该教材在情境人物角色设置上的两个特征:首先,3 名中国古人在教材中的出现,显示编制者将信息技术学科与中国传统文化相结合的努力;其次,在教材所设情境中的计算机科学家以及其他职业声望较高的近现代人物里,欧美人士占据了绝对多数。综合来看,未来教材在构建情境的过程中,或者创建教学设计的补充性情境过程中,既要顾及现实计算机科学世界英美人士确实是开创者的真实状况,也需要适当增加当代中国科学家或职业声望较高的中国专业人士,兼顾符合事实和中外人物形象均衡的双重原则,反映中国现当代信息技术发展的真实水平,增加中国学生在专业领域成功的榜样因素。

2. 个体的已有经验——未来经验

　　"以学习者为中心"是当前课程与教学领域的核心话语。在落实这一思想的实践中,"以学习者为中心"往往容易被窄化为"以学生的已有经验为中心";从而在创设学习情境时,教师往往会以寻找学生熟悉的、与学生生活相关的、容易唤起学生兴趣的场景为重。但是,由于学生日常熟悉的场景多为学校和家庭,仅仅注重"贴近学生经验",就会制约学生在广泛的"实践共同体"中"合法的边缘性参与"的机会。① 以学习者为主体构建情境,对学习者个体而言,不仅是指其个人历史,还应包括他所在家庭和社会背景、文化与民族传统。对学习者群体而言,要关照不同学习者前概念的调用以及生活背景的多样性,为前知识、生活背景和兴趣有差异的学习者提供平等的学习情境入口。由此,在情境成为学习者与学科知识中介的同时,也为学习者提供了从个人视角和他人视角来理解、分析和解决学科问题的机会,还为学生设置了不同的社会角色,从而使学生在显性的"学知"和"学做"的同时,隐性地参与"学习成为人"。因此,所谓"以学习者为中心",需要从"以学习者已有经

---

① 这是莱夫和温格在其关于情境学习假设的重要著作《情景学习:合法的边缘性参与》一书中的术语。意为:在实践共同体中,新手获得共同体成员的身份,从一些边缘的、不太重要的地方参与到共同体的真实实践中,逐渐向核心成员的位置迈进。因此"合法的边缘性参与"即情境认知理论关于学习的一个隐喻。

验为中心"走向"以学习者未来经验为中心"。还是以某信息技术教材为例,编制者为算法学习设置了一个按揭购房的情境。这个情境的创设,到底是将学生带入富裕家庭、中产阶层、城市普通上班族,还是外来务工人员的购房情境,学习者关于"计算"目标的感知是不同的,他们在情境中所服务的对象、所关怀的人群也将不同。教材最后选择了围绕一个年轻的城市普通上班族的购房需求来设计情境,最大限度地体现了对城市最普通市民的刚需生活的关怀。再如,除了贴近学生个人经验的微信红包、旅游分账、零花钱的统计等"个人小金融"情境,还应创设格局更大的情境,如自己以外的他人、社会的大问题(人口流动、留守儿童、环境保护等)、世界其他领域(政治、商业、工业、农业、医疗、交通等)、文化身份认同(在学科领域中本国贡献、本国科学家、母语、本地文化和符号、人物形象的出现频度,以及对技术发展中的中国案例、中国方案的关注等)。

综上所述,蕴含在教材情境中的育人价值,体现在面向学生的社会性成长和面向学生的未来成人两条线索上。在社会性上,应当注重性别、阶层、城乡、地域、民族带来的学生多样性和差异性需求,应在字里行间贯穿信息技术开发和应用如何服务于社会公平、如何利用信息技术更深刻地理解社会等内容。同时,为了培养良善的社会公民,教材中的情境创设不仅要注重连接学生的个人经验,也要关注个人在世界上正在关联、即将关联或者期待他们关联的广泛经验。学习者在当下学习情境中所实践的,塑造着他们在未来真实生活中的身份认同。

三、德育视角下的一个教材情境构建模型

在上述研究基础上,从学生已有的知识和经验出发,遵循维果茨基的最近发展区原理,本研究在与教材编写者团队共同反思、共同实践中总结了一套"德育视角下的教材情境构建模型"。该模型表示出在教材整体编制过程中,如何系统地、有规划地将学科知识内容嵌入到一套丰富的相关情境中,以支撑学生的真实性学习。这组情境所构成的学习空间,以学生先拥知识和经验为圆心,沿着个体经历的,包括在各自家庭中的日常生活和学习,到个体所在学校实践,逐步进入与计算机应用和信息技术相关的各类社会、经济、文化的真实情境,从而使得国家教材在成为学科素养培养载体的同时,成为一个更广阔的育人空间。

在图9.1中,核心和基础是学生已有的知识和经验。以信息技术教材为例,即将使用

新教材的高一学生,基本上可以被称为数字土著,无论是城市还是乡村学生,他们在生活和学习中几乎都积累了或多或少的智能终端、网络、各类数字产品的相关经验。因此,在样例教材的近圈情境(个人与家庭生活情境)的编制中,教材安排了 18 个情境,包括学生作为用户经常使用或易于体验的天气预报数据、智能家居应用(智能家电)、智能交通应用(高铁购票、智能导航路线决策、网约车、共享单车)、体育运动个人与家庭生活(房贷、理财、旅游)、在线数据应用(热词、百家姓)、历史资料等。所有这些情境都是以学生个体作为解决问题的行动主体。

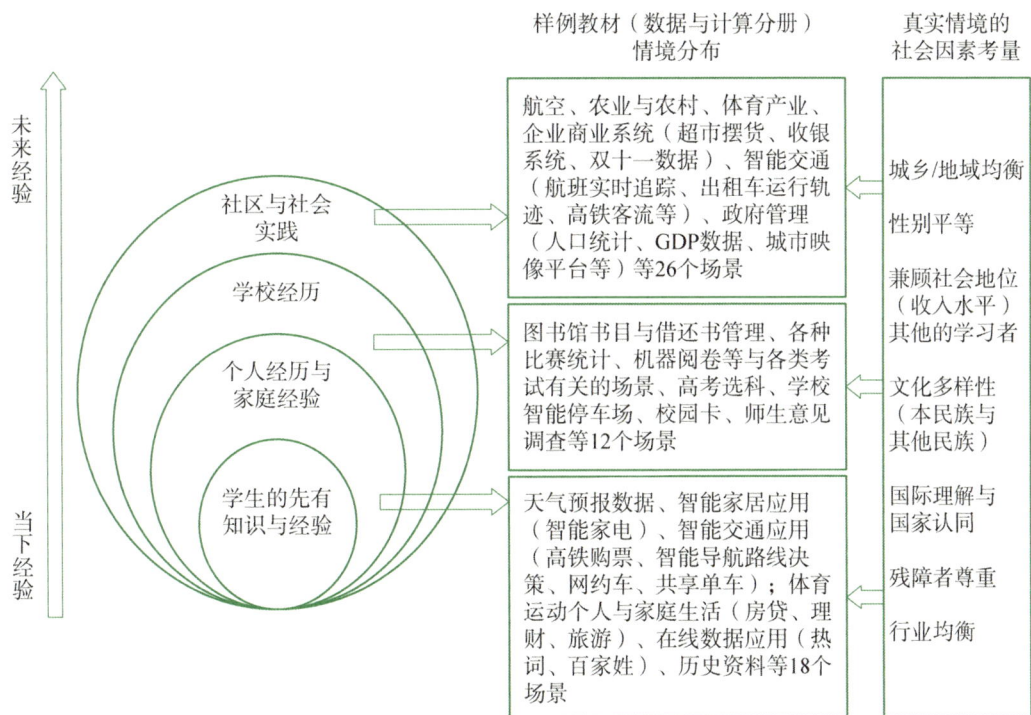

图 9.1　德育视角下的教材情境构建模型

中圈情境(学校经历)主要聚焦学校实践,包括图书馆书目与借还书管理、各种比赛统计、机器阅卷等与各类考试有关的情境、高考选科、智能停车场、校园卡、师生意见调查等12 个情境。这些情境是学生所熟悉的,也是和他们高度利益相关的,在学生群体中要共同体验的。学校空间是介于家庭和社会之间的一个物理空间,也是学生走向实践之前的一个实习场。近圈和中圈的情境,对于以教研员和教师为主体的教材编制者而言,是非常熟悉的。

远圈情境(真实社会生活情境),包括航空、农业与农村、体育产业、企业商业系统(超市摆货、收银系统、双十一数据)、智能交通(航班实时追踪、出租车运行轨迹、高铁客流等)、政府管理(人口统计、GDP 数据、城市映像平台等)等 26 个情境。在这些情境中,事实上学生个体很难亲自作为行动主体来体验,其真正的价值是提供了一个新手与专家的协商空间,学生从自己并不熟悉的实践者的视角(超市经营者、城市规划者、交通系统设计者、政策制定者等),拟真地理解、分析问题或解决问题。由于远圈的情境涉及社会运行的各行各业,也与教材编制者的经验具有较大的距离,因此远圈情境的编制需要教材编制者与实践专家合作,也较易受制于编制者自身的视野和经验。

国际文凭组织①注意到这个问题,在国际文凭课程"全球社会中的信息技术"(Information Technology in a Global Society,ITGS)这门课的大纲中,特意为学科内容提供了六个主题场景,作为教材和教学的内容组织工具,实际上就是各类应用情境的类型:商业与职业、教育与培训、环境、健康、家庭与休闲、政治与政府。每类主题下提供了若干话题。每个话题里又举了若干例子供参考。并要求:每类主题在整个课程中都必须覆盖到;每个话题也都必须得到探究;每个话题的探究必须给学生提供真实的例子。这六大主题及其子话题,事实上诠释了学生未来可能以某种社会角色置身于其中的"社会情境"的种类,整体上勾勒了学生当下及未来运用信息技术要解决问题的各种场景。无论哪个教材出版商,在编制教材时,教材中的案例情境都必须覆盖这六大主题及其子话题,确保了使用教材的学生触及实践的广度,尽量避免对某些行业的"歧视"或"无视",塑造学生用技术服务多元领域的意识。该课程体系以培养全球化时代的公民为教育目标,面对的学生群体是各国中产阶级及以上、有国际教育需求的家庭,因此这个范畴尽管具有鲜明的局限性——缺少与农业农村、地区差异、弱势群体相关的场景,却依然提供了一种如何对"情境"进行全面思考的思路。

事实上,无论是近圈、中圈和远圈,教材编写者在情境的创设中都要关注学生社会性成长的引导,从尊重城乡、地域的学生经验,给予不同性别学生均衡关照,顾及不同社会地位、不同收入水平、不同文化背景学生的感受,处理好教材在国际理解与国家认同以及尊重残障者、尊重不同行业等方面的情境设计。

参考文献 ••

[1] 曾天山. 国外关于教科书功能论争的述评[J]. 西南师范大学学报(哲学社

---

① 国际文凭组织(the International Baccalaureate Organization,简称 IBO),其发展的国际文凭课程(包含 PYP、MYP、DP、CP,覆盖幼小、初中、高中和职高),在全世界多个国家的国际学校中采用。

会科学版),1998(2):52-75.

[2] 教育部关于印发《中小学教材管理办法》《职业院校教材管理办法》和《普通高等学校教材管理办法》的通知[EB/OL].(2019-12-19)[2020-01-23].http://www. moe. gov. cn/srcsite/A26/moe_714/202001/t20200107_414578.html.

[3] 王湛.普通高中课程修订后的主要变化[J].基础教育参考,2018(3):23-24.

[4] 任友群,黄荣怀.高中信息技术课程标准修订说明 高中信息技术课程标准修订组[J].中国电化教育,2016(2):1-4.

[5] 怀特海.教育的目的[M].庄莲平,王立中,译.上海:文汇出版社,2012.

[6][8] 约翰·齐曼.元科学导论[M].刘语语,等译.长沙:湖南人民出版社,1988.

[7][9] 李醒民.科学是一种文化形态和文化力量[J].民主与科学,2005(3):11-14.

[10] Gibson J J. The Ecological Approach to Visual Perception [M]. Boston: Houghton Mifflin, 1979.

[11] 戴维·H·乔纳森.学习环境的理论基础[M].郑太年,任友群,译.上海:华东师范大学出版社,2002.

[12][14] Burkhardt J. Scientific Values and Moral Education in the Teaching of Science [J]. Perspectives on Science, 1999(7):87-110.

[13] 杰鲁姆·布鲁纳.教育的文化[M].宋文里,译.台北:远流出版公司,2001.

[15] 吴刚.论中国情境教育的发展及其理论意涵[J].教育研究,2018(7):31-40.

[16] Morris P, Morris E. Civics Education in Hong Kong: From Depoliticization to Chinese Values [J]. International Journal of Social Education, 1999(1):1-18.

[17] Nucci L. Synthesis of Research on Moral Development [J]. Educational Leadership, 1987(5):86-92.

[18] 华东师范大学历史系."外国历史教科书中的中国形象"国际工作坊论文集[R].2019.

[19] 顾予恒.现行中小学数学教材中的城市化倾向:一项关于西部农村教学课

程资源的调查研究[D].上海:华东师范大学,2008.

[20] 胡乃霞,杨晶.中小学教材"城市化倾向"研究与评析[J].西北成人教育学报,2009(1):40-41.

[21] 赵健,裴新宁,郑太年,等.适应性设计(AD):面向真实性学习的教学设计模型研究与开发[J].中国电化教育,2011(10):6-14.

[22] Hutchins E. Cognition in the Wild [M]. Cambridge, MA: MIT Press, 1995.

[23] 任友群.新时代,中小学需要怎样的信息技术课[J].人民教育,2019(1):26-29.

[24] UNESCO Institute for Statistics. Toward Universal Learning: A Global Framework for Measuring Learning [EB/OL]. (2013-11-17) [2020-02-02]. Http://uis. unesco. org/sites/default/files/documents/toward-universal-learning-a-global-framework-for-measuring-learning-2013-en. pdf.

[25] Natasha Q. From Major Preferences to Major Choices: Gender and Logics of Major Choice [J]. Sociology of Education, 2020(2). first published November 9,2019(93):91-109.

[26] Charles M, Bradley K. A Matter of Degrees: Female Underrepresentation in Computer Science Programs Cross-Nationally[M]//Cohoon J M, Aspray W. Women and Information Technology: Research on Underrepresentation. The MIT Press, 2006:183-203.

10

论中国情境教育的发展及其理论意涵 *

吴　刚

　　情境教育以基础教育的重大问题——儿童的学习与发展——为切入口,基于当代教育可能的危机,即在"脱境"(decontextualized)和"离身"(disembodied)状态下的学习——在这种学习中,语言与世界、言象意的关系是相对分离的,词与物的关联是教材化的——主张通过教学的"情境"转向,凸显儿童教育的原初意义,特别是通过"再情境化"而关注认知活动的体验性及认知与情感的关联,重建儿童教育的"意境"。其旨在通过情感唤起学习投入,通过具身的体验性学习促进科学理解。

　　与在中小学已经开展了 40 多年历史的情境教育实践探索相比,中国情境教育的理论挖掘尚未充分展开。它从基础教育的实践根基所提出的观念挑战,促使我们重思当代教育的初衷及旨向。

一、情境认知假设与中国情境教育探索

　　情境教育是将学习与情境相融合并通过情境演化而优化课程教学的教育活动范式。在理论起源上,情境教育有多个关注点,涉及词与物、符号与意义、能指与所指、认知与行为及不同类型知识之间的关联,其主要意图在于实现知识的有效迁移,发展学生的创造性

---

* 原文发表于《教育研究》2018 年第 7 期。

想象。1929年,英国哲学家怀特海就在《教育的目的》中提到学生在学校中学习知识的方式导致了"呆滞的思想"(inert ideas)[1]的问题,指出只有那些能够和人类的感知、情感、欲望、希望,以及能够调节思想的精神活动联系起来的知识,才是有价值的。20世纪80年代末,随着建立在信息加工及心智计算机隐喻基础上的认知革命的发生,情境认知逐渐成为认知与学习领域的主要方法。[2]情境认知假设有其复杂的历史根源,包括现象学哲学、文化历史活动理论、生态心理学、美国实用主义及理论生物学等。

情境认知的假设可以阐释为,认知产生于行动者的身体与其物理环境之间的相互作用,认知是具身性(embodied)和情境化(situated)的;认知来自于行动者与其社会环境之间的相互作用,认知位于其社会环境中;认知在行动中并为行动目的而产生,认知是计划性的;认知分布在物质和社会环境中,语言使用和物质实践是捕获这些特性的相关范畴;很多智能行为不需要明确的内在(心理)表征,重要的是世界如何向行动者呈现自身。[3]

教育活动依赖于教育者对人的认知机制的理解和把握,并通过每个受教育者的认知活动而实现,例如,大多数情况下,教育需要通过语言的交流和理解而进行,语言理解是建立在抽象规则和表征的基础之上。早期的认知理论认为,人们通过对独立于大脑和世界的抽象规则和表征的理解来进行语言理解,然而这种观点无法回答哈纳德(S. Harnad)提出的符号接地问题(symbol grounding problem),即如何使一个形式符号系统的语义解释具有系统的内在性,而不仅仅是寄生于我们头脑中的意义?意义是如何落到那些仅受控于(任意的)形状的无意义的符号标记(tokens)而非其他无意义的符号上的呢?换言之,符号操作或表征如何对认知系统具有意义?意义源于心灵和世界之间的联结与互动,其中身体是纽带,没有身体的存在,也就不可能产生意义。而身体是生物学意义上的,意义与身体相关,也就是说认知必然是涉身的或具身的。

但是,有关情境认知的五个基本假设极为宽泛,其关键词涉及情境(物理和社会环境)、互动与意义。而物理或社会环境(情境)都是一定历史文化条件作用的结果,当身体置身其中并与其发生关联而互动时,考虑其情境条件和互动方式,我们就必然要涉及认知发生的文化特性。由此,情境认知与学习文化是密切联系的。而这些假设用于教育则需要细化其操作路径,因此,情境认知既提出了新的教育问题,又为教育提供了一种理论基础。从认知角度考察教育,需要涉及三个方面:作为认知活动的教育(由师生互动而来的教育活动本身即是一个认知过程)、关于认知的教育(学习者关于知识的理解)以及促进认知发展的教育(表现为有学习及发展意义的教育模式)。而从情境认知视角理解教育,则更关注情境在学生认知及身心发展中的作用。所以,情境教育是以一个曲折的方式展开的。

中国的情境教育源于李吉林,它的发展有四个值得关注的地方:一是其理论发端于中国传统文化的"意境";二是其始终着力于认知活动与情感活动的融合——这一点凸显了情感在认知过程中的意义;三是其通过拓展学科素养从而培养学生的适应性专长;四是其演变不是从理论假设到实践尝试的自上而下的理论转化的过程,而是从下而上的、由探索意向到实践尝试,再到理论凝练的过程。我们将着重分析其发展历程及潜在的理论意涵。

任何教育实践的创新都是在回应教育现实挑战的过程中涌现的,李吉林也不例外。她最初的探索是要把封闭的课堂空间和生动的日常生活连接起来,将儿童学习与自然环境结合起来,使符号的认知能够与生活相连接。首先,从一年级的语文教学开始,把观察与语言表达结合起来,把观察与思维、想象结合起来,依托大自然中的"美"让儿童思维活动积极展开,让语言伴随着形象,带着情感色彩进入儿童意识,让儿童感觉的训练、直觉的培养在生命早期得到落实。其次,将艺术融入语文教学,"以图画再现情境""以音乐渲染情境""以表演体会情境""以语言描绘情境""以生活展现情境""以实物演示情境",形成情感活动与认知活动相结合的教学模式。以此为基础,她从促进儿童发展的前提、基础、动因、重点、手段五方面,归纳了情境教学促进儿童发展的"五要素":以培养兴趣为前提,诱发主动性;以指导观察为基础,强化感受性;以发展思维为核心,着眼创造性;以激发情感为动因,渗透教育性;以训练语言为手段,贯穿实践性。

以语文学科为起点,李吉林将情境教学的构想通过学科教学扩展,形成情境德育、情境音体美、情境科学常识、情境数学等建立在学科基础上的情境教学策略。在情境德育中强调:道德教育必须伴随情感;道德教育必须从儿童身边做起;以道德情感驱动道德行为。在情境音体美中强调:把知识、技能的传授镶嵌在情境中,培养儿童艺术、体育的素养,让儿童享受艺术、体育带来的快乐;以"美"愉悦儿童身心,培养儿童的审美兴趣和能力,丰富儿童的精神世界;把技能技巧的训练与发展想象相结合,在自我表现中,开发儿童的创造潜能。在情境科学常识中强调:创设科学常识探究情境,发展儿童的创造性思维,培养科学精神;在模拟的情境中让儿童动手操作,培养科学的实践应用能力;激起儿童的好奇心,让他们感受科学的奇妙,培养对科学的热爱。在情境数学中强调:数学源于生活,让数学与生活结合,引导儿童在真实的或模拟的生活情境中学习数学、运用数学;创设探究的情境,让儿童伴随着形象进行逻辑思维,启迪儿童的数学智慧;重演再现人类发明数学公式的情境,让儿童感受数学的文化性和审美性。

不断的实践探索,使李吉林领悟到"情境教育"之"情境"实质上是人为优化的环境,这种充满美感和智慧的环境氛围,可以与儿童的情感、心理发生共鸣而契合,因此她开始从"拓宽教育空间""缩短心理距离""强化主体意识""落实全面发展的教育目标"四方面构建情境教育的基本模式,并概括了情境教育"情感驱动""暗示导向""角色转换"及"心理场整合"四条基本原理。在理论构架上迈出新的一步。

从 1997 年起,李吉林通过"儿童—知识—社会"三个维度的整合,从教学内容入手,遵循结构决定效率的原理,开发构建情境课程的四大领域,把学科课程与儿童活动结合起来,以保证儿童的主体地位。例如,改革传统语文教学"识字—阅读—作文"的单一结构,提出低年级识字、阅读、作文三线同时起步,利用其间的相互作用、相互迁移,形成螺旋结构上升。到中高年级优化结构又采取"四结合"主题性单元教学,即把"工具"与"人文"、"读"与"写"、"训练语言"与"发展智力"以及"课内"与"课外"结合起来,围绕主题集中开展阅读、观察、实践等活动,形成了大语文的教育观。在综合课程上,开发"主题性大单元情境课程",提出"以德育为主导,以语文学科为龙头,各科教学综合融通"。从课堂到课外,从校园到校外及至家庭,充分利用教育教学内容中的"相似块",将其集合在一起,从各个不同的侧面围绕主题进行教育。同时,将从探索的起步阶段就开展的野外活动,逐渐地列入课程,成为情境课程四大领域之一。情境课程四大领域保障了情境学习的内容既有横向的拓展,又有纵向的衔接,形成网络式的结构,这就从课程设置的本质上保证了教育教学效率的提高,形成儿童学习知识多元的开放系统。

进入 21 世纪后,李吉林依据 20 多年的情境教育实践与理论探索,概括出"真、美、情、思"四大元素,并结合大量的典型案例,提炼并归纳了情境课程的五条操作要义:以"美"为境界;以"情"为纽带;以"思"为核心;以"儿童活动"为途径;以"周围世界"为源泉。并进一步提炼出整合、熏陶、启智和激励的四大作用,以最大限度地发挥课程促进儿童素质全面发展的功能。

在这个从教育变革视角来看,漫长而朴实的进程中,我们可以窥见基于实践的反思和基于反思的再实践的螺旋式上升的探索过程,每一步都基于儿童的学科能力积淀及心智发展的可能性,情境教育的探索意图即是将这种可能性转化为具体的发展现实性。由此,逐步构建了既有民族文化,又有时代气息的以情境为取向的中国情境教育范式。

二、情境教育的理论意涵

教育概念随着它们所反映的教育活动而改变,因而要从事物的历史脉络来理解。往往基于历史关联的概念才是最有解释力的,对历史根源的重视,其实是一种批判地占有观念史的方式,即对相似概念或理论传统进行批判性审视和反思性对话的过程。

1. 从意境到情境

李吉林情境教育中的情境概念,源于魏晋时期刘勰《文心雕龙·神思》中的"意象"及后续发展的"意境"说。[4]刘勰曰:"独照之匠,窥意象而运斤。"王昌龄继承了刘勰的"意象说"和陆机的"滋味说",并融合了佛学和诗学理论,在其《诗格》一书中首次使用了"意境"这个概念,提出了著名的"诗三境"——"物境""情境""意境"。物境一,欲为山水诗,则张泉石云峰之境,极丽绝秀者,神之于心,处身于境,视境于心,莹然掌中,然后用思,了然境象,故得形似。情境二,娱乐愁怨,皆张于意而处于身,然后弛思,深得其情。意境三,张之于意而思之于心,则得其真矣。[5]王昌龄这里所说的"物境""情境""意境",是对古代诗歌的分类:物境为写景诗、情境为抒情诗、意境为言志说理诗。

王昌龄在《诗格》中不仅提出了诗"境"的概念,而且论述了诗境的构成形式和"景"与"意"两大构成要素。并且,还反复强调了"意"对诗"境"创造的作用。他说:"凡属文之人,常须作意,凝心天海之外,用思元气之前,巧运言词,精练意魄。"又说:"凡作诗之体,意是格,声是律。意高则格高……用意于古人之上,则天地之境,洞焉可观。"[6]袁行霈在《论意境》中认为"意境是指作者的主观情意与客观物境互相交融而形成的艺术境界",并基于古典诗歌的创作实践概括出情随境生、移情入境、物我情融三种意与境交融的方式。[7]"意象是融入了主观情意的客观物象,或者是借助客观物象表现出来的主观情意。"[8]使前人对"意境"审美特征的概括获得经验的充实。

但"意境"仅仅是一种诗学的审美体验,抑或还是一种认知路径?虽然历代诗论家对"境"的用法不完全一致,但如萧驰所说,初盛唐诗中出现的"境"都未脱离疆界、地域这种客观世界中空间场所的意义。[9]而时空对人类来说,首先是认知维度的意识,条件、场景、任务、事件和故事都是在时空中展开的,其意义读解也必然在时空中呈现,所以"意境"最初就有认知维度的内容。但这不是纯粹基于命题逻辑及形式推理的认知,而是包含情感体验的认知。其实,在诗论中,"境"常与"景"混用,即作为某种情境的描述,是对场景铺陈的刻画。如宋释普闻《诗论》云:"天下之诗,莫出于二句。一曰意句,二曰境句。境句易琢,意句难制。"这里的"境句"就是景句,两者可以调换。这就回到了前面我们所述的语言符号如何具有意义,并被不同人所明确感知的"符号接地问题"。无独有偶,英国诗论家庞德(Pound)认为诗歌有三个层次:音乐层次(melopoeia)、意象层次(phoenopoeia)、意美层次(logopoeia)。[10]他把诗歌最高的意美层次看作理智的舞蹈(danceof the intellect)。意美即感受到诗歌表达的绚丽的"意美的舞蹈",在这个层次上,审美是由认知的判断力所带来的。李吉林正是注意到刘勰在《文心雕龙》中所提出"神思"的理念,阐明了人的思维不受时空的限制,文本通过语词的意境延展了作者的想象力。所以,李吉林以一种独特的敏感性将意境、神思、情境结合起来,挖掘了原本作为诗学概念的"意境"的认知意涵,也为教学中情境方式的运用进行了理论铺垫。

与之直接相关的是,今天我们绝大部分学习活动是借助文本进行的,但学习者何以通过文本认知世界的意义? 针对文本解读,金西和戴伊克(Kintsch & Van Dijk)于 1978 年提出了文本(text)理解的命题表征理论[11],将文本及文本所描述的内容结合起来并通过命题来进行表征和分析。1983 年,在《话语理解的策略》一书中作进一步阐发,提出了情境模型(situational model)的概念。其观点阐述为,当人们有足够的时间、充分的动机阅读一篇文章时,大脑中就会形成三层表征结构:基于课文字词的表层编码(surface code)、文本基础表征(text base)和情境模型。表层编码是对文本语句的解析,表征的是语篇中的字、词、短语以及它们之间的语义学的关系;文本基础表征则包含文章准确意义的一系列命题,是对文章所提供的语义及等级层次关系所形成的表征;而情境模型则是在课文基础表征和读者的背景知识相互作用下经推理而形成的内容或心理上的微观世界。[12]情境模型的关键是,语言使用者在他们的片段记忆中构建的不仅仅是文本的(语义)表征,而且还有文本所谈论的事件或情境的表征。所以,理解一个文本意味着人们可以为这个文本构建一个心理模型,通过心理模型,人们不仅表达他们对事件的了解,而且表达他们对事件的观点和情感。在这里,李吉林有关"意境"概念教育意义的经验判断与戴伊克的情境模型的理论解释是相似的。

由意境回溯文学批评史,从文学批评视角来理解语文教学,其实颇有深意。因为语文学习,从接受美学的意义上来说,首先是一个诠释和理解文本的过程,而文本,如果只是语词的表述,而脱离情境的展现,那就无法探知其所表征的世界。

2. 情境与意义

我们大部分的学习材料或教材是通过语词及符号编织而成的文本,文本虽然用语词描述了一个世界图景,但在编制过程中,它是一个不断提炼的、由现象到具象、由具象到抽象的脱境化的过程。我们称为教材的作品,一方面集聚了人类认识的精华,另一方面却是以抽象的概念化表达为代价的。我们对于世界任何一部分的描述,即使是一个真的描述,总是有选择性的描述,总会忽略很多东西,尤其会剥离其具体情境。康德(Kant)在《纯粹理性批判》第二版"导论"著名的开篇之辞说:"毫无疑问,我们的一切知识都开始于经验。"这里所谓的"经验"(erfahrung),主要是指感性印象或感官的直接知觉材料。这句话的意思是,对象作用于我们的感官而引起感觉、印象,然后我们的知性对它进行加工、整理、综合,便得到关于对象的知识。这个加工过程即一个脱境化过程。世界确实是独立于人的,但已经被概念所塑造。

对任何学习者来说,这形成了一个无法轻易融入的屏障。如果学习者是儿童,则更难融入,他们需要在语词(符号)、文本、世界和学习者之间建立一种网络联结的关系(见图 10.1),这是一个对文本描述的世界进行重建的再情境化(recontextualized)或者"返境"的过程,学习者要通过语词或文本的语义认知个人生活经验之外的经验及文本勾画的世界。对于经历过学习

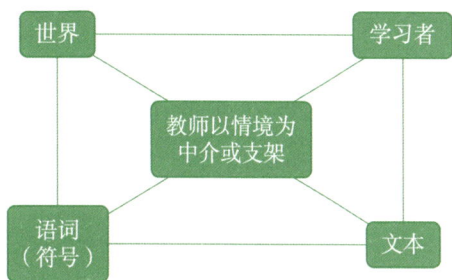

图 10.1　学习者、文本和世界的关联

过程并具有丰富阅读及生活经验的成人来说,学习可以是个自我历练的过程;但对于儿童而言,学习是新的概念建构和思想旅行的过程,只有依托教师及师生互动所营造的情境,才能理解文本所呈现的意义世界并建立关于世界的图式,情境则成为一个保障学习有效性的中介。教材编制的脱境化与学习者理解文本的再情境化是两个反向运行的过程,但每个学习者只有依托情境才能更有效地理解文本意义,并建构自己的有关意义的心智表征模式。所以,"儿童情境学习的第一步是走进周围世界,在儿童眼前展现一个活生生的、可以观、可以闻、可以触摸、可以与之对话的多彩的世界"。[13]

如果从认知语义学分析,可能更为明确。因为语义是语言和概念结构之间的一种联系,理解文本的意义是有条件的。认知语义学的观点有以下表述。第一,意义是认知模式中的概念化(conceptualization),语言的语义被看作从语言的表达式向某些心理活动的映射。第二,认知模式主要由感觉器官决定,我们可以对所读或所听到的内容模拟真实的或心理的图像。第三,语义成分以空间或拓扑物体为基础,用来表征意义的概念图式(schemes)并不是具有句法结构的符号系统,而是以几何或空间构式为基础,所以语言可以营造想象的空间。第四,认知模式主要是意象—图式形式(而不是命题形式)。意象图式通过隐喻和换喻运作过程而改变,由于意象图式产生于动态的体验的经历,可以从意象图式 A 转换成意象图式 B。以有界与无界的相互转换为例,当一群羊离你很近时,你可以一个个数出来。当羊群越走越远,远到分不清个体时,你看到的就只是羊群了,此时你就不再注意个体而注重整体了。第五,概念具有原型效应(prototype effects)。[14] 依据这些

原理,学习者的知觉活动在语义的理解过程中具有优先性,我们只有通过典型生活图景、相关类比或隐喻等方式,才能让儿童更好地把握概念。海德格尔(Heidegger)曾敏锐地发现:"近代思想的基本过程是把世界征服成图画,因此世界观就意味着表述构筑的产物。"[15]如果我们忽略知识经验被给予的形式,便无法理解由知识所表征的世界的样式,所以教师在课堂中的情境营造,对于儿童学习是一个不可或缺的支架。

3. 情境的构造

在这里,要给"初始情境"一个界定:"情境是唤起、联结和重建概念的经验意义的场景模式,且蕴含知识、实践可能性和意义,符号、语言、声音、图像、视频、空间布陈等都是组成场景模式的一部分。"当我们说"炽热的情感"时,就是用语言营造了一个具有物理意义的情感经验。而李吉林的"以图画再现情境""以音乐渲染情境""以表演体会情境""以语言描绘情境""以生活展现情境""以实物演示情境"就是重建环境模式的具体方法。例如,在教"百分数的应用题——利息"时,设计游戏"为储户当参谋",设立"储户咨询站",相互间展开角色的对话。[16]

因此情境本身不是单一的,而是多样的。《MIT认知科学百科全书》将情境分为三类:物理的或基于任务的(包括人工智能或信息的外部表征);环境的或生态的;社会的或互动的。[17]如果我们从教学中营造情境的因素分类,则可以有引发感觉的情境,包括视觉、嗅觉、听觉、动觉。例如,用图画、现场、实物营造视觉的情境;用花香和各种味道的刺激营造嗅觉的情境;用音乐、鸟语、诗歌朗诵营造听觉的情境;用表演、活动、实验等营造视觉与动觉混合的情境,等等。除此之外,一方面,媒体营造的情境、符号工具营造的情境以及由隐喻引发的情境知觉,其功能是一致的,就是唤起学生对特定知识的经验认知与体认。另一方面,当师生浸润在课堂教学过程中,初始情境经由师生的在场互动而不断延伸,成为一个动态而不断再生成的进程。由此,情境演化为一个动态的过程性场景模式。

心智和认知是以在环境中的具体的身体结构和身体活动为基础而生长的。最初的心智和认知是基于身体和涉及身体的,儿童是通过外部感知的活动来认识世界的,也就是说,活动之所以重要,是因为它本身跟内在的心智发展相关联。心智始终是具身的心智,而最初的认知则始终与具身结构和外在活动图式有内在关联。由这个活动图式可以延伸和发展到李吉林的"优化的情境",它不是一个随意的发挥,而是一个经设计并组织的、结构化的、有条理的情境。内在认知结构的形成依赖于我们的身体、我们的语言和我们的社会历史,这种现象叫"具身化",与身体的特定体认方式相关。知识不是存储在心智中,而是在与世界的交往活动中获得发展的。无论是个体还是群体,心智的发展都是在与外界的交流和交往当中获得延伸的。所以,认知者与其实践的世界是彼此蕴含并相互生成的。在全部言语或者全部表象性概念以前的感知运动时期,以及由言语和表象性概念这些新特性所形成的具象活动时期,那些知觉活动产生了对动作的结果、意图和机制的有意识的觉知,换言之,就是发生了从动作到具象再到概念化思维的转化。

4. 情境的作用机制

从学习机制看,优化的"情境"引发教学过程两方面的深刻变化:一是激发了学生的学习投入(learning engagement),二是增进了学生的科学理解。学习投入是一种与学习相关的积极、充实的精神状态,包括活力、奉献和专注三个维度。[18]学习投入强调了学生在动机、认知和行为上的各种取向,而"认知投入"指的是学生愿意投入必要的努力来掌握技能,取得学业成功,且有很强的动机和自我调节的因素,这种自我调节表现在学生参与学习的意愿及学习策略的运用上,学生可以从使用表层策略,如短期记忆方法、信息强化,到运用更复杂的策略,如监控、评估或任务计划,来掌握学习内容,促进深度理解和专长发展(见图 10.2)。

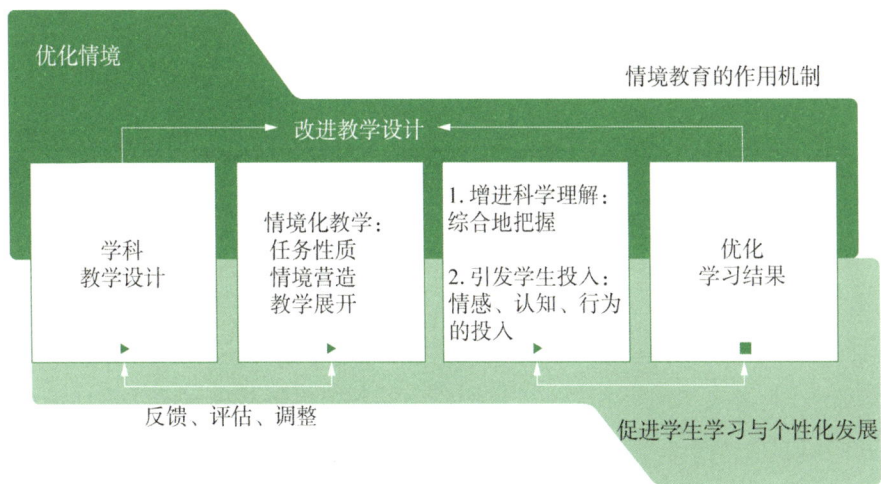

图 10.2 情境教育的作用机制

按照萨门(Wesley C. Salmon)的分析,各种理解可以概括地表述为如下四种类型。一是移情性理解(empathic understanding)。这种理解的基本预设是,人的行为受情感、动机、价值、欲望和信念等心理因素的支配。因此,设身处地构想特定心理因素与人的特定行为的相关性,便是该理解类型的基本方式。简而言之,对那些非人类行为的现象,采用拟人式的方式加以理解,也属于这种类型。二是符号性理解(symbolic understanding)。其前提性的假设是符号传达意义,达成交流。因此,这种理解方式的关键在于阐明特定符号对于其施者和受者的公共意义。三是目标性理解(goal-oriented understanding)。这种理解的根本特征在于根据特定的目标来揭示相关的行为或现象。如果采用有意识的目的或动机来揭示相关的行为和现象,则称为目的论理解(teleological understanding)。如果立足于被理解对象的特定功能来加以理解,则称为功能性理解(functional understanding)。四是科学性理解(scientific understanding)。这种理解的标志性特征是立足于认知维度(cognitive dimension),并以特定科学理论和经验事实为基础,具有客观性。[19]这四种类型的"理解"在我们所讨论的教学"情境"中其实都会涉及,只是程度和范围不同。

杜威在《我们如何思维》中对"理解"做了非常清晰的总结,理解对学习者而言就是把握意义,"把握一个事物、事件或者场景的意义,就是要了解它与其他事物的联系:注意它是如何运作或发挥作用的,它的后果是什么,是什么导致了它,它的用途是什么"。[20]换句话说,"理解"是关于知识迁移的,对事物的真正理解,意味着能够将所学的知识迁移到新的甚至有时令人困惑的情境中去。不过用维特根斯坦后期哲学中的"综观"概念来描述则更透彻。"综观"的意思是对某一领域问题的"某种理解";一种"在于看到联系的理解",那些"联系"任何时候都是铺陈在那里的。[21]所以,理解还意味着不同领域现象间的统合,即越来越多的原来看似完全不同的现象被纳入同一个统合的世界图景中,从而表明仅仅根据很少的几类原初事实就能实现丰富多样的现象理解。因此,"理解"的对象原则上说只能是整体,要求看到表面上丰富多样的现象背后的某种统一性。教学的情境化在于呈现了一种学科内容学习融贯性的要求;而情境为融贯性提供了支撑,从而增进了理解。

融贯性如何通过情境得以实现? 首先,通过情境及与情境相关的隐喻,我们将被理解的对象与学生已有的某些熟悉的、经验性的东西联系起来。"熟悉度"是理解的条件,我们总是在有限的熟悉对象的基础上遭遇陌生的对象;理解的策略就是推论或类比到已经熟悉的对象上,或是以熟悉对象为模型来解释陌生的现象。科学理解的熟悉性策略往往通过理论间的还原来实现。譬如,气体的温度和压强的变化初看起来完全不同于力学现象,然而把气体分子想象成按照牛顿力学定律运动着的小球,并按照解释力学现象的方式来解释气体分子的运动力学,却表明理想气体定律正是这种解释的合乎逻辑的推论,从而在更深的层面上"理解"了热和气体压强等现象。其次,通过情境设计,我们重建了概念与知识所表征的原有的复杂脉络,展现了知识与世界的网络关联,而联结(connection)和建构(construct)则是学习过程中两种并行的心智加工方式。

但是,作为操作化的、可观察的学习过程的理解并非布鲁姆(Bloom)学习目标分类学意义上的理解,而是有其特定的多层次要求的。当我们说学生理解了某个学科知识单元的内容,是意味着学生达成能够说明、能够诠释、能够应用、拥有观点、能够神入、能够自知六个方面的目标。[22]将这些视角聚焦,学习中的"理解"确实表现为一种维特根斯坦意义上的"综观"。

值得关注的是,我们通常所称的有意义学习的效能(learning effectiveness),可以被看作学习投入与学习理解的函数,所以有:

LE=学习投入(Engagement)×学习理解(Understanding)(见图10.3)

从LE图示的变量关系可以发现,增加学习投入或增进学习理解都能提高学习效能;如果既增加学习投入又增进学习理解则效能最佳。很多被认为有效的教学或是以增加学生的学习投入为旨向,或是以促进学生的学习理解为旨向。而情境教学在机制上是将两者融合并促使两者共同提升。

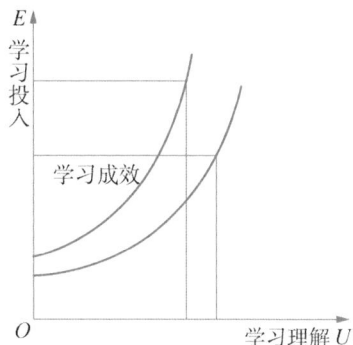

图10.3 学习效能的变量关系

但是,基于情境的学习结果并不是等效的,情境是一个包容性的架构,其组成要素的变化会带来不同的效应,因此不同教师所创设的情境的教学效果各异。按照李吉林的阐述,"情境教学是通过创设优化情境,激起儿童热烈的情绪,把情感活动与认知活动结合起来的一种教学模式"[23]。可是,优化教学的情境条件是什么呢? 赫林顿和奥利弗(Herrington & Oliver)曾提出了教学设计中情境学习环境的九个关键特征,[24]如果进一步挖掘这九个关键特征的关联性,我们可以发现,激励反思的真实性、关联性和边缘参与是带来有效学习的情境创设的条件。

不过这些看似简单的条件,需要更具操作性的分解和组合,以形成激励性的教学境脉。相关研究发现,具有激励性的教学境脉至少包括六个要素:挑战、现实生活中的意义、好奇心、自主权、赞扬、评价。[25]学生认为他们的老师布置了富有挑战性的任务,将现实生活的意义融入学习任务中,激发他们的好奇心,支持他们的学习自主权,认可他们的努力或改进,并使用形成性评价,更重要的是激发了他们在学习中内在的动机。所以,优化情境不仅需要重建一般的情境模式,还需要将激发学生深度学习的要素融入其中。

同时,促进有效学习的情境设计还有一个序列要求,因为学习是分阶段进行的,它需要一种逐渐复杂的任务序列和不断变化的问题求解情境的序列,以使学生先发展全局的或整体的感知,再关注细节。

5. 情境教育的价值意图

在教育过程中,教学效率与人的发展性并不完全统一。效率是学生在场的即时表现,发展性则关注学生的长效优势。通过优化情境带来的学习变革,从教学的有效性和方法的正确性两方面为学生的可持续发展奠定基础。一是从工具视角看,由可使用教学手段的有效性,保障经验层面的深度学习及学习效能的提升;二是从策略视角看,由一定优先条件下选择教学模式的正确性。这种正确性不是以效率为前提或目标,而是着眼学生长期发展的可能性,为其想象和思维品质的提升打开空间,为其身心协调活动的充分表现打开空间,从而扩展了学生后续发展的可能性。

由于情境本身的时空特性,情境教育还显示了一种教学介入社会空间的生产关系,包括"课堂的空间表象""课堂的空间实践""表征的课堂空间"。首先,课堂是一个典型的社会空间,其中有物理性的组织形态——如空间位置、容量大小、课桌椅排布、墙面装饰、媒体设施、学习材料等课堂环境的布陈,以及课堂参与的人员,所以有涉身其中的"课堂的空间表象"。其次,在课堂教学中不仅有我们前面讨论的认知维度的知识生产,更包含各种由互动产生的社会关系和情感关系,由此有"课堂的空间实践"——学生将在未来遭遇社会角色及社会关系的生产和再生产。美国社会学家帕森斯(Parsons)意识到这个问题,因此发表《作为一个社会体系的学校班级》,对认知性学习和价值性学习进行分析。[26]杰克逊(Jackson)也注意到了课堂的空间实践,故而提出"隐性课程"概念。[27]最后是列斐伏尔(Lefebvre)提到的"表征的空间"[28],因为在学校中同样有"表征的课堂空间"——它具体表达了复杂的、与社会生活隐秘的一面联系的符号体系,这些有时经过了编码,有时没有。因此,当我们描述、规范及规划课堂过程时,可以将特定意图——尤其是品格教育的意图——通过符号体系的情景化呈现出来。有关这三种课堂空间的情境教育研究,仍然具有探索的远大前景。

情境教育的实质是重构学生与社会生活及世界意义的关联。重构不是表层化的"回归"生活世界,而是以情境为纽带的经验重组。通过对文本意义的共同探索,形成意义理解的创造活动;通过具身性的学习活动及反思性的观念建构,达成作为学生主体意识的自我理解,这正是学生成为人的前提。

参考文献 ●●

[1] Whitehead A N. Aims of Education [M]. New York: The Free Press, 1967:1.

[2][3] Roth W M, Jornet A G. Situated Cognition [J]. Wires Cognitive Science, 2013,(4).

[4][16] 李吉林. 中国式儿童情境学习范式的建构[J]. 教育研究,2017(3):91 - 102.

[5][6] 顾祖钊. 论意境的称谓和渊源[J]. 文艺理论研究,1995(2):64 - 71.

[7] 袁行霈. 论意境[J]. 文学评论,1980(4).

[8] 袁行霈. 中国诗歌艺术研究[M]. 北京:北京大学出版社,1987:63.

[9] 萧驰. 佛法与诗境[M]. 北京:中华书局,2005:121 - 124.

[10] Pound E. How to Read [M]. New York: Haskell House Publishers Ltd, 1931:26.

[11] Kintsch W, Van Dijk T A. Towards a Model of Text Comprehension and Production [J]. Psychological Review, 1978(5).

[12] Van Dijk T A, Kintsch W. Strategies of Discourse Comprehension [M]. New York: Academic Press, 1983.

[13][23] 李吉林. "意境说"导引建构儿童情境学习范式[J]. 课程·教材·教法,2017(4):4 - 7+41.

[14] Allwood J, Gardenfors P (ed). Cognitive Semantics: Meaning and Cognition [M]. John Benjamins B. V.,1999:21 - 25.

[15] 伽达默尔. 哲学解释学[M]. 夏镇平,宋建平,译. 上海:上海译文出版社,1994:43.

[17] Robert A Wilson, Frank C Keil. The MIT Encyclopedia of the Cognitive Science [M]. Massachusetts Institute of Technology. 1999:767 - 768.

[18] Schaufeli W B, et al. Burnoutand Engagement in Universitystudents: A Cross－national Study [J]. Journal of Cross－CulturalPsychology, 2002,(5).

[19] Salmon W C. Causality and Explanation [M]. Oupusa, 1998:8 - 9.

[20] Dewey J. How We Think: A Restatement of the Relation of Reflective

Thinking to the Educative Process [M]. Boston: Henry Holt, 1933:137.

[21] 马耶夏克,季文娜.综观和可综观性——论维特根斯坦后期哲学中的两个重要概念[J].世界哲学,2017,(4):23-34.

[22] Brown John L. Making the Most of Understanding by Design [M]. Alexandria, Virginia: ASCD, 2004:16-17.

[24] Herrington J, Oliver R. Critical Characteristics of Situated Learning: Implications for the Instructional Design of Multimedia [M]. Melbourne: University of Melbourne, 2000:30-31.

[25] Christenson S L, Reschly A L (Ed). Handbook of Research on Student Engagemen [M]. SpringerScience+BusinessMedia, LLC, 2012:408.

[26] Parsons T. The School Class as a Social System: Someofits Functions in American Society. In SocialStructure and Personality [M]. NewYork: Free Press, 1970:133.

[27] Jackson P W. Life in Classrooms [M]. New York: Holt, Rinehart and Winston, 1968:16-18.

[28] Henri Lefebvre. The Production of Space [M]. Oxford UK: Blackwell Ltd, 1991:33.

11

诗化的教育　创意的人生
——致李吉林及全体教师

高　文

　　我很高兴李吉林老师充满诗意的原创性、叙事风、纪实体作品《情境教育三部曲》的问世。我真诚地向各位推荐此书。

　　《情境教育三部曲》真实地展现了一个小学教师二十余载的创造性生命旅程。情境教学、情境教育、情境课程——从人生三个高度勾勒出李吉林老师善于抓住历史机遇、勇于直面时代挑战、敢于承担社会职责的智者、勇者、仁者风范。在不懈的追求、探索、实践、思考、建构与创造中，李吉林老师走出了一条浸润于中华文脉的中国教育改革之路。在改革的历程中，她将工作了半个世纪的小学变成了终身学习的大学，变成了搏击困难、创造辉煌的人生大舞台。她是我的楷模，她是大家的楷模。

　　我再一次十分真诚地向各位推荐此书。

＊　＊　＊　＊　＊　＊　＊　＊　＊　＊　＊　＊　＊

　　李吉林老师嘱我为《情境教育三部曲》写序，然而，读完全书后，心情难以平静，激情诗意，顿生心头。我不是诗人，却想以此有感而发之词，对李吉林老师以及像李吉林老师那样默默耕耘在教学第一线的全体教师表达发自内心的敬意！

　　如果说，教育是国家的脊梁，那么，承担着教育改革重任的教师就是教育的脊梁。尊重他们、爱护他们、支持他们、发展他们——一句话，相信他们就是相信中国教育的未来！

＊　＊　＊　＊　＊　＊　＊　＊　＊　＊　＊　＊　＊

浸润于错综复杂的人文脉络，

感悟于生生不息的自然活力，

你一路走来，一路探索……

人生六十七个年头一晃而过，
其中十分之七将近半个世纪，
你贡献给了神圣的教育事业，
无怨无悔,毫无迟疑与退避!

对于人类,半个世纪只是瞬间,
对于个人,它却意味深远悠长。
岁月染白发丝,光阴柔皱额头,
儿童般的纯真却依然荡漾在你心中。

还记得,第一次见面时的你,
质朴、执着、充满激情与追求。
在我心中,你的形象就此定格,
清晰、深刻,抹不掉,挥不去。

你说:
"我爱小池,爱其清澈;
我爱溪流,爱其长远;
我向往大海,因其奔腾的涌浪!"

我想:
"你质朴而诗意的人生,就像小池的清澈;
你从不止步、勇往直前,就像溪流的长远;
你胸中翻滚着的创造激情,就像大海奔腾的涌浪!"

是什么形塑了你这样的人格?
是什么造就了你如此的人生?
是什么给予你取之不尽的动力?
是什么锤炼你如此博大的胸怀?

家庭的清贫,孕育了你一生的坚韧与正直;
放飞的心灵,激活了你不懈的努力与追求;
扎根于实践,触发了你无尽的创意与灵感;
理性的思考,赋予了你深邃的真知与灼见。

教育的现状,迫使你质疑与反思;
压抑生命的课堂,令你无法忍受;
强烈的变革欲望,敦促你踏上征途;
责任、使命与需求,汇聚成动力之源!

＊　＊　＊

改革开放的春风雨露,滋润着中国教育,
呼之欲出的"情境教学",扬起启航的风帆;
领导关怀、专家扶持、同事协作、家长认同,
营造出呵护与支撑实验的社会大情境。

从外语情景教学到"意境说",从"心理场论"到艺术之泉,
从"系统论""控制论""信息论"到"人的全面发展学说",
古今中外,视界交融,启迪于心,见之于行。
情境教学的理论在实践的熔炉中锻造成形。

在整体改革的曙光中,情境教学见好难收:
从单一学科向多学科的跨越,从实验班向全校的拓展,
在改革大潮的推动下,情境教学终于跨上了新的台阶,
宣战应试教育,你高扬起素质教育的大旗。

一切为了儿童的发展,情境教育聚焦于"大写的"儿童;
面向真实生活,开放教育空间,发掘教育资源的宝藏;
以情感贯之,和谐人际关系,优化儿童的学习环境;
走出课堂,回归自然与社会,在躬行中增长才干。

从情境教学到情境教育，

你视野更宽、立足更高、设计更精、操作更细；

从情境教学到情境教育，

你立意更新、目标更清、改革更深、人气更高。

"李吉林主张"，铸就情境教育的"诗魂"；

二十多年的坚持，展现出创意的美丽人生。

用有限的生命，探索无涯的情境教育；

以不懈的追求，永续教育改革的诗篇。

乘国家课程改革的东风，你抖擞精神，再接再厉，

情境课程的精制与细化，被提上改革的议事日程。

扎根于中华文脉的情境，融汇美、智、情于一体，

营造人性化的教育空间，支撑儿童全身心的活动。

情境课程，顺其天性，亲近自然，陶冶性情；

情境课程，整合知识，追根溯源，凸现意义；

情境课程，融入社会，反观人生，认识自我；

情境课程，师生共创，合纵连横，融会贯通……

二十几个春夏秋冬，

你用心血谱写成情境教学、情境教育、情境课程的三部曲；

你用心弦弹奏出委婉、动听、沁人心脾的小鸟之歌；

你用言传身教培养出一支敬业爱业的青年教师的队伍。

＊　＊　＊

而今，

受你影响的青年教师们，正意气风发地行进在改革的行列中；

你用心弦弹奏的小鸟之歌，已成为中国教育改革的时代强音；

你用心血创建的情境教育，正带着"中国建构"的印记走向世界！

而你，

一路走来，一路探索……

你的德性，在坚持中锤炼与升华；

你的睿智，在实践中发掘与凸现；

你的人格，在追求中魅力四射！

敬爱的李吉林老师，

我衷心地祝愿你：

愿你在改革的路上，青春永驻，马不停蹄；

愿你蒸蒸日上的事业，百尺竿头，更进一步！

2004 年 8 月

第三部分

建构主义与学习科学的崛起

建构主义教育思想对现行客观主义主导的知识传递观发起了攻势强劲的批判，也由此孕育了学习科学的兴起，并成为学习科学的重要理论基础，深刻影响着学习科学研究及其服务于教育改革的发展方向。

高文教授是国内将建构主义引入教育研究的先行学者，本部分共收录高文教授及其团队有关建构主义理论和学习科学兴起的研究论文 12 篇，深入探讨了建构主义的哲学与心理学思想渊源、基本观点、基本范型和评价标准等重要主题，并抓住建构主义思想之基底的知识观内涵，深度阐释了从客观主义"学习是知识的获得"到建构主义"学习是知识的建构"这一观点转变以及相应学习研究转向的发展逻辑。12 篇论文为我们以一种全面、辩证、发展的观念理解建构主义和学习科学的崛起，提供了一条清晰的脉络主线。

这部分论文主要围绕学习科学中"学习是如何可能的"和"学习是如何研究的"两大核心议题展开。前 8 篇重点聚焦第一个议题，后 4 篇主要回应第二个议题。

吴刚教授的文章开宗明义地指出研究思维和学习的"心智科学"的重要性，建构主义试图应答的就是这一重要科学中的重要问题——学习是如何可能的？而这一核心议题的焦点集中在"知识是如何通过学习建构的"，也就是我们"如何看待知识的性质、生产、习得和概念转变的"。高文教授、吴刚教授、任友群教授、吕林海教授、侯新杰教授的 7 篇论文，首先从哲学、心理学、知识社会学等多个学科视野对上述议题的核心思想进行了根源追溯与深度阐释：

（1）传统认识论认为，存在着有关世界的可靠知识，知识应该表征一个现存的、孤立的、独立于认识者的真实世界。这种客观主义知识观是传统授受主义（instructionism）课堂根深蒂固的思想根源；（2）建构主义从维柯（Vico）、康德、杜威、波兰尼（Polanyi）、皮亚杰、维果茨基和布鲁纳等哲学和心理学家的思想中发源而来，回归了人在经验建构中的主体性、能动性和生命本质；（3）建构主义共享着一致的知识观：虽然世界是客观且独立存在的，但知识不是"自然之境"，不存在绝对现实的知识。所有知识都由认知主体积极建构且包含着某种社会维度,是个人建构与社会建构的相互统一,即使是激进建构主义代表冯·格拉塞斯费尔德也同样赞同个体与社会之间的互补。科学知识的生产也不例外。建构主义(特别是社会建构主义)和知识社会学对知识和学习的社会性强调,也是学习科学有别于传统学习研究的重要特征。

学界对建构主义思想也存在褒贬争议,为理性对待这一争议,吕林海、高文教授合著论文《走出建构主义思想之惑——从两个方面正确把握建构主义理论及其教育意蕴》,从"知识的适应性"和"辩证联系的学习哲学"两方面进行了正本清源的深刻辨析。而王旭卿教授的《佩珀特建造主义探究——通过建造理解一切》一文则对比分析了与建构主义(constructivism)一脉相承的建造主义(constructionism)观点。两篇文章辨析澄清了一些概念和观念,有助于我们正确理解建构主义思想主旨及其教育意蕴。

建构主义关于知识和学习的认识论变革引发了学习研究的转向和学习科学的崛起。如何超越科学主义导向的传统心理学研究,走出实验室,走向真实世界去理解自然情境中学习的复杂本质,揭示社会维度交互作用下个体的认知过程,这是学习科学要解决的另一个核心议题——学习是如何研究的?冯锐和杨南昌等人的两篇文章回应了这一问题,探讨了多学科视域、融合科学主义和人文主义、整合质与量方法的设计研究(DBR)新范式以及相应的系列创新研究方法。最后,陈家刚和杨南昌通过对国际学习科学知名学者索耶教授的访谈,审视反思了学习科学研究方法论及其研究发现对教育变革的影响。索耶(Sawyer)指出,虽然政策问题制约了学习科学研究的实践效应,但他坚信学习科学一定会有更美好的未来。

12

建构主义与学习科学的崛起 *

吴　刚

我们时代最重要的科学是什么？有人说是物理学，因为它揭示了自然的基本机制；也有人说是基因学，因为它显示了操纵生物世界的强大力量。但是，或许我们更有理由说是"心智科学"——它是研究作为思维和学习机体的人类存在的科学。人类本质上是思索者和学习者，如果没有思维和学习，我们将一无所有，尽管学习科学的研究现在还不像物理学和基因学那么成熟，而建构主义试图应对和回答的就是这样一个问题：学习是如何可能的？

一、建构主义的基本观念

作为最新也是最强劲的一种教育思潮，建构主义在国际教育界的崛起，已经有 10 多年的历史。20 世纪 90 年代中期后，中国教育学者开始关注并追踪其发展。

建构主义是什么？这是一个难以说清的问题。柏拉图（Plato）说，存在是什么？你不问我，我还知道，你若问我，我就茫然了。奥古斯丁（Augustine）又说，时间是什么？你不问我，我还知道，你若问我，我就茫然了。许多我们以为清楚的事，常常经不起追问，教育中的建构主义也是如此，充满了误解和曲解。例如有人将建构主义误认为结构主义[1]，这就犯了常识性错误——建构主义的英文（constructivism）完全不同于结构主义的英文（structuralism），

---

* 原文发表于《南京社会科学》2009 年第 6 期。

同时混淆了两种思潮的本质差异——建构主义试图克服结构主义关注共时性的静态认知观。建构主义对结构主义的主张进行了扬弃。

建构主义的第一个重要观念就是"结构性"，即知识的组织是知识化的，而知识结构建立在核心概念或重大主题（big idea）的基础上。"结构"不同于"模块"，"结构"隐喻了知识的体系性。结构包括了三个特性：（1）整体性，即一个结构是由若干个成分所组成的；但是这些成分是服从于能说明体系之成为体系特点的一些规则的，这些规则把不同于各种成分所有的种种性质的整体性质赋予作为全体的全体；（2）转换性；（3）自身调整性。

而"模块"隐喻了知识的"破碎性（fragmentation）"，它将知识视为积木，可以随意拼搭，如"七宝楼台，眩人眼目"，却根基脆弱，它与后现代文化相契合。"模块化"带来的不仅是知识组织的"去中心"，更是知识选择的无序化，对一个成长中的学习者而言，这不啻是一种不堪承受之重。

建构主义突出知识结构的重要性，就是试图理解人的认知结构是如何通过学习过程而建构的，因为外部的知识结构是人内在认知结构建构的资源和媒介。这里的"知识"，不仅包含传统意义上的"知识与技能"，还扩展到认知的隐性领域。在传统的教育知识观中，知识与技能是相互分离的，例如《基础教育课程改革纲要（试行）》中就说，"使获得基础知识与基本技能的过程同时成为学会学习和形成正确价值观的过程""精选终身学习必备的基础知识和技能"。从这一点来看，中国20世纪末开始的基础教育课程改革秉承的恰恰是传统知识观。其实知识与技能是不可能分离的，没有脱离知识的技能，也没有离开技能的知识。这一点已经清晰地表达在经济合作与发展组织（OECD）关于知识经济的报告《以知识为基础的经济》中，该报告将知识归纳为四种类型："知道是什么"（know-what）的知识——记载事实和数据；"知道为什么"（know-why）的知识——记载自然与社会原理和规律方面的理论；"知道怎样做"（know-how）的知识——记载工作的技巧和经验；"知道是谁"（know-who）的知识——谁知道是什么、为什么和怎么做的信息。在这四种类型的知识中，前两者是以文字记载、易编码和传播的认知类知识，可统称为"有形知识"；后两者是以实践经验积累、不易编码和度量的意会类的知识，可统称为"隐形知识"。"有形知识"的获得有助于认识和理解世界能力的养成，而"隐形知识"的形成有助于分析和改造世界以及获取信息能力的培养。

建构主义的第二个观念是学习的"情境性"。人的自然学习是在情境中实现的，认知的功能是与生活环境相适应的。通过对自然学习的观察，布朗等提出了"情境学习"（situated learning）的概念。他们认为，传统教学暗含了这样一种假定，即概念性的知识可以从情境中抽象出来，因此，概念的抽象表征成了教学的中心。实际上，这种假定恰恰限制了教学的有效性。布朗等认为,在非概念水平上,活动和感知比概括化具有更为重要的认识论意义上的优越性,所以,人们应当把更多的注意力放在具体情境中的活动和感知上。布朗等人提出了"认知学徒制"(cognitive apprenticeship),试图借鉴某些行业中师父带徒弟的有效授艺活动,通过一些与这种授艺方式相类似的活动和社会交往形式,使学生适应真实的实践活动。与情境学习相一致,建构主义者在教学中强调把所学的知识与一定的真实任务(authentic task)情境联系起来,比如医学中的具体病理、经营管理中的实际案例等,让学生合作解决包含复杂的情境要素的问题。

但是,注意学习的情境性并非回归儿童的"生活世界"。在当下课程改革的理论话语中,"生活世界"这个源自胡塞尔现象学的哲学概念正被无限推广,其实学生(儿童)通过自己的生活摸索就容易解决的问题或容易得到的认识,是毋需通过学校教育传递的。学校教育引导的正是学生无法在生活中自然获得的东西,它不是对生活世界的"回归",而是"重构"。

另一方面,每个学生在学习类似科学的概念时,都有一些来自生活世界的"先前概念",这些概念常常是错误的,而且根深蒂固,难以改变。为此建构主义主张设计有认知冲突的问题,通过问题使学生已有的知识和新的学习任务之间存在不一致,从而引起学生的注意力,激发认知内驱力。派因斯和韦斯特(Pines & West)提出,概念的学习是自发知识和正规知识两者之间相互交织影响,整合、分化及协调的结果,而当两者仅有微小的冲突下,学生的学习过程是缓慢的概念转化(conceptual resolution);但当两者有巨大冲突时,就须由一个信仰系统转变到另一个信仰系统,从而产生概念的转换(conceptual exchange)。因此波斯纳等(Posner et al.)提出概念改变的四个条件:(1)须对原有的概念产生不满;(2)新的概念必须是可以理解的;(3)新的概念必须是合理的;(4)新的概念可以丰富地应用[2]。

建构主义的第三个观念是学习的"社会性",即认为知识不仅是个人自己构成的,还是以社会为媒介的。学习问题可以在两个一般层面上加以理解:一是在互动层面上,学习者之间的互动以及与比他们知识更丰富的人之间的互动。二是在共同体层面上,这包括公共系统知识的社会化过程和达成这些系统的机制。如果我们接受这两个层次之间是互相联系的观点,那么我们就可以将学习视为知识的社会建构过程。在互动层面上将涉及学习者的亲密近邻,在共同体层次上将涉及关于世界的异质观点;社会建构将从对他人的世界观的角度被界定。学习是人类一项基本的、习得性的功能,与其他动物相比,人生来就是一个灵活的学习者、主动获取知识和技能的行动者。维果茨基认为思想通过连续的精神分享而世代相传,从那些更有能力、更先进的人传向其他人。影响思想传递的媒介是语言及其文化产品,如文学、科学和技术。维果茨基把个体成长为社会有用一员的过程看作社会变革过程的一部分。如工具的变革带来了思想的革命。这些革命和变革反过来又与文化的变革相联系。牢固的理解和知识通过有意义的、整体的活动(包括他们的任务、问题和工具)中的合作性对话和交往而实现社会性建构。认知发展的社会性假定个体较高级的认知技能的发展通过参与社会的和文化的有组织的活动而形成。因此,新手发展认知技能,通过与更有知识的人一起参与共同的活动,最终成为专家。技能发展的每一步都离不开对共同活动的参与。但是,我们的学校生活是否帮助学生实现了这种适应性发展却是另一回事。近年来,实践共同体(communities of practices)的思想作为一种理解认知和学习的分析工具已居主导地位,实践共同体的特征是共同实践(the shared practices),从这个角度看,学习分散于社会的、合作性实践的过程中,而不是个体的脑袋里。

二、知识生产与学习的变革

学习方式的这种变化与知识生产方式的变革是一致的。随着知识经济时代的来临,科学和技术知识生产的一个关键变化是其独立性越来越小。在许多研究的前沿领域,解决问题需要几种不同的知识与技能。此外,科学知识的生产不再是一些特殊机构如大学的特权,以往人们期待大学是知识产生的源泉,通过它的技术溢出(spill over)和组织分生(spinoff)效应使其他领域受益。知识的生产,它的理论、模式、方法和技巧已经从学校中传播出来,正在许多不同类型的机构中应用。这已经变成一个更加社会化的分配过程。社会分配知识生产的新模式有以下五个基本特征[3]:(1)公认有能力进行研究的单位数量正在不断增加。以至于来不及以印刷文字完全反映知识生产社会分配的整个程度;(2)这些单位之间相互交流,并通过交流拓宽了有效相互作用的合作基础。知识存量来自各种不同类型机构的不断增加的流量,这些机构为知识存量提供知识的同时也从知识存量中获取知识;(3)社会分配的知识生产动力依赖于知识的流量和在这些流量中相互联系的转移方式;(4)知识生产者之间的相互联系正在迅速增加,显然现存的机构没有提供渠道,部分原因是只有这些联系被应用时才会确定它们能起作用并加以保留,联系的强弱要依据对问题兴趣发展的路径而定;(5)社会分配的知识生产体系正在发展,但它没有呈现出要遵从过去科学的机构模式。知识生产的新场所正在不断出现,同时它们也为研究者间能够开展更加深入的合作提供地点。正在出现的社会分配的知识体系呈现出一个潜在的指数增长特征。

针对这些变化,英国社会学家吉本斯(Gibbons)提出两种知识生产模式(见表 12.1)。知识生产模式 2 使得许多重要领域中的研究超越了学科结构,正在逐渐以一种与制度化的常规迥异的方式进行知识生产。具有不同知识背景的专家在不同的组织机构中以团队的形式共同进行研究工作。个体学习所面临的问题是如何与分布广泛的知识生产系统协调。打破学科界限以及充分利用现代技术尤其是信息技术,将是主动适应知识生产新模式的重要选择。

表 12.1 吉本斯的两种知识生产模式

模式 1	模式 2
以单一学科为基础的知识生产	涉及多个专家领域的跨学科的知识生产
由特定共同体的旨趣支配问题的表述	由涉及应用的行动者的旨趣支配问题表述
在大的学术背景中形成和解决问题	在以应用为基础的背景中确立和解决问题
创新被视为新的知识生产	创新也被视为现存知识针对新情境的改造
知识生产与应用相分离	知识生产与应用相整合
通过制度渠道、以学科为基础传播	通过合作伙伴和社会网络传播
标准化的、以规则为基础的、"科学的"知识生产	交互作用的、不断协商的知识生产
由"好科学"界定的静态的研究实践	由问题解决所刻画的动态的研究实践
半永久性的、以建制为基础的团队	松散的、问题取向的、非建制性的团队
科层制和保守的团队结构	非科层制的、暂时的团队结构
研究实践遵照学科的科学规范	研究实践承担社会责任、具有反身性

实际上,学习理论的转向与建构主义的崛起不是一个偶然现象。从思想脉络看,建构主义有其深厚的哲学背景,从笛卡儿(Descartes)的理性主义,经康德到皮亚杰的发生学结构主义,从黑格尔(Hegel)经马克思(Marx)到维果茨基的活动理论,学习理论在哲学上受到个体理论和社会理论的双重影响,建构主义是这两种理论聚合的结果(见图 12.1)。

建构主义改变了关于学习的隐喻。古代人对学习的理解是建立在"记忆"基础上的,无论希腊人还是中国人都反复论及记忆的作用,所谓"学而时习之""温故而知新"。这与古代学习缺乏诸如笔和纸等知识载体的物质条件有关,所以学习必须充分利用人的记忆,思维首先是一个回忆的过程。20 世纪前半叶,对学习的研究受行为主义观念支配,即"学

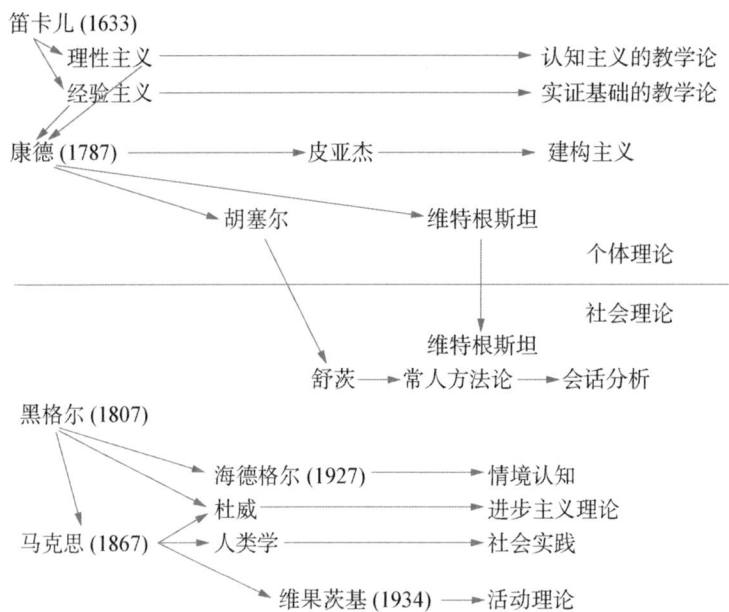

图 12.1　在学习的个体理论和社会理论上的哲学影响

习是反应的强化",相应的"教学就是训练";到后半叶,学习信息加工的认知主义隐喻的影响逐渐超过行为主义,成为学习理论的主流,即"学习是知识的获得",而"教学则是知识的传递"。

　　建构主义正是在反思传统的学与教的隐喻,特别是反思传统知识观的基础上,依据脑科学与神经科学有关人脑的最新研究成果,并在不断发掘作为智能化工具、互动平台、创新的文化理念的现代信息技术的巨大潜力的进程中,提出了学与教的隐喻——"学习是知识的建构""教学是创设学习环境""学习是知识的社会协商""教学是组建学习共同体",并试图据此质疑以合法形态存在的现行学校教育体制后面的合理性,以便在新的教育理念的支撑下重构取代旧教育体制的新的合法的教育范型(见表 12.2);(1)来自认知心理学的研究加深了人们对能力表现的本质和知识组织原则的理解,它们是构成人们解决包括数学、科学、文学、社会研究和历史在内的各种学科领域问题的能力基础;(2)有关学习和迁移的研究揭示了构建学习经验的重要原理,这使人们能够在新的情境中运用以往的经验;(3)社会心理学和人类学方面的研究成果清楚地表明,所有的学习都离不开特定的文化模式、社会规范和期望;(4)认知神经科学的发展日益为从实验室研究中获得的学习原理提供证据,它正逐步揭示学习是如何依赖并改变大脑的生理结构和大脑的机能性组织的。

表 12.2　学习与情境化设计

一般教学设计	情境方法
知识获得的隐喻	知识创造的隐喻
接受学习	学习是意义的生产
传输模式	在社会—文化和情境背景中共同建构知识
知识片段的传递	活动是情境,意义存在于情境中
参照情境的文本,例如:在基于问题的学习中,解决给定的具有清晰问题描述的良性结构问题	处理真实世界问题和不良结构问题,例如:在基于问题的学习中,解决不良结构问题

←——————————————————————————————————→

学习是去情境化的　　　　　　　　　　　　　　　　　　　学习是情境化的

三、教育活动的"学习"转向

建构主义带来的一个景观是,基础教育研究的重心,从课程转向了学习。著名人类学家玛格丽特·米德(Margaret Mead)在总结几十年研究成果后提出:"一个社会的社会结构及其学习被结构化的方式,决定了个体学会思考的方式,决定了共享和利用学习的储备(即分布式技能和知识)总量的方式。"[4]她认为,在教与学过程中起主要和决定作用的是社会环境和信息传递的方式,而不是教授的内容。

学习有两个基本特点:(1)学习经常需要与他人互动;(2)学习伴随着自我意识、反思和其他元认知过程。后者反映了个体与情境之间的互动,包含一种可以称为"元学习"(metalearning)的过程。心理学家比格斯(Biggs,1985)用"元学习"表示个体对自己的学习方法和方式的意识[5]。他认为,能力模式、控制点、某些非学业性经验的类型和质量,以及动机的强度和类型,看起来都与元学习能力的发展有关。课程或教学内容可以用肉眼看见,得到监控和记录,并预先设计和规划;但是元学习——反思学习及学会如何学习——是一种潜在的过程,几乎不曾被人的意识注意到过,更少受到参与者的监控,只是与教育的表面主题有着宽泛的联系。元学习还表现为打破常规性、摆脱习惯化、整合零碎的经验片断的过程。

由课程向学习的转向发生于 20 世纪 90 年代末,在经过此起彼伏的由课程改革到教育评价变革的种种教育改革的尝试后,"美国未来与教学国家委员会"发现影响教育质量的最根本的原因是教学活动。在《什么最重要：面向美国未来的教学》（1996年）的报告中，他们提出：中小学改革的首要任务是重构它的基础，即教学工作。

我们认为，重建教学的核心是在课堂中如何组织结构性的学习活动。这就不仅要引发学生对内容的学习投入，还需要为其深层思索提供情境刺激及催化剂（见表12.3）。

表12.3　认知活动与知识结构

有组织的认知活动	知识结构	
	不完整的	有意义的
问题表征	表面性质浅显的理解	深层原理和相关概念
策略运用	无方向的试误解决问题	有效的、资料丰富的、有目的的
自我监控	最少、偶尔的	持续的、灵活的
说明	肤浅、单一事实的描述	连贯的、有根据的

因为学生带着丰富的先前知识、技能、信仰和概念进入正规教育，这些知识极大地影响着他们对环境内容、环境组织和解释方式的理解，也影响着他们的记忆、推理、问题解决、知识获取。所以，在学校教育过程中，学生既有构建知识的实践，也有回避知识的实践（knowledge avoidance）。学生的学习效能依赖于其对学习活动的情感投入、认知投入和行为投入，这种高度投入的学习状态类似他们在进行《魔兽争霸》或《反恐精英》的网络游戏时的痴迷状态，这时，学习任务已由外在要求转化为个人的内在需求，并由应对更高挑战的激情所支撑。外在的课程目标有时（甚至经常）不能引起学生的认同，学生的行为与外部权威所制定的教学目标也可能不一致；学生有时会对所指定的学习任务感到无聊和厌烦；由于学生不愿意从事课堂学习，或者教师指定的学习内容使学生难以掌握，则学生的学习活动就不会发生。

学习研究内涵的变化直接反映在学习理论向学习科学的概念变化上，其转折的一个标志是美国国家科学院1999年推出的《人是如何学习的：大脑、心理经验及学校》（2000年出版扩展版）一书。该书全面评价了学习科学的最新发展，它是以约翰·布兰思福特（John Blansford）为首的学习科学发展委员会16位世界一流学者历经两年的集体研究成果，出版后旋即成为讨论课程、教学和学习问题的必引之书。随着该书扩展版（2000年）的问世，学习科学对有关学习的一些事实达成了基本共识[6]（见表12.4）。

表12.4　学习科学的深度学习（deep learning）与传统教学主义（instructionism）的差异

知识的深度学习（来自认知科学的发现）	传统的课堂实践（教学主义）
深度学习要求学习者将新观念和概念与其先前知识和经验相联系	学习者把课程材料当作是与他们已有知识无关的内容
深度学习要求学习者探求基本原理和模式	学习者把课程材料当作是无关的知识片断或模块
深度学习要求学习者评估新观念及其相关的推论	学习者没有理解为何和如何做，只是记忆事实和模仿操作程序
深度学习要求学习者将其知识整合到相互关联的概念系统中	学习者在理解与书本内容不同的新观念时有困难
深度学习要求学习者理解知识创造的对话过程，批判性地审视其论断的逻辑	学习者把事实和程序当作是由全知的权威确定的静态知识
深度学习要求学习者对自身的学习过程和理解进行反思	学习者对学习意图和自身的学习策略没有反思

　　这为学习者有效地掌握基础知识提供了指导方法。以下的八个因素影响着专业知识和能力表现的发展[7]：（1）相关的知识可以帮助人们用便于记忆的方法来组织信息。（2）学习者不总是把他们拥有的知识与新的学习任务联系在一起，尽管它们之间存在这种潜在的关系。这种"不关联"对于理解可用的知识（这种知识是专家已建立的知识）与组织不良的知识（这种知识往往是"惰性知识"）之间的差异有着重要的意义。（3）相关的知识有助于人们超越给定的信息，去思考问题的表征，去从事推理活动，去收集各种相关信息形成结论。（4）知识影响行为表现主要是通过影响人们的问题和情境表征来实现的。对同一个问题的不同表征会使问题变得容易、困难，或者不可能解决。（5）专家们对复杂问题的表征靠的是组织良好的知识结构。专家们知道应用知识的条件，他们能够非常轻松地获取相关的知识。（6）不同领域的知识，例如科学、数学和历史，都有不同的组织特点。因此，要深入地把握某个领域，就必须了解这个学科的相关知识，以及了解该学科更宽泛的结构化知识。（7）有才能的学习者和问题解决者监控和调节他们自己的学习过程，必要时改变他们的学习策略。他们能够估计，并进行"教学预测"。（8）研究一般人的日常认知，能为我们提供有关日常环境中能力认知表现的有用信息。像专家们的工作一样，工具和社会规范有利于日常才能的形成，社会规范允许人们在特定的情境中完成任务，而人们常常不能在其他情境中完成任务。

　　这些研究启发我们反思当下的课程改革，在重建教与学的过程中，应注意：

　　（1）利用学生带到课堂中的、但通常未被激活的与学习课题有关的知识和经验。这些经验被认为是隐性经验，例如，在学习有理数时，整数推理——低年级学习的科目——对大多数学生起主导作用。学生能够想起商店物品的比例，学校的学分，计算机程序的安装。教有理数的方法是，运用百分比的知识作为替代途径，让学生轻松地进入到学习有理数中去。

（2）给学生提供接触不同事例的机会，以弥补日常模式的不足。仅依靠学生既有的知识和经验是不够的，日常生活经验很难提供给学生了解相关问题的机会。所以，理科学习通常要求学生了解平时没有接触过的一些特定设备和受控环境。

（3）提供给学生发现目标知识或开发目标工具的表述。学校所教授的内容包含了人类的文化遗产——科学发现遗产、数学发明遗产、历史遗产。如果课文描述这些成果过去是如何获得的，将为学生提供改变的窗口，这种改变可作为现成的材料支持那些需要改变自身的学生。没任何迹象提示我们地球是圆的，但我们如何发现它是圆的呢？什么是位值？它像地球是圆的那样，是作为一种自然现象被发现的吗？如果真是这样，它能像 $E=MC^2$ 这个公式一样被揭开吗？当然，每一个日常观念，或日常问题的解决，都要有一段时间。如果学生能通过陈述的内容看到主要变化，那么他们也将有机会经历概念的转变。

（4）围绕核心概念组织知识。对于教师来说，知道原则本身的核心概念——证据的标准，什么组成论证和反证，推理的形式和参与询问——是很有必要的。但是如果只强调第二类知识（学科）而不是第一类知识（原则），那么教学过程将会是直观教学。如果学生要掌握历史、数学或科学是什么，就需要搞清楚原则的核心概念是什么。要认识第一类和第二类概念，要求助于在原则方面具有深刻造诣的专家教师，组成专家知识的概念，构建他们所看到的概念。指导专家解决问题的概念是核心概念。不过，直接探索专家的知识是不够的，专家通常有一种从未曾进入他们意识的概念工具。这些"专家的盲点"需要"知识包"——一系列相关概念和知识支撑专家的知识——成为学习的基础。

（5）支持元认知。例如，学生在最初着手一个新课题时记录他们的想法，然后在结束时回过头来看改变了多少。这个做法能有意识地注意学生们自己想法的改变。我们也可以通过小组形式的学习，以组员相互提问解释他们各自的推理，来反思支持他们思考的背景知识。

当我们透过知识与学习的新理解去审视"终身学习"的口号时，它的确显得很异类。工作与学习的界限消失了，"课程"与"学习"的比较似乎已经没有多少意义了，或者说前者正在淡出。另一方面，学习概念本身也在发生变化。（1）学习重心的变化：从对现有知识的获得、编码和提取转向发现和加工新的知识；（2）学习主体的变化：从教育过程中的学生转向所有人；（3）学习方式的变化：从原来的个体学习转向个体学习与共同体学习并重，于是有了协作学习和学习者共同体的概念;(4)学习内容的变化:从明确的可编码的知识转向明确知识学习与默会知识的分享并重,由此,学习就与实践的参与融合在一起。

　　学习理论的核心是如何建立一种坚实的理论,以提供对人们理解事物和不断发展其必需的做事能力的严格而细致的刻画,尤其是解读人类学习的奥秘,因为学习才是人类进化的文化动力。当然,学习科学是一门新兴学科,我们首先需要的是站在巨人的肩膀上,而不是匍匐在侏儒的脚下。所以,解决基础教育改革的困境,需要由课程向学习转向,由关注课程到关注学习,这将是一个任重而道远的过程。

参考文献 ●●

[1] 例如北京师范大学的何克抗就在《建构主义——革新传统教学的理论基础》一文中说:"建构主义(constructivism)也译作结构主义,其最早提出者可追溯至瑞士的皮亚杰(J. Piaget)。"

[2] Posner G J, Strike K A, Hewson P W, et al. Accommodation of Scientific Conception: Toward a Theory of Conceptual Change [J]. Science Education, 1982,66:211 - 227.

[3] Gibbons M et al. The New Production of Knowledge: The Dynamics of Science and Research in Contemporary Societies [M]. London: Sage Publications, 1994.

[4] Margaret Mead. Continuities in Cultural Evolution [M]. New Haven: Yale University Press, 1964:79.

[5] Biggs J B. The Role of Metalearning in Study Processes [J]. British Journal of Educational Psychology, 1985,55:185 - 212.

[6] Sawyer R K. The Cambridge Handbook of The Learning Sciences [M]. Cambridge: Cambridge University Press, 2006.

[7] 约翰·布兰思福特等. 人是如何学习的:大脑、心理、经验及学校[M]. 程可拉,等译. 上海:华东师范大学出版社,2002:266.

13

建构主义研究的哲学与心理学基础 *

高　文

20 世纪后半叶，由于高新技术的发展，人类正面临着知识经济、信息时代与知识社会的挑战。强调依据信息技术进行意义建构和知识创新的建构主义知识观与学习观盛行于西方世界，并对曾经流行并仍存在于现行教育中的知识传递观以及相应的传统的认识论发起了攻势强劲的批判。为了更好地理解建构主义的学习观、知识观以及相应的教学理论与模式，我认为从哲学与心理学两个方面对建构主义追根溯源是十分必要的。

一、建构主义研究的哲学渊源

（一）维柯的"新科学"

作为一种学习的哲学，建构主义的渊源至少可以追溯到 18 世纪文艺复兴时代意大利的哲学家、人文主义者詹巴蒂斯塔·维柯（Giambattista Vico）。维柯从哲学传统出发，认为人类完全不同于其他动物，使人类独一无二的是文化。因此，历史是最伟大的科学，历史涉及的是人类的自我创造过程。通过历史，我们才能认识我们的社会是如何被创造出来的；同样，通过历史，我们才能了解人类是如何塑造自身的。1725 年他出版的一书名为

---

* 原文发表于《全球教育展望》2001 年第 3 期。

《新科学》,此书在当时并未受到重视。然而,这确实应该是学术界的一件大事。维柯在他的"新科学",即"人的物理学"中,以其深邃的洞察力指出,即使在原始社会,"原始"人对世界的反应也不是幼稚无知和野蛮的,而是"富有诗意"的。他认为,人与生俱来就有一种本能的、独特的"诗性的智慧"(sapicnza poctica),指引他们以隐喻、象征和神话的形式对周围环境作出反应。维柯在《新科学》中对这种"诗性的智慧"作了精辟的阐发:"诸异教民族最初创始人的那种心灵态度,浑身是强烈的感觉力和广阔的想象力。……这种诗性智慧……无疑是世界中最初的智慧。"[1] 他还认为:"在推理能力最薄弱的人们那里,我们才发现到真正诗性的词句。这种词句必须表达最强烈的热情,所以浑身具有崇高的风格,可引起惊奇感。"[2] 由此,维柯指出,"诗性智慧"是世界各民族最原初的、最本原的智慧,这种智慧的特点是强烈的感受性和广阔的想象性。因此,对神话恰如其分的解释可以被看成是"最初一些民族的文明史"。显然,维柯的"新科学"表明文明社会确实无误地是由人创造出来的,社会的各项原则可以在人类自身心灵变化中发现,同时,这一创造社会的过程也创造了人自身。正是由于人类通过历史创造社会,塑造自己,因此,永恒的人性是不存在的,每一种文化都必须关系人类的创造。我想正是在这个意义上,他曾经指出,人们只能清晰地理解他们自己建构的一切。也正因为此,当今激进建构主义的主要代表人物冯·格拉塞斯费尔德称维柯为"18 世纪初建构主义的先驱"。

(二)康德的"哥白尼式的哲学革命"

从哲学角度追溯建构主义根源,最值得一提的是近代德国著名哲学家康德对理性主义与经验主义的综合。在近代,人类的发展已经进入发现、研究、认识各类事物的一般、普遍性质的时代。近代哲学不再像古代哲学那样,试图通过直观的思维形式去解决世界的多样性问题,去包罗宇宙万象。然而近代哲学的进步导致了近代经验论和唯理论的严重对立。前者局限于经验范围,最终引向休谟的怀疑论和不可知论;后者脱离经验,按照数学方式或逻辑推理,导致莱布尼茨(Leibniz)的"独断论"。近代哲学中,经验论与唯理论的论争为哲学的思辨性提供了营养并成为哲学觉醒的动力。康德的所谓"哥白尼式的哲学革命"正是建立在对近代经验论和唯理论的认真考察与思辨性综合的基础之上的。我认为,康德的"哥白尼式的哲学革命"集中地体现了主体能动性思想。是哥白尼的日心说启发康德确立了"对象必须与认识符合"的根本原则,创建了以主体能动性为中心的批判哲学。因此,康德哲学的价值在于全面提出主体性问题以及他对主体性的主观结构(理性的内化、理性的凝聚、理性的积淀)方面的分析。它们作为主体性的普遍形式正是人类群体超生物族类的确证。在个体心理上,这一普遍形式是以不断开拓和丰富自身的创造性心理功能而成为"自由直观(以美启智)""自由意志(以美储善)"和"自由感受"(审美快乐)。在认识论领域,康德洞察经验论与唯理论片面性,提出"先天综合判断"的基本命题,试图对近代认识论进行"综合",同时也对科学独立的可能性进行论证。他通过对"综合"与"分析"、"先天"与"后天"、"主体"与"客体"以及"感性、知性、理性"认识形式的区分与研究,试图展现主体的内在矛盾性(主体的有限与无限、功能与实在、先验与经验、超越与限制等矛盾),揭示认识的双向性运动:人在认识世界的同时认识自身,人在建构与创造世界的同时建构与创造自身。

显然,康德作为德国古典哲学中第一个强调和系统论证统一性和人的主体性、自由本质的人,他将现象界定为一体界,他限定了知识与必然性的范围,这样的界定与限制实际上正是为人的主体性弘扬与自由本质的揭示留有发展的余地。他关于统一性的理论则是为了说明,一个真正的人或者人的主体性的本意在于人是一个包括美和统率着各种自然科学知识的自由的最高统一体,这样的统一体也就是一个道德行为的主体。

(三)杜威的经验自然主义

建构主义思潮的支持者们在回顾 20 世纪建构主义思潮的渊源时,都十分重视杜威的影响。杜威可以说是一个终身在对一种建构主义的知识论进行精细加工的哲学家。作为20 世纪美国最负声望的实用主义哲学家与教育家,杜威受实用主义和生物进化论的影响,把经验看作现实世界的基础。杜威全部哲学的出发点就是试图运用新的经验方法取代二元论的非经验方法。他认为传统哲学的非经验方法割裂了客体与主体、心与物、经验与自然的联系,造成认识上的片面性。他则主张运用经验方法确立经验与自然、主体与客体、精神与物质之间的连续性,将它们作为一个统一的整体加以认识。为此,杜威重新对"经验"进行了解释。他认为经验包括经验的事物(经验的主体或有机体所面对的对象或环境),即人们做些什么、遭遇些什么、追求什么、爱什么、相信和坚持什么。同时,经验还包括能经验的过程(主体对对象所起的作用),即人们怎样生活、怎样操作和怎样经历各种事件以及人们的观看、信仰和想象的方式等。总之,经验的对象和经验的过程——这两者是不可分割的,是一个统一整体,这正是经验包含的"两套意义"。这是因为在经验范围内,经验与自然、主体与客体、精神与物质不是对立的,也不是各自独立存在的。它们是作为统一的经验整体中具有不同机能的特性而存在的。显然,经验对于杜威是一个兼收并蓄的整体,是经验者与被经验的对象的相互作用,或者说是有机体与环境的相互作用。在此,杜威强调,只有经过了与人这种有机体相互作用的自然才是经验。由此,杜威认为,真正的理解是与事物怎样运作和事情怎样做有关的,真正的理解在本质上必然是跟动作联系的,因此,经验的中心应该是主体在有目的选择对象的基础上的主观"创造"。由此出发,杜威特别强调了经验的能动性,认为经验是由现在伸向未来的过程,是对现有事物的一种改造。杜威的这种经验主义并不满足于对过去事实的重复,而是给可能性和自由留下了空间,确认了经验以及整个认识是一个能动与发展的过程。由此,他将立足于"行动"的学习与不确定情境中的探索联系在一起,正是情境内在独特的、积极的不确定性才能使探索存在并激励着和指导着探索的前进。显然,对于杜威,教育基于行动。知识和思想只能形成于这样的情境,在该情境中,学习者必须使自己摆脱曾经对他们有意义且十分重要的经验。而且,杜威指出,这些情境必须发生于一定的社会背景之中,学习者在其中创建学习共同体,并在该共同体中一起建构他们的知识。基于有关经验的认识,杜威指出了思维的工具性质并提出思维源起于"疑难境地、问题识别、大胆假设、严谨推理、细心求证"的"思维五步法",揭示了科学发现的逻辑和认识活动的基本步骤。在此基础上,杜威认为,最广义的教育问题就是人性的改变,为此在教育的实施中,应采取民主的"协商、交涉、交流、理智协作"的办法创设良好的文化与心理氛围,解决冲突,促进发展,培养和谐的人性。

二、建构主义研究的心理学渊源

在追溯建构主义的渊源时,我们注意到,20世纪对建构主义思想的发展作出重要贡献并将其应用于课堂和儿童学习与发展的当首推心理学界的两位巨人——皮亚杰和维果茨基,以及其后继者——美国卓越心理学家与教育心理学家布鲁纳。

(一)皮亚杰的结构观与建构观

杰出的发生认识论者皮亚杰是从哲学认识论和生物学两个方向开始自己一生的学术生涯的。正是发生认识论实现了这两个方面的结合。在从事测验工作的过程中,皮亚杰发现了新的研究内容——儿童个体实际的思维(认知)过程和新的实验方法——"临床谈话法"。前者成为联结认识论与生物学的"桥梁",而后者则使研究者通过与儿童无拘无束的谈话,保持研究过程的自然状态和儿童思维真实的本质。新的内容与方法的获得确立了皮亚杰学术生涯的总方向。

根据皮亚杰自己的解释,发生认识论就是心理学与认识论的相加,也就是立足于儿童心理学去研究认识论问题。康德的认识论思想是发生认识论最重要的理论源泉。发生认识论的着眼点是主体的逻辑数学结构,但是不存在无客观内容的纯逻辑数学结构,同样,也不存在不隐含着某种逻辑数学结构的纯物理知识。皮亚杰对广义物理知识与逻辑数学结构关系的概述完全符合康德关于经验知识和知性范畴关系的叙述。显然,皮亚杰的这一立场直接来自于康德。对此,皮亚杰曾说过,是他把康德的知性范畴拿来重新考察,于是就形成了一门学科——发生认识论。皮亚杰从康德认识论中获得的另一重要思想是有关结构与建构的观点。康德提出的知性范畴本身就是知识的形式框架和结构,而人的知识则是在知性范畴与感性材料结合的基础上建构的,由此突出了人作为认知主体的能动性。在皮亚杰那里,知性范畴被冠之以"逻辑数学结构"之称。在涉及概念形成条件时,皮亚杰认为,概念的形成正是基于知觉材料与超越知觉范围的逻辑数学结构的结合。因此,知识是一种结构,然而,离开了主体的建构活动,就不可能有知识的产生。不过,自称为"积极的康德主义者"的皮亚杰并没有全盘接受康德有关范畴的先验观点,而是力求从儿童的生活中去寻求范畴,即逻辑数学结构生成的源头,并主张在人的感性的主客观相互作用的活动基础上,即从活动——动作的角度去解决认识的发生问题。由此,皮亚杰提出了有关人的认知发生的双向建构论:人的建构活动一方面产生了以逻辑范畴为代表的人类智慧的基本结构,另一方面,广义的物理知识也正是从建构活动中生成的。

虽然,皮亚杰早期的工作是在生物学领域中进行的,但是他一生中的大部分时间都献身于对认知结构的发生学研究。在这一时期,他与他的同事们主要研究了学习的机制并将注意力放在产生新的建构物的过程上。在这些研究的基础上,皮亚杰提出以平衡作为解释学习的机制。他认为,结构是在建构中形成的,也就是说,任何结构都不能与建构相分离。他相信,人是一种不断发展的有机体,这不仅表现在物理和生物方面,而且表现在认知方面。为此,他把有机体视作是一种整体系统,一种结构,其情感、认知和身体的发展是不可分割的建构物。他认为,与平衡在生物演化中所起的作用一样,平稳同样是促进认知变化的机制。皮亚杰将平衡描述为一种动态的过程,它包括均衡内部两种相反行为的自我调节行为:同化与顺应。同化是指通过自身逻辑结构或理解对经验进行组织。这是个人的一种自我肯定的倾向,是通过自己的建构去审视世界以维护作为整体系统的一个组成成分的人的自主性的倾向。在认知的发展中,同化是指个体将感受到的刺激纳入原有格式的过程。随着认知的发展,人的同化形式也会逐渐复杂化,即经历从再现性同化、再认性同化到概括性同化的转变。同时,皮亚杰也曾经说明在搜寻新知识时,新的经验常常会跟原有的行为发生矛盾。在这种新情境中,有机体总是试图重新建构先前的行为以保持它的机能。这种过程就是通常迫于环境的影响与压力导致结构的失衡而产生的顺应。顺应是指有机体通过调节自己的内部结构以适应特定的环境刺激的过程,它包括反思、整合以达到对自我与客体的双重建构,从而使我们能够根据相关的认知平衡发挥作用。显然,同化与顺应是个体认知发展的两个彼此联系的主要过程:同化是量变过程,它引起的是格式的生长,同化主要指个体对环境的作用;顺应是质变过程,它引起的是格式的发展,顺应主要指环境对个体的作用。同化与顺应之间的均衡可称之为平衡。理解平衡最重要的就是将它理解为动态过程,而不是静态过程。平衡并不是先同化,再冲突,然后顺应的序列过程;平衡是不断升级的平衡、适应和组织,生长与变化的动态性相互作用的过程。

综上所述,我们认为,在皮亚杰的结构概念中隐含着建构的思想。作为认知心理学新结构主义范型的代表,皮亚杰否定了结构的先验性,而将认知结构的起源问题作为认知发生论的研究对象,提出结构产生于动作,认知结构产生于"同化于己"和"顺应外物"的主客体的相互作用的活动的观点。在此观点中已经隐含着"动作内化"和"格式外化"的两极转化。1936 年,在《儿童智慧的起源》一书中,皮亚杰首先提出了有关内化与外化的双向建构的思想。次年,在《儿童对现实的构造》一书中,这一思想得到了进一步的明确与系统化。皮亚杰明确指出,儿童关于现实的概念不是一种"发现"而是一种"发明"。这意味着,"概念"既不预成于内,也不预成于外。儿童必须自己去构造"概念"。不过,皮亚杰对建构主义思想的全面系统的论述则主要反映在他最后 10—15 年(20 世纪 60—70 年代)的著作中。由此,皮亚杰从同化、顺应的格式理论进一步发展成为包括内化与外化的双向建构的理论,即动作和运算内化以形成认知结构,而业已形成的认知结构运用于、归属于课题以形成广义的物理知识的结构。前者为内化建构,后者为外化建构。随着建构的发展,内化与外化建构这两个过程的相互关联日益紧密,而且,它们各自制约着对方所能达到的水平。皮亚杰曾借助下列图式说明双向建构的全过程(图 13.1)。其中:

S:主体,O:客体,

⇄主客体相互作用,|相互作用的接触区域

C:主体动作协调的中心区域,C′:客体的固有本质

P:主客体相互作用是在最远离主体中心与客体中心的边缘区域

C←P:内化建构过程或内部协调过程

P→C′:外化建构过程或外部协调过程

C←P→C′:内化建构与外化建构的双向过程

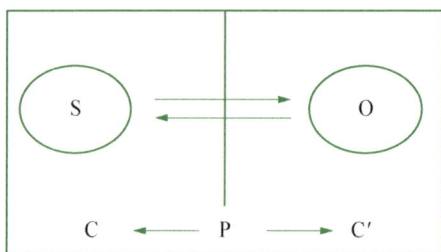

图 13.1　皮亚杰的双向建构过程图示

（二）维果茨基的心理发展理论

心理学家维果茨基有关人的心理发展的研究对于理解建构主义也是十分重要的。

在维果茨基所处的时代,心理学界占主导地位的是热衷于刺激—反应理论模式的行为主义学派。然而,维果茨基却敢于面对人所特有的真实的、复杂的心理现象,他大胆地指出,当时盛行的各种心理学理论都不能成功地解释人的高级心理机能,为此,区分人的低级心理机能与高级心理机能成为构建维果茨基心理发展理论的一块重要基石。面对人的心理现象的全部真实性与复杂性,维果茨基一方面力求摆脱庸俗的行为主义观的束缚;另一方面则努力克服对心理现象的唯心主义的理解,为确定"意识"的研究对于心理学的重要意义,为客观地研究人的心理特性,他提出了理解人的意识的形成与心理发展的文化历史原则,要求从历史的观点,而不是抽象的观点,在社会环境之中,在与社会环境作用的相互联系之中,而不是在社会环境之外去研究意识与心理的发展。

维果茨基有关人的心理发展的文化历史理论的一个重要假设是:人的心理过程结构的变化是由特殊的"精神生产工具"中介的,其中最重要的就是各种符号系统,尤其是语词系统。例如,在早期,人类为了帮助记忆,利用打绳结、做砍痕等辅助手段和符号。起初,人改变的似乎只是外部物质,但随后这些变化作用于人的内部心理过程。人的心理过程受这些特殊工具中介的特性决定了人能够在改变环境的同时,调控自己的行为和心理过程,从而使人的行为具有理性和自由度。人也由此形成了有别于其他动物的高级心理反映形式——意识。据此,维果茨基及其同事通过一系列研究,初步揭示了人的心理发展的两条彼此联系的一般规律:(1)人所特有的被中介的心理机能不是从内部自发产生的,它们只能产生于人们的协同活动和人与人的交往之中;(2)由此,维果茨基提出了与第一条规律直接联系的人的心理发展的第二条规律:人所特有的新的心理过程结构最初必须在人的外部活动中形成,随后才有可能转移至内部,"内化"为人的内部心理过程的结构。从上述两条规律可以得出这样一个原理:在新的心理过程的构成与心理过程间的联系之间存在着双重依存关系:一方面,心理过程间的联系是新的被中介的心理过程结构产生的结果;另一方面,在各心理过程间的联系发展的同时,各心理过程结构自身也必然发生变化。这一原理对于心理活动基本形式的发生分析具有特别重要的意义。维果茨基所揭示的心理发展的规律与原理针对当时有关心理过程的一次性定性和不变性的观点,提出了另一种动态的观点,该观点表明,心理机能本身产生于人的心理发展过程之中并随着心理生活形式的复杂化而改变机能之间的关系。这对于推动心理科学的发展具有重要意义。这些规律与原理的另一个重大意义在于明确提出了"意识"问题的研究应作为心理科学头等重要的基本问题。

维果茨基认为,意识是人所特有的最高级水平的反映形式,意识是有关行为结构的问题,意识从来都是某种整体,意识与高级心理机能之间的关系是整体与部分的关系。不过,意识不仅具有机能结构,而且还具有意义结构。"机能"与"意义"在不可分割的联系之中分别从心理形式与心理内容出发去探索意识问题。为了建立唯物主义的意识心理学理论,维果茨基及其同事采用了新的研究方法——因果发生分析法,试图把握心理发展过程的动态性、变化性。同时,他还从"意识是统一整体"的观点出发,用"单元分析法"取代了传统的"要素分析法"。

维果茨基生前十分重视心理科学的基础理论研究与应用研究的密切结合。他认为,只有通过在生活各个领域的应用,心理学才能获得真正的科学依据。这一观点引导他在深化心理学研究的过程中,最终进入了儿童智力与学校教学的关系问题的研究领域。针对当时已有的有关教学与发展互不相干的观点、将教学与发展混为一谈的观点以及对上述观点简单地兼收并蓄等,维果茨基提出,在教学与发展之间存在着复杂的关系。在以这种复杂关系为对象的研究中,维果茨基指出,儿童的全部心理生活是在交往过程中发展的,而表现为合作的教学正是最具有计划性与系统性的交往形式,因此,正是这种教学造成儿童心理的发展并创造出儿童全新的心理活动形式。这是因为,儿童今天不能独立完成的事,往往有可能在教师与伙伴的帮助下完成,而明天他就能自己独立完成。由此出发,他首先确定了儿童心理发展中的两种水平:"现有发展水平"和"最近发展区"。正是由他首先确认和提出的"最近发展区"概念强调了着眼于最近发展区的教学在发展中的主导性作用,揭示了教学的本质特征不在于"训练""强化"业已形成的心理机能,而在于激发、形成目前尚未成熟的心理机能。因此,教学应该成为促进发展的决定性动力,只有走在发展前面的教学才是好的教学。以有关儿童的日常概念与科学概念的研究为例:有关"最近发展区"的概念表明,儿童是在摆脱日常概念和成人概念的"张力"中学习科学概念的。如果仅仅将源于成人世界的预成的概念呈现给儿童,那么他就只能记忆成人有关这一想法所说的一切。为了将这一想法占为己有,成为自己的财富,儿童必须利用这一概念并将它跟首次呈现的自身想法联系起来。同时,日常概念和科学概念之间的关系并不是一种线性的发展。取代前概念以及引入科学概念是交织在一起、彼此影响的,它们发生在儿童从他早已有的概括和早已介绍给他的概括中产生出自己想法的过程中。为此,在西方,大多数学者视维果茨基为社会建构主义者。

(三) 布鲁纳——认知革命的倡导者

布鲁纳是 20 世纪 50 年代认知革命的倡导者。他与其他心理学家以及来自哲学、历史、语言学、人类学等其他领域的学者一起,试图将"人的高级心理过程"重新纳入人类科学的研究轨道并将"意义""意义的建构"确立为心理学的中心概念。这是针对长期来影响着心理学发展的行为主义和客观主义发起的一次深刻而彻底的革命。尽管,这场革命进行得并不一帆风顺,但是它对心理科学、教育科学以及教育实践的影响则是深远的。正是在这一条漫长而坎坷的认知探索的道路上,布鲁纳对人类知觉的特性、概念的获得以及思维过程和直觉的作用进行了全面的研究并为建立认知心理学的理论体系作出了贡献。作为教育心理学家,布鲁纳主张直接进入学校去研究儿童。他强调,教育心理学不是普通心理学的应用,或停留于对教学现象的单纯解释。教育心理学的主要课题应该是人的形成,为此应该直接对教育中存在的问题作深入探讨。后期,在反思认知探索因其技术化和计算机化而在一定程度上背离初衷的同时,他急切地呼吁认知探索应重新回到意义建构问题的研究中。由此,他对人类文化心理、民族心理进行探讨,试图揭示人类特有的心理规律。在涉及教育问题的研究中,他在 70 年代研究的基础上,集中论述了文化环境对教育的影响,探索文化、语言、价值以及法律对人类智力成长的影响。为此,在美国教育界,人们将布鲁纳与杜威相提并论,其中一些人认为,布鲁纳是自杜威以来第一个能够对学者们谈论智育的人。美国教育家杨(Yough E. L.)甚至认为,布鲁纳已经以实验方式解决了杜威所提出的某些尚未清晰化的哲学观念[3]。

布鲁纳的学习理论包括以下几个基本观点:(1)知识是由概念、命题、基本原理及其彼此之间的相互联系组成的。这就是知识的结构。促使认知发展的学习应该以学习"学科知识的结构"为主要任务,以帮助学生在知识的整体与局部、本质与现象的联系之中掌握知识;(2)学习是由学生的内部动机,即好奇心、进步的需要、自居作用以及同伴间的相互作用驱动的积极主动的知识建构过程。该过程包括新知识的获得、知识的转换与知识的评价;(3)在继承与发展皮亚杰的认知发展理论的基础上,布鲁纳提出了儿童认知发展的动作表征、图象表征与符号表征阶段。这表明,儿童的认知发展不是联想或刺激—反应联结的逐渐增加,而是结构上迥然不同的阶段性的质变的过程。更重要的是,他指出发展的这些阶段并不一定与年龄相关,而是因为受环境的影响而具有一定的流动性。这一观点由此隐含着先天与后天、主观与客观因素、个别与性别差异对认知发展阶段以及相应的不同认知表征方式形成的影响;(4)由学生自身的认知需要以及内部动机启动的学习应该是一种对未知知识的探索与发现过程,为此,布鲁纳提出了发现学习的策略,以鼓励学生模仿科学家的科研活动方式,在学习过程中凭借自己的努力去探索和发现未知领域。在此基础上,学习才有助于学生智慧潜力的开发,内在动机的强化,掌握解决问题的方法与策略,形成师生合作的良好关系;(5)在反思有关分析思维研究的基础上,布鲁纳注意到以往被忽视的直觉思维形式。他认为,和分析性思维不同,直觉思维活动倾向于以对整个问题的内隐的感知为基础。在探索与发现过程中直觉思维有助于对不确定情境中事物整体性的直接感知。这种直觉思维常常是突发的、飞跃的,难以用语言表征,往往采用图象表征,以并行方式同时呈现事物的各要素,从而迅速作出对事物的整体与本质的把握。显然,直觉思维有助于人们创造性的发展。由此,布鲁纳提出,在发现学习中应帮助儿童将科学家和逻辑学家的分析思维跟人文学者与艺术家的直觉思维方式结合起来,通过发现学习的策略促进直觉思维的发展并同时有利于直觉思维与分析思维的互补;(6)学习是一种认知探索的过程,它需要学习者思想开放,即能从多重观点中建构知识和价值,同时又能对自己的观点和价值承担责任。总之,布鲁纳建构主义学习理论的一个主要命题是:学习是一种积极的过程,学习者在该过程中依靠自己现在和过去的知识建构新的思想和概念。学习者依赖某种认知结构完成选择、转换、获得和评估信息的工作,从多种角度建构假设并作出决策。形成与发展中的认知结构(或图式、心智模式)为经验提供了意义和组织并使个人能"超越给予的信息"。

上述布鲁纳有关学习的假设为基于认知研究的教学提供了一个一般框架。20 世纪80 年代后期、90 年代初,布鲁纳进一步扩大他的理论框架,将学习的社会与文化方面囊括其中。他认为,就教学而言,教师应该努力鼓励学生自己去探索原理。教师和学生应该进行积极对话(即苏格拉底式的学习)。教师的任务是将学习信息转换为适合学习者目前理解状态的格式。课程应该以螺旋方式组织,这样学生就能依靠他们早已学过的知识进行建构。

参考文献 ∙∙

［1］维柯.新科学［M］.朱光潜,译.北京:商务印书馆,1989.

［2］张爱卿.放射智慧之光——布鲁纳的认知与教育心理学［M］.武汉:湖北教育出版社,2000.

［3］Steffe L P, Gale J E(Eds).Constructivism in Education ［M］. Mahwah, NJ: Lawrence Erlbaum Associates, Inc, 1995.

14

教育中的若干建构主义范型 *

高　文

　　1989年末,美国乔治亚大学教育学院邀请建构主义研究领域11位国际著名学者冯·格拉塞斯费尔德(Von Glasersfeld)、斯戴福(Steffe)、德莱沃(Driver)、科布(Cobb)、斯皮若(Spiro)等,围绕"教育中的新认识论"问题组织系列座谈会。这一系列座谈会的直接目的是确定研究生教育中创新教学与学习的策略。然而隐藏在这一系列座谈会后面的真正驱动力则是试图从"新认识论"的视角对仍然误导着教育的笛卡儿认识论作深刻的反思。依据笛卡儿的观点,知识应该在某种程度上跟外部现实保持一致,而且应该像镜子一样反映现实。座谈会的发起者试图以建构主义涵盖从相异于笛卡儿认识论的角度挑战传统认识论的"新认识论"观点。新认识论者不再将知识看作是有关绝对现实的知识,而认为知识主要是个人对知识的建构,即个人创造有关世界的意义而不是发现源于现实的意义。从研讨会上的发言内容可以概括出6种主要的建构主义类型,它们分别是:激进建构主义(radical constructivism)、社会建构主义(social constructivism)、社会建构论(social constructionism)、社会文化认知观点(sociocultural cognition)或称对待中介行为的社会文化观点(sociocultural approcaches to mediated action)、信息加工建构主义(information—processing constructivism)、控制系统论(cybernetic system)。所有这6种建构主义类型所持的观点都跟笛卡儿认识论模式不同,它们试图采用超越二元论的方式重新看待知识,即力求避免将身心分割的内生说(心智为中心)和外生说(现实为中心)。此外,所有这6种建构主义的类型都十分重视研究知识是如何从一种动态的互动之中形成的。当然,这6

＊　原文发表于《全球教育展望》2001年第10期。

种建构主义类型所持的观点也存在着一些差异,而且仍然还有一些问题尚未解决。例如,文化对知识的影响究竟是什么?个体与社会之间的关系是怎样的?知识位居于个体还是语言之中?根据这些思想进行教学和研究的方法究竟是什么?教育中的有效行动究竟意味着什么?显然,有关建构主义的讨论尚未结束,结论是开放的,建构主义还需进一步的建构。

本研究重点介绍其中的三个范型:社会文化认识观点或称对待中介行为的社会文化观点;信息加工建构主义;控制系统论。

一、中介行为的社会文化取向(社会文化认知的观点)

1. 中介行为的社会文化取向的基本假设

学习与发展就基本性而言是社会性的主张对于大多数教育领域的从业者来说并不是新闻,然而,长期以来心理学领域的研究者在从事认知以及其他形式心理过程的研究时,他们关注的中心主要是孤立的个人。然而,一些研究者终于意识到,要真正理解个人心理功能的关键方面就必须考虑这些心理功能镶嵌于其中的情境。遗憾的是,对人的认知的社会性的理论理解至今仍然是十分薄弱的,其原因之一是这一研究领域关注的是人的心理功能的社会构建问题,而这些问题的研究需要打破现有专业之间的藩篱。值得注意的是作为建构主义类型之一的社会文化认知观的持有者并没有将专业之间的隔离视为障碍知难而退,而是将其视作一次不应被忽略的机会,一次重新对人为分隔成专业的知识与研究方法进行整合的机会。

社会文化认知观或中介行为的社会文化取向的基本假设是人的心理功能是处于文化、历史和制度情境之中的。因此,它关注的是这样一些研究,例如,不同国家的孩子在对待某一问题时,他们是怎样进行思考的;今天的学生与 50 年前的学生在运用算术计算程序时有什么不同;巴西孩子在学校中和在市场中进行计算时有什么差别,等等。总之,社会文化认知观的持有者关注的是中介行为的社会文化的情境性,为此,他们假设心理过程的起源和定义是植根于社会文化场景之中的,也就是强调在理解个人的心理功能时应优先对社会文化过程进行分析。

中介行为的社会文化取向的理论在很多方面源于维果茨基及其同事与学生列昂捷

夫、鲁利亚(Luria)的学说,其中主要是有关研究的发生方法、高级心理机能的社会起源,即个人心理机能的基本方面起源于社会生活,以及有关高级心理机能发展的中介说,即无论在社会还是个人方面,理解人的行为的关键在于理解中介心理发展的工具和符号。由于受维果茨基学说的影响,该学派理解和改变外部和内部心理过程的关键应当是对这些过程在其中发生的文化、历史和制度场景进行分析。这显然是跨学科研究的一个重要方面,该课题的研究同样需要整合来自不同领域的研究人员和从业人员。

2. 认知学徒制

基于这样一种社会文化认知观点,该学派关注学习的社会方面,更注重一定的社会文化背景中知识与学习的研究并将不同的社会实践视为知识的来源。他们提出,学习应该像具有一定目标的实际活动,学生可以在其中主动地提出问题、解决问题并在必需时获得支撑。为此,他们提倡一种认知学徒制的教学方式,让学生有可能在真实的情境中通过对专家活动的观察、模仿进行主动学习。

在揭示传统学校教育的弊病以及传统学徒制方法的基本特征的基础上,20 世纪 80 年代末,西方的一些学者提出了进行第二次教育革命的呼吁,他们认为,如果说与工业革命同步的第一次教育革命标志着正规学校教育的开端,这种正式的学校教育使学龄儿童走出工场,脱离社会生活环境,进入特定的课堂教学环境,那么,目前正在进行的第二次教育革命则试图依据现代信息技术与科学的认知学徒制教学原则对现行的学校教育进行彻底的改革。他们指出,如果使学徒制的方法适应学习者的思考和问题解决技能等认知技能的培养,如果将学徒制方法中的核心技术(建模、训练、搭建脚手架等)置于功能强大的计算机之中,那么这种新的认知学徒制将在实现理论与实践的结合,在改造传统学校的物质设施、组织形式、教学方法、评价标准等方面,尤其是在消融传统学校与社会各行各业的界线方面掀起一场真正意义上的新世纪的学习革命与教育革命。

由柯林斯、布朗和纽曼首先提出的认知学徒模式包括四个构件:内容(学科领域、启发式策略、控制策略、学习策略)、方法(建模、教练、脚手架的搭建与拆除、清晰表述、反思、探究)、序列(复杂性的递增、多样性的递增、全局技能先于局部技能)和社会性(情景学习、专家实践文化、内部动机、开发性合作),将它们有效地组合在一起,能使传统学徒制的特征适应学校教育中有关认知技能的教学,从而定义一个适合不同课堂和师生角色的有效学习情境。

二、信息加工建构主义

1. 信息加工论与信息加工建构主义

在谈及作为弱建构主义的信息加工建构主义时，首先必须对信息加工论与信息加工建构主义进行区分。信息加工论对学习持认知主义观点，它认识到学习不是被动的"S—R"联结，而是包含信息的选择、加工和存储在内的积极的、复杂的心理加工过程。因此，信息加工论基本上是认知主义的，都是跟行为主义对立的。在这一点上，信息加工论与建构主义有共同之处。但是，两者在主观—客观维度上存在着差异。信息加工论是客观主义的，它假定信息或知识是事先以某种先在的形式存在的，个体首先必须对它们进行认知加工，然后才能进行更复杂的认知活动。建构主义则反对客观主义的传统。当然，这两种观点之间的界限并不是泾渭分明的。

信息加工建构主义则不同，它比信息加工论更前进了一步。它虽坚持信息加工的基本范型，但它接受了冯·格拉塞斯费尔德的第一条原则，即知识不是被动接受的，而是认知主体积极建构的，承认外来信息与已知知识之间存在着双向的、反复的相互作用。但是，由于它不接受冯·格拉塞斯费尔德有关知识是对经验世界的适应的第二条原则，因此，通常被称为弱建构主义。斯皮若等提出的认知弹性理论正是信息加工建构主义的一个主要代表，也被称为折中的建构主义。

2. 基于认知弹性理论的超媒体学习与教学

作为建构主义学派之一的认知弹性理论以及源于认知弹性理论的认知弹性超文本技术，是适用于以非线性和多维度方式跨越复杂教材的理论与技术，可用于系统化地开发非线性的与多维度的计算机学习环境。该派所持的建构主义立场适用于复杂的、结构不良的领域。

（1）认知弹性理论

斯皮若等于 1990 年提出认知弹性理论。该理论的焦点是复杂和结构不良领域中学习的本质问题。所谓认知弹性，意指以多种方式同时重建自己的知识，以便对发生根本变化的情境领域作出适宜的反应。因此,这既是超越单一概念维度的多维度知识表征方式的功能,又是作用于心理表征的一整套图式加工过程的功能。该理论与知识的迁移以及超越初始的学习情境的技能密切相关。其重点落在以多种观点呈现信息,并利用能提供不同范例的多种研究案例。该理论的基本原理是:(1)只有在显示多重事实时才能以最佳方式对结构不良领域的现象进行思考;(2)概念与案例构成的多维与非线性的"十字交叉"形状("criss — crissing"of conceptual and case landscape)表明,有理由、有根据的正确理解会因背景的不同而存有差异。也就是说,在解决问题的过程中,往往存在着不止一个的正确答案。"十字交叉形"这一隐喻表明,从不同方向得到一个映像或观念可同时既加强新的观念,又加强作为出发点的原有概念。通过几个具体示例说明概念,可使该概念更富有意义。显然,多重知识表征的目的正是试图通过构建各种观点的"马赛克"以及概念与案例构成的多维和非线性的"十字交叉形",达到对复杂知识尽可能完整的理解,从而使学习者获得具有足够弹性与灵活性的知识以适应多变的真实情境。

（2）认知弹性超文本

与认知弹性理论相关的技术是认知弹性超文本。具有非线性特征的超文本有助于学习者从多种观点的角度接近概念并构建知识表征,真正改善对复杂概念的掌握。认知弹性超文本适用于需进行高级知识获得学习的结构不良领域。在这一类型的学习中,学习者必须达到的两个基本目标是:(1)掌握概念的复杂性;(2)具备将已有知识独立应用至新情境的能力。认知弹性超文本力求将内容镶嵌在相关的上下文或背景之中,以克服知识的抽象性并有助于对复杂性的理解与掌握,该技术还开发了情境敏感的知识集群(situation — sensetive knowledge assembly)加工方法,提供了学习者在随机访问文档时根据需要对原有链接进行动态编辑的可能。

（3）随机访问教学

随机访问教学(random access instruction)是适用于结构不良领域中高级知识获得的新的教学方式。这一方式相对较早地向学生呈现某一领域高级知识的复杂性特征,以达到对该高级知识的理解。这种教学方式遵循一条公认的认知原理:理解包括对现有信息的超越。例如,为理解一个文本所需要的不仅仅是文本自身携带的语言与逻辑信息,它还包括对意义的建构,即文本只是一个建构理解的简要蓝图。文本中包含的信息必须与文本外的信息结合,其中包括学习者原有的适应,这样才能形成一个完整的、适当的文本意义的表征。

随机访问教学主要借助于创设认知弹性超文本系统进行,同时,它也十分重视跨学科背景下的开放性、可视化学习环境的创设,并由此鼓励学习者自己对知识的积极探索与建

构。这种教学方式遵循以下原则组织支持建构学习的教学,它们是:

① 为学习者提供知识的多重表征并鼓励学习者自身对知识进行多种方式的表征;

② 教学设计应注意构建由概念与案例交织组成的"十字形",以保证知识的高度概括性与具体性的结合,以增强知识的弹性与迁移性;

③ 在条件许可下,教材应尽可能保持知识的真实性与复杂性,以促进学习者大胆探索与建构能力的发展;

④ 教学应基于情境、基于案例、基于问题解决,强调学习者对知识的建构,而不是信息的传递与接收;

⑤ 作为教学内容的知识源不是分割的和各自为政的,而应是高度联系的知识整体。

三、控制系统论

1. 控制论、系统论与控制系统论

控制论与系统科学以及"一般系统论"或"系统研究"建立的是一种定义模糊的学术领域,该领域事实上几乎涉及所有的传统学科,从数学、技术学、生物学到哲学和社会科学。它跟目前正在兴起的"复杂科学"(内含人工智能、神经网络、动力系统、混沌学和复杂适应系统)有着特殊的关系。

系统理论或系统科学认为,虽然我们经历的世界是复杂的或多样的,但我们总是能发现其中的不同类型的组织,而且这样的组织可以用独立于具体领域的概念和原则进行描述。因此,如果我们能揭示这些一般法则,就能对属于任何类型系统的任何领域进行分析并解决问题。系统分析有别于传统分析方法,它强调系统中不同成分的相互作用和相互联系。尽管,系统方式原则上适用任何类型的系统,但是,在实践中它主要关注比较复杂的、适应性的、自我调节的系统,这就是通常所谓的控制论。

系统科学家运用的许多概念,如信息、控制、反馈、通讯等均来自于紧密相关的控制论领域。控制论一词"cybernetics",来自希腊语,原意为掌舵术,包含了调节、操纵、管理、指挥、监督等多方面的涵义,是由维纳(Wiener)首先提出的。他将控制论定义为有关动物与机器的通讯与控制的科学,目前该定义可扩大至社会与人的个体存在。控制论作为一门科学产生于香农的信息论,该理论的设计是为了通过通讯渠道和用于工程控制系统的反

馈概念优化信息的传输。最新的控制论系统观不同于早期控制论,它被称为"二阶控制论",它的重点放在观察者如何在跟系统的互动中建构有关该系统的模型。

事实上,控制论和系统理论研究本质上是同一问题,即组织独立于其镶嵌其中的基地。如果要对控制论与系统理论作有意义的区分的话,那么,我们可以说系统论更多地关注系统的结构与它们的模式,而控制论则更多地关注系统的功能,也就是说,系统如何控制它们的行动,系统怎样跟其他系统或自己的组成成分沟通。既然,某一系统的结构和功能不能孤立地理解,那么,显然控制论与系统论必须被看作同一方法的两个方面。

2. 控制系统论的本质

作为一个元理论,控制论与系统论的理念与原则可以应用于它们感兴趣的任何研究对象。当前,控制论与系统科学的发展趋向于对诸如有机体、生态学、心智、社会等复杂系统的关注。控制论与系统科学将这些系统称为复杂的、多维的信息系统网络。我们通常将这些系统称为"控制论系统"或"复杂适应系统"。控制论假设存在着一些基本原则与规律,据此可以通过统一的方式说明表面上似乎完全不同的系统类型。控制论系统的这样一些特点直接影响到控制论的本质并由此导致对传统方法论的重大挑战。

以下就是控制论系统的基本特征。

(1) 复杂性(complexity):控制论系统是具有不同种类互动成分的复杂结构。

(2) 互动性(mutuality):在该系统中这些成分以平行的、协作的、实时的方式互动并同时在子系统中创造多重同步互动。

(3) 补充性(complementarity):这许多交互作用的同步模式导致了参与多重过程与结构的子系统,它们所产出的任何一个描述维度都是不完善的,都需要多重补充和不能约简的分析水平。

(4) 演化性(evolvability):控制论系统倾向于以随机方式进化与生长,而不是以最优化方式进行设计和规划。

(5) 建构性(constructiovity):控制论系统是建构性的,它们往往以建构的方式增加其大小和复杂性,在同步地发展新的特征时,它们会受制于先前状态。

(6) 反身性(reflexivity):控制论系统具有丰富的内部与外部反馈,包括正面的与负面的。最后,它们可以进入"最终的"反身性自我应用的反馈。在这一反馈中,可以通过各种补充的方面同步地对反馈的成分进行运作,例如作为试题和过程。这样的情境可以导致各种反身现象,如自参考、自建模、自生产和自复制。

3. 作为建构主义认识论的控制系统论

二阶控制论的认识论是建构主义的。建构主义的重要性是通过将它与比较传统的认识论加以比较而理解的。传统认识论认为知识是对外部客观现实的消极反应，这意味着这是为获得有关现实的图象而进行的"指导"过程，主体必须以某种方式从环境中接受信息，也就是说它是被指导的。有关认识的一种幼稚的观点认为，我们的感官就像照相机一样能形成反映世界的"真实"是如何作用于脑的映象，并运用这一映象作为地图，作为跟外部的客观结构只有细微差别的编码。这一认识观的主要问题在于忽略了世界的无限复杂性。此外，更多的研究表明，在所有的实际案例中，认知都不是这样进行的。在认知过程中，通常由主体积极地产出可能的大量潜在的模式，而外部世界的作用仅仅局限于强化其中的某些模式，排除其他模式。

显然，建构首先服务的是自身的目的，主体希望能控制他所感觉到的东西，以便从其首选的目标状态中排除一切与之相背离和产生干扰的东西，控制自身需要一种被控制的事物的模型，而这一模型又只能被包含在与主体的目标和行动相关的各个方面。在某种意义上，主体并不关心被控制的"事物"，而只是关心如何克服依据目标而觉察到的干扰，从而有可能去适应变化了的环境。

在控制论领域中对建构主义进行精制的是冯·佛尔斯特(Heinz Von Foerster)，他注意到神经系统不可能绝对区分感觉和幻觉，因为两者都只不过是神经兴奋的一种样式。对这种神经心理学观点含义的进一步发展将知识视作是活的有机体特有的自生产过程的不可或缺的组成成分。为此，建构机制并不局限于高级学习或模式的发现，它们遍及所有的演化过程。拉马克(Lamavck)与达尔文(Darwin)的不同之处在于拉马克假设环境会以某种方式指导某一有机体以某种方式去进行适应。达尔文的观点则强调有机体必须通过尝试—错误自己找到适应的方式。一个相似的从指导到建构的概念的转变发生在免疫学的领域中：有机体不是受任何方式的指导去产生正确的抗体以终止病毒侵入的，有机体必须通过尝试—错误产出所有可能的化合物直至发现能起作用的那种抗体。一旦这一抗体被发现，有关如何跟特定的感染作斗争的"知识"也就保留了下来，而有机体也就具有了免疫性。从"指导性"向"选择主义"或"建构主义"的概念发展在加利(Gary Cziko)的《普遍选择论和达尔文学说的第二次革命》一书中得到了很好的描述。

既然建构主义放弃了通过对已建构的模式与外部世界的比较直接确认知识，一个重要的议题是主体如何能在不同的建构中选择"正确的那一个"。如果没有一种选择的标准,即假设任何模式如同其他模式一样都是适当的,建构主义将有可能堕入绝对相对主义。这里经常使用的两个标准是:个体脑中不同认知范式之间的一致性和协同性,以及不同个体的不同认知范式之间的一致性和协同性。后一立场导向"社会建构主义",该理论将知识视作通讯与协商的社会过程的产品,即"现实的社会建构"。认知建构主义对此持不同观点,因为这些立场被不适当地加以限制了并带有相当多的实用主义的姿态。认知建构主义的观点是知识的适当性依据许多不同的标准,其中任何一个标准都不能绝对凌驾于其他标准。人们可能很好地运用不同模式,它们之间并不一致,但是它们对于适应复杂世界仍然是有价值的。这些标准至少应该包括主体个人的一致性、主体间的一致认同以及与"客观"环境的(直接)比较。

4. 教育中的控制系统论

研究教育中的控制系统论的代表人物是斯德厄(Steier)。他指出,"循环性"(circularity)是控制论的中心概念,而对各种类型循环性的再认识正在成为控制认识论的基本特点。这种控制认识论包括提出问题的方式和审视、倾听的方式。为此循环性被作为控制论的第一原理。控制系统论不同于早期控制论观点。据此,斯德厄曾十分形象地描述了两种不同的控制论观点并对它们进行比较与分析。在一阶控制论中,循环性指的是"被观察系统"(observed systerms)中的循环性。早期研究的重点是循环的因果反馈机制及其应用。在二阶控制论中,循环性则是指"观察系统"(observing systerms)中的循环性,这种有关控制论的控制论要求控制者对自我组织进行检查。由此,控制论的研究从对被观察系统的控制导向转换为关注进行观察者,也就是说,控制者将控制转向自身。据此,控制论主要关注的不仅是创设可以被观察到的"循环反馈机制"和"互动关系",还有可以使这类观察成为现实的观察过程。显然,二阶控制论要求作为观察者的我们对自己的观察、描述和解释承担起责任,并设身处地地在相关境域中认清各种以互动方式定义的关系,而我们的认识活动正是镶嵌于其中的。总之,我们必须使自身关注我们是怎样建立知与行的系统的。这一转换的方法论意义是十分重大的,而至今尚未被充分认识。

斯德厄认为早期的控制论描述的是作为研究者的"我"。"我"研究自然场景或人为引发场景中的他人并试图建构有关他们真实性的模型。这就是说,他人建构自己的真实,而"我"则查明其意义(见图 14.1)。控制论系统观描述的"我"作为一个研究者则是从另一种控制认识论的观点出发研究他人建构的理解(见图 14.2)。根据这种控制论系统观,"我"不仅研究他人建构的真实并试图查明其意义,而且指引我自己行动的设想、目的和意图也

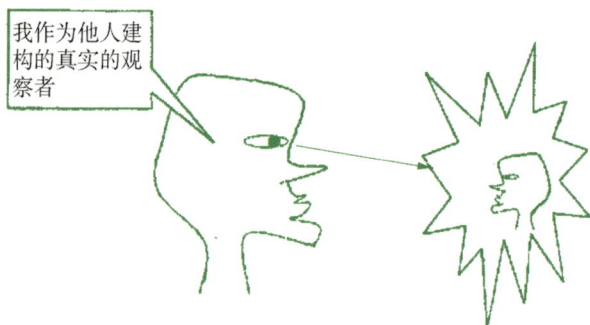

图 14.1 一种早期的控制论,有关将他人认知理论化的图象

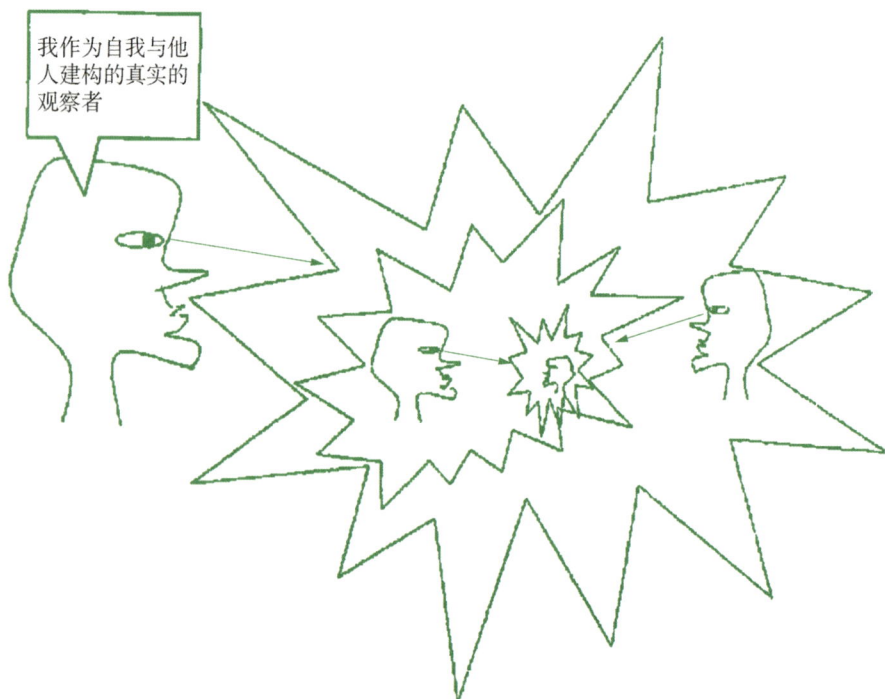

图 14.2 一种当代的有关控制论的控制论,有关将他人的认知理论化的图象

同样清晰地呈现在我有关另一人的理解的想象中,而且在我试图理解他人真实性的同时,我也考虑有关他人体验的这些方面。显然,这种较后期的新的控制论观点是以循环控制思想为基础的,它强调研究者在研究他人过程中的反身性(reflexivity)。研究中的这种反身性不仅意味着你清楚自己的进入有助于创设你所希望研究的行为,而且反身性还包含着你对自己研究领域的理解,如何在自己的研究行动中表现出这种理解,你的行动对你所希望研究的他人行为的帮助以及你对他人行为的观察是如何影响你对该研究领域的理解的。这种控制论系统观突出控制的循环性,但这不是封闭的循环,而是动态的、非线性的

循环。总之,这种有关人的系统的控制论系统观强调认识主体不是站在世界之外静止的旁观者,而是置身于自己所观察行为过程之中的积极主动的观察者和反省型的参与者。这一观点的持有者还十分重视不同观察者之间存在的复杂的互动关系并重视对包括提问方式、看与听的方式在内的各种循环过程的再认识。显然,从这一观点出发,研究者十分重视交互式教学与合作学习。

参考文献 ···

［1］Steffe L P, Gale J E(Eds). Constructivism in Education ［M］. Mahwah, NJ: Lawrence Erlbaum Associates, Inc, 1995.

［2］ Phillips D C, Early M. Constructivism in Education: Opinions and Second Opinions on Controversial Issues ［M］. Chicago: The University Press of Chicago, 2000.

［3］Spiro R J, Jehng J C. Cognitive Flexibility and Hypertext: Theory and Technology for the Non-linear and Multidimensional Traversal of Complex Subject Matter ［A］. In: Nix D, Spiro R, eds. Cognition, Education, and Multimedia ［C］. Hillsdale, NJ: Erlbaum, 1990.

15

建构主义学习的评价 *

高　文

至今为止,有关建构主义的应用和建构主义学习环境的设计问题始终受到极大的关注。建构主义提出的有关学习和支持学习的过程的一整套假设,完全不同于基于传统课程的教学设计或教学系统设计。建构主义建议,学习环境应支持有关学习的多种观点或解释、知识的建构以及背景丰富并基于体验的活动。显然,建构主义学习观对教学的影响是十分显著的。相比之下,对建构主义学习的评价问题的研究则比较滞后,可以说,对源于建构主义环境的学习进行评价是一个与建构主义有关的最困难的问题。但是,既然我们已经有能力创建很多确有成效的建构主义的学习环境,那么对源于这种环境的学习进行评价的问题自然而然成为我们必须面对的、必须解决的一个重要问题。

本研究试图在比较建构主义和客观主义中,着重考察建构主义的立场,并由此立场出发,提出建构主义有关学习的假设。在此基础上,本研究将进一步阐述与传统评价不同的建构主义的评价目的与标准。

一、建构主义与客观主义

通常,在对建构主义与客观主义进行比较时,我们试图将它们视作一个连续统的两个

＊　原文发表于《外国教育资料》1998 年第 2 期。

极端。然而,许多设计者和理论家所持的立场则位于两端之间的某处。如:程序教学(PI)与教学设计(ID)提出的是比较客观的假设,而皮亚杰主义和发现教学任务(ITS)则比较倾向于建构主义(见图 15.1)。

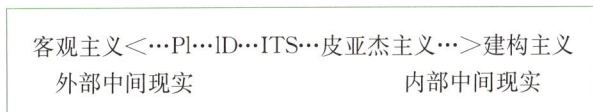

客观主义＜…PI…ID…ITS…皮亚杰主义…＞建构主义
外部中间现实　　　　　　　　内部中间现实

图 15.1　客观主义—建构主义连续统

1. 客观主义

　　客观主义的假设是:存在着有关世界的可靠知识。因此,对于学习者,学习的目的就是获取这种知识;对于教育者,教授的目的则是传递这种知识。客观主义进一步假设,学习者可从教师所传递的知识中获取与教师同样的理解。这意味着,知识是稳定的,因为客体的基本特性是可知的和相对不变的。客观主义重要的先验假设是,世界是真实的,是具有结构的,因此,可以为学习者建立有关世界结构的模式。客观主义认为,脑通过具有分析和分解能力的思维过程,像镜子一样"反映"现实及其结构。由这些思维过程产生的意义对于理解是外部的,它是由真实世界的结构所决定的。因此,学习包括对客观真实的同化。教育的作用是帮助学生了解真实世界。设计者或教师的目的是向学生解释各种事件,告诉学生有关世界的事情并希望他们在自己的思维中复制世界的内容和结构。

2. 建构主义

　　处于连续统另一端的建构主义则宣称,认识者只有在依靠自己的经验建构真实或者是解释真实的过程中,才能在心中拥有较多的真实。建构主义关心的是我们如何从我们用于解释对象与事件的经验、智力结构和信念出发建构知识。我们个人的世界是用我们的脑创造的。因此,根据建构主义的观点,没有一个世界比另一个世界更加真实。不存在唯一的真实或任何客观的实在。建构主义主张,脑在解释事件、对象和有关真实世界的各种观点中是工具性的、必不可少的,而且,这些解释构成了个人的知识库。脑在作出这些解释的过程中过滤着来自世界的输入。源于建构主义信念的一个重要结论是:我们每个人都以不同的方式想象外部世界,这种不同基于我们对世界的独特的经验集合以及我们对这些经验的信念。

当然,这里对客观主义和建构主义的描述是对两种极端观点的总结。实际上,每一个个人必须确定他自己的观点,它将落在以上所描述的、以建构主义与客观主义为两极的连续统的某处。

二、建构主义评价的目的

评价意味着根据某些标准对一个人或他的业绩所进行的一种鉴定或价值判断。建构主义结果评价中最基本的变化或许就是在确定评价的目标方面。如果学习是知识建构的过程,那么是否还需提出最适宜的目标?事实上,有谁能比建构者更好地评价知识的建构呢?因此,源于建构观的评价应该较少使用强化和行为控制工具,而较多使用自我分析和原认知工具。建构主义的学习并不是用以支持学习者像镜子一样反映现实的,而是支持对富有意义的解释进行建构。建构主义的评价是审视建构过程的一面镜子,因此,建构主义学习环境中的评价应该基于动态的、持续的、不断呈现的学习过程以及学习者的进步、教师所采用的教学策略和所创设的学习环境。建构主义的评价目的在于更好地根据用户的需要定制教学,该教学应能根据需要和情况的变化不断地修改和提炼自己的策略,以便使学习者通过建构性的学习,朝着专家的方向,获得持续的进步。

三、建构主义评价的标准

建构主义宣称,学习者只能在他们自己经历的背景中解释信息,这种解释在一定的程度上是个别的。作为客观主义的设计者,我们试图将独特的现实映射在学习者身上,但是,学习者最终必须在自己经历和所具知识的背景中解释我们的讯息并建构跟他们的需要、背景和兴趣相关的解释。因此,建构主义认为,我们与其打算将一种外部现实的结构映射在学习者身上,还不如帮助学生去建构有关外部世界的、有意义的、具有概念功能的表征。

根据建构主义的假设,学习的结果是由个人建构的,那么我们应该怎样评价建构主义的学习结构呢？可应用哪些标准去评价复杂的认知环境中学习的意义呢？乔纳森(Jonathan)提出下列评价标准，仅作为从建构主义的观点出发构思评价方法的起点。这些标准表达了大多数建构主义学习定义的整合性组成成分。

1. 目标自由

建构主义对学习评价的一个显著影响是评价的目标应该比较自由。目标自由的评价建构的目的在于克服根据特殊设计的目标进行评价时所产生的偏见。这种评价观认为，如果不根据预先确定的目标向评价人员提供信息，那么评价就会比较客观。因此，该评价观建议，不是根据目标来进行评价，而是利用需求评价法去确定教育的目标。他认为，经证实的需求可提供用以评价任何过程结果的最客观的评价标准。

显然，建构主义的学习结果能更好地通过目标自由的评价方法来判断。如果在学习过程开始以前已知一个特定的目标，那么学习过程和评价一样都会存有偏见。为评价提供一个可参照的标准则导致标准参照教学。这意味着，学习可以驱动教学，反之，教学则控制学生的学习活动。标准参照教学和评价是原型的客观的建构，因此它不适宜于建构主义环境的评价方法。

显而易见，用于评价建构主义学习系统结果的方法必须是目标自由的。然而，如果建构主义成为一条被接受的学习原则，那么有效地评价其结果的方法也应该重新构思。仅仅说评价应该是目标自由的是不够的。我们用以评价建构主义结果的评价方法必须具有建构主义的目标所暗示的认知的复杂性。

2. 以真实任务为标准

为重建学校而提出的一个重要标准是将教育聚集于真实的任务。真实任务是指那些与真实世界和公用事业相关的任务，它们是对跨课程的那些任务的整合，它们提供了适当的复杂性水平并允许学生选择适宜的难度水平或包容范围。我们不可能成为每一个内容领域的行家。根据这一信念，任务和内容分析应较少关注对单独的、最佳的学习顺序的识别与描述，而应该较多地注意选择既有意义又适用建构主义应用的任务。应当识别的是可供选择的顺序与概念，它们表达了不同的观点并可以表达可供选择的评价需要。

3. 以知识的建构为标准

几乎每一种建构主义的定义都提出知识的建构而不是知识的再现,即学习者必须积极地参与知识结构的建立。这意味着,作为一个评价者,我们应该关注学习的结果,因为它反映了知识建构的智力过程。知识建构必须具有高级思维,这是很清楚的。因此,对建构主义环境的结果的评价中应该包括对诸如梅里尔(Merrill)术语中的"发现"水平、加涅的"认知策略"水平以及布鲁姆术语中"综合"水平等高级思维的评价。我们可以寄希望于学生去创造新的学习目标和方法。显然,解决相关的问题是一个合理的结果。争论,即发展与维护自己特定的立场也应该是适宜的学习结果。评价每一种知识建构结果的主要标准应该是独特性(originality)。此外,这一评价标准并不是目标自由评价的附属物,以知识建构为标准的评价建议评价者必须利用评价进行学习结果的筛选,从而把注意力仅仅集中于高级技能。

4. 以经验的建构为标准

如果我们假设,真实必须依靠人的心理活动,那么意义则是通过个人的心理过程确定的,而且这些心理过程的基础是感知,它们产生于经验之中。由此可见,我们应该评价的正是经验的建构,而不是外部行为及其结果。这意味着,建构主义学习评价的应该是知识获得的过程,而不仅仅是结果。从建构主义的观点出发,评价学习者如何进行知识建构要比评价由此产生的结果更为重要。这说明,有效的评价必须跟教学整合在一起,也就是成为教学过程的一部分。因此,学习者在获得知识的同时,就在利用评价作为有效教学和学习的指南,显然,教师正是利用这种和教学整合在一起的有效评价了解学生的进步,而学生通过这种评价了解自己的学习。由这一过程产生的原认知意识可以改进学习,同时,当然也就有利于结果的改进。

客观主义者通常采用的标准虽也用以评价过程,但更多的是评价学习的结果。这种评价实际上制约了学生演示自己所获得的知识和表现他们通过学习所增长的能力的机会。建构主义的学习十分重视培养学生所获得的知识与技能的迁移能力,即把迁移作为一种整合性的高级的学习技能,为此,教学必须为学生提供更多的机会来显示他们的能力。

5. 背景驱动

大部分建构主义的环境都假设教学应抛锚在某种有意义的、真实世界的背景之中。因此，评价发生于背景之中也同样重要。评价的这种背景应像教学背景一样的丰富和复杂。为此，简单化的、脱离情境的问题就不是适宜于建构主义环境的结果。同样，这样的问题也不适用于评价。这意味着，对这样的评价环境中的推理进行评价的标准应该是从环境自身提出的，也就是说，评价也应该依靠环境。如果任务是真实的，那么，在建构主义的环境中被模式化的现实世界的环境应该作为最为相关的变量。例如：在输液医学中，我们开发了建构主义的、以案例为基础的学习环境。我们将在这样的环境里帮助住院医生和三年级学生学会如何评判输液的危险。在医学诊断环境中，成功的标准是清晰的——一个正确的诊断和处方，这能在由于问题严重而时间急迫时拯救病人，并同时兼顾病人、医院和保险公司在财力方面的承受力。确实，现实世界的标准可以是客观的，正因为它们反映了现实世界的标准，所以它们是有意义的。

6. 依靠学习背景

正由于建构主义的学习是受到丰富的背景支持的，所以设计者和评价者必须考虑学习发生的背景。建构主义的学习环境在高级知识获得阶段最为有效。乔纳森描述了知识获得的三个阶段：导引阶段、高级阶段和专家阶段（见图15.2）。导引学习发生在当学生几乎没有可直接迁移的、有关某一技能或内容领域的原有知识时。它表达了图式集合和整合的初始阶段。知识建构的第二阶段是高级知识的获得，这是学习的一个中间阶段。学习者必须为解决复杂的、依靠背景或领域的问题而获得高级知识。专门的知识是最后一个知识获得阶段。我们知道，专家所拥有的是具有内部凝聚性的、具有丰富的相互联系的知识结构，而且，他们表征问题的方式也各不相同。

建构主义的学习环境最适于学习的第二阶段，即高级知识的获得。通常，在传统教学中，这一阶段的教学常常将知识过于简化或加以预先包装，结果很可能导致学生学习中的误解。这是因为在导引知识的获得阶段，支持学习的主要是客观主义的观点，学生未能对足够的知识结构进行组合和整合。因此，第二阶段的学习观应转变为建构主义的学习观，它表达了学生为获得更多知识而进行的学习的复杂性和结构的不完善性。在学习过程的另一极，即教学的第三阶段，专家几乎不需要教学的支持。在这一学习阶段，由建构主义

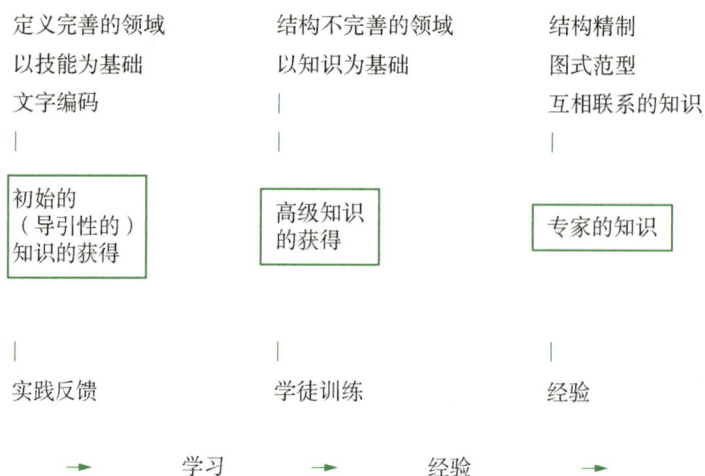

定义完善的领域	结构不完善的领域	结构精制
以技能为基础	以知识为基础	图式范型
文字编码		互相联系的知识

初始的（导引性的）知识的获得 ——— 高级知识的获得 ——— 专家的知识

实践反馈   学徒训练   经验

→ 学习 → 经验 →

图 15.2 知识获得的三个阶段

环境提供的具有丰富水平的教学反而会起反作用。显然,最适宜于建构主义环境的学习阶段是高级知识的获得阶段。

7. 多种观点

有关学习的研究表明,学习的结果是多方面的,因此,学习不应该只参照一种行为或一套行为,而应该参照学习可能产生的所有的结果,其中每一个结果都提供了学习的合适证据。为此,教师寄希望于通过在学习环境中提供多种观点,以促使学习者有意识地积累各种不同的观点。这种多观点评价标准的启示之一是:仅仅对一种类型的结果进行评价也是不可取的,同样,仅仅运用一套标准去评价结果的质量也是不可取的。

建构主义多观点评价标准的启示之二是:既然评价在某种程度上是主观的,那么,设想单独的评价者可以从他或她的单一观点出发提供一个客观的或完整的评价是不可能的。建构主义的评价要求组成评论员小组,小组中每一个评论员都持有一种有意义的观点并据此评价学习结果,每一个评论员都依据合理的凭证评价学习者。评论员小组可以包括新手,同样也包括专家。新手有可能比专家提供更好的评价,他们通常主要关注的是不恰当的学习标准。作为结果的学习评价必须变得目标更为自由,因为要使同一套评价标准去适合不同的评价者实际上是很困难的。激进的建构主义者认为,可以让学习者作出统一解释的客观现实是不存在的,因此,对有关这种客观现实的知识进行评价也是不可能的。不那么激进的建构主义观点则建议学习者按不同方式解释各种观点,这样,评价的过程也应该不断积累多样化的应答选择。

8. 多种形态的评价标准

如果必须进行评价的主要是结果,而不是过程,那么应评价存放结果的文件夹,而不是学习的单一结果。这一文件夹既应描述不同学生对任务的解释,又应描述学生对任务发展不同阶段的解释,几乎没有一个真实任务仅仅产出单一的产品或结果。由于建构主义学习是多方面的和多观点的,因此,它必然导致多种结果。学习的每一种观点、模式或维度都会通过不同的产品来表征。其中的每一种产品也可能是由不同的媒体或媒体中的模式创造的,因此,这些产品也应该由不同的方式来进行评价。当然,一种可以进行评价的产品,可以由一个以上的人,即多个评价者来进行评价。并不是所有的评价者都必须是专家。由专家、新手和熟练工人混合而成的评价小组也许是学习结果的最佳评价者组合。

9. 以社会建构的(协商的)意义为标准

对建构主义最大的误解也许就是认为它必然导致学术的混乱。如果所有学习者都从信息中建构自己的意义,那么,哪怕是进行交流,我们也没有足够的可共享的知识,事实上,社会建构性的学习是通过协商过程共享对象、事件和观念的意义的。个体差异总是存在的。然而,各个个体在进行交流、讨论和提出假设等时,可对足够的意义进行共享。

如果意义是协商出来的,我们就可以对学习的目标进行协商或运用表现为讨论形式的协商过程作为学习的证据。由于学习者总以略有不同的方式解释世界,学习的结果总是对某种东西的改变,因此,有用的目标就可作为协商工具用以在学习过程中指导学习者,以及对学习的结果进行自我评价。

三、结论

总之,建构主义环境创设的目的是使学习者参与相关的和有意义的知识的建构,因此,建构主义学习环境的设计者有责任采用不同于传统方法的评价方法去评价建构主义环境中的学习。像标准参照这样的客观主义的评价方法并不适宜于评价源于建构主义环境的学习,而且很可能对建构主义环境中所设计的学习类型感觉迟钝。我们用以评价源于建构主义环境的学习的方法应该是目标自由的,应在与探索真实学习任务相关的真实世界的背景中评价能表现多种观点和看法的知识的建构。

但是,值得注意的是,目前在美国,绝大多数学校采用的仍然是由目标驱动的评价和"标准参照"式评价。在由目标驱动的评价中,学习的目标通常是由教师、设计者或教育经营者确定的。经常,教师进行教学,然后,评价学生从他的教学中学到什么。这里存在着对应学到什么的预期。标准参照评价的一个内隐的假设是:有可能确定一个客观的真实,所有的学习者可以通过同样的方式理解和迁移该真实;其他的学习结果(如偶然学习)则跟教育过程无关。在工业培训和大多数教育中,教育经营者为培训或教育确立标准,而且选择他们认为最适宜于他们学生的学习目标。无论是教师还是培训者的目标通常都是集中的和再现的。这些目标正是教师据以评价学生业绩的标准。评价是由这些内隐的或外显的目标所驱动的,这种评价观在各种水平的教育中相当普遍。虽然目标自由的评价也是广为参考的一种评价观,但它还没有成为一般的评价方法,这部分是因为用于目标自由的评价技术还没有具体化或过于复杂和麻烦。此外,也是因为它们与社会对评价的预期不一致。对工作的质量作出判断或思考是教育正常的预期。社会需要这些判断是为了对个人进行选择。

鉴于这种现状,如果我们打算在教育中建构和应用建构主义的环境,那么,首先就必须对现行的教育进行一次前所未有的改革。这就要求我们确立新型的建构主义的学习观,接受发散性观点,对世界的新观念以及反映这些过程的新手段,在社会水平上对教育的结果进行概念重构。只有在这样的变革的前提下,我们才有可能按建构主义的观点进行教学设计,为学习者创设有利于调动其主观能动性的建构主义的学习环境并对源于建构主义环境的积极、有意义的学习进行相应的评价。

参考文献 ··

[1] Jonassen D H. Evaluating Constructivistic Learning [J]. Educational Technology, 1991,31(9):28-33.

[2] McLellan H. Evaluation in a Situated Learning Environment [J]. Educational Technology, 1993,33(3):39-45.

16

知识的生产与习得的社会学分析[*]

高 文　任友群

当前学术界的研究表明，要分析知识的生产与习得必然无法回避知识的社会性问题。20 世纪 70 年代以来，随着西欧建构主义的兴起，知识逐渐成为科学社会学的研究重点，重视科学知识生产的社会维度的建构主义或社会建构主义则成为科学社会学的主流，科学知识社会学以及科学研究的建构主义理论纲领也已引起学术界的关注。与此同时，在教育领域，为应对社会的变革、新经济范型的出现以及高新技术的发展对高知识、高素质人才不断增长的需求，为改变学校教育侧重知识的灌输与知识获得的传统，主张充分发掘人的潜能、鼓励知识建构与知识协商的建构主义思潮也受到了青睐。我们认为，同时在科学的人文研究领域与教育研究领域中兴起的建构主义思潮，虽在研究的侧重点上有所不同，但两者之间必然存在着深刻的内在联系。也就是说，在知识社会学，尤其是科学知识社会学领域对科学知识生产的社会学分析，必然会影响到教育领域对知识习得的社会学分析。然而，遗憾的是，由于长期以来学术领域壁垒森严的沿袭，以及培养专业人才的教育中，学科与学科之间界限清晰的"集合课程"（collection curriculum）[1]模式的影响，造成了学术研究中，"各人自扫门前雪"的现状。为此，科学知识的社会学领域与教育领域中有关建构主义的研究在我国基本上呈现出平行线的状态。为了改变这种状态，本研究愿意作为一块引玉之砖，尝试着通过对知识生产与知识习得的社会学分析，为两个领域中的建构主义研究寻找一个交叉点，以开启一种跨学科的新的协作研究。

＊ 原文发表于《华东师范大学学报（教育科学版）》2004 年第 2 期。

一、简要回顾：曼海姆、默顿到科学知识社会学(SSK)

传统的知识社会学认为，科学的新思想和重要发现等构成科学内容的方面，从根本上说，其由自然界决定，而不是受社会影响的。即决定自然科学知识发展方式的是自然界，而不是社会过程。知识社会学创始者之一的卡尔·曼海姆(Karl Mannheim)就曾"特许"数学或自然科学并不与社会发生关系[2]，并被后来的学者称作是"曼海姆的谬误"。科学社会学萌芽于 20 世纪 30 年代，但到 60 年代它才获得了其独立的学术地位。这与罗伯特·默顿(Robert K. Merton)的开拓性研究是分不开的。默顿的工作建立了科学社会学的"范式"——确立了这一学科的研究对象、问题和方法，并为许多后来者接受和追随。然而，由于美国默顿学派科学社会学的过分保守，他们将自己的研究领域局限在只从宏观尺度外在地研究科学与社会的关系上，不敢从社会学角度直接研究科学知识本身即科学的内容。

直到 20 世纪 70 年代后期，西方科学社会学的发展才出现重大转变。首先，科学元勘有了很大发展，该研究强调从哲学、历史、社会学、人类学和文化批判等多元视角对科学本身进行学术考察，由此将科学研究作为研究和反思的对象。其中，成立于 1975 年的科学的社会元勘协会作为一个非营利的专业联盟(The Society for Social Studies of Science,简称 4S)将所有有志于从社会视角理解科学、技术和医学的人士聚集在一起，共同从事有关科学与社会之间的重大议题，至今，该协会的国际成员已经达 1 000 人。近三十年来知识社会学中最活跃的分支当属科学知识社会学(the Sociology of Scientific Knowledge, SSK)。而相对主义色彩较浓的建构主义思想在信息时代得到发展，也从一个侧面说明了科学技术的发展使得曼海姆所说的"群体之间的相互分离"削弱了。20 世纪 70 年代初英国爱丁堡大学成立了一个比系级建制略低的单位"科学元勘小组"(Science Studies Unit)，"科学元勘"是指把科学本身作为学术考察的对象进行研究，主要包括科学哲学、科学史、科学社会学和科学文化批判等研究。他们自称其学科为"科学知识社会学"，是为了区别早期涂尔干(Emile Durkheim)和曼海姆等人建立的"知识社会学"，以及当时占主流地位的默顿学派的"科学社会学"。学术界对之则出现了赞赏与声讨并存的现象。英国这个小组的科学社会学工作被称为"爱丁堡学派"。接着，在此基础上，一大批学者开始关注科学知识问题，即科学知识的社会学研究开始兴起。新的研究取向中出现了一个新的观点，就是完全改变了传统的实证主义科学观,主张科学知识跟其他知识形态并无本质的区别,认为科学知识也是社会建构物,必然受社会文化因素的影响,故这种观点又被称为"社会建构主义"(social constructivism)。

科学知识社会学的理论核心是大卫·布鲁尔(David Bloor)提出的关于科学知识的社会学应当遵守的四个信条:因果性、无偏见性(公正性)、对称性和反身性,由此界定了我们称之为知识社会学中的"强纲领"(strong programme)的东西。[3]正是在这种强纲领的统摄下,其他科学社会学家对科学知识进行了微观的自然经验主义的研究,以查明社会因素对于科学知识生产或制造的影响。此学派的思想渊源可直接追溯到维特根斯坦后期哲学,涂尔干、舍勒(Scheler)和曼海姆的知识社会学、库恩(Kuhn)的科学革命理论等。

如今爱丁堡大学那个"科学元勘小组"的主要成员大都分散在欧美的其他大学,起源于欧洲的科学知识社会学已在美国落户,成为该领域学术研究的主流并产生巨大影响。这标志着科学知识社会学诞生的强纲领将曼海姆的知识社会学推广至自然科学的领域,并将社会性研究的重点直接移向科学知识本身,从而使明确划分"自然科学知识"与"人文社会科学知识"的旧知识社会学在整合人类知识的基础上获得重生。

二、知识生产的社会学分析

知识特别是自然科学知识通常被认为是由自然界的经验事实和逻辑规则决定的,因此,曼海姆的知识社会学干脆将自然科学排斥在自己的研究范围之外,而默顿的科学社会学则不敢涉足对科学知识的研究。为此,科学知识长期以来一直被社会学家视为研究的禁区。从事科学研究的科学家也因此成为独立于所有主要社会群体的独立群体。然而,自20世纪70年代以来,竖起科学知识社会学大旗的一批来自西欧的学者不满足于在科学与社会的外部关系中研究科学,布鲁尔认为这种心甘情愿限制自己研究范围的做法本身就有违科学的本性,是不彻底的社会学研究。他主张应当把所有的知识,包括科学知识,都当作调查研究与反思的对象。他认为:"如果一种社会学不能用来自始至终地解释科学知识的话,那么这种社会学只是贫乏的社会学。"[4]

布鲁尔不仅反对人们对从社会学角度彻底审查科学所表现出来的犹豫不决,而且他还为深入社会学研究的这一禁区在理论上和方法上做好了准备。在探讨了社会学研究中已有的研究方法之后,布鲁尔总结出后来被称为强纲领的有关科学知识社会学应当遵守的四个信念:"(1)它应当是表达因果关系的,也就是说,它应当涉及那些导致信念或者各种知识状态的条件。当然,除了社会原因以外,还会存在其他的、将与社会原因共同导致信念的原因类型。(2)它应当对真理和谬误、合理性或者不合理性、成功或者失败,保持客观公正的态度。这些二分状态的两个方面都需要加以说明。(3)就它的说明风格而言,它应当具有对称性。比如说,同一些原因类型应当既可以说明真实的信念,也可以说明虚假的信念。(4)它应当具有反身性。从原则上说,它的各种说明模式必须能够运用于社会学本身。和有关对称性的要求一样,这种要求也是对人们寻求一般性说明的要求的反应。"[5]布鲁尔在强调了上述方法论的建设性的同时,也表明在具体研究中科学知识社会学家应采取批判的、自然主义的、经验主义的立场。

与布鲁尔一起作为爱丁堡学派主要代表人的巴里·巴恩斯(Barry Barnes)则主要关注科学、技术和专门知识的社会学研究,并因其在该领域中的突出贡献而获得科学社会研究学会1998年颁发的贝尔纳奖。同时,他还热衷于对社会学和社会理论中的基础问题的研究。针对"作为独立于所有主要的社会群体的单独群体的科学家将不偏不倚地选择理论,保证知识的客观性,并且确实事先未作任何承诺而对它们进行检验"的普遍看法,巴恩斯提出"最初的理论是从哪里来的?"这一问题。他认为,如果按照推测,它必然是从科学家一般的文化资源中获得的,或者从这种资源中获得了灵感,那么,最终合理选择的理论可能在一定程度上是由社会因素决定的[6]。因此,巴恩斯同意波普尔的观点,即客观科学的经验基础没有任何"绝对的"东西。科学不是建立在坚固的基岩上。可以说,科学理论的大胆结构耸立在沼泽之上。它就像竖立在木桩上的建筑物,木桩从上面被打进沼泽中,但是没有达到任何自然的或"既定的"基础;假如我们停下来不再把木桩打得更深一些,这不是因为我们已经达到了坚固的基础。我们只是在确信木桩至少暂时坚固得足以支持这个结构时停止下来。[7]

值得注意的是,持建构主义观点的知识社会学者中不少人都具有理工科的教育背景或长期参与科学研究,相较于纯文科背景的学者,他们对自然科学有着较为深刻的认识与切身体验。这些研究者跨学科的研究背景确实为他们依据强纲领提供的理论与方法论对科学知识进行微观的经验研究,提供了可能与方便。其中,诺尔·塞蒂娜(Karin Knorr-Cetina)、拉图尔(Bruno Latour)、伍尔格(Steve Woolgar)等人深入到实验室中去,了解科学成果是怎样在实验室中产生的;柯林斯(Harry Collins)等人对科学争论进行考察,以便了解科学共识是怎样从科学争论中产生的;马尔凯(Michael Mulkay)和吉尔伯特(Nigel Gilbert)等人则对科学家的谈话进行分析,以便考察科学家的谈话是怎样受语境和其他社会因素影响的。这些研究不管结论如何,其本身的精制性对于查明科学知识是怎样生产或制造出来的都是有益的,因此是值得尊重的。

当然,有些建构主义者在强调知识的社会性的同时,也产生了否定自然界、否定客观真理的相对主义倾向,并由此导致来自对方阵营的猛烈攻击。不过,作为强纲领的代表人物的布鲁尔在《知识与社会意向》一书的中文版作者前言中针对一些批评者的误解做了说明。他指出:"一些批评者认为,'强纲领'之所以被称为'强',是因为它体现了下列主张,即知识'纯粹'是社会性的,或者说知识完完全全是社会性的(比如说,就像知识根本没有任何来自实在的、感性方面的输入物那样)。这完全是一种误解。隐含在'强'这个词语之中的'力量'所指涉的是下列观念,即所有的知识都包含着某种社会维度,而且这种社会维度是永远无法消除或者超越的。"[8]

三、知识习得的社会学分析

知识是学习的重要内容,知识的拥有又是学习的重要结果。按照客观主义的观点,事物是客观存在的,而知识是对事物的表征,科学概念是与各种事物相对应的,科学命题、定理等是经过科学验证了的对事物的唯一正确的、真实的解释。而且只要掌握了这些知识,我们便掌握了这个世界的运转法则,便具有了支配世界的力量。另外,语言可以赋予知识以客观的形式,通过语言便可以实现知识在人们之间的传播。行为主义和信息加工理论虽然存在很大的不同,但都承认知识的客观性和确定性,由此产生了"学习是反应的强化""学习是知识的获得"等有关学习的隐喻,以及"教学等同于训练""教学就是知识的传递"等相应的教学隐喻。相对于这样一些学习与教学的隐喻,教师与学生分别成为奖与惩的施与者和承受者,或者知识信息的施与者和加工者。

然而,教育中建构主义的兴起却在一定程度上,对知识的客观性和确定性提出了质疑。持激进建构主义观点的代表人物冯·格拉塞斯费尔德曾明确指出,造成教育中种种弊病的原因至少有两种:其一是行为主义的学习理论;其二是将科学看作是通向绝对真理的路径,从而导致 20 世纪的西方科学在相当大的程度上取代了宗教[9]。为此,他提出了不同于传统观点的建构主义的知识观、学习观与教学观。首先,为了区别于其他的建构主义,他称他的建构主义为激进建构主义(radical constructivism),并具体描述了两条根本原则:(1)知识不是以被动的方式感知的,而是由认知主体积极建构的;(2)认知的功能是适应,并服务于经验世界的组织而不是本体论实在的发现[10]。这两条原则一经提出便被广为引用,不仅被公认为激进建构主义的基本原理,而且也成为建构主义的核心思想。由此,冯·格拉塞斯费尔德强调:"没有客观的、真实的知识,而仅仅有主观的、建构的、有用的知识。"[11]知识的意义与使用密不可分,知识的建构总是伴随着知识应用范围的建构。因此,知识作为一个认识过程的结果,在发现外部实在的意义上不是一种反映,而是一种现实的建构。对应于激进建构主义的知识观,其学习理论的核心思想主要由彼此有机联系的两个观点构成:认知系统的结构决定论与学习是学习者主观的积极活动的过程。就这个意义而言,学习在本质意义上是结构的改变,即改变我们的认知结构、解释模式、现实建构、问题解决的策略等,而学习者的积极活动则反映在其新旧知识经验的冲突和由此而引发的认知结构的变化与重组中。因此,一个完整的学习过程应该是由兴趣、知识、记忆、情感、感知、反省、行动、平衡、摄动、重建、迁移等组建而成的循环过程。这表明,学习是由情感发动和控制的,是在真实情境中发生的,是在原有经验的基础上进行的;学习是学习者在对失败和错误的反省中,通过交流协商克服危机对知识进行重构的过程;学习是以知识的生存力作为评价标准的,学习者本人是自己学习的最好评价者,为学习者提供自我分析和元认知的工具是必须的。建构主义的教学应创设蕴含丰富的学习资源、具有持续激励作用、拓展知识建构的真实领域、形成教与学之间的多维关系、促进社会化和文化适应的真实、多元、开放的学习环境。

教育中的激进建构主义与科学知识社会学一样也曾经受到过否认"实在"的指责。对此,冯·格拉塞斯费尔德与布鲁尔的看法惊人地相似,他们都认为这是对建构主义的根本误解,冯·格拉塞斯费尔德进而指出它源自对认识概念转变的抵制和拒绝。他写道:"我从没有否认过绝对真实的存在,我只是如同怀疑论者所做的那样,想说明我们没有一种认识真实的适当方式。作为一个建构主义者,我前进了一步,我指出,我们能定义'存在'的意义,但是只有在我们的经验世界的领域中,而不是在本体论的意义上。当'存在'一词运用在独立于我们经验的世界(即一个本体论的世界)时,它也就失去了自己的意义,而且也不可能具有什么意义……当然,即使作为一个建构主义者,我们仍能使用'真实'这个词,但它有不同的定义。它是由我们所赖以生存的(我们相信这也是他人所赖以生存的)事物与关系的网络所组成的。"[12]

在涉及激进建构主义是否不关注认知的社会维度时,冯·格拉塞斯费尔德认为,批评皮亚杰没有考虑社会互动是不公正的。事实上,皮亚杰在其原著中曾反复重申,最重要的顺应的时机都来自于社会互动。只是,他本人并没有对此作详细的研究,而是把关注点放在孩子借此组织自己所经历的世界的逻辑结构上。无论是皮亚杰还是当代的激进建构主义者,都认为与学习者发生社会互动的"他者"是环境的一部分,"他者"是与孩子共同开垦自己的经验世界的其他人。"他者"是孩子们在自己生活的经验范围内通过"将自己的主体性注入到其他人的实体中",而被孩子建构为自己相对"持久"的客体的[13]。

　　激进建构主义虽不否认社会性交互作用的重要性,但是他们主要研究的确实是个人的理解和认识过程的不断重构。与其不同的是社会取向的建构主义。社会建构主义的理论基础在很大程度上受到维果茨基著作的影响。确切地说应该是社会建构主义者在维果茨基的学说中发现了自己的同盟者。因为两者都将群体放在个人之前,而且都视个体的合理性在很大程度上是社会的副产品。不过,两种学说之间还是存在着一些基本的差异。社会建构主义将人的关系置于首位,他们侧重研究的是微观水平上的社会性相互依赖行动的范型,如协商、合作、冲突、修辞、礼仪、角色、社会场景等,而回避了对这些微观社会过程的心理学解释;而维果茨基作为一个心理学家,尽管他强调社会过程的重要性,但是在研究中他仍然将心理过程置于首位。前者将重点放在能增强个人能力的合作过程上,而后者则主要关注通过合作创设的最近发展区,即位于现实的认知发展水平与潜在的认知发展水平之间的心理空间。

　　同样源于维果茨基学派的社会文化认知观或中介行为的社会文化取向则勇敢地打破了现有专业之间的藩篱,对人为分隔成专业的知识与研究方法进行了整合。他们的基本假设是人的心理功能是处于文化、历史和制度情境之中的。他们关注的是中介行为的社会文化的情境性,强调在理解个人的心理功能时应优先对社会文化过程进行分析,并将不同的社会实践视为知识的来源。为此,他们提倡一种认知学徒制的教学方式,让学生有可能在真实的情境中通过对专家活动的观察、模仿进行主动学习。

　　与维果茨基学派不同,持激进观点的社会建构论则把社会置于个体之上,在大社会而不是心理水平上谈社会交往对个体学习的影响。社会建构论关注的既不是个人发展的内在动力,也不是外部世界已确定的特征,而是人类交互作用的完整连续的偶发流程。该学派的代表人物杰尔根(J. Gergen)认为,社会建构论代表了与知识的外源和内源取向的彻底决裂,它最关注的既不是外部世界(像外源论一样),也不是个人心理(像内源论那样),而是语言。语言的意义是通过社会性的相互依赖而获得的,语言中的意义依赖于语境,语言主要服务于公共功能。重要的是,社会建构论将注意从语言为事实的运载转向动态关系中语言的功能。任何语言都是在一定意义上"被应用"的,这一意义就是它在某种共同体中运作其功能。为了更好地从社会建构论的视角关注教育研究,杰尔根提出了用以评价一系列教育实践的对话或会话隐喻。从对话隐喻出发,知识可以被看作是随着对话的继续而被不停地生产出来的东西。要想变得富有知识,就必须在某一确定的时间,在一正在进行的对话关系中占据某一确定的位置。显然,与激进建构主义不同,对社会建构论者而言,处于可持续的"生活传统"中,谈话的方式才是中心,正是这些谈话方式组成了我们的经验。因为,谈话本身提供的不是"心智表征",而是可以形成新意义、发现已有意义符号的"心理工具"。杰尔根正是从社会建构论的角度提出可从以下几方面改造现存的传统教学实践:(1)削弱权威;(2)赋予关系以生命力;(3)在实践中形成意义;(4)在处理问题的实践中允许多元声音的存在[14]。

综上所述,我们认为完全有理由将教育中的建构主义视作是哲学和科学社会学中更大的"建构主义"运动的一个有机组成部分。因此,关注两者之间的联系不仅是可能的,而且是必要的。

四、小结

综上所述,我们认为,由于长期以来,人们对于知识成因的看法一直带着"本质主义"的色彩,力求使知识的前提、内容、结论以及形式"纯而又纯",因而把包括社会因素在内的所有与上述做法相抵触的因素都当作"不合理性的"东西拒之门外。这一偏见造成了在知识社会学和教育学领域中对知识的客观性和绝对性的过分强调。然而,近三十年中出现的从知识的生产和习得的社会维度出发对科学知识和教育知识的社会成因进行深究的社会建构主义理论,则试图将知识的成因与具体的社会情境、历史背景和社会文化以及情境结合起来加以考察,并据此强调知识的主观性和相对性。这种强调无论是对于知识社会学的研究,还是对于教育的研究带来的观念冲击都是巨大的,意义也是极其深远的。但是,我们认为,知识的这种相对性来源于知识生产与习得的特定社会情境、社会体制和社会地位对具体的认识主体的影响与制约,来源于认识主体自身因此而产生的各种生理的、心理的和社会的局限性,而不是来自于作为客观认识对象的客体本身。事实上,我们也看到,最初,科学知识社会学以激进形式出现在很大程度上是出于论战的需要,是为了更好地颠覆传统实证主义的观念。随着研究的深入,尤其是理论与方法论的完善以及大量细致的案例研究的开展,SSK 的代表人物布鲁尔也曾十分明确地指出,作为科学事业的组成部分,科学知识社会学也同样坚持唯物主义或"实在论",也认为"实在"并不是某种社会构想,只有关于实在的知识才是从社会角度被人们创造出来的。[15] 与此同时,科尔(Stephen Cole),原默顿科学社会学阵营的中坚,也在批评相对主义的建构主义的同时,表明了自己的"实在论"的建构主义的立场。他同意科学是在实验室和实验室以外的群体中社会性地建构出来的,不过这一建构多少受到经验世界介入的影响和限制,自然界的影响是作为变量而存在的。[16]这表明,后期科学社会学家对科学知识成因的认识更加深刻、成熟,更具融合趋势。今天,SSK 的观点已经得到了广泛的认可,SSK 关于科学本性、科学与社会关系等方面的观点,已经在西方教育改革的科学教育课程制定中得到体现(如 2061 计划等)并被权威部门制订的科学家行为规范所吸收。换言之,科学界已经把它很好地内化为自己的一部分。与此同时,教育中不同的建构主义流派也在反省自身进一步发展中显示出融合倾向,建构主义的教育观在面向新世纪的世界性的教育改革中正在发挥着重要的作用。

总之,我们认为,首先,无论是在知识的生产中,还是知识的习得中,知识的主观性与客观性,以及认知的个人维度与社会维度,都应该可以在一个适应社会与人的发展的、逐渐趋向于合理的社会情境与体制中,通过作为认识主体的人(个体与共同体)指向作为认识对象的客体的、以工具为中介的积极活动,在经验与理性的综合中,在认识与伦理价值的统一中,以及在这一实践活动过程中以符号为中介的人与人之间的有效互动与交往中,达到辩证的统一。显然,这一点无论是对于科学知识的社会学研究,还是对于教育知识的社会学研究都是至关重要的。其次,据说,SSK 的起源有一个特殊的背景:当年,斯诺提出两种文化之争后,与英国首相合作试图对科学本身进行研究,这一研究被命名为"Science Study"。为此,包括大卫·布鲁尔和巴恩斯在内的一批有自然科学背景的人物被邀参与研究。根据科学知识社会学产生的这一背景,以及其后三十多年的研究方向,我们觉得有必要强调有关科学知识的社会学分析的一个十分重要的意义是:这一不断自我反思的研究将有助于打破两种文化之间的坚冰,使科学的研究更多地承担起社会的责任和人文的关怀,而社会也应从科学家的活动以及科学知识生成的特点出发,使社会管理体制能给予真正优秀的科学家以更多的支撑与关怀。同样,教育不仅与包括人文知识与科学知识在内的整个人类的知识的生产与传承密切相关,而且还关系到知识生产者的培养与培训问题,因此,我们深信,对教育知识的选择、分配与控制进行深刻的社会学研究完全有可能从科学知识生产的社会学分析中获益。

参考文献 ●●●

［1］麦克·扬. 知识与控制——教育社会学新探［M］. 谢维和,朱旭东,译. 上海:华东师范大学出版社,2002.

［2］卡尔·曼海姆. 卡尔·曼海姆精粹［M］. 徐彬,译. 南京:南京大学出版

社,2002.

［3］［5］［8］［15］大卫·布鲁尔.知识和社会意象［M］.艾彦,译.上海:东方出版社,2001.

［4］［7］［16］史蒂芬·科尔.科学的制造——在自然与社会之间［M］.林建成,王毅,译.上海:上海人民出版社,2001.

［6］巴里·巴恩斯.科学知识与社会学理论［M］.鲁旭东,译.上海:东方出版社,2001.

［9］［12］［13］［14］莱斯利·斯特弗,杰里·盖尔.教育中的建构主义［M］.高文,等译.上海:华东师范大学出版社,2002.

［10］ Holtorf C. Radical Constructivism: Knowledge Beyond Epistemology［J］. Tomsk State University Bulletin, 2009(329):77－80.

［11］ Von Glaserfeld E, Johsua S. Von Glasersfeld E. Radical Constructivism. A Way of Knowing and Learning［J］. Didaskalia, 1996,8(1):192－195.

17

走出建构主义思想之惑 [*]

——从两个方面正确把握建构主义理论及其教育意蕴

吕林海　高　文

  作为一种学习哲学的建构主义而言,关于其思想的褒贬争议,已成为近来的一个热点议题。不少研究者的研究论调基本定位在如下方面,即:对建构主义应当以一种审慎的态度加以对待,特别是,一些激进的建构主义思潮对国内外的教育实践所产生的危害已经显现,我们对此更应加以警惕。[1][2]美国在 20 世纪 70—80 年代打着某些所谓建构主义旗号的教育实践饱受质疑,导致了美国教育部 1995 年版的《国家科学教育标准》完全摒弃了1993 年版中的建构主义的观点,采取"科学的探究"作为科学教育的基本理念和方法,这一事实更是成为众多建构主义批判者隐晦地判定建构主义反科学特征乃至进一步批驳建构主义合理性甚至价值性的"有力佐证"。而英国学者奥思本(Osborne)则以更为激进的"超越建构主义"的口号来表达其对建构主义的强烈不满。

  但在另一方面,我们也看到,认知学徒制、认知弹性理论、随机访问教学、情境学习等一些颇为活跃且极具应用前景的教育新范型却共同隐喻着建构主义思想,并正对学习创新及教育变革产生着深刻的影响。[3]有学者指出:"基于知识建构的学习隐喻,一种开放系统的教学观点正被证明是有效的。……(在这种隐喻下)各种创新性的、令人激动的、以学习者为中心的学习环境正在被不断创造出来,以满足学习者个人独特的学习兴趣和需求,支持学习者对知识的积极建构。"[4]从这个角度来看,建构主义思想是对当今世界各国教育改革实践产生重大影响的一个思潮。特别是,在我国当前进行的课程改革实践中,主体性教育、学生中心、个性化教育、研究性学习等诸多流行的观念及做法都体现或渗透着建

---

 * 原文发表于《电化教育研究》2007 年第 10 期。

构主义思想。因此,可以毫不夸张地说:"在一定意义上,建构主义思想开始成为我国基础教育领域乃至高等教育领域中一种时髦的思想理念和教学行动。"[5]

在上述批判与推崇的紧张对峙中,教育研究者与实践者更需要以一种冷静而理性的态度对建构主义的是非之争做出深刻的理解与辨析,走出建构主义思想之惑,以对教育实践生成真正有益的认识与行动。那么,究竟该如何去把握建构主义的思想主旨? 建构主义究竟给了我们什么? 笔者尝试着从"知识的适应性"以及"辩证联系的学习哲学"两个方面进行辨析,以使我们能在纷繁的观点中理出一些有益的思绪,并能对一些不合理的批判进行深刻的辨析与反思。

一、知识的适应性:建构主义思想之基底

要真正理解建构主义思想的本质,应当首先准确而深入地去理解与把握建构主义知识观的内涵及其重要的教育意义。

建构主义所持有的"知识非绝对真理"的知识观是与其对世界(或真实)的看法紧密相连的。建构主义者首先区分了两种世界:一种是本体论世界(ontic world),这种世界是世界之本身,是超越了现象界的世界;另一种是建构的实在(the constructed reality),即"对我们"而言的世界。[6]传统的认识论混淆了这两个世界的存在及其关系,即认为,实在(实质是反映的实在)要与本体论世界完全符合,这样的认识才算是真实的知识。因此,传统的认识论认为:"知识应该表征一个现存的、孤立的、独立于认识者的真实世界(即本体论世界——笔者注),而且只有当这种知识正确反映那种独立世界时,才被认为是真实的。"[7]但是,传统认识论所无法摆脱的逻辑困境有两个:一是,如果要说明某种知识的"真理"性(即是与实在的一致性),就必须将其与后继的认识进行比较,以此作为接近实在的唯一理性方法。很显然,后继的认识过程是无穷尽的,人们无法最终完成这样的比较,以对知识的真理性做出确定性的判断。这正是德国哲学家波普尔对"归纳法的不可证实性"这一局限性所作批判的核心所在。另一个困境是,谁来判定表征的符合程度? 如果判定的主体是人,那么人无法身处独立于主观世界的客观世界,也无法身处一个不同于主观世界和客观世界的另一个世界,因此,作为主观世界正确反映和表征客观世界的产物——知识,如何才能确认其与客观世界相吻合呢? 而这又是源于二元论思想的传统认识论的另一个缺陷所在。建构主义恰恰是在这两点上巧妙地超越了传统认识论。

实际上,建构主义并不像很多研究者所批判的那样,是一种否认客观世界存在、否认真实的朴素唯我论与朴素不可知论。建构主义思想的奠基者冯·格拉塞斯费尔德明确地指出:"否认真实的存在是对建构主义的根本误解……我从没有否认过绝对真实的存在……我只是想说明认识(及知识)与实在之间的关系问题。"[8]在此基础上,作为有着深厚历史渊源的哲学思潮,绵延发展的建构主义思想自始至终都是与上述传统认识论所无法摆脱的两个逻辑困境相抗争的。维柯、康德、波兰尼、皮亚杰等人思想中渗透着与传统认识论的决裂:世界是客观且独立存在的,但知识不是"自然之镜"(罗蒂语),知识不可能完全反映或准确表征客观世界的存在状态。正是在这个意义上,建构主义思想的基底得以彰显:知识表征的是对我们更为重要的知识,即我们在经验世界里能做什么、处理物质对象的成功方式以及思考抽象概念的成功方式。这一立论巧妙而合理地规避了传统认识论的两个致命缺陷,将人的认识论问题引向了另一个更加开阔、更具启迪性的全新世界中来。对于建构知识的意义问题,皮亚杰从生物学角度给出了极具见地的回答,即:人之所以要在其经验世界中建构知识,是因为人类作为具有适应性的动物有一套处理它们所生存环境中各类困难的行为本领,认识(与知识)是一种适应性活动,知识本质上是一种具有适应性的概念与行动概要。[9]可以说,皮亚杰把内隐于众多建构主义思想家观念深处的知识适应性本质从更具人性化的生物学视角进行了深刻的挖掘与展现,为建构主义的合理发展奠定了基础。

知识建构的适应性观点铺设了整个建构主义的思想根基,因为这一观点深刻地指明了认识者的心理与智慧在认识过程中的无法避免的"中介"作用及其对人作为生物有机体本身所具有的意义。从本质上讲,该观点对教育产生的影响是与其深刻的哲学认识论思想杂糅在一起的。第一,它颠覆了传统意义上的知识"真理"概念,为教育创新提供了一个新思路。传统的真理概念强调知识是对外部世界完全准确与完全符合的表征,这一思想对教育领域带来的直接后果是三种"简单化":其一是将知识简单化("准确表征"意味着只有一种对应真理的知识形式,知识的复杂性被抛弃);其二是将认识过程简单化(这种知识观必然只与真理的"接受""灌输""获得"等认知活动联系在一起,包含着情感、动机、信仰、仪俗等因素在内的认识的复杂性被抛弃);其三是将认识主体之间的关系简单化(这种知识观必然强调存在着作为权威的认识主体和作为接受者的认识主体,权威与接受者之间只有单向的传递—接受关系,认识主体之间复杂多向的关系被抛弃)。实质上,传统的知识"真理"概念所带来的这三种简单化倾向奠定了书本中心、教师中心、课堂中心的教育统治地位及其合理性价值,而知识的适应性概念则试图通过恢复这三个方面的复杂性本质而对传统教育范型发起挑战。第二,它创造性地提出了"生存力"概念,为教育创新搭建了平台。适应性表明了一种生物学的思考，即在生物学家看来，只要活的有机体能设法适应环境，并在环境中生存，它便具有生存力。基于此，建构主义认为，如果概念、模式、理论等能证明它们对于自身被创造出来的情境脉络是适宜的，那么它们也具有生存力。[10]在以人的建构、生存、发展为出发点的基础上，生存力思想实质上为众多创新性的教育实践（如个性教育、探究学习、实践活动、合作交流）提供了坚实的发展平台，特别是它对儿童的错误概念、幼稚概念、偏激观念等的产生及其教学支持给予了合理性说明。第三，生存力概念、适应性思想回归了人的生命本质，从而体现了一种深刻的人文关怀和人本教育思想。传统认识论其实是抛弃了人的价值及其在认识过程中的作用的，即使提及人的主观世界，那也是在主客二元对立的基础上将其作为准确表征外部客观世界的工具，且这个主观世界不允许有对客观世界的任何主观的"加工"及创造。客观世界成了压抑人、控制人、主宰人、奴役人的工具，人的任何行动与想法都是在自然界为人类划定的圈子里固定地展开的。建构主义思想完成了一种认识范式上的"哥白尼倒转"，认识的中心回归到了人的精神世界中来，文化、思想、科学、技术等成了"未特定化的人"敞亮生命、不断发展的产物与成果，人的世界和世界中的人就是在适应、建构及相互影响的过程中获得发展的。

综上所述，知识的适应性思想是建构主义思想的根基，它一方面巧妙超越了传统认识论无法摆脱的两个逻辑困境，另一方面又在其深邃而合理的哲学观念的基础上，为教育创新提供了思路、搭建了平台，并对人的主体性回归注入了鲜活的力量。

二、辩证联系的学习哲学：现代建构主义的主旨

作为一种学习哲学的建构主义，正不断发展成为新的学习科学所赖以依托的重要思想基础。在学习科学的层面上，发展着的现代建构主义不但更加强调各种建构主义流派中的思想互补、融合与联系，而且也试图以一种复杂性思想去诠释有关人类学习的各个层面上的问题，从而能更加真实地贴近人类学习的复杂性本质。实际上，这种全面、辩证的发展走向既体现了现代建构主义的合理旨归，也表明了我们对建构主义思想应当具有的一种正确的思维取向与认识方法。以下笔者仅选取四个维度进行阐释。

1. 维度一：个体与社会

现代建构主义十分关注个体与社会之间的平衡与联系，即是说，个人知识的建构是与社会建构相互统一、相互联系的。例如，著名的现代建构主义者、英国数学哲学家欧内斯特在《数学知识的建构》一书中，以数学知识为例，对个体建构与社会建构之间的辩证联系作了精辟的分析。他认为，从个体的特殊性角度而言，学习就是一种"意义赋予"的个体"解释"过程，这是建构主义的中心议题；而另一方面，个体往往会依据数学知识的"社会意义"去对个体经由相对独立的建构活动所获得的"个体意义"进行调整，从而，学习就又体现出一种"文化继承"的过程。[11]正是在这个意义上，范·欧斯(Van Oers)指出："数学学习即是对由文化历史所传递给我们的数学(文化意义上、社会意义上)做出意义赋予的过程。"[12]欧内斯特又进一步从个体主观数学知识的产生、发表、经受批评进而成为社会性的客观数学知识，后又被个体重新表述与理解成为创造新的主观数学知识的基础这一个体建构与社会建构的循环，来阐明个体与社会在知识建构过程中的平衡与统一关系。而现代建构主义者斯特莱克(Strike)更是深刻地指出："现代建构主义推崇两极之间的平衡与联系，例如，各个个体都在积极地建构知识，但对社会互动的赞同又可防止建构出一个个特殊的概念，现代建构主义有效地避免了教育中出现唯我论的偏激趋向。"[13]事实上，即使是激进建构主义的代表冯·格拉塞斯费尔德也同样赞同个体与社会之间的互补："我完全赞同鲍斯菲尔德(Bousfield)和库伯(Kolb)的社会建构主义，因为他们致力于主体间性的关系和行为，同时他们也没有忘记知识和经验是在主观上被建构的。"[14]个体与社会之间辩证统一的思想观点对我们合理把握教育实践中个体建构与文化传递、个人探究与社会交往之间的关系是非常重要的。

2. 维度二：规则与情境

很多批判者都认为建构主义只重视学习者在情境中的探究，不重视学习者基本规则、基本知识技能以及知识结构的内化与掌握，"情境学习会弱化学习者的基本知识与基本技能"，这实质上也是没有辩证地看待建构主义思想的结果。不可否认，以建构主义学习思想为基础所开发的情境认知、认知学徒制、抛锚式教学、随机访取教学等现代教学模式的确强调情境在规则、技能等知识建构中的重要作用，但是，其更深刻的思想本质：规则与情境是不可分离的，"作为学习对象的规则技能等是镶嵌在它们实际运用的情境之中的";[15]规则、技能等知识的建构是依托于其真实应用的情境的,"知什么"(know what)与"知如何"(know how)应当是紧密关联、融为一体的。正是在这个意义上,现代建构主义学习环境倡导者布朗(Brown)、巴拉布(Barab)、雷斯尼克(Resnick)等反复强调,"概念、技能是只有使用才能被理解的工具","活动、情境不是中立的,活动与情境本身就是所学知识整体的一部分","设计一个学习环境首先必须明确需要学习什么以及该行为发生的真实情境是什么","学习活动必须抛锚在真实应用的情境中,否则结果仍将是呆滞与惰性的知识"。[16]总之,现代建构主义通过强调规则与情境、知与行之间的相互联系与相互融合,来设法达到提供有用、健全知识这一教育自身的重要目标。

3. 维度三:明言与默会

传统教学将关注点更多地落在明言知识(explicit knowledge)的线性孤立传递上,常常忽略每个学习者所具有的丰富的、广泛的默会知识,而现代建构主义教育思想则强调明言知识和默会知识(tacit knowledge)之间的相互联系与相互作用对个体知识建构的重要意义。第一,在学习者身上存在着远多于明言知识的默会知识或默会认识,这包括个体的体验、某种观念、某些思想预设、情感、潜在经验等无法明说的东西,而正是它们构成了知识建构所必需的极其重要的经验基础。[17]第二,学习者在知识建构过程中,默会知识与明言知识其实是融为一体的,学习者所能表达的明言知识是生长于更加丰富的默会知识基础上的,且学习者所能明言的知识同时也反映了学习者默会经验的丰富度、准确度等知识质量情况。第三,明言知识对默会知识亦会产生反作用,这特别是指,通过默会知识的明言化而分析、改造、影响个体的默会认识,从而提高个体知识建构与知识理解的效率与质量。正是基于上述的思想,现代建构主义学习环境的创建者都试图根据明言知识与默会知识之间的相互联系和相互作用,一方面利用学习的情境原则,设计出能成功支持默会知识学习的真实学习环境,以便使学习者有可能"偷窃"到他们所需要的重要知识(丰富广泛的默会知识),而这正是莱夫和温格所倡导的"合法的边缘性参与"这一情境学习关键原则的内在思想基础;[18]另一方面则试图创建具有丰富内涵的认知工具,如各种概念表征、图表表征、关系表征等工具,对学生的默会认识进行明言化、符号化,从而既可以对它们进行理性分析、检验并引导其改造以支撑今后有效的知识建构,又可在这一过程中帮助学习者学会认识并分析自己所使用的默会知识,最终提高学习者自我分析、自我管理的元认知学习能力。[19]

4. 维度四：发现与接受

很多建构主义批判者认为，建构主义只关注个体的发现学习、探究学习，而否定个体的接受学习，这导致了学习者系统知识以及基本技能的匮乏与薄弱。这又是对建构主义思想的一个误读。建构主义是关于人的学习本质的哲学分析，而非涉及具体的学习方法（如发现学习或接受学习）。建构主义强调：学习（认识）是学习者基于自身知识经验的一种主动的意义建构过程。其内隐的含义即为，真正的有效的学习发生于学习者对知识的意义建构，取决于学习者是否依据其自身的特质在思维、情感、经验等的积极参与中"消化"了各种信息。这就好比吃饭，无论是自己主动地吃（喻：发现学习），还是靠别人的喂（喻：接受学习），虽然方法不同，但最终的消化、吸收（喻：建构）还是要靠吃饭的人自己去进行。这就正如有学者所指出的："如果学习真正地发生了，那它就常常是以建构的方式发生的，而这种发生不一定取决于学习是如何组织的。比如在讲授的教学方式下，学习者同样在进行着建构活动。教师的讲授活动只是这种建构过程的支持物而已。"[20]也恰如奥苏伯尔从"意义—机械"与"发现—接受"两个维度对学习所作的划分，即：如果学习者没有在思维层面真正地投入并参与到"消化"的过程中时，发现学习也可能不是一种意义建构的，而是机械的。综上所述，建构主义并没有截然区分各种具体的学习与教学方式的价值优劣，而只是为如何合理地使用这些方式提供了一个赖以支撑的思想参考，截然对立的两种学习组织方式也可在建构主义学习观下得到一种融合与贯通。

三、小结

作为一种不同于传统认识论的学习哲学，建构主义能在思想发展的历史浪涛中得以延续与发展，并在当今时代表现出如此顽强的"生存力"，这绝非一种偶然。"知识的适应性"是建构主义思想中极富魅力的观点，它一举甩开了长期困扰着人类的有关认识问题的逻辑困境，并为教育领域提供了一系列极具启迪性与冲击力的思想观念。在教育研究与实践中，当研究者与批判者自身不能以一种辩证联系的思维框架去深刻解读建构主义的内涵及其当代发展，或不能从一种学习哲学的高度，在当今学习科学发展的主流中去透视建构主义的真正教育意蕴时，均易生成对建构主义教育思想的误读或片面化理解。因此，我们应以一种全面、辩证、发展的观念去理解建构主义，并在此基础上，使建构主义更好地为教育理论与实践服务。

参考文献 ••

［1］张红霞. 建构主义对科学教育理论的贡献与局限［J］. 教育研究，2003(7)：79－84.

［2］郑毓信. 建构主义之慎思［J］. 开放教育研究，2004(1)：4－8.

［3］高文. 教育中的若干建构主义范型［J］. 全球教育展望，2001(10)：3－9.

［4］高文. 面向新千年的学习理论创新［J］. 全球教育展望，2003，32(04)：26－31.

［5］张桂春. 建构主义教学思想的张力［J］. 教育科学，2003(1)：17－20.

［6］Frank R, Dinter. Constructivism in Instructional Design Theory [J]. Journal of Structural Learning. 1998,13(2).

［7］［9］莱斯利·斯特弗，杰里·盖尔. 教育中的建构主义［M］. 高文，等译. 上海：华东师范大学出版社，2002.

［8］［13］李其维. 破解"智慧胚胎学"之谜——皮亚杰的发生认识论［M］. 武汉：湖北教育出版社，1999：103－105.

［10］张桂春. 激进建构主义教学思想研究［M］. 沈阳：辽宁师范大学出版社，2002：114－115.

［11］郑毓信，梁贯成. 认知科学、建构主义与数学教育［M］. 上海：上海教育出版社，1998：226－227.

［12］涂荣豹. 数学学习与数学迁移［J］. 数学教育学报，2006(4)：1－5.

［14］张桂春. 建构主义教学思想的再构［J］. 教育科学，2004(6)：25－27.

［15］高文. 教学模式论［M］. 上海：上海教育出版社，2002：336.

［16］戴维·乔纳森. 学习环境的理论基础［M］. 郑太年，任友群，译. 上海：华东师范大学出版社，2002：27－29.

［17］石中英. 知识转型与教育改革［M］. 北京：教育科学出版社，2001：224.

［18］莱夫，温格. 情景学习：合法的边缘性参与［M］. 王文静，译. 上海：华东师范大学出版社，2004：2.

［19］Pape S J, Tchoshanov M A. The Role of Representation in Developing Mathematical Understanding ［J］. Theory Into Practice, 2001, 40（2）: 118 - 127.

［20］郑太年. 知识观·学习观·教学观——建构主义教育思想的三个层面［J］. 全球教育展望,2006,35(5):32 - 36.

18

课堂概念转变的哲学透视 *

侯新杰　平广兴

概念学习和概念转变是科学学习的核心,因为概念为所有课程,也为所有实验室或调查工作提供了组织要素和指导原则。这样,对于科学教育研究来说,重要的是理解课堂中的概念转变机制,即从"幼稚"的概念到有目的的"科学"概念。满足这些要求之后,我们将有望设计出恰当的教学策略来支持所期望的概念转变。

科学哲学家的观点阐明了对学生概念转变的理解问题。建构主义如今已成为普遍接受的哲学思潮。建构主义的各种取向在同"科学理性"的描述和定义相联系的方式上差别很大。这些差别为"概念转变如何发生"这一问题提供了不同的回答。这些回答是对科学家概念转变期间的心理描述。本研究讨论了这些哲学观点的相关性,同时也表明:当研究学生概念转变时,必须将这些哲学联系起来以丰富和澄清概念转变的理论基础。

一、三种科学哲学观

著名且有代表性的科学哲学观可分为三种流派:经验主义—实证主义、理性主义和建构主义。每个流派的哲学家所提出的思想的发展与变化体现了流派的变化。经验主义—实证主义的代表人物有培根(Bacon)、孔德(Comte)、洛克(Locke)、亨普尔(Hempel)、休谟

＊ 原文发表于《河南师范大学学报(哲学社会科学版)》2004 年第 2 期。

（Hume）；理性主义的代表人物有柏拉图、笛卡尔、康德；建构主义的代表人物有波普尔、拉卡托斯、图尔敏、库恩。

根据知识的来源、假设和验证方法，经验主义——实证主义和理性主义被彻底区分开来。然而这两个学派又有联系，他们都认为：一旦知识被习得，它就可以按照绝对主义的术语来描述，例如"真实的""被证明的""被证实的""公正的""正确的"。在从 17 世纪到 19 世纪的历史辩论中，经验主义——实证主义思想似乎压倒了理性主义的思想，因为科学趋向于几乎完全被看作是经验主义的努力。因此，经验主义——实证主义在 20 世纪以前的科学家和思想家中很流行。

20 世纪伊始，现代物理学思想的显著变化，开始破坏科学可以产生真实的"绝对主义"的观念。哲学、心理学和逻辑论据已积聚起来反对曾被证实或确证的知识。这就使得人们提出，"知识"不是被发现的，而是由人构建的（而且总是主观的）。于是，建构主义者取代了经验主义——实证主义者的"绝对主义"和理性主义传统。建构主义假设，理论先于观察，而且只有通过理论预言（理性主义者也持有这种特别的假设）才能选择和进行观察。因此，我们自己所建构的理论决定我们如何感知这个世界。从这个意义上，他们设立了一个关押我们的"监狱"。"我们是自己精神桎梏的囚徒"的观念早已出现在 1781 年康德的哲学中。建构主义的观点在一点上同康德的绝对主义的观念不同，即假设：如果我们尝试着建构一个新框架的话，我们就可以摆脱自己的桎梏。事实上，我们会回到另一个框架，我们本希望这是一个更好的框架，但无论如何我们都要再次打破这一框架。

尽管所有建构主义者都认为理论是基于创造性思维提出的一种大胆推测，但是他们在选择可能更好理论的方法上持有不同的观点。一些人认为，理论形成应该且只能基于学科内部标准（例如理性—逻辑的、经验的）。波普尔就是这种极端观点的推崇者，他于 1934 年首次提出该观点，后经过长期探索，提出了基于演绎逻辑的理论。有人则认为，理论选择是在学科外部因素（如科学家的个性、科学共同体的社会心理过程、主流社会观念、制度条件和政治压力）以及学科内部因素的共同影响下发生的。库恩是后一种观点的代表，他认为选择某种理论没有规范标准。拉卡托斯和图尔敏的观点则代表了一种折中主义的中间立场。

二、哲学家关于"理性"的观点

对于"何为理性"这一问题，哲学家有不同的观点。古典主义者把"理性"看作是正式程序,通过这些程序人们运用"普遍—绝对—逻辑"规则来得出结论(通过日常情景或质疑来获得知识)。一些哲学家尽管受"社会—心理"和职业因素的影响,但是他们还是把理性看作是一个过程,人们通过这个过程改变他们的思想、概念和行动的路线。当做出判断时,这些价值导向的因素不能看作是绝对的方式。布朗对这一问题提出了质疑。他认为,科学为理性努力提供了最好的例子[1],而且人们一直认为,科学实践同理性的传统模式是相对应的。科学史和哲学最近的一些著作对后一个断言产生了相当多的疑问,而且这最终使科学理性出现令人吃惊的新问题,同时人们也会越来越怀疑任何理性概念的生存能力。布朗表示,当按照传统模式来考虑问题时,关键的科学决策是非理性的,但他还是认为这应被看作是反对理性传统模式的一个标志,而非反对科学理性的论据。科学理性会对我们建构一个新理性模式的努力产生重要的制约。这并不意味着科学理性是先验的或先天的真理,而只是说在知识发展的目前阶段,我们没有理性努力的更清晰的例子。这样,在努力开发一个理性模式的过程中,我们不妨更密切地来关注科学实践。

科学理性也同另一问题相关:当进行理论选择时,谁来做出科学决策?当这种观点更接近古典主义者的观点时,人们会更倾向于认为,既然单个科学家有客观且绝对的标准,他(她)就必须做出决定来抛弃或接受一个理论。当理性概念变得不太正式时,决策会被看作是一种公共行为,这种行为受到一套共享的价值观的影响,而且将会纳入约定主义和实用主义的更多要素。

我们理解科学理性的方式对于科学教育而言是非常重要的。它影响着通过教材、实验室和课堂教学,把哪个"科学形象"传递给学生。它也和我们对学习科学所涉及的心理问题的理解相关。从本质上来说,我们有关"理性"的不同理论应产生不同的研究问题,因此应影响科学教育研究的不同设计和设置。

三、影响科学教育的哲学观念

经验主义者仅把"知识"看作是已被观察和逻辑证实的东西。这种知识只能通过归纳来积累。相应地,任何和已认可的科学共同体概念相左的概念都是错误的,而且它会被贴上"错误概念"的标签。错误概念的源泉总是错误的观察或逻辑的误用。因此,预防学生错误观念的方法是教他们小心地应用逻辑程序来进行细致的观察。

行为主义是延续经验主义路线的心理学流派。斯金纳(Skinner)的程序化了的学习模式示范了它在教育中的应用。一个类似的应用是加涅早期根据"能力层级"设计教学的工作[2]。认真、系统、启发的教,将保证正确的学。

对康德来说,知识是通过一个前智力结构建构意识的。由于这些结构包括了正式逻辑的很多种类,这些结构所提供的神圣的礼物、适当的应用应该会引导我们得到一个近似"正确"的知识(虽然我们不知道什么是"真实")。牛顿物理和欧几里得几何是康德哲学里说的"逻辑的适当应用能促成一个过于'理想'的非常近似"的证据。皮亚杰及其跟随者是康德学派在心理学和教育学的一个代表。皮亚杰大概是第一个提出在科学史和儿童关于自然现象的概念之间进行类比的。在对维果茨基的评论中,皮亚杰说,科学从地心说转向日心说,是一个巨大的功绩(克服了功利主义观点),在儿童中也可以发现相同的过程。

皮亚杰的发生认识论进一步阐述了这种类比:"发生认识论的基本假设是,逻辑的、理性的知识组织过程和相应的形式逻辑过程是相似的。当然,富有成果的研究领域将重构人类的历史——史前的人类思想史……由于生物论领域我们得不到,我们就应该像生物学家一样去做,并且转向个体的发生。"[3]

对皮亚杰的信仰者来说,儿童的概念和科学的概念之间存在差异的原因是儿童处于一个所需要的逻辑操作还没有得到发展或者他们会误用逻辑操作的阶段。对皮亚杰信仰者来说,(跟随康德)逻辑是绝对的、普遍的,是合理性的指南。学生不正确的概念是一些基本的误解,它们应该由较好的逻辑方法来处理。

拉卡托斯指出,从哲学上来说,康德的理性主义和经验主义都被击败了:通过"非欧几里得几何学"和"非牛顿物理"击败了康德的理性主义,通过建立一个经验主义的基础(就像康德指出的,事实不能证明命题)和建立一个归纳逻辑的不可能性(绝对无误地支持内容的逻辑是不存在的)击败了经验主义。

但是,这些哲学家(皮亚杰和行为主义者)的后代继续活跃在19世纪60年代的科学教育者中。19世纪70年代,反对作为学生概念转变研究的步骤和概念转变的批评在逐渐积累。随着10多年来认知哲学理论和最早由库恩传播后来逐渐被人们认识的建构主义哲学发展,这些批评越来越强烈了。[4]

调查者想寻求一种把学生们看作是活跃的思想者的新途径,学生们建构个人的观点,这些观点反过来又帮助他们形成概念的框架或范式。这就提出了学生们的认知成长中包括了概念框架中定性的变化。那些被很多作者引用的术语,如学生的相异构思和儿童科学,比那些普通的容易误解的术语更能表达学生们思想的重点。[5]

系统地努力去认识学生们的概念并且在这之上建构促成"建构主义方法"的教学策略，这就是建构主义的教育应用。吉尔伯特(Gilbert)和斯韦弗特(Swift)称这种呈现和扩展的方法为相异概念运动(ACM)，并且提出用拉卡托斯的术语这个理论框架被认为是"研究纲领"，对应于皮亚杰理论。他们抱怨 ACM 不能被描述为一个"完全清晰的研究纲领"。建构主义确实不是划一的。波普尔和库恩的建构主义是相差甚远的。甚至在拉卡托斯和图尔敏的概念中也有值得注意的显著的差异。在这个阶段，不能把所有建构主义的观点看作是一样的。

四、各种建构主义者框架的含义

接下来的部分将从几个内部联系的讨论来说明，各种建构主义者的观点在教育研究和实践中是如何具有不同含义的。

1. 逻辑以及合理性

我们的教学过程对中等学生应该是有意义的。科学教育中的建构主义方法是一种尝试。各种建构主义教学过程都要求教师和课程活动帮助学生完成他们自己对学习材料的意义建构。[6]如果我们鼓励学生这样做，那么，当他们不遵守应该有的学习方式的时候，我们还能引起他们的概念转变吗？不同的哲学观点对这一过程的看法是不一样的。

波普尔强调了实验方法的逻辑，通过尝试去证伪他们来检验假设。因此，我们应该指导学生通过逻辑推论来检验概念的错误理解。在波普尔的方法中，看起来，应该建立一个教学的顺序，这样学生就可以达到一个中间的但是清晰的结论：接受或者拒绝正在学习的理论或假设。

拉卡托斯、图尔敏和库恩不认为概念转变必须是一个逻辑过程。因此除了逻辑之外，我们必须依靠其他的一些方式，我们必须以各种其他的方式发展概念转变，包括课堂小组讨论机制。也许教学过程应该被建构以便学生能逐渐得到一个不需要有很明显结论的理论。这是英国儿童科学学习研究计划(CLISP)推荐的教学策略。

从哲学和心理学的角度来说，如果我们倾向于认同图尔敏的观点——"理性的观念……是与操作和应用直接相关……而不是和形式思考相关"，那么，这些就有教育学含义,这样科学就会对更多的学生有意义。

努斯巴姆(Joseph Nussbaum)认为其自身的教育经历揭示,如果一个自然现象的问题以刺激的方式被提出,如果接下来的是关于学生信仰的讨论和公开的辩论,那么那些儿童和被认为处于教学劣势的人,将表现真正的智力、热情和良好的推理能力。在同伴的压力下,学生接受表达他们信仰的企图,就为概念转变奠定了基础。[7]

2. 重要实验的冲突与角色

长期以来人们认为认知顺应需要一些实验,引起学生失衡、不和谐的,或者是冲突的状态,也就是假设一个冲突会导致一个自然的倾向来重新获得一个平衡的状态,这些将会促使认识的融合,也显示了直接的概念转变。这让我们重新想起了波普尔的观点,理论在判决试验的基础上被证伪和否定。从拉卡托斯到库恩,波普尔反对者的观点将表明这样的冲突甚至对成熟的科学家也是不起作用的。图尔敏和库恩都同意,否定理论有不同的机制,在实际中理论不是被判据实验否定。科学家们在面对相反证据的时候,一般是建议一个辅助的假设来拯救一个理论。

但是,卡米洛夫·史密斯(Karmiloff Smith)认为,儿童是一个理论家,儿童是不弄虚作假的,为了维持他们自己的理论,儿童就认为反例仅仅是一种异常,而且他们最初就判断他们自己的程序是一种错误,而不是认为他们的理论是一个错误。拉卡托斯反复强调在两个或更多的理论竞争的情况下,实验是至关重要的。当意识到个人的理论的局限性,同时也意识到真实理论的优点时,概念转变就发生了。

波斯纳模型中的要素在拉卡托斯的模型中出现了。他们指出了概念转变的一个模型,这个模型假设存在一个真实的理论,理论的变革建立在"真实性""可理解性""有效性"的基础上。[8]

为了弄清是否和波普尔或者拉卡托斯的理论一致的条件,重新评价一个冲突的环境能不能引起概念转变是有趣的,努斯巴姆和诺威克(Novick)提出了他们应用冲突策略的一个基本原理。他们鼓励引出课堂中流行的偏见和真情实感,针对重要事件的相反概念进行评价。这个小组里,这种策略在开始的概念转变中是相当成功的。看起来,这个事实支持了拉卡托斯的观点。教学中的冲突和判据实验的本质是值得进一步研究的。

3. 概念转变是"演变"或者"革命"

库恩关于主要的概念转变的观点是,他们是引起"格式塔"转变的革命过程。[9]然而,库恩在历史上关于革命特征的说明曾经受到了批评。例如,图尔敏认为全部的概念不是一下子全部转变的,而是通过特殊概念的转变而逐渐转变的。很多关于可能表述教室各种混合概念的教育研究报告类似于图尔敏的历史的描述。

由于任何教学过程自然而然地包含了一些真实的步骤,能感觉到过程中包含了一个逐渐转变的内在模式。在上述研究发现里有趣的一点是,尽管不同的过程处理了新概念不同的连续的元素,但是学生们逐渐的概念转变落后于教育的指导步骤。

如果我们接受了过去伟大的科学家们在逐渐转变他们概念的同时还和典型的旧概念一起保持着新的元素,那么我们将不再惊奇于这些逐渐的转变。这样,伽利略(Galileo)就把天体物理和地球物理的传统的区别连接在一起,并且他还强烈地保持了亚里士多德(Aristotle)关于天体在自然中圆周运动的观点以至于轻易地否认了开普勒(Johannes Kepler)的椭圆形运动的观点。

如果概念转变是演变过程,那么为了有足够的时间用于详细考虑这个过程,我们就应该比过去要更早地开始去揭示科学概念。

五、结束语

本研究所关心的是,哲学对学习心理学的潜在贡献。这里我们期望对科学哲学家的关注能有助于我们澄清一些重要的问题,即关于概念转变的机制和它们在研究和实践中的作用。

参考文献 •••

[1] Brown H I. Rationality [M]. London: Routledge, 1988.

[2] American Association for the Advancement of Science. Science: A Process Approach [EB/OL]. https://www. aaas. org/archives/science-process-approach.

[3] Piaget J. Genetic Epistemology [M]. New York: Columbia University Press. 1970.

〔4〕Anderson R C. The Notion of Schemata and the Acquisition of knowledge. In Anderson R C, Spiro R J and Montague W E (eds.), Schooling and the Acquisition of Knowledge〔M〕. New York: John Wiley & Sons, 1977.

〔5〕Gilbert J K, Osborne R J, Fensham P. Children's Science and its Consequences for Teaching〔J〕. Science Education, 1982(66):623 - 633.

〔6〕王金云.论建构主义的师生角色观〔J〕.河南师范大学学报,2004,(1):185 - 186.

〔7〕Joseph Nussbaum. Classroom Conceptual Change: Philosophical Perspective〔J〕. International Journal of Science Education. 1989(11),530 - 540.

〔8〕Posner G J, Strike K A, Gertzog, W A. Acommodation of a Scientific Conception: Toward a Theory of Conceptual Change〔J〕. Science Education, 1982,(66):211 - 227.

〔9〕Kuhn T. The Structure of Scientific Revolutions〔M〕. Chicago: University of Chicago Press, 1970.

19

佩珀特建造主义探究 *
——通过建造理解一切

王旭卿

　　建构主义(constructivism)通常被认为是创客教育的理论基础,但实际上,与创客运动、创客教育有强烈共鸣的学习理论不是建构主义,而是 Logo 语言发明者——西蒙·佩珀特(Seymour Papert)提出的建造主义(constructionism),其核心思想是当学习者通过搭建物品并与他人分享来建构他们的理解时,学习最有效[1]。由于这两个术语十分相似,国内一些译著没有找到合适的中文翻译将它们区分开来,导致佩珀特建造主义被淹没在众多文献中。2011 年,中国台湾佛光大学资讯应用学系助理教授许惠美发表《美国初等教育中建造主义实践之初探》一文,正式把继承于建构主义的 constructionism 一词翻译为建造主义,澄清了建造主义和建构主义之间的区别与联系,并论述了佩珀特建造主义对当下教育的意义和技术中介的学习环境对教育的深刻影响[2]。本研究赞同把 constructionism 一词翻译为建造主义而不是建构论,原因在于建构论这个术语与建构主义过于接近,看不出明显的区别,而建造主义这个术语更能契合当下创客教育注重造物和分享的实质。

一、建造主义的源起

　　建造主义的提出者是在计算机教育领域有着非凡影响力的佩珀特。不管是发明 Logo

＊　原文发表于《现代教育技术》2019 年第 1 期。

语言、出版开创性著作《头脑风暴：儿童、计算机及充满活力的创意》（*Mindstorms: Children, Computers, and Powerful Ideas*），还是推行"每个儿童一台笔记本电脑"（One Laptop Per Child，OLPC）计划，佩珀特的思想和发明总是那么超前。作为最早了解计算机在儿童学习中具有革命性潜力的教育先驱者之一，佩珀特促进了至少三个领域的变革：儿童认知发展、人工智能和教育技术。他一生致力于研究儿童如何思考和如何学会思考，并提出计算机不仅可以提供信息和教学，还可以让儿童进行实验、探索和表达，他的想法和发明改变了全世界儿童学习并进行创造的方式，也"从根本上改变了我们思考学习的方式、我们思考孩子的方式，以及我们思考技术的方式"[3]。

建造主义的提出源于佩珀特自己的一些成长经历，如 2 岁时他就玩传动齿轮并体会其中的因果关系，这为他日后思考学习和学习思考埋下了种子[4]；早年佩珀特曾到瑞士师从发展心理学家皮亚杰，皮亚杰提出的儿童理解世界的认知方式改变了佩珀特对儿童和学习的看法，这些早期的成长经历和日后的工作经历为建造主义的提出奠定了理论和实践的基础。

1. 想象"肥皂雕刻数学"

20 世纪 60 年代末，佩珀特访问美国某所初中学校时，看到艺术课教室里的学生在雕刻肥皂，通过观摩艺术课和欣赏学生们的肥皂雕刻作品，佩珀特开始思考为什么数学课与艺术课如此不同：数学课主要是教师主导，而艺术课是学生主导——在艺术课上，学生可以创造一些对个人有意义、培育幻想的东西；他们有时间思考、梦想、凝视、获得新想法并尝试、放弃或坚持，他们有时间去讨论、察看别人的成果并获得别人对自己作品的反馈。早在佩珀特提出"建造主义"这个术语之前，建造主义思想就已蕴含于他想象的"肥皂雕刻数学"（soap-sculpture mathematics）中了，他曾撰文写道："我被一个不协调的形象打动了，这位老师在普通的数学课上，渴望拥有学生们的作品！……很长一段时间里，它作为'肥皂雕刻数学'存在于我的脑海里。"[5]佩珀特知道，他必须使用比简单的艺术材料更复杂、更强大的媒体，来创造更具建构能力的数学。

2. 发明让学生体验"肥皂雕刻数学"的 Logo 编程语言

1968 年，佩珀特联合同事合作开发了一种名为 Logo 的教育性计算机编程语言。儿童可以编写程序，通过自己的身体行动来体验海龟如何移动，从而把自己的个人经验与数学的概念联系起来[6]，在动手操作、学习编程、调试程序的过程中去思考并检验自己的思考过程。"肥皂雕刻数学"的想法似乎近在眼前，佩珀特尝试用一个新术语——建造主义把他的想法表达出来。

二、建造主义的内涵

在经历了想象"肥皂雕刻数学"和发明可以体验"肥皂雕刻数学"的 Logo 编程语言之后，佩珀特正式提出了建造主义，他这样解释道："建造主义单词 constructionism 中的'n'与建构主义单词 constructivism 中的'v'相对——共享建构主义对学习内涵的解释，即无论在何种环境下，学习都是'建立知识结构'。然后它增加了新想法，即学习可以特别合适地发生在学习者有意识地参与建造公共实体的情境下，无论这个实体是沙滩上的沙堡还是宇宙理论。"[7]佩珀特将皮亚杰建构主义的思想精髓应用于学校教育这一特定的情境，而不是皮亚杰所关注的儿童生活的自然环境。

从佩珀特对建造主义的解释来看，建造主义显性或隐性地包括了如下一些关键词：学习、学习者、建造、公共的、实体、物品、有意识的、有意义的、工具和环境——这些关键词交织在一起，构成了不同于教授主义（instructionism）的学习内涵。建造主义的具体内涵如下：

1. 通过制造/设计来学习

建造主义将建构主义朝着行动方向迈进了一步，它强调学生通过制造来学习（learning-by-making）或通过设计来学习（learning-by-design），即通过设计或制作物品来建构知识。"头脑中"的建构可以特别合适地发生在当它得到"现实世界中"更具公共性的物品的支持[8]，而学习者参与头脑之外的、对个人有意义的活动会使学习变得真实、可靠[9]。

2. "用来思考的对象"

佩珀特认为，物品在知识建构中起着核心作用，它们是"用来思考的对象"（objects-tothink-with)，包括现实世界和数字世界中的各种物品（如诗歌、沙堡、程序、机器人、游戏等），学生可以在与它们的互动、反馈中思考自己的思考和学习自己的学习[10]。佩珀特鼓励这种非常个人化的知识建构方式，并称之为知识的借取活用（knowledge appropriation）[11]，它有助于学习者实现知识的内化并建立知识的个人联系。

3. 分布式的社会互动

建造主义重视学习的社会属性，它以分布式的视角审视教学，主张学习者通过建造公共实体来建构知识，即在师生参与设计与讨论学习物品的互动中建构知识[12]。

4. 技术中介的学习环境

佩珀特认为技术中介的学习环境是建造主义学习的重要资产，他特别重视创建微世界（microworld）和计算性丰富的材料——微世界（如 Logo、Scratch）是基于计算机的交互式学习环境，它嵌入了一些必要因素使学习者成为主动建构自己学习的设计师；而计算性丰富的材料是将玩具积木套件（如乐高玩具套件）与编程语言整合在一起、利用计算技术增强的建构套件（construction kits），让儿童探索工程和结构搭建，并将现实世界与数字世界连接在一起[13]。

5. 学习过程的两种建构

当人们在建造对个人有意义的物品时，他们会建构具有特殊效力的新知识[14]。这种建造主义学习过程含有两种建构：第一种是皮亚杰所谓的内在心理建构，即人们总是积极地从他们的经验世界中建构知识；第二种是佩珀特强调的建造外在实体，它是实现内部理解性建构的有力途径。由此可见，建造主义学习是将外化于行的动手制造实体与内化于心的知识理解迁移有机地统一在学习者从事对个人有意义的学习活动中。

6. 倾向于具体思维的学习风格

特克尔（Turkle）和佩珀特认为，具体思维可以与抽象思维达到同等的高级程度[15]。佩珀特用"程序员风格的画家"隐喻，从两个角度来说明倾向于具体思维的学习风格：

(1)把"摆弄"(bricolage)——即兴的、擅长灵活应对的方法作为组织工作策略的起点,如画家—程序员以工作为导向,而不是遵循预先制定的计划;(2)"接近物品"(closeness to objects),有些人更喜欢接近物品的具体思维方式,即采用即兴的、擅长灵活应对的摆弄方法,这种解决问题的方法未必逊色于有计划的方法[16]。

综上,佩珀特提出的建造主义凸显了现代学习观的丰富内涵。与倾向于知识传授的"教授主义"不同的是,建造主义鼓励学生在技术中介的学习环境中,通过设计与制作外在的、可分享的学习物品来建构知识——学习物品是促进知识建构的"用来思考的对象",有助于学生建立知识的个人联系。而"程序员风格的画家"隐喻展现了学习的动态过程,以及人们对倾向于具体思维的学习风格的包容。

三、建造主义与建构主义的联系与区别

建造主义和建构主义在本质上是相通的。皮亚杰被认为是建构主义学习理论的伟大先驱,1958—1963年,佩珀特跟随导师皮亚杰,在瑞士日内瓦大学遗传认识论国际中心一起工作。四年的合作共事使佩珀特信奉着与皮亚杰一致的观念:个人是通过建构知识来学习的。皮亚杰曾说:"没有人像佩珀特一样理解我的想法。"[17]

但是,建造主义和建构主义也存在字面上的差异和其他区别。皮亚杰的建构主义把重点放在个体孤立的知识结构的发展中,认为认知发展是从直觉走向理性思维或从日常认知走向科学推理的一种缓慢而稳定的转变,更高级的思维形式都是抽象的和"在头脑中"的。相比之下,佩珀特的建造主义更多地侧重于"学会学习"、制作物品和具体思维,他强调工具、媒体和情境在人类学习、认知发展中的重要性,认为具体的思维方式和"在头脑中"的思考一样重要[18]。归纳起来,建构主义与建造主义的区别主要如下:

(1)侧重内部还是外部?建构主义侧重内部的心理建构,而建造主义关注建造"现实世界中"的物品——佩珀特将这种建造的物品称为公共实体,两者的这种区别实际上体现了思维重点的转变。

(2)侧重抽象还是具体?建构主义重视抽象,认为更高级的推理是逐渐脱离具体物品的世界,而在假想的世界里能以心理方式操纵象征物[19]。建造主义则把学习的焦点从抽象转移到具体,关注知识如何在特定的环境中形成和转化,通过不同的媒体形成和表达,并在不同人的头脑中进行处理。可以说,皮亚杰的兴趣主要在于构建内部稳定性,而佩珀

特更加关注动态变化过程。

（3）侧重个人还是社会？建构主义将学习视为一项独立的活动，而建造主义强调学习的社会本质，两者的这种区别反映了从关注个人学习到关注社群学习的转变。

（4）应用场域侧重自然情境还是学校教育？建构主义关注的是人与周围环境中的人和物之间进行的自然且自发性的日常互动，而建造主义所预设的应用场域是学校教育[20]。

综上所述，建构主义与建造主义既有联系，也有区别，具体如表 19.1 所示。虽然建构主义和建造主义对个人如何学习、如何建构知识的认识存在差异，但将这两种观点整合起来，可以丰富人们对自己如何学习和成长的理解。与情境分离是达成更深层次理解的必要步骤，但并不一定要脱离，实际上可以更加密切、敏锐地把人与事物联系起来。总之，建构主义和建造主义共同阐述了个人理解自己的经验并逐渐优化与世界互动的过程[21]。

表 19.1　建构主义与建造主义的联系与区别

		建构主义	建造主义
联系		相信个人是通过建构知识来学习的	
区别	内部/外部	侧重内部的心理建构	关注建造"现实世界中"的物品
	抽象/具体	重视抽象	重视具体超过抽象
	个人/社会	把学习作为一项独立的活动	强调学习的社会本质
	自然情境/学校教育	关注自然情境中的知识习得	着眼于学校教育中的知识习得

四、建造主义的研究成果与实践转向

1985 年，佩珀特主持的媒体实验室在美国麻省理工学院成立，之后该实验室围绕学生设计教学软件、游戏等持续展开了理论与实践研究。本研究从建造主义专著和建造主义学术会议的角度，来呈现建造主义的研究成果与实践转向。

1. 两本专著

1991 年，哈雷尔（Harel）和佩珀特合作编辑出版了《建造主义》（*Constructionism*）一书。该书围绕教学软件设计、编程学习和建造主义学习等主题展开,呈现了1986—1990年期间媒体实验室在建造主义理论和实践研究方面的成果。书中详细描述了佩珀特和他的同事、学生在美国波士顿地区小学开展的以Logo为编程工具的教学软件设计系列研究——此系列研究体现了建造主义的内涵,关注学生通过设计进行学习和将设计活动融入学科学习,重点探讨了建造主义的学习成效和建造主义中的合作学习[22]。

1996年,卡费(Kafai)编辑出版了《实践中的建造主义:数字世界中的设计、思维和学习》(*Constructionism in Practice: Designing, Thinking, and Learning in a Digital World*)一书。该书包括四个相互关联的部分:建造主义观点、通过设计来学习、社群中的学习和学习系统,展现了20世纪90年代早期关于建造主义和Logo项目在理论研究方面的最新概念发展和实践成果,说明了新的计算技术如何转变人们对待学习、教育和知识的观念。在设计领域,卡费研究了小学生游戏设计策略的运用,发现大部分学生在设计程序时,会混合使用由上而下的设计模式和由下而上的摆弄方式[23]。

2. 学术会议

欧洲有一批学者非常认同Logo微世界学习环境所代表的促进教与学的建造主义方法,同时也提倡使用技术工具开展学习。20世纪80年代以来,建造主义者(如教师、软件设计师、哲学家、音乐家、艺术家等)每两年举行一次建造主义年会(最初称为欧洲LOGO会议),分享开发新学习环境的经验。2018年8月,建造主义年会在立陶宛召开,围绕"建造主义、计算思维和教育创新"这个主题,许多演讲和工作组报告都展示了基于建造主义的计算思维学习、编程教学、计算课程开发和物理计算方面的理论研究成果与实践成果,凸显了建造主义者对当前计算机教育的重视[24]。

五、建造主义对学校教育的启示

佩珀特是一位卓有远见的教育技术专家,早在1991年他就清晰地表述了建造主义——一种把个体、社会、知识、物品、工具等各要素进行有机融合的学习理论。佩珀特提出的建造主义既为我们重新思考教育,揭示现代学习观的丰富内涵,认识工具、媒体和环境在学习中的作用等提供了宝贵的精神和物质财富,也为我们思考如何在学校教育中开展建造主义学习、创设技术中介的学习环境与活动提供了有益的启示：

一方面,学校教育应重视创设技术中介的学习环境。佩珀特主张学生对计算机进行编程,而不是计算机被用来对学生编程。而学生对计算机进行编程,正是一种建造主义学习方式,即学生使用技术中介的学习环境,设计他们自己的"用来思考的对象",开展实验、探索和表达,并通过与学习物品、知识、同伴和专家等进行互动,积极建构知识,在崇尚创意、摆弄、探索、搭建和展示的学习文化中不断成长。

另一方面,学校教育应鼓励开展建造主义学习。建造主义的核心思想可以归结为一点:通过建造理解一切[25],即当学习者通过搭建物品并与他人分享来建构他们的理解时,学习最有效。今天的学校教育有必要重新认识建造和学习之间的关系,倡导一种幼儿园式的学习方式,即让所有年龄段的学生用自己的双手和五官,借助技术中介的学习环境,在玩乐中使用从低技术到高技术的各种材料和工具,通过"重新创造"来理解这个世界,在好玩、富有想象力、对个人有意义的活动中,以学习者兼设计者的身份去设计物品、建构知识,并尝试跨越学科界限,将艺术和设计、科学和工程等进行有机融合[26]。

参考文献

[1][4][9] Martinez S L, Stager G. Invent to Learn: Making, Tinkering, and Engineering in the Classroom [M]. Torrance: Constructing Modern Knowledge Press, 2013:11 - 40.

[2][20][22][23] 许惠美. 美国初等教育中建造主义实践之初探[EB/OL]. http://www. nhu. edu. tw/~society/e-j/97/I5. doc.

[3][10] MIT Media Lab. Professor Emeritus Seymour Papert, Pioneer of Constructionist Learning, dies at 88[EB/OL]. http://news. mit. edu/2016/seymour-papert-pioneer-of-constructionist-learning-dies-0801.

[5][7][11][16][25] Harel I, Papert S. Constructionism [M]. New Jersey: Ablex Publishing Corporation, 1991:1 - 11.

[6] Papert S. Mindstorms: Children, Computers, and Powerful Ideas(2nd edition)[M]. New York: Basic Books, 1993:63 - 68.

[8][14] Donaldson J. The Maker Movement and the Rebirth of Constructionism [EB/OL]. http://hybridpedagogy. org/constructionism-reborn/.

[12][13][15] 基思·索耶. 剑桥学习科学手册[M]. 徐晓东,等译. 北京:教育

科学出版社,2010:44 - 58.

[17] Thornburg D. From the Campfire to the Holodeck: Creating Engaging and Powerful 21st Century Learning Environments [M]. San Francisco, CA: Jossey-Bass, 2013:78.

[18][21] Ackermann E. Piaget's Constructivism, Papert's Constructionism: What's the Difference [J]. Future of Learning Group Publication, 2001 (3):438.

[19] Kafai Y B, Resnick M. Constructionism in Practice: Designing, Thinking, and Learning in a Digital World [M]. New Jersey: Lawrence Erlbaum Associates, 1996:25 - 36.

[24] Dagienė V, Jasutė E. Constructionism 2018 Constructionism, Computational Thinking and Educational Innovation: Conference Proceedings [EB/OL]. http://www. constructionism2018. fsf. vu. lt/file/repository/Proceeding_2018_ Constructionism. pdf.

[26] 米切尔·雷斯尼克.终身幼儿园[M].赵昱锟,王婉,译.杭州:浙江教育出版社,2018:9 - 38.

20

学习研究的转向与学习科学的形成 *

冯　锐　任友群

　　学习问题一直是人类长期的研究主题,历代圣贤哲人与学者都曾研究过学习问题。19 世纪末,在心理学以科学姿态独立以后,人类对学习问题有了科学的认识。那为什么又在 20 世纪后期形成了学习科学这一新的研究领域呢? 学习科学对于学习的研究有哪些超越和新的认识呢? 对这些问题的回答有助于解决人们对于学习科学认识的困惑,也有利于引导人们更为科学地把握学习研究的进展,更多地创造学习的机会,促进人类学习的科学化发展。

一、学习研究的困惑与转向

　　人类对学习现象及其本质规律的探索历史是很久的,但对学习进行科学研究的历史却是短暂的。19 世纪中叶科学技术迅猛发展,科学主义的强大思潮充斥着学界,主导着人们对于世界的认识。人们推崇科学、追求客观知识成为一种主导价值观念,心理学正是在这样的背景下脱离哲学而独立发展起来的。尽管心理学在其发展之中有其对人文价值的追求,倡导关注人的感性生命、关注人作为社会存在所具有的社会属性及其所表现出来的整体性,重视人的非理性认识能力,可这只是开辟了人文思想主导下研究人类学习的可能

＊ 原文发表于《电化教育研究》2009 年第 2 期。

性,像走上人文主义道路的格式塔心理学、人本主义心理学一样由于缺乏实证性的检验和支持,人文主义心理学知识的合法性往往缺乏一致的共识和应有的重视,成了非主流心理学。而科学主义推崇人的心理和行为研究要运用客观实证的方法,这就赋予了科学实证解释和解决人类心理问题的合法性。因而,科学主义、实证主义变成了心理学的主流研究范式。应该承认,科学主义、实证主义对学习研究摆脱猜测、转变为科学是有重大贡献的,从行为主义开始,实证主义的观点与方法已经深深地影响了心理学家对学习的研究。"行为主义认为学习研究的真正起点应该是人类的学习行为,因此,积极主张研究必须限定在可以观察的行为和可以控制的刺激条件上,从而把学习定义为一种在刺激与反应之间建立联结的过程。"[1] 随后的认知心理学也继承这一思想,大部分认知心理学家也把学习研究指向认知过程的实证分析上,以计算机模拟、精制实验控制和客观观察法等方法分析认知过程,并把对认知过程的研究局限在经验的范围内。

学习研究是关于人的研究,而非物的研究,人的学习心理具有自然性、精神性和社会性等复杂属性。坚持科学理性的思想和认识、方法,并不能形成构建真正解决人类学习问题的理论体系,而且还使人类学习的研究陷入了还原论、决定论、普适主义、客观主义、价值中立、方法至上的境地,一是无法回答学习心理现象的社会文化植根性问题,二是造成学习研究脱离人们的日常学习和生活意义。高文教授指出:"传统的学习理论至少存在四个有争议的问题。一是传统的学习研究者通常只把学习看作是学习者头脑中的一个内部过程来研究,忽略了真实世界对于人脑开发的影响,无视人在真实世界中的学习;二是传统的学习理论将'学习'从人类活动中区分出来;三是传统学习理论,包括知识的传播、迁移或内化,都暗示着知识的一致性,并由此片面强调学习是对现存知识、显性知识的获取,却无视实践中出现的新知识、隐性知识与默会知识,也不承认在实践中,一切有意义的印痕、多样化的活动、不同的目标和情境,在特定情形下通过一个关联的事件都可以构成认知与学习;四是传统学习理论涉及的仅仅是个人的学习过程,却无视学习的社会文化脉络以及学习过程中的社会性协作。"[2]

在 20 世纪 70 年代,心理学界就有学者开始对科学认识主导下的心理学研究提出质疑和批评。美国心理学家吉尔根指出,人的心理不同于自然科学所研究的物质,人的心理是历史的产物,随时间、地点、文化、历史的不同而不同,缺乏一般物质所具有的那种相对稳定性。美国心理学家萨姆森(E. E. Sampson)分析了两种心理科学模式,指出心理学不可能摆脱社会文化、意识形态和价值观的影响而研究抽象的、一般的和普遍的心理机制和规律,因为人的心理、意识总是产生于一定的历史文化背景下,具有特定的社会文化内涵。[3] 显然,有关人的学习研究从 20 世纪 70 年代发生转向,一方面,研究者试图突破实验室和学校教育意义上的学习研究,开始将目光转向实验控制之外的自然与社会文化情境下的真实学习,专家学习、儿童学习、日常学习、工作场景中的从业者学习、传统学徒制学习等都被纳入了学习的研究领域;另一方面,研究者试图摆脱价值中立和普适主义的束缚,放弃对学习抽象的、普遍的、永恒真理的追求与发现,转而走进学习现场和实践场景,聚焦于特定实践领域学习事件中人和物的对话,依赖"实践理性"来寻求对学习活动有价值的、局部的科学诠释。

学习研究的转向正是发生在科学主义和人文主义两种价值冲突与融合的大背景下,研究者认识到学习既是个体感知、记忆、思维等认知过程,也是根植于社会文化、历史背景、现实生活的社会建构过程;学习既是个体在内外环境统一过程中心理结构及其行为的形成过程,也是个体心灵成长所依赖的神经生物机理成熟与发育的过程。而且研究者逐渐认识到,学习不是存在于人的生活之外的一种客观实在,而是人的生存方式、生活方式,学习活动应该是主体为了认识世界、体验生活、感悟生命而积极建构知识、实现自我不断发展与完善的活动。[4]这就要求在学习研究过程中,既要从个体本身寻求行为和心理、生理机能变化的学习解释,也要从社会文化、现实生活去揭示人的行为与心理变化规律。

二、学习科学的形成与发展特点

从 20 世纪 70 年代开始,来自认知科学、神经科学、脑科学、计算机科学等领域的一批研究者站在共同的出发点上通过多元化的方法,从不同视角去实现对学习本质和规律的新认识。1987 年,罗杰·尚克(Roger Schank)在美国西北大学成立了学习科学研究所(ILS),聚集了许多对学习科学感兴趣的非常好的认知科学家们来充分合作,研究学习和通过电脑来促进学习。同时期布朗、格里诺(Greeno)和施乐公司首席执行官卡恩斯(D. Kearns)共同建立的施乐学习研究所,推进了关于学习的情境观点,用互动分析等方法研究真实情境中的推理和学习;美国温德比尔特大学成立了学习与技术研究小组,把认知科学的成果运用到基于技术的课程材料的开发上,开发了著名的贾斯珀(Jasper)系列的学习项目。1991 年,《学习科学杂志》创刊,它成了学习科学研究专家关于学习和促进学习"有重大启发性观点(big ideas)"交流的很好平台。2002 年,国际学习科学协会(International Society of the Learning Sciences, ISLS)成立。当诸多领域的学习研究者聚合在一起,对有关学习的一些基本事实达成一致,形成了一些相对独特的方法论,并积累了若干成功实践之后,学习研究走向了客观、开放、应用研究的科学发展道路。

1. 学习科学持有科学的研究方法

传统的学习研究所面临的问题和困境在于机械地、教条地采用了自然科学的科学观和方法论。而与以往学习研究所不同的是,学习科学持有本体论意义上的严格方法论和假设检验体系,包括建构主义认识论影响下的研究方法论和方法系统,以及基于设计科学、实验和技术的多样化的实证手段。学习科学研究者仍然通过客观实证的科学方法来研究学习,不同的是在运用的范围和对象上有所选择,如在研究人的认知过程、智能和智能系统、大脑和心灵内在运行机制中使用了计算机建模、神经网络、微电极技术、生化分析技术等。而且还以更为开放的研究态度吸收了现象学、解释学等哲学取向中的科学观和方法论观点,积极运用了适合于人文科学的质性研究方法描述和解释了人在学习中社会、文化与认知发展的同一性、意向性、整体性,寻回了学习中的人性、心灵与意识。"学习科学的研究者越来越致力于寻找一种整合的解释方法,而不是从某个单一的角度,来对人类的学习作出整体性的解释;与此相适应,研究方法也需要适应这种整合的观点,而不仅仅是控制某些变量后对局部变量的观测。"[5] 所以,学习科学专家吸收和借鉴了其他学科的理论与方法来创新和完善学习研究,例如将生态学、社会学、工程学方法与实验室研究结合起来,通过对现实场景设计干预来实现对所发生的学习和认知进行科学理解。"设计研究"就是吸收和融合了多学科的质性和量性方法而革新创建的学习研究范式。学习科学家们目前正在追求对不同情境下的学习发生机理的合理解释和科学建模,以便为技术支持的适应性学习及研究提供更为直接的理论基础,如广泛考察了儿童如何在非学校环境中学习、学徒如何在工作中学习、在缺乏正式学校教育的非西方社会里学习又是如何发生的,等等。赫钦斯(E. Hutchins)的航海研究、海斯和卢夫(C. Heath & P. Luff)的伦敦地下控制室研究、萨其曼(L. A. Suchman)的办公系统研究,还有休斯(J. A. Hughes)等人的空中交通控制中心研究等都揭示了学习的分布式认知、社会认知与情境认知特征。索耶采用互动分析法记录和分析学习者之间的关系、互动类型和历时性的变化,学习者参与实践的过程及历时性的变化以及个体学习等。莱夫和温格用人类学方法对助产士、裁缝、军需官、屠夫和戒酒的酗酒者的学习过程进行研究,他们以对这些人的学习发生过程的现场深描和结构化分析为基础,勾勒了学习者在这个合法的边缘性参与过程中,在认知、实践能力和身份上发生的转变。[6] 所以,学习科学对学习的研究是科学主义与人文主义价值观的融合,它在寻回人文科学的价值和方法的同时,并未彻底否定科学主义的价值和方法论的合法性。按照克罗德纳(Kolodner)的观点,"学习科学是一门设计科学、一门集成科学、一门社会认知科学、一门描述性科学和一门实验科学"。[7]

2. 学习科学具有宏大的研究视野

学习的研究实质是关于人的研究,人既是一个自然生物体,也是一个复杂社会成分。任何单一维度的理论模型都难以科学解释真实情境中的复杂学习现象,而且过去诸多学习理论模型都是在脱离复杂学习境脉后得出的"纯洁"理论,一遇到真实的学习场景都会失去应有的解释力、公信力和指导力,即便是看似简单的学校课堂学习也是如此。因此,诸多学习科学专家把学习研究置于宏大的视域下,开始超越心理学微观层面的学习研究,从脑科学、知识社会学、社会文化学、语言学、人类学、生态学、知识工程与人工智能等视角构建学习理论和学习模型。脑科学是从人脑的结构和功能及其作用机理上展开学习之谜的研究,随着脑成像技术、微电极技术、生化分析技术的进步,人类对脑的机能、心理奥秘有了较深的了解,学习科学通过在心智、脑科学和教育之间建立桥梁,将脑科学的最新成果应用于学习之中,赋予其基于生命科学基础上的认知研究特征。认知科学作为探究人脑或心智工作机制的综合性学科,对学习研究产生了重要影响。学习科学仍然将认知科学中的许多重要概念作为自己的核心概念,比如,知觉信息的表征和处理、感知学习、内省学习、问题解决和思维等。学习科学家在吸收这些概念时,除了重视计算机对心理过程建模的影响外,同时也吸收认知人类学、情境学习、日常认知、生态心理学、分布认知和杜威的实用主义的理论观点和方法,将信息科学与现代语言学、神经科学的成果相整合,并将它们运用到仿真的和真实场景中的学习设计之中。工程技术学从工程学的角度研究了学习的技术实现和技术促进问题。生态学研究了人作为具有生命特征的一个生态因子,与生态环境之间的作用机理和发展规律。萨莎·巴拉(Sasha Barab)指出:"学习科学是一门综合性的多学科研究领域,它利用人类科学中的多种理论观点和研究范式,以实现对学习、认知和发展的属性和条件的理解。"[8]这正是学习科学超越传统学习理论的又一价值所在,当诸多学科领域向学习及其相关问题展开多层次的研究时,这为人们深入且全面地认识学习、理解学习、促进学习奠定了坚实的基础。

3. 学习科学具有全新的研究内容

任何学习研究都无法回避"学习是如何发生的"以及"如何促进学习"这两个基本问

题。学习科学也是如此,学习科学对于传统学习研究的超越之处就是针对学习的复杂性,旨在通过对不同场景学习活动的跨学科研究,形成对导致最有效学习的个人认知和社会认知的全面理解,从而使教育者能够运用这些知识设计课堂以及其他学习环境,帮助人们更深入、更有效地学习。当多学科的视点聚焦在人类学习机制、原理、规律、方法,并相互融合达到一致的认识时,其研究内容必然会发生变化。正如索耶指出的:"学习科学家研究多种场境中的学习,不仅包括学校课堂中较为正式的学习,也包括发生在家庭中、工作中和同伴间的非正式学习。学习科学的目标是更好地理解产生最有效的学习的认知和社会过程,并运用这方面的知识去重新设计课堂和其他学习环境,以让人们更深入、更有效地进行学习。"[9]

学习科学的目的不仅是探讨对"学习的解释",而且还要探讨利用新途径和方法发掘人类的学习潜力,促进深入和持久的学习。构建适用性学习环境,促进深入和持久的学习是学习科学研究的又一个重要内容。"在一个学习环境中到底发生了什么,它是如何有助于学生表现和改进的? 这一问题始终贯穿在学习科学研究的历程中。"[10]学习科学的研究者一直在致力重建课堂及其他学习环境,使人们的学习更为深入、更为有效。"一些研究者致力于学习环境的特殊要素:软件设计、教师扮演的角色、每一个学生完成的特殊活动。其他研究者把学习环境当作一个系统,聚焦于更加真实的问题——学生从教师、计算机软件或其他学生方面获得多大支持? 我们如何才能创建出学习共同体文化? 我们如何设计促使学生产生学习动机并保持他们投入和参与学习的材料和活动。"[11]

通过技术改善人类学习绩效,这是学习科学的又一个关注点。为了实现技术对学习的支持,学习科学的研究群体持续探讨了多种学习境脉下的技术支持,而且,通过技术改变提高学习绩效在许多方面取得了成功,例如计算机支持的合作学习、计算机支持的协同工作(CSCW)、基于案例的推理、基于模型的推理、模拟仿真学习等,这些成功实践的案例引发了人们基于技术对学习的新认识和新思维。索耶在《剑桥学习科学手册》中指出使用技术改变人类学习绩效的基本原则和重要思想:"为学生的深度学习提供支架,将内隐知识外化和阐明,对深度理解进行反思,并加以元认知,建构从具体知识到抽象知识的过程。"[12]学习科学对于技术支持学习的认识,其重要变化是走进技术应用的教育现场或实践场景,把目光投向学习过程中特定技术与人的相互对话与磨合的过程,把技术与人的关系放在具体的地域和历史情境中研究技术的学习促进问题,实现了技术理性的过程性价值思考。

三、结束语

学习科学作为一个学习研究共同体,坚持科学主义和人文主义研究取向的融合来建构学习理论体系,吸收多学科的思想模式和方法研究人们在多种场境中的学习,更好地了解学习本身以及怎样更好地促进学习和怎样更有效地促进学习。这是对学习研究的继承和发展,更是对传统学习理论的修正和超越。对于学习科学研究者而言,研究不同境脉的学习规律、发现具有重大启发性的观点,并通过创造性的方式来促进学习,这是一项突破性的工作。也就是说,学习科学不仅要关注学生如何学习,而且还要关注学生如何深入持久地学习,并通过对学习的理解来设计学习软件和开发课程材料等,把设计变成产品,这是学习科学实践共同体未来前进的重要方向。克罗德纳在《学习科学:过去、现在和未来》一文中指出:"学习科学家将把他们在学习理论、教育方法、合作学习、应用技术、基于学习的设计方面的专业知识和他们关于软件在学习中的作用等构想引入到实践中,为所有的参与者提供成长的机会。"[13]

参考文献 ••

[1] 胡庆芳.学习科学发展的历史轨迹概论[J].当代教育论坛,2006(1):27 - 29.

[2][4] 高文.人是这样学习的——有关学习研究对象的拓展[J].全球教育展望,2005(11):45 - 49.

[3] 车文博,许波,伍麟.西方心理学思想史发展规律的探析[J].社会科学战线,2001(3):41 - 52.

[5] 赵健,郑太年,任友群,裴新宁.学习科学研究之发展综述[J].开放教育研究,2007(13):15 - 20.

[6] 莱夫,温格.情景学习:合法的边缘性参与[M].王文静,译.上海:华东师范大学出版社,2004:1 - 3.

[7] 赵建华.学习科学与教学系统[J].外语电化教学,2006(8):9 - 16.

［8］ Sasha Barab S A. Using Design to Advance Learning Theory, or Using Learning Theory to Advance Design ［J］. Educational Technology, 2004 (3):16 - 19.

［9］［12］ Saywer K. Introduction: The New Science of Learning ［A］. The Cambridge Handbook of The Learning Sciences ［C］. Cambridge: Cambridge University Press, 2006:5 - 6.

[10]［11］ Saywer K. The Cambridge Handbook of The Learning Sciences ［M］. Cambridge: Cambridge University Press, 2006:10,11.

[13］ Kolodner J L. The Learning Sciences: Past, Present, Future ［J］. Educational Technology, 2004(3):34 - 40.

21

学习科学的方法论革新与研究方法综述 [*]

杨南昌　刘晓艳　曾玉萍　李　晶

兴起于 20 世纪 80 年代末 90 年代初的学习科学,二十余年来以其不断涌现的有关学与教的创新研究,迅速成为当今教育革新的重要推动力,在教育领域的影响力与日俱增,令人瞩目。这一新兴的研究共同体始终以革新者的宽阔视界和包容姿态,共享着学习研究的基本立场,融合着多领域的研究理论与方法专长。他们似乎找到了创新学习研究的方法论利器,重新拾起教育研究长期丢失的一把钥匙,打开了阻隔教育理论与实践的互通大门。也正是方法论的革新,有力助推了学习科学的迅猛发展。

一、新学习科学的研究立场与革新主题

《剑桥学习科学手册》主编索耶[1]在该手册开篇将学习科学称作研究学习的新科学(new science of learning)。之所以称其为研究学习的新科学,其旨意在于超越传统学习理论的实验研究范式的局限,将认知神经科学、教育学、计算机科学、人类学等多个领域的研究者聚集在一起,建立一个跨学科的研究共同体。这个共同体首先需要建立在对基本的学习观点一致理解的基础之上,如强调深度的概念理解;聚焦学生的学习过程并关注教学技术;关注创建帮助学生获得深度理解的学习环境;强调基于学习者先前知识建构新知识

[*] 原文发表于《开放教育研究》2011 年第 6 期。

以及反思的重要性等。它的研究直指教育实践,直指仍盛行于当今课堂中的具有工业时代烙印的授受主义教学(instructionism),努力创建各种有效的学习环境以帮助人们学得更好。它从完全不同于教学科学的理论角度看待学习,强烈依赖于建构主义的认知科学(比如认知人类学、情境认知、日常认知、生态心理学、分布式认知和杜威的实用主义),也强烈依赖于各种学习和意义获得的社会理论,即探究学习过程中的社会、组织和文化动力的社会认知、活动、动机等理论。代理(agency)被看作合作建构群体心智模式的群体特征[2]。所以,"学习是知识的建构""学习是意义的社会协商""学习是实践的参与"成为学习科学研究者共享的有关学习的基本隐喻[3]。因而,学习环境的设计与研究成为学习科学领域重要的研究主题。

传统的学习研究大多集中在动物学习、实验室去情境和控制环境下人的学习以及机器的学习研究上,由此对应的是行为主义的行为研究、认知科学研究和人工智能研究。学习科学综合了多学科、多领域的研究优势,大大拓展了研究内容。它围绕社会境脉、认知与设计三大要素,逐步形成了人类学和社会学取向的以社会境脉为焦点的研究、认知神经科学取向的以认知为焦点的研究、技术和教育学取向的以设计为焦点(学习技术设计和学习环境设计)的研究[4],试图为学习提供全面而丰富的理解。从《学习科学杂志》(1991—2009 年)19 年刊发的 265 篇研究论文分析来看,上述三大方面的研究,各有其不同的关注点。

以社会境脉为焦点的研究主要探讨真实情境中的教与学,而非局限于传统的实验室研究。研究主题主要有情境认知、基于社会文化观的学习与交流实践以及建构主义的实践研究,涉及的内容包括知识建构与集体实践、实践共同体、学习中介(人工制品、话语、辩论、表征、镌刻系统等)以及社会境脉中知识和学习的特性研究等。

由于学习科学脱胎于认知科学,后者中的很多重要概念仍然成为学习科学研究的核心概念。因而,以认知为焦点的研究中仍包含诸如元认知、记忆、动机、类比、推理、迁移、表征、专长知识、反思、问题解决、思维等传统认知科学中的概念。但是,这些研究广泛地建立于建构主义的认知学科或社会认知的基础之上,重在明确不同阶段、不同情境下的学习发生机制。这部分研究还延续了人工智能的研究传统。但学习科学的研究焦点已从关注机器本身对人类智能的模拟研究转变到关注机器智能系统对学习者的支持研究上来,比如智能导师系统、适应性学习系统等。除此之外,学生和教师的认识论、信念、观念与学习的关系和影响成为这一领域新的研究主题。

以设计为焦点的研究主张通过设计活动将已有的学习研究成果运用到真实教学情境中,从而改善教与学的效果,这是学习科学有别于传统学习理论研究的重要特征。从技术的研究取向来看,学习科学非常强调技术对学习的支持作用,此部分的研究主题重点探索支持学习的各种技术设计,如计算机支持的协作学习、在线学习、移动学习、可视化、虚拟社区以及技术增强(technology-enhanced)的学习环境等。这些研究总是将技术设计置于学习环境中加以研究与讨论,它不是纯粹的技术中心的设计研究,而是学习者中心的设计研究。教育学取向的设计研究与课堂学习关系最为密切,致力于探讨促进学习者有效学习的各种学习模式和教学策略方面的支持性设计,如基于问题/项目/案例的学习、合作/探究学习、目标导向的学习、支架支撑的学习、设计式学习(learning by design)以及一些具体支持性工具、方法和资源的设计等。这些研究主要集中在科学与数学学科领域。

学习科学大大拓展了学习的研究对象,不再局限于实验室中的个体学习和学校场所中的正式学习。在学习科学研究者们看来,学习随时随地都有可能发生,情境是学习发生的根本属性,离开学习发生的情境或社会境脉来研究学习是不可能的。他们更加关注真实情境中的学习,这种真实可以是现实中的自然情境,也可以是信息技术构建的逼真(authentic)学习环境。因此,妈妈怀中的婴儿、博物馆中的儿童、日常实践中的从业者、玩多米诺骨牌的老人以及实验室里进行知识建构的科学家等,这些各种真实情境中的学习者都是学习科学家热衷的研究对象。他们希望通过由此获得的丰富的学习理解来重新审视和革新学校中的正式学习,把正式的学校教育和学生可获得的其他学习机制紧密结合起来——这些学习机制包括发生在图书馆、科学中心、博物馆、课外俱乐部的学习,在家里便可以获得的在线学习,甚至是发生在学生和专家之间的协作学习等[5]。

二、设计研究:学习科学研究的方法论革新

当学习被置于更广泛的理论视野、场景、对象与内容中来考量和研究的时候,作为科学研究黄金标准的控制实验就不再适合了,一场方法论的革命在所难免。研究者开始走出实验室,将自然情境和社会交互作为重要因素纳入他们的研究当中。不仅要考察自然发生于现实世界中的学习与认知,还要考虑教育的实践和应用特性,需要将研究置于实践中,通过设计和开发新的工具、课程以及整个教学方案,以系统理解发生于其中的学习并由此推动教育实践的发展。在这种研究活动中,设计与研究、理论与实践从来没有像今天这样联系得这般紧密,一种新的有别于传统认知科学的学习研究范式——设计研究

(design research/design-based research)迅速发展成为学习科学的重要方法论，成为这场学习研究变革的最显著特征。

这种新型研究人类学习的方法论是一种弹性系统的方法论，旨在通过设计工具、课程以及由此组成的学习环境作为教学的一种革新干预应用于实践，以潜在影响自然情境中的学与教并对其作出阐释。它通过设计、实施、评价、再设计的迭代过程产生基于证据的设计理论，并以此促进持续的教育革新。一般来说，设计研究的起点是教育实践中重要的有意义的研究问题，首先对实践情境和文献进行广泛考察，界定研究问题，在现有研究的理论基础上建立新的理论推测或设计原型，然后将设计原型具体化（embodied）于实际的系统干预中，在此后多次迭代的设计、实施与评价中，情境相关的设计理论得以涌现并得到迭代精制[6]。

（一）设计研究的方法论逻辑

设计研究之所以被称为一种革新性的研究方法论，在于它将设计看作一种探究人为世界的重要方式，有其整合设计与研究的内在逻辑和独特的认知逻辑。

美国著名经济学家、认知心理学家西蒙（Simmon）[7]认为，这个世界本质上是"设计的"世界，人类设计的"人为事物"（artificial things）加上大自然缔造的自然事物一同组成了我们这个错综复杂的世界。在科学中，我们或者通过归纳推理来从具体特定（particulars）推导到普遍（universal）结论，或者借助一般原则用演绎的方法解释特定现象。它关注现已存在之物，探究自然之真实（the true），是一种"发现"（discovery）的逻辑，追求的是普适的或一般意义的真知，本质上属于人类认知的理论思维。设计是创造未有之物的活动，创造的结果产生了围绕在我们身边的实在（the real）环境。它是一种"发明"（invention）的逻辑，关注特定情形中的特定之物，本质上属于工程思维。传统上，人们习惯将科学研究和设计置于人类诸多探究方式分类的两极。设计研究的重要特征就在于消除了设计和研究之间的界限，发明（创造实在）和发现（探究真实）、理论思维和工程思维集中在斯托克斯（Stokes）所称的应用激发的基础研究象限中，成为联合统一的有机体（如图21.1所示）。以下我们将对它所表述的逻辑关系进行说明。

在人文社会学科的研究中，人们常常意识不到这样一个问题：自己究竟是在探究事物的道理还是在绘制生活的蓝图？由于在理论研究活动和实践的工程设计活动中不能很好地作出认知思维的区分，他们常常犯理论思维和工程思维相互越界的错误：用理论直接指导社会实践，导致理论思维所设计的工程无法实施，从而抱怨理论无用，进而转向庸俗的

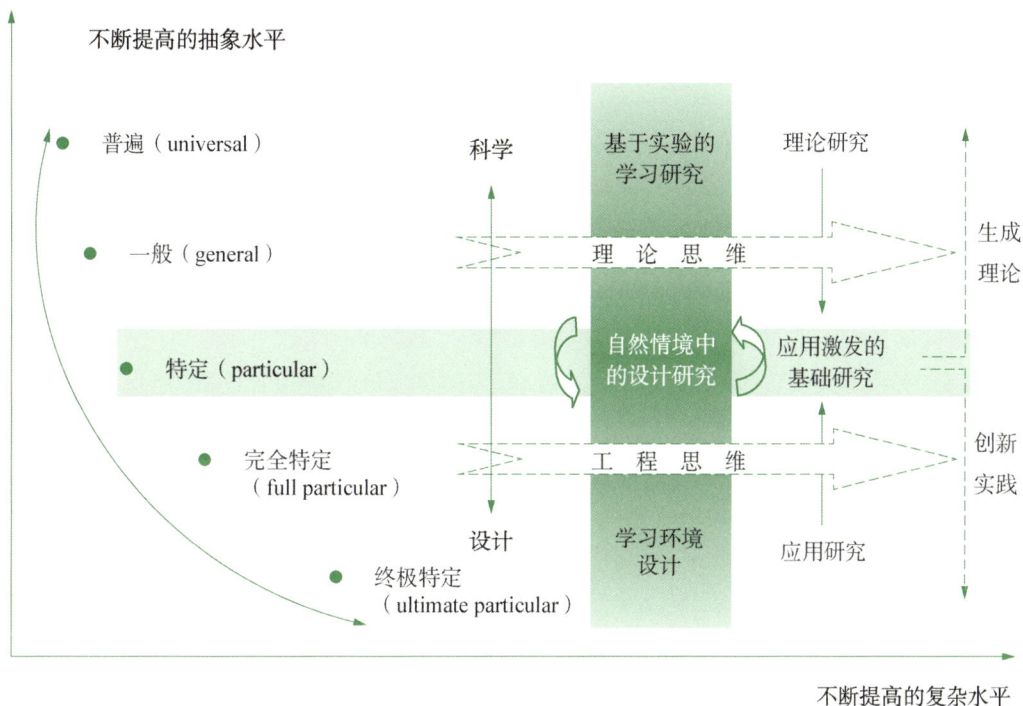

图 21.1　设计研究整合科学与设计的方法论逻辑[8]

实用主义理论观,认为理论只有按照工程设计的需要来构造才会有用。这又导致用工程思维取代理论思维构造理论的越界,产生的理论以工程主体某种主观价值为转移,而不能自觉服膺道理的必然性[9]。

虽然设计研究具有发展理论和推动实践的双重目的,既涉及理论建构又涉及工程设计活动。但是,在设计研究中,理论不是直接进入实践,理论、实践(问题)和新的理论之间加入了作为中介桥梁和核心工作的设计活动。并且,设计研究者怀有对"可用知识"的追求宗旨,"可用"的判断标准首先体现在研究行动是否推动了教育实践的改进。因而,工程取向的设计活动优先于理论发展活动,实践的逻辑是发现(理论)的逻辑的前提。只有创造了新的实在(革新现实教学实践的新的学习环境),才能从现存(设计的)实在中发现真实(the true)——"可用的"新理论。在整个设计研究过程中,理论与实践工作两者相得益彰,各得其所。

我们先来看设计研究的实践工作。学习科学的实践突出表现为有效学习环境的设计与创建,并且必须建立在现有理论的基础上。但是,由于每一个设计的学习情境都是独特的,存在各种复杂的特定因素,每一种理论只能解释复杂学习情境中的某一个侧面,应用于探究普适真知的科学方法也就不能决定创造独特之物的设计过程。因此,设计研究在经过广博的理论思维的考察之后，不能直接进入教学实践，而是交给工程思维，由工程思维将各种理论和价值非逻辑地复合在一起，并据此设计出工程的完型（理想的设计原型）。设计原型在设计研究中起着非常重要的作用，它是设计活动实践前的工程思维的结果。进入设计活动，理论思维自觉交予工程思维，确保了学习科学研究所从事的是理论驱动的学习环境设计，确保设计行动的革新性和实践的可行性，在保证实效的同时大大降低革新风险[10]，才可能将相关科学知识的抽象性从普遍、一般逐渐过渡到特定、终极特定的设计中[11]。设计研究由此顺利完成理论驱动设计进而革新实践的任务。

另外，设计研究还肩负着发展理论的重任，需要从"特定"的设计实践回到"普遍"的理论建构活动——从设计的特定学习情境中对设计原型所包含的设计理论与原则进行迭代修正与完善，并关注这个过程中涌现的有关学习的新理解（新理论）。一般来说，学习科学家所从事的一个完整设计研究项目通常需要在一个特定境脉下花费较长久的努力，具有"境脉限定"（context-bound）的特性，这使得它生成的设计原则和对学习的相关理解通常不能在"境脉无限"（context-free）的推广中作出努力[12]。因而，正如巴拉布（Barabs）[13]所说，设计研究的重要目标在于提升"境脉中的理论"（theory-in-context），不一定要指向推广。如果要指向推广，设计研究就需要在多个不同境脉中对同一主题进行研究，并得借助被称作黄金标准的实验研究进行大规模的对照试验，以检验效果，为革新推广作最后的准备。但是，对照医学复杂干预研究框架中的五个研究阶段[14]，索耶[15]认为，从目前的学习科学研究总体情况来看，很多学习科学研究项目仍处于前临床（理论阶段）和第一阶段（建模阶段），一些更完备的研究正在进入第二阶段的探测性研究。只有少部分研究，比如安德森（Anderson）等人的认知导师项目研究（不过他们的研究已经进行了二十多年）已经进入了第三阶段，即相对比较成熟的研究在该阶段进行一些大规模随机控制实验。几乎还没有成熟的研究进入到第四阶段——持续评价与大面积推广阶段。考虑到进行实验研究很昂贵，在设计研究的每一个迭代阶段都进行实验也不切合实际。学习科学作为一个新兴领域，还处于它的婴儿期，还在开发着未来的学习环境。在这些初期阶段，混合的方法和具有革新意义的设计实验也就更为合适。

综上所述，设计与研究是一种生成性的、演进性的、适应性的，能建立和检测学习模式的真正协同过程，在开放的、参与性的、创造性的问题解决情境中，知识的创建与理论的涌现就如"烟升于火"（如图 21.2 所示）的关系[16]——如果将理论看作烟，设计的人工制品（学习环境）看作火的话。假如只是在设计教学方案，那你只做了教学设计的工作。假如持续围绕某个主题，并有所反思地不断推动设计实践，那你只做了教学设计的行动研究。只有将两者紧密结合，进行理论驱动的学习环境设计，在应用激发的基础研究框架中完成理论发现和革新实践的设计（发明），这才算得上做了一项设计研究工作。

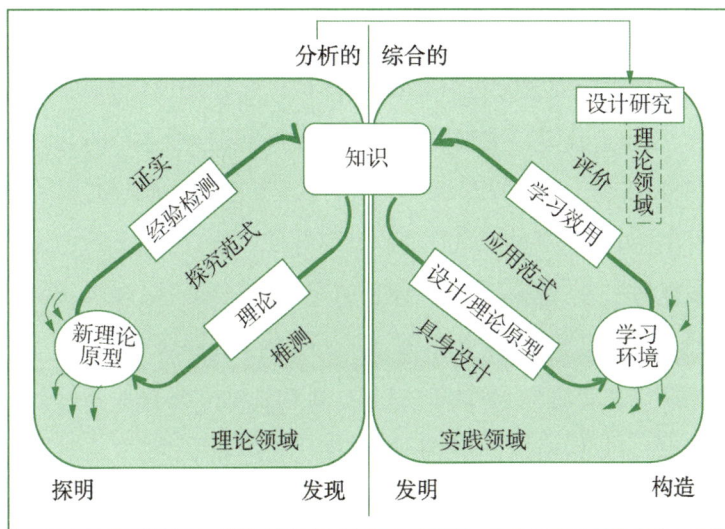

图 21.2　烟升于火——设计研究的知识创建[6]

（二）设计研究范式下的方法使用

作为一种革新方法论，设计研究并非单独的一种方法，而是一系列方法的集合[17]。凯利（Kelly）认为，参与"设计研究"的人应拥有共同的承诺（commitment），在使用设计研究时，首先要好好思考自己的研究目标，将设计研究工作对准教育场景中复杂的、长期的、重要的问题，更加关注创建、建立和精制一个可能提高在某些主题、教学或社会情境中的学习的干预。如果研究问题比较简单，又有现存的方法可以使用，那么就可以采用传统的方法和研究倾向。如果研究问题风险高，现有文献对研究所起作用不大，研究成果不确定，在大家对解决方案一无所知的情况下，那么考虑用"设计研究"来研究这个问题是合理的。重要的是，设计研究者先要确定一个有价值的问题，持有设计导向的、理论驱动的学习环境设计、迭代式的循证（evidence-based）研究等方法论观念，而采用什么方法则是一个依实际问题情境而定的问题[18]。

这样看来，设计研究在具体的实施策略上趋向于一种混合研究（mixed research）[19]，质与量的各种方法都可以在设计研究方法论的统一逻辑下整合使用。研究者在设计研究的不同阶段选择什么样的方法，需要根据阶段研究目标和研究问题作出判断。例如，班那（Bannan-Ritland）[20]的整合学习设计框架（ILDF），就根据不同阶段的引导性问题提出了几十种可应用的研究方法。首先,在广博考察阶段(informed exploration),对应"在理论、实践和市场中确认的差距/问题是什么?"等引导性问题,可选择的方法有标杆分析(benchmarking)、焦点小组座谈、表现/需要分析、访谈、专家调查、观察/角色建模、案例研究等。其次,在制定与实施阶段(enactment),对应"什么样的设计原则或策略可能是可应用的? 设计在多大程度上具身了理论模式?"等引导性问题,可选择的方法有任务分析、情境分析、设计者日志、专家评议、听众评议等。再次,在定域(local)的影响评价阶段,对应"实施的设计是可用的、有效的和相关的吗?"等引导性问题,可选择的方法有可用性检验、专家评议、观察或视频记录、访谈、形成性评价、前后测对比研究、准实验研究等。最后,在扩展的影响评价阶段,对应"影响创新扩散、采用和改编的因素是什么? 什么样的政治和文化适合参与者对创新的应用?"等引导性问题,可选用的方法有计算机日志文件分析、多地点访谈、调查和观察、数据挖掘、相关性研究、准实验研究等[21]。

从以上分析来看,一方面,准实验等量的常规研究方法,仍是设计研究迭代推进的阶段性效果评价的重要手段。但是,整合了多种数据收集方法的设计研究,其主要目标不在于产出普遍的证实的命题,而是寻求将研究见解变得可用、可行以产生影响学与教的人工制品或过程。另一方面,当设计、社会境脉和学习发生的机制性研究成为学习科学研究的中心,像互动分析、话语分析等面向真实情境学习发生过程的微观分析方法,以及像批判设计民族志这样的微文化研究方法,它也就自然越来越为学习科学研究者所青睐。

三、面向真实情景学习过程的分析方法

(一)互动分析:关注活动系统中的学习

互动分析(interaction analysis)是根植于民族志(特别是参与观察)、社会语言学、对话分析、人体动作学(kinesics)、空间关系学(proxemics)、行为学(ethology)、符号互动论、社会文化心理学等多学科的一种跨学科方法,它用来经验地(empirically)研究人与人以及人与其所在环境的客体之间的互动。互动分析的基本假设是,知识和行动的产生、组织及使用在根本上是社会性的,并且置身于特定的社会和物质生态中。因此,专家知识和实践被看作置身在所参与物质世界的特定共同体成员之间的互动中,而不是存在于个体的头脑中。研究则需要详细追踪在不同时间、空间,特别是自然发生的实践共同体成员间的日常

互动,以此获得理论化知识和实践的基本数据。互动分析实践者还坚信,不仅对于日常人类互动的参与者,而且对于通过录像观察这些互动的分析者来说,这个世界是可理解的和可觉察的[22]。研究需要将理论建立在经验的(empirical)证据之上,而证实的观察则提供了分析世界的最好基础。

由于互动分析与学习科学共享诸多一致的观点假设,因而学习科学一诞生,互动分析就成为它的重要研究方法。其中以乔丹和汉德森(Jordan & Henderson)于 1995 年在《学习科学杂志》发表《互动分析:基础与实践》为标志,掀起了学习科学研究中互动分析方法应用与研究的热潮。它主要研究交谈、非言语交互、人工制品和技术的应用等人类活动,关注人们参与共同的活动时,其行为的系统要素交互模式(人与非人的),界定参与者利用复杂社会和物质世界资源进行问题解决的常规实践和模式。除了要分析学习者之间的关系和互动模式外,互动分析还要分析学习者参与的实践(个体和小组解决问题的过程以及随时间发生的变化)。最后,在理解上面两类变化的同时理解个体信息结构的变化与认知的发生。这种整合的研究思路被美国学者格林诺(Greeno)[23]称作“情境观的方法”(situativity or situative perspective)。

格林诺所指的“情境观”综合包括活动理论、分布式认知、生态心理学、社会文化心理学等多种理论观点。他用情境观的方法将传统认知科学的个体信息结构分析和社会境脉中的互动分析整合起来,将个体的认知与一般的互动模式相关联,在活动层面理解人(个体和群体)的学习,分析的焦点也由此从传统心理学关注的个体转向活动系统。研究者通过分析学习活动中参与者交互的话语、手势、表情以及各种人工制品和表征系统,使得群体的思维可视化,所提供的证据帮助研究者获得了关于参与者的理解、目标、意图和预期等方面的信息,这些证据也为研究者提供了关于活动所产生和使用的符号学结构。正是凭借转录参与者学习活动的互动分析方法,我们才有可能理解社会性学习交流实践中的各种中介角色、实践共同体中的身份获得以及小组学习中的知识建构等一系列学习科学关注的研究问题。库伯等人[24]的研究,同时配合采用了关于共同实践的社会观点和关于参与这些实践的个体推理的心理学观点来分析课堂实践中的数学学习活动,为我们提供了综合互动分析和认知内容分析方法研究课堂情境学习的极好范例。

(二)话语分析:微观洞察中介学习的话语机制

自 20 世纪 90 年代以来,话语分析(discourse analysis)一直是在学习科学研究中占支配地位的方法。在过去的 20 年中,话语分析正在成为研究社会情境下学习的一个重要的理论视角[25]。从社会文化观点来看,对话是个体和群体之间学习的中介,知识首先是集体的和外在的,表现在对话中,然后再内在化。虽然一系列的研究表明了协作学习方式有助于学习,但是传统的研究方法无法分析它的动力机制。因此,如果要分析学习者在协作学习的对话交流中是如何进行意义协商、共享和知识建构的,就必须将话语作为分析的对象,进行话语研究。

这种话语分析方式实际上也被称为互动分析的话语模式,它源于 20 世纪 60 年代,主要是用来分析自然发生的对话——通常指学生参与他们正常课堂活动时所进行的谈话。一般认为,相互理解的会话机制是由至少两个说话者以及三个话轮(turns)构成[26]。因此,早期的研究者在传统课堂所进行的互动研究中,发展了一种针对授受式教学的常规话语分析程式——IRE 模式,即教师发起(initiation)、学生回应(response)和教师评价(evaluation),以一个个分割对话的"话轮",来分析教师和学生在这种基本的话语程式中即兴产生各种对话的方式,以及分析这些话语程式连接组成一个完整课时的方式。然而,在学习科学倡导的群体协作与互动参与知识建构的课堂学习环境中,共同体成员之间的互动方式与传统课堂中程式化的 IRE 话语模式是不同的,协作学习环境中的互动分析关键不在于分析对话之间的轮回结构,而在于关注话语在小组活动中如何作为意义建构的中介。现在,众多研究者除了关注参与者头脑中发生了什么,还尤其关注话语和交流作为外在可视的分布涌现的知识。

话语分析没有固定的分析模式,具体的操作形式多样。一般来说,研究者可以根据不同的分析焦点和研究问题,从现场获取的录音和视频资料中选择合适的话语样本(比如能追踪学习发生轨迹的话语片段或其中的关键事件),然后将这些事件片断分多时间段转录为文本,并对此进行编码和分析,最后得出结论。分析的内容可以从以下几个要素入手:情境——学习者进行协作学习的具体社会文化情境;结构——话语的语法或语篇结构;功能——话语所实现的具体功能;意义——话语所承载的具体内容和意义;中介工具——学习者在协作意义建构过程中中介话语过程的媒介工具、符号工具或人工制品等[27]。除了口头话语外,其他的非言语成分,如肢体动作、脸部表情等,以及言语停顿、打断、言语重复等对话的细微元素都有可能成为分析的内容,因为它们有可能是学习发生的信息表现。

总的来说,话语分析主要分为细分析(narrow)和宽分析(broad)两种取向。细分析一般不用编码,而是采用定性描述方法,期望意义从数据中涌现(扎根理论)。分析的内容包含对话和大量非言语成分的具体、微妙信息。细分析的记录费时费力,一般只能聚焦课堂复杂互动流程中的小片断对话,对话语现象共同性的概括低。但是,它的优势在于能揭示其他方法不能发现的隐含意义和认知能力,充分理解外在表征在协作学习中的中介作用,所描述的细节信息能为学习发生的机制提供纪实性的证据。宽分析主要是一种电影脚本式的记录，只记录说的话，省略了音量、音高、音长以及重复等言语细节。这种记录方式由此可能丢失大量的信息，但它结合了质与量的方法，能研究较大容量的话语，对普遍性的模式进行概括，并能在不同情境中进行比较[28]。

（三）行动相关事件的网络建构：捕捉场景中的代理

情境与分布式认知理论逐步替代了传统认知科学所提出的个体认知观点，知识不再被看作是存在于个体头脑中的稳固结构，而是一个分布式贯穿于识知者（knower）、识知（knowing）发生的环境以及学习者参与活动的过程中。学习、识知与情境脉络三者相互交织，共同构成一个整体。设计的学习环境不再被当作支持内容传输的背景，而被看作支持学习者参与轨迹发展的动态学习环境（dynamical learning environments，DLEs）[29]。研究者们开始将研究焦点对准"场景中的代理"（agent-in-setting）——动态学习环境中的活动主体和主体产生的积极行动，并把它作为分析单元，采用从短期（分钟）到长期（数月）的多时间段分析（multiple time scales）方法来研究人与环境交互的动态机制、情境中的认知以及学习发生和发展的轨迹。巴拉布等人[30]倡导的行动相关事件的网络建构法（constructing networks of action-relevant episodes，CNARE）就是这样一种现场研究方法。

CNARE 方法旨在捕捉和追踪一个实践活动、概念理解、资源或学生创建的人工制品所涌现、发展和扩散的轨迹。研究者可以界定来自复杂环境中的相关数据，然后将它组成一个行动网络，以阐明一个学习现象的发展轨迹。巴拉布等人示例了 CNARE 从观察到分析的基本过程。第一，通过直接观察和视频记录收集数据。第二，定义民族志组块（chunks），将原始数据组块成能识别的有意义的分析单元或节点，即所谓的行动相关事件（AREs）。第三，记录与组成每一个 ARE 的细节相关信息，即定义第二条所指的 ARE 事件的关键要素，并进行编码。第四，创建一个数据的可视化表征。记录每个 ARE 中每个发起者的持续时间，将它们抽取到有编号的圆圈中，然后可视化处理节点和链接，形成一个有序的数字图示。第五，选择某一个手边的问题、实践或资源作为示踪物。示踪物是指那些随时间变化而能被观察和追踪的事实、实践、学生作品或理解。第六，通过对所有相关节点涂上阴影、增加观察的链接和检查路径，对随时间变化的某一个特定示踪物的历史发展轨迹进行追踪。第七，重新对视频资料和节点描述进行检查，建立对该行动网络的解释。

四、批判设计民族志：改造学习者的微文化

最近十几年，学习科学研究者一直致力于从认知人类学、民族方法学、文化历史心理学、现象心理学、批判心理学和生态心理学中寻求合理的替代传统认知研究的方法，来获得对真实情境中学习的丰富理解。特别是人类学民族志方法的使用，对于帮助人们更加完整地理解实践共同体（学习和认知发生在日常生活和工作中）的学习起到了重要作用。

民族志方法被看作人类学的基本功，是质的研究中一个最主要的方法。它是对人以及人的文化进行详细的、动态的、情境化描绘的一种方法，探究的是特定文化中人们的生活方式、价值理念和行为模式[31]。但是，传统的民族志研究者主要寻求对特定社区文化状况的理解而不是改变，被称为"基础人类学研究"。因此，与传统民族志研究不同的是，在学习科学研究中，人们开始采用一种被称作"设计民族志或批判设计民族志"（critical design ethnography）的研究方法。这种方法涉及参与性设计工作，旨在改造和变革当地情境，同时产生一个能用在多个情境中的设计。一个设计民族志研究者不仅是参与的观察者，更是一个支持转变过程的变革代理者（change agents）[32]。

贝尔（Bell）[33]将这种设计研究称作"设计研究的文化人类学模式"。在这一设计研究中，研究者关注参与者的微文化（micro-cutlture），优先对教师和儿童创建的社会世界进行诠释。这种分析研究在基于实验室的研究范式中是不可能实现的，它通过微文化培育（可能通过参与设计或设计民族志方法）来促进设计的定域应用（local appropriation）。如果我们要更好地理解人们和他们活动的场景，除了从吸收认知和发展理论的精要观点来进行设计外，可能还需要通过干预获得关于特定场景中的扎根的文化理解。以往的教育人类学研究产生了关于各种场景中日常行动的丰富的描述，但是没有突显对这些情境或活动结构进行革新的设计特性。当下，积极地将民族志方法与设计连接起来变得愈来愈平常。在工作场景的研究中，在商业产品的开发中，设计与民族志方法相连接的案例也愈来愈多，并且不断渗透到教育场景的研究中。例如，巴拉布等人[34]在探究亚特兰蒂斯（Quest Atlantis）项目研究中就应用了批判设计民族志方法。在他们看来，批判设计民族志方法可采用五个步骤进行（如表 21.1 所示），这些步骤不是线性的或处方性的，而是交叉和迭代的过程。

表 21.1　批判设计民族志方法的五步骤[35]

步骤	描述/范例
1. 建立一个丰富理解	◆ 发展对特定情境的一个多层面描述,包括对在这些情境中将受设计影响的那些人的兴趣和活动之描述 ◆ 丰富理解的获得性:阅读利益相关者和他们所在情境的说明,或介入民族志方法来更好地理解在目标站点中的参与者和问题
2. 发展评判性责任	◆ 利用产生的理解发展一个社会批判和相关的责任,聚焦于转变个体和更大的社会生态系统 ◆ 通过与利益相关者商议、研究相关文献、检查相关媒体,分析第一步收集的数据等方式发展批判性责任
3. 将这些责任具体化到设计中	◆ 与当地和其他站点的人进行合作,以更好地理解他们的需要,以及个人的理解和批判性责任如何能在某个人工制品中得到例示 ◆ 通过与利益相关者商议、分析相关干预和分享形成性产品来引导设计决策
4. 对实施再境脉化	◆ 在新的站点中定域化地整合设计工作,利用所获发展人工制品,并使它能在新站点中有效应用 ◆ 通过分析新站点周围的媒体、与利益相关者商议、实际实施研究的方式来促进再境脉化
5. 理论贡献	◆ 从经验的和假设的现象发展到具有广泛解释力的陈述,由此促进知识的创建和应用 ◆ 通过界定文献的研究空白、分析相关项目结果、提炼所获以提升建构性理论

五、视频研究:可视化分析学习的发生

学习科学研究中的视频研究(video research)沿袭了人类学研究传统,在当今视频技术高度发达的信息时代,视频技术与各种学习科学研究方法结合起来,广泛应用于正式与非正式等各种场景的学习研究中。

早在 1973 年《影视人类学原则》(*Principles of Visual Anthropology*)这本首部有关社会科学中可视化表征应用的论文集中,人们对作为人类学研究重要手段的影视(film/video)就进行了系统化论述。其作者之一的玛格利特(Margaret Mead)认为,基于不同文化立场观点的研究偏见可以通过影视材料补偿。实际上,人类学实践和教育学研究有不少共性——都扎根于人们在进行思考、创造等行动时的所说所做。因此,人类学中的视频

研究方法传入教育研究中,并都从宏大叙事的观念转向聚焦当地的情境知识[36]。特别是近一二十年,高质量、买得起的普及型视频技术的快速发展,转变了关注学习科学的研究实践。因为新的视频技术提供了收集、共享、研究、展示和归档详细实践案例的强有力手段,以支持教与学,以及支持对这些实践的深入研究。如今的很多学习科学研究项目都包含了大量的视频成分。基于此,2005年11月美国国家科学基金会(NSF)召开了由众多相关权威学者参加的一个跨学科会议,寻求制定一个视频研究的指南,以帮助解决"什么是好的视频研究"这个议题。目前,视频研究的内容主要包括[37]:应用视频细致研究和观察正式学习环境(如教室)中的教与学,目的在于理解学习过程,并更好地设计正式学习环境;应用视频深度分析非正式场景(如博物馆和家里)中同伴和成人—儿童的互动,目的在于帮助研究者和开发者理解自然发生在各种情境中的非正式学习,并为学习构建更好的非正式情境;研究人们如何用视频作为学习工具(learn with)和从视频中学习(learn from),目的在于帮助研究者和教育者产生教育材料和方法,在设计的学习环境中将视频当作一种主要的工具来有效使用;为专业发展(如医学和教师教育)制作和应用视频案例,目的在于提供实践的表征,促进共享与讨论,以支持专业共同体内的学习。以上前两个方面的内容指的是研究的可视化,用视频作为研究学习的工具。后两个方面的内容指的是学习的可视化,用视频作为专业发展的学习工具。关于以上几个方面的视频研究的最新成果,目前主要集中在古德曼(Goldman)等人[38]编写的《学习科学中的视频研究》一书中。从研究方法的角度出发,该书主要关注前两个方面的内容。

由于学习科学是一个跨学科领域,在设计研究范式下可整合应用多种研究方法。因而,古德曼等人认为,视频研究实际上并非一种特殊的研究方法,它更像是一种通过提供详细记录和观察资料以增强各种学习科学研究方法的重要工具,是视频技术与这些方法的相互结合[39]。这些方法包括民族志、实验法、话语分析、互动分析、民族方法学等各种方法。此外,视频研究有纸笔记录、现场观察等方法无可比拟的自身优势,这也是它深受学习科学研究者青睐的原因。如与其他方法相比,视频研究可以捕捉到观察者用纸笔不能记录的细节和丰富数据;能为研究者再现事件,提供更接近真实事件的数据;收集到的原始数据可以被永久保存,这就使得不受限制的视听数字资源成为可能,为更大范围共同体的共享和合作研究提供了便利;能以慢速或快速方式播放,满足研究者检查记录的要求等。

视频研究的第一项工作是选择和拍摄视频资源。选择主要出自两种目的:一是把视频作为数据提取与分析的原始资料;二是把视频用作某些现象的叙述性解释,叙述的方法主要来自民族志。第二项工作是提取分析视频记录中的数据,这也是视频研究最为重要的工作。由于视频分析依据研究目的、研究条件和研究者的不同可采用多种方法,为想要尝试应用视频研究方法的人们提供一些策略或分析框架或许更为合适。如,埃里克森(Erickson)提出三种分析策略建议:从整体到部分的归纳方法,这种方法是在没有理论假设或理论支撑的情况下,通过反复观看数据进行分析;从部分到整体的演绎方法,即以研究问题、假设和理论为驱动,寻找事件的具体类型;外显内容方法,即关注特殊的教学或主题内容中的互动[40]。而乔丹和汉德森[41]则提出了基于视频进行互动研究的七大分析焦点:事件的结构,每个事件都有自己的结构(比如,至少开始和结束活动等),先确定事件中连贯的交互小单元——称为民族志组块的行为单元,然后分析它们的结构;活动的时间组织(temporal organization of activity),研究活动中每时每刻的时间组织、实时的互动,不仅关注事件的形成,而且关注语言和非语言活动的时间顺序,包括人类活动的节奏和周期性;交互转换(turn-taking),除了分析基于对话的交互转换(话轮)外——谈话驱动的交互,还要研究活动参与者的所有转换行为,比如"肢体动作上的交互转换"和"人与人工制品之间的交互转换"——工具驱动的交互;参与结构(participation structure),指交互活动中,参与者对共同任务的倾向和注意程度,可关注互动中的一系列"C-问题",如合作(cooperation)、冲突(conflict)、欢乐(conviviality)、竞争(competition)、协作(collaboration)、承诺(commitment)、控制(control)等;交互障碍及补救(trouble and repair),分析交互活动中的障碍,能帮助我们更好地找出产生障碍的引发因素,进而找出补救的更好办法;活动的空间组织,指人们占据自己周围空间的方式;人工制品和技术,主要关注人们交互过程中人工制品与技术的中介作用。

总之,视频研究不是独立的研究方法,它常与其他方法结合使用。视频研究数据处理与分析的具体方式,则可按照与之结合的研究方法进行。比如基于视频的话语分析,和话语分析方法一样,需要进行大量的编码、转录、叙述性描述、数据可视化表征和相应的定量分析等。有了视频研究提供的丰富数据和视频技术的支持,学习科学相关研究方法的功能大大增强了。

六、脑成像研究:揭示学习发生的生物学机制

随着脑科学的迅猛发展及其研究技术和方法的进步,整合认知神经科学、神经科学、认知科学、医学与教育等领域,探索心理、脑和教育之关系的跨学科研究日益为学习科学

所重视[42]。特别是作为这一领域最为重要的研究技术——脑成像技术的发展,为促进脑研究及其与学习和教育应用的关联带来了重要的启示意义。

脑成像研究通常是泛指从颅骨外部感知人类大量神经元活动的各种方法[43],主要分为两类,一类提供高空间分辨率的大脑活动信息。此类脑成像技术主要有正电子发射断层成像技术(PET)和功能磁共振成像技术(fMRI)。其工作的基本原理是,当人们在思考或进行认知任务时,脑的某个特定区域的神经活动随之增强,并导致该区域血流量的增强,通过测量这些变化来获取脑活动的信息。PET 和 fMRI 可以提供毫米级的空间分辨率,但是时间分辨率只有秒级,适合测量进行相对长时间的认知任务时脑活动的变化。两者都能定位阅读或数学活动发生的区域,但是不能阐明这些活动中心理过程的动态交互作用。另外,这两种技术都有一些缺点,PET 检查之前要注射一定的放射性材料,虽然 fMRI 是无创处理,但两种技术都要求被试尽可能保持安静,而且需要躺在狭小的管道中。另一类提供高时间分辨率的大脑活动信息。此类技术主要有脑电图(EEG)、事件相关电位(ERP)以及脑磁图(MEG)等,可以提供精确到毫秒的时间分辨率,但空间分辨率只有厘米级,非常粗糙,适用于测量心理活动发生时脑皮层的电场或磁场[44]。

以上传统脑成像技术都只能用于实验室中的脑活动研究,然而,对于学习科学家来说,揭示自然情境中学习发生的脑机制或许更为他们所迫切关注。近红外光学成像技术(NIR - OT)正在帮助他们实现这一可能。它是一种能在自然情境下对高级脑功能进行分析的新型无创技术。首先将一束直径为一毫米的可弯曲光纤置于头皮发根之间,进入脑的近红外光将受到神经元活动所引起的携氧、脱氧血红蛋白浓度以及血红蛋白总浓度的影响,然后再通过光子探测器接收反馈信号,对这些变化进行成像[45]。这一技术使得研究者从实验室中解放出来,到自然情境中捕捉分析学习者的脑活动。教室学习、在家学习、工作场景中的学习(如测试烹饪和驾驶过程中脑功能变化)都可以成为它的研究对象。当集成技术发展到能将 NIR-OT 设备集成到一只手能携带的时候,人们逐渐解开真实情境下人类学习(随时随地)发生的脑机制这一"黑箱",或许指日可待。这对于教育学的意义非常大。

如果承认学习是意义的社会性协商,产生于心智间的交互,那么要了解这些社会交互的神经基础,只关注一个人的脑是没有用的,需要研究多个参与者的脑。这项被称作两脑或多脑实验的研究工作刚刚起步。瑞德·蒙塔古(Read Montague)和他的同事们将在美国帕萨迪纳的脑扫描仪和在休斯敦的脑扫描仪连接起来,同时记录和观察当两个志愿者在玩信任游戏时,两人交互过程中脑的活动情况[46]。目前,国内东南大学学习科学研究中心、北京师范大学的认知神经科学与学习国家重点实验室、华东师范大学的脑功能基因组学教育部重点实验室等多家研究机构都建立了脑成像中心,致力于整合认知神经科学、教育学、心理学、信息科学和技术、生物医学工程等多学科来理解人类学习的脑机制。

七、总结与讨论

作为跨学科研究学习的新领域,学习科学需要整合多学科研究传统。因此,要对应用于学习科学中的所有研究方法进行综述是件不可能的事情,在这里我们只能对学习科学领域自身的创新性方法论以及比较典型的方法进行了概要描述。除了像实验方法、对比研究、案例研究、大规模评价教育干预研究等常规方法外,学习科学研究的研究者还尝试使用来自其他领域的新方法,利用多模式对真实情境中的学习活动进行分析。如,山形林奇[47]用文化历史活动理论(cultural-historical activity theory)分析了一个教师专业发展项目中的教师活动,为设计研究者捕捉和分析活动系统中的复杂数据提供了一个参照框架。这些研究分析通常是短期(从分钟到周)和长期(从月到年)相结合的多时间段(multiple timescale)的分析,是寻找与设计要素相联系的事件分析和基于视频的分析,是对学习者学习过程中进行的一切和产生的一切的分析,因为这些都"充当了关于学习过程和结果的可靠数据来源"[48]。

当然,学习科学研究者能对真实情景学习进行多时间段分析、追踪动态学习环境中学习发生的轨迹、微观分析共同体的社会交互机制,很大程度上归功于对技术的强烈依赖。研究方法也常常与视音频采集技术、基于计算机的数据记录/分析/处理、可视化表征软件等技术结合起来,大大提高数据分析的精确度和结论的可信度。而且很多辅助研究的计算机工具都是研究者依据自身的研究需要开发的。如巴拉布等人[49]在用 CNARE 方法进行研究时,使用了一个计算机数据库记录活动节点,并发挥计算机绘图技术动态表征活动网络,以捕捉识知和学习的过程。皮(Pea)和海(Hay)界定了十种不同的视频研究功能:视频获取、组块、转录、路径找寻、组织与管理、评论、编码与注释、反思、分享与发布、呈现。它们都由不同工具所支持。如促进分享与报道的 Video-Paper Builder 工具,支持编码、转录、标注的 CLAN 工具,支持组块和反思的 Teachscape Platform 工具等[50]。随着更多更好的精确学习测量与分析技术工具的开发使用——尤其值得一提的是,那种能在自然情境下进行的便携式脑成像研究技术设备的进一步发展——长期被人们批评的研究学习和心理的"软科学"帽子有望摘除[51]。这也表明,国外的学习科学研究常常是一项投入大、需要团队协作完成的研究,这一领域的很多项目来自国家科学基金会(NSF)的资助。

学习科学另一个明显的研究特点是,为提高研究结论的科学性和可信度,研究者们常常努力寻求在同一研究中整合应用质与量方法的有效路径,以取长补短集合两种优势应对复杂真实的学习情境。整合的路径一般有如下三种:一是用质的数据帮助解释量的结果,这是最保守的方法;二是在采用质的方法的同时应用一些量的方法,这是最直接的方式;三是用质的分析作为产生假设的背景,然后通过实验方法验证。例如言语分析,为了既能剔除分析的主观性,同时又能保持情境的丰富性,希(Chi)[52]提出了一种用客观的、量的方式分析质的言语数据的方法;又如在基于视频的互动研究中,叙述性的质的方法能更好地描述互动的动态性,但是这对于实证研究者来说有时可信度不高,因而编码方法和随后的定量分析是报告结果的常用方法;而在基于网络的协作学习研究中,研究者常采用社会网络分析方法研究共同体成员间的参与性与交互性,用量的数据挖掘成员间形成的关系,正好与话语分析方法相结合使用,等等。

毫无疑问,在过去的二十年,人们见证了设计研究方法论为学习科学和教育研究带来的革命性变化与影响。但是,自然情境学习的复杂性、设计研究的革新性和扎根性,使得它不可避免仍是一项迭代的、费时费力的长久工作。也正因为此,一些研究者常常对此望而却步。如何完善学习科学的方法论,处理好各种方法整合其中的逻辑,设计更加易得的、科学的计算机研究技术与工具,建立提升其研究质量的标准等,是未来摆在仍处于婴儿期的学习科学共同体面前迫切需要解决的系列问题。我们也希望国内更多的研究者关注并加入学习科学这一充满挑战与革新的新领域,创建自己的研究方法与理论,为推动学习科学研究的发展贡献一份智慧和力量。

参考文献 ··

[1] Sawyer K. Introduction: the New Science of Learning [A]. In: Sawyer K, editor. Cambridge Handbook of the Learning Sciences [C]. New York: Cambridge University Press, 2006:1－18.

[2] Jonassen D, Cernusca D, Ionas G. Constructivism and Instructional Design: the Emergence of the Learning Sciences and Design Research [A]. In: Reiser R A, Dempsey J V, editors. Trends and Issues in Instructional Design and Technology (second Edition) [C]. New Jersey: Pearson, Upper Saddle River, 2007.

［3］高文.学习创新与课程教学改革[M].广州:广东教育出版社,2007.

［4］焦建利,贾义敏.学习科学研究领域及其新进展——"学习科学新进展"系列论文引论[J].开放教育研究,2011,17(1):33－41.

［5］Sawyer K. Preface［A］. In: Sawyer R K, editor. Cambridge Handbook of the Learning Sciences［C］. New York: Cambridge University Press, 2006: xi－xiv.

［6］［8］［10］杨南昌.学习科学视域中的设计研究[M].北京:教育科学出版社,2010.

［7］赫伯特·西蒙.关于人为事物的科学[M].杨砾,译.北京:解放军出版社,1987.

［9］徐长福.理论思维与工程思维——两种思维方式的僭越与划界[M].上海:上海人民出版社,2002.

[11] Nelson H, Stolterman E. The Design Way: Intentional Change in an Unpredictable World［M］. New Jersey: Educational Technology Publications, 2003.

[12] Akker J, Gravemeijer K, McKenney S, Nieveen N. Introducing Educational Design Research［A］. In: Akker J et al., editors. Educational Design Research［C］. London & New York: Routledge, 2006:3－7.

[13] Barab S. Design-based Research: A Methodological Toolkit for the Learning Scientist［A］. In: Sawyer K, editor. Cambridge Handbook of the Learning Sciences［C］. New York: Cambridge University Press, 2006:153－170.

[14] Campbell M, Fitzpatrick R, Haines A, et al. Framework for Design and Evaluation of Complex Interventions to Improve Health［J］. British Medical Journal, 2000,321(694):694－696.

[15] Sawyer K. Conclusion: The Schools of the Future［A］. In: Sawyer R, editor. Cambridge Handbook of the Learning Sciences［C］. New York: Cambridge University Press, 2006:567－580.

[16][21] Bannan-Ritland B, Baek. Synergy, Questions and Methods in Design Research: A Retrospective Analysis［U］. Provided by Banna-Ritland via Email, 2006.

[17] Barab S, Squire K. Design-based Research: Putting a Stake in the Ground［J］. The Journal of Learning Sciences, 2004,13(1):1－14.

[18] 杨南昌.设计研究的"承诺空间"——访国际设计研究专家安东尼·凯利教授[J].开放教育研究,2010,16(1):4－11.

[19] 王佑镁.教育设计研究:是什么与不是什么[J].电化教育研究,2010(9):7－13.

[20] Bannan-Ritland B. The Role of Design in Research: the Integrative Learning Design Framework [J]. Educational Researcher, 2003,32(1):21－24.

[22][41] Jordan B, Henderson A. Interaction Analysis: Foundations and Practice [J]. The Journal of the Learning Sciences, 1995,4(1):39－103.

[23] Greeno JG. Learning in activity [A]. In: Sawyer RK, editor. Cambridge Handbook of the Learning Sciences [C]. New York: Cambridge University Press, 2006:79－96.

[24] Cobb P, Stephan M, McClain K, Gravemeijer K. Participating in Classroom Mathematical Practices [J]. The Journal of the Learning Sciences, 2001,10(1&2):113－163.

[25][27] 柴少明,李克东.话语分析——研究 CSCL 中协作意义建构的新方法[J].现代教育技术,2009,19(6):79－82.

[26] 郑兰琴.协作学习交互分析方法研究综述[J].远程教育杂志,2010(6):76－82.

[28] Sawyer K. Analyzing Collaborative Discourse [A]. In: Sawyer K, editor. Cambridge Handbook of the Learning Sciences [C]. New York: Cambridge University Press, 2006:187－204.

[29] Barab S, Kirshner D. Guest Editors' Introduction: Rethinking Methodology in the Learning Sciences [J]. The Journal of the Learning Sciences, 2001,10(1&2):5－15.

[30][49] Barab S, Hay K E, Yamagata-Lynch L C. Constructing Networks of Action-relevant Episodes: An Insitu Research Methodology [J]. The Journal of the Learning Sciences, 2001,10(1):63－112.

[31] 陈向明.质的研究方法与社会科学研究[M].北京:教育科学出版社,2000.

[32] Barab S, Thomas M, Dodge T, Squire K, Newell M. Critical Design Ethnography: Designing for Change [J]. Anthropology & Education Quarterly, 2004,35(2):254－268.

［33］ Bell P. On the Theoretical Breadth of Design-based Research in Education
［J］. Educational Psychologist, 2004,39(4):243－253.

［34］ Barab S, Dodge T, Thomas M K, Jackson C, Tuzun H. Our Designs
and the Social Agendas They Carry［J］. The Journal of the Learning Sciences,
2007,16(2):263－305.

［35］［36］ Goldman R. Video Representation and the Perspectivity Framework:
Epistemology, Ethnography, Evaluation, and Ethics ［A］. In: Goldman R,
Pea R, Barron B, Derry S, editors. Video Research in the Learning Sciences
［C］. Mahwah, NJ: Lawrence Erlbaum Associates, 2007:3－37.

［37］ Derry S J. Introduction to the Guidelines ［A］. In: Derry S, editor.
Guidelines for Video Research in Education: Recommendations from an Expert
Panel ［C］. NSF White Paper, 2007:4－14. Available from Data Research and
Development Center［2011－03－18］. http://drdc. uchicago. edu/what/video-
research-guidelines. pdf.

［38］［39］ Goldman R, Pea R, Barron B, Derry S, editors. Video Research in
the Learning Sciences ［C］. Mahwah, NJ: Lawrence Erlbaum
Associates, 2007.

［40］［50］ Derry S J, et al. Conducting Video Research in the Learning
Sciences: Guidance on Selection, Analysis, Technology, and Ethics ［J］.
Journal of the Learning Sciences, 2010,19:3－5.

［42］ 周加仙. 学习科学:内涵、研究取向与特征［J］. 全球教育展望,2008,37
(8):17－29.

［43］ 迈克尔·波斯纳,玛丽·罗特巴特. 人脑的教育［M］. 周加仙,译. 北京:教
育科学出版社,2011.

［44］ 经济合作与发展组织. 理解脑:新的学习科学的诞生［M］. 周加仙,等译.
北京:教育科学出版社,2010.

［45］ 安东尼奥·巴特罗,库尔特·费希尔,皮埃尔·莱纳. 受教育的脑:神经教
育学的诞生［M］. 周加仙,等译. 北京:教育科学出版社,2011.

［46］［51］ Frith C D. Making up the Mind: How the Brain Creates Our Mental
World ［M］. Oxford: Blackwell Publishing Ltd. ,2007.

［47］ Yamagata-Lynch L C. Confronting Analytical Dilemmas for Understanding
Complex Human Interactions in Design-based Research from a Cultural-
Historical Activity Theory (CHAT) Framework ［J］. The Journal of the
Learning Sciences, 2007,16(4):451－484.

[48] Winn W. Research Methods and Types of Evidence for Research in Educational Technology [J]. Educational Psychology Review, 2003, 15 (4): 367 – 373.

[52] Chi M T H. Quantifying Qualitative Analyses of Verbal Data: A Practical Guide [J]. The Journal of the Learning Sciences, 1997, 6 (3): 271 – 315.

22

学习科学新近十年：进展、反思与实践革新 *
——访国际学习科学知名学者基思·索耶教授

陈家刚　杨南昌

学习科学发展史上具有里程碑意义的著作《剑桥学习科学手册》(*The Cambridge Handbook of the Learning Sciences*,简称《手册》)2006 年出版[1]以来,学习科学研究蓬勃发展,新的学习观点和研究不断涌现,对人类的学习和教育创新产生了革命性影响。2014年底,《手册》第二版[2]问世,全球 72 位学习科学领域领军学者围绕校内和校外学习,正式学习中的学科教学和博物馆、图书馆中的非正式学习,与新技术密切相关的具身学习、移动学习、合作学习等主题各抒己见。在第二版《手册》推出之际,笔者借在美国访学之机,对《手册》编者基思·索耶(Keith Sawyer)教授进行了专访。此次访谈主要聚焦三大问题：学习科学研究有哪些最新进展？国际学习科学的领军人物怎样审视和反思学习科学方法论及其研究发现对教育变革的影响？从学习科学的视角怎样看待非正式学习环境？另外,索耶教授还对当前学界较为关注的慕课、翻转课堂、创客运动、STEAM 和大数据等热点问题发表了自己的洞见。

基思·索耶教授目前为美国北卡罗来纳大学教堂山分校教育学院教育变革方向的摩根杰出教授、国际知名学习科学和创造力研究专家。他 1982 年获麻省理工学院计算机科学学士学位,1994 年获芝加哥大学心理学博士学位,迄今发表科研文章 80 多篇,出版著作13 本,目前正潜心研究艺术和设计领域的教学和学习,以便能发现其中的核心特征,用以设计最有效的学习环境。

---

* 原文发表于《开放教育研究》2015 年第 4 期。

陈、杨:索耶教授,感谢您百忙之中接受我们的采访。您是世界著名的创造力研究专家,又是新兴学习科学的领军人物。您是怎样对学习科学研究产生兴趣的?

索耶教授:很荣幸接受你们的访谈,我也很乐意和中国学者分享我的观点。我对学习科学研究的兴趣与我的学术背景有关。我本科在麻省理工学院计算机专业学习人工智能,1992 年获得人工智能学位。人工智能是 20 世纪 70—80 年代兴起的跨学科领域,与认知科学、认知心理学和计算机科学紧密相关,目的是在电脑上模拟人的智能,它是我读本科时关注的焦点。此后六年,我在波士顿地区担任顾问,从事人工智能和软件应用开发。后来,我回到芝加哥大学攻读心理学博士学位,继续保持对认知科学的兴趣。学习科学是在 20 世纪 90 年代从认知科学领域兴起的。几位认知科学家包括认知心理学家和计算机科学家聚在一起,形成了学习科学这一新的领域。可以说,我的整个学术生涯与学习科学紧密相关。

陈、杨:中国学者对学习科学成立后的动向比较了解,但对其成立前的脉络所知相对较少,您能否谈谈学习科学兴起的背景?

索耶教授:20 世纪 70—80 年代,许多认知科学家致力于应用人工智能技术设计能更好地促进学习的软件。1987 年,西北大学为了在这一新兴领域负起使命,从耶鲁大学引进尚克(Roger Schank)教授领导学习科学研究院(ILS)。同年,布朗和格里诺,连同施乐公司的首席执行官卡恩斯(David Kearns)在加利福尼亚的帕洛阿尔托(Palo Alto)合作成立了学习研究所(IRL)。与此同时,范德堡大学学习和技术中心(CLT)利用认知科学开发技术课程,麻省理工学院佩珀特教授领导 Logo 集团在计算机上创设建构主义学习环境。这些研究中心、机构和大学所进行的研究相似,但采取的路向不同。例如,银行街学院(Bank Street)和 BBN 科技公司注重技术,学习研究所和施乐帕克研究中心(Xerox PARC)关注社会文化情境,匹兹堡大学学习科学与研究发展中心(LRDC)注重人类发展,西北大学学习科学研究院(ILS)聚焦企业培训系统。这些独立的探索为学习科学学科建立提供了重要的基础性要素。

1989 年,尚克、柯林斯和奥托尼(Andrew Ortony)讨论创建一份杂志,专门聚焦于将认知科学用于学习。克罗德纳被选为杂志主编,第一期《学习科学杂志》1991 年 1 月面世。同年,人工智能和教育会议在西北大学学习科学研究院召开,尚克将其称为第一届国际学习科学会议。因此,"学习科学"是尚克创造的。当时,"学习"一词与行为主义相连,但对学习科学的主要理论影响是认知科学。所以,同期出现的交叉领域新期刊和新话语都未提"学习"二字,如《认知与教学》(*Cognition and Instruction*)和《教学科学》(*Instructional*

Sciences)。

学习科学成立后影响越来越大,出现了关于学习科学的新学位、新研究队伍和关于该主题的大量著述,表明该术语满足了未被满足的一些知识需求。然而,新兴学习科学共同体与人工智能及教育共同体兴趣不同,后者继续基于人工智能技术设计导师系统和其他教育工具,而学习科学共同体更关注在真实学习环境中研究学习,以及设计能满足学习者需要的软件。这样,1991 年会议之后,人工智能共同体和学习科学共同体分道扬镳。尚克也未对学习科学发展产生进一步影响,因为他提出这一新术语数年后,就停止了在该领域的学术努力。

1996 年,第二届学习科学会议召开,此后每隔两年召开一次,中间插入计算机支持的协作学习会议(CSCL)。2002 年,国际学习科学协会(ISLS)成立。现在国际学习科学会议和计算机支持的协作学习会议同时召开,同时为《学习科学杂志》和《国际计算机支持的协作学习杂志》提供智力支持。

陈、杨:在您看来,学习科学过去十年取得了哪些引人瞩目的发展?

索耶教授:我想借用语料库中的一些数据回答。在由我参与主编的《学习科学:过去、现在和将来》一书中[3],李(Lee)等人对 1991 年、2010 年和 2014 年三次学习科学会议论文进行语料库分析后发现:(1)与 1991 年相比,2010 年的会议论文数增长了三倍;(2)论文作者数有了大幅增长,说明合作研究取得了发展;(3)第一作者绝大多数来自美国;(4)对论文主题的分析发现,1991 年和 2010 年均进入使用频率排名前 20 位的词汇有案例、认知、概念化、表征、理论和策略,仅在 1991 年排名较前的词汇有培训、辅导和教学,仅在 2010 年排名较前的词汇有话语、参与者、实践。词汇排名的变化表明了研究越来越强调社会文化的转向,即从 1991 年强调认知和一般领域,到 2010 年注重情景化具体领域的实践,再到 2014 年强调科学领域和设计取向的研究。

三次会议使用最频繁的 20 个词汇的词汇云(word cloud)对我很有启发。主编《手册》第二版后,我对所有文本做了一个词汇云,找出 20 个使用最频繁的词汇,包括学习、学生、知识、研究、学习者、教师、设计、实践、科学(science)、系统、学校、过程、问题、环境、科学(sciences)、理解、课堂、工作、新、观点。2014 年学习科学国际会议(ICLS)论文使用最频繁的词包括:科学的(scientific)、设计、实践、模型、参与(engage)、共同体、社会、解释、过程、概念化。两者重叠的词汇包括"过程""设计"和"实践"。

这些语料数据虽然不完全局限于过去十年,但能表明,学习科学逐渐脱离与人工智能的结合,越来越走向科学教育、课堂干预和实践,以及社会情境路向。总体来说,对实践、情境的关注增加,基于设计的研究变得更处于中心地位。

当然,学习科学的发展也可从 2014 年底出版的第二版《手册》中得到体现。第一版《手册》非常重要,因为它首次将学习科学领域所有顶级研究者聚集到一起。第一版出版后,我和同事闲聊时常会说何时出第二版。很多书的第二版出得很快,而《手册》似乎运气不是特别好,时隔较久才推出第二版。但是,第二版超过一半的章节是全新的,超过一半的作者是第一版没有的。比如,第 18 章"具身和具身设计"(Embodiment and Embodied Design)探讨的是通过日常活动利用更加微小且易携带的技术促进学习的潜力。这一领域过去十年发展得非常活跃,但 2006 年还不是很盛行。类似章节还不少。因此,第二版与第一版相比可以说有天壤之别。这些可以表明,学习科学取得了很大的发展。此外,第二版非常国际化。第一版作者几乎都来自美国,第二版有近一半作者来自美国之外。学习科学会议也在新加坡、澳大利亚和中国香港等地召开,今年夏天将在瑞典召开。我希望未来学习科学会议能在中国大陆召开。作为第二版的主编,我的目标是让全世界更广泛的学者参与进来。这也代表了学习科学过去十年的发展和变化。

陈、杨:我们注意到第二版《手册》有很多重要变化,如保留了第一版的"理论基础""方法论"和"共同学习",删除了"知识本质""知识可视化"和"学习环境"等,取而代之的是"培养有效学习的实践""学习学科知识"和"将学习科学研究引入课堂",为什么做这样的改变?

索耶教授:正如前面所说,两版《手册》差别很大,不仅六个部分的标题有改变,部分章节也发生了变化。第一部分"基础"标题没变,但近一半的章节发生了变化。第二部分"方法论"变化也很大,其中"教育数据挖掘和学习分析学"用软件方法分析大数据,在 2006 年还不太引人关注,也没有广为传播,是很新的。第三部分"促进有效学习的实践"基本上是全新的,或者说是新的概念类别。第四部分"共同学习"是学习科学很鲜明的特征,聚焦群体学习和社会文化场景学习。这也是学习科学区别于认知心理学的重要方面,因为认知心理学主要聚焦于独立的个体,聚焦于独自工作、独自学习的个体。群体中的学习研究非常重要,对学校中的学习有重要启发。因此,第二版保留了这一部分。

第五部分"学习学科知识"几乎是全新的。第一版没有充分讨论怎样把学习科学研究应用于学校的学科教学之中。第二版每一章都谈到了学习科学能产生影响的具体学科。绝大部分学习科学研究都是关于数学和科学的,也有关于读写的。我对学习科学应用超越科学与数学特别感兴趣,因此加入了关于艺术教育和历史知识学习的章节,这是本书很有趣的章节之一。我喜欢所有的章节,但是我想说的是,第 29 章"学习历史概念"对于普通的学习科学家来说是最让他们惊讶的,因为这是绝大多数学习科学家应该熟悉却不太熟悉的研究类型。

第六部分"将学习科学研究引入课堂"是我关心的主题。我认为学习科学研究与学校或教师实践之间存在脱节。那些基于学习科学的学校和教师能给学生带来更有效的学习。这部分章节能够促进学习科学对课堂教学产生影响,这也是增加这部分的重要原因。第 32 章"学习科学与教育政策"是第一版没有的。"教师学习"一章在第一版中有,但侧重点不同。这一部分还有"学习环境"方面的重要变化。可以这样说,任何学习发生的场所都属于学习环境。在学习科学中,我们倾向于应用学习环境作为研究学习的场景,因为学习科学家的研究场景超越了传统教育心理学谈论的学校和课堂,学习科学一开始感兴趣的就是所有场景中的学习,如家庭、科学中心或运动队等。因此,我们需要新的比课堂更一般化的术语,当时提出的术语是学习环境,但这一术语相当笼统,指学习发生的所有场所。我认为这个非常一般化的描述性术语的描述能力不够,我们需要与学科结合的具体研究,所以没有保留"学习环境"的名称,代之以"将学习科学研究引入课堂"。

陈、杨:从您的介绍中,我们确实感受到学习科学发展的巨大变化。那么,学习科学在取得良好发展势头的同时,存在什么值得关注和反思的问题吗?

索耶教授:确实存在一些令人担心的问题。首先,学习科学是跨学科的,它冒着与大学项目分离的风险:一些最有影响的学习科学研究都是在与大学院系无关的跨学科机构里进行的。而在大学里,所有博士学位都由学术性院系而不是由跨学科机构授予。这就出现了一个矛盾:如果这些青年学者必须在院系从事某单一学科研究,那么作为下一代学者,他们怎样在跨学科领域得到指导和训练呢?资历尚浅的学者需根据他们对自己所在院系学科的贡献获得终身教职,而进行跨学科的研究在获得终身教职上将非常困难。

其次,学习科学家没有与政策制定者建立良好关系,将研究发现传递给教育软件设计者、学校和大学领导者。一方面,学习科学家通常获得的是心理学或计算机科学学位,对教育政策、学校改革和机构变革所知不多。另一方面,学校政策和机构变革方面的学者和领导者获得的往往是教育领导和政策的学位,对学习科学不熟悉。这些原因导致学校学习与学习科学家所认为的学习应如何发生之间出现差距。其结果就是,许多教育改革是无效的,许多评价是在浪费时间,许多教育软件非常糟糕。

陈、杨:教学设计者过去很少使用学习共同体、表征、支架、可视化和情境学习等概念,而学习科学领域不断涌现的有关学习与技术设计的新观点为教学设计研究提供了新的养分。所以,我们对于怎样融合学习科学和教学设计非常关注,前几年也有不少文章对这两大领域展开讨论。近十年过去了,不知道美国学习科学和教学设计融合得如何?

索耶教授:在美国,学习科学与教学设计分属完全不同的领域。大学的"教学设计"项目,也称为"教学技术",或者"教学设计和技术"。教学设计比学习科学历史悠久,计算机刚出现时非常昂贵,学校不可能提供这些设备。因此,最初的教学设计和技术大多应用在企业和商业领域,比如用于企业培训。这种情况在美国依然如此。我们有面向研究生的教学技术课程,毕业生一般到公司任职,为公司做培训设计与相关软件开发。

学生毕业去向方面,我还要说一点。美国没有统一的联邦教育体制,每个州都有自己的认证体系。你需要具备某个学位,才能承担某些工作。比如,只有获得教师学院认证的教师学位,你才能担任教师。在很多学校,你必须有教学设计方向的学位,才能被聘为教学设计协作人员。这在美国是比较特殊的,中国可能不一样。学习科学学位在美国没有相应的认证制度,因此拿到学习科学学位的学生不是被培养用于承担学校和公司里的应用型、技术性工作的,几乎没有学习科学方向的学位是作为一种专业学位培养的。在很多情况下,教学技术学位都是专业学位。这里所说的"专业"就是为未来的专业工作做准备,而绝大多数学习科学学位都是研究型学位。学习科学与教学设计没有融合,这不是知识或智力的原因,也许再过十年,它们就会融合,成为同一领域,但现在还不是。

在学习科学会议上,我很少遇到能融合学习科学和教学设计两者于一身的教授。在美国,至少从社会网络方面来说,他们依然是两个分离的学者群体。我在第二版《手册》的最后一章指出,学习科学家应该和其他学者比如与教育技术学者、教育系统设计者和认知科学家紧密合作。到目前为止,后者仍然不是学习科学群体的一部分。这两个领域因为学术的原因不会研究非常类似的主题,但是基于证据的科学,提出能帮助人们学习的理论,因此都很关注实证,也许再过十年它们会走到一起。

陈、杨:学习科学家进行教育实践革新常采用的是基于设计的研究方法(design-based research),旨在推动教育实践,产生有用的知识。这种研究需要教师参与,让教师成为研究者,但基于设计的研究又往往是长期的、费时费力的,很可能成为教师实践的障碍,您怎么看待这种研究方法的应用前景?

索耶教授:设计研究有时也叫"设计实验",但更通常的称谓是"基于设计的研究"。基于设计的研究指的是一套越来越广泛应用的实践,不仅应用于教育环境,而且应用于企业和软件开发,有时也应用于我们所称的设计思维。它是个迭代的设计革新过程,与线性的过程形成对照。"线性"过程是什么？以常见的教育心理学和认知心理学研究为例，研究者通过实验研究心智怎样工作，并得出研究成果，比如间隔性重复会使记忆更牢固，根据这一研究成果，一些人将其在实践中应用。这就是我所说的线性变革模式：你设计了研究，得出了结论，然后其他人应用这些研究开发实施方案。基于设计的研究不采用线性方法，而采用持续的螺旋式过程。研究者和实践者密切合作，互不分开，这是设计研究的核心。人们通常不会轻易将研究应用于真实场景，因此采用线性模式很难成功；如果研究者和实践者从开始就合作，成功的可能性更大。

"迭代"指的是先有尝试，也就是原型，然后通过循环改进不断精炼。在此过程中，研究者和实践者参与进来。这样，不仅实践者在研究者的帮助下设计出更有效的学习环境，能更有效地开展教学，研究者也能从中获得重要发现。这些发现只有在实践场景而非实验室场景中才能获得，这就是设计研究。

所有变革都需要时间。设计研究所需时间只是稍长而已，但对总的变革来说，设计研究所花时间不会更长。在线性模式中，研究者没有参与变革，他们只是有一些研究发现，然后其他人应用这些发现，这需要很长时间。表面上看，线性模式更节省研究者的时间，但实际上它推进变革的过程与设计研究同样长。因此，我们更应该关注哪种变革模式更可能取得成功。当然，对于研究者来说，发表文章需要的时间变长了。我认为，设计研究在推进变革方面更可能取得成功，但研究者在整个过程中必须更长时间地参与。这是一种不一样的研究方式。

陈、杨：美国中小学教师对基于设计的研究这一方法熟悉吗？您有没有看过相关的研究报告？

索耶教授：我不知道。正如谚语说的，阳光之下并无新事。任何看起来新的事物其实都是过去的重复。早在20世纪60—70年代，美国教师教育学院就教学生"行动研究"方法。如今，行动研究已经国际化了，它让教师反思实践，并进行修正。设计研究的迭代过程在许多方面和行动研究相似。我不知道教师们是否会被告知他们正在学习和应用行动研究。教师教育项目不一定使用这一术语，但不意味着他们没有做行动研究，他们或许已做了五十年。设计研究的情形也是如此。

陈、杨：有些学者质疑真实情境中的学习科学设计研究，认为学习科学研究质性方法倾向明显。我们对《学习科学杂志》(*Journal of Learning Sciences*)1991—2009年刊发论文所做的内容分析发现，质的研究文章（比如，基于录像的观察和话语分析等）占47%，量的研究占12%，其他是哲学思辨和混合研究。您如何看待一些学者宣称的学习科学研究太"软"的说法？

索耶教授：我赞同这种说法。学习科学家强调的是质的研究方法。你们说质的研究占 47％，我想这一比例甚至可能更高。这取决于我们如何定义质的研究。比如，《手册》的方法论部分没有一篇是关于实验研究的，原因之一就是，很多学习科学家没有应用实验性的研究方法。有些研究方法包含量化成分，比如教育数据挖掘带有强烈的量化色彩，但并不是实验研究方法。数字视频研究和微观发生学方法也含有量化成分，但这些数据都来自自然发生的场景，而不是控制的实验室场景，所以你应该把它们看成是质的研究。

我认为，有必要区分一下控制性的实验室方法和量化方法。学习科学家很少采用实验方法，经常采用的是量的或者混合研究方法。我的研究是一种互动分析，对自然发生的互动进行录像，然后把这些视频数据转译成文字，产生编码方案，再对每个互动话轮进行分类。从这点来说，它是量化的。我可以报告描述性的统计数据，也可以测量哪种类型的个体更可能应用哪种言语行为。我可以宣称这是量化的，但我的研究从一开始又是质性取向的。因此，这取决于你如何定义量化。但毫无疑问，它不是实验设计。这也是与认知心理学家不同的地方，认知心理学家往往是心理学系的，而不是教育学院的。他们常采用实验、量化的传统心理学方法。他们大多不会把自己看成是学习科学家，尽管他们研究的主题与学习有关，比如说记忆、保持、顺序加工，或者心智模型。

我希望认知心理学家和学习科学家未来有更多的跨学科合作。已出版的《使它坚持：成功学习的科学》[4]就是很好的例子，几位作者都是华盛顿大学圣路易斯分校的认知心理学家。他们遵照认知心理学传统做实验设计，聚焦记忆研究。他们把实验室的心理研究发现应用于怎样更有效地教学。这是一本很好的书，非常重要，但不属于学习科学。我们应该密切地与这些研究者合作，可惜的是，至少在美国，认知科学和学习科学之间存在分野。在中国，学习科学家如果从一开始就和认知心理学家合作，也许可以避免这种情况。

陈、杨：阿兰·柯林斯和理查德·哈尔弗森（Richard Halverson）在《技术时代重新思考教育：数字革命与学校教育》[5]一书中提出"第二次教育革命"，认为人的许多学习将从学校转移到非正式学习环境，如在家教育、工作场所学习、远程教育、学习中心、网吧等。您也反复指出，学习科学强调非正式和正式学习的结合，物理场景和在线场景的结合。第二版《手册》有一章甚至是关于博物馆学习的。博物馆和图书馆等非正式学习环境在学习科学中占什么地位？未来的学校和教师的作用又体现在哪里？

索耶教授：我很喜欢这本书。两位作者都是学习科学的领军人物，通晓这一领域的发展状况。柯林斯还是《手册》的四位资深评阅者之一，他甚至在学习科学被正式命名之前就参与进来，那时他是认知科学家。我深受这本书的影响，赞成其中的观点。学习发生在学校以外的很多环境中，这几乎已经成为广为人知的观点。从 2009 年以来，很多书指出，技术会改变学校的一切，"学校会消失""我们再也不需要学校""学校会关闭""每个人都可以通过电子设备在互联网上学到他们想学的东西"。但柯林斯比其他人更睿智地认识到这一点。

我也总是说，未来的学校肯定不会是今天的样子——教师站在教室前面。非正式学习环境刚好和学校环境形成对照。非正式学习环境看起来似乎更有效，能获得正式学校很少见到的一些学习效果。因此，研究者们感兴趣的是，我们怎样才能确定非正式学习环境中到底是什么导致了成功的学习？怎样才能把它们引入学校？如果学校场景保持不变，我们很难做到这一点。学校场景必须改变，融入非正式学习环境的一些要素，使它变得更有效。我想这两者不是完全对立的，我们正在研究什么是有效的学习环境，未来的学习应该基于学习科学关于"人是如何学习的"进行设计，学校应该看起来更像科学中心。当然，这取决于研究的结论是什么。

陈、杨：学习科学产生了很多理论。美国国家研究协会（National Research Council）和经济、合作与发展组织（OECD）出版了不少研究报告和成果，但学习科学理论对于教育实践的推动作用似乎还没有发挥出来。同时，我们看到，在信息技术飞速发展的今天，新的学习技术的问世常常引发教育改革的浪潮，但不少研究者认识到，很多技术的教育应用实质上并没有带来教育教学质量的提升。计算机先锋和预言家阿兰·凯伊（Alan Kay）2010 年曾说，过去三十年，技术在学校中的应用是失败的。您如何看待这一观点？学习科学研究推动美国学校教育改革成效如何？

索耶教授：这个问题与上述设计研究的评论相关。学习科学研究迄今已开展三四十年，但学校依然维持着学习科学诞生前几十年的做法。因此，研究者的理论似乎与学校实践之间存在脱节。学习科学研究针对的一个主要现象是说教式教学，即教师传输信息，学生记忆信息，这就是人们所称的授受主义（instructionism）。我们知道这不能产生有效教学，老师依然用不符合学习科学研究的旧式方法教学。美国学校依然经常这样做，中国的这种教学倾向给我的印象也比较深。这是个严重的问题，因为学习科学不能变革教育政策制度。学习科学对"人如何学习"已有相当多的认识，但是不知道如何全面地改变学校制度。它需要一套不同的专长，比如政治学、组织动力学。

技术同样存在问题。很多新的教育技术应用确实比较糟糕。一些公司开发出软件后总会宣称,"你应该购买这些软件,这样你的小孩会学得更好""你应该登录这个网站,这样你将学得更有效"。这些软件的开发没有学习科学家的参与,私营部门在开发软件时,也没有和学习科学衔接起来。

陈、杨:对于改变技术应用的这种现状,学习科学能做些什么?难道只是呼吁吗?

索耶教授:我不知道学习科学能做多少。正如前面我提到的,这是个政策问题。学习科学家不是政策专家,其同事不是校长,也不是学区督导,也不会为政治家写报告,他们只会写学术论文。很多有学术能力的人不谈论非学术问题。做学术研究的人不具备和非学术人员——政治家和政策制定者进行对话的专长和视野。研究和应用之间总存在鸿沟,这和我们谈的设计研究相关。设计研究有潜力影响学校教育,因为研究者和实践者可以相互合作。这和研究者在大学里做研究、发表文章、不和教师交流的旧式研究相比,已经是很大的进步。旧式的研究者会说,开发新课程是别人的事情。学习科学家至少朝着正确的方向前进,至少在和实践者合作。所以,对于怎样改变这一现状我没有答案。我认为这不是研究的问题,而是政策的问题。

中国也存在同样的问题。全国性高考决定孩子的未来。美国和其他国家也有类似的重要考试,决定考生上什么样的大学以及从事什么样的工作。我想说的是,几乎所有的考试都不是基于学习科学和认知心理学研究的。因此,这些考试非常可怕,必须从根本上进行改变。但如果改变这些考试,孩子们考不好,家长又会变得不安,会打电话向政治家抱怨。所以,这是政策问题,不是学习科学问题,学习科学不能解决政策问题。我很高兴参与这种讨论,而政治家不会在意这种对话,他们不在乎学习科学讲些什么,他们关注的是选民说些什么,家长说些什么。

陈、杨:美国兴起的慕课和翻转课堂引发人们的极大关注。中国近几年成立了慕课联盟,或开展翻转课堂大赛。作为学习科学家,您如何看待慕课和翻转课堂带来的热潮?

索耶教授:慕课和翻转课堂等教育革新,与我们今天仍具有浓厚工业经济烙印的学校形成了鲜明的对比,这是好事。但是,任何观看视频的学习都不是基于学习科学研究的。慕课采用的是沙普尔斯(Sharples)等人提出的"知识传递模式,依靠视频讲座、阅读材料和分阶段评价",这和学习科学研究建议的学习模式恰恰相反。斯托克斯 2012 年曾指出,"整个慕课就是一种大众精神病,如同人们往墙上扔意大利面条,看到底有多少能粘住一样"[6]。同样的情况也存在于翻转课堂学习,教师把教学内容通过视频转移到课后或课外,学生不得不被动地观看教师的解释和教学。我认为,将视频放到网上是浪费时间。这依然是旧式的饱受质疑的讲授式教学的延续，只是使用了不同的媒体。

所以，它们与学习科学研究截然不同。你们可以引用我的话：把视频放到网上是技术的浪费，不会增强学习。观看视频和课堂听讲一样，学习效果不好。学习科学强有力的发现之一，就是如果你只是被动地接受信息，将不可能开展有效的学习。根据我对中国传统文化的了解，学生大多安静地坐在课堂上听课以示对教师的尊敬。因此，中国文化对教学法的影响可能会使学生更难深度地理解课程内容。这种情况也许会改变，但需要很长时间。美国也一样，花了很长时间才改变。我儿子今年 12 岁，他的老师采用的教学方法与当年我的老师有所不同，有更多的小组活动，更多探究性、基于项目的学习。这一变化经过了三十年。教育非常复杂，让我感到乐观的是，教育实践正在变化，虽然比较缓慢。

陈、杨：最近几年，创客和创客教育风行，有共同兴趣的一群人聚集在一起，分享观点，共同设计、创造并解决问题。有人甚至认为创客将成为未来的学习模式，您怎样看？

索耶教授：创客运动，有时也称为创客空间，它在美国大学一时成为趋势。我所在的北卡罗来纳大学就有。在创客空间里，人们可以用不同的设备去创造。最核心的是，你必须创造出一些物理形态的制品，它们可以是三维的，可以触摸的。这和绝大多数智力型的学术性场景相反——在那些场景中，一切都在你头脑中，你通过做多项选择展现你的学习，以此证明你学会了。但是，创客空间要求创造出东西，这与传统学校的学习形成鲜明对比，很有价值。它和我们所知的学习科学研究相符合，能产生更有效的学习。

北卡罗来纳大学教堂山分校的天文馆和科学中心有个创客空间，每天都开放。孩子和家长能使用 3D 等设备打印制作物品。科学中心的使命是通过创客空间对公众进行科学教育。

我不太清楚有多少公立学校设有创客空间。传统上，美国绝大多数学校有这样一种课堂，小孩在里面使用钻孔机、螺丝刀、锯子等工具制作物品。我们非正式地称其为车间课堂（shop class），shop 是 workshop 的简称，指的是机修工车间、汽车修理车间。车间课堂在美国已存在五六十年，它与那些没有上大学的学生相关。他们在此学会修理汽车、学习木工、缝纫或钻孔等技能。现在我们看到优秀的学生进入大学一起参与这种活动。20 年前，学生大多来自工人阶层，这些活动区分了用脑还是用手工作，现在两者正在融合。中国的情况也许相同，用手工作的地位更低，用脑工作的地位更高。美国这种差异正在被打破，部分原因是设计思维和创客运动的兴起。很多有价值的技能只能通过用手，而不仅仅通过思维来学会。

陈、杨：大数据正向学习科学走来。您能否向我们展望一下大数据时代学习的前景？

索耶教授：和其他领域一样，学校和其他学习环境正日益产生大量数据。通过对这些教育数据进行挖掘和学习分析，能调查学生选择了哪些学习资源，取得了哪些结果，或者能对很长时间的教育现象进行细致分析。我预测，它对教育研究的贡献会变得越来越明显。越来越多的学习将经过计算机中介发生，并产生越来越多的数据，我们有必要运用这些数据分析什么时候有效的学习正在发生。所以数据挖掘可以用于探究行为与学习之间的关系，如学习者的个体差异与学习行为之间有何关系，不同行为又会有何种不同的学习结果等。它还有一种潜在的可能是用于评价。只要了解鼠标的点击情况，就可能根据数据评估学生学会了多少，而不必通过考试。现在已有围绕学习资源产生的合作学习、教师新闻组、科学模拟等数据挖掘研究。这是个让人兴奋的领域。

陈、杨：最后，您能向读者预测一下学习科学的未来吗？

索耶教授：毫无疑问，学习科学过去几十年的发展已经展现出它旺盛的生命力。当前只有更好地思考和理解学习科学是什么，来自哪里，我们才能更清楚地知道学习科学的未来会指向何方，该做些什么。面向未来，我们需要回答：为什么学习科学无论是作为一个术语还是一个学者共同体会如此成功？为什么自1991年以来，如此多的研究者会选择加入学习科学？为什么计算机支持的协作学习选择加入国际学习科学协会？随着"学习的科学"（the science of learning）这一新术语在2009年《科学》杂志中被提出[7]，这些问题变得更加关键和紧迫。通过选择这个新术语，而不是早已为人们所熟知的"学习科学"（learning sciences），这些学者隐含着不与学习科学家为伍的意思。在该文中，"学习的科学"主要包括被学习科学排除在外的一些学科——最明显的是认知神经科学、机器学习和认知心理学在教育中的应用。它们不提情境性（situativity），相反，它们从个体视角把社会交互看作是"学习的有力催化剂"。他们不提基于设计的研究，几乎只引用控制性的实验研究。学习科学有可能被这个新的话语结构忽视，或被纳入其中。美国教育科学研究院（IES）等大型资助机构正选择与新的"学习的科学"合作。基于这种情况，内森（Nathan）等学者指出，学习科学要迎接"在可能更多学者脱离学习科学协会的情况下，传播和维持其身份认同，坚持其聚焦的研究目标"的挑战。

另外，学术领域存在很多紧张和矛盾，这些紧张和矛盾的解决往往决定着一门学科的未来。就学习科学而言，它是否应成为教育和学校改革行动的分支，从而与项目评价研究和持续改进结合？还是应该成为基础研究学科，从而与实验室场景中研究学习的认知心理学家相结合？如何解决这些问题而作出的决定，会导致截然不同的未来。虽然目前学习科学还没有决定好如何解决这些问题，但是我们坚信学习科学会有美好的前景。

（致谢：感谢华东师范大学王美博士和上海师范大学鲍贤清博士对访谈设计提出的宝贵建议。）

参考文献 ●●●

［1］ Sawyer R K. Cambridge Handbook of the Learning Sciences［M］. Cambridge：Cambridge University Press，2006.

［2］ Sawyer R K. Cambridge Handbook of the Learning Sciences（2nd ed.）［M］. Cambridge：Cambridge University Press，2014.

［3］ Evans M，Packer M，and Sawyer R K. The Learning Sciences：Past，Present，and Future［M］//Sawyer R K. Cambridge Handbook of the Learning Sciences. Cambridge：Cambridge University Press，2006.

［4］ Brown P C，McDaniel M A. Make It Stick：The Science of Successful Learning［M］.Cambridge，Massachusett：The Belknap Press，2014.

［5］ Collins A，Halverson R. Rethinking Education in the Age of Technology：The Digital Revolution and the Schools［M］. New York：Teachers College Press，2009.

［6］ Sawyer R K. Cambridge Handbook of the Learning Sciences（2nd ed.）［M］. Cambridge：Cambridge University Press，2014：729.

［7］ Meltzoff A N，Kuhl P K，Movellan J，Seinowski T J. Foundations for a New Science of Learning［J］. Science，2009,325（July）：284 - 288.

23

建构主义学习理论在教学中的应用 *

毛新勇

建构主义提供了一种与传统的客观主义不同的学习理论。建构主义学习理论认为，学习过程不是学习者被动地接受知识，而是积极地建构知识的过程。由于建构主义学习活动是以学习者为中心，而且是真实的，因而学习者在其中就更具有兴趣和动机，建构主义能够鼓励学习者培养批判性思维，也有助于教学适应学生个性化的学习风格。因而，建构主义在教学中的应用会带来一场教学或学习的革命。

一、建构主义教学原则

1. 把所有的学习任务抛锚在较大的任务或问题中

我们学习的目的是能够更有效地适应世界。任何学习活动的目的对于学习者而言都是清楚的。个体的学习活动可以是任何类型——关键的问题在于学习者清楚地感知和接受特定学习活动与较大的复杂任务间的相关性。

---

* 原文发表于《课程·教材·教法》1999 年第 9 期。

2. 支持学习者发展对整个问题或任务的自主权

传统的教学计划特别强调学习目标,但问题是,学生通常并不接受这些目标,而只是关心能否通过考试。因而,我们的教学目标应该与学生达到学习环境中的目标相符合。我们可以从学习者那里获得问题,并用这些问题作为学习活动的推动力。教师确定的问题应该使学生感到这就是他们本人感兴趣的问题。

3. 设计真实的任务

真实的活动是建构主义学习环境的重要特征。建构主义认为,教师应该在课堂教学中使用真实的任务和学习领域内的一些日常活动或实践。这些接近真实生活的、复杂的任务整合了多重内容或技能,它们有助于学生用真实的方式来应用所学的知识,同时也有助于学生意识到他们所学知识的相关性和意义。

4. 设计任务和学习环境

建构主义教学不是简化环境,而是要学习者能够在复杂的环境中学习并工作。教师要设计支持并激发学习者思维的学习环境,这与认知学徒制和认知弹性理论是一致的,反映了背景在确定学习者对概念或原理的理解中的重要性。

5. 给予学习者解决问题过程的自主权

学习者不仅应该确定所要学的问题,而且必须对问题解决过程拥有自主权。教师应该刺激学习者的思维,激发他们自己去解决问题。

6. 鼓励学习者根据可替代的观点和背景去检测自己的观点

知识是社会协商的。个体理解的质量或深度只有在社会环境中才能加以确定。在社会环境中,我们可以发现自己的理解是否与其他人的观点相符合,发现我们能否将有些观点并入自己的理解中。学习共同体对于设计一个有效的学习环境非常重要。

7. 提供机会并支持学习者对所学内容与学习过程的反思

教学的一个重要目标是发展学生自我控制的技能，成为独立的学习者。

二、建构主义教学模式

目前，在建构主义学习理论影响下形成的教学模式主要有：抛锚式教学模式、认知学徒模式、随机访取教学模式等。

1. 抛锚式教学模式

抛锚式教学模式与情境学习、情境认知以及认知弹性（cognitive flexibility）理论有着密切的关系，这种模式主要强调以技术学为基础的学习。抛锚式教学模式是由温比尔特认知与技术小组（Cognition and Technology Group at Vanderbilt，CTGV）在约翰·布兰思福特的领导下开发的。

抛锚式教学的主要目的是"使学生在一个完整、真实的问题背景中，产生学习的需要，并通过镶嵌式教学以及学习共同体中成员间的互动、交流，即合作学习，凭借自己的主动学习、生成学习，亲身体验从识别目标到提出并达到目标的全过程"。这种教学要求创设鼓励学习者积极地建构有趣的、真实的情境。CTGV 把"锚"视为一种"宏观背景"（macrocontexts），与"微观背景"（microcontexts）相区分。微观背景是课本后不相联系的"应用题"的特征。创设这种真实的"宏观背景"是为了重新使儿童和学徒制中的人们能够利用在背景中学习的优点。抛锚式教学的设计原则是吉伯逊（Gibson）的"供给理论"（theory of affordance）。"供给"指情境能促进学习活动的潜力。吉伯逊认为，不同的环境特征能够给各种特殊的有机体供给不同的活动，如"能走的""能爬的""能游的"等。相似地，不同类型的教学材料也能供给不同类型的学习活动。因而，应该设计能够供给建构主义学习活动的教学材料，这些活动类型不同于其他类型教材所促进的活动类型。"锚"不仅是学习者应用已掌握知识的情境，更重要的是使用"锚"来帮助学生发现新学习的必要，从而树立学习目标的重要性。也就是说，教学应该帮助学生在完整的真实情境中确认学习目标。教师预先教授一些知识是为了提供帮助学生继续前进的资源和"脚手架"（scaffolds）。

　　抛锚式教学的方法有以下几种。第一，搭建"脚手架"。抛锚式教学并不是把现成的知识教给学生，而是在学生学习的过程中向他们提供帮助或"脚手架"。"脚手架"应该根据学生的"最近发展区"而搭建，是为发展学生进一步理解而提供一定的支撑，使学生的理解逐步深入，不断地提高。在两个新的杰斯帕（Jasper）几何冒险中，研究人员用"镶嵌式教学"（embedding teaching）的形式为学生提供"脚手架"。这种镶嵌式教学情节是冒险故事的自然组成部分。并不要求学生一开始就完全理解这种镶嵌式教学情节，而是让学生在遇到困难时自然产生理解镶嵌式教学情节所提供的概念和程序的需要。第二，围绕"锚"来组织教学。围绕"锚"组织教学，并不是排斥学生的亲自实践。"锚"是使教学开始的有效方式，但不是终极目标。抛锚式教学的目标是鼓励学生自我生成的学习。CTGV 认为，围绕"锚"组织教学再逐步过渡到学生的"亲自实践"的问题解决有几个优点：（1）对于教师来说，围绕"锚"组织教学比寻求所有的资源以完成任务要更易于掌握；（2）由于学生的程度不同，首先围绕某个"锚"进行学习有助于他们做好完成任务的准备；（3）"锚"提供了一个共享的知识背景，这有助于学习者和其他成员相互合作，相互交流和积极地参与；（4）"锚"提供了学习者自我敏感的形成性评价的基础，保证他们尽可能地从教学中获得更多的知识和理解。第三，鼓励学生主动学习。抛锚式教学强调学生的主动学习，因为学生理解问题解决和交流经验的最佳方式是积极地参与到活动中。例如，CTGV 设计的杰斯帕活动中要求学生：考虑问题的多种可能的解决办法；确定完成每一个方案所需要的子目标；确认相关数据并将其与非相关数据分开；估量正确的答案以对不同的计划进行评价；与同组和同班其他成员交流自己的推理。教学问题应该提供许多可能的答案，学生可以提出自己的解决办法，并与其他同学讨论以形成共享的更为高级的理解。第四，鼓励合作学习。抛锚式教学的一个目标是创设有助于合作学习的环境。因为"锚"中描述的问题比较复杂，单个学生是无法完全解决的，因而合作学习是必要的。另外，"锚"的可视性特征使学生易于参与小组合作，即使学业不理想的学生也能为小组学习作出自己的贡献，从而获得同伴的尊重。

　　抛锚式教学的主要环节有：（1）设计真实"宏观情境"的"锚"。（2）围绕"锚"组织教学。（3）学生自主学习与合作学习以及解决问题的过程。鼓励学生自己发现解决问题的方法，包括收集信息、确定完成任务的子目标、利用并评价有关信息与材料、提出解决问题的假设等。教师在学生遇到困难时提供一定的"脚手架"，以使学生的理解进一步深入。另外，在学生自主学习的同时，应该鼓励教师、学生及同伴间的讨论或对话，从多个角度寻求解决问题的可能办法,提高学生的合作、交流的能力。(4)"消解"具体的"锚",即抛锚式教学不能仅让学生局限在特定情境的问题解决,而要发展他们的知识迁移能力,解决新情境的问题(如新的类似问题、部分类似问题、"What if"问题、课堂背景外的问题、其他学科的问题等)。这是抛锚式教学及其他建构主义教学应该注意的问题。教学的关键在于应该在情境化与非情境化之间保持一种平衡。学生在情境中的学习要能够脱离这一特定的情境,向其他情境迁移。(5)效果评价。抛锚式教学不仅是为了让学生能够解决"锚"中的问题,而且要通过教学使学生能够自主地完成学习目标,自主地解决复杂背景中的真实问题,以及与他人合作、交流、相互评价和自我反思的能力。CTGV 的研究发现,抛锚式教学不仅提高了学生解决复杂问题的能力,而且有趣的是"普通学校的教师还可利用抛锚式教学课程中与某一知识、技能相应的教学时段,去帮助学生在标准化测验以及其他各种测验中获得高分"。

2. 认知学徒模式

认知学徒模式被许多研究者视为建构主义教学的一个重要的模式。确实,在众多的建构主义的教学取向中,学徒制模式受到了最为广泛的重视。学徒制是"做中学"的最早的形式之一,这种置于真实情境中的任务提供了学习的有组织的和统一的作用和目的。然而,现在的学校教学模式却与学徒制严重地脱离了。学生在教学环境中,"经常缺乏实际情境的支持,而单纯进行理论知识的学习……正规学校教育往往被定义为代表认知经验的活动场所,而与课堂外的种种情境相对……学生通过与现实生活分离的教学科目被动地学习知识"。杜威、维果茨基以及当代的许多认知心理学家都对这种学校教学的形式进行了反思和批判。"认知学徒制"就是要改变传统的脱离现实生活的教学,并针对传统的学徒制的一些弊端(现代教育不可能完全退回到学徒制学习,而且现代社会所需要的技能至多也只有部分是可视的)而提出的。

认知学徒制从 4 个方面规定了 18 种策略,这可以说构建了一个有效教学的环境。

(1) 内容。认知学徒制规定了 4 种呈现内容的方式:作为学科领域的知识,它们是概念、事实或程序;提高有效解决问题的基于经验的策略或第一手原则;控制或元认知策略,学习者应该随着对学科知识掌握的不断深入,而能控制并诊断自己所作的决策,在不同的问题解决策略中进行选择、确定解决特定问题的最佳策略等;学习内容的策略,如探究学习等。

(2) 策略。认知学徒制规定了 6 种刺激认知活动的教学策略:模仿,通过专家对自己解决问题过程的讲解而使其思维过程明确;辅导,"辅导包括当学生执行任务时进行观察,提供线索、脚手架、反馈、模仿、提示和新任务,以使他们的行为接近于专家的行为";脚手架的提供和逐渐拆除或重新组合,专家随着新手能力的发展,不断修正脚手架以便使其能适合略超出新手独立应付的水平;提供学生演示或表达他们新获得的学科知识的机会;反思,这能够使学生对他们自己和专家的问题解决过程进行比较,从而最终能够形成一种内化的专家认知模式;鼓励学生的探究能力。

(3) 排序。认知学徒制规定了 3 种给教学内容排序的方式:增加内容的复杂程度,即按照等级的任务结构从底端的任务向上垂直地增加难度;增加内容的多样性,即同一等级内容在水平程度上的增加,例如改变问题解决的情境,改变学习活动的目标或原因,或改变学习环境中的因素等;在分解技能之前呈现整体的技能——一种从上到下的、详细说明的、垂直或水平的内容序列,也就是首先传授最高水平的技能。这样有两个重要的优点:任务富有意义;具有整体结构或者说具有问题的系统观。在完成这样的任务后(脚手架提供了一种学生在缺乏足够的部分技能时,完成这种高水平任务的方式),探究部分与整体间的联系在逻辑上是渐进的。再者,学习者具有了组成整体内容的概念模式。

(4) 社会性。认知学徒制推荐了 5 种策略,以使学习能够社会化,并在学习共同体中考虑环境因素:第一,情境学习,教学应该置于一定的情境中,因为这样学习者能够理解他们学习的原因;学习者更多地通过做来学习,而不仅是听;学习者可以探究什么策略在特定情境中有效,什么策略在真实世界的背景中无效;学习者能够学会在多样化的背景中解决问题的能力。第二,模拟。教学可以进一步模拟真实世界中的活动。第三,专家实践的文化群体。当问题解决时,学习者和专家以动态的方式相互作用是重要的。这些活动创建了一种专家实践的文化群体。第四,内在的动机。内在动机是与学习者在非控制的环境中独立完成任务的能力相连的。教学中应该努力刺激学生的内在动机。第五,利用合作。认知学徒制特别强调教学应该基于学习共同体进行。随着学生作为一个初学者或新手逐渐从该共同体的边缘向中心移动,他们会变得比较积极,更多地接触其中的文化,因而就逐渐进入专家或熟手的角色。

3. 随机访取教学模式

斯皮若等人在 1991 年把学习分为初级学习和高级学习。初级学习是学习中的初级阶段,学生只需掌握一系列概念和事实,并在相同情境中再现这些概念和事实;高级学习要求学生掌握概念的复杂性,并能广泛而灵活地应用到具体的情境中。他们指出,传统教学混淆了初级学习与高级学习之间的界限,将初级学习阶段的教学策略(如将整体分割为部分、着眼于普遍原则的学习、建立单一标准的基本表征等)不合理地推广到高级学习中。建构主义寻求适合于高级学习的教学策略——随机访取教学,即在教学中避免抽象地谈概念的一般应用,而是要把概念具体到一定的实例中,并与具体情境联系起来。换句话说,学习者可以随意通过不同途径、不同方式进入同样教学内容的学习,从而获得对同一事物或同一问题的多方面的认识和理解,这就是随机访取教学。它源于建构主义学习理论的一个新分支——认知弹性理论(cognitive flexibility theory)。这一理论的中心观点是:在不同的时间、重新设置的情境中,为了不同的目的、从不同的概念观点对同一材料重复访取,这是达到获得高级知识目标的关键。斯皮若认为,在以认知弹性理论为基础的教学模式中,使用的比拟是一种由概念与案例构成的多维与非线性的"十字交叉"形状("criss-crissing"of conceptual and case landscape)的多元知识表征,即试图通过概念与案例的融合增强学习者的认知弹性,以达到对丰富的概念理解的充分性以及案例覆盖面的完整性。随机访取教学目前仍处于研究之中,可以提供的具体例证较少。我们下面以美国华盛顿州立大学农学院应用随机访取教学模式所做的教改实验为例,说明这种教学模式的具体应用。

美国华盛顿州立大学农学院在卡尔扎和米德(Calza & Meade)的领导下建立了一个"遗传技术"课程教学改革实验研究组,其目的是以建构主义学习理论为指导,在互联网环境下开发动画和超文本控制功能的交互式教学系统,所用的就是随机访取教学模式。该教学目标是:帮助学生形成学习动机,可用于学习分子遗传学和生物技术的有关内容。学习重点侧重基本概念、基本原理和变异过程。通过学习,学生不仅能完成所学知识的意义建构,还能实际验证。该系统的教学过程按以下步骤进行:(1)确定主题——通过入网的教学目标分析确定本课程的若干主题;(2)创设情境(为随机访取教学创造条件);(3)独立探索——根据学生的意愿可选下列不同主题,在学习某一主题的过程中,学生可随意观看有关这一主题的不同演示,以便从不同侧面加深对该主题的认识和理解(随机访取学习);(4)协作学习——在上述独立探索的基础上,开展基于线上的专题讨论,在讨论过程中教师通过公告板和电子邮件可对学生布置作业,对讨论中的观点加以批判并进行个别辅导;(5)自我评价——为检验对知识的建构与验证,学生在上述学习阶段后应进行自我评价。为此该系统设计了一套自我评价练习:练习内容经过精心挑选,使之能有效地测试学生对基本概念、基本原理和基本过程的理解;(6)深化理解——根据自我测试结果,有针对性地对薄弱环节作补充学习和练习,以加深对知识的理解与验证的能力。

三、建构主义教学中教师与学生的作用

1. 教师——学生建构知识的支持者

建构主义学习强调学生的主动学习,但同时也强调教师在学生建构知识的过程中提供一定的帮助和支持,以使学生的理解进一步深入。建构主义教学对教师提出了一些新的职责:

(1)教师的作用从传统的向学生传递知识的权威角色转变为学生学习的辅导者,成为学生学习的高级合作者。教师不仅需要在学习内容方面辅导学生,而且需要在新的学习技能和技术方面指导学生,教师自己对这些也有可能是不大熟悉的。

(2)教师应该给学生提供真实世界的、复杂的真实问题。因而,他们不仅必须开发或发现这些问题,而且必须愿意放弃这种"知道条件严密的问题的确切答案"的观点。教师必须认识到真实世界的复杂问题有可能有多种答案,鼓励学生提出问题解决的多种观点。当然这也意味着需要改变传统的评价策略。

(3)教师必须创设一种良好的学习环境,学生在其中可以通过实验、独立探究、合作等方式学习。

(4)教师必须调整课程以使建构主义学习活动能够与某一年级水平的学习内容保持平衡。

(5)教师必须为学生提供元认知工具和心理测量工具,培养学生联系的、批判的认知加工策略,以及自己建构知识和理解的心理模式。

(6)教师应该认识到教学的目标不仅包括认知目标,也包括情感目标。教师要重视学生的情感领域,使教学与学习者个人相关联。教学是逐渐减少外部控制,逐渐增加学生自我控制学习的过程。

2. 学生——知识的积极建构者

首先,建构主义教学要求学生在复杂的真实情境中完成任务。传统的教学中,学生通常选择缺乏"认知冲突"的学习道路,也就是说学生倾向于选择对他们没有难度的任务。

而在建构主义教学中,学生需要面对要求认知复杂性的真实世界的情境,这对他们无疑是个挑战。学生可能会说:"为什么你不能告诉我呢?"因而,学生需要采取新的学习风格与认知加工策略,也需要形成自己是知识与理解的建构者的心理模式。

其次,建构主义教学比传统教学要求学生承担更多的管理任务。显然,如果学生缺乏管理自己学习的机会,他们就不可能成为自主的思考者和学习者。但建构主义教学也不能一下子完全让学生管理学习任务,这种高度认知复杂性的学习环境可能让学生感到不知所措。建构主义教学中,教师应该注意,让任务处于学生的"最近发展区",提供一定的"脚手架"或辅导。但是"脚手架"应该随着学生理解的深入而逐步拆减或重新组合。学生应该在教师的帮助下,发展自己控制学习过程的能力。

最后,学生应该认识到成为一个自我控制的学习者的重要性,并且努力学习一些自我控制的技能和习惯。学生应该积极地融入建构主义教学日程中,积极地投入到新的学习方式中。

建构主义学习理论为传统教学带来了一场教学的革命。教学的中心由教师向学生转移。建构主义教学的目的是培养善于学习的终身学习者,他们能够自我控制学习过程,具有自我分析和评价能力,具有反思与批判能力,具有创新精神。建构主义教学也意味着教师和学生的作用的改变,教师和学生都要努力成功地适应自己的新角色。另外,教师和学生也不是处于真空中,而是处于社会之中。因而,家长、行政管理人员、课程设计者、评价者以及其他一些关键的参与者都要改变思想观念,积极地面对建构主义所带来的学习和教学革命。

参考文献 ··

［1］ Cognition & Technology Group at Vanderbilt. Technology and the Design of Generative Learning Environments ［A］. In: Duffy T M, Jonassen D H (eds). Constructivism and the Technology of Instruction ［M］. New York: Routledge, 1992.

［2］ 毛新勇. 情境学习在课堂教学中的应用——一种新的基于情境的教学观［J］. 外国中小学教育,1998(5):15-18.

［3］ 高文,王海燕. 抛锚式教学模式(一)［J］. 外国教育资料,1998(3):68-71.

［4］ 高文,王海燕. 抛锚式教学模式(二)［J］. 外国教育资料,1998(4):31-35.

第四部分

教学设计与教学模式

教学可以设计吗？随着西方现代科学主义思潮的兴起，那些力图对教学寻找理性基础的先行者开始了教学设计的理论和实践探索，于是，教学作为一种科学活动，可以进行设计，而且这个设计必须建立在科学理论和科学方法的基础之上，这成为了教学设计学科诞生和发展的认识基础。作为一个追求教学科学化的新兴学科，从开始就必然将其发展建立在其他学科的研究成果之上。如果以 20 世纪 40 年代为起点，其学科迄今已有八十年的发展历史。从教学设计思想的萌芽到教学设计学科体系的建立；从加涅、布里格斯（Briggs）、梅里尔、斯金纳等早期几位领衔人物创建的传统教学设计理论，到乔纳森、巴纳锡（Banathy）倡导的全新教学设计观，无不彰显了教学系统设计学科坚实的多学科理论基础，心理学、教育学、传播学、系统科学等学科为教学系统设计提供了丰富的学科思想、理论支持和方法引导，也体现了教学系统设计学科独特的学科体系和发展取向。

为此，如何清晰地梳理教学设计学科的发展脉络？如何审视教学系统设计的学科属性、发展取向和实践路径？如何引领和启迪我国本土化教学设计理论与实践？2001 年，高文教授曾对山尼·戴克斯特拉（Sanne Dijkstra）教授进行专访，刊发了《教学设计研究》一文，让国内学者见证了国际著名学者对于教学设计源起和发展，以及吸收和借鉴其他学科理论和方法的独特见解。2005 年，高文教授又在权威期刊上刊发系列研究成果《教学系统设计（ISD）研究的历史回顾》《试论教学设计研究的定位》《教学设计研究的未来》，这为国内学者在繁杂纷纭的观点学说之下理解和认识教学设计研究的昨天、今天和明天构建了清晰的学术逻辑。

在高文教授的引领和指导下，学习科学研究中心团队近年来不仅对教学系统设计有了本体论的哲学思考，也对教学系统设计理论体系和实践逻辑有了全面、深度的研究，刊发了一系列研究成果。裴新宁教授的《技术时代的科学教育：内涵理解与循证改进》一文在循证视域下从目标、内容、过程、时空、效果五个维度提出了科学教育改革设计观点。王文静教授在真实、复杂的课堂教学情境中经过两年的课堂教学模式改革实验，提出了"学为导向"综合型课堂教学模式,将其成果呈现在《中国教学模式改革的实践探索》一文中。乔连全教授在中美案例比较研究的基础之上,发表了《基于问题的抛锚式教学——中美案例的比较研究》一文,基于问题的抛锚式教学模式被大家熟知并广泛应用。程可拉教授在《论外语学习的基本特征:建构与生成》一文中提出语言学习建构和生成观点。沈晓敏教授的《在对话和协商中提升道德判断和行为抉择能力》提出对话和协商的儿童道德建构观。吕林海教授在《融合性学习:西方学生的梦魇,抑或中国学生的圣境——从普洛瑟的"脱节型学生"说起》一文中从跨文化视角对融合性学习进行实证研究。李妍教授在《面向真实性学习的问题设计与模型开发》一文中以活动理论为基础,提出了真实性问题设计的模型。黄都教授在《基于复杂学习的高考应答心智建构指导策略——以广西高考 2019 年化学试题为例》一文中对范·梅里恩伯尔(Van Merrienboen)面向复杂技能学习建构的 4C/ID 教学设计模型进行了本土化实践探索。鲍贤清教授在《场馆中的学习环境设计》一文中对从物理环境、展品、活动三个层面对场馆非正式学习环境设计进行了研究。团队成员的这些研究包括了科学教育、教学模式、语言学习、儿童道德建构、融合性学习、真实性问题设计、4C/ID 教学设计模型、场馆学习环境设计等主题内容,研究主题广泛,理论视角新颖,既有理论探索又有实证研究,在理论和实践上有诸多创新突破,研究成果丰硕,推动了我国教育研究和实践创新发展。

24

教学系统设计（ISD）研究的历史回顾[*]

高　文

　　如果从 1962 年格拉泽(Glaser)明确地提出"教学系统"概念以及对教学系统进行设计算起，作为一门正式学科的"教学设计"已经经历了将近半个世纪的发展历程。它诞生于美国，在美国经历了最初的发展阶段，随后则跨海越洋传播至世界其他许多国家。20 世纪 80 年代中叶，随着我国的改革开放与教育事业的繁荣与发展，该学科被引进我国。为了比较准确地把握教学设计研究的定位，更好地开创面向未来的教学设计研究，本研究试图以其起源地北美为主线索对作为第一代教学设计范式的教学系统设计(instructional system design，ISD)的研究历程做一个简要的历史回顾。

一、教学设计的由来

　　作为一个专业研究领域，教学设计与其他专业一样有其漫长的前科学发展历程。与教学设计的理论相关的思想源头则可以追溯到古希腊的哲人亚里士多德、苏格拉底和柏拉图。他们有关学习与记忆的认知基础的论述后来由 13 世纪著名经院哲学家托马斯·阿奎那加以拓展，他通过自由意志来论述对教义的理解。400 年后，约翰·洛克提出几乎所有的理性推理和知识都必须经由经验而获得，并由此提升了亚里士多德有关人的初始

---

[*]　原文发表于《中国电化教育》2005 年第 1 期。

的智力空白状态的主张。接着,在 20 世纪的转折点上,杜威提出了教育哲学的若干宗旨,其目的在于发扬这样一种理念,即强调学习与行动的联姻才是学习发生的最佳时机,而不是对事实的机械背诵。接近 20 世纪 20 年代,行为主义观在教育心理学领域中的影响日益突出。桑代克的联结论表述了行为主义心理学最原始的刺激—反应(S-R)模型。随后,在其他形式的行为主义理论中,强化都是决定学习的首要因素。然而,20 年代以后,霍尔提出了行为主义的新版本,即刺激—有机体—反应(S-O-R),强调学习者的原始动力、激励动机、抑制因素以及原有的训练等作为介入性变量对行为的重要影响[1]。正是前人的这样一些思考构成了教学设计研究的思想源头。

二、教学设计的起源及早期发展(20 世纪 50 年代)

1. 教学设计的根源

教学设计有两个根源:系统工程学和行为主义学习心理学的理论取向[2]。20 世纪 50 年代,学术界普遍倾向于将科学方法运用于社会科学,第二次世界大战期间和其后,美国心理学家们在军队中从事培训教材的研究与开发,并开始尝试将心理学和教学技术进行整合。该研究主要关注的是开发用于绩效分析的系统方法和进行以达到特殊学习结果为目的的教学设计,试图将教学系统方法与有关学习过程的"自动化"理论连接起来,以便揭示信息流及信息控制、全面任务分析、谨慎计划和决策制定等各要素之间复杂的相互关系[3]。显然,为了解决日益增长的有效发展的训练和教学的需要,20 世纪 50 年代的教育倾向于工程学观点[4]。

2. 将教学视作系统

在追溯思想源头的同时,我们必须承认的一个事实是:作为一门正式的学科,教学设计诞生于美国。因第二次世界大战的爆发,大批富有经验的教育心理学家(如,加涅、布里格斯、梅里尔等)被征集去指导与士兵和工人的培训相关的教材研究与开发。这些专家们根据从有关学习和人的行为的研究中产生的教学原理开发培训教材,并运用有关心理测试的知识去指导以选拔志愿者为目的的测试与评估。他们还运用行为主义的技术开发教学资源。二战结束后,这批教育心理学家们继续为解决教学问题而工作。20 世纪 40 年代末和整个 50 年代,心理学家开始将训练视作系统,试图开发包括一系列创新的分析、设计和评估程序在内的比较正式的教学系统。当时,米勒在致力于军事项目的研究时,开发出一种详细的任务分析方法论。教学设计领域这些先行者的工作成果在加涅主编的《系统开发中的心理学原理》(1962)一书中得到总结。

3. 程序化教学运动

20 世纪 50 年代以来,系统方法的运用开始受到心理学家们的关注,而程序化教学运动则成为其中一个重要阶段。1954 年,斯金纳名为《学习科学与教学艺术》的文章被认为是教育领域中一次小小的革命。程序教学运动的理论基础正是斯金纳提出的建立在操作主义基础上的学习强化理论。作为新行为主义的倡导者,斯金纳认为,人类的学习是不断刺激、反应和强化的结果,是通过操作性条件反射对外界刺激做出反应并得到强化的过程。新行为主义教育家们据此设计了程序教学法和教学机器。程序教学运动的主要特点是:清晰地规定行为的目标、以小步骤呈现教材、允许学习者自定学习节律、鼓励学习者对密集问题做出积极反应并对学习者反应的正确性提供及时反馈。在新行为主义教育家们的宣传和推动下,程序教学和教学机器在 20 世纪 50—60 年代的美国及其他国家曾盛行一时。斯金纳等用以开发程序教学过程的一种经验性的方法包括尝试与修正程序,即收集与教材的有效性相关的数据、识别教学的弱点,并据此对教材进行修订。这一方法显然孕育着后来被称为形成性评价的要素。这种方法现已成为运用行为主义心理学理论解决教学问题的一个典范。尽管斯金纳是程序教学运动的主要代表,但值得注意的是,北美教学设计理论早期发展的几位领衔人物(如加涅、格拉泽、帕斯克等),也都参与了程序化教学的创作,他们后来都不同程度地从行为主义范式转向了某种认知主义范式。同样,程序教学的浪潮也席卷了欧洲,程序教学的新方法被广泛地讨论,但是,由于欧洲更偏重人文的倾向(在德国称为精神科学"gelsteswissenschaftlich"),在那里,教育科学与程序教学一方面得到来自教学技术领域的热情支持,同时也遭到了强烈的批评,特别是来自精神科学一方的批评[5]。

三、教学设计的形成（20 世纪 60 年代）

1. 行为主义目标的普及

当行为主义心理学在教学设计领域占主导地位时，如何识别与设计目标成为开发程序教材的教学设计人员所急需解决的问题。20 世纪 60 年代早期，马杰（Robert Mager）在认识到来自教学人员的这一需求后，着手撰写了《如何为程序教学准备目标》（1962）一书。该书出版后深受欢迎，至 1997 年已经出了三版，共售出 150 多万本。该书描述了如何写目标，其中包括对所期望的学习者行为、行为完成的条件以及评判行为的标准的描述。该书的出版为行为主义目标应用的普及作出了贡献。与此同时，布鲁姆（Bloom）及其同事出版了《教育目标的分类学》一书，从另一角度推动了有关行为主义目标的研究。他们指出，在认知领域中有各种各样的学习成果，因此，目标相应地可以依据所描述的学习者行为的类型进行分类，而且在各种形式的成果之间存在着层级关系[6]。显然，行为目标的分类对教学系统设计有着重要的启示。

2. 标准参照测试运动

20 世纪 60 年代初，影响教学设计研究的另一个重要因素就是标准参照运动（The Criterion-Referenced Testing Movement）的兴起。格拉泽是第一个注意到标准参照测量（criterion-referenced measurement）与常规参照测量（norm-referenced measurement）区别的学者。常规参照测量评估的是某一学生相对于其他人的成绩，而标准参照测量则是相对于学生自身的能力评估其成绩，也就是说，是根据一个详细说明的行为领域去评估个人的状况。显然，标准参照测量可用于评定行为的进入水平，并确定学生能在多大程度上获得由教学大纲所设计的行为。为这两个目的运用标准参照测量正是教学设计程序的核心特征。可见，标准参照测试不同于对学生进行横向比较的常规参照测试，它致力于测量一个人能怎样执行一个特殊行为或一整套行为，而与其他人怎样执行无关[7]。稍后，至 60 年代后期 70 年代初期，教育评价领域曾经出现一个发展和乐观的时期，在这一时期，对标准参照测量的偏爱加强了，因为研究者认为，这种测试方法能"完美地"解释一个人是否掌握了所规定的一整套标准,而且这种标准参照测量也更加符合教育评估的需求。

3. 形成性评价的兴起

1957 年,苏联成功发射人造地球卫星。美国政府在震惊之余,随即倾注百余万美元用于改善美国的数学与科学教育。大批教材被开发出来,并在未曾试用的情况下投入使用。几年后,人们发现其中很多教材并不那样有效。据此,斯科利文(Michael Scriven)指出,教材在正式使用前应先经过试用,以便在教材的形成阶段让教育者对其有效性进行评估,如果必要的话还可以在正式付印前加以修订。斯科利文将试用与修订过程称为形成性评价(formative evaluation),即在使用前测试教学资源,相对于这种评价的是总结性评价(summative evaluation),即在使用后测试教学资源。虽然形成性评估和总结性评估这两个术语是由斯科利文杜撰的,但事实上早在他之前就有学者对此进行了研究,他们对这两种不同性质的评价进行了区分,并对处于形成阶段的教材的评估程序进行了描述。这些程序与今天一般意义上规定的形成性与总结性评估技术很相似[8]。

4. 加涅的贡献:学习结果分类、教学事件与智慧技能的层级分析

在教学设计学科的形成中,美国著名心理学家加涅功不可没。他在研究中并不固守于某一种学习理论,而是根据实际需求从各种流派中汲取营养。1965 年,加涅的著作《学习的条件》第一版出版,这在教学设计的历史上是一个重要的事件。该书共出了四版。在该书中,他描述了五种类型的学习成果(言语信息、智慧技能、认知策略、态度和动作技能),并指出每一种学习成果的类型所必需的不同的促进相关学习的条件。据此,他又描述了与获得五种学习成果相对应的九大教学事件或教学活动(引起注意、告知学生目标、刺激原有知识的回忆、呈现学习材料、提供学习指导、引出实作性的作业、提供作业正确性的反馈、评价作业、促进保持与迁移),并进一步解释了两者之间的关联。在此基础上,加涅还对智力技能领域中的技能进行层级分析。这种层级分析过程也被称为学习任务分析,或教学任务分析。这一分析过程至今仍然是许多教学设计模式的重要特征。加涅在学习分类与层级分析领域中的工作对教学设计的影响延续至今[9]。

5. 计算机辅助教学的开发

20 世纪 60 年代,教学媒介进入了计算机时代,瑟彭斯(Patrick Suppes)在斯坦福大学

开展了对计算机辅助教学的最初的调研。瑟彭斯通过对课程进行系统分析,开发了能向学习者提供反馈、分支、反应跟踪的计算机辅助教学,这些方面后来在 70 年代都被整合进 PLATO(Programmed Logic for Automatic Teaching Operations)系统———一种基于计算机的教育系统[10]。

6. 基于行为主义的早期教学设计的系统模式

20 世纪 60 年代,系统方法的引入,不仅清晰地表述了教学系统的组成成分,而且识别出该系统的特性,从而使教学设计作为一个确定的研究领域得以形成。格拉泽在他的《心理学与教学技术》一文中,最早使用并命名了"教学系统"这一术语,而且对其进行精制并图示其组成成分。他清晰地表述了位于学习的心理学研究与教育实践之间的这样一个分支,并强调了专业人员积极投身于教学技术科学发展的急迫需求。显然,格拉泽对这样一种新的研究领域的本质定位是十分清楚的,与今天没有二致,不过对教学成分的表述则仍然大量采用行为主义的语汇。值得一提的还有巴纳锡 1968 年的《教学系统》一书。该书中提出的巴纳锡模式已十分接近今天的教学系统设计模式,它包括目标的表述、标准测试的开发、学习任务的分析、系统的设计、执行与输出的测试、以改进为目的的变化。他认为系统具有意图、过程和内容,而且他已经意识到教学系统的意图在于学习而不是教学,因此应重点关注的是学习环境而不是硬性规定的日程安排。巴纳锡进一步指出系统方式是多重方向的,为了选择学习经验,它不仅包括反馈,而且也包括前馈,因此系统是动态的,而不是线性的[11]。

显然,20 世纪 60 年代是教学设计领域迅速发展的 10 年,其中最引人注目的原因是来自美国联邦政府对教学开发的支持。这一时期,在军用方面,军队迅速地将教学系统开发纳入标准培训程序;在民用方面,联邦政府通过基金创建了初等与中等教育行动(ESEA)研发实验室,并委托其对联邦政府资助的教育项目进行评估,这些实验室从工作的需求出发积极提倡教学开发。尽管这些研发实验室没能持续至 70 年代,但是 60 年代联邦政府资助的实验室以及大课程开发项目却提升了教学开发的知名度,并使教育者接受了这样一个思想,即教学可以由专业人员组成的团队从单个学校的外部进行开发[12]。

四、运用系统方法构建教学设计模式与认知心理学的影响（20 世纪 70 年代）

1. 运用系统方法构建教学设计模式

正是在 20 世纪 60 年代探索与尝试的基础上，在教学设计的研究领域中，开始形成了运用系统方法构建教学设计模式的尝试。1975 年，佛罗里达州立大学开发出"培训的系统方法"（systems approach to training，SAT）和"教学系统开发"（instructional systems development，ISD）。SAT 和 ISD 的共同特点是包括分析、设计、开发、执行、评估 5 个基本要素，以期涵盖完整的培训与教育环境。虽然 ISD 是一种系统化的按步骤进行的方式，但它仍然能够灵活地同时运用于个别化教学与传统教学，而且十分明确地面向行为目标和标准参照测试的运用。尽管 ISD 模式具有风格极其多样的不同版本，但是，特别值得一提的是迪克—凯里模式（Dick and Carey model）。正是这一模式造成教学系统设计（ISD）范式在教学设计领域中盛行的局面。

20 世纪 70 年代，很多不同的部门对教学设计过程都十分感兴趣，其中军事部门企图利用教学设计模式进行培训教材的开发，学术领域中的许多教学改进中心试图运用媒体与教学设计程序改进教学人员的教学质量，并开发了许多有关教学设计专业的研究生大纲。此外，在商业和工业领域，许多组织也意识到利用教学设计改进培训质量的价值。在国际上，如韩国、利比里亚、印度尼西亚等也看到可以从应用教学设计解决自己国家的教学问题中获益。这一切都导致教学系统设计范式中各种模式的数量激增，而且要求教学系统设计模式能在其早期开发与应用的基础上更为现代化。为此，在前人工作的基础上，很多人创建了新的教学系统设计模式，如迪克和凯里（Dick & Carey）、加涅和布里格斯、格兰奇和伊利（Gerlach & Ely），等等。至 70 年代末，安德鲁斯和古德斯（Andrews & Goodson）已经识别出 40 多种模式。

2. 认知心理学对教学系统设计的影响

20 世纪 60 年代，随着信息科学与计算机科学的兴起，心理学领域出现了"认知心理学革命"。布鲁纳和奥苏贝尔等从认知角度出发所进行的有关学习与教学的研究成果开始受到教学设计研究者的重视,并成为影响教学设计研究与开发的重要理论依据。1974年,加涅和布里格斯正是在教学设计中有相当影响的迪克—凯里模型的基本框架内吸收了认知学习理论,并从教学是一项以帮助人们的学习为目的的事业出发,提出了有关教学设计的基本假设:教学设计的目的在于帮助个体的学习;教学设计应该包括许多阶段,既有即时的,也有长期的;以系统方式进行的教学设计能极大地影响个人的发展;教学设计必须依据如何学习的知识。他们在自己颇具特色的学习理论与教学理论的基础上,提出了同时考虑学习条件与学习结果的教学设计的基本原理与技术:根据不同的学习结果类型,创设不同的学习的内部条件,并据此安排相应的学习外部条件[13]。

总之,受认知心理学的影响,更多的教学设计者开始重视关注学习者个别差异的需求评估和分析,以及有关认知策略、动机激励和信息呈现策略的研究。有关任务的分析也从关注行为目标转向了对不同的知识和技能领域中不同时期学习者所具备的行为能力的理解。与此同时,在欧洲也出现了以内容定向的任务分析的新取向。

五、ISD 范式的形成与教学设计研究的转向(20 世纪 80 年代)

1. 基于计算机的教学(CBI)

20 世纪 80 年代对教学设计产生主要影响的一个要素是从教学的意图出发应用微电脑的兴趣的增长。随着计算机技术变得更加强大,具有更普遍的适用性,以及在学习理论领域中行为主义向认知主义的转向,计算机开始被用作一些教学设计任务自动化的工具,许多教学设计人员开始将他们的注意力从计算机辅助教学转向基于计算机的教学(computer-based instruction,CBI),并就开发新的教学设计模式以提高计算机技术的交互式能力的需要展开讨论。基于计算机的教学也开始逐渐占据教学设计的领域[14]。

2. 教学系统设计的基础知识

1982 年,罗森伯格(J. Rosenberg)在《培训与开发杂志》中发表了题为《教学系统设计的基础知识》的论文。在该文中,他做出了以下有意义的观察:(1)实施前置分析(frontend analysis)以决定最佳解决方案是十分重要的,而当时这样的分析还不是 ISD 的一部分;(2)ISD 模式要求借助于主要关注组织需求、学习者需求和工作需求的需要分析对潜在的培训问题进行分析以便准确地把握其实质;(3)在开发阶段可运用原型测试教材以确保它们能发挥预期的作用,或在需要改进时查明原因;(4)ISD 模式不仅仅是一种序列,更是事件的一种关系,正是由于这样一种关系,该模式在用于培训开发时才是有效的。因为它能保证每一个决策都能依据组织、学习者与工作的真实和可确认的需求[15]。

1987 年,罗森伯格进一步提出,ISD 模式为系统化地识别和运作教学过程的各个组成成分提供了一个程序,这里所谓的教学过程是以增强学习和改进实作绩效为宗旨的。ISD 模式可以通过其所有组成成分的协调工作来达到培训目的,从而为设计有意义、有效的培训提供示例。这种模式包括五个主要阶段:分析、设计、开发、执行和评估。前四个阶段是连续的,上一阶段的输出成为下一阶段的输入,第五个阶段是评估,这是一个互动的过程,它渗透于 ISD 模式的全过程。评估阶段提供有用的输出信息以保证整个系统的有效性。总之,教学系统设计模式不仅考虑传递系统、信息材料、所采用的策略与技术,而且还必须考虑学习者的需要、特点、学习风格、实作水平、行为的进入水平,以保证教学的设计能符合学生或学习者的个别需要[16]。

3. ADDIE 模型的形成

在追溯历史的过程中,我们发现,若以 20 世纪 60 年代为起始点,教学设计在经历了近 30 年的发展历程后,最终基本上形成并完善了集系统工程学、传播学、学习心理学与技术为一体的教学系统设计理论。该理论成为在开发新的培训大纲时广泛运用的方法论,并为评估学生需要、设计和开发培训教材以及评估培训介入的有效性提供了按步骤逐一进行的系统。在实际的教学设计过程中,存在着上百种的 ISD 模型。不过,几乎所有的模型都包括分析、设计、开发、执行和评估这几个基本要素或步骤,由此产生了覆盖各种 ISD 模型的 ADDIE 模型[17]。该模型包括分析(analysis)、设计(design)、开发(development)、执行(implementation)与评估(evaluation),再进一步又可细分为:(1)分析。目标分析、行为(能力)分析、目标人群分析、媒体选择、任务分析、成本分析。(2)设计。界面设计、序列设计、课程设计、学习者控制。(3)开发。这一阶段通常通过程序员、绘图艺术家、作家以及学科内容专家的共同合作将设计蓝图具体化并产生一个工作模型,然后通过对工作模型的形成性评价,以及在开发过程中对评价反馈结果的整合,最终产生一个完整的学习程序。(4)执行与评估。最后的两个阶段包括把完成了的程序交付给学习者并对目标的达成度作出评价。为了促进一致的总结性评价，在交付的过程中一定要保持严格的控制。对 ADDIE 模型的批评主要是认为其过于线性化、过于僵化、过于拘束，在实施的过程中过于费时。因此，今天学术界将其称之为传统教学设计过程，并提出了许多侧重整体和互动的教学系统设计模型[18]。

4. 教学设计研究的转向

20 世纪 70 年代以来，认知主义逐渐取代行为主义成为心理学的一个主要研究取向。当代认知理论对知识结构、用于解决问题的元认知策略，以及学习者对新旧知识结构整合的关注引发了教学设计的许多变化。许多认知取向更强的学习理论，如图式理论、先行组织者、同化理论、发现式学习[19]、信息图绘制、形象与结构编码、专门知识的发展、心智模式、符号操作、信息加工理论[20]、情境认知理论[21]、认知弹性理论[22]等开始发展起来。所有这些理论都强调，学习者头脑中内容的组织对于教学和运用所学知识的阶段是十分重要的。显然，这些理论支持了以认知为基础的观点。认知取向的学习理论的不断发展促使研究者们去建构和开发相应的教学设计理论与模式，如：成分显示理论（component display theory）[23]；精制理论（elaboration theory）[24]；基于经验的概念教学设计理论（the empirically based instructional design theory for concept teaching）[25]；基于案例的推理（case based reasoning）[26]；概念图绘制（concept mapping）[27]，等等。显然，在包括结构主义和信息加工两种形式的心理学研究领域中，认知主义的再次崛起在推动教学设计研究的深入以及拓展教学设计研究的视角方面产生了积极深远的影响。

参考文献 ••

［1］［15］Douglas L. A Brief History of Instructional Design［DB/OL］. http: //www.pignc-ispi.com/articles/education/brief%20history. htm.

［2］Dijkstra S. Theoretical Foundations of Instructional Design: Introduction and Overview ［A］. Robert D Tennyson. . Instructional design: international perspectives. V. 1［C］. Mahwah, NJ: L. Erlbaum Associates, 1997:19 – 24.

［3］［5］Tennyson R D, Schott F. Instructional Design Theory, Research, and Models ［A］. Robert D. Tennyson, Franz Schott, Norbert M. Seel, Sanne

Dijkstra. Instructional Design: International Perspectives (V. 1) [C].
Mahwah, NJ: L. Erlbaum Associates, 1997:1 – 13.

[4] Dijkstra S, van Merriënboer J G. Plans, Procedures, and Theories to
Solve Instructional Design Problems [A]. Sanne Dijkstra, Norbert M. Seel,
Franz Schott, Robert D. Tennyson. Instructional Design: International
Perspectives (V.2) Solving Instructional Design Problems [C]. Mahwah, NJ:
L. Erlbaum Associates., 1997:23 – 43.

[6] 布鲁姆.教育目标分类学第一分册:认知领域[M].罗黎辉,丁证霖,译.上
海:华东师范大学出版社,1986.

[7] Burton N W. Performance Standards [EB/OL]. http://www.wmich.
edu/evalctr/pubs/ops/ops11.html,1977.

[8] [14] Reiser R A. A History of Instructional Design and Technology:
Part II: A History of Instructional Design [J]. ETR&D, 2001,49(2):57 – 67.

[9] [13] 加涅,布里格斯,韦杰.教学设计原理[M].王小明,等译.上海:华东
师范大学出版社,1999:1 – 140.

[10] Spanou K. Computer-Assisted Language Learning: A Story That Goes
Long Back [EB/OL]. http://www.tesolgreece.com/nl/71/7103.html.

[11] Clark D. A Brief History of Instructional System Design [EB/OL].
http://www.nwlink.com/~donclark/history_isd/isdhistory.html.

[12] Shrock S A. A Brief History of Instructional Development [EB/OL].
http://www.columbia.edu/~fs184/Spring/shrock.html.

[16] Cottle C. A Review of The ABCs of (ISD) Instructional Systems Design
[EB/OL]. http://fcis.oise.utoronto.ca/~ccottle/isd.html, 1996.

[17] Molenda M. In Search of the Elusive ADDIE Model [EB/OL]. www.
indiana.edu/~molpage/In%20Search%20of%20Elusive%20ADDIE.pdf.

[18] Peter de Lisle. What is Instructional Design Theory? [EB/OL]. http://
hagar.up.ac.za/catts/learner/peterdl/ID%20Theory.htm.

[19] Tennyson R D, Elmore R L. Learning Theory Foundations for
Instructional Design[A].Robert D Tennyson, S Dijkstra. Instructional Design:
International Perspectives (V.1) [C]. Mahwah, NJ:L. Erlbaum Associates,
1997:55 – 73.

[20] Winn W, Snyder D. Cognitive Perspectives in Psychology [A]. Jonassen
D H. Handbook of Research for Educational Communications and Technology

［C］. NY: Simon & Schuster, 1996:112 - 142.

［21］Brown J S, Collins A, Duguid P. Situated Cognition and the Culture of Learning ［J］. Educational Researcher, 1989,18(1):32 - 42.

［22］高文. 教学模式论［M］. 上海:上海教育出版社,2002:320 - 362.

［23］Merril M D. A Lesson Based on the Component Display Theory ［A］. Riegeluth C M. Instructional-design Theories and Models: An Overview of Their Current Status ［C］. Hillsdale, NJ: Lawrence Erlbaum Associates, 1983: 279 - 333.

［24］Reigeluth C M, Stein F S. The Elaboration Theory of Instruction ［A］. C. M. Reigeluth. Instructional-design Theories and Models ［C］. Hillsdale, NJ: Lawrence Erlbaum Associates, 1983:335 - 381.

［25］Tennyson R D, Breuer K. Psychological Foundations for Instructional Design Theory ［A］. Robert D. Tennyson, Franz Schott, Norbert M. Seel, Sanne Dijkstra. Intructional Design: International Perspectives (V. 1) ［C］. Mahwah, NJ: L. Erlbaum Associates, 1997:113 - 131.

［26］Kolodner J L. Case-Based Reasoning: An Overvoew ［R］. Northwestern University: The Institute for the Learning Science, 1991.

［27］Novak J D. Assubel's Assimilation Theory and Metacognitive Tools as a Foundation for Instructional Design ［A］. Dills C R, Romoszowski A J. Instructional Development Paradigms ［C］. Englewood Cliffs, New Jersey: Educational Technology Publications, 1997:401 - 415.

25

试论教学设计研究的定位[*]

高　文

在重温教学设计研究的历史的基础上，本研究试图从作为设计科学的教学设计、基于泛技术观的教学设计以及作为系统科学的教学设计三个彼此联系的方面探讨教学设计研究的定位。

一、作为设计科学的教学设计

（一）设计与教学设计

在教学设计的研究领域中，强调教学设计的设计取向的主要研究者当推罗伦德（G. Rowland）。他在深刻反思教学设计实践中存在的问题的基础上，明确地提出需要一种不同于将教学设计过程视作预定过程、侧重理性、注意归纳、重视最优化的传统教学设计观的全新的教学设计观。这种新的教学设计观突出创造性、注意理性与直觉的平衡、强调归纳与演绎的统一、重视对话在设计过程中的重要作用。为此，他指出，应重视一般设计的研究，揭示教学设计与一般设计之间的联系，确立将教学设计视作设计类型之一、作为一般设计的子系统的新观点。

＊　原文发表于《中国电化教育》2005 年第 2 期。

罗伦德指出，设计就是为创造某种具有实际效用的新事物而进行的探究。它包括对不良情境的探索，对一个或多个问题的发现、详细说明与解决以及对导致有效变化的途径的详细说明等。设计的一般特征有：(1)设计的目的性。设计是由构想和实现某种新东西的目的所指引的过程。(2)影响设计过程的主要因素有设计者的洞察力、设计者对设计对象的理解、设计中的社会性交互作用。(3)设计过程的本质。设计问题是定义不良的问题；设计过程是一个动态的、非确定性的过程；设计的本质特点是探索性与创造性；设计的一项基本任务就是将有关需要的信息转变为详细说明的信息；在全面解决某个设计问题的动态过程中，关注从中派生出的解决问题周期，注意采取系统观点（systematic approach）所提供的可能产生的决策框架；将设计过程视为学习过程，即建构知识的周期、体验快速学习某种尚未存在的新的东西的过程；注意在设计过程中保持技术与创造性、理性与直觉之间的平衡；设计应成为有能力同时控制理性与创造性、根据需要及时变化战略与策略的自组织系统，设计者应成为自己行动的反思者；关注不同于"计划"的"情境设计"概念，把设计看作是由一系列周期组成的、更多依赖于机遇并面对定义不良问题的创造性过程。根据罗伦德的观点，教学设计应该是设计中的一个子系统，因此设计的一般特点也适合于教学设计。如同在其他设计领域一样，教学设计总是针对一定的实际的学习目标的，教学设计过程会因对象或内容的不同而变化；教学设计过程中社会性的互动是至关重要的，设计者必须与教学项目的委托人、投资者、教材专家、制作者、教师以及学生共同工作；教学设计者可以根据问题结构的完善性或不良性，提出不同的解决问题的途径与方法；教学设计过程中应注意维持理性与创造性、直觉性思维过程之间的平衡，教学设计者应善于在行动中反思等。显然，罗伦德有关教学设计研究的设计定位的观点，以及他将教学设计置于一般设计领域进行分析的做法，不仅拓展了教学设计研究的视野，而且十分有助于研究者对教学设计本质的再认识[1]。正是在此基础上可以区分两种不同的教学设计取向。

（二）不同取向的教学设计观

1. 理性的教学设计观

在教学设计的研究领域中，赖格卢斯（C. M. Reigeluth）在讨论教学设计理论的一般特征时也曾指出，教学设计与其他理论的不同之处在于它是设计取向的，教学设计理论是一种设计科学，因为它为设计学习经验这一任务提供指南[2]。但是，他并没有深究设计的本质,而是重新回到描述性理论与处方性理论的区分上。显然,赖格卢斯所代表的正是罗伦德所谓的"理性的教学设计观"。持这种设计观者将重点放在理性上,突出教学设计过程的可预测性,强调遵循规则与程序的重要性,并将教学设计描述为一种技术过程。他们不断地从情境中提取出标准的信息类型、清晰定义的目标和对象。他们通常采用系统方法(systematic methods)提供对问题的限制与思考以及作为系统要素的解决方案,以便产生有效的决策。总之,对于他们,教学设计的过程是合乎逻辑的、理性的、系统的,设计者更像一个技术员或工程师,而设计则更接近于工程学[3]。

2. 创造性的教学设计观

与此同时,也有少数学者把教学设计描述为一种创造性的过程。与持理性观点的学者不同,他们强调教学设计过程的艺术性、创造性,以及该过程对于独特、复杂、变化情境的依赖性。因此,他们重视设计者在工作中的直觉性、悟性、思想的丰富性,以及对问题解决方案新颖性的追求。他们并不否认定向于目标的逻辑思维与高水平的认知过程对于设计的重要性,但他们否认"处方"的用处,不赞成用一般规则和程序禁锢教学设计者的艺术灵感与直觉。为此,对于他们,每一个设计都是一个个案,是不可重复的,因此他们倾向于将教学设计视为某种形式的工艺或艺术[4]。不可否认,重视人的想象力、创造力、主观能动性的这一创造性的教学设计观对于主要基因来自系统工程学的教学设计,尤其是传统的教学系统设计的理性观无疑是一次有力的冲击。

3. 融理性与创造性为一体的设计观

事实上,随着有关人的学习的真实性、自然性,以及相应的教学设计的复杂性、多样性、不可确定性的研究不断深化,许多原来持理性观的学者也已开始转变立场。在克服重思辨轻实践倾向的基础上,一些学者,如克尔(S. T. Kerr)开始关注对教学设计者实际工作情况的系统调查,这些研究的成果表明,教学设计是一种在特定的情境脉络中解决结构不良问题的非确定性的过程,它所运用的是一种高度互动与协作的设计方式,设计应被视作一种充分利用有效资源的社会化过程[5]。显然,在教学设计跨入一个新的发展阶段之际,大多数教学设计研究者已经开始摆脱极端的理性观与创造观,并在反思教学设计实践的基础上,注意将理性与创造性、科学性与艺术性融合起来,形成反映设计本质特点并凸显教学设计特点的新的更加科学、更具创造性的教学设计观。一种融理性与创造性为一体的设计观已经呈现并受到重视。

二、基于泛技术观的教学设计

从历史的角度看,教学设计源于教育心理学及其随后与教学技术的逐渐整合,起源于美国的有关教学设计的构想从一开始就跟教育技术学有着十分密切的联系。这种有关教学设计的技术观将所有的教学设计问题的解决方案概括在一个作为系统的设计模型中[6]。在这一专业领域中,存在着设计者和技术人员之间的一种联合,而这种联合的关键应当是一种泛技术观[7]。我们认为,所谓设计的泛技术观是指依据一定的学习与教学理念,开发和运用各种产品形态的媒体与技术,以提高学习与教学能力的系统化的实践知识。对于教学设计而言,这种泛技术观不仅与计算机、多媒体、网络等技术设施及其应用有关,它更包括了最新的学习与教学理念在技术中的体现,以及用以实现确定教育成果的系统设计过程、与个体学习者和学习者小组一起工作的步骤、方式和策略、测量与评估技术以及从学习与教学的实际需求出发进行的多样化模型的开发等"软技术"、"过程"技术或建模技术等。这就使得那些原先认为他们的主要工作就是应用从有关教学、学习和人的行为研究与理论中产生的教学原则去开发培训教材的教学设计者,能够从解决实际问题的真实需求出发将理论、模型与技术整合起来开展工作,并将基于技术的环境作为他们进行设计的实验室[8]。事实上,也只有从关注技术与多方面因素的关联的泛技术观的角度出发,才能真正发掘技术的潜力,而不至于因传统理念的束缚造成对技术的降格使用,并由此造成改革理念的滞后与改革成本的浪费。

我们认为,在社会的发展高度依赖于技术,尤其是智能化的高新技术的今天,泛技术观的确立有助于克服对技术的两种误读:其一认为任何新的教育理念可以不依赖于技术而引发改革;其二认为层出不穷的新技术的出现及其应用会自然而然地导致变革。事实表明,今天的社会是高度依赖技术的社会,日新月异的高新技术不仅使人类昨天的梦想得以成真,更重要的是这些高新技术自身正蕴含着需要我们去认识、去领悟的全新的理念。因此,在着眼于技术的物理层面的同时,我们必须从社会、文化、历史、哲学、经济、科学、心理、生理等多方面全方位地揭示技术的内涵,发掘技术的潜力,在重视技术的物质基础设施建设的同时,发掘隐藏于其后的新理念使其得以彰显,形成新的改革理念。与此同时,我们必须从变革的需求出发创造性地大量设计与开发智能化的认知工具,创建促进有效、高效学习的学习环境,架设有助于多方位参与和社会协商的交流平台,以彻底改变学习方式、学习文化以及相应的组织方式与学习关系。

20 世纪 90 年代以来,教学设计与技术(instructional design and technology,IDT)领域得到了显著的发展,发展通常总是受欢迎的,因为它能带来新的能量、新的思想和对创新的关注。然而,在力促发展与创新的同时,我们也必须防止仅仅将新技术作为一种时髦,作为唯一的关注,却忽略了那些能够从根本上改进人类学习方式的新思想、新理念以及对于新技术的创新性的应用。我们应该像威尔森(Brent G. Wilson)所说的那样,应该在获得很多严峻的教训后,从这一领域中学到很多智慧,即必须在学习有效性的境脉中考虑技术的使用,必须使学习的结果符合一个更大的社会内在价值,否则技术创新只能成为一种过度受到膜拜的东西[9]。正如人们通常所说的那样:技术是一把双刃剑,它具有两面性。为此,教学设计者在充分利用现代信息技术的同时,也必须注意克服器具中心论,克服狭隘的技术控制论,确立起以人为本、以人的学习为本的泛技术观。在技术的应用中必须考虑不同情况、不同个人和不同目标的实际需求,识别技术行之有效的方式与途径,寻找并发现技术与各种学习理论的有效结合点,并在两者的交叉中彰显新的学习理念并设计开发相适应的新技术、新模型。显然,技术的发展最令人激动之处不在于技术本身,而在于由它发起创立的新的思维类型及其对于我们作为一名教育工作者思考问题方式的冲击。对于技术的这样一种认识对设计者和学习者双方都具有潜在的重大意义。

总之,我们认为,根据泛技术观,技术的硬软两个方面是彼此联系的,它们在互相关联中共同作用于以促进学习为宗旨的教学设计专业的发展。我们相信,对教学设计专业这样一个研究定位或研究视角的关注与考察将有助于比较准确地反映该专业领域的特征及其发展轨迹。

三、作为系统科学的教学设计

(一)作为联系科学的教学设计

1. 联系科学的提出

教学设计领域研究的深入始终依赖于教育心理学,尤其是学习心理学领域的研究成果。直至今天,在西方的教学设计领域中,很多学术项目依然附属于教育学院的教育心理学研究纲要。这样做的好处是把教学设计研究的焦点放在教育心理学所提供的有关学习的理论基础上,并应用这些理论去解决教学实践领域的问题。这种将教学设计的性质定位于联系科学的看法从历史的角度至少可以追溯到 19 世纪末 20 世纪初。当时科学之风盛行,学术界普遍认为,心理学中的进步可以被应用于教学实践,从而将教学实践置于科学的基础上。1890 年,威廉·詹姆斯(William James)在他对美国学校教师所做的著名讲话中(后以《对教师的讲话》为名发表)说:"在世纪的转折关头,人们对正确地应用心理学的发现有可能指引学校中更好的教学寄予很高的希望。"著名美国心理学家爱德华·桑代克(Edward Thorndike)在其经典著作《基于心理学的教学原理》一书中也曾雄辩地表达了自己的信念与信心:心理学科学可以被应用于改善教育实践。他和美国另一位著名的教育与心理学家约翰·杜威(John Dewey)都提出了有关在心理学的理论与教育的实践之间搭建桥梁的设想,并随后在各自领域中对此进行了早期的探索。在 19 世纪与 20 世纪交替之际,持进步主义教育立场的杜威在实用主义方法和真理观的基础上提出了有关知识与实践关系的实验主义主张。该主张强调了实验的决定意义,确定是实验建立了"知"与"知的对象"的关系。基于这样的思考,杜威提出构建一种特殊的联系科学(linking science)以联结理论与实践[10]。在研究动物行为的基础上建立起"刺激—反应"联结学习理论的桑代克则提出了能影响刺激与反应间关系的两条定律:效果律和练习律,并试图用以解释人的学习[11]。无独有偶,在同一时期,提倡实验教育学的德国教育家梅伊曼(Ernst Meumann)和拉伊(Wilhelm Lay)等也在严厉批判传统教育学体系是思辨的产物,直观思维的结果,不能以科学的、实验的方法进行严密的论证的基础上,主张利用当时与儿童发展有关的各方面的科学研究成果及研究方法来推动教育的科学化,强调采用心理实验的方法来分析和研究教育过程中的问题,并据此提出将实验教育学看作一个联系科学[12]。显然,在 20世纪初,乐观的心理学家们十分重视心理学理论对于教学实践的单方面的影响,心理学与教学之间的最佳关系被认为是单向通道的,即心理学中的进步可以被应用于教学实践,因而,这种联系科学在本质上应该是一种应用性的科学。

2. 描述性理论与处方性理论

承继着有关联系科学的设想,在教学设计作为一个独立的专业领域出现以后,在各种学习理论及其教学实践的运用之间寻找起桥梁作用的一种知识体系,即建构一种联系科学的设想,更是教学设计领域很多学者所追求的目标。然而,从 20 世纪 60 年代末开始,行为主义逐渐让位于认知学习理论,心理学与教学之间的关系进入了一个全新时期——双向影响的时期。在这一时期,心理学与教学在互动过程中彼此为对方作出贡献。教学实践为心理学提供了具有挑战性的课题,从而有助于心理学理论接近真实世界。事实上,作为独立专业领域的教学设计自身就是为解决急迫的实践问题而兴起的。

在强调教学设计是架设理论与实践之间桥梁的联系科学的同时,许多研究者对作为描述性理论的学习理论与作为处方性理论的教学理论进行了区分。著名心理学家布鲁纳认为学习理论构成了教学理论的最佳基础,从某种意义上说,学习理论可以作为派生教学理论的基本来源。为此,他认为学习理论是描述性的,而教学理论是处方性的和规范性的,教学理论是学习理论的一种推衍[13]。

在教学设计的研究领域中,赖格卢斯等很多学者也明确提出,教学设计是理论与实践之间的联系科学,因为它的首要意图是规定最佳教学方法,作为一种知识实体,教学设计旨在达到预期教学成果最优化的教学行为,因此,教学设计主要是关于提出最优教学方法的处方的一门科学,是对如何为更好地帮助人的学习与发展提供清晰指南的一种理论[14]。

在区分描述性理论与处方性理论的基础上,格罗帕(G. L. Cropper)进一步阐明了学习理论与教学理论、教学模型之间内在的一致性联系,据此,描述性的学习理论与教学理论的研究的成果才能回馈至处方性的教学理论与处方性的教学模型,进而在不断得到改善的实践与不断升级的理论之间形成一种互惠的关系,并最终同时在理论与实践中形成系统性的变化[15]。显然,由于系统科学的发展为实现有关教学与学习的理论研究与实践的结合提供了方法,曾受到联系科学设想影响的教学设计正是在系统方法基础上成为连接关于学习的心理过程的基础研究与具体教学问题解决(如怎样使保持和迁移达到最优化)的"处方式科学"。

(二)教学设计——从联系科学到系统科学

据上所述,我们认为,20 世纪之初,杜威等人有关建立一种"专门的联系科学"的设想,其意图在于在心理学理论与教育实践之间架设一个桥梁。事实上,这种设想在某种意义上并不是一个有关某一研究领域的成熟的构想,而更接近于一种具有启迪意义的隐喻。直到 20 世纪 60 年代中期,将技术引入教育研究的教学设计研究才在系统科学方法论的指引下,将有关联系科学的隐喻转变为建立在系统方法基础上的科学设想与具体研究,并确立了教学设计作为系统科学的研究定位。

事实上,教学设计从其诞生之初就一直坚持将系统观点作为自身研究的主要思维方式,但是在其各个发展阶段对系统观点的理解和应用却不尽相同。事实上,在教学设计领域曾经历了从早期的媒体观、初期的系统观、狭义系统观到标准系统观和教学系统设计观的演变,并逐渐凸显出关注"合理有序"的硬系统思维和"统揽全局"的软系统思维的分野。就一般而言,前面所提及的第一代教学设计范式是以硬系统思维为其主要特征的,其根本目的在于创设能达成预期目标的教学系统,其核心概念是"最优化",问题解决方案的优选就是系统方法。加涅、迪克等人可以说是将硬系统思维运用于教学设计的主要代表人物[16]。然而,自20世纪70年代以来,人们越来越认识到作为社会系统和人类系统的教育、教学和学习的高度动态性,系统与系统之间、系统与环境之间的关联性,系统的开放性,多因素的混沌性,以及因果关系的复杂性。着眼于全局性、联系性、动态性、开放性、不确定性、复杂性的软系统思维逐渐成为新一代教学设计创新的主要思维方法。

(三)综合系统设计

在探讨应用系统思维方法改造教学设计研究时不得不提的一位杰出代表就是巴纳锡。巴纳锡是国际系统研究所所长、国际系统科学学会和系统研究协会的理事、美国赛布鲁克研究生院(Saybrook Graduate School)的名誉教授。在将一般系统论应用于教学设计研究的开创性工作领域,他从事了近50年的项目研究与开发,并推出了一系列力作。长期以来,他一直努力在整合系统工程学、系统动力学、控制论和信息科学、一般系统论、生命系统和进化论、软系统和批判系统论、混沌论与复杂系统论研究成果的基础上,在高新技术的支撑下,大力提倡综合系统设计方法,以创造一个符合人类社会发展前景的全新的教育未来。

巴纳锡是在社会变革的宏观背景下审视教育改革的。他认为人类的社会正在从工业化时代步入信息/知识时代,后者是一个复杂性的时代、高科技的时代、设计的时代,因为未来仅仅受到过去和现在的影响,但并不取决于它们;未来对于人类有目的的干涉是开放的,未来要通过我们的设计去实现,在社会各个水平上组织的人类活动系统可以赋予这一演变以方向,并通过设计去塑造自己的未来。为此,从20世纪60年代以来,他始终坚持教育的系统设计与系统科学和设计文化的密切关系,他所领导的国际系统研究所作为一个非营利性的公益性学术组织,也始终坚持应用系统与设计的思维方式来创造设计教育与其他社会系统的模型与方法以及各种学习资源的开发。他所采用的"综合性系统设计"(comprehensive systems design)正是这样一种创造未来的专门化研究。综合性系统设计意味着特定系统水平上的互动与协调、不同系统水平上的互相依赖以及设计的内在一致性。他认为,对现有系统的修整、改良或重构是无济于事的,我们必须跳出这些系统,去设想教育的新图景,并通过设计使梦想成真[17]。

从设计未来的假设出发,他区分出四代设计方式:第一代设计是受系统工程学方法极大影响的"按指令设计"(design by dictate),它通常既通过立法实施又通过自上而下推行。第二代设计是"为(决策者等)的设计"(designing for),它引进顾问和专家,研究某个特定的系统问题,进行需求分析,向决策者提供他们的解决方案,一旦方案被采纳就将强制执行。第三、四代的设计则与前两代没有连续性,它们是在对人类的系统的开放性、复杂性、不确定性、自组织性的本质认识不断提升的基础上,是在理解这些系统的充分价值、目的性、意图探索、一致性建构等特征的基础上出现的。其中,第三代设计是设计者与决策者一起通过具有实际意义的讨论而进行的。这或多或少是一种真正的参与式设计,是设计者与决策者"一起进行的设计"(designing with)或是"设计者指引的设计"(designer guided)。第四代设计是"置身于其中的设计"(designing within),表明人的活动系统必须由那些处于其中的人、利用这些系统的人以及这些系统所服务的人共同来设计。第四代设计理念表明,该系统中每一个人都是设计的参与者,共同承担着设计的责任,即我们能对设计我们的系统负责,我们也必须学会如何设计这样的系统。基于这样一种理解,设计过程必然是与学习的过程整合在一起的[18]。

对设计方式演变的反思使我们意识到,教育的系统设计意味着,在教育活动系统的情境脉络中进行的系统设计是一种创造未来的训练有素的探究。具有共同教育愿景的人们出自对支撑教育系统的环境的期望,满怀热情地投入教育目标的确定并参与系统的设计。教育是人的活动系统,它对学习做出安排,并为学习和人的发展提供机会和资源。参与第四代设计方式的一个先决条件就是获得系统设计的能力。这对教育技术团体提出了挑战。它要求开发用于系统设计的专门的智力技术,改造、选择和开发适用于教育系统设计的模型、方法和学习资源,以发展系统思考并为设计行动做好准备[19]。

为此,巴纳锡将系统设计看作是一种创造未来的新的智力技术学,并据此提出了不同于传统教学系统设计的综合系统设计的三维框架。他试图从设计的焦点、设计的范围、系统与其他系统的关系等各个方面的综合与协调,进行超越现行体制的社会系统设计。他特别强调在一个不断进步与开放的社会中,学习取向的教育设计作为关注学习环境的创设、媒体型学习资源的开发的"智力技术学",必将从胜任学习系统设计进而到胜任综合性宏观教育系统设计,这将成为社会转型背景下教育改革的必然趋势[20]。

巴纳锡的研究成果今天已经融入 CWA 有限公司和赛布鲁克大学合作开发的基于系统科学的高级设计技术纲要(highly advanced, systems-science-based design technology program)和基于系统科学的社会系统设计课程（systems-science-based curriculum of social systems design）之中，并使赛布鲁克大学成为提供基于高技术的社会系统设计纲要（high technology based social system design program）的唯一高校[21]。

综上所述，我们完全有理由认为，巴纳锡在将教学系统设计提升到教育系统设计的高度从而拓展了教学设计的深度与广度的同时，令人信服地使教育系统设计作为系统科学、作为设计科学、基于泛技术观（或智力技术观）的三个研究定位达到高度的有机整合。

参考文献 ••

［1］［3］［4］ Rowland G. Design and Instructional Design［J］. ETR&D, 1993,41(1):79 - 91.

［2］［14］ Reigeluth C M. What is Instructional Design Theory and How is it Changing?［A］. Reigeluth C M. Instructional Design Theories and Models: A New Paradigm of Instructional Theory［C］. Hillsdale, NJ: Lawrence Erlbaum Associates, 1999:5 - 29.

［5］ Kirschner P, Carr C, Merrienboer J V. How Expert Designers Design ［J］. Performance Improvement Quarterly, 1998,15(4):86 - 104.

［6］ Dijkstra S. Theoretical Foundations of Instructional Design: Introduction and Overview［A］. Robert D Tennyson. Instructional Design: International Perspectives (V.1)［C］. Mahwah, NJ: L. Erlbaum Associates, 1997:19 - 24.

［7］［8］［9］ Wilson B G. Choosing our Future［EB/OL］. http://carbon. cudenver.edu/～bwilson/ChoosingOurFuture.html.

［10］ John Dewey. Psychology and Social Practice［J］. Psychological Review, 1900(7):105 - 124.

［11］ 托马斯·黎黑. 心理学史（下）［M］. 李维, 译. 杭州:浙江教育出版社, 1998:528 - 542.

［12］ Tennyson R D, Schott F. Instructional Design Theory, Research, and Models［A］. Robert D. Tennyson. Franz Schott, Norbert M. Seel, Sanne Dijkstra. Instructional Design: International Perspectives (V.1)［C］. Mahwah, NJ: L. Erlbaum Associates, 1997:1 - 13.

［13］ Brunner J S. Toward a Theory of Instruction［M］. New York: The

Belaknap Press of Harvard University Press, 1966:39 - 72.

[15] Gropper G L. Metatheory of Instruction: A Framework for Analyzing and Evaluating Instructional Theories and Models [A]. Reigeluth C M. Instructional Design. Theories and Models: An Overview of Their Current Status [C]. Hillsdale, NJ: Lawrence Erlbaum, 1983:37 - 53.

[16] 盛群力,李志强. 现代教学设计论[M]. 杭州:浙江教育出版社,1998: 1 - 77.

[17][18][19][20] Bela H. Banathy. Comprehensive Systems Design in Education: Who Should Be the Designers? [J]. Educational Technology, 1991 (9):49 - 51.

[21] The Technology of Social Systems Design. a Certificate Program of the Saybrook Graduate School [EB/OL]. http://www. cwaltd. com/certificate. htm.

26

教学设计研究的未来 *

高　文

通过对历史的回顾，我们可以清楚地看到，教学设计作为一个研究领域和一个专业共同体一直经历着持续的变革，而目前的变革更是处在一个从量变到质变的关键阶段。正如威尔森所指出的："从很多方面来说，当我们选择对外界的影响做出回应的时候，教学设计与技术(IDT)共同体正处于一个十字路口。"[1]为此，在反思的基础上预测教学设计与技术可能的未来对于明确我们的使命，看清前行的道路将是至关重要的。对该领域在发展过程中所面临的很多问题，目前在学术界似乎形成了两种不同的回应：其一是要求我们关注和增强我们的志向、信仰和该领域一贯公认的方法与实践；其二是在努力达到一系列共同目标与志向的同时，鼓励意识形态和方法的持续开放。显然，这两种不同的回应反映了面向教学设计未来的两条不同的路线：艰难而狭窄的专业化路线与宽阔而更具包容性的多元化路线。[2]

一、专业化的路线

在教学设计研究领域，梅里尔是坚持自然科学观、理性观以及客观主义智力背景的主要代表人物。面对各种哲学风潮对教学设计路径的扰动，他试图通过阐明自己的信念"使

＊　原文发表于《中国电化教育》2005 年第 3 期。

教学设计技术能够重归教学科学的磐石,而不是建立在相对主义的沙土上"[3]。

为了正本清源,1996年,梅里尔及其同仁们发表了简要声明,再一次清楚地阐明教学是一种科学,而教学设计是建立在这一科学基础上的技术。为回应教学设计领域存在的问题,梅里尔明确地提出了一条通往教学设计未来的狭窄的专业化发展道路,为此,他进一步澄清了教学科学与教学设计技术、教学与学习、学生与学习者、个体学习、知识与技能、教学原理等概念,并对相关概念进行了区分。他认为,教学科学依据的是有关真实世界的独特假设,教学科学是对教学策略的发现,它既包括对变量的识别(描述性理论),又包括对变量之间潜在关系的识别(处方性理论),并以经验的方式在实验室和现场通过发现加以检测。以教学科学为基础的教学设计技术则是人工制造的,是为适应人的需求而设计的。因此,包括设计程序、过程、工具等在内的教学设计技术是发明,它们必须体现教学策略中所包括的那些科学原理,教学设计正是通过发明而加以拓展的。至于教学的意图就是使学生(新手)能够获得前人发展的知识和技能,而教学设计的意图则是开发旨在促进学生获得这些知识与技能的经验与环境。他进而对学生与学习者进行了区分:"学生是能说服自己从教学中获得特定知识与技能的人,学习者则是依据自己的经验获得意义和改变自己行为的人。我们大家都是学习者,但是只有那些能说服自己适应精心准备的教学情境的人才是学生。"[4]而且,他还认为学生的学习是个体学习,是不脱离个人实践的学习。虽说学生可以相互学习,环境也可以提供支撑,但是认知结构中的变化和知识技能的获得归根结底是个人的事件。由此,他们将教学设计的对象明确地规定为作为个体的学生,而不是学习者,更不是学习者共同体;将教学设计的任务局限于有关知识与技能获得的学习经验与环境的开发,而不去关心教学所处的系统变化、组织行为、绩效支持以及其他人力资源等问题。而且,他们强调:"那些主张知识是建立在协商基础上,而不是实证科学基础上的人,主张所有的真理都是相对的人,都不是教学设计者。他们已经使自己脱离了教学设计技术。"[5]据此,梅里尔等在强调教学设计专业化、研究深化的同时,无疑又试图将教学系统封闭起来,并加以简化、局部化。

二、宽阔而包容的多元化路线

与专业化路线不同,更多的研究者大胆冲破狭隘的专业之间的界限,从多元视角出发对第一代教学设计范式进行深刻反思。在改革春风的沐浴下,教学设计领域渴求着超越传统,并向着一切新思想、新知识、新技术、新方法敞开大门,大胆进行变革与创新的时代已经到来。

1. 立足系统思维的反思

梅里尔等认为:"教学科学就像生物、物理或化学科学一样经久不变,……生物学的原理是不随社会的变革而变化的,学习与教学的原理也不会随着社会的变革而变化。"[6]与此相反,巴纳锡、瑞格鲁斯(Reigeluth)等从系统观点出发,强调当人类的活动系统或社会系统发生重大的系统变革时,作为子系统的教学系统、教学设计系统也必然要以相应的方式经历重大变革以维持自身的生存。他们概述了当今人类社会正在经历的这种从工业时代到信息时代的转型:从标准化到用户定制;从官僚组织到基于团队的组织;从中心控制到具有责任心的自治;从对抗性关系到协作性关系;从专制的决策到共同的决策;从顺从到主动;从一致性到多样性;从单向通信到网络通信;从间隔化到整体性;从局部导向到过程导向;从执行总裁为王到客户为王,等等[7][8]。这些发生在教学的超系统中的大量根本性的变化对于教学有着重要的启迪。它表明,信息社会的成员必须具备解决问题的能力、在团队中工作的能力、沟通的能力,具有主动性,并能提出不同的观点。总之,人人必须学会学习,学会合作,学会反思,学会充分发掘出自己的独特潜能与创造性。毋庸置疑,社会的变革与时代的新需求必然会导致对整个现行的教育、教学系统范式的反思以及由重点关注人才的选拔与分类的教育体制转变为重点关注学习,即关注如何帮助每一个人发掘自己的潜力。这意味着传统的教学范式必须从标准化改变为根据学习者的需求进行定制,从关注教材的呈现改变为重点分析学习者的需求,从内容的灌输改变为帮助学习者理解。显然,聚焦学习的范式将变被动学习为积极主动的学习,变教师的指导为师生的共同指导,因此,提供创设学习环境的指导将成为新范式的主要任务,这种学习环境能将挑战与指导、赋权与支持、自我指导与组织构筑以适宜的方式结合起来。新的教学范式必然要求与之相应的教学设计的新范式。但是,瑞格鲁斯认为这既不意味着全盘抛弃已有的教学设计理论,也不意味着现有的知识已经足以设计高质量的教学。为了构建新的教学设计范式,他主张兼收并蓄,对已有的理论进行总结,更为重要的是要改变传统范式的"独白"性质,促进教学设计过程中所有相关人员之间的"对话",并使其所提供的指导更具灵活性。同样站在系统思考的高度,巴纳锡则进一步提出了超越现存体制、面向未来的综合性教育系统设计的设想。他提倡让所有系统的参与者、系统服务的对象共同成为系统的设计者,凭借着智能化的高新技术,从未来的教育应该如何出发,去设计、去建构作为社会系统和人的活动系统的全新的教育系统[9]。

2. 基于智力背景的反思

西尔(Seel)曾在前人的基础上概括出适用于所有智力(知识)领域的三种基本导向,即三种基本的构建理论的方法:(1)确定因果规律的实证主义方法;(2)试图揭示人类行动中的可能的各种选择的解释学方法;(3)分析社会结构以何种方式制约并支配人类的行动的批判理论方法。在建构理论的过程中,这三种方法起着不同的作用,有着不同的功能,但是彼此之间并不对立。三者组成的连续体包含着作为教学设计研究基础的更加具体的心理学和社会学理论:行为主义、认知主义、建构主义、后现代主义等。其中,在早期的教学设计研究中起主导作用的行为主义显然倾向于实证主义,认知主义则试图连接实证主义和解释主义,建构主义则更倾向于运用解释主义和批判理论,而后现代主义则居于与客观主义相对立的批判理论一端[10]。

黎琦(R. C. Richey)指出,在具体的教学设计领域,作为解决途径的一种选择,计算机的显著作用不但影响了问题的界定,而且影响了结论的生成。迅速发展的计算机技术使得功能越来越强大的软件的开发与使用成为可能,同时也使得建构主义方式的使用更为可行,而越来越多地向着认知与建构主义方法的转向,则进而使得学习者控制成为一个突出话题。因此,在总结教学设计理论的目前趋势时,她认为,教学设计研究的一般智力(或知识)背景总是由行为主义向更为认知与建构主义的方法靠近[11]。

在教学设计领域中,首先对研究的智力背景作出反思的当推乔纳森。乔纳森等人批评了以实证主义为理论基础的教学设计模型,并对其有关学习情境的特定假设提出质疑。实证主义的教学设计认为:学习情景是封闭的系统;知识是客观的,是可以被教师从外部"植入"学习者头脑中的;人的行为是可预言的;可以依据线性的因果规律理解教育场景中的各种过程;确定的干预决定确定的结果。与这些假设相反,乔纳森等人则强调了人类意识的复杂性、知识的社会属性、学习行为的不确定性、学习系统的开放性以及变量的多样性与复杂性。为此,与实证主义立场相反,乔纳森等人建议运用解释学、模糊逻辑和混沌理论作为教学设计的理论基础,并依据这些理论的启迪在教学设计层面上做出一些创新性的努力[12]。

今天,学术界逐渐意识到所有这些知识或智力背景并不是完全对立的,而是可以互补的:客观主义力求发现事物单一的、客观的意义;持解释学观点的理论家则着眼于寻求主观意义,并试图揭示人是如何与他人协商的;批判理论家们则试图透过意义在意识形态上附着于表面的无法更改性,考察这些意义事实上的灵活可变性和可协商性。当客观主义试图按照事物的工具性价值去看待世界时,后现代批评家则尝试着"通过近距离地研究细节去平衡这一图景"。因此,在面对客体与主体、客观与主观、个体与群体、个人与社会、内部与外部、已知与未知、确定性与不确定性、封闭与开放、静态与动态、简单与复杂等众多矛盾时,也许不应该简单地用一种理论去排斥另一种理论,而是应该像乔纳森所说的那样:"像脊椎指压治疗者重新校正你的脊柱骨一样,我们可能需要对我们的理论进行重新调整以便我们变得更加健康。如果我们承认并试着去适应遍及我们复杂世界中的某些不确定性、非决定论、不可知性,那么我们就能够建立更有说服力的理论、更有效地影响人类学习的实践。"[13]

3. 立足于学习创新的反思

（1）建构主义思潮对教学设计的影响

计算机、互联网、多媒体、超媒体等现代信息技术的出现,带来的不仅是技术创新,还有人们对与工业化时代相关的传统学习观点、方式以及相应的教育、教学、培训形式所存在的问题的认真反思,以及力图通过技术的支撑在理论与实践两个层面上创造适合于知识时代的新的学习方式和相应的全新的教育、教学、培训形式的努力。不同于行为主义观点侧重于外显行为的学习目标,也不同于类似于计算机的运作的认知的信息加工模型,建构主义是一系列相似的有关学习与教学的新观点的集合,而不是一个单一的学习理论。持建构主义观点者强调,学习者只有通过对自己经验的解释,才能建构自己对真实的理解;学习者只有通过广泛的社会协商,才能创建具有社会意义的新知识;学习者只有浸润于人类文化的脉络之中,才能获得具有完整意义的知识[14]。

在 20 世纪 90 年代迅速流行的建构主义思潮对教学设计领域的发展产生了很大的影响。越来越多的研究者承认,在教学设计研究领域中,意义最深远的变化的发生就是因建构主义的缘起而产生的。他们认为建构主义的原理能提高教学设计的理论与实践水平。尽管建构主义范型并没有颠覆认知与行为主义心理学的客观影响,但是它对一代教学设计者的影响确实是值得瞩目的,而且它和其他有关学习的创新思想一起,还必然对该领域的发展产生深远影响。

（2）学习理论的新世纪

20 世纪 90 年代,与建构主义思潮同时产生的还有关于学习的情境理论、社会文化理论、活动理论、学习的生态理论、日常认知与推理理论、分布式认知理论等。所有这些创新的学习理论和建构主义一样，都建立在跟传播学、行为主义和信息加工的认知主义完全不同的本体论与认识论的基础上，而且它们彼此之间在理念与方法上惊人地一致，并具有很多相同的假设和共同的基础，这标志着我们已经进入学习理论的新世纪[15]。有关学习的隐喻也从学习是反应的强化、学习是知识的获得，转变为学习是知识的建构、学习是意义的社会协商、学习是实践的参与，由此，与之相对应新的教学隐喻也凸现出来，即教学是创建优化的学习环境、教学是组建学习者共同体、教学是构建实践共同体等。显然，正是全新的学习理念大大更新了教学设计研究者的学习观、知识观，以及相关的教学观，拓展了他们的研究视野，使教学设计进入了一个更加重视回应学习者的需求，更加关注发掘学习者的潜力，更加重视学习现象的社会性、实践参与性，更加面向真实性、多样性与复杂性的宽泛的研究领域，各种争艳斗奇的崭新的教学设计理论、设计模型也已经如雨后春笋般被创造出来。

学习理论跟所有的理论一样都是信念系统，它们试图描述或解释什么是学习，人是如何学习的。但是，90年代，在这场学习的革命中涌现出的许多不同于传统的客观主义学习观的新颖的建构性的学习观之所以重要，是因为它们具有一致性、共同性和连贯性。对于人的学习，他们都作出了根本上相同的假设，共享着有关学习的相似的信念。这是继20世纪初学术界达成有关行为主义的共识之后，在世纪之末又一次形成有关知识建构性、意义协商性、认知的情境脉络性的学习观的共识。这必然对教学设计领域研究的拓宽与深化产生重大影响。事实上，90年代以来教学设计领域已经发生了从关注教学到关注学习的研究基点的战略性转移，从教学设计研究与学习心理学的互动联系拓展至教学设计与有关学习科学的跨学科研究的互动联系，从关注教学与培训场景中的教学大纲的制定到广泛关注实作场景、日常生活中非教学的干预等意义深刻的变化。

（3）学习科学与教学设计研究的新议题

20世纪末至21世纪初，学习科学已经成为不同于传统的教学设计与技术研究议程的另一种可供选择的新的研究议题[16]。学习科学将真实意义上人的学习作为自己的研究对象。鉴于人的学习是一个极其复杂的现象，所以有关人的学习的研究不可能成为任何单独学科的研究领域，只有将各个不同学科有关学习研究的观点结合起来才有可能解释人是怎样学习的。学习科学正是作为一个有关学习的多学科、跨学科的研究领域而诞生的。学习科学专注于对支持不同语境和终身学习中的心理过程、社会过程、技术过程的系统研究与设计。学习科学的研究试图揭示广义的教育环境中发生的学习的本质与条件。学习科学领域采用多重理论观点，其研究纲领源于与人有关的一切科学，研究的目的是理解与学习、认知和发展相关的复杂性。学习科学的研究包括学校、工作场所、网络环境、博物馆、校外俱乐部以及家庭中的学习。学习科学尤其关注两个方面的研究：其一是有关学习、认知和发展的本质、过程和实践的研究；其二是有关从这一研究中获得的对于设计与教育的洞察。显然，学习科学的诞生无疑将研究的重点放在人的学习上，它加强了有关人的学习的多学科协作的基础研究，它促使研究者更多关注创新性学习工具的开发与支持在有意义的语境中学习的学习环境的设计与创建。它试图将有关人的学习的基本理论的研究与学习技术的设计密切结合起来，并以培养出具有多种相关专业知识与技能，能整合学习、研究与设计的高级科研人才作为对自身存在与发展的挑战[17][18]。

4. 来自非教学视角的反思——绩效技术的影响

由于教学设计大量应用于企业，企业对教学设计的影响也日益增大。产生于组织发展领域研究的人的绩效技术（human performance technology）的影响日益增大。20 世纪 90 年代，教学设计者开始意识到并非每一个实作绩效问题都可以通过开发更多的教学来解决，事实上，大多数的实作绩效问题是不能通过培训解决的。与此同时，在教学系统设计领域之外，绩效技术运动蓬勃开展，如全面质量管理、组织工程学和变革理论的提出，以及用"质量控制"或"零缺陷"等表达的原创思想也已发展成为组织持续改进的工具。鉴于人的实作绩效技术开发的影响，教学设计者开始突破原有专业领域的局限，将注意力转移到如何在专业之外表明自身实践的有效性。他们在将更多的努力集中在分析与评估的同时，也开始做出非教学的干预（如工作流程的再设计、激励性的计划、沟通的改善等）以解决实作绩效问题[19]。

90 年代，技术的发展与提高实作绩效的实际需求共同促进了对电子绩效支持系统（EPSS）以及快速原型教学开发技术（rapid prototyping instructional development techniques）的兴趣。电子绩效支持系统是一种基于计算机的系统，它包括与工作相关的信息库、活动指南与模拟形式、智力训练与专家意见系统。该系统可以在执行各种活动时为工人提供指南并根据客户的需求定制绩效支持工具，从而使很多工作得到简化和自动化。精心设计的绩效支持系统可以减少培训的需求。因此，一些培训组织和教学设计者在过去的十年中开始从设计培训大纲转向设计电子绩效支持系统。快速原型化是近年来影响教学设计实践的又一种趋势。快速原型化过程包括在教学设计项目的极早期阶段对一种原型产品的快速开发，然后，通过一系列的快速尝试与修正的循环制作出合格的产品的版本。90 年代，教学设计人员对这一技术的兴趣不断增长，因为这种技术可以作为一种能在尽可能少的时间内进行高质量教学材料制作的手段，而且许多传统的教学工具都可以采用[20]。

关注人的绩效的研究极大地拓宽了教学设计人员的角色，并由此铺设了通往教学领导者立场的道路。教学领导者出场的直接结果就是以达到组织进步为宗旨的知识管理（knowledge management）的出现以及相应的高级职位如首席学习官（chief learning officer）的应运而生。

知识管理是影响教学设计领域的最近的趋势之一。与传统的管理相比，知识管理更侧重于创建信息系统、共享知识、传播显性与隐性知识、组织学习、管理智力资本、增强实作绩效等。有关知识管理的研究与技术开发所涉及的是，存在于企业中知识工人头脑之中占知识真正价值90％的技能、经验、因久经沙场而获得的洞察力和直觉，他们对组织的信任以及从中获得的回报。在这一时期，用于知识管理（如知识的采集、过滤、发布等）的新技术如数据库编程、群件、内部网等也得到开发与使用。这一趋势的形成使得一些教学设计者从设计培训大纲转为创造知识管理系统。教学设计者和培训专家不仅要负责改进人的实作能力，而且还要负责改进对有用的组织知识的访问。这种对知识管理的兴趣很可能改变和扩大期待教学设计者去承担的任务类型[21]。

当研究表明组织持续有效的学习能力和知识共享、团队合作、组织生长的学习文化与保持企业在竞争中的优势地位的关系后，首席学习官的职位呼之而出。首席学习官负责对组织中智力资本的管理与增扩，努力提升组织的集体思维的能力与质量。首席学习官的主要工作之一就是识别隐蔽的组织心智模型的多样性并根据组织的愿景加以排列[22]。

上述变化也同样出现在学校中。20世纪80年代，教学领导曾经是学校领导的主要范式，因为研究表明一所好的学校通常有一位真正关注课程与教学的校长。90年代上半叶，这样一种看法被基于学校的管理和激励型领导所取代。但是到了90年代末，在世纪交替之际，明晰的学习标准的制定以及提供真切的成功证据的压力使有关教学领导的问题又重新受到关注。不过，今天有关教学领导的定义不仅较之80年代更为充实、更为宽阔，最重要的是有关教学领导的立足点的转移：从主要立足教学转移到对学习的关注。为此，有人提出用"学习领导"代替"教学领导"。2001年全美小学校长联合会则将"教学领导"定义为"对学习共同体的领导"[23]。

显然，这样一些与人的绩效研究相关的新的领域与职场需求的出现，在挑战传统的教学设计研究的同时，也大大拓展了教学设计研究与相应的技术开发的空间，教学设计人员的角色也发生了变化。

我们认为，在面对未来的各种挑战时，过于狭窄的路线会导致思想的僵化，同样，过于宽泛的路线则会由于精力的分散而丧失关注的中心。因此，我们主张在关注学习技术的正确使用与理解和支持有效教学的共同目标上，通过两者的兼收并蓄来维持这两条路线在一定水平上的一致性。我们希望教学设计与技术领域能够在根植于核心思想和寻求保持一种共同身份的同时,将自身建设成为以高新技术支撑的、促进人的学习的、发掘人的潜力的、支持社会协商与合作的、鼓励实践参与和创新的、开放的、包容的、具有反思精神与自我更新能力的一个不断发展的创新系统。

参考文献 ••

〔1〕〔2〕〔16〕 Wilson B G. Choosing our Future〔EB/OL〕. http://carbon. cudenver. edu/~bwilson/ChoosingOurFuture. html.

〔3〕〔4〕〔5〕〔6〕 Merrill M D, Drake L, Lacy M J, Pratt J. & the ID2 Research Group. Reclaiming Instructional Design 〔J〕. Educational Technology,1996, 36(5):5 - 7.

〔7〕 Banathy B H. Designing Education as A Social System〔J〕. Educational Technology, 1998,38(6):51 - 55.

〔8〕 Reigeluth C M. What is Instructional Design Theory and How is it Changing?〔A〕. Reigeluth C M. Instructional Design Theories and Models: A New Paradigm of Instructional Theory〔C〕. Hillsdale, NJ: Lawrence Erlbaum Associates,1999:5 - 29.

〔9〕 Bela Banathy. Comprehensive Systems Design in Education: Who Should Be the Designers?〔J〕. Educational Technology, 1991(9):49 - 51.

〔10〕 Peter de Lisle. What is Instructional Design Theory?〔EB/OL〕. http://hagar. up. ac. za/catts/learner/peterdl/ID%20Theory. htm.

〔11〕 Richey R C. Agenda-Building and Its Implications for Theory Construction in Instructional Technology〔J〕. Educational Technology, 1997, 37(1):5 - 11.

〔12〕〔13〕 Jonassen D H et al. Certainty, Determinism, and Predictability in Theories of Instructional Design: Lessons from Science 〔J〕. Educational Technology,1997,37(1):27 - 34.

〔14〕 莱斯利·斯特弗,杰里·盖尔. 教育中的建构主义〔M〕. 高文,等译. 上海:华东师范大学出版社,2002.

〔15〕 戴维·乔纳森. 学习环境的理论基础〔M〕. 郑太年,任友群,译. 上海:华东师范大学出版社,2002.

［17］ The Stanford University School of Education. Learning Sciences and Technology Design ［EB/OL］. http://ed. stanford. edu/suse/programs-degrees/program-lstd-phd. html.

［18］ The Northwestern University School of Education and Social Policy. Learning Sciences Overview［EB/OL］. http://www. sesp. northwestern. edu/ls/info/overview/.

［19］ Eric J F, James D K. What Should Instructional Designers R Technologists Know about Human Performance Technology? ［EB/OL］. www. ericfox. net/docs/HPTCompetencies_FoxKlein. pdf.

［20］［21］ Reiser R A. A History of Instructional Design and Technology: Part II: A History of Instructional Design［J］. ETRRD , 2001,49(2):57 – 67.

［22］ Larry G Willets. The Chief Learning Officer: New Title for New Times ［EB/OL］. http://www. reengineering. com/articles/may96/clo. htm.

［23］ Lashway, Larry. Developing Instructional Leaders［EB/OL］. http://www. vtaide. com/png/ERIC/Developing-Instructional-Leaders. htm.

27

教学设计研究*
——荷兰土温蒂大学山尼·戴克斯特拉教授访谈录

高 文

　　山尼·戴克斯特拉是荷兰土温蒂大学教育科技学院教授。他的主要专业领域是工业、实验与教育心理学。他的主要研究性论文与著作大多数是有关内容领域概念学习的教学设计（instruction design，ID）。目前，他最感兴趣的研究工作主要集中在如何通过问题解决掌握知识与技能。他现在的工作主要涉及工业组织中的培训和交流。他还就职于培训化学、物理和数学教师的研究生院。作为当代教学设计领域的国际级专家，他参与了《教学设计——国际观点》上下两卷的主编工作。这次，他作为特邀专家出席了华东师范大学课程与教学研究所首届课程理论国际研讨会（2000 年 10 月 9—11 日）并为会议带来了反映自己在教学设计领域最新研究成果的论文《认识论、学习心理学和教学设计》。为了更好地把握教学设计领域的历史发展阶段，也为了更详细地了解当今世界教学设计领域的最新进展以及戴克斯特拉教授本人所提出的"基于问题的教学设计模式"，我们特此刊登了高文教授对戴克斯特拉教授的访谈录。

　　高文：从已有的资料中，我们获悉，"教学设计"作为一门学科，它与其他学科一样也经历了一个从前学科到确定自己的学科地位的历史发展阶段。众所周知，人类对于教与学的活动进行筹划与安排的努力古来有之。在相应的理论诞生之前，人们就曾对构成教学过程的各种要素——教学过程参与者（教师与学生）、教学内容、方法、组织形式与手段等，以及它们之间的关系在经验层面上进行长期的探索。但是，这一努力一直难以解答源于实践的许多问题。目前，在教学设计的研究领域，有部分学者认为杜威与桑代克是最早提

＊ 原文发表于《全球教育展望》2001 年第 1 期。

出有关教学设计构想的学者,因为他们在20世纪初提出了科学地构思和制订教学计划的设想。不过,教学设计作为一种理论和新兴的学科的诞生则要追溯到20世纪50年代的美国。据我们所知,教学设计在教学计划制订中的应用最初是由美国国防部在二战时期开发的。其目的是满足有效训练大量士兵的直接需要。从那时起,教学设计理论和实践经历了将近半个多世纪的发展历程,该领域已从最初仅仅关注程序化教学的狭隘视野发展成为一个整合了心理学、技术、评价、测量和管理等多维度研究的宽泛领域。虽然教学设计的根在美国,但是由于来自社会的直接需要,今天教学设计的理论与实践的研究与开发已经成为广泛的国际性行动。作为教学设计研究领域的国际知名学者,您能否对该领域的发展阶段作一个简要说明?

戴克斯特拉:是的,确切地说,教学设计的构想最初起始于美国,它跟教育技术学密切相关。所谓教育技术学,是对待教育的一种观点,该观点起始于20世纪50年代的美国,它把工业制造和系统工程学引入了教育。根据这种观点,任何教学设计问题的解决方法都可以被概括在一个设计模型中。到20世纪60年代后期,教学设计的研究已经形成一个专门领域。教学设计有两个根源:系统工程学和作为当时学习心理学主要理论趋势的行为主义(behaviorism)理论,行为主义为如何"安排(program)"教学提供了一系列的规则。印第安纳大学学者莫兰达(Molenda)认为,系统工程学对教学设计的影响比行为主义更强。此后,在70年代和80年代,即从1970—1990年的20年间,教学设计的理论与模式得到了检验和优化。在这20年中,教学设计领域研究的重点主要是对主题的描述,是包括认知任务分析和信息加工分析在内的主题分析,是对表现出来的"行为"的描述,是以"教学程序"和"计算机辅助教学"的形式进行教学设计。

高文:为了更好地了解这一时期教学设计研究的概况,您能否提供几个具有代表性的教学设计模式作为案例?

戴克斯特拉:我认为,在这一时期的教学设计研究中,最具代表性的模式有加涅提出的教学设计原则、梅里尔的成分显示理论(component display theory)、瑞格鲁斯的精制理论(elaboration theory)以及斯肯杜拉(Scandura)的结构学习理论(structural learning theory)等。

高文:据我们所知,为了把握教学设计和其他相关教育领域的关系,瑞格鲁司教授曾对此给出一个图解的说明(如图27.1)。请问您是如何看待教学设计与教育技术学、教学科学、教学理论、学习科学、学习理论以及设计、开发、管理、评价等研究领域的关系的?

戴克斯特拉:首先,我想谈谈学习与教学设计的关系。我们知道,人类是通过私人的和公共的群体与组织(如家庭、学校、产业和国家)的形式向下一代传递他们的知识和技

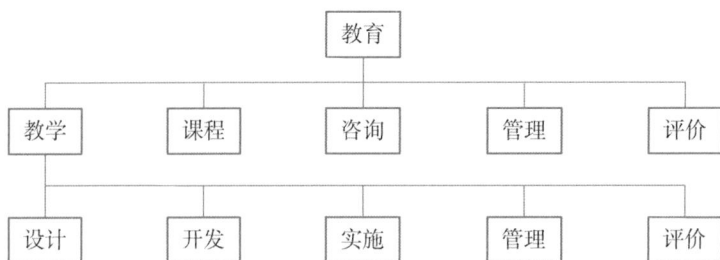

图 27.1 教学设计与相关教育领域的关系

能、他们开发知识和技能的方法以及他们运用知识和技能制造出的产品的。这些事情部分是通过"专家"和"新手"之间的交流来实现的,其内容正是该组织与群体所包含的"文化"的一部分。新手不得不掌握,而通常他们也希望掌握这些知识、技能以及被认为与理解相关的态度,此外还有组织中的功能。而学习正是涉及这种获得过程的标志。

知识和技能通常是在个体运用知识和技能的"情景"中获得的。这是一个相关的环境,它是由该个体作为成员的组织开发的。工场(workshop)、农场和"道路与交通"都是这种情景或环境的个例。在工场里人们可以学习如何使用仪器和管理一个小组,在农场里则可以学习谷物耕作,在真实的"道路和交通"中学习驾驶汽车,等等。由于人类在特定群体中所能支配的知识和技能的总量是如此之大,以至于通常不可能在使用专业技术的特殊情境中进行从个体到个体的知识与技能的传授。此外,可以运用知识和技能的情境可能很复杂、很遥远或是很危险,以至于必须为学习开发一种特殊情境来代替"真实"的情境。"学习环境"(learning environment)的设计如图书馆、大学、学校、教室、训练场、模拟器和模型就是这种开发活动的结果。在西方文化中,人们通常在这种学习环境中花费他们前四分之一的生命,之后再参加继续教育。

教学是推动学习的一种有意识的活动,而学习即是对知识、技能和态度的获得。当一个人想接受教学或是当组织描述和认可的教育目标需要教学时,就必须对教学进行设计。教学设计包括观念(ideas)、计划(plans)以及为开发真正的教学必须和能够遵守的规则(rules),即推进学习和达到教学开始前预计的学习结果的说明和任务分配。教学设计安排专家(教师)和新手(学生)之间为学习而进行交流。交流的内容和讯息主要是关于经验的、正规科学的或人文科学(arts)的学科信息和解决问题的过程。交流的特征(features)和有关群体所持有的规范(norms)与价值(values)的讯息只有在相关时才被讨论。

鉴于教学与学习之间存在的这样一种关系,显然,教学是必要的,那么,就必须即时或预先解决怎样设计它的问题。在中小学、大学和公司中,教师、讲师或训练者在设计他们与一个学生之间的直接交流时,如在他们回答一个学生的问题时,他们总是即时地对教学进行设计。而如果要设计一个教具或一个学习环境的一部分,那么这类教学设计则可以事先进行。这样的教具或学习环境可以是一册课本、一本手册、一个建筑工具箱、一个计算机辅助教学程序、一间实验室或是一间教室、一个实验用的装置和许多其他物品。为此,教学设计作为一门学科研究的正是怎样设计教学、为什么设计教学以及怎样确保实际进行的教学能高效地带领学生达到学习目标。因为教学是为了知识和技能的获得,也因为它是一种新手和专家之间的交流,教学理论的表述就应该围绕整个教与学的进程和怎样获得知识与技能。显然,教学理论问题是十分复杂的。

前面我已经谈到起源于美国的有关教学设计的构想从一开始就跟教育技术学有着十分密切的联系。这种对待教学设计的教育技术观将所有的教学设计问题的解决方法概括在一个设计模型中,该设计模型通常包括以下阶段:(1)需求评估(needs asessment);(2)对目标(goals)和对象需求程序的组成部分(composition)的描述;(3)目标设计;(4)原型生成(development of a prototype);(5)制造(production);(6)使用、维护;(7)废弃与循环(recycle)。这些阶段具有启发性,它们引导着教学发展的进程,在这些阶段中,还产生评价(evaluations)。该模型被称为教学系统设计模型(instructional systems design model)。

高文:在20世纪的最后十几年中,由于以信息技术为核心的高新技术的迅猛发展以及认知神经科学领域有关人的高级认知功能机制研究成果的积累,传统的认识论、学习理论、心理学理论都面临着巨大而深刻的挑战。我想这一切都必然会影响教学设计研究的理念和实践。所以,我很想了解20世纪90年代以来,国际教学设计领域发生的变化以及该领域发展的最新动态。

戴克斯特拉:是的。20世纪90年代,在国际教学设计领域有两个最引人注目的变化,其一是认识论、学习心理学和教学设计的整合;其二是由于所有类型信息的数字化、凭借因特网的远程指导以及计算速度的提高和记忆容量的增加,使得技术有可能以新的方式应用于教育。

高文:那么,请问教学设计领域中的这两方面的变化对教学设计模式的研究有何影响?

戴克斯特拉:关于第一个变化,我想说,近15年来,人们对认识论的内涵以及教学设计的影响进行了研究和探讨,并重新关注发生认识论与自然认识论以及如何将这些思想运用于儿童的教育。对建立在自然主义取向认识论和现象学取向心理学基础上的思维和知识本质等问题的兴趣的复苏,引起有关教学设计的假设、模式和原则的改变。特别在最近,教学系统设计模式受到了批评。这一切力促教学设计者去开发"建构主义学习环境",

其特征是：(1)知识的获得应通过对知识客体的积极建构；(2)学习应置于相关和真实的情境之中；(3)应提出相异的解释以及多种可能的意义；(4)通过运用各种不同的情境将错误概念降至最低限度；(5)应将来自教师和同伴的反馈以及学生之间的合作培育作为社会过程的学习。此外，有关知识的理论对于教学设计也是很重要的。另外，如果我们期望教学能导致新的知识，发展技能并使其精制化，我们就必须使教学适应人类用以解决问题的方式。那么，有关问题解决和学习的心理学就必须承担起教学设计的重担。

第二个变化涉及媒体与多媒体。从岩画、象形文字到文稿的发展改变了教学交际的本质。现在，客体(实体、物品、事件和情景)可以而且已经用符号表征；有关客体及其关系的概念也可以用符号表征。符号已经成为表征客体和观念的基本媒体。除了符号的发展外，信息载体的技术发展正成为媒体运用中一个重要的里程碑。"媒体"这一标签运用在这样一些场合：在利用符号和信息载体发展知识和技能时包含的仅仅是人的一种感官。"多媒体"标签则用来描述这样一些教学方法和学习材料，他们利用的是人的不同感官而不是人的一种感官。还应该加以区分的是"多种媒体"与"多媒体"，"多种媒体"与"多媒体"的整合可支持某种特殊目标。

今天，由于各类信息(包括听觉的、文本的、视觉的和动画的)能够以数字化方式储存，多媒体已经被运用于计算机。数字革命同样使得各种表征为了某种教育目的进行整合成为可能。此外，由于数字计算机处理能力的增强，多媒体呈现的互动式运用也为教育开辟了新的可能性。这一事实与计算机接入全球网络(因特网)相联系，使人们有可能快速访取不同的信息源。然而，丰富的信息资源也使得为改进问题解决能力而选择和排列材料序列的任务变得复杂化。

高文：为了更好地了解这一时期的教学设计研究与前一阶段的不同，您能否也提供几个具有代表性的教学设计模式作为案例？

戴克斯特拉：我认为，较好地反映了新建构主义设计理念的教学设计模式案例有：(1)尚克的基于目标的剧情设计；(2)布兰思福特的抛锚式教学设计；(3)戴克斯特拉的基于问题的教学设计；(4)梅里恩伯尔的四要素教学设计模式。

高文：在您所提及的新教学设计模式中，我们最熟悉的是布兰思福特的抛锚式教学设计模式。该模式是美国温特比尔特大学皮波迪教育学院学习技术中心(The Learning Technology Center，LTC)的一个研究项目。该中心从1983年的7个成员发展到21世纪初由70位研究者、设计者和教育者组成的团队。该团队成员掌握的技能和知识覆盖极其广泛的领域，其中包括教育、心理学、计算机科学、数学、化学、组织行政学、公共政策以及视频与多媒体设计等。由于他们的精诚合作和出色工作，该团队因在整合新教育理念与高新技术方面的研究闻名世界。更为引人注目的是该中心在团结各个不同领域的学者与专家并在跟实践人员的通力协作中逐渐形成了一种兼容并蓄、互动作用的团队文化。这种文化被该中心称为"分布式的专业技能与互动协作的精神"（distributed expertise and a collab-orative spirit）。该中心开发的抛锚式教学模式是深受建构主义学习理论影响的、以技术为基础的一种重要的教学范型。抛锚式教学与情境学习、情境认知以及认知的弹性理论有着极其密切的关系，只是该理论主要强调以技术为基础的学习。布兰思福特作为这一合作团队的主要代表人物，对抛锚式教学的理论和研究作出了重要贡献。

抛锚式教学的主要目的是使学生在一个完整、真实的问题情境中，产生学习的需要，并通过镶嵌式教学以及学习共同体中成员间的互动、交流，即合作学习，凭借自己的主动学习、生成学习，亲身体验完成从识别目标到提出和达到目标的全过程。总之，抛锚式教学是使学生适应日常生活，学会独立识别问题、提出问题、解决真实问题的一个十分重要的途径。抛锚式教学不同于通常课堂上以"知识传递"为目的的教学，它在教学中利用以逼真情节为内容的影像作为"锚"为教与学提供一个可以依靠的宏情境（macro-context）。抛锚式教学遵循两条重要的设计原则：（1）学习与教学活动应围绕某一"锚"来设计，所谓"锚"应该是某种类型的个案研究或问题情境；（2）课程的设计应允许学习者对教学内容进行探索。抛锚式教学的方法有搭建脚手架、镶嵌式教学、主动学习、允许学生探索问题的多种可能解答、由学生担任教学的指导者、发展有关体验的表征、学生自己生成项目、智能模拟、合作学习等。

抛锚式课程对教师提出的最大挑战之一就是角色的转换，即教师应从信息提供者转变为"教练"和学生的"学习伙伴"，即教师自己也应该是一个学习者。因为教师不可能成为学生所选择的每一个问题的专家，为此，教师常常应该和学生一起做一个学习者。对教师角色的挑战不仅是抛锚式教学所具有的，而且是一切依据建构主义原则的教学所具有的特征。我想这是一个需要进一步探索的领域。此外，抛锚式教学研究的基本目的不是提高学生在测验中的分数，而是为了帮助学生提高达到目的的能力，这种目的应该是完整的，即从某一问题的一般定义开始，生成为解决问题所必需的子目标，然后达到目标。附加的目标还包括与他人有效地交流思想和展开讨论以及为有效地评判他人提供依据等。为此，研究人员设计了一系列评价尺度，试图根据自己设定的目的评价抛锚式教学的全过程。

至于您所提到的尚克的基于目标的剧情设计模式，我们也有所了解。尚克是美国西北大学学习科学研究所所长。他是人工智能和基于多媒体的互动训练研究领域的带头人。基于目标的剧情设计向学生提供一个有趣的情景，他们可以从该情景中获得他们应该达到的目标。在学习的过程中,学生的学习进程可以跟一种成功的过程模式进行比较,而当学生失败时,该模式就会向他们提供必要的概念和过程信息,而且通常是以故事形式提供相关信息。这样,学生就可以自己纠正错误,达到理解。显然,基于目标的情节设计模式依据的是有关人的自然学习的理念,它强调人(包括婴幼儿在内)的任何行为都是对某种目标的追求,这种自然学习的基本机制就是试误,就是通过实验,通过失败,通过仿效学习。因此,基于目标的情节设计模式作为有效的学习或训练正是为学生提供追求定义完善目标的条件并鼓励学生同时学习有助于目标达成的技能与案例。为此,为了创设一个基于目标的情节设计者必须经历 6 个步骤:(1)确定一整套作为目标的技能;(2)开发对这些目标技能产生需求的任务;(3)选择一个注意的焦点;(4)创设一个能涵盖上述任务的故事;(5)制订实验计划;(6)构建支持目标技能的学习环境。

我们知道,四要素教学设计模式的首创者是您的同事荷兰土温蒂大学的梅里恩伯尔教授,您能否对这种教学设计模式作一个简单的介绍?

戴克斯特拉:四要素教学设计模式的第一作者是梅里恩伯尔。他从 20 世纪 80 年代开始研究有关复杂认知技能训练的教学设计。复杂的认知技能包括一些形成性技能,因而它是以整合一系列不同教学目标为标志的。在当今以技术变化为特征的社会中,许多常规工作由机器代替,而大量的需要灵活解决问题的认知工作则出现了,为迎合这种挑战,复杂认知技能的训练是很有必要的,四要素教学设计模式正是在这样一个背景下应运而生的。四要素教学设计模式是为教学设计专业人员,即专门从事技能训练(通常是以计算机和模仿为基础)的人而制订的。四要素教学设计模式根植于目前关于学习和信息处理的认知心理学理论。该模式的基本假设是:复杂认知技能是通过"做"而获得的。因此,活动设计或活动条件的确定是教学设计模型的中心。主要教学方法与实际的技能操作情况有关,即与学习者实际面对的情景、问题和案例的结构、序列相关。四要素教学设计包括四个层次,它们依次是:对规则性技能的分析、对形成性技能和相关知识的分析、选择教学方法、形成训练策略。其中第二、三层还需作进一步的分析。

我们认为,为四要素教学设计模式中任何一组要素所选择的教学方法都大大地缩小了教学设计的问题空间。所以说,四要素教学设计模型遵循的是一种彻底的方法论取向,从所选的教学方法出发,构建了一套训练策略。某种程度上,这是一个创造性的过程。到目前为止,人们还没有对四要素教学设计模式的设计取向与其他设计系统的方法取向作比较研究。一个明显的原因就是:还没有一种足够相似的教学设计模式,可以与四要素教学设计模式进行比较。不过,关于四要素教学设计模式的应用能力的研究证明,这一设计模式还存在一定的问题:首先,对模式的设想还是很一般,它不能提供一套更为细致的方法以进一步发展训练策略,因此它必须与教学系统开发模式相联系才能使用;其次,模式提供的理解性任务分析技术和知识分析技术很费时间和精力,这在产业化情景中将成为一个障碍;最后,把四要素教学设计模型指导下开发出来的训练策略放在一个以计算机为基础的训练体系中使用,不是一件轻而易举的事情,这项工作除了创造力之外,还需要一些来自设计方面的技术和多学科的小组工作。

高文:作为基于问题的教学设计模式的主要开发者,您能否对该教学设计模式作比较详细的介绍?

戴克斯特拉:基于问题的教学设计模式直接指向经验性的学习,其意图在于获得可利用的知识和可迁移的技能。该教学设计模式包含五个基本成分,其中每一个成分的主要内容可因为科目的不同而不同。通过开发一系列的设计步骤,还可以对这些成分作进一步的详细分析。通常,与科目相关的特殊的教学设计知识也是十分必需的。基于问题的教学设计模式的五个步骤是:

(1)设计者应该意识到原初的问题情景,确认其中哪些客体是要被利用的以及怎样描述情景以发现解决方案。如果该问题情景包括若干子问题,就必须对问题进行分析以发现相关的问题范畴。教学设计方案的制定必须依据将怎样进行教学的交际和活动。教学决策的制定还必须考虑将如何表征和操作客体。

(2)设计者应该针对第一类问题开发经验性学习情景。这意味着设计者应描述能为学习者或学习者小组所解决的问题,以便让学习者通过该单元的教学发展一般知识和学习解决问题的方法。

(3)设计者应该努力发现导学性活动与经验性活动之间的平衡。应给予关心的关键问题包括:在提问之前应该给予哪种信息? 应给予为解决某类问题所必需的哪一运作程序的例子? 先行知识的嵌入性激活是否有用? 呈现支撑性知识是否有助于进行类推? 对于某一特定的学习情景,阻碍者与促进者能否彼此合作?

(4)必须为每一类问题设想经验性学习情景并加以描述,同时还要决定是依据真实还是依据真实的表征。

(5)在解决了某一类的若干问题后,能发展预期知识与技能,而且应尝试着解决新的问题。如果这一活动能符合预先规定的标准,那么设计者即可确定知识和技能的发展与学习已达到预期的专业水平。

总之,选择基于问题的教学模式是为了能提供支撑有关客体的想象、感知和操作以及创新与生产的最佳方法。这一选择建立在对人类如何发展知识与技能的假设之上,同时也建立在有关问题解决、思维和学习的心理学研究成果之上。问题解决情景使学生致力于获得一个新的解决方案,这对于发展新的知识和方法是十分必要的。在经过充分的实践之后,对某一方法的运用就可以发展成为一种技能。就一般意义而言,教学就是支撑知识与技能发展的一项活动。这项活动通过对学生提出问题,提供任务,从而使学生在摆弄"物件"时,在自己制作"东西"时,有可能发现相关的特征并明白究竟发生了什么。因此,对于教学设计者和教师,这项活动包括发明和建构客体与情景(或客体与情景的表征)。对于教师,教学的任务就是在师生都认为必要时向学生提供指南和反馈。教学的设计则并不是对信息的分析与排序,因为信息必须由学生自己转变为知识。教学设计就是制定有利于建构可用于形成问题的情景与客体的计划。这些问题能指引学生对客体的感知和操作并要求学生作出论断以及自己设计和建构客体。

众所周知,由于信息和问题解决方法的数量之大,所以完全不可能让学习者重复导致知识发展的全部活动。这就是说,指望学习者重新建构整个知识库是不切实际的,取而代之的是他们必须学习如何有效地利用现有的知识库(包括他们自己的知识库在内),达到真实而意义重大的目标,教学也因而成为为经验与客体、行动的指导及其所指向的那些客体的混合物。问题类型则为教学设计者提供线索,帮助他们就如何开发真实教学作出决策。在每一种学习环境中,学生都应该有可能建构知识和实践技能——这就是建构主义的真实意义。

高文:戴克斯特拉教授,十分感谢您接受采访并为我们提供了有关教学设计研究领域的大量最新信息。希望我们能以这次在上海的真实接触为契机,继续以直接或间接的方式保持学术性联系。

28

跨越学科，面向真实问题
走出课堂，融入复杂社会[*]
——海门东洲小学课程改革评析

高　文

　　教育是振兴中华民族的根本事业，是迎接激烈国际竞争、增强国家综合实力的重要基础。在迎接知识经济的挑战中，承担着培养和发展人的创新精神与实践能力，优化我国人力资源的整体素质重任的教育更应该成为国家发展中先导性、全局性、基础性的知识产业和关键的基础设施，并因此而置身于国家优先发展的战略重点地位。与此同时，我们还必须看到，今天人类正在进入知识社会、网络时代，作为高新技术的当代信息技术正全面渗透进人类生活的各个领域，为创建新型的学习文化以及人类智慧的共创共享提供了新型的认知工具，构建了必要的基础设施。面对知识经济兴起与现代信息技术的发展带来的机遇与挑战，我们遗憾地发现，伴随着工业革命的兴起而形成的现行的所谓正式的学校教育范型已无法承担起培养适应知识社会与经济发展需求的具有知识创新能力的劳动者的重任。为此，全面推进素质教育，在信息技术的基础上，实现教育的跨越式发展，已经成为我国迎接知识经济挑战的战略性决策。如果说，正规学校教育的形成标志着与工业革命相应的第一次教育革命的开端，那么，以素质教育的全新理念与现代信息技术相结合，彻底改造现行学校教育则意味着人类有史以来的第二次教育革命已经在我国拉开序幕。如同处于工业经济与知识经济交汇点的中国将承受工业化与信息化的双重挑战，中国的教育同样应该抓住这次机遇与挑战并存的发展契机，实现教育的跨越式发展。

　　正是在这样一个重大改革的时代背景下，许新海校长与他的同事们在东海之滨的海门，以自己的创新实践为我们提供了一个有关现行学校教育改革的重要案例。尽管作为

---

[*] 原文发表于《江苏教育》2001 年第 11 期。

一种新生的事物,海门东洲小学的实验可能在理论与实践方面还存在许多有待进一步完善之处,但是这样一种新型的学校教育范型(尽管目前还只是一种雏形)在我国东海之滨的崛起本身就是事实胜于雄辩的最好的明证。它不仅证明了在我国建构一种新的学校教育范型的重要性与必要性,而且充分地表明了它的可能性与现实性。为此,我认为,许校长与他的同事们敢于挑战旧的教育传统,大胆建构新的教育范型并将其付之于实践的努力是应该提倡的,更是值得我们教育研究者、教育管理者和教育实践者认真研究并给予高度重视的。

据我所知,1998年对于海门东洲小学是十分重要的一年。这一年的4月,该校被教育部正式确认为首批"全国现代教育技术实验学校",完成了校内网的建设。同年9月,该校又以"优秀"等级通过了"运用电教媒体,发展小学生思维能力"(该课题为全国教育科学"九五"规划课题"电化教育促进中小学由'应试教育'向素养教育转轨的实验研究"的子课题)的中期验收。在进一步完成该课题的同时,学校于1998年底构建了"以学生发展为本的开放型课程体系",以克服学校教育与生活的脱节,更好地促进学生的整体发展。该课程体系由"核心课程"与"拓展课程"这两大类课程有机组合而成。核心课程试图通过构建"开放性"课堂教学新模式,对传统教育的主战场——课堂教学发起进攻。拓展课程,即"综合实践活动课程",则进一步将儿童的学习与教学置于真实的自然、社会、生活情境之中,由此开发了打破年级、横跨学科、吸纳最新科技成果和本土文化传统的校本课程,并在长江边筹建了以"人与自然""人与生活"和谐发展为主题的"三学"基地——新世纪"地球村"。显然,海门东洲小学从1998年开始启动的几件大事:构建学校教育信息化的基础设施、利用信息技术优化课堂教学以促进学生的思维发展、构建以学生发展为本的开放型课程体系,标志着他们正依托蕴涵人类集体智慧的信息技术的中介,迈出了改革传统教育理念,创建依托真实情境的教育新范型的关键一步。因此,我认为,在研究海门东洲小学教育改革这个案例时,切不可将其改革的任何一个方面割裂开来,孤立地加以研究,而应该努力揭示它们之间隐藏着的重要联系。因为,正是改革诸方面联系的进一步发展将导致学校教育范型的更替。反之,若割裂了这种联系,其中任何一个方面的改革都未必会导致教育的质的变革,也未必能代表教育发展的新方向。以依托"地球村"进行的综合实践活动课程的开发与实施为例,若将该课程从整个开放式课程体系中分离出来或仅仅将其视作在课堂上进行的必修课程的补充与延伸,若将儿童在真实实践活动中的学习与课堂中的互动式学习、基于网络的资源丰富的合作学习完全区别开来,那么,对这样一种孤立的课程的开发与实施即使是竭尽溢美之词我也只能说它与教育史上曾经有过的各种教育实验(如杜威的实验学校、苏霍姆林斯基的帕夫雷什学校)雷同。然而,对过去的模仿或重复绝不意味着发展。为此,我要强调的是根据我的认识与理解,海门东洲小学已经做的、正在做的和将要做的应该是彻底改造传统学校教育,构建知识经济时代新型学校教育的大事。它表明,包括课程与教学改革在内的学校教育的改革必须是面向素质教育的,必须是基于信息技术的。我认为,海门东洲小学的教育改革的案例在"跨越学科,面向真实问题""走出课堂,融入复杂社会""基于活动,与环境互动""创设情境,支撑自主合作学习"等几个方面给予我们重要启示,并促使我们在反思传统教育的同时对当前教育改革以及相应的课程与教学改革中遇到的问题进行认真思索。

一、跨越学科,面向真实问题

我认为,海门东洲小学开放性课程体系的构建是基于双重反思展开的:第一,它不同于以培养一般思维技能为目的的内容抽象的课程设计,同时,它也跟传统的重事实与原理知识的传授并以书本教材为中心的分科课程设计观点分道扬镳。它通过设计开放型的课程体系,主张通过创设内容资源丰富的情境,鼓励基于问题的学习、基于案例的学习、基于项目的学习以及合作、互动、协商的学习,以促进在解决真实问题的情境中进行超越学科的制约,探索、发现、建构完整知识的教学。显然,这一课程设计的重点在于"组织学生开展体验式、问题解决式、主题研究性学习活动,并充分利用和开发学校、'地球村'及周边社区的课程资源,在实践中培养学生自己发现问题、思考问题,并通过自主学习和协作更好地解决实际问题的能力,同时使学生掌握信息的收集、处理、归纳及调查、发表和讨论等学习方法、思维方法,以及培养积极地、创造性地解决问题的态度,使各门学科中所学的知识和技能等相互联系和深化,在实践中得到综合运用"。为此,该校提倡的通过观察、走访、讨论、尝试、发现问题、解决问题、建立操作规范等方法,在自然中学习自然;通过让学生置身于社会,并采用考察、参观、走访调查、收集资料等实践活动,使学生在社会大课堂里实实在在地了解"真社会";使学生在劳动中通过动手实践,在劳动中学会劳动,养成正确的劳动态度;以儿童的生活世界为活动背景,使儿童主动参与其中,在解决实际问题中形成适应未来生活所需要的各种素质,使儿童在生活中了解生活、热爱生活、适应生活并进而形成创造新生活的能力。"跨越学科,面向真实问题"的特点在该校成立的"东东研究院"的活动中体现得尤为清晰。学生通过确定研究内容,进行研究选题申报,选题归纳,课题承担,寻找合作研究伙伴,组成跨年级研究小组,聘请老师或父母亲、亲戚朋友担任研究辅导员,共同进行课题研究:如收集、整理信息,做观察记录,撰写研究报告等,真正做到在模拟的科学研究中学会研究。总之,在识别真实问题、解决真实问题的过程,进行基于学科的学习、跨越学科的学习、了解真实世界的学习,这应该是开放型课程体系的基本特征。

二、走出课堂,融入复杂社会

与前一个特征相关联的海门东洲小学开放型课程体系的第二个重要特征,在于改革传统学校在资源贫乏的狭隘空间(教室)中,在按年龄划分的固定群体中,在人为切分的时间单元(按课表安排学科教学)中,在单向传授式的师生关系中,主要依靠书本、黑板、粉笔,以批量、划一方式"生产"人的仿工厂作业方式。这一课程设计通过开放性课堂教学模式的设计,从传统教育的核心部位启动改革,并同时通过综合实践活动基地的筹建与更为丰富的真实社会资源的开发与利用以及突破时空局限的网上资源的开发,充分体现了"始于课堂,走出课堂,融入复杂社会"的教育改革的思路与策略。

对海门政府公务员的采访,对公共设施建设、创设国家卫生城市工作的调查,对国营、集体、私营等不同经营体制下商业运作情况的调研等,不仅使学生沉浸在社会的大课堂中,了解与自身的生活密切相关的身边社会的发展,而且还通过实地调查、参观访问、摄像、摄影、查阅、记录资料等直接从真实社会中获取第一手信息,使学生成为课程开发的参与者,而且更进一步成为为家乡的发展出谋划策,提供合理化方案的建议者。显然,在真实社会中了解社会,有助于增强学生的信息素养,提高他们独立的学习能力以及高度的社会责任感和公民意识。

三、基于活动,与环境互动

作为一切教育过程基础的应该是学生通过与他人的共同活动而形成的积极自主的个人独立的活动,而一切教育的科学与艺术都应该归结为通过互动合作激发、引导和调节学生的自主活动。因为,学习活动的真正主体是学生,所谓学习活动必须是从学生自身对知识的需求出发的,是由学生解决真实问题的认知动机驱动的。因此,活动应该是学生发展的基础。既然儿童是自己学习活动中的主体,那么,教师的作用则体现在如何利用蕴涵着丰富资源的自然与社会环境的巨大可能性去引导、指导、支撑在其中生活与学习的儿童。也就是说,学生只能在教师间接的帮助下,凭借自己的主动建构活动去跟他人互动,跟环境互动,跟人类的文化互动,从而在变革活动对象的同时达到自身进一步发展的目的。我认为,在海门东洲小学的教育改革中正体现了这样的教育理念。

为改变传统学校教育脱离生活,脱离社会与经济发展的需求,割裂知识与能力、知识内容与其产生的真实与丰富情境、知识的习得与其价值取向之间的密切联系,海门东洲小学租用了海门长江水厂的土地、池塘并利用附近其他社会资源加以整合,据此优化、充实并扩大了学习环境的丰富内涵,有效地支撑了学生在"学农""学军""学习科学技术知识"三个领域中积极、互动、自主的综合实践活动,使学生有可能直接参与编织、刺绣、烹饪、种植、饲养、小木工、缝纫等各种类型的农业劳动、养殖劳动、家务劳动的实际操作,培养其实践智慧、动手能力、劳动态度和劳动习惯。此外,在重视学习的探索性、研究性的基础上,该校十分鼓励学生在综合实践活动的实施中,开展研究活动,即培养学生寻找问题、识别问题、提出问题、解决问题的能力,认真踏实、一丝不苟、坚持不懈的科学态度以及大胆质疑的批判精神,帮助学生在教师、家长、专家的帮助下掌握相应的科学研究的方法。总之,综合实践活动课程的实施有助于激发学生积极自主的活动,促使其与蕴涵着丰富"给养"的环境互动,力求充分发挥包括劳动与研究活动在内的实践活动的双向变革功能,即使学生有可能在变革活动对象的同时,促进自身的进步与发展并形成可持续发展的内在机制,促使师生共创的学习共同体的建立以及新型学习文化的形成。显然,这一切都应该成为新型学校教育体系的重要特点。

四、创设情境,支撑自主合作学习

众所周知,20 世纪以来,有关人的认知的研究经历了三种不同的范型:(1)以动物的行为为参照的行为主义研究范型;(2)以计算机为人脑类比物的信息加工范型;(3)基于人脑认知机制研究成果的情境认知范型。由此还形成了相应的对学校教学起导向作用的有关学习的相应的隐喻,它们是:(1)学习是反应的强化;(2)学习是知识的获得;(3)学习是知识的建构。总之,从 20 世纪 70 年代以来,学者们在反思行为主义与认知的信息加工理论的前提下,主张以生态学的方法取代行为主义与信息加工的方法,强调研究自然情境中的认知,更多地关注社会、历史、文化等因素对智能系统内部复杂的信息加工和符号处理的影响并力求将人类智能的研究推向一个新的高度。显然,自20世纪60年代以来,一直在有关人的思维、学习和发展的各种观点中占据着无可争议的领导地位的、以物理符号系统的假设为代表的认知的信息加工观点。今天已经受到情境认知理论的挑战。自20世纪80年代末以来,情境认知已成为一种基于"学习是知识建构"的隐喻、能提供有意义学习并促进知识向真实生活情境转化的重要学习理论。而且,随着以计算机和网络技术为核心的现代信息技术的发展,随着建构主义理论研究的不断深入,基于情境认知的学习与教学理论和实践模式越来越受到研究者与开发者的关注并成为开发知识创新软件的理论依据与设计教学模式的重要要素。

我们十分高兴地看到海门东洲小学的教育改革已经隐含着创设情境支撑儿童自主合作学习的理念。在该校"运用电教媒体,发展小学生思维能力"课题的研究中,该校教师充分利用现代信息技术,创设具有强大视觉冲击力的宏观或微观逼真情境与知识的多元表征形式,展示事物发展的动态过程与事件的情节展开进程,揭示内在思维过程,以激发学生的认知动机、参与热情,在强化感知能力与形象思维的基础上,培养理性思维、直觉思维与创造性思维能力。该校还在此基础上构建了依托内部教学系统网的"人—机—人"互动教学模式,从而打破了为传统教室所禁锢的狭隘的学习空间,改变了传统课堂资源贫乏的痼疾,使包括教师与学生在内的所有人都能在人独立自主学习的基础上凭借个人的智慧与集体智慧互动,形成互动合作的学习方式,创建学习共同体的新型学习文化,实现知识的创新,并由此提升与知识创新能力的形成密切相关的知识建构能力,信息的需求、查找、评估与利用能力,以及"媒体素养""计算机素养""视觉素养""艺术素养""数字素养"等适应知识经济与信息时代需要的人的整体素质,培养遵守必要的社会规范的自律精神以及正确的价值取向。显然,以多媒体计算机与网络为基础设施的E-learning正改变并充实着中介人的学习的符号体系,即从语言文字为主的符号体系的单一中介过渡到语言文字与图象、图表、图标、动画、影像等知识多元表征体系的结合,从而使中介学习的符号体系能通过真实的模仿、仿真、逼真以及虚拟真实的形式更好地反映其与现实的真实联系,而学习者不断强化的应用、创造各种符号的能力,正是提升人与组织的知识创新能力的必要前提。因此,当前的教育改革必须是基于隐含着新的教育理念与教育实施方法的现代信息技术的。在海门东洲小学的改革中也可见一斑。

在该校创建的以学生发展为本的开放型课程体系中,尤其是在以儿童的生活世界为背景,依托新世纪"地球村"以及整个社会开发的综合实践课程体系中,我们可以更清晰地看到该校是如何创设真实情境来支撑学生在散发着泥土的芬芳与鸟语花香的大自然的怀抱中,在复杂的社会生活中,在与各行各业的专家、工作人员的真实互动中,进行着解决真实问题的跨学科的体验性、反思性学习的。目前,该校已经编写了供小学 1～6 年级实施综合实践活动课程的指导用书,提供了综合实践课程内容的设计表,力求将自然、社会、劳动、科技等课程中应用性、生活化的内容以及语文、数学、美术、音乐等相关学科知识综合于实践活动之中。

在结束本文前我认为有必要再一次强调,无论是"教育与生活的结合",还是"教育以人为本",都曾经是人类长期以来所追求的教育理想。然而,遗憾的是,在理想与教育的现实之间总是存在着很大的落差。造成学校教育不尽如人意的一个重要原因就是落后的学习技术与手段以及相应的教育理念、学校模式与人际关系长期以来一直制约着人的学习潜力的发掘。今天,现行学校教育体制的种种弊病已清晰凸显,反思传统的学校教育,建构新型的以人为本的、教育与真实生活密切联系的新型的学校教育模式已成为时代的需求和历史赋予我们的重要使命。我认为,蕴涵着最新理念及其实施方法的现代信息技术将有助于我国教育在新世纪的腾飞。这是因为,采用现代软件技术,计算机已具有强大的信息处理能力,据称,计算机将能有效地处理占知识总量 98％的可编撰的知识,从而将人类从低级、简单的信息加工工作中解放出来,将主要精力与时间集中于其余 2％的可意会的、人格化的、观念性的、体验性的知识的生产与创新。显然,未来的教育将依托这样一种高度智能化的认知工具,极大地提升人的知识创新能力。而且,正是基于知识的这种廉价的、易于访取的、可共享的和多元表征的数字化存在,不受时空局限的、真实世界与数字化虚拟世界高度融合的、资源丰富的、互动合作的、以认知工具为中介的、能充分发掘人的最大潜力和个性的、鼓励合作共处的、与生活密切联系的新教育范型将最终取代现存的学校教育。为此,我认为,海门东洲小学的教育改革实验已跨出十分重要而有意义的一步,我衷心地希望在此基础上,该校能朝着构建教育新范型的方向做出更切实的努力,为构建处于世界前沿并具有中国教育特色的改革理论与实践发挥示范作用。

29

技术时代的科学教育：内涵理解与循证改进 *

裴新宁

以信息技术、人工智能为代表的新兴技术的快速发展，正改变着科学研究的方式，使得科学正以全新模式向个人及社会生活广泛渗透；科学教育的重心亦悄然地发生着位移。充分理解科学教育的时代内涵，才能找到改进科学教育质量的有效途径，做好科学教育"加法"。

一、关于技术时代科学教育的内涵理解

科学教育的内涵表达和实施形式总是与对科学的内涵理解联系在一起的，也会因国家或地区的文化情境以及教育、经济、科技发展水平的不同而异。纵观全球教育变革，重新审视科学教育的历史经验，我们可以归纳出一些基本共识。

1. 关于科学教育的几个基本共识

第一，科学的基本特征定位了科学教育的概念主旨。科学研究在探究自然现象并形成公认的概念和理论时对客观性的追求，是科学的基本特征。理解科学，不仅指向科学知

＊ 原文发表于《中国科技教育》2023 年第 12 期和 2024 年第 1 期。

识,还指向科学研究作出发现并在科学共同体的规范之下形成共识的过程。那么,帮助学习者完整地理解真实科学研究实践中的认识论过程与社会规范,把科学看作一套知识、方法与建制的组合,成为科学教育的核心任务。第二,科学的新特征、新边界的不断涌现要求科学教育要面向国家重大发展需求进行变革。这意味着科学教育在整个教育系统中占有重要且独特的位置——充当教育变革的先行者、创新的领导者;在开放科学和数据获取与处理便捷化的时代,要将科技伦理、批判性思维、明智决策、科学精神的教育融入科学教育全过程。第三,建强面向所有人的高质量科学教育体系是国家强盛的关键基础。科学教育要通过高质量的内容(具有先进性、科学性、时代性),发展科学事业、培育科技人才、共建人类福祉;要利用高质量(先进、适当、高效)的手段实现科学教育重要的育人价值、广远的社会价值,不负国家使命。第四,科学教育改革设计要以"人如何学习"为底层逻辑。坚持以人为本,充分关照儿童、青少年对科学的兴趣和科学身份认同,这是支撑他们理解科学、热爱科学、将来投身于科学事业的关键基石。第五,教会学生将科学知识和方法作为探知世界的方式、发展思维的工具。这样一来,学生们在面临前所未遇的挑战时,能够主动启动学习,开展批判性思考,进行问题解决和创造,和谐地与世界的"陌生性"相处,从中成长心智,涵养科学品质。

2. 科学教育是什么

上述关于科学教育的基本共识也给我们讨论科学教育的内涵提供了基本立场。尽管很难对科学教育的复杂内涵给出解剖学意义上的分析,但是我们可以从教育事业的视角,来透视科学教育的基本特征。

第一,从目标上看,科学教育即科学素养教育。几乎所有国家都将提升科学素养纳入各级各类科学教育的基本目标乃至作为终极目标。但是,今天科学素养的内涵及发展方式发生了深刻变化。内涵上,从关注"外行人"相对于科学家知识的"缺失",到关注个人、社群(组织)、社会三个层次上的连带意义及其生成;从聚焦作为个人属性的知识和技能,到重视人类可以集体利用、发挥作用的知识和技能。发展方式上,从直导式传播,到公众作为行动者的社会参与结构的多样化。相应的政策及研究的核心议题转向了"科学素养如何作为群体实践而发挥作用"。

从学校科学教育变革看,诸多发达国家已重新定位了科学素养的目标要求。专注点由学生应该"有什么"(即"知识构成"),移向如何使得这些知识可运用、可实践的"条件性知识"。可以从科学知识与技能、情境性素养、基础性素养、个性品质四个相辅相成的部分,理解科学素养的构成。(1)学生要学习和理解科学知识体系(如科学概念、原理、基本方法等)和基本的科学实践;(2)学生要理解情境中的科学(关联到科学的产生、作用及影响),包括能够辨识和处理与科学有关的领域及事务、理解科学的社会文化作用等。"情境性素养"对沉浸于数字化社会信息潮涌中的个体及群体来说尤为重要。情境性素养使得人们能够整合并解释信息、进行反思和评判,辨识真假"科学",理解科学工作的边界与限度,珍视科学工作的道德伦理。(3)学生需要具备基础性素养(比如数学素养、读写素养、视觉素养、图示理解力等),这是以意义建构的方式处理信息(而不是凭借死记硬背)、形成科学素养的基本前提。(4)个性品质上,要不断涵育像科学家那样从事科学思考与探究的倾向和思维习惯,这也是"科学家潜质"的主要成分。倾向和思维习惯是科学素养的内核要素,决定了人们如何在各种情况下参与科学;也是科学素养的其他构件得以有效运作的先决条件,很大程度上决定学生的科学身份认同,进而影响他们对科学投入的持续性。

第二,从内容上看,科学教育是以自然科学内容为主而展开的教育教学活动。中小学阶段的科学教育是以多样化的科学类课程与活动为主渠道而实施的。大学(含研究生)阶段的科学教育,包括以培养科技工作者为主要指向的科学类专业教育,还包括以提升全体大学生科学素养为目标的科学类通识教育。科学教育的一体化设计(处理好学段之间、学科之间的关系,系统化设计科学教育体系)是基础科学后备人才有效培育的要道,也是实现教育现代化的关键。科学教育主要以自然科学为内容载体,但是鼓励采用科学、技术、工程教育整合的途径(比如,重视通过"科学与工程实践"来学习学科核心知识和跨学科概念、在工程学习中嵌入科学探究等),强调科学教育中科学价值与人文价值的统一。

第三,从过程上看,科学教育是关于科学知识、方法/过程与社会建制的整体性教育。面对当今世界的复杂多变,科学教育的重要性不在于传授科学及相关学科(如数学、技术、工程、医学等)的确定性知识,而在于让学习者认识这些知识是如何产生的,理解与科学知识相关联的科学方法、过程和建制,从而帮助他们有效地利用科学知识和方法去探知世界,应对世界的变化与挑战。科学教育的重要性还在于"教"人通过"内省式地批判",而"向内地"塑造人的品性,使人珍视而非规避伦理情境,理解自身、文化与行为及其彼此间的塑造,从而负责任地创新。在如今的技术时代,面对技术"中立性"的日渐模糊,关于技术伦理的讨论跟不上技术手段之变幻的时候,这种内省的科学教育尤为重要。

第四,从时空上看,科学教育是跨空间的持续养成教育。提升科学素养指向所有人及其各发展阶段。研究表明,科学素养水平与受教育程度相关,但这不意味着一个人完成了正规教育阶段的科学教育,就已完全了解科学及其影响。其实,即便有着比较成功的教育训练的科技工作者,其关于科学本质的理解、对科学的社会文化作用的认识也可能是有限的。科技强国战略目标的实现需要强大的科技创新人才队伍,也离不开高科学素养的社会基础作为坚实的支撑;需要每一个人更懂科学、更关心科学的作用与限度,负责任地参与公共科学事务,批判性地分析问题和作出明智决策。因而,对科学的学习是终身的、跨空间的,个人、群体及组织都是学习者。为此,需要重视非正式学习环境(家庭、工作场所、博物馆、社区、媒体等)对科学素养形成的影响,进一步挖掘跨空间的科学教育对培养儿童及青少年的科学兴趣、厚植科学文化等方面的重要价值。

第五,从效果上看,追求个体科学素养和社会行动的共同改善。更为关注在集体维度、社会维度上的价值增值,是今天科学教育所秉承的远大抱负。科学教育成效的影响因素和机制极其复杂,但很大程度上,我们怎么看待科学和学习,就会怎么采用评价。过往的评价关注学生个体知道什么、能做什么,成就了各种各样的学业成就结果评价方法。而科学教育的社会价值增值,要求我们必须采用"广角镜头"并结合"微聚焦",去检视知识是如何在个体间分布的,知识和意义又是以何种方式置身于实际经验中的。要改革和完善科学教育评价制度和方法,面向科学教育的价值追求,系统地考虑和选择适当、有效的评价方法,以确保科学教育改革行进在正确的航向上。可供参考的方法包括:(1)测评方法(聚合性的或结构性的)。用于评估科学素养整体水平,或者针对某项具体科学能力(如科学推理、科学建模、概念理解、探究工具使用、科学身份认同等)进行评估。(2)过程与结果关联的情境性评估。用于多场景中的科学学习成效的评估、基于评估的决策等。(3)基于计算机的嵌入/伴随式评估。采取与学习过程相伴的嵌入式方法,通过多模态数据采集,评估个体及群体科学学习的多种特征;这种嵌入式评估在数字化转型时期大有可为。上述这些评价方法可用于科学教育实践的循证改进。

二、科学教育实践的循证改进

1. 植根中国境脉,探索科学教育规律,转变教学方式

正如基础科学研究对于科学事业发展的重要性一样,科学教育改革的有效推进,也离不开广泛深入的基于本土的循证研究。相比国际经验,我国科学教育领域的理论创新成果和循证研究成果还有不小的缺口。实践亦表明,忽视文化历史境脉,一概照搬某些发达国家的做法,或简单地套用某个新术语、新名词,对改变本土现实境遇起效不大。科学教

育的成功需要坚持长期主义,要仰赖多方的持续努力。今天我国科学教育进入了新的发展阶段,科学教育研究的科学化比任何时候都重要。我们需要通过科学研究真正了解自身,找到真问题,找准对症的方法途径,以坚实的学术积累有力支撑科学教育质量的提升。以学校科学教育改进为例,我们需要确立新的审视课堂的视角和框架,让教师理解学生经验的意涵,从而掌握有效的策略和方法,真正以学生经验为中心,帮助学生成长。对此,我们从学习科学研究中得到启发,也从深入的学与教行为与过程的比较研究(如中法比较、中美比较等)中获得洞见,形成了"聚焦课堂学习,专注教师行为"的循证改进系列实践。可以将之简要概括为以下研究路径:(1)围绕科学素养关键要素确立研究视角,审视科学课堂;(2)基于课堂科学学习的基本结构对教师行为建模;(3)以学习科学理论指导研究设计,构建"学习中心的"适应性分析框架;(4)以人工智能和大数据技术赋能系统化设计与研究,实现嵌入式评价。在十余年的区域性先行先试的探索中,优秀科学教师不断涌现,众多青年研究者(有许多是一线教师)成长起来,成为熟练的科研骨干。

2. 科学教育循证改进行动新议程

涵养青少年科学志趣,培养基础科学后备人才,需要全面改进科学教育质量。针对已有研究所反映的我国科学教育的现状和问题,循证改进的议程应着重在三个方向作出研究投入和推进:开好科学实验、丰富学习机会、创新科学实践。在这三个方向上同时带动教师的专业成长,重点任务是发展教师的科学探究能力、技术理解力、利用技术支撑科学学习活动的设计能力。

(1)开齐、用好科学实验,强化探究性实验

让学生认识到科学是通过系统地观察和实验对我们周围现象和事物进行研究,是学校科学教育的基本任务之一。实验教学是实现新技术时代科学教育中价值教育、思维教育、创新教育相统一的重要途径。

首要的是,要引导学校及教师深入理解科学实验的价值,开齐开好实验。科学影响我们对世界的认识,其主要途径之一就是通过科学精神、科学方法,而实验过程本身富含科学精神、科学方法之养分。经验不等于观察(科学观察需要通过专门的工具、遵循科学协定);课堂上仅凭生活经验或教授常识,很难真正让学生学到科学思维,而科学实验是帮助学生从生活经验上升到科学思维的关键步骤。儿童的科学学习需要发生概念转变,科学实验是儿童科学观形成的切当经历和必由之路。许多研究表明,面对一个抽象的物理学概念,如果缺少必要的实验经历,学生很难对现象加以正确的抽象,甚至很长一段时期,科

学学习都会停滞不前。

同时,要积极对实验教学做出创新改进。实验可以带来主动学习(具有动机激发作用),但主动学习不一定带来探究性学习。许多实验教学注重让学生学习很多的实验技能和步骤,但这不代表学生能理解科学探究、真正掌握科学探究的过程与方法。需要克服实验教学中有形少实的现象,提高师生对科学实验的认识论意义的理解。通过做实验,让学生参与探究,更好地理解科学的本质,理解知识—方法—建制之关联,逐步建立认识论之通路。如此,才可能学好科学。为此,实验教学创新应在以下几个基本方面做出努力:第一,把实验室作为真实科学的"实习场"。实验室是让学生从事专业性科学探究和问题解决的"实习场",学生经历"像科学家一样"的认识论过程,从而建立个人世界与自然世界、社会世界之间的多重联系。第二,实验教学要将促进学习的身体过程、认知过程、情意过程、社会过程有机统一,充分支持学生的主动探索和创造性解决问题。第三,让学生学习使用一些新技术、新工具、新方法,理解科学是不断向前的、创新的。第四,训练学生提出问题、解释论证、书面表征等基本能力。第五,使用新技术赋能探究过程和抽象思维,以充分支持学生的个性化学习。

(2)丰富学习机会,让学生在深度参与(专业实践)中学科学

研究发现,对科学的本质、科学的社会文化作用的理解等情境性素养的提升,并非靠知识的积累,而是通过社会性行动、真实性实践。这也启发我们:科学素养的提升,包括青少年科学志趣的涵育,根本上是一场双向奔赴的行动,即青少年或"科学外行人"参与科学家的专业实践,科学家参与"科学外行人"的社区实践。

第一,要重视非正式环境中科学学习的具身性价值,提高对非正式科学学习指导的专业性。好奇心是从事科学研究的内在动力,但真正起作用的是"认识性好奇"(为求知和理解而更深入、更有序、更努力地投入),而不是"消遣性好奇"(人类及许多动物被新奇事物所吸引而出现的知觉水平状态)。校外学习设计的专业性对激发和维系学生的好奇心十分重要。要从集体游览式参观、听讲解,转变为学生身体感知觉的深度参与,引导学生的学习性投入。为此,一方面,教师要善于整合校内外资源,设计适应性的学习任务、过程和学习脚手架;另一方面,场馆等非正式环境在展项环境设计时应适当嵌入(预留)探究式学习路径,从而充分发挥展项的学习给养功能。②高校、科研机构结合科研工作设置公民科学项目。这些项目可以独立组织,也可以与学校科学教育项目结合,让学生作为研究者参与其中,在专业的科学研究实践中学习,从而实现科学建构和身份建构并行。相关部门可以设置专门的公民科学研究资助计划,以鼓励多主体形成专业性合力,有效地投入于青少年科学素养提升行动。③转化科学沟通语言。我国越来越多的富有教育情怀的科学家积

极投身于科学普及前线,研究表明这种沟通实践对科学家深化对所从事的科学研究的认识也是有益的。但"沟通不畅"的情况并不鲜见。在科普实践中需要蹲下身来倾听儿童、观察生活、洞悉科学的社会文化作用,才能找到"适合的"科学沟通语言。在以上各项新工作中,需要伴随同步的研究,基于证据不断推进。

(3) 开展以理解真实的科学研究过程与方法为目标导向的科学实践

这是颇具挑战性的方向,尤为需要在研究引领之下的循证推进。

首先,科学课堂要保证充分的科学实践。目前科学课程教学改革中的一些任务让不少教师感到困惑,科学课上一些基本的科学实践也难有保障。比如,虽然一些计划使用了"大概念""跨学科"等新概念,但由于缺乏对这些名词之下学习本质的深入理解,不少教师苦于摸索如何划分知识结构、编排教学序列、预制教学目标,以期超越单科教材现有结构,集成一个新的含有多学科成分的"大单元",然后让学生去学(或教授)这个既成的"大课程"。这种变相的"知识内容导向""教师中心"的实践,非但没有充分的研究证据显示其优于传统教学,反倒由于缺乏对学生经验生成路径的关照,而往往增加了学生负担。这种情况可以尝试通过"强框架"来转变。比如,构建以不同的学习模型为基础的数字化科学学习平台,通过让教师参与理论引领的课程设计过程来帮助他们转变教学行为,让教师通过多模态数据和信息看到并理解班级学生在学习路径、工具使用、问题解决策略等方面的差异性和多样性,从而针对性地引导学生投入科学实践(如进行科学解释、科学建模、表征使用等),使得他们真正通向对科学大概念的整合性理解。

其次,利用科学与工程实践创新科学教育途径。多种工程情境和任务往往要求学生学会解决不同的实际问题,其中可以让学生学到新技术、新方法。但是不能流于表面热闹,而要让学生探索复杂现象背后的科学问题,理解其中的"核心知识"。科技活动囿于形式化、流程化会引致诸多弊端,不仅会造成对科技设施和时间投入的严重浪费,也会误导学生对科学事业的态度,使科技活动变得不可持续。而让学生浸润于"深研",才能培养出对科学的热爱和投入。为此,不同部门应继续在"深研"上为后备人才成长创造机会。比如,深化对科学调查体验活动的研究跟进、科技场馆建立专门的学生研究室、高校实验室及科研机构的公民科学进学校等。

最后,在科学教育的内容、方式和评价上,要反映科学的本质和科技发展的时代特征。学校科创活动要谨防"去科学化",转变"高技术—低科学"的现象。为此,需要切实的研究帮助。一是积极组织研究和探索科学—工程—技术的整合途径,理清基础性素养与科学素养、科学与技术等关系,以充分发展科学素养的关键能力;二是通过试点项目,构建将工程学方法用于科学探究、将工程问题科学化的情境、方法与设计原则的知识库;三是加强研发以学习理论和科学研究过程为基础的数字化学习平台,让学生充分利用数学和信息技术进行科学建模、数智模拟、计算实验等,投入"真实的"科学研究过程,并嵌入伴随式评价工具。在课程形式上,既要目标导向(如项目化学习),又要充分保证自由探索,为学生提供从事真实科学探究的广阔空间。

30

中国教学模式改革的实践探索 *

——"学为导向"综合型课堂教学模式

王文静

  人类的学习正在经历一场以知识创新与教育创新为基础的深刻变革。《国家中长期教育改革和发展规划纲要(2010—2020 年)》指出:"中国未来发展、中华民族伟大复兴,关键靠人才,根本在教育……要树立以提高质量为核心的教育发展观,注重教育内涵发展,把教育资源配置和学校工作重点集中到强化教学环节、提高教育质量上来。"显然,在新的时代背景和国家发展任务的要求下,要落实《国家中长期教育改革和发展规划纲要(2010—2020 年)》提出的目标,实现我国 21 世纪人才培养的宏大愿景,必须重视教学工作,把教学改革摆到事关教育改革成败的核心位置。在教学改革过程中,教学模式的改革是关键。因为教学模式是在一定教学思想或教学理论指导下建立起来的较为稳定的教学活动结构框架和活动程序,不仅反映课程设计者与实施者对待"学"与"教"的态度,还直接影响学习者的学习成效。因此,要保证教育教学活动的顺利推进,促进我国教育的内涵发展,必须高度重视教学模式的改革与完善,尤其是教学模式改革在实践层面的探索。教学模式改革的实践探索是人们以多学科、跨学科的相关理论为指导,在真实、复杂的教育教学实践中,把一个概念形态存在的抽象教学模式变为一个以物理形态存在、可视和可操作的教学模式的过程。由于其更多关注的是"怎么做"和"如何不断改进",而不仅仅是"是什么"的问题,也可以将其视为一个长期、复杂的系统设计过程和一种真实、复杂的知识应用实践活动。构建设计导向、实践导向的教学模式有助于检验教育理论知识的科学性和有效性,洞察教育理论知识转化为教育生产力的机制,培养教学模式设计者和使用者在理论

＊ 原文发表于《北京师范大学学报(社会科学版)》2012 年第 1 期。

联系实际方面的专业能力和行为习惯。最重要的是,帮助教育工作者缩短教育理论知识转化为教育生产力的周期,借助不断变化的学习环境设计,如教学内容与活动体系的创新等促进学习者的有效学习,实现教学效能的最大化。

当前我国教学模式改革的整体发展逐步呈现出密切结合21世纪创新型人才培养总目标,以实际应用为导向,以职业需求为目标,重视运用团队学习、案例分析、现场研究和模拟训练等方法培养学生解决现实问题的意识和能力等特点。相关领域的研究和工作者,如医学专业、工科专业、园林工程专业、会计学专业和物业管理专业等已在理论与实践层面进行积极的探索,但从我国教学模式改革的整体状况来看,领域之间的发展不均衡现象比较突出。即使是在同一领域内,不同专业或课程的教学模式改革取向和成效都需进一步深入研究与探讨。针对教师教育领域中,职前教师"学了教学设计不会做教学设计"的现状,我们尝试以解决现实问题为宗旨,以"教学设计"课的课堂教学模式改革为切入点,以"基于设计的研究"范式为指导,在充分进行问题解决理论路径分析的基础上,希望通过改革课程教学中学生的学习方式和教师的教学方式,促进学生的教学设计能力和综合素质提升;并在促进现实问题解决的过程中,构建"学为导向"综合型课堂教学模式,为我国教学模式的改革提供一个典型的范例。

一、职前教师教学设计能力提升面临的问题分析

在我国的教师教育体系中,"教学设计"课一直是"课程与教学论"专业硕士研究生的专业必修课程。通过"教学设计"课程的学习让选修该课程的研究生发展出面向真实、复杂课堂的教学设计能力也是很多师范院校开设"教学设计"课的初衷。但现实教育教学中,大多数教师在教授"教学设计"课程时,大多采用单一的讲授型方式进行教学。据华中师范大学李念等人调查湖北、河南、福建和上海等地10所师范院校教育技术学专业的本科生和"教学设计"课程授课教师得到的《教学设计课程的教学和学习现状调查报告》显示:从总体上看,无论选用哪种教材,教师的教学方式都是以讲授型为主,所占比重均超过85%[1]。这种以信息的单向传递、简单记忆或复现为目的的教学方法忽视了学生的学习需求,无法促进学生的高阶思维发展,在提升职前教师的教学设计能力方面起到的作用很有限;一项以山东省滨州市所辖范围内4类小学(村办小学、联合小学、镇中心小学及城市

小学)教师*为被试,运用作品分析法对这些教师的 226 份教案进行统计分析,并辅以问卷调查和实地访谈等方法来探究"小学教师课堂教学设计能力发展特点及影响因素"的研究表明,85%以上的教师都认为自己的教学设计能力是在职后形成的。在从事教师职业之前,师范生基本不具备教学设计能力[2]。

鉴于职前教师教学设计能力薄弱的现状,我国有研究者从不同角度关注这一领域的研究。如有研究者以小学科学教育课为平台,对职前教师的探究性教学设计能力培养问题进行了实践性研究,也有信息技术教育领域的研究者运用概念图、思维导图、在线案例教学和云计算辅助教学支持等,提出了职前教师教学设计能力提升的可能出路。但鲜有研究者依托"教学设计"课的课堂教学模式改革来改变职前教师教学设计能力水平不高的行动,持续时间较长的实证研究更是匮乏。其根本原因在于教学模式改革是一项综合行动,且有很强的实践路径依赖性,它植根于强大的教育传统,涉及各方资源的力量博弈,需要一整套可以与传统范式相抗衡的科学研究新范式为指导,尤其需要一条能切实推动课堂教学模式改革的、可操作的实践路径作保障。要突破职前教师"学了教学设计却不会做教学设计"的困境,让他们在有限的课堂学习时间学到做教学设计的"精髓",单纯运用一种研究方法、一种理论视角、一种具体手段或方法是不够的,必须尝试采取一种以新的研究范式为指导,从理论与实践两个层面对"教学设计"课的课堂教学模式进行综合改革,通过持久的、多轮次改革和完善,构建出一条切实可行的教学模式革新实践路径。

二、深度学习:"学为导向"综合型课堂教学模式的理论构想

深度学习是指在基于理解的学习的基础上,学习者能够批判性地学习新的思想和事实,并将它们融入原有的认知结构中,能够在众多思想间进行联系,并能够将已有的知识迁移到新的情境中。与机械地、被动地接收知识,孤立地存储信息的浅层学习和建构相比,深度学习更加强调学习者的积极学习、主动学习和批判性学习,因而更有助于学习者理解、保持和应用所学的教学设计知识。美国学者斯皮若等人曾指出,按照学习所达到的深度和水平,人类的学习有"低级学习"和"高级学习"之分。在初级学习阶段,教师只要求学生知道一些重要的、基本的概念和事实,只要求他们在测验中把所学的东西按照接近原

---

* 这些教师所教的年级涉及低、中、高年级,教师教龄有 1—5 年、6—15 年、16—25 年及 25 年以上 4 个阶段,学历包括初中和中师(或高中)、大专和本科,样本分布基本反映我国小学教师的构成情况。

样的方式再现出来(如背诵、填空、简单的练习题等)。在高级学习阶段,学习者要深刻把握概念的复杂性,并把它们灵活地运用到各种具体情境中。为了帮助学习者开展高级学习,这时的教学主要是以对知识的理解为基础,通过师徒式(apprenticeship)引导演练而进行,着眼于知识的综合练习和灵活变通[3]。但是,在传统的教学中,人们经常混淆"高级学习"与"初级学习",将初级学习阶段的教学策略(如,将整体分割为部分、着眼于普遍原则的学习、建立单一标准的基本表征等)不合理地推及高级学习阶段的教学中,使教学过于简单化[4]。最明显的例子就是,很多本应以"高级学习"为主的研究生课堂,经常使用"初级学习"阶段的教学方式:教师的"教"是"照本宣科"教学设计的书本知识,学生的"学"是"死记硬背"教学设计的书本知识。这种在复杂性知识学习中常常导致三种不足:(1)误解或获得不正确的知识;(2)不能把知识应用于新的情境;(3)对以前习得的知识缺乏保持力[5]。这些不足又正是妨碍我国高学历人才不能把课堂学到的知识在具体情境中进行广泛而灵活地应用,并出现"高分低能""眼高手低""理论与实践相脱节"等问题的深层原因。毕竟,学校情境中的良构问题求解与日常环境中的问题求解是两回事,其间的关联性和迁移性相当有限[6]。书本上的知识虽然指向教学实践,但其与动态、变化和真实的问题解决情境之间通常不存在直接对应关系,我们很难将不同要素组成的教学情境加以归类,用完全相同的知识处理不同的情境[7]。

当前"教学设计"课上普遍使用的是"教为导向"教学模式。它以教师为中心,强调理论知识的讲授,忽视实践体验的重要性;教学方式比较单一,较少考虑学生个体差异和需求;教学评价过度关注结果,尤其缺乏对学生学习过程的及时评估与反馈,既不能帮助职前教师进行教学设计理论知识的深度学习,也不利于他们发展出真实、复杂课堂教学实践所需的教学设计能力。事实上,教学设计是一个不断解决劣构问题的复杂过程,具有"实战"性质的教学设计能力需要通过"高级学习"才能获得。因此,以"深度学习"为理论基础,整合相关领域具有成功经验的多种教学模式的优点,如认知学徒制、抛锚式教学、支架式教学、基于问题的学习、设计式学习和知识建构教学模式等,构建一个"学为导向"的综合型课堂教学模式十分必要。

结合"教学设计"自身的特质和新型教学模式要有助于促进学生"高级学习"发生这一原则,我们确立了"学为导向"综合型课堂教学模式的主要特征:第一,在行动中激发和调整先前知识,建立先前知识与当下行动之间的关联,让职前教师"在动手做教学设计中学习教学设计";第二,引入真实、复杂的系列关键事件为支架开展具体教学,以环环相扣和层层递进的"关键事件"为动力推动教学模式的延展与深入;第三,采用全方位、立体化的师徒合作方式,把学习延伸到教室之外,为研究生学习教学设计创设一个更为多元化的学习环境,促进学生从不同层次、在不同情境中理解教学设计;第四,尊重研究生个体差异,强调差异基础上的交互与协作,充分发挥研究生的学习潜力;第五,以教学设计作品为载体,外显教学设计的内隐知识。具体而言就是以教学设计作品为载体彰显研究生的学习成果,并把他们的学习心路和轨迹记录下来,以记录、分析他们"体验和学习教学设计"的过程。由于教学模式构建更多地关注"怎么做"而不仅仅是"是什么"的问题,以这五个主要特征为基本框架提出"学为导向"综合型课堂教学模式的概念模型后,我们把关注焦点从学理逻辑转向行动逻辑,开始在真实、复杂的教学实践中探讨这一新型教学模式的物理化过程。即探索"学为导向"综合型课堂教学模式构建的实践路径。

三、"学为导向"综合型课堂教学模式的实践路径构建

在"学为导向"综合型课堂教学模式理论构想的指导下,我们把"学为导向"综合型课堂教学模式的概念模型带到了北京师范大学研修"教学设计"课程的硕士研究生(2008 级和 2009 级的教育学硕士研究生)课堂和代表北京市不同区域、不同类型和不同发展水平的 6 所小学三、四年级英语阅读教学课堂中,并进行了持续两年的教学模式改革实验,最终构建、优化出一个"学为导向"综合型课堂教学模式。这一教学模式从概念模型演化为可视、可操作的物理模型的过程大致遵循了这样的实践路径:选取一种合适的研究范式——基于设计的研究——为开发工具;实施为期两年的课堂教学实验,分阶段、有步骤地推进新型教学模式原型的开发与完善;对新型教学模式包含的基本结构进行基于证据的迭代循环和持续改进。下面对这一实践路径进行具体介绍。

1. 以"基于设计的研究"范式为指导

"基于设计的研究"是 20 世纪 90 年代后兴起的学习领域研究范式,其研究对象是特定环境中的学习过程,研究目的是"通过对一个简单学习环境进行细致深入的研究,以发展新理论、产品和可以在其他学校或者班级实施的实践纲领"[8];作为学习科学家的"方法论工具集",目前这一具有"干预主义取向、参与取向、迭代循环、过程取向、实用主义导向和理论取向"的学习研究新范式,正日益显示出其在开发新型课堂教学模式,促进学习者实现深度学习方面的重要价值。在"教为导向"的教学模式下,学生在"教学设计"课上遭遇

"学了教学设计却不会做教学设计"的困境,一方面是由于当前的教学过程中缺乏先进的理念和足够的支持性资源来帮助学生体验"教学设计",另一方面是由于教学模式的改革缺乏必要的操作性"工具",即研究范式的指导。结合教学设计是一个设计过程,设计总是需要进行不断的"迭代循环"这一特点,实验选取基于设计的研究范式为方法论层面的指导。

2. 构建"学为导向"综合型课堂教学模式的基本结构

"学为导向"综合型课堂教学模式以深度学习为理论基础,以学生和学生的学为最高目标和核心任务,不仅要求学生由外部刺激的被动接受者和知识的灌输对象转变为信息加工的主体、知识意义的主动建构者,而且要求教师要由知识的传授者、灌输者转变为学生主动建构意义的帮助者、促进者和引导者,"做中学"是其最重要的课堂组织形式。与"教学导向"教学模式的单一结构相比,"学为导向"综合型课堂教学模式的结构多维复杂,其基本结构包括:理论预热、实践体验和总结反思。"理论预热"阶段,研究生以小组合作的方式对教学设计的相关文献进行收集、整理和报告;"实践体验"阶段,研究生以个人或小组合作的方式将"理论预热阶段"获得的良构知识运用到教学设计的真实、复杂实践中;"总结反思"阶段,研究生通过不同类型的讨论活动,分享自己的学习心得和体会。以下是通过两轮实验,构建、优化"学为导向"综合型课堂教学模式基本结构的实施过程。

3. 实施、优化"学为导向"的综合型课堂教学模式

第一轮实验的具体实施过程中,"理论预热"阶段包括"专题讲座"和"文献查阅与报告"两个关键事件。"实践体验"阶段主要包括个人设计、课堂报告与全班讨论、一线课堂观摩、师徒合作学习、多层面反馈及一线课堂教学体验等关键事件。研究生们在系列"关键事件"的体验活动中不断迭代和调整自己的教学设计方案(教学方案1、教学方案2、教学方案3),最终设计出一个适合三、四年级小学生的英语课堂教学设计方案(教学方案4)。同时,记录此过程中教学设计方案调整的原因和过程,以不断深化和外显有关教学设计的知识;在"总结反思"阶段,研究生通过不同类型的讨论活动,分享个人学习心得和体会。

第二轮实验是对第一轮实验的精细化,是在第一轮实验的基础上进行的"迭代循环"。其教学模式的整体结构没有根本性变化,且每个部分内部的关键事件与第一轮实验采取

的思路大致相同。但根据第一轮实验中"涌现"的问题，第二轮实验充分考虑了上一轮实验中研究生的反馈建议和本轮实验参与研究生的特点与需求，对实验方案进行了调整。如，为了让没有教学经验的研究生对真实课堂有一个具体形象的概念，课前即安排他们到实验学校进行实地考察，并进行一次课堂观摩；在"理论预热"阶段，研究生除了对教学设计的整体理论知识进行文献查阅与报告外，还围绕教学设计的各个具体构成要素进行分析和报告；在"实践体验"阶段，不仅添加了个人模拟课和对模拟课的精细分析，而且使每一位研究生都有机会体验真实课堂教学（两轮实验教学过程分析参见表30.1）。

表30.1　两轮实验教学过程分析

基本结构	第一轮实验关键事件	第二轮实验关键事件	教学设计方案
前测	了解研究生需求	了解研究生需求	教学设计方案1
	—	学校实地考察	
理论预热	教学设计专题讲座	教学设计专题讲座	教学设计方案2
	文献查阅与报告 教学设计整体理论知识	文献查阅与报告 教学设计整体理论知识 教学设计构成要素	
	个人设计	个人设计	
实践体验	课堂报告与全班讨论	模拟课及精细分析	教学设计方案3
	一线课堂观摩	一线课堂观摩	教学设计方案4
	师徒合作学习	师徒合作学习	
	多层面反馈	多层面反馈	
	一线课堂教学体验 （小组合作）	一线课堂教学体验 （每一位同学）	
总结反思	集体访谈与交流	集体访谈与交流	

由于真实课堂学习环境的复杂性，第一轮实验结束后，研究生提出了进一步优化与完善教学过程的建议，如课前进行实地参观与课堂观摩可以促进缺乏教学经验的研究生对真实课堂的深入理解；教学设计方案的调整与修改应更加注重个性化和精细化，更多地尊重学习者的个体差异；更大程度地确保每一位研究生都有机会"执教"，进行课堂教学体验等。针对以上建议，第二轮实验对综合型课堂教学模式的内部关键事件进行调整，增加了"学校实地观摩考察""模拟课堂与课后精细分析""面向每一位研究生的真实课堂体验"三个环节。第二轮实验结果表明，研究生们的教学设计方案更趋于精细化、个性化，更具可

操作性与可教性。

4. "学为导向"综合型课堂教学模式的实施成效

为了验证"学为导向"综合型教学模式的可行性,实验主要采用定性和定量相结合的方法对研究生的系列教学设计方案、相关调查问卷、"个人反思报告"和集体访谈等资料进行综合评价与分析,从多个角度对实验的研究问题进行相互验证。实验结果充分证明了"学为导向"综合型课堂教学模式的有效性,这一综合型课堂教学模式在促进研究生教学设计能力提升的同时,提升了研究生的综合素质。

(1) 理论学习促进研究生对教学设计理论知识的整体把握与深入理解

通过比较理论预热阶段前后学生的教学设计方案和分析"个人反思报告"数据发现,在理论预热阶段前,有 60% 的学生提到"教学目标"这一要素,而提到教学内容分析、学生特征分析和教学设计理念分析等非常重要的要素的人都不过半,甚至根本没有人提到教学设计理念这一要素;而在理论预热阶段后,100% 的研究生在其教学设计方案中都涉及了所有的要素。另外,研究生们对教学设计相关的理论知识也有了深入的理解,主要体现在他们的"个人反思报告"数据中,75% 以上的同学都谈到文献查阅与学习对他们的影响非常大,使他们对教学设计相关的理论知识有了更全面深入的理解。

(2) 层层递进的"关键事件"促进了研究生教学设计能力的逐步提升

通过比较研究生在以下几个关键事件(理论预热、课堂呈现与全班讨论、一线课堂观摩与课堂教学体验、总结反思)干预后设计的三次教学方案,分析调查问卷和集体访谈等数据来体现研究生教学设计能力的逐步提升。

首先,通过比较三次教学设计方案的平均数可知,研究生总体的教学设计能力是逐步提升的。从各个维度来看,也都呈现出了逐步上升的趋势,尤其是在教学设计理念分析能力、教学内容分析能力和具体课堂教学过程设计能力这三个方面变化较大(见表 30.2)。

表 30.2　研究生三次教学设计方案平均数比较

维度	教学设计方案 2	教学设计方案 3	教学设计方案 4
教学设计理念分析能力	3.04	3.54	3.89
教学目标分析能力	3.29	3.48	3.67
学生特征分析能力	3.35	3.70	3.74

维度	教学设计方案 2	教学设计方案 3	教学设计方案 4
教学内容分析能力	2.64	3.43	3.92
具体课堂教学过程设计能力	2.62	2.88	3.54

注:教学设计能力的评价分成五个等级,分数从 1 分到 5 分,3 分为一般水平。参与实验的研究生共 21 人。

其次,不同关键事件在促进研究生教学设计能力逐步发展中起到了不同的作用。如表 30.2 所示,同方案 2 相比,在方案 3 中"教学内容分析能力"和"教学设计理念分析能力"变化最大,产生这种变化的主要原因在于课堂呈现、全班讨论与反馈,得到授课教师的点评与指导等因素。同方案 3 相比,方案 4 中"具体课堂教学过程设计能力"是变化最突出和最明显的一个维度,究其原因,研究生在此过程中从一线课堂观摩、师徒合作学习中与一线教师座谈与交流、多层面反馈、一线课堂教学体验、反思与总结等多个角度进行了一系列有规划、有目标的实践活动与体验。

此外,通过分析集体访谈的数据发现,"学为导向"综合型课堂教学模式在提升研究生教学设计能力的基础上产生了很多增值效应,主要体现在提高了研究生的团队合作能力、社会交往能力、语言表达与沟通协调能力和组织能力等综合能力。同时,还激发了研究生的学习兴趣。

四、经验与启示

在深入推进我国教学模式改革,切实提升学习者学习成效的进程中,如何构建科学、有效的新型教学模式一直是亟待解决的重要问题。两年的综合、持久实验研究结果显示,我们建构的"学为导向"综合型课堂教学模式不仅有效地提升了职前教师的教学设计能力,还有力地证明了依托真实、复杂的课堂教学实践变革"教为导向"的教学模式,构建具有中国特色的"学为导向"综合型课堂教学模式在理论与实践上都是切实可行的。其对我国教学模式改革的经验与启示如下。

第一,教学模式改革要以科学的研究范式为指导。研究范式是常规科学所赖以运作的理论基础和实践规范,是从事某一科学研究的群体所共同遵从的世界观和行为方式,能为科学家开展研究活动提供必要基础,规定科学家的基本信念和活动范围,为科学研究共同体训练新成员提供实用的范例。"基于设计的研究"是学习科学领域新兴的研究范式，为教育实验的实施与优化提供了一种全新的研究思路与视角。我们的实验研究显示，基于设计研究所提供的"迭代循环"技术不仅为研究者高屋建瓴地开发与完善"学为导向"综合型课堂教学模式提供了强大的思维"工具"，还为实践者"步步为营"和"层层深入"地进行教学设计的理论学习与实践操练提供了有力的脚手架，并最终促成了理论与实践创新的双重目的，其在推动中国教学模式改革进程中前景远大。

第二，教学模式改革要以"人类学习"的最新研究成果为基础。教学模式实践路径的构建是一个长期、复杂的智力运用过程，无法仅凭经验和直觉就能做好，必须充分整合哲学、心理学、教育学、脑科学、信息技术和文化学等领域提供的理论知识，尤其是对教学模式服务的最终对象——学习者及其学习需求、脑与认知发展特点和认知风格等有深刻的研究与洞察。缺乏对人类学习研究最新成果的广泛了解和深度把握，任何教学模式都不可能成为一个推动学习者积极学习，帮助教师获得高效教学效能的教学模式，也无法成为一个能不断进行自我更新、自我演进的动态系统，在教学模式改革的不断推进中立于不败之地。

第三，教学模式改革中的实践路径构建是一个综合、持久的行动革新过程，进入"教育现场"开展实验是关键。教学模式是将相关教学理论转化为具体教学活动结构和操作程序的中介，实践性非常强。要构建出一个切实有效的新型教学模式，研究者必须引进教育现场和实践者进行实质性、持续性的合作，尤其要十分重视追踪真实、复杂的教育情境如何把一个概念上的教学模式逐步推向一个物理化的教学模式实体，而这也是决定教学模式改革实验能否取得成功的关键所在。简言之，教育理论研究成果对教育改革与发展走向的引领固然重要，但开拓出一条切实可行的实践路径比单纯进行教育理论知识的生产更为重要。"学为导向"综合型课堂教学模式在构建过程中采取的行动逻辑，尤其是随后总结出的"有指导、有设计、内容高度相关、'小步子'和跟进式指导"等策略具有可操作、可迁移、有成效和能推广的特点，为我国教学模式的改革提供了一个行动层面的创新例证。

参考文献 ••

［１］李念，徐素霞，谢丽.教学设计课程的教学和学习现状调查报告［J］.现代教育技术，2007(2)：64‒67.

［２］张景焕，金盛华，陈秀珍.小学教师课堂教学设计能力发展特点及影响因

素[J].心理发展与教育,2004(1):59-63.

［3］［4］张建伟,孙燕青.建构性学习——学习科学的整合性探索[M].上海:上海教育出版社,2005:60.

［5］毛齐明.认知弹性理论及其对教师培训的启示[J].外国教育研究,2006(1):63-67.

［6］David H. Jonassen,钟志贤,谢榕琴.基于良构和劣构问题求解的教学设计模式(上)[J].电化教育研究,2003(10):33-39.

［7］张育桂.认知弹性理论视野下师范生教学技能培养的反思[J].吉林广播电视大学学报,2009(3):111-114.

［8］Barab S. Design-Based Research: A Methodological Toolkit for the Learning Scientist [A]. In: Sawyer R K, ed. The Cambridge Handbook of the Learning Sciences [M]. Cambridge: Cambridge University Press, 2006:153-171.

31

基于问题的抛锚式教学 *
——中美案例的比较研究

乔连全　高　文

在建构主义及其相关的情境认知理论的影响之下，一些新兴的教学模式应运而生，并逐渐产生较为广泛的影响，基于问题的抛锚式教学就是其中的一种。概括而言，抛锚式教学是约翰·布兰思福特领导的温特比尔特认知与技术小组（The Cognition and Technology Group at Vanderbilt，简称 CTGV)，后更名为学习技术中心（The Learning Technology Center，简称 LTC)提出的一种教学模式。这种教学模式的核心是"锚"的设计，所谓"锚"，是指某种类型的个案研究或问题情境。并且，由于"问题驱动"和"问题生成"是该模式的主要策略，所以我们将其命名为"基于问题的抛锚式教学"。本研究以源自美国温特比尔特大学匹波迪学院开发的贾斯珀问题解决系列和产生于我国本土的数学基地教学为例，较为详细地阐述基于问题的抛锚式教学模式的设计、内容、特征及实际运用情况。

---

* 原文发表于《福建师范大学学报(哲学社会科学版)》2008 年第 3 期。

一、贾斯珀问题解决系列

1. 贾斯珀问题解决系列简介

贾斯珀系列包括以录像为载体的 12 个历险故事（包括其他录像制品，附加材料和教学插图等）。12 个历险故事分别属于四类：（1）复杂的旅行计划制定；（2）统计学与商业策划；（3）几何；（4）代数。其中每一类别包括三段历险故事。历险故事的难度是有区别的，根据表 31.1 从左到右的顺序，难度依次递增。所有故事都以发现和解决数学中的问题为核心，都是按美国数学教师委员会（NCTM）推荐的数学课程标准而设计。值得特别关注的是，每一个历险故事都为数学问题解决、数学推理、数学交流以及与其他领域如科学、社会学、文学与历史等方面的互动提供了丰富的机会。

贾斯珀以其真实、巧妙的设计赢得了学术领域的认可，对此有人指出，"综观所有的作品，与美国数学教师委员会课程标准中的观点达到最完美结合的——包括数学推理、小组合作、与真实世界相联系等要点的，当属贾斯珀问题解决系列"[1]。总之，贾斯珀问题解决系列是融合学习的建构性、协商性以及实践参与性为一体的基于问题解决的数学教学。

表 31.1　贾斯珀问题解决系列

贾斯珀数学问题解决系列		
类别	12 段历险故事	
复杂的旅行计划制定	雪松河之旅（Journey to Cedar Creek）	邦尼牧场的援救（Rescue at Boone's Meadow）	争取选票（Get Out the Vote）
统计学与商业策划	巨大轰动（The Big Splash）	跨越断层（Bridging the Gap）	一个好主意（A Capital Idea）
几何	成功蓝图（Blueprint for Success）	直角（The Right Angle）	大圆圈比赛（The Great Circle Race）
代数	聪明地工作（Working Smart）	科米的赛车（Kim's Komet）	将军的失踪（The General is Missing）

2. 贾斯珀问题解决系列的设计特色分析

(1) 众多数学知识与不同类型、水平的问题相联系,构成便于建构工具性知识的实习场

贾斯珀系列以 12 个历险故事形式出现,并运用录像、影碟及计算机软件呈现给学生,为学生创设了逼真的数学学习情境。这些故事既有复杂的旅行计划,也有商业策划;既有解决与身边问题类似的设计操场的任务,也有考虑政治选举等一些政治性事件,数学学习就是镶嵌在这样一些具有真实性背景的实践参与活动之中。不过,正如设计人员所说,贾斯珀不是一部故事片,而是一种挑战,是需要运用数学知识才能解决的一些有趣挑战,贾斯珀问题解决系列在设计中镶嵌了丰富的数学知识。贾斯珀作为支撑数学学习的学习环境,充分体现了问题解决在推动学生进行建构性、协商性以及实践参与性学习中的重要作用。从下面展示的历险故事(制定旅行计划与商业计划)中就可发现,在设计这一数学学习环境中问题所起的重要作用,体现出设计者对问题及其解决在数学学习中的作用的新理解。

从表 31.2 可见,贾斯珀系列有着真实而丰富的背景,不像传统应用题那样仅仅呈现需要解决的问题以及所需要的几个数字,这些故事的设计都是通过不同类型、不同难度水平的问题把知识联系起来,从而有利于引发学生积极学习、建构性学习。又因为问题的复杂程度的存在(至少需要 14 步的推理、运算),所以合作显得必需而自然。这些故事场景事实上组成一个个"实习场",在这些不同背景实习场中建构的知识是作为解决真实问题的工具而不是为学习知识而学习知识。因此,贾斯珀系列的设计能促进学习的建构、社会协商以及实践参与,可以说充分发挥了问题在数学学习中的认知功能、交往功能以及实践功能。不仅从其设计当中,而且从教学要求中也同样可以体会到问题解决在促进数学学习中的作用。

表 31.2　制定旅行计划与商业计划

历险故事	设计说明
"争取选票" 　　百万富翁特伦顿(Trenton)提出要把过量垃圾投到坎伯兰郡河的威胁,贾斯珀按报社指示采访特伦顿,以调查该事件。在那里他遇到了市长候选人克莱顿女士(Lenore Clayton)。克莱顿获胜的关键是,保证支持她竞选的选民尽可能多地到达现场。克莱顿的孩子特蕾西(Tracy)与马尔库塞(Marcus)正帮助母亲进行竞选。在选举前两天,克莱顿女士的竞选经理因生病不能巡回演说来运送选民。学生们面临的挑战是帮助特蕾西与马尔库塞,以运送尽可能多的选民到竞选现场。	"争取选票"(GOV)有多个对象、多条路线、两种交通方式、四种速度、两项燃油考虑、多个时间限制以及预算限制,尽管运算相比其他问题并不复杂,但多项数据以及众多对象的存在要求学生考虑对不同目标进行安排,识别策略、组织数据、列出最佳的代数方程。有多个可行的路线。适合七年级及以上的学生使用。

历险故事	设计说明
"跨越鸿沟" 　　来自特伦顿周边的八名高中生,与当地野生动物保护区的两名管理人员面临一项挑战,需要为某一项目提出可行性建议。该项目主要保护受威胁的或濒临灭绝的物种,并造福于周边社区。在全国范围内进行意见征集与竞争,获胜者可获得5 000美元赞助。学生需要发动全校60%的学生成为项目的志愿者。通过寻找有价值的项目,学生学习统计概念并了解周边环境。	这既是一个数学问题也是一个科学问题。包括人口调查以及4种取样,每种运用不同的取样方法。必须要满足学生的时间要求。根据学生对环境认识的不同,可以有几种解决办法。适合六年级及以上的学生使用。

（2）教学中系列问题的设计引导学生从事建构性、协商性学习

传统的数学学习环境往往是贫乏、封闭的,学生以掌握某些原理性的数学知识为目的,往往被动、消极地接受某些现成知识。在贾斯珀问题解决系列教学中,教师充分利用丰富的学习资源,通过一系列问题引导学生从事主动性、生成性学习,建构可灵活迁移的数学知识,培养善于提出问题、分析问题、解决问题的终身学习能力。充分发挥了问题在支持学习中的作用。教学中这些不同类型的问题及其作用如表31.3所示（以"邦尼牧场的援救"故事为例）。

从表31.3可以发现,教师通过启动性问题调动学生的原有经验,激发学生解决贾斯珀挑战性问题。本质问题的提出,则重在引导学生利用影片中蕴涵的数据解决问题。这类问题的提出、解决可以锻炼学生提出问题的能力,因为问题的复杂性要求学生提出必须解决的子问题。类似性问题的设计旨在帮助学生加深对知识的深刻理解,它们是重新借用录像中的环境、角色和目标,通过改变一个或多个变量的值而设计的,从而把问题不断向前推进,为学生提供进一步思考的机会。拓展性问题的设计则把学生的思维从贾斯珀历险扩展到其他情境,帮助学生逐渐形成考虑类似真实问题的知识、意识。

表31.3　贾斯珀系列教学中的问题导引性学习

问题类型	问题内容	问题作用
热身问题 （启动性问题）	你们有没有参加过野营? 如果你们遇到贾斯珀的情况怎么办? 你们的任务是给出所能想到的最佳方法来营救受伤的鹰	利用学生熟悉的问题、驱动性的提问与起激活作用的情境在学习过程中帮助学习者将要探究的概念与熟悉的经验联系起来,引导他们利用这些经验来解释、说明并形成自己的正规知识

问题类型	问题内容	问题作用
本质问题	把鹰救到坎伯兰市的最快方式是什么？ 要用多长时间？ 在教学过程中教师运用头脑风暴方法启发学生着手解决问题： 你们认为在解决这个问题的时候什么事情最为重要？ 故事中哪些东西值得你思考，其他呢？	这是一个复杂问题，包含至少 14 步的推理、运算。这种设计在于使学生一开始就面临一个高级问题，然后运用自上而下的策略来产生必要的子目标以取得最后结果。这可以锻炼学生形成问题、分析问题的能力。这种自上而下的学习过程既可帮助学生学习简单的技能（如数学运算规则与事实），同时使学生能感受所学技能和它的应用
类似性问题	从坎伯兰郡到邦尼牧场，飞行中若遇每小时 4 英里的逆风，且一直持续，那能顺利完成任务吗？ 若遇到每小时 10 英里的逆风呢？ 如果飞机的耗油量发生了变化，如 3 加仑/小时，1.5 加仑/小时，那么能否救那只鹰？	帮助学生发展灵活的知识表征，促进知识迁移 帮助学生更清楚地理解镶嵌在贾斯珀历险中的关键数学原理
拓展性问题	让学生运用所学的问题解决方式来设计林德伯格（Lindbergh）横跨大西洋的飞行（贾斯珀问题解决系列的附加材料中包括林德伯格横越大西洋的历史性录像）	帮助学生在历险与思维之间建立联系并学会规划发生在历史与当前的事件，即帮助学生将贾斯珀问题解决系列中的学习经验运用到真实世界中，从而形成解决真实生活问题的能力
其他拓展性问题		贾斯珀问题解决系列可应用于其他学科，如科学、生物、历史、语言的学习中。学生们可以讨论鹰和其他身处险境动物的保护问题，以准备他们下一步的研究

（3）组建学习共同体，促进知识的社会协商

SMART 挑战系列是认知与技术小组（CTGV）对贾斯珀系列不断反思与拓展的结果。早期贾斯珀系列的设计与实验主要关注学校课堂，在教学过程中，创设的是便于学习的"实习场"。在这种"实习场"中，学生围绕历险故事提出挑战性问题，在班级内通过解决问题学习数学。SAMRT 挑战系列的设计旨在打破传统班级的孤立与隔离，使不同班级中的学生与教师构成更大范围的学习共同体。SMART 是"Special Multimedia Arenas for Refining Thinking"的缩写。这一操作平台充分运用电信、电视及因特网技术给教师和学生们及时提供反馈，以了解贾斯珀历险系列问题解决的进程。

二、数学基地教学案例透视

从前面对贾斯珀问题解决系列的介绍中，我们大体领略了基于问题的抛锚式教学模式的一些特点。在跟踪、借鉴、学习、改造、超越世界学习理论与教学设计理论及其实践的过程中，我们也没有忘记发现、挖掘国内的优秀教学案例。下面将要阐述的数学基地教学就是其中之一。作为本土的一个数学教学案例，它以"基地"的设计为核心，围绕"基地建设"开展的一系列学习、教学活动，抓住了抛锚式教学模式中"锚"的设计特色以及"问题驱动与引导"的实施策略，鉴于此，我们也将其归于"基于问题的抛锚式教学"。

1. 数学基地教学概述

数学基地教学是上海市跨学科课程研究所常务副所长、华东师范大学第一附属中学数学特级教师刘定一老师提出的一种教学模式。针对传统数学教学存在的问题，刘定一老师在华东师范大学第一附属中学初中二年级的某一班级大胆进行尝试——每周在课表上划出两课时，撇开原有数学教学大纲，进行了长达一个学期的新的教学模式——基地教学模式的探索。在对这一学期教学实验进行仔细分析并对刘定一老师进行采访的基础上，我们对基地教学模式有了较为详细的了解，认为基地教学是一种具有中国特色的基于问题的抛锚式教学模式，该模式通过创设学习环境，支撑学生进行建构性的数学学习，体现了问题解决对于数学学习与教学的新作用。

2. 数学基地教学的特点

（1）基地教学创建了以知识为中心的学习环境

刘定一老师认为传统的以知识传授为主的数学学习不利于培养数学能力，学生所学的知识是离散、孤立的，教材也偏平面化，这些都与真正的数学相去甚远。作为专家型教师，他根据自己的学习过程与体验设计课程与教学，打破传统数学教学的灌输、孤立倾向，让学生通过不断地解决问题来体会数学知识的发现过程，体会数学证明的必要性等。

对于基地教学模式，刘定一老师认为，可以把人类知识体系比喻为无边无际的全球交通网,在任意两个节点 A 与 B 之间必有通道,而能力则表现为从此及彼的联系与通达(包括从现有知识获得新知识)。对已经到达节点 A 的学生而言,如果节点 B 不在最邻近发展区内,但在 A 与 B 的通道上必有节点 C、D 等处于学生的最近发展区,到达 C、D 后就离 B 更近了一步。

作为初步模型,这张知识网在数学中可以用图论(graph theory)进行描述。例如,以任何节点为核心的有限知识网都是整个知识体系的一个子图,有的子图很复杂,有的子图则很简单。属于同一学科的两个不同子图往往能找到非空交集。

还可以做出更精细的模型以反映交通网的层次结构。这个交通网有"国际航线"与"国内交通",有主干线、次干线乃至羊肠小道,联系与通达能力的不同有如海运、陆运及空运。某些四通八达的节点被认为是"交通枢纽",它便构成理想的教学基地[2]。

无论何种学科,理想的教学基地本身应当具有相当规模的开发潜力,这与抛锚式教学的设计原则是一致的,即"学习与教学活动应围绕某一'锚'来设计,所谓'锚',是指某种类型的个案研究或问题情境";"课程设计应允许学习者对教学内容进行探索"。但是基地的规模不能太大。在单科教学中作为顺利开展数学教学的前提与基础,选取的基地应该容纳足够的学习材料,提供发展所需的概念框架,以此作为学习平台进行探究与"游戏"。在数学中,那些最抽象、最基本的知识往往能承担这一角色。比如,三角形与圆,就是一个融合多种几何知识的几何教学基地。从课程与教学设计的角度考虑,基地教学创建的是以知识为中心的学习环境。

① 基地有利于学生建构相互联系的、结构化的数学知识

学习环境的设计与很多问题联系在一起,尤其是学习过程的重要性、学习迁移、能力表现等。这些过程反过来又受学生中心、知识中心、评价中心及共同体中心等不同学习环境的影响。数学基地教学创建的是一个以知识为中心的学习环境。作为基地的内容,往往成为知识增长的细胞。这与发展性教学理论中所提出的从抽象上升到具体的认识相同[3]。教学的基地决定了知识生成与拓展的基础。从这一基础不断向外"建设"的过程,就是把与细胞相关联的要素或成分具体化的过程,而且这一过程所形成的知识具有一定的内在关联性与结构性。

以数轴为例,数轴是连续空间,但在连续空间中是最简单的:出现于其中的基本图形只是点和线段。有关的几何定理很少,便于把握。数轴还是"数"的活动平台,在数轴上足以展开一系列关于数的研究,甚至发展出数列、极限、映象、领域等概念。数轴为许多重要概念提供了最原始的模型,例如从数轴上的点集(主要是指区间)足以展开对集合及其运算的研究。研究数轴上点的运动则是运动学的发端。

可见以数轴为基地所开展的教学在基地决定之初就蕴涵了所包容的内容。而且与传统的课程设计不同,这种围绕数轴所探究的知识同数轴之间的联系以及知识之间的结构关系也潜藏在其中。从而形成了一个蕴涵丰富资源的特别是以数学知识为中心的学习环境。

② 不同基地所承载的范围不同

基地并不是唯一的,但是基地之间并不完全同构,不同基地所承载的知识范围有差异。比如对三角形这样一个基地而言,它是最简单的封闭图形,但有极大的包容度和发展潜力。例如,"三角形两边之和大于第三边"是著名的三角形不等式;"三角形内角和等于180度"与平行公设等价;三角形以边分类、以角分类都指向深入的研究。此外,三角形的外接圆和内切圆则引向圆的研究[4]。

但是与数轴相比,三角形和圆则是更适合于几何教学的基地。而数轴则不同,它很好地把数与形结合起来,所以基地所承载的知识范围有一定区别。

③ 基地网络的联系与综合更能发挥教学效能

不同基地承载的知识范围不同,因此围绕某一基地所展开的教学多与其对应或关联的某些知识相关,是某些特定的知识所组成的知识网,从数学教学的整体角度而言,基地网络的有机结合,能为数学教学提供更广泛的发展空间。

(2)基地教学所创设的学习环境有利于知识建构

基地作为以知识为中心的学习环境,有利于学生在"基地建设"过程中进行知识建构,即围绕由"问题"所组成的"锚"的探索,而不断进行建构性的数学学习。

在教学层面,由于基地本身蕴涵知识增长的潜能,可以拓展数学知识的细胞,潜伏着可以研究的众多问题。因此,与传统的数学教学不同,基地教学倡导通过基地建设来促进学生进行数学知识的建构。

① 问题驱动的数学教学

与传统的以知识传授为主的数学教学不同,基地教学不是从已有概念、定理的讲解出发,而是一种问题驱动的数学教学。教学过程中,作为专家学习者的教师其作用非常突出,因为他对于知识之间的联系有着深刻理解,更为重要的是,他清楚通过哪些问题支撑学生进行知识建构。而如何展开基地建设事实上是一个从简单到复杂的数学研究过程,这种方式对数学学习特别是培养学生从新手学习者向专家学习者转变,培养自主学习能力具有非常重要的示范、引领作用。

比如在以数轴为基地的数学教学中,通过提出"有理数是否把数轴都占满"这一问题,教师引导学生展开无理数的学习。通过"如何给数轴上的三个点、四个点命名",则指向归纳原理和乘法原理的探究。对于数轴上的 A、B、C、D 四点,所提问题的角度仍然可以是这些点如何命名、四点之间的关系、四点形成的线段,等等。

可见,在以数轴为基地的数学教学中,教师正是从一系列问题出发,组织学生在围绕问题探究的体验和过程中"做数学"、学习数学,通过识别问题、分析问题、解决问题实现数学知识的建构。

② 基地教学模式中教师作用的特殊性与重要性

在基地教学中,师生角色同传统的数学教学相比,已经发生很大变化。就学生的已有知识结构来说,他们一般并不具备解决"基地建设"中不断出现的问题所需要的方法与概念,需要在其最近发展区"逢山开路,遇水搭桥"。因此在基地教学中教师作为"专家"学习者,往往具有"教练"与"裁判"的双重身份:他既宣布基本游戏规则,决定游戏进程,又帮助学生排忧解难以实现知识建构。

比如以数轴为基地的教学,数轴是结构不良领域。当将学生的数学知识应用于数轴上展开的每个要解决的实际问题时,都包含着许多应用广泛的概念相互作用;且在解决不同的问题时所涉及的概念及其相互作用的模式有很大差异。因此必须根据具体的问题情境,以学过的许多不同概念原理为基础,建构用于指导问题解决的模式。具体而言,学生虽然对数轴定义及作用有初步认识,但并没有达到深刻理解的地步。为此,教师要求学生思考"为了把所有的数都排列好,有没有其他手段,是否一定要设计这样一条数轴"。从原理上来说就是考虑"所引入概念的可替代性"问题。但学生对这样的问题往往不知如何思考,所以需要教师的介入:能不能创造一个新概念来代替数轴。比方说,用矩形这样的平面图形可以安排数吗? 如果可以,你愿意选择数轴还是矩形? 退一步说,不用直线而用曲线可不可以? 再退一步,即使用数轴,改变"原点""方向"和"单位长度"将如何?

这些问题都在学生们的最近发展区(但是离开了教师的引导,学生并不知道如何对这些问题进行思考),通过上述探究学生对数轴的理解将得到深化。

三、两种教学模式的比较分析

贾斯珀问题解决系列与数学基地教学都是针对传统数学教学的不足而着力探索的新的数学教学模式。它们不像过去那样简单地讲解数学概念、数学习题以及教学生解决数学问题的技能,而是体现出一些新的学习与教学理念,是基于问题的抛锚式教学模式的合理运用,对问题解决在数学学习与教学中的作用有着新的理解。可以说两种模式都倡导学生积极地、建构性地进行数学学习,因此两者之间存在许多共同之处。不过两种模式无论是在具体实施方法还是在依托的理论背景等方面也存在一些差别,如表 31.4 所示。

表 31.4　数学基地教学与贾斯珀问题解决系列的异同

数学基地教学	贾斯珀问题解决系列
以数学知识为中心的学习环境	基于真实问题解决的实习场
纯粹数学问题驱动	真实问题启动
通过解决数学问题学习数学	通过解决真实问题学习数学
意义的获得	意义的获得
数学情境化	真实情境化的、经验的
个人解释的	社会协商的、合作建构的
个体的	合作的
建构	建构
建构主义	建构主义,情境认知(教育心理学、人类学),人种学
数学情境	真实情境
理论化的	日常生活中的
经验的、解释的	经验的、解释的
结构不良的	结构不良的
单个课堂	跨越班级与课堂的学习共同体

1. 学习环境的设计

　　基地教学与贾斯珀问题解决系列都没有停留于传统的知识传输与被动接受,而是为学生创造机会促进数学知识的建构。两者都通过创设学习环境,充分发挥问题解决的认知功能,使学生在解决问题的过程中积极地进行数学学习、主动地建构数学知识,可以说学生在获得意义的过程中一直处于中心地位。贾斯珀问题解决系列以 12 个历险故事作为依托,每一个历险故事的最后往往都提出挑战性的问题,这些问题的解决,其实都可以归结为一些数学问题的发现与解决。而数学基地教学,则是围绕基地建设所提出的数学问题而展开数学学习与教学。因此两者都是问题驱动的数学学习方式,学生解决问题的过程就是洞察意义、获得理解的数学学习过程。

数学基地教学创设的是以数学知识为中心的学习环境。这一设计充分发挥了教学的发展性原理,基地本身具有普遍性,容纳了足够的数学学习材料,可以作为所研究数学知识整体的基础,利于学生逐渐建构具有内在关联的、结构化的数学知识。作为专家的数学教师了解基地中蕴涵了哪些数学知识,这些知识怎样围绕基地而组织。所以基地教学的设计是以作为专家学习者的教师的数学学习历程及其概括、升华为基础,对教师有着较高的要求。因为这需要教师对整个知识体系的组织以及相应地如何通过一系列问题把数学教学联系起来有着清楚的认识。

贾斯珀问题解决系列把需要学生学习的数学概念、技能自然地镶嵌在由多媒体影像技术所创设的历险故事中。故事的主题不同、复杂程度各异,比如有的历险故事只有一条路线可以选择(雪松河之旅),而有的则有多条路径需要比较、优化(邦尼牧场的援救),有的只有一个样本(巨大轰动),而有的则有四种不同的取样方案(跨越鸿沟)。不管怎样,贾斯珀问题解决系列绝不仅仅是一部部影片,而是镶嵌了需要学生学习的数学知识,涉及概率、统计、代数、几何、算术等几个方面的知识,如代表性样本、样本容量与取样公平、盈利多少的概率、时间—路程—速度、面积、体积、容积等,这些知识都与不同类型、不同难度的问题相关联,所以解决问题的过程就是数学知识的建构过程。问题解决的认知功能非常自然地嵌入设计当中。此外,贾斯珀问题解决系列所提供的背景是真实的,它们呈现的是一些具有不同个性角色的令人可信的故事,一些复杂的、重大的挑战,学生不是单纯为学习数学知识而学习,这些挑战赋予了学生解决真实困境以及寻找解决方法的主动权,是值得他们去努力解决的真实、有趣的任务,他们知道自己的努力是能够产生导致结果变化的解决方法,而不是单纯解答教师已经知道现成答案的数学应用题,数学学习与实践参与在这种实习场中通过不同问题自然融合在一起,使学生能积极、主动地建构具有工具特性的数学知识。

2. 教学的组织与实施

数学基地教学往往从基地建设出发组织数学学习,教师引导学生从最简单的情形探究基地建设所应当考虑的新问题,诸如数轴上随着点的增加以及线段的出现,相应地有哪些可以研究、解决的问题,等等。所以基地教学遵循一种自下而上的数学学习与教学的思路,在充分发挥问题的认知功能基础上,使学生对数学的研究历程有初步认识,同时也能培养学生善于提出问题、分析问题、解决问题的能力。

贾斯珀问题解决系列往往先给出一个高级问题,问题是复杂的(需要 14 步以上的运算、推理、分析),要求学生根据自上而下的策略首先分析问题、提出子问题,然后通过逐步解决这些子问题而最终实现整个问题的解决。与传统数学教学不同的是,解决问题所需要的数据以及一些多余的数据都作为故事的一部分非常自然地镶嵌在影片当中,而不是像传统数学应用题那样仅仅给出解决问题所恰好需要的数据,学生更多的是选择一定的运算法则。在解决挑战性问题的过程中,学生必须不断回到故事场景中进行搜索、推理,通过选择、判断应用哪些数据解决子问题,最终实现对整个问题的解决。在这样一个过程中,不断促进学生积极建构数学知识,并有效地培养了学生提出问题、分析问题的能力,而这正是传统数学教学一直忽略的地方。但问题提出能力的培养并不是牵强地进行,不是为提问题而提问题,当学生面对复杂的高级问题时,教师自然地要求并可锻炼其提出问题的能力,而不是无目的地就某个数学主题要求学生提问题。

3. 教师的角色

在数学基地教学中教师的引导作用非常关键。教师作为专家型学习者引领着学生的探究方向,教师一般提出探究性的数学问题,问题直接指向相应的数学内容。在解决问题的过程中,由于学生已有知识和经验的不足,教师往往"逢山开路,遇水搭桥",支撑学生的数学学习。而贾斯珀问题解决系列教学中同样需要教师的引导,但其方式与基地教学有所不同。教师通过课程中设计的启动性问题、基本问题、类似性问题、拓展性问题逐步引导学生、支撑学生通过解决问题学习数学。教师利用学生熟悉的问题、驱动性的提问以及起激活作用的情境促进对个人的理论与经验的访取,帮助学生将要探究的概念与熟悉的经验联系起来,引导学生利用这些经验来解释、说明与形成个体的正规数学知识;通过类似性问题帮助学生发展灵活的知识表征、促进知识迁移,帮助学生更清楚地理解镶嵌在历险故事中的数学原理;而拓展性问题帮助学生在理想与思维之间建立联系,并学会规划发生在历史与当前的事件,即帮助学生将在贾斯珀问题解决系列中学习的知识以及问题解决的能力运用到真实世界的情境中,实现知识的远迁移,从而在真正意义上形成解决真实生活问题的能力。

4. 信息技术的融入

另一方面,贾斯珀问题解决系列在设计中还充分运用了技术上的优势提供便于学生探究的认知工具,并有实时性的教学镶嵌在情节中,学生可以在需要时重访数据与教学指导。此外,教师在学生需要时还可以提供其他帮助、指导,但这些指导都是参与性的、支持性的、启迪性的,而不是指示性的,其出发点不是以寻找正确答案为最终目的,而是针对专业的数学问题解决者当时会向自己提出的那些问题,帮助学生有效地、积极地与资源进行互动而实现数学知识的建构,使之最终能够解决真实生活中的问题。

数学基地教学多是教师引导下的个人思考与探究,当然也注意到组织班级讨论。而贾斯珀问题解决系列的设计由于其问题的真实性、复杂性,学生的合作是必需的、自然的。不仅如此,贾斯珀问题解决系列还充分运用电信、因特网技术组建学习者共同体,打破传统班级的孤立与隔离,使不同班级的学生以及教师、家长、社区人员组成一个更大的学习者共同体,提供解决数学问题的反馈、讨论、修正,有效促进了知识的社会协商,使学生能不断地检验自己的问题解决思维、不断地获取解决问题的新信息,从而可持续地改进学习、修正解决问题的流程与结果,而且这种协商能够帮助学生不断发现新问题,给他们提供充分的纠正错误概念以及补充理解的机会,这对保证学习质量、提高解决问题能力非常关键。正是在这样一个过程中培养了学生的数学思维,提高了学生解决复杂数学问题的兴趣与信心,同时也充分体现出问题解决在组建学习者共同体中的重要作用。

四、结语

数学基地教学着眼于创设以纯粹数学知识为中心的数学学习环境,引导学生通过问题解决实现抽象数学知识的建构。贾斯珀问题解决系列通过影像技术创设更像实习场的、具有丰富背景的历险故事,给学生提供机会以经历从原始情境抽象出数学问题到分析问题、解决问题的完整的数学知识建构过程。而通过基本问题、类似性问题、拓展性问题的设计,教师能够不断地推动学生在解决真实生活问题的过程中,不断调动原有的经验与知识;在认知冲突中,在与环境的互动中,在不断形成新的问题的过程中,发展积极建构新知识的强烈愿望与参与实践的能力;在学习共同体成员的交流协商中,通过共享知识,共创知识,形成团队的共同愿景、互助合作的社会规范以及集体的智慧,从而确保个人与集体的终身学习能力的形成。显然,贾斯珀问题解决系列在体现问题解决的认知功能、交往功能和实践功能方面均比基地教学有进一步的拓展。

综上所述,贾斯珀问题解决系列与数学基地教学充分展示了问题提出、问题引导与问题解决在数学学习与教学中的新作用,体现出基于问题的抛锚式教学的设计特色。由此不难推出,在其他学科的教学中,只要我们善于设计"锚",为学生提供可持续探索的问题情境,引导学生真正在探索中建构知识的意义,并把学习延伸到学校之外,这样的学习和教学就能帮助学生克服惰性,培养学生善于提出问题、解决问题的能力,帮助他们成为热爱学习、善于学习的学习者。

参考文献

[1] Cognition and Technology Group at Vanderbilt. The Jasper Project: Lessons in Curriculum, Instruction, Assessment, and Professional Development [M]. Mahwah, NJ: Lawrence Erlbaum,1997.

[2][4] 刘定一.基地教学:建构主义教学的有益尝试[C].上海:建构主义与课程/教学改革国际研讨会,2002.

[3] 高文.教学模式论[M].上海:上海教育出版社,2002:403-415.

32

论外语学习的基本特征：建构与生成 *

程可拉

　　建构主义认为，学习是建构内在的心理表征的过程，学习者并不是把知识从外界搬到记忆中，而是以自己已有的经验为基础，通过与外界的相互作用来建构理解的。就外语学习而言，建构只是学习的一个方面，涉及学习者如何通过已有的知识对新输入的语言信息进行加工，建构新的假设。这种假设是否合理，还需要通过语言产出来验证，这就涉及具体话语生成。学习者正是通过这种不断的建构与生成，从具体到抽象，再从抽象到具体，而最终学会外语。

一、引言

　　外语学习涉及两个方面：意义与形式。意义的理解和加工一直是行为科学或认知科学研究的内容，并出现不同的理论和观点。但是过去的研究大多将注意力放在对输入知识或信息的加工和处理上。随着建构主义学习理论的不断发展，人们开始意识到学习者知识的建构与社会互动的重要性。人们不但关注到学习者脑内所发生的变化，同时也把思维放置在一个更大的社会文化背景中来研究意义的获得和建构。这种超越二元论的研究，使人们能够从多元的视觉、动态的过程以及联系的观点来看待意义学习的两重性。

---

* 原文发表于《四川外语学院学报》2006 年第 4 期。

一般而言,"知识是人们在超越特殊而把握一般的时候获得的,也就是说人们能从杂乱无章的细节中概括出一个更为一般的理论的时候获得的。"[1]作者把这种学习定义为意义的建构与生成过程。所谓建构指的是对外来信息知识的加工和抽象,所谓生成指的是对内在的知识的重组和具体化。所有的学习都必须涉及这两种过程,只不过顺序存在着差异而已。非正式学习一般都遵循着具体—抽象—具体的自然顺序,而正规学习一般则按抽象—具体—抽象的教学顺序。明白这点很重要,因为这涉及两种不同的学习方式或教学方法。在此,作者并不是要强调哪种方式更重要,只是想阐明两种不同的方式会产生两种完全不同的学习效果。此外,外语学习还涉及语言形式的学习过程。与意义学习一样,形式学习也涉及建构和生成两个过程,亦即社会语言的建构过程和个体言语的生成过程。

二、抽象与具体

要想学好语言,人们必须把握好语言的抽象性与具体性、共性与个性以及一般性与特殊性这两大维度。这也是语言研究的方向性问题,许多语言学家都是从这个问题入手,来建立他们各自的语言研究体系,从而产生了不同的语言学派。

早在 20 世纪初,瑞士语言学家索绪尔(Saussure)就提出了"语言"(langue)和"言语"(parole)的概念。在他看来,语言是一个社会所有成员所共享的抽象的语言体系,这个社会的成员之所以能够交际,是因为他们都下意识地在遵守着某种语言行为规则或规范,而这种规范是约定俗成的。言语则是语言的实际应用。作为社会产物,语言是由抽象的规则组成的,而言语则是对这些规则或规范的使用或应用,涉及语言使用的具体情景。语言并不是任何社会个体所说出来或写出来的话,而言语却总是自然的言语事件中的有机成分。语言是相对稳定的,或者说变化不太快,否则人们就无法进行交际;而言语则受个人和情景等因素的支配。一个社会的所有成员都在使用相同的语言体系,但他们的话语行为却是独立的事件,因人、因场合、因目的不同而异。

类似于索绪尔的语言—言语两分法,乔姆斯基(Chomsky)在 20 世纪 50 年代提出了"语言能力"(competence)和"语言运用"(performance)的概念。在乔姆斯基看来,人脑生来就具有掌握语言规则的内在机制,也称为语言习得机制。因此,习得与学习语言不是对环境刺激作出反应的结果,而是人脑根据有限的规则理解和生成无数的句子。语言能力是相对稳定的,而语言运用常常受制于心理、生理和社会因素,有时会发生偏离语法规则的表现。一个说话者的语言运用并非总是与其语言能力相等,有时它们之间有较大的差距(例如,一个能说会道者可能会因激动而语无伦次,支支吾吾)。

英国伦敦学派语言学家、"系统功能语法"创始人韩礼德(Halliday)提出了"语言潜能"(linguistic potential)和"实际语言行为"(actual linguistic behavior)的概念。他主要是从功能的角度对语言进行考察和研究,关心学习者以语言做事的行为。在他看来,一个人在他所生活的文化环境里有许多事情要做。同样,他也有许多话要说给许多人听,论及许多不同的话题。而他在某一具体场合对某人所说的话,只不过是从他可以说的许多可能的东西中选择出来的。也就是说,他每次的语言行为只不过是可供他自由选择的语言项目总库中的一项,这个总体中的每一句话都是潜在的语言行为(或称为语言潜能),一旦说出来就成了实际语言行为。

语言、语言能力和语言潜能都是从不同的角度提出来的,如社会语言学、心理语言学或功能语言学。语言是社会的产物,是一系列言语规约,是抽象的东西。语言能力是正常人或所谓"理想讲话人"大脑的一种属性或特征。语言潜能是一个人的语言资料库,在每次的实际话语交际活动中,个体都要从这个资料库里选择他认为与实现相关的言语功能语项。换言之,语言是无形的、抽象的,但却是可靠的客观存在的系统"实体"或"存在",语言能力就是语言方面的"了解""知道"或"知识",而语言潜能是一系列"做事""行事"或"实施"的语言可能性。[2]虽然这三位语言学家是从"社会论""先天论"和"功能论"的角度来分析语言现象,但其所论述的观点都有相同之处,反映了语言的两重属性:抽象与具体。这一属性对外语学习尤为重要,因为许多学生极少意识到这一点,常常把抽象当具体,从而造成语言学习中的一些困惑。

三、建构与生成

建构主义认为,学习是建构内在的心理表征的过程,学习者并不是把知识从外界搬到记忆中,而是以自己已有的经验为基础,通过与外界的相互作用来建构理解的。由于个体的经验以及对经验的信念不同,于是我们对外部世界的理解便也迥异。该观点至少使我们明确三点:第一,知识是学习者在与社会互动中建构的,社会互动是信息传递的桥梁;第二,建构必须以原有的经验为基础;第三,大脑并不是被动地学习和记录输入的信息,它总是建构对输入信息的解释,并从中得出推论,从而达到新知识或信息的建构。然而,就语言学习来看,建构只是学习的一个方面,涉及学习者如何通过已有的知识对新输入的信息进行加工,同化、顺应或建构新的假设。这种假设是否合理,还需要通过语言产出来验证,这就涉及根据抽象的语言规则生成具体的话语。外语学习正是通过这种不断的建构与生成,从具体到抽象,再从抽象到具体,而最终学会外语的。因此,作者认为,外语学习应涉及两个过程,一是建构知识,二是生成话语(见图 32.1)。

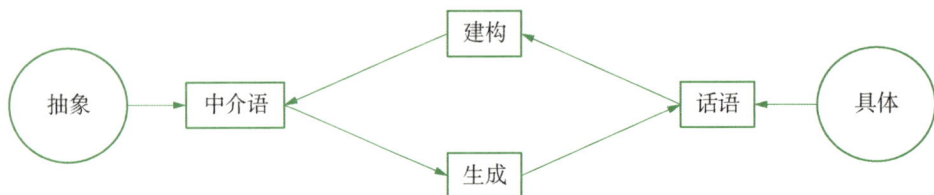

图 32.1　外语学习的两个过程

在外语学习的过程中,合作对话是语言互动的主要形式,它为学习者提供了大量接触语言和使用语言的机会,这就使得学习者建构语言知识和生成话语成为可能。学习者通过合作对话,接触到不同的语言形式或特征,然后根据已有的知识建立对某些特征的假设,形成某个阶段的语言知识(中介语知识)。这是一个从具体到抽象的过程,要满足建构抽象的知识就必须保证学习者能够接触到该抽象语言项目的各种不同的变体,否则不可能建构完整的、具有区别意义的语言特征。例如,我们在对话时接触到动词的过去式"-ed",就会根据已有的有关动词时态的知识,形成所有跟过去有关的时态都是由"动词＋ed"构成的概念,因此便会出现诸如"I goed to the park yesterday"此类的句子。下面这个"鱼毕竟是鱼"的故事恰好印证了这一点。

有一条鱼,它很想了解陆地上发生的事,却因为只能在水中呼吸而无法实现。它与一个小蝌蚪交上了朋友。在小蝌蚪长成青蛙之后,便跳上陆地。几周后青蛙回到池塘,向鱼汇报他所看到的。青蛙描述了陆地上的各种东西:鸟、牛和人。故事书呈现了鱼根据青蛙对每一样东西的描述所作的图画表征:每一样东西都带有鱼的形状,只是根据青蛙的描述稍作调整——人被想象为用鱼尾巴走路的鱼、鸟是长着翅膀的鱼、奶牛是长着乳房的鱼。[3]

这个故事不但说明了在人们基于自己已有的知识建构新知识中,创造性的机遇和危险并存,同时也表明了学习不是一次完成的,需要反复建构和生成。虽然鱼所建构的东西都带有鱼的特征,但是至少也带有人、鸟或奶牛的某些特征。外语学习也是这样,在学习外语的过程中,已有的母语知识或已掌握的部分外语知识会影响后继的学习,因为学生正是根据已有的知识来建构新的理解。而这种理解或假设正确与否,需要通过使用来验证,需要经历一个从抽象到具体的生成过程。以上述的过去式"goed"为例,就是学生朝着建构正确的过去式概念所迈出的第一步。当他们下一次遇到某些动词的过去式不是以"-ed"结尾的时候,他们便会修正原来的假设,把非"-ed"结尾的形式也包含进来,从而建构新的假设。从这一点来看,语言知识的建构也不是一次完成的,需要不断地建立假设,不断地生成话语,不断地修正假设。

四、外语学习模式

关于知识的建构性,人们也提出了一些相关的模式,如加州大学维特罗克(Wittrock)的生成学习模式(相当于本文的建构而非生成)。在维特罗克看来,人们生成对所知觉事物的意义,总是与他以前的经验相结合的,人脑并不是被动地学习和记录输入的信息,它总是主动地选择一些信息,忽略一些信息,并从中得出推论。[4]根据以上两点,维特罗克认为学习的生成过程是:学习者从外界选择性地知觉新信息,然后与长时记忆中的有关信息建立某种联系,从而主动建构新信息的意义。如果建构意义成功,即达到了意义的理解,那么这些知识可以同化到原有的认知结构中,或导致原有认知结构的重组。在外语学习方面,埃利斯(Ellis)在综合了相关的习得模式,尤其是在加斯(Gass)的理论模式"感知输入→理解输入→吸入→整合"[5]基础上,提出了外语学习的一般模式(见图32.2)。该模式表明习得的第一步是对输入的感知,感知涉及对输入特征的关注,而关注的原因与这些特征本身的凸显性以及学习者的外语知识有关。然后,在理解输入的基础上,使输入变为吸入。吸入是一个中介目标语和学习者内化规则的过程,经过整合(建构)的吸入便成了默会知识,而未经整合的吸入只能作为明确知识储存。明确知识的输出必须经过有意识的监控,而输出也会影响输入。

通过维特罗克的生成学习模式,我们知道知识是如何建构的,而埃利斯的外语习得模式则告诉我们外语知识是如何建构的。但是,对于外语知识是如何生成的,埃利斯没有给予更多的说明。从她的模式中,我们只是知道明确知识的输出需要经过有意识的监控,而默会知识的输出可以达到自动化。安德森认为,语言生成应该包含三个阶段:构造阶段,即根据预设的目标来确定要表达的思想;转换阶段,即通过使用句法规则将思想转换成语言表达形式;执行阶段,将语言表达形式通过说话或书写发送出去。[6]事实上,有关生成过程的研究不多,这方面的材料也相当有限,这可能是因为大多数语言学家都认为输入比输出更重要的缘故吧。此外,建构是发生在脑内的,比较容易自圆其说;而生成涉及具体的话语,来不得半点含糊。这就好比画画,谁都会画鬼,但是画人就不是一件容易的事情,尤其是画自己所熟悉的人。

乔姆斯基是研究语言生成过程最著名的学者和专家,也是引起争议最多的人。虽然作者不太赞同他有关语言学习的天赋论的观点,但是他对语言生成过程的描述确实有着许多合理的成分。作者曾用他的这套理论来解释英语特殊动词的紧缩现象,收到了很好的效果。例如,在"I'll play basketball this morning and he will this afternoon"这句话中,"he will"是不能紧缩为"he'll"的,因为经过转换规则(把"play basketball"省略)生成表层结构之后,在"will"的后边留下了一个空位。凡特殊动词后面留有空位都不能紧缩,其道理一目了然。

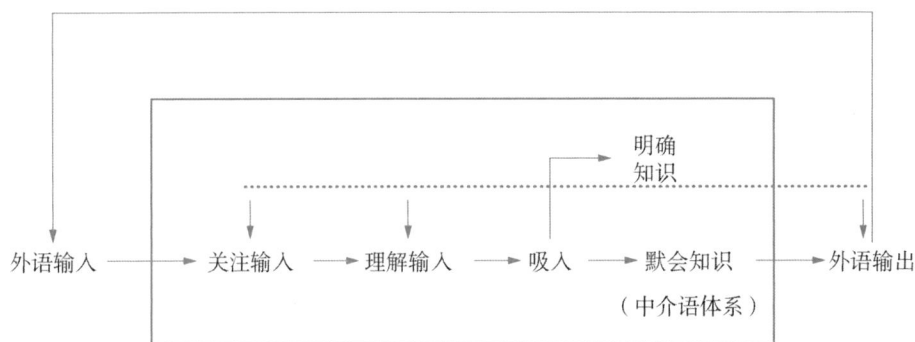

图 32.2　外语习得模式[7]

在乔姆斯基看来,句子的生成过程是:人们首先从词库获取词项,通过短语规则生成句子的 D-结构(基本句子),然后通过转换规则产生 S-结构,最后通过语音和语义系统生成句子。[8]所谓句法就是产生两个结构的规则:改写规则和转换规则。因此,为了便于我们对生成的过程有所了解,作者把乔姆斯基生成语法规则系统的"生成"和"转换"过程添加到埃利斯的模式上(见图 32.3),使得该模式在建构与生成方面都能得到充分的体现,从而避免了"重建构轻生成"之嫌。当然,外语的生成过程不是把理想的语言使用者的语言知识外化,而是把外语学习者不完备的中介语知识(默会知识或明确知识)外化。由于学习者在接触和使用外语的质和量方面存在着差异,环境的给养(affordance)也不尽相同,因此他们每一次产出的话语都不可能一样,这就是生成或创造。外语学习的目的就是要通过不断地用语言来做事使学生的外语建构和生成过程达到自动化。

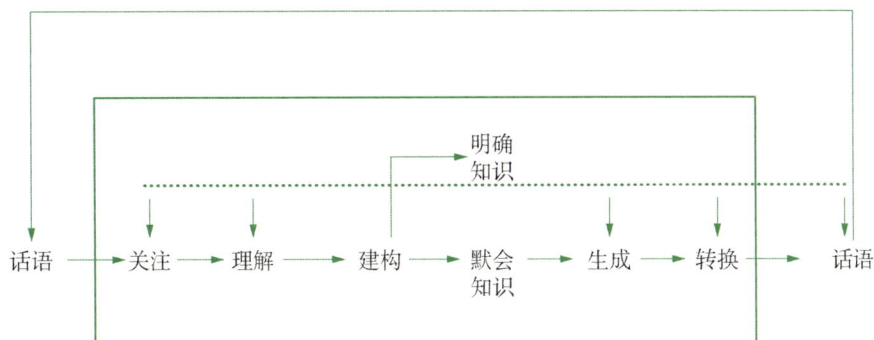

图 32.3　外语知识的建构与生成模式

五、结语

　　建构与生成是外语学习最基本的特征。这就要求我们的教师在外语教学的过程中，认真处理好抽象与具体、一般与特殊的关系，切实做到能为学习者提供更多的接触、使用语言和反思语言的机会，让学习者通过对话来调整他人和自己的行动，通过互动来建构理解，生成话语。我们应该看到，任何语言结构的习得过程，都不是一蹴而就的。这需要在不同的语境中，对某一语言样本的各种变体进行多维的接触和使用，才会慢慢习得。我们必须抛弃那种为语言而学语言的观念，抛弃那种只关注建构而忽略生成的传统做法，而应该把语言建构与话语生成看作语言学习的两个不可或缺的过程。我们必须明白语言知识大部分是默会的，镶嵌在情景中，需要学习者"合法的边缘性参与"，才能"让隐含在人的行动模式和处理事件情感中的默会知识在与情景互动中发挥作用，并使得默会知识的复杂性与有用性随着实践者经验的日益丰富而增加"[9]。总而言之，好的学习并非旨在为教师找到好的教学方法，而是给学习者更好的机会去建构与生成；知识不是通过教学的传授得到的，而是学习者在与情景互动中自行建构的，是个体与外部环境交互作用的结果。

参考文献 ••

　　［1］［9］莱斯利·斯特弗，杰里·盖尔. 教育中的建构主义［M］. 高文，等译.
上海：华东师范大学出版社，2002.

［2］胡壮麟. 语言学教程［M］. 北京：北京大学出版社，1995：27 - 30。

［3］布兰思福特等. 人是如何学习的：大脑、心理经验及学校［M］. 程可拉，孙亚玲，王旭卿，译. 上海：华东师范大学出版社，2002：19.

［4］陈琦，刘儒德. 当代教育心理学［M］. 北京：北京师范大学出版社，2000：98 - 99.

［5］Gass S M. Integrating Research Areas: a Framework for Second Language Studies ［J］. Applied Psycholinguistics, 1988(9):198 - 217.

［6］Anderson J R. Cognitive Psychology and Its Implication ［M］. New York: Freeman, 1985:63.

［7］Ellis R. The Study of Second Language Acquisition ［M］. Oxford: Oxford University Press, 1994:349.

［8］徐烈炯. 生成语法理论［M］. 上海：上海外语教育出版社，1990：129.

33

在对话和协商中提升道德判断和行为抉择能力 *

沈晓敏

我国经济体制的转型引起了全民的思想、价值、信仰、情感的震荡,而与市场经济相适应的思想体系、伦理道德规范和法律制度的建设却严重滞后,价值和信仰陷入了真空状态。这也影响到了青少年。然而传统的道德教育对解决未成年人的道德问题显得有些束手无策。德育课几乎成为学校课程中最没有吸引力的课程,不仅被学生们厌弃,也被教师们遗弃,德育课被堂而皇之地挪用作更具有实用价值的应试教育。

严峻的社会现状并不意味着学校可以放弃对青少年进行思想道德教育的责任,校园内外一系列令人痛心的青少年伤害与自残事件逼迫教育工作者必须对学校的道德课程进行一次根本性的变革。

变革需要新的视角和方法论。笔者尝试运用建构主义学习理论和关于对话的理论来剖析我国德育课程的问题,提出德育改革的一种新路。

一、生活的复杂性与价值性知识的多意性

德育症结之一在于简化复杂的生活和多意的价值性知识。著名的道德教育学家柯尔伯格(Kohlberg)根据其严密的实验研究指出,我们无法教会内化的道德判断原则,道德教

＊ 原文发表于《全球教育展望》2006 年第 8 期。

育旨在"促进道德判断的发展及其与行为的一致性"。[1]笔者对此的解释是,儿童未必按教育者的理解去接受并内化被灌输的道德规范,道德教育只能将重点置于道德判断能力与行为抉择能力的提高。

道德判断和行为抉择必须基于以下两点认识(知识):第一,理解社会主导的价值(包括道德规范)的含义和意义,如友爱、诚信、民主、公正等的含义和意义,我们把这种知识称为价值性知识。第二,对特定的社会现象所包含的各种事实以及事实之间的关系——事实的情状——予以充分的认识和把握,在此基础上对眼前特定的社会现象和社会事物做出正确的价值判断和行为决策,我们可以把这种知识称为事实性知识。对上述任何一种知识的理解发生变化都会影响一个人对社会事物采取的态度、立场和行为方式。

比如,关于"友爱",学生必须理解:(1)什么叫友爱,如何表达"友爱",以及"友爱"在社会生活中具有什么样的重要意义。(2)眼前这个人是一个什么样的人,是不是一个值得对他表示友爱的人,如果要对他表示友爱,那么他有什么特点,有什么需要,该用什么方式对他表示友爱才合适。

建构主义认为知识不同于信息,它是"主观的、不稳定的、结构不良的,是与其形成的情境脉络紧密联系的,知识难以直接访取或传递给他人"[2]。也就是说知识的意义依赖于具体的情境脉络而成立,离开具体的情境就没有意义。而且,抽象化的书面知识不可能适用于所有的情境,知识运用的规则依情境而变。因为我们所生活的世界是复杂多变的。

价值性知识比其他领域的知识更加复杂、多变。因为它是一种关于人与人应该如何相处的知识,最容易因社会文化、政治制度、生产方式、经济体制的不同而不同,因历史的变迁、政权的更替以及经济发展水平的发展而变化。另一方面,由于个体之间因经验、境遇、需求、身份与个性等的不同,而构成了千差万别的关系(情境),道德规范在不同的关系(情境)中必然拥有不同的意义。

但是,课堂教学却忽视了生活世界复杂而多变的性质,无视了知识尤其是价值性知识的多意性。我们从小学教材中可以发现,传统德育教材往往通过一些历史人物、寓言故事让学生理解道德规范的含义和意义。这种简单化的德育方式因为严重脱离儿童所处的复杂的现实生活而缺乏实效性。

今天,生活化的德育已经受到普遍重视。如同所有课程都要贴近学生生活那样,德育要贴近儿童的生活,从儿童的生活出发,这是不容置疑的。然而,德育如何生活化?教育内容如何贴近儿童的生活,而又不是儿童生活的简单翻版?为解明这一课题,必须回答的基本问题"生活到底是什么",这一问题并没有更具体的、实质性的阐明。笔者认为,教育的生活化,首先就要让学生直面生活世界的矛盾、冲突和变易,否则德育的生活化只会停留于肤浅的、形式主义的水平。

就以"谦让"为例。谦让不仅在不同时代、不同国家具有不同的意义。在现实社会中,针对不同的对象或者针对在不同情境中的同一个对象,什么时候该"谦让",对什么人应该谦让、怎样的情况下用什么方式谦让,都是不同的。

比如,有如下两种情况:(1)A 孩有一辆遥控车,要和 B 孩一起玩,A 孩按照大人教导的规范先谦让给比他年龄小的 B 孩玩,B 孩表示感谢,并在玩好一段时间后马上就让 A 孩玩。这样每次 A 孩和 B 孩一起玩的时候,他都会谦让给 B 孩先玩;(2)后来 A 孩和 C 孩玩赛车,一开始 A 孩也是先把遥控车谦让给比他小的 C 孩玩,可是 C 孩拿到遥控车后就只顾自己玩,没有让 A 孩玩的意思,这时 A 孩就不能再用对待 B 孩的那种谦让法,A 孩要修改他的"谦让"原则,与 C 孩建立一个谁先玩的规则(比如投骰子,规定玩的时间)。这里,"谦让"的意义和方法因 A 孩所面对的对象不同而不同,同样是年龄比他小的玩伴,但是因 B 孩和 C 孩的性格和品性不同,他们构成了不同情境,所以 A 孩运用谦让的规则就要发生变化。

"谦让"是如此,"诚实""守信""遵守规则"以及"爱国"等道德规范也都是如此,如果我们的课堂仅仅停留于用一两个抽去具体细节和背景的单纯故事让学生学习道德规范,儿童在这种单纯的"情境"中获得的道德观念难以迁移到生活中无数个别化的情境中,并根据当时的情境创造出恰当的"谦让"方式(规则)。

近年来一些新编的德育教材和课堂教学都在克服既往的道德说教、尽力贴近儿童的生活上作了努力。许多教师已经开始有意识地避免以往的道德说教,不再简单地使用诸如"孔融让梨"之类的典故或其他伟人、英雄的故事为例来解释"谦让"的意义。为了"贴近学生生活",教师会从学生现实生活中选取几则表现谦让的事例,或者让学生自己回忆生活中发生的自己谦让别人或别人谦让自己之类的事例,交流自己对他人谦让或者得到别人谦让后的感受。小学低年级的教师为了让学习变得生动有趣,常常会创造一个所谓的"情境":有的采用多媒体形式,设计"可爱"的卡通形象,来讲述某个小朋友对他人谦让的故事。有的则用一些道具、材料在教室里布置一个场景,和学生一起表演一个谦让的故事。这就是许多教师所理解的"生活化"。但是,这种教学并没有真正反映生活的本质——复杂而充满矛盾,呈现的只是一个单纯的、失真的故事,抽去了真实故事所包含的许多细节和故事发生的背景,而这些细节和背景正是影响特定的谦让故事发生的要因。任何一个细节的变化和背景要素的变化都会使此"谦让"不同于彼"谦让"。而我们的德育教学往往忽略了这一点。

价值性知识与其他知识一样,其意义依存于具体的情境,因时、因人、因事而有不同的意义。这种知识比其他领域的知识更复杂,更具有结构不良性。因此,德育课程有必要让学生接触尽可能多样的、复杂的情境。就如同认知弹性理论所指出的"任何一种过于局限的所谓'正确的'版本都会遗漏复杂性中的很多东西,掌握这一复杂性是必须的,这样才能达到对丰富的概念内涵理解的充分性以及案例覆盖面的完整性""单个的、可预先列出的事实则不能充分说明跨越案例的变化性和个别案例的复杂性,而变化性和复杂性正是不良结构的特点"。[3]

二、价值判断与事实性知识

德育症结之二:忽略对价值判断之前提的事实情状的细致把握。正确的价值判断和行为决策所必需的另一个前提是,对眼前的社会事实以及事实之间的关系——事实的情状——予以充分的认识和把握,即对事实性知识的把握。具体来说,就是要判别耳闻或目睹的现象的真相,了解该现象形成的原因,以及与之有关的人或事,并预测该现象可能的发展方向和结果;或者要判别眼前这个人到底是什么身份,他做了什么,为什么做这些事,他这样做有什么目的,可能产生什么结果,等等。简言之,价值判断和行为决策必须基于对事实情状的充分认识和把握,并尽量地逼近事实的本质。如果不能真正认识社会事实的真相,就无法做出"是"或"非"、"应该"或"不应该"的价值判断和行为决策,或者做出错误的判断和行为决策。即使一个人有很正确的道德观念和品性,如果他缺乏洞察事实真相、把握现象内部复杂关系的能力,那么他有可能自以为做出了道德的行为,但实际结果却可能是不道德的。

比如,我们倡导对弱者要同情,可是在具体的情境中,对方是否是需要帮助的弱者,必须运用自己的经验和知识对眼前的情形进行仔细观察、弄清真相之后,才能决定是否要给予帮助。再如,当地政府要填埋一部分湖泊,毁掉一部分森林来建造一条高速公路,以振兴地方经济,有市民采取了种种措施予以制止,面对这种情形,自己是表示支持还是反对呢?为了对修建高速公路之策进行价值判断,然后决定自己的立场和行为,首先必须对政府做这一决策的理由、市民反对的理由、高速公路的位置以及整个市的地形地势等地理特征进行调查,并且对建造高速公路后可能出现的结果进行预测。

然而我们的德育课程一直忽略培养学生在充分认识和把握社会现象的基础上进行价

值判断或者道德判断的意识和能力。当然,在把生活简化了的课堂上,价值判断是不需要这种洞察和判别事实真相的能力的。然而,如前面所述,生活世界是复杂的,经常真假、伪善难辨,因此,在弄清事实(真相、本质、关系等)情状的基础上进行价值判断和行为决策的态度和能力必须成为道德教育中的一个重要目标,对事实情状进行分析应该成为德育课程的重要学习内容。

三、儿童的经验与儿童对价值性知识的主动建构

德育症结之三:无视儿童对价值性知识的主动建构。建构主义认为知识是认识主体主动建构的,每个人根据自己的经验解释知识的意义,知识对于不同的个体有着不同的含义。

用解释学家伽达默尔(Gadamer)的理论来解释,那就是人都存在着"理解的视阈",视阈就是看的区阈(Gesichtskreis),这个区阈囊括和包容了从某个立足点出发所能看到的一切。[4]预先存在着偏见。无论作多么客观的、科学的考察,任何解释都摆脱不了自己头脑中预先存在的"视阈"的限制,这种视阈我们理解文本或说话者的意义。既然这样,那么重要的就是,我们要认识到自己的这种视阈的限制,采用对话的方式,即与文本或说话者建立一种对话关系,在双方的问与答的过程中,实现"视阈融合",共同丰富双方对文本或说话者所指的事物的理解,甚至创造出关于事物的新的意义。

上述"谦让"的例子其实也已经说明了知识的建构性。当 A 孩遇到 C 孩时,A 孩关于"谦让"的意义根据他与 C 孩的交往经验而产生了特定的意义,他可能会对"谦让"附加这样的含义:对待 C 孩这样的人是不能谦让的,谦让要根据对象来。尽管课堂里教师告诉他谦让如何重要,A 孩最初也照着教师的教导去实践,但是他的新经验却使他修正了对谦让的认识。

换句话说,每一个学生都会根据自己的经验来理解并不断修正关于"友爱"的意义。一个学生遇到经常捣蛋欺负自己的同学,或者遇到一个极其自私、损人利己的邻居,而另一个学生一直得到周围同学的关怀,或受到邻居们无微不至的照顾,那这两个学生对友爱的认识就极有可能是不同的。前者可能会认识到不能对所有的人讲友爱,不能在任何时候讲友爱,或者他会思考友爱的另一种方式。如果一个人有了一段因帮助别人而遭到误解甚至伤害的经历后,他可能从此就改变了对"友爱"的看法,否定"友爱"的价值意义,甚

至在以后的生活中不再对人友爱。

皮亚杰的发生认识论可以用来解释儿童对"友爱"的认识何以发生变化。皮亚杰用"同化"和"顺应"这两个概念解释了认识发生和发展的机制。他指出,"智力适应中蕴含着一种同化因素,即一种通过同化外部现实来把外部现实纳入由主体活动创造出来的某些形式之中"。"心理活动也是对周围环境的顺应……智力适应同其他的适应一样,是在同化机制与补偿顺应之间实现的一种渐进的平衡"[5]。同化引起图式量的变化,顺应引起图式质的变化,使主体适应环境。用皮亚杰的这一理论来解释儿童对"友爱"的认识变化,那就是:儿童最初形成了关于"友爱"的图式——别人有困难就要给予帮助。在与环境的相互作用过程中,他不断补充、修改对友爱的解释,在关于"友爱"的图式中增补了有关对某些人、在某些场合不能表示友爱的内容,他开始选择"友爱"的对象和场合。这就是同化作用。再后来,当他多次遭受周围人的欺负和嘲笑之后,他就会彻底修改他头脑中关于"友爱"的图式,使图式发生质的变化。这就是顺应作用。但是新建立的图式随着他以后的经验又会发生变化,比如,他得到了一个好心人的帮助,他自己也因帮助了别人而得到了别人的回报,这些经历动摇了他的"友爱"图式,即再次打破了其图式的平衡。儿童通过这种认知图式的改变,获得对社会环境的适应。这就是儿童主动建构价值性知识的过程。

由这种价值性知识的建构性可以看到,课堂中用灌输、说教的方式传授的价值性知识实际上并不一定能在真实的情境中发挥作用,即使最初儿童按照教师传授的价值性知识去作价值判断和行为决策,但是他会根据自己的经验去修改甚至重建这些知识。这就是为什么教师总是抱怨学生不听话,为什么同一个班级的学生接受了同样的道德教育,却表现出与教师所期望的不同的、多样的行为方式。

然而,这样说并不表示我们要放弃对儿童进行道德教育。儿童所建构的道德规范未必得到其所属的共同体的认同,有时甚至会产生冲突,有可能在他还没有来得及调整他的图式的时候,悲剧就发生了。这是因为每个儿童所生活的空间是有限的,经验和视野是狭隘的,他不可能接触复杂、多样的世界的全部。其实,不只是儿童,包括教师在内的成人,都存在着伽达默尔所说的"理解的视阈"。因此,我们很难保证成人对道德规范的理解比儿童更正确。所以,如何使学生体验多元变化的生活情境,丰富他们对价值性知识的理解,应是教师必须重点思考的问题。

四、创建对话和协商的德育环境

前文通过具体事例,阐述了价值判断和行为抉择必须基于对价值性知识的充分理解和对事实性知识的充分把握,并解释了价值性知识的复杂性、情境性、多变性等特点,以及儿童根据自己的经验自主建构知识(道德规范)的意义的方式。由此隐喻了教育者要让儿童接触更多元的事实案例,拓展其经验和视野,使其体会生活的复杂性和多样性,从而达到对价值知识丰富内涵的理解、对社会事实之本质的洞察,并在陌生的情境中创造性地运用道德规范作出恰当的行为抉择的重要性。

那么如何在有限的课堂里,让学生接触更多的事实案例,更多地展现生活中的复杂性? 如何拓展他们有限的经验和狭隘的视野,深化他们对社会事实之本质的洞察力呢?

建构主义把对话与协商看作是意义生成和发展的途径,是个体所构建的知识获得"合法性"的方式。如同杰根(Gergen, K. J)所说:"意义是在关系中经过同意、交涉、肯定而产生的。""我们的传统——自我、真理、道德、教育等是通过人们不断地共同生成意义的过程得以维持的。我们的未来不是由过去决定的。在这个急速变化的世界想要维持传统,就必须在我们自己的关系中生成传统的可理解性与合理性。"[6] 也就是重新建构它们的意义。

以下,我们通过一则课例,分析对话和协商究竟对儿童事实性知识的把握和价值性认识的建构具有什么样的具体意义。

以关心和帮助弱者为例。某个班级的学生讨论要不要给在附近车站乞讨的一个孩子捐钱。班级的学生分别根据自己已有的经验和认识,发表了不同的建议,并在讨论和争辩过程中,不断产生新的观点。整个讨论过程中先后产生了这样一些观点以及相应的理由。

(1) A 生:赞成捐钱,因为这个孩子看上去很可怜,捐钱也许能帮助他渡过难关。以前学校有一位同学得了白血病,缺钱治病,全校师生捐钱给她,使她至今都能健康地读书。

(2) B 生:不同意捐钱,因为他可能是假乞丐(他用报纸上有关假乞丐的报道作为例证)。

(3) C 生:很难分清他是真是假,先弄清楚再决定。

(4) B 生:弄不清楚他是真的还是假的。宁可把他当假的,如果把钱捐给一个假乞丐,就是对这种假乞丐的支持,会助长这种不良的现象。

(5)A生:但是如果他是真的,不帮助他的话,对他太无情了。报纸上也曾有过一个报道,说的是有一个人在路上丢了钱包,幸亏遇到一个好心人慷慨地帮助他,使他能够坐火车回家。他因为这件事很受感动,此后他一遇到别人有困难也这样热心帮助别人。

(6)B生:可是你不能否认事实上确实有假乞丐呀,帮助假乞丐就是在帮助坏人。

(7)D生:我们首先应该讨论怎样来区分真假乞丐,比如跟踪他,看他拿到钱后到哪里去……

(之后的讨论转向对乞讨者的特征分析、乞讨者的种类、乞讨的原因等);

(8)B生:即使是真的需要帮助的乞丐,靠我们给他钱也只能解决一时的问题,未必是最好的帮助他的方法,靠这种方法帮不了那么多不幸的人,而且还会让假乞丐钻空子。

(9)A:可以把他送到专门的机构去,我们把钱捐给专门的机构,让专门的机构来负责帮助真正需要帮助的人。

(10)E生:就像买福利彩票,专门的机构可以把这些钱集中起来救助那些有困难的人,假乞丐就不能钻空子了。

……

以上只是列举了这场辩论的几个主要观点,其实同样是赞同捐钱的学生,理由也未必是相同的,而不赞同捐钱的学生也各有各的理由,但是经过激烈的辩论,学生们还是达成了一个共识,对于真正贫困的人,我们应该尽力给予帮助,只是可以考虑用更合理有效的方式去帮助他们。这场对话具有两个意义:第一,对于每个学生个体来说,他基于自身经验的认识在同伴的不同理由和观点的刺激下,发生动摇、更新,同伴所阐述的来自生活经验的理由和事实依据以及分析问题的视角补充了他的经验,扩展了他的视野,用皮亚杰的理论来说,就是其图式经过同化和顺应而更新,从而使整个图式向一个更高的水平发展。如A生,他不再简单地理解"关心和帮助弱者"的涵义(只要遇到看上去很可怜的人就给钱),而是知道社会生活中也存在一些假象,在帮助别人的时候,也要学会判别对方是否真的是需要帮助的人以及判别的方法。更重要的是,他开始学会思考怎样帮助才是有效的。从B生的角度来说,他最初根据报纸上的材料判断车站那个乞讨儿很有可能是假的,他的观点和理由刺激同伴产生新的观点,同伴的观点反过来又影响了他自己对问题的深入认识,最初他决定不给予捐助,其不给予捐助的理由因同伴的反驳而变得充实,D生的发言又使他把视角转向了社会的力量,思考更合理的帮助弱者的方法。

第二,这场对话对整个班级来说,也是产生集体智慧的过程,不同学生的观点、经验的碰撞、补充,产生了新的视角,新的认识。没有这种碰撞,D生也许不会提出判别真假乞讨者的方法,全班也不会产生有关乞讨者的知识。没有这种碰撞,学生的视角可能不会有新的转变——建立专门的机构来帮助不幸者,即讨论从针对一个乞讨儿的救助问题,深入到整个社会如何去救助弱者的制度问题。这就验证了对话论专家伯姆所说的,对话之所以能产生理解,其重要的原因在于,对话所创造的意义是在对话者之间不停地流淌,得以共享,由此不断地创造出新的相互理解的意义。[7]

儿童作为未来社会的公民,将参与解决社会、国家乃至全球的问题。当今社会出现了众多没有现成的解决方案的价值伦理问题,诸如克隆人等生物工程带来的伦理问题,如果不解决将影响整个人类的生存,亟待人类共同探索解决。比起被动地适应既有的价值知识、道德规范,更重要的是在借鉴前人创造的价值、规范的基础上,创造更好的知识,用更好的方式和途径满足自己和整个人类的需要。只有这样的态度和能力,才能解决全球的危机,使人类以更道德的方式健康地生存、发展。所以,学校德育课堂中必须引入有关城市、国家和全球的难题,让学生在解决这些难题的过程中,去完善社会现存的价值体系和道德规范,并根据这种价值体系和道德规范,创造更合理的、更人性化的生存方式。

以前文所说的修建高速公路为例。如果让学生对地方政府这一决策作出价值判断,表明自己是否支持的立场和态度,并采取恰当的支持或反对的行为,学生起初会根据自己已有的经验和认识发表不同的观点和理由,这些观点相互碰撞,引发争辩,会生发对高速公路的位置、修建理由、修建后可能产生的结果等事实情况的探究活动(此为价值判断的前提)。这些活动将丰富学生的经验和认识,提升对事实情状的理解和环境伦理的认识,从而作出更具有说服力的价值判断,并促使他们思考、构建在遵守环境伦理的前提下规划城市发展的更好的方法(制度、规范、技术等知识)。对于中小学生来说,也许他们的认知能力还不足以构建成人所希望的用以解决问题的全部知识,但是这样一种学习活动的积累,定会不断提高这种与他人对话、协商的态度和能力,以及将自己作为社会的一员,执着地、负责地为解决问题而探究的态度和能力。这种态度和能力,不正是21世纪的公民必需的道德品质吗?

参考文献 ●●

[1] 柯尔伯格. 道德教育的哲学[M]. 魏贤超,柯森,等译. 杭州:浙江教育出版社,2000:88.

[2] 莱斯特·斯特弗,杰里·盖尔. 教育中的建构主义[M]. 高文,等译. 上海:

华东师范大学出版社,2002:10.

[3] 高文.教学模式论[M].上海:上海教育出版社,2002:324.

[4] 伽达默尔.真理与方法[M].洪汉鼎,译.上海:上海译文出版社,1999:388.

[5] 皮亚杰.儿童智力的起源[M].高如峰,陈丽霞,译.北京:教育科学出版社,1990:6-7.

[6] ゲネス・J・ガ"一"ゲン.あなたへの社会構成主義[M].東村知子,訳.京都:ナカニシヤ出版,2004:73-74.

[7] 戴维・伯姆.论对话[M].王松涛,译.北京:教育科学出版社,2004:序11.

34

融合性学习：西方学生的梦魇，抑或中国学生的圣境 *
——从普洛瑟的"脱节型学生"说起

吕林海

西方大学的学习研究已经延续了半个世纪，众多研究反复验证发现，同时采用以深刻把握和理解为特征的深层学习法和以表面背记和复述为特征的浅层学习法的融合性学习者，往往是学习的失败者，他们也被称为"脱节学习者"或"异类学习者"。"融合性学习导致学习失败"的西方困境在中国学生身上是否适切，有待于置于中国文化情境进行重新审视。针对中国大学生开展的三个实证研究都一致证明，在西方会造成学业失败的融合性学习，在中国大学生群体身上却塑造出最佳的学习效果。造成这种中西迥然不同学习境况的原因，不仅在于中国学生对学习观念有着独特的认知，如认为浅层学习附含努力的德行因素，是通达理解的重要途径，与深层学习是紧密融合而不是彼此分离的关系，而且在于中国特有考试模式及传统"和"文化的形塑与影响。由此观之，只有深挖中国教育的独特规律，才能找到提升中国学生学习质量的有效路径，并为世界贡献独特的中国教育智慧。

一、引言：从"脱节学习者"透视融合性学习的西方困境

如果从 20 世纪 60 年代马顿（Marton）和萨尔乔（Saljo）对大学生学习方法的开创性研究算起，西方大学的学习研究已经延续了半个世纪。奠基于这两位瑞典学者的工作，澳大

---

* 原文发表于《现代远程教育研究》2018 年第 2 期。

利亚的比格斯(Biggs)和英国的恩特威斯特尔(Entwistle)随后分别开发出了极为精当的学习方法测量工具,这极大地推动了大学生学习研究得以在科学化的道路上阔步向前[1]。总体而言,大学生采用的学习方法分为深层学习方法(deep approach)和浅层学习方法(surface approach)两种类型,前者指向对知识的深层把握和理解,后者指向对知识的表层背记和复述。包括比格斯、恩特威斯特尔、拉姆斯登(Ramsden)等在内的一批重要学者的定量实证研究已在如下三个方面形成共识:(1)深层学习方法会导向更优质的学习结果,而浅层学习方法则往往导致学习的失败;(2)学生对于学习方法的采用,取决于学生对教学情境的感知,如优质教学、适当的教学负荷、清晰的目标、适切的评价等;(3)学生所具有的学习观和认知观,与其采用的学习方法有着紧密的联系,具体而言,持意义理解观的学生更倾向于采用深层学习方法,持知识累积观的学生则更倾向于采用浅层学习方法[2]。中国的杨院、付亦宁等学者也沿着上述三个方面开展了大量研究,并获得与西方学者基本一致的研究结论[3][4]。

然而,在西方的众多研究中,澳大利亚学者普洛瑟(Prosser)于 2000 年发表在《欧洲教育心理学》上的一项研究成果[5],却与众不同。在这篇论文中,普洛瑟和其同事基于物理概念学习方法[利用学习过程问卷(Study Process Questionnaire,SPQ)]对 131 名学生进行了聚类分析。他们一共解析出 4 类学生。第一类被称为"理解型学生"(共 36 人),他们在深层学习方法上得分高,在浅层学习方法上得分低,并且在学期结束时有关电磁知识测试、开放性问题以及概念图等方面的成绩都非常高,这是一批优秀的学生。第二类被称为"复制型学生"(共 20 人),他们在深层学习方法上得分低,在浅层学习方法上得分高,在学期结束时的测试得分上比较差,这是一批学业成就不足的学生。第三类被称为"游离型学生"(共 55 人),他们似乎在放弃着学业,不仅在深层学习方法和浅层学习方法上的得分都比较低,而且在学期结束时的测试得分也比较低。第四类被称为"脱节型学生"(共 20人),他们采用的是"融合性学习"法,即在深层学习方法和浅层学习方法上的得分都比较高,但却是四类学生中期末学习成绩最糟糕的群体(见表 34.1)。普洛瑟用"脱节"(disintegrated)这个词来表明这批学生对学习情境的识别、对学习方法的选择和其所达成的学习结果之间,呈现出一种矛盾、不连贯、不一致的困顿和脱节现象。

表 34.1　普洛瑟对"脱节型学生"的发现及其与其他学生的学习比较

	理解型学生	复制型学生	游离型学生	脱节型学生
深层学习方法	0.46	−1.18	0.01	0.36
浅层学习方法	−0.22	1.01	−0.39	0.47

	理解型学生	复制型学生	游离型学生	脱节型学生
开放题测试	0.82	−0.10	0.05	−1.50
概念图	0.90	−0.08	−0.34	−0.62
电磁知识测试 1	0.51	0.26	−0.16	−0.92
电磁知识测试 2	0.62	−0.43	0.01	−0.72

其实，普洛瑟的发现并非最早，南非学者梅耶（Meyer）和英国学者恩特威斯特尔早就在他们的研究中捕捉到这个奇异的"学习苗头"。梅耶在他的论文中详细描述了普洛瑟所说的这类采用"融合性学习"方法的"脱节型学生"的特点，如无法对情境加以识别、对自己的学习缺乏必要控制等[6]，而恩特威斯特尔则干脆用"异乎寻常、难以解释的模式"之类的遁词来对这批"异类学生"加以草草描画[7]。

二、假设：中国学生融合性学习的可能别样图景

在西方学者眼中，这些"脱节型学生"是一批"异类学生"，也是一批"失败的学生"，这些学生对于融合性学习方式（即同时采用深层学习和浅层学习）的使用，不是出于一种适应、变通和灵活，而是源于他们的迷茫、困惑和凌乱。普洛瑟认为，这些脱节的学生是一批"缺乏元认知能力的学生"，他们无法审视自己的学习情境，无法反思自身学习的成效，无法选择更有效的学习方法，他们"嗡嗡乱转、不得要领"[8]。普洛瑟还引用比格斯对"元认知匮乏学习者"[9]的描述来证明，"融合性学习所导致的学习失败，反映了同时使用多种学习方法的人所存在着的重要的学习缺陷。"[10]

"融合性学习"的悲剧命运，在中国学生身上会同样出现吗？笔者的假设是否定的。笔者之所以提出这个假设，源于对两项重要研究的反思。

在由沃特金斯（Watkins）和比格斯于 1996 年主编的一本经典著作《中国学习者：文化、心理和情境的影响》（*The Chinese Learner：Cultural，Psychological and Contextual Influences*）中，大学生学习研究的奠基者、瑞典学者马顿和其合作者发表了一项有关"中国学生的记忆和理解"的质性研究发现。他们通过深入的访谈揭示出，中国学生的浅层学习并不完全是简单的"记忆"，它包含两种类型：一是机械性记忆（mechanical memorization），

二是理解性记忆(memorization with understanding)。绝大多数中国学生不会简单地采用机械性记忆来进行学习,而是会在记忆的同时去设法达到理解,即更多地采用理解性记忆。对于很多中国学生而言,"记忆和理解是彼此联系并相互促进的"[11]。中国学生持有的一个最普遍的学习特征是:"在记忆的过程中,记忆并不是简单的重复。每次的记忆过程,也是更加新颖的理解的生成过程,换言之,每次记忆都会使理解变得更好。每次重复和记忆,都会使文本的不同方面得到关注和深入。"[12]。由此可以看出,中国学生的背记是和理解相互交融的,融合性学习方法似乎是中国学生更适应、更常用的学习方法。

在前述普洛瑟、恩特威斯特尔以及梅耶等人的研究中,脱节型学生对教学情境的感知亦颇为不佳(如对教师的教学持有负面评价)。换言之,学生对教学情境的不佳感知,导致了这批异类学生在学习方法使用上的困顿、迷乱与不知所措。这其实也证明了西方大学生学习研究的一个重要的普适性结论:"学生的学习方法取决于他们对学习环境的感受,……教学的最大问题不是大学教师怎样设计他们所教的课程,而是他们的学生如何理解教师所设计的课程。"[13]但是,韦伯斯特(Webster)、普洛瑟、沃特金斯于2009年对香港大学生的研究却得出了颇具深意的独特结论。他们发现,对于绝大多数香港大学生而言,如果他们感到教学是优质的,他们会同时采用深层学习方法和浅层学习方法。韦伯斯特等人也试图从中国学习者的"融合性学习"特征的角度来对上述特异结论加以解释,他们认为,"感知到的优质教学与深层学习、浅层学习同时显著关联反映了中国学习者的独特特征,即'在中国学生身上,记忆信息作为学习的关键一步,对于后续的内容理解有着重要的促进作用'"。[14]这个研究再次指向如下假设,即:融合性学习并不是中国学生在困顿和迷惑等状态下的选择,而是一种自然的,甚至是策略性的学习行为表现。

三、验证:中西迥然不同的融合性学习

基于前述分析,本研究试图证明:被西方学生视作梦魇的融合性学习,对于中国学生而言却是一种自然的、更具适应性的学习模式。笔者将通过三个不同的实证调查来反复印证该结论的客观性,增强该结论的效度,并在此基础上深挖孕育其中的学生学习行为之塑造机制。为了增强结论的说服力,这里的三个调查研究所采用的学习方法调查工具,与前述普洛瑟、梅耶、恩特威斯特尔的研究工具保持一致,即都为SPQ问卷。

对于三项调查的定量分析,笔者采用统一的数据统计方法程序,即(1)采用基于学习

方法的聚类分析,甄别出融合性学习的学生群体;(2)采用方差分析方法,对融合性学习群体的学习特征进行分析;(3)采用轮廓分析(Profile Analysis)方法,对融合性学习群体与其他学习群体的整体学习特征差异进行分析。

1. 基于南京大学通识课程的学情调查研究

2016 年,笔者所在的南京大学展开了一次针对全校学生的通识课程学情调查。课题组随机抽取出修读 20 门课程的共 1 780 人参与问卷填答,数据整理后获得的有效样本数为 1 404 人。为了提高数据搜集质量,调查员走入班级,在强调问卷填答重要性的基础上,向填写问卷的学生发放 10 元左右的小礼品表示感谢。学生需要对所修读的通识课程整体情况(如学习方法情况、学习动机情况、学习进步情况)进行评估填答。本研究选取学习方法(根据 SPQ 问卷编制)、学习进步、教学感知等维度的变量加以深入分析。

(1) 学习方法的人群聚类分析

基于深层和浅层两种学习方法,笔者对人群进行 K-Means 聚类,共得到 4 类学生群体(见图 34.1)。第一类群体为学习游离型,该群体的人数比例为 35.9%,且这个群体的学生在深层学习方法和浅层学习方法上的均值(Z 值)均为负值,说明他们在学习上处于一种放任和随意的状态。第二类群体为深层主导型,该群体的人数比例为 6.8%,且该群体学生在深层学习方法上得分高,说明他们的学习是以深层学习方法为主导的。第三类群体为深浅共用型,该群体的人数比例为 16.3%,且这个群体的学生在深层和浅层学习方法上的得分都很高,说明他们的学习是一种融合性学习。第四类群体为浅层主导型,该群体的人

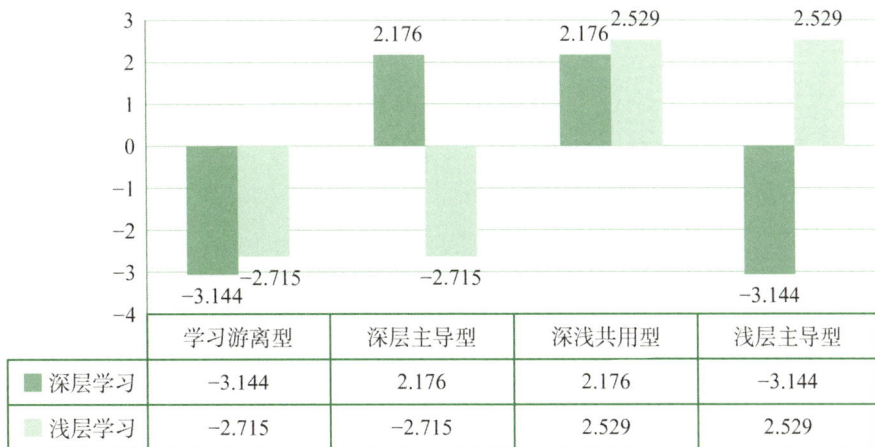

	学习游离型	深层主导型	深浅共用型	浅层主导型
深层学习	−3.144	2.176	2.176	−3.144
浅层学习	−2.715	−2.715	2.529	2.529

图 34.1　4 种学习方法的聚类人群

数比例为 48%，且这个群体的学生在浅层学习方法上的得分高，说明他们的学习是以浅层学习方法为主导的。

由群体的人数比例可以看出，有接近一半的学生属于浅层主导型学生，还有不少学生处于游离状态，这反映出研究型大学通识课程的学习质量还有很大的提升空间。这种整体不佳的学习状态既与通识课程本身不受重视有关，也与授课方法、班级规模等密切相关。

表 34.2　通识课程不同学习方法人群的学习差异比较

	深层主导型		浅层主导型		学习游离型		深浅共用型		显著性检验	
	均值	标准差	均值	标准差	均值	标准差	均值	标准差	F 检验	显著性
古今联系	4.99	0.74	4.40	0.79	3.99	1.12	4.95	0.74	87.44	0.000
中外联系	4.90	0.81	4.42	0.86	4.14	0.98	4.84	0.92	45.23	0.000
跨学科联系	5.04	0.75	4.53	0.83	4.12	1.09	5.05	0.70	74.39	0.000
批判性思维进步	4.75	0.57	4.31	0.59	4.16	0.83	4.80	0.56	76.54	0.000
优质备课与授课	5.39	0.62	4.97	0.73	4.53	0.95	5.37	0.61	76.96	0.000
优质任务安排	4.80	0.82	4.44	0.83	3.91	1.07	4.96	0.79	64.84	0.000
课堂内外师生互动	4.80	0.99	4.39	1.06	3.87	1.28	4.94	0.94	46.64	0.000

（2）不同学习方法使用人群的学习特征比较

本研究案例表明，西方学者眼中的"脱节型学生"是"学习异类"，更是"学习失败者"，而在中国学生群体中，深浅共用型学生（即融合性学习群体）却展示出卓越的学习表现。由表 34.2 可见，"深浅共用型"学生在四种学习结果（古今联系、中外联系、跨学科联系、批判性思维进步）上，均值得分都显著高于浅层主导型和学习游离型学生，而与"深层主导型"学生没有显著差异。在 3 个课堂教学感知变量上，"深浅共用型"学生对教学的感受也颇佳，显著高于浅层主导型和学习游离型学生。

（3）不同学习方法使用人群的轮廓分析

轮廓分析是一种对不同群体进行多变量关系的整体分析技术。它试图对不同群体所具有的多个变量进行整体的差异检验，目的是发现不同群体之间的轮廓差异[15]。分组变量是 4 种不同学习方法的人群，轮廓变量为 4 个学习结果变量和 3 个教学情境感知变量。图 34.2 展示了轮廓分析的图示结果。根据 Hotelling's 标准，本研究的 4 个群体轮廓之间不满足扁平化假设（Hotelling's Trace＝0.046，F(18)＝3.195，P＜0.000）；根据 Wilks' 标准，4 个群体轮廓之间也不满足平行性假设（Wilks' Lambda＝0.955，F(18)＝3.192，

P<0.000）。从分析结果可以证明，深浅共用型学习者群体在 7 个学习特征变量上显著处于优势位置。

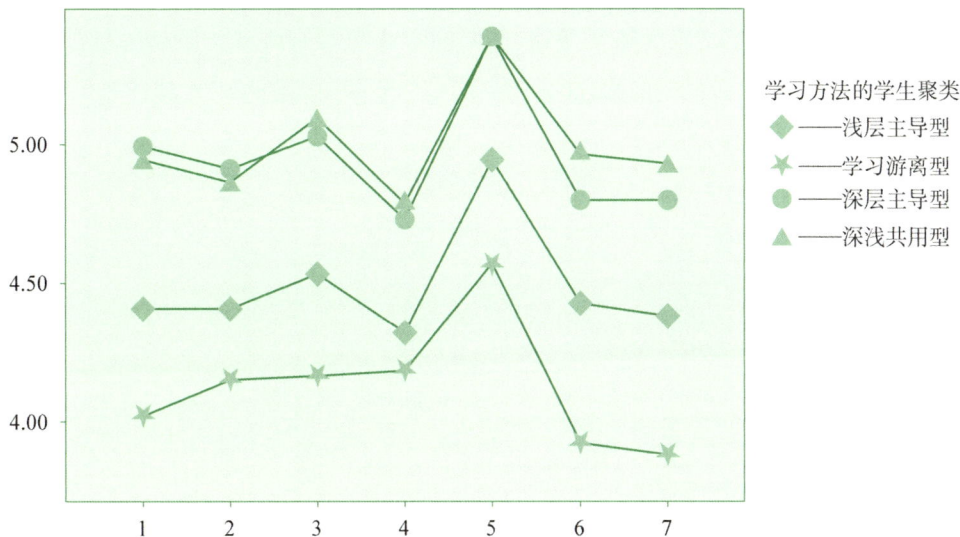

图 34.2　对通识课程采用不同学习方法的人群的轮廓分析
（轮廓变量为：1.学习结果：古今联系；2.学习结果：中外联系；3.学习结果：跨学科联系；4.学习结果：批判性思维进步；5.教学感知：优质备课与授课；6.教学感知：优质任务安排；7.教学感知：课堂内外师生互动）

2. 基于南京大学哲学通识课程的学情调查研究

2017 年，笔者承担了南京大学哲学通识课程的学情调查研究课题。该调查旨在甄别南京大学本科生在哲学类通识课程上的学习质量，其中包括学习方法使用、教学情境感知、学习进步情况等。调查对象为南京大学选修过哲学类通识课程的大三学生。通过各种激励性措施和重要性宣传，最后共得到 824 个有效样本。

（1）学习方法的人群聚类分析

基于深层和浅层两种学习方法，笔者运用 K-Means 方法对人群进行聚类分析，共得到与前述调研类似的 4 类群体。第一类群体为深浅共用型，人数占比 13.7%；第二类群体为浅层主导型，人数占比 48.3%；第三类群体为深层主导型，人数占比 24.9%；第四类群体为学习游离型，人数占比 13.1%。对于哲学通识类课程而言，采用深浅共用型的融合性学习人群比例仍然不高，与前述调查研究的比例基本持平。

（2）不同学习方法使用人群的学习特征比较

表34.3的结果再次印证了前述的结论,即采用深浅共用型的融合性学习者,在3个学习结果指标(即信息与思维能力、哲学理解与智慧、文化通感与理解)、1个学习情感投入指标(即学习兴趣与情感)、2个教学情境感知指标(即优质教学水平、适当作业与考核)和3个学习参与指标(即课堂交流及师生互动、良好的学业学习习惯和同伴互动与合作)上的均值得分都明显高于其他各个群体,甚至比深层主导型学习者的学习表现还要优异。

表34.3 哲学通识课程不同学习方法人群的学习差异比较

	深层主导型		浅层主导型		学习游离型		深浅共用型		显著性检验	
	均值	标准差	均值	标准差	均值	标准差	均值	标准差	F检验	显著性
信息与思维能力	2.99	0.55	2.74	0.51	2.19	0.64	3.35	0.57	78.83	0.000
哲学理解与智慧	3.11	0.64	2.73	0.58	2.13	0.66	3.37	0.55	82.76	0.000
文化通感与理解	2.88	0.67	2.60	0.61	1.97	0.67	3.33	0.63	78.31	0.000
学习兴趣与情感	4.86	0.78	4.11	0.73	3.30	1.44	5.04	0.81	90.58	0.000
优质教学水平	5.01	0.73	4.69	0.67	4.13	0.99	5.34	0.58	51.69	0.000
适当作业与考核	4.52	1.05	4.41	0.85	3.79	1.14	5.15	0.85	33.19	0.000
课堂交流及师生互动	3.52	1.15	2.97	1.01	2.25	0.99	4.75	0.99	106.7	0.000
良好的学业学习习惯	4.77	0.86	4.16	0.88	3.60	1.14	5.08	0.79	59.87	0.000
同伴互动与合作	3.32	1.41	3.19	1.27	2.59	1.29	4.93	1.05	60.68	0.000

(3)不同学习方法使用人群的轮廓分析

图34.3展示了轮廓分析的图示结果。根据 Hotlelling's 标准,本研究的4个群体轮廓之间不满足扁平化假设(Hotlelling's Trace=0.341,F(24)=9.744,P<0.000);根据Wilks' 标准,4个群体轮廓之间也不满足平行性假设(Wilks' Lambda=0.730,F(18)=9.541,P<0.000)。由此可以证明,深浅共用型学习者群体在9个学习特征变量上不但显著处于明显领先位置,而且其均值得分也显著高于其他三个群体。

3. 基于江苏省研究生"两课"的学情调查研究

2017年,笔者承担了江苏省研究生"两课"的学情调查任务。"两课"是研究生的必修课,但过往的经验表明,学生对"两课"的学习重视程度不够,本次调查正是为了揭示目前

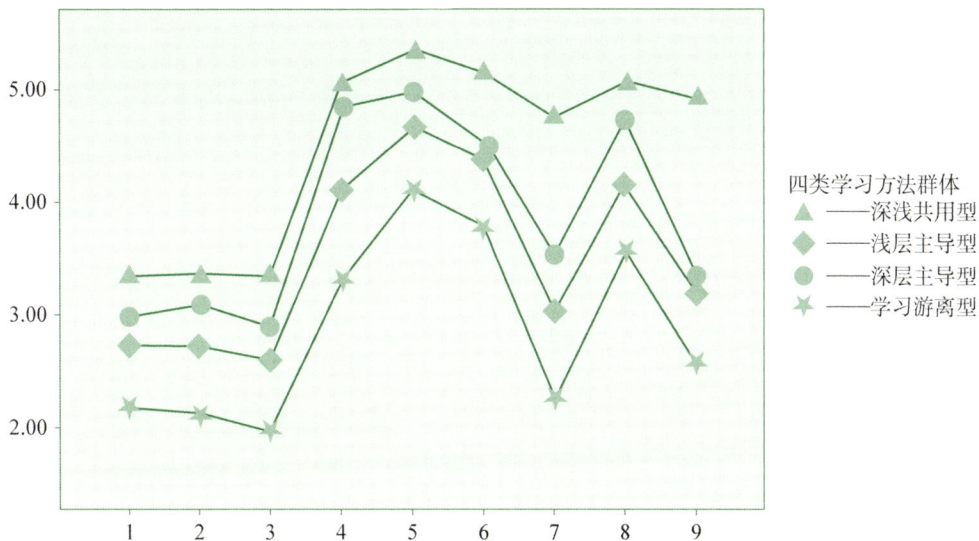

图 34.3　对哲学通识课程采用不同学习方法的人群的轮廓分析

（轮廓变量为：1.学习结果：信息与思维能力；2.学习结果：哲学理解与智慧；3.学习结果：文化通感与理解；4.学习情感：学习兴趣与情感；5.教学感知：优质教学水平；6.教学感知：适当作业与考核；7.学习参与：课堂交流及师生互动；8.学习参与：良好的学业学习习惯；9.学习参与：同伴互动与合作）

"两课"学习和教学存在的问题，以期为后续的教学改革提供对策。笔者选取这次调查中的学习方法、学习参与、学习结果、情感投入等变量进行关系分析，以印证前述的关键假设。本次调查共获得有效样本 2 748 个，样本覆盖江苏省 8 所重点院校。

（1）学习方法的人群聚类分析

基于深层和浅层两种学习方法，笔者运用 K-Means 方法对人群进行聚类分析，共得到与前述两个研究相类似的 4 类群体。第一类群体为深浅共用型，人数占比 27.5%；第二类群体为浅层主导型，人数占比 41.4%；第三类群体为深层主导型，人数占比 15.0%；第四类群体为学习游离型，人数占比 16.1%。由此可见，对于"两课"课程而言，采用深浅共用的融合性学习的人群比例虽然不高，但与前两个研究相比有所提升，这可能与"两课"是研究生的必修课有较大的关联性。

（2）不同学习方法使用人群的学习特征比较

表 34.4 清晰地表明，"深浅共用型"学习者在对党的理论理解、对社会及人生的认识、学习兴趣与情感、优质教学水平、学业学习习惯、主动积极学习、学习满意度等学习指标上，均表现最佳。总之，"深浅共用型"学习者群体积极投入、认真勤奋，且有着良好的学习情绪和满意度，并最终获得了最优的学习结果。

表 34.4 "两课"课程不同学习方法人群的学习差异比较

	深层主导型		浅层主导型		学习游离型		深浅共用型		显著性检验	
	均值	标准差	均值	标准差	均值	标准差	均值	标准差	F检验	显著性
对党的理论理解	3.26	0.52	2.99	0.56	2.50	0.67	3.38	0.47	258.1	0.000
对社会及人生的认识	3.22	0.49	2.99	0.51	2.44	0.63	3.41	0.42	361.4	0.000
学习兴趣与情感	4.50	0.97	4.07	0.91	3.09	1.00	5.02	0.80	439.6	0.000
优质教学水平	4.79	0.69	4.44	0.80	4.02	0.99	5.09	0.72	195.9	0.000
学业学习习惯	4.76	0.94	4.23	1.01	3.56	1.13	4.87	0.87	186.9	0.000
主动积极学习	3.79	1.09	3.51	1.02	2.78	0.99	4.64	0.91	361.5	0.000
学习满意度	4.67	0.81	4.30	0.87	3.94	1.04	4.89	0.91	124.1	0.000

（3）不同学习方法使用人群的轮廓分析

图 34.4 展示了轮廓分析的图示结果。根据 Hotlelling's 标准,本研究 4 个群体的轮廓之间不满足扁平化假设(Hotelling's Trace＝0.31,F(18)＝45.524,P＜0.000);根据 Wilks' 标准,4 个群体的轮廓之间也不满足平行性假设(Wilks' Lambda＝0.755,F(18)＝43.326,P＜0.000)。由此可见,"深浅共用型"学习者群体在 7 个学习特征变量的均值上显著处于领先位置。

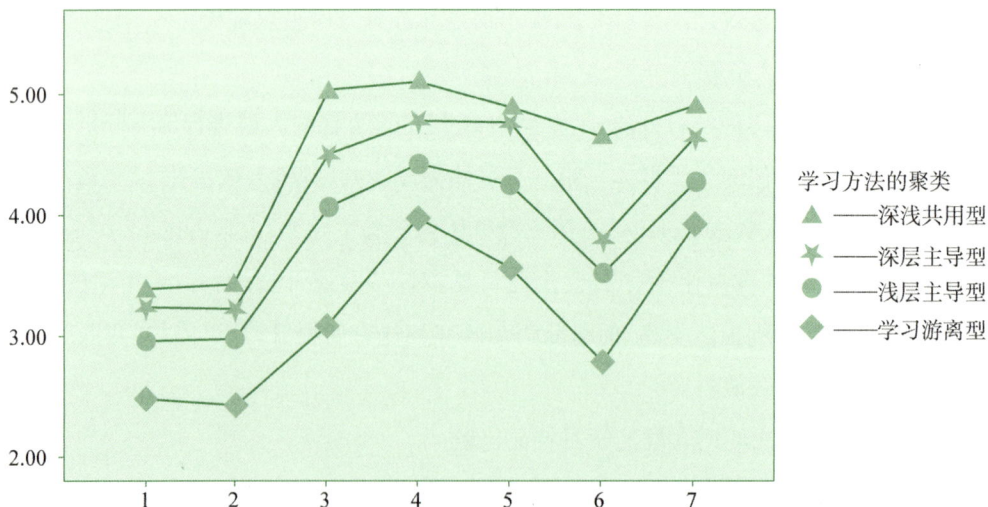

图 34.4 对哲学通识课程采用不同学习方法的人群的轮廓分析
（轮廓变量为:1.学习结果:对党的理论理解;2.学习结果:对社会及人生的认识;3.学习情感:学习兴趣与情感;4.教学感知:优质教学水平;5.学习参与:学业学习习惯;6.学习参与:主动积极学习;7.学习结果:学习满意度）

四、解释:成因透视与教育展望

本研究通过三个不同(如对象、背景、目标上均有差异)的实证调查,彼此交叉地证明了笔者提出的研究假设,即融合性学习在西方教育情境中会导向学习上的失败,而在中国教育土壤上却散发出蓬勃的生机。之所以会呈现出这种中西迥然不同的学习境况,笔者认为有四个方面的成因。

第一,中国学生对西方学生嗤之以鼻的"浅层学习"有着不同的内涵感知。在中国长久形成的经典阅读传统中,"记忆"或"背记"承载着更加丰富的学习深意。李荣安(Lee)指出:"记忆、理解、反思和质疑是学习的基本构成成分,它们是相互联系、彼此整合的,同时也是反复进行的……记忆绝对不能理解为一种机械学习。"[16]宋代著名理学家朱熹在《读书之要》中也强调,"熟读"和"背记"是走向后续理解的基础性要素,他说,"大抵观书,必先熟读,使其言皆若出自吾之口,使其意皆若出自吾之心"。另一位宋明理学大师王阳明也表达了同样的观点,"仅仅想去记忆,你就不能理解;仅仅想去理解,你就不能从内心深处回忆出真理的来源"[17]。综上可见,在中国学生心中,浅层学习似乎并不浅,它是通达理解的重要途径,是抵达内心澄悟的关键一环。换言之,"中国式"的浅层学习,其实恰恰是深层学习的"序曲""前奏"和"前提",它与深层学习是彼此交织、紧密融合的。

第二,中国学生的"浅层学习"还附含着"努力"的德行因素。在中国的历史文化传统中,诵读和背记并不仅仅是一种纯粹获知的方法,而且也包裹着与勤奋和努力相关的道德意蕴。布朗大学的李瑾教授说:"中国的儒家传统强调'学习美德'的观念,涵养美德和求知学习是一而二、二而一的同一条道路,……勤学苦记既是一种认知学习过程,更是一种德行生长过程。"[18]中国古代的荀子也强调,圣人的状态本质上需要通过持续性的努力才能不断达成,而这种努力就包含了诸如反复吟诵、博闻强记的所谓"浅层学习"过程。在西方人眼中,通达理解的关键是个人的悟性和资质,而艰苦的努力过程被认为是"无望的学习挣扎"。与此相反,对于中国的读书人而言,不经历艰苦背记的锻造和历练,就不可能真正抵达"内圣"与"悟道"的至高境界。由此可见,西方的"浅层学习"是一种与良好德行、个性、精神相剥离的纯粹认知行为,而这与东方"美德导向"的丰富学习文化格局相比,真可谓差异甚殊。

第三,中国贯通古今的独特考试模式也是塑造中国成功的融合型学习者的重要因素。

中国学生对通过考试取得优异成绩有着天然的浓厚情结,"蟾宫折桂""大魁天下"是中国读书人接受教育的终极梦想。在中国科举文化长久积习、持续熏染的影响下,中国的考试(包括现在的高考)历来都包含着"取仕"的要义,其目标是能够甄别出"治世""平天下"的"有德"之才。实现人生的现世价值,激励中国的读书人去"修身",去认真经历"格物、致知、诚意、正心"的艰苦求知和悟道的过程,并最终接受"考试"的检验,而这些考试"以经书为主,大约有43万字,充分掌握的前提是需要熟记背诵下来"[19]。时至今日,尽管中国的学校考试在内容、方法、目标上发生了变化,但中国传统的"取仕考试"和"经书学习"的文化精髓仍镌刻在国人的精神深处。家庭、学校、社会仍然不断强化着中国学生"举业至上"的心态[20],读书求取功名的思想热潮依旧拨动着每个学子的心弦,这一切都必然导致古代诵读、背记的"浅层"苦学模式仍然有着巨大的适用空间和现实生命力。

第四,中国学生融合性学习的特质还深深根植于中国传统的"和"文化之中。中国的"和"文化强调不同事物之间的融合统一、相互影响,"和"意味着关系的协调、整合和共生,这与西方的"实体""逻辑""规律"的理性文化形成鲜明对比。南京大学翟学伟教授直接指出,"关系"和"关系动力学"是理解中国社会的重要框架,中国人的动态性思维、包容性思维、不确定思维都指向对"和谐"境界的追求[21]。其实,在中国学生所感受到的"学习情境"中,不是哪种学习方法本身更好,而是什么样的学习方法与整体情境更加"和谐"与"一致"。偏执一端地纯粹采纳某种"学习方法",在中国学生眼中,也许就"很不策略""太钻死脑筋"。笔者曾经访谈过南京大学一名理科学生,请他谈谈对"中国书画鉴赏"这门他十分感兴趣的通识课程的学习情况。他说,"这门课讲得很好,我很有兴趣,并且在课上我也很认真地聆听和理解,但我不会花更多的时间去阅读和深挖。因为我的专业课压力很大,并且相比而言专业课对我更加重要,所以我需要花费更多的时间、精力在专业课上,……对这门通识课,我需要花最少的精力去通过考试就行,尽管我很喜欢这门课"。这个学生灵活地在深层和浅层方法之间游走,他既认真听讲和理解,也力图花最少的时间通过考试,这种典型的"融合性学习"取决于他对整体学习情境的考量与盘算。美国著名学者理查德·尼斯贝特通过大量的心理学实验证明,"东方人关注的是更加广阔的背景,要了解事物就要考虑情境中相互起作用的各种因素,这些因素相互影响,不是以简单必然的方式在起作用"[22]。在由考试压力、未来发展、外界环境、文化背景、个人特质等各种要素构筑的复杂交织的学习情境中,每个中国学生都在变通地、灵活地、整体地去考察情境中的各种要素及其关系,权衡利弊、盘算得失,最后构建出最优的学习方法组合,做出最具策略化的"融合性学习决策"。

本研究的结论在进一步展现中国学习者独特学习模式的同时,也折射出一种中国本土教育研究的必要性。具体而言,"跳出西方中心主义的学术框架"[23],展开面向中国学生、中国独特教育传统的深度研究,揭示中国乃至东亚文化滋养下新奇而丰富的教育景象,将是未来颇具价值和意义的研究方向。笔者在此所做的"融合性学习"研究,连带着笔者近年来陆续展开的"中国学生沉默学习研究"[24]"中国大学生的学习参与特征研究"[25],正在相互印证、彼此关联地勾勒出一幅愈加完整的中国学生的学习与教学概貌图。灿烂而悠久的东方文明,像基因一样根植和流淌在中国学习者的血脉深处。沃特金斯说:"我们之所以是我们,是因为我们经历的是一种基于文化的学习。"[26]中国的教育研究者们,理应肩负起挖掘、提炼乃至保存中国教育文化的重任,让承载着中国文化特质的学习模式被展现、被推广,让中国的教育研究真正回归到真实的中华文化土壤和中国情境之中,这样才能有力而深刻地发出中国自己的教育声音,贡献中国教育独特的智慧和力量。只有不断地在此方向上加以努力,我们才可能对加拿大著名学者许美德女士如下的发问做出信心满满的回答,即"在今天的全球化时代,中国教育界应当思考,我们为世界教育的发展究竟能贡献什么?"[27]

参考文献 ●●●●●●●●●●●●●●●●●●●●●●●●●●●●●●●●●●●

[1] 吕林海,龚放.大学学习方法研究:缘起、观点及发展趋势[J].高等教育研究,2012(2):58-66.

[2] Biggs J. Teaching for Quality Learning at University: What the Student Does [M]. London:SRHE & Open University Press, 1999:11-12.

[3] 付亦宁.本科生深层学习过程及教学策略研究[M].沈阳:辽宁教育出版社,2015:49-51.

[4] 杨院.大学生学习方式实证研究——基于学习观与课堂学习环境的探讨[M].北京:教育科学出版社,2014:61-67.

[5] Prosser M, Trigwell K, Hazel E, Waterhouse F. Students' Experiences of Studying Physics Concepts: The Effects of Disintegrated Perceptions and Approaches [J]. European Journal of Psychology of Education, 2000(1):61-74.

[6] [9] [10] Meyer J, Parsons P, Dunne T T. Individual Study Orchestrations and Their Association with Learning Outcomes [J]. Higher Education, 1990(20):67-89.

［7］［8］ Entwistle N J, Meyer J, Trait H. Student Failure: Disintegrated Patterns of Study Strategies and Perceptions of the Learning Environment ［J］. Higher Education, 1991, 21:246 - 261.

［11］ Marton F, Dall'Alba, Kun T L. Memorizing and Understanding: the Keys to the Paradox? In: Watkins D A, Biggs J B. (eds.) The Chinese Learner: Cultural, Psychological and Contextual Influences ［M］. CERC & ACER, 1996:80.

［12］ Marton F, Dall'Alba, Kun T L. Memorizing and Understanding: the Keys to the Paradox? In: Watkins D A, & Biggs J B. (eds.) The Chinese Learner: Cultural, Psychological and Contextual Influences ［M］. CERC & ACER, 1996:81.

［13］ 迈克尔·普洛瑟,基思·特里格威尔. 理解教与学:高校教学策略[M].潘红,等译.北京大学出版社,2007:71.

［14］ Webster B J, Chan S C, Prosser M T, Watkins D A. Undergraduates' Learning Experience and Learning Process: Quantitative Evidence from the East ［J］. Higher Education, 2009, 58:375 - 386.

［15］ Tabachnick B, Fidell L. Using Multivariate Statistics ［M］. Boston: Pearson, 2007:116 - 117.

［16］［17］ Lee Wing On. The Cultural Context for Chinese Learners: Conceptions of Learning in the Confucian Tradition. In: Watkins D A, Biggs J B. (eds.) The Chinese Learner: Cultural, Psychological and Contextual Influences ［M］. CERC & ACER, 1996:80.

［18］ 李瑾. 文化溯源:东方与西方的学习理念[M].张孝耘,译.华东师范大学出版社,2015:42.

［19］ 刘海峰,史静寰. 高等教育史[M].北京:高等教育出版社,2010:64.

［20］ 刘海峰. 科举考试的教育视角［M］.武汉:湖北教育出版社,1996:248 - 289.

［21］ 翟学伟.关系与中国社会[M].北京:中国社会科学出版社,2012:111.

［22］ 尼斯贝特.思维版图[M].李秀霞,译.北京:中信出版社,2010:前言.

［23］ 丁钢.全球化视野中的中国教育传统研究[M].桂林:广西师范大学出版社,2009:4.

［24］ 吕林海.转向沉默行为的背后:中国学生课堂保守学习倾向及其影响机制[J].远程教育杂志,2016(6):28 - 38.

［25］吕林海,张红霞.中国研究型大学本科生学习参与的特征分析——基于 12 所中外研究型大学调查资料的比较［J］.教育研究,2015(9):51－63.

［26］D. Watkins. Learning Theories and Approaches to Research: A Cross-Cultural Perspective. In: Watkins D A, & Biggs J B (eds.) The Chinese Learner: Cultural, Psychological and Contextual Influences ［M］. CERC & ACER, 1996:8.

［27］丁钢.全球化视野中的中国教育传统研究［M］.桂林:广西师范大学出版社,2009:5.

面向真实性学习的问题设计与模型开发*

李　妍

在过去的二十年间,真实性学习(authentic learning)已成为学习科学一个重要的研究课题。真实性学习衍生于情境认知学习,因其有助于学习者获得易于迁移至真实实践的知识而备受研究者青睐[1]。正如布迪厄所说,只有当学习者置身于具有真实实践逻辑的境脉中,像专家一样对概念和原理进行理解和建构时,所学习的知识才能在真实情境中获得意义,得到理解[2]。而当我们反思当今的教学实践时,却发现已被抨击多年的"学校学习脱离真实世界"、改变惰性知识的习得仍然是当今学校教学面临的困境,也仍然是目前被广泛研究而热议的焦点。实际上,这一方面是由于相关的教学设计与模型开发尚缺乏切实可行的操作性指导,另一方面,在实践领域也同样存在着教育体制的限制、外在评价的压力、教师对传统学习方式的认同以及自身领悟力、执行力和对复杂真实问题的研究操控力等问题。

在面向真实性学习的教学设计中,最为核心的要素是关于问题的设计。真实性学习的问题逼近于专家实践领域的研究问题,具有高认知复杂性、蕴含纵横交错的社会结构与关系,内化实践共同体特有的行为规范与价值观,还可能会涉及领域内的专业性工具及资源。那么如何来设计这种复杂而丰富的问题? 如何在满足知识学习的同时,回复(回归与恢复)知识产生与应用的真实境脉? 本研究将在对真实性学习及其问题的特征进行剖析的基础上,对真实性学习的问题设计理论、框架以及案例进行逐层深入的阐释与分析。

＊ 原文发表于《中国电化教育》2017 年第 9 期。

一、真实性学习的概念与要素

学习科学领域著名学者多诺万(Donovan)、布兰思福特和佩莱格里诺(Pellegrino)将真实性学习定义为:允许学生在涉及真实世界的、与学习者关联的问题和项目的情境脉络中进行探索、讨论和有意义地建构概念和关系[3]。实际上,真实性学习不仅具有认知的价值,相对于传统课堂学习而言,它更强调的是学习者的身份建构[4]。在真实性学习中,学习者有机会参与及体验专家的工作与认知旅程,通过体认理解学科内在的认识论与知识结构,同时也在实践共同体的话语、价值观、规范及社会关系的互动中发生着从实践共同体的边缘参与者向核心成员逐渐过渡的身份构建[5]。

综合众多研究者的观点,真实性学习往往包含以下几个要素:真实的境脉、开放的任务、类似专家的行为、实践专家的参与、多重观点与角色、清晰表达与反思、指导与支撑以及真实性评价[6][7]。

真实的境脉是真实性学习的重要指征[8]。真实性学习是对真实世界中专家工作的高度模仿,而境脉恰恰是专家工作产生与发展的重要元系统。与任务相关的人物和利益相关者,及其背景、想法和目标,以及组织氛围、结构与规范、环境中的历史和文化限制,预期的产品,所使用的工具等都可能会包含在境脉中。当我们在观察真实世界中的学习时,会发现真实性学习的任务通常是开放的、结构不良的、松散界定的,学习者可以自由地界定任务及子任务,并且发展多种解决方案,同时这种真实性任务很多又是跨学科的。真实性学习环境需要为学习者提供像专家一样思考的机会,让学习者接触不同层面的专业知识以及实践共同体中的社会性关系与互动,观察真实生活中发生的点点滴滴(real-life episodes)[9]。所以说,我们在设计真实性学习时,往往会邀请一些实践专家参与,这不仅是对学习者问题解决和识知过程的有效支撑,同时也可以在潜移默化中将专业精神与文化、工作使命与态度渗透给学习者。真实性学习通常采用协作的互动方式,鼓励学习者从不同的角度探索任务并思考不同的观点,在反复多次地穿梭于学习环境的过程中,学习者对知识的理解逐渐地走向深入并精制化[10]。而在这个过程中,清晰表达和反思是非常重要的,通过让学习者清晰地表达自己的观点,促进其对知识结构的调整与整合,并在反思中比较与思考他们与专家之间在完成整个问题解决时的差异和不同。如同其他建构性学习一样,真实性学习需要来自教师、同伴与专家的指导和支撑。实际上这种支撑很多时候也来自对学习环境中其他要素的设计，如，对专业性工具的改造。此外，真实性学习特别强调评价要与成功解决问题直接相关，无缝链接。

二、真实性问题的特征

乔纳森在自身研究的基础上，同时综合史密斯和梅耶、维特罗克的研究曾提出界定问题的三个变量：结构性、复杂度和领域性[11]。结合自身的理解，我们将尝试对以上三个变量进行解读。

1. 结构性

结构性是已为熟知的问题属性。相对于课本上的结构良好问题，存在于专业实践中的问题大多是结构不良的。这就意味着有些问题要素是未知的，需要从业者在问题解决的过程中逐渐地加以识别与探索。同时问题的解决方案也是开放的、多元的，在专业实践领域甚至有时会碰到问题无解的情况。因为问题的开放性，个体采用的问题研究路径可能不同，所用到的概念、规则和原理可能都不是固定的，围绕着几个核心的概念，其涉及的知识网络分支都会有所不同。

2. 复杂度

复杂度是指问题在构成部分的数量、清晰度和稳定性等方面存在差异。专业实践领域的问题涉及的要素很多，并且有些要素是内隐的，需要从业者去发现和挖掘，而且任务的环境和要素随着时间的变化而不断变化，具有明显的动态性，这正是问题复杂性的高度体现。真实世界的复杂问题更难以解决，是因为其包含了更多的认知操作，建模问题及生成解决方案的过程需要协调多个要素，大大增加了工作记忆的负荷。

3. 领域性

领域性则是从抽象—境脉这个角度来讲的。当前关于问题解决的研究和理论强调问题解决技能具有领域和境脉特殊性。专业实践中的问题解决活动通常是嵌入式的,依赖于情境的,需要运用相关领域中特定的认知操作技能和操作方法。同时,对境脉性知识的掌握与感知又是决定知识能否被迁移的重要因素。真实的问题通常被多重境脉元素所包围,正如前所述,包括物理的、文化的、历史的等一系列信息,而其中有些是与问题解决相关的,有些则是无关的,然而这些无关的信息常常又是不可或缺的,缺失了这些信息,问题往往也就失去了其现实生活的本真性。

三、真实性问题设计的理论基础——活动理论

事实上,真实性问题就隐含于人类的实践活动中。本研究以活动理论作为真实性学习中问题设计的主要理论依据,并结合问题设计所需考虑的其他方面提出设计模型。

1. 活动系统的基本观点

活动理论起源于康德和黑格尔的古典德国哲学、马克思的辩证唯物主义和维果茨基、列昂捷夫、鲁利亚等心理学家的社会文化和社会历史的传统[12]。它是研究不同形式人类实践的哲学框架,包括个体层面和社会层面。

活动理论认为意识与活动是统一的。在活动理论看来,思维不能独立于活动而存在,在活动中思维得以激发和内化,同时思维又推动着活动的发展。尊崇活动理论的教育研究者则认为,有意义的学习一定发生在真实的实践活动中。作为连接学习者与真实世界的中介,活动发挥着重要的作用,学习者也正是在体验和参与活动的过程中生成对世界的认识与理解,并建构相应的知识[13]。相对于知识而言,活动理论更加关注人们参与的活动以及他们在活动中使用的工具的性质和活动中合作者之间的境脉关系、活动的目标和活动的结果。同时,活动理论也为教学设计者提供了一个设计、评价境脉中任务的框架[14]。

2. 活动系统的要素、子系统与结构

活动系统强调意图性、社会性、文化性、历史性和矛盾性。当我们分析一个活动系统时可以从六个方面入手,即活动系统的六个要素,主体(个体或是群体)、客体(往往与活动

的目的和结果相关,是主体改造或生成的对象)、共同体(与活动相关的群体,因为一个活动而聚集在一起,同时每个个体又可能同时是其他共同体的一员)、分工(共同体成员之间的责任与角色分配)、法则(共同体共享与遵守的规则、惯例和文化等)和工具/符号(主体作用于客体时的任何东西,如有形的工具、无形的方法以及领域内的专业术语与符号等)[15]。

而这些要素又是如何相互关联和相互作用的呢? 有学者将活动系统划分成了四个子系统,包括生产子系统(代表了主体、客体与工具/符号中介之间的互动关系)、消耗子系统(活动系统内的消耗主要来源于主体作用于客体时的能量和资源耗费,以及个体处于不同共同体之间的抵触作用)、分配子系统(成员之间的分工机制)、交流子系统(共同体内部规则、规范的协商与限制)。活动的六个要素穿插与交叠在四个子系统中,而子系统则从不同的角度和层面描述了各要素之间的互动关系。

以上六个要素是从横向的角度对活动系统加以剖析的。从纵向的角度,活动系统又包含了活动、行为和操作三层结构,它们之间是层层包含与从属的关系。活动包含若干行为,而行为又是由若干操作所组成的。例如,制作研究报告只是问题解决活动系统中的一个活动,而该活动又包含子问题分析、资料搜集与分析、讨论交流与撰写报告等行为,而更加基础性的电脑文字输入则是操作。

3. 活动系统对真实性学习问题设计的指导意义

对于真实性学习而言,实际上,问题就产生并发展于活动系统之中。随着活动系统中矛盾的不断涌现与发展,问题境脉中的各个要素也在持续地动态变化中。因此,可以从活动理论的六个要素、四个子系统以及三层活动结构对问题所在的活动系统加以解剖和分析,并在此基础上组建、恢复问题产生的境脉,呈现给学习者相对完整的、符合事物发展规律的、有着类似真实世界物理与社会关系的学习任务。

这里,我们同样关心的另一个问题是如何处理知识的学习与活动系统的关系。实际上,领域知识的学习应该且必须渗透在学习者对活动的参与和问题的解决之中。正如佩莱格里诺在《复杂学习环境:连接学习理论、教学设计与技术》一文中所指出的:知识与技能对学习者来说非常重要,而且处于核心位置。实际上,基于问题的学习正是深度知识学习的承载体,其赋予了知识与技能"什么时候(When)""为什么(Why)"和"怎么办(How)"的条件性因素,从而促进了知识在其他情境中的迁移。

四、真实性问题设计模型开发

实际上,基于活动理论设计问题主要是考虑到知识应用境脉的丰富性以及蕴含学习发生的物理与社会关系的复杂性和真实性,所以在对问题本身进行设计时,需要考虑知识产生与应用的活动要素以及要素之间的关系[16]。除此之外,在进行问题活动设计的同时,需要进行问题相关的知识设计,设定知识领域,分析学习者先拥知识,构建与问题解决相关的知识结构。本研究提出的问题设计模型如图 35.1 所示。

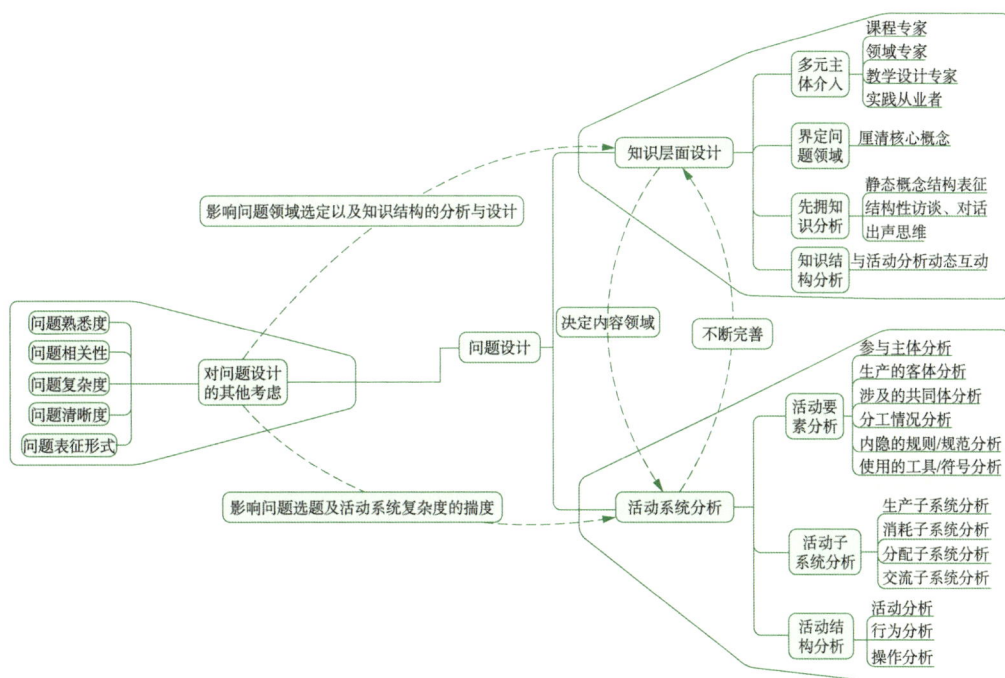

图 35.1　问题设计模型图

1. 知识层面的设计

知识层面的设计与活动系统的设计是穿插交错进行的。整个过程需要课程专家、领域专家、教学设计专家以及实践从业者之间的紧密合作。问题设计的初始,首先需要对问题所在的领域进行界定,并由课程专家与领域专家厘清一组核心的概念。实践从业者则根据这组核心概念在真实世界的实践领域寻找应用该组核心概念的问题,并通过与教学设计专家的交谈以及给出的提示,对问题所在的活动系统进行分析和描述。知识结构的分析建立在具体的问题解决基础之上。问题境脉的丰富性以及问题的难度也决定着问题解决所依托的知识结构体系。因此,在实践从业者对真实世界的问题进行分析及复述之后,还需要领域专家、课程专家和教学设计专家的介入,根据学习者认知发展阶段以及先拥知识的掌握情况,与实践从业者共同对问题再进行精细加工。这其实也是仿真的过程,如对问题境脉复杂性的考虑。经过从业者对原始问题的呈现,领域专家、课程专家、教学设计专家和从业者对问题的打磨,最后呈现给学习者的将是适合他们探究与解决的问题。而此时,领域专家和课程专家才最终完成了对所需知识结构的分析。

这里,对于学习者先拥知识的分析,我们可以采用静态概念结构表征以及结构性访谈、对话和出声思维等方法。静态概念结构表征即是将知识体系用结构图的方式表述出来,这既可借助于传统的纸笔,也可借助于一些表征工具,如 Inspiration、Mindmanager等。结构性访谈、对话和出声思维法则需要设计者或者教师用事先准备好的问题与学习者进行交谈,这里问题的选择应该与即将启动的真实性学习的问题解决直接相关。在先拥知识分析的过程中,设计者可以掌握学习者对问题解决所需知识的掌握程度,比如知识本身是否缺失、知识结构的逻辑是否有误、日常概念与科学概念是否混淆等。

2. 问题活动系统的分析与设计

由于活动理论与建构主义、情境学习、分布式认知、基于案例的推理、社会性认知和日常认知的基本假设相似[17],因此,乔纳森曾提出用活动理论设计建构主义学习环境(Constructivist Learning Environments,CLEs)[18],并为 CLEs 的需求、任务以及结果分析提供指导。进而,他提出了基于活动理论设计 CLEs 学习任务的六个步骤:(1)阐明活动系统的目标;(2)分析活动系统本身;(3)分析活动结构;(4)分析工具和中介;(5)分析境脉;(6)分析活动系统的动态性[19]。在对乔纳森相关观点进行解读的过程中,我们发现,乔纳森对活动系统的分析主要关注三个活动要素的设计,即主体、客体和共同体。在对境脉分析的阐述中,他指出境脉不仅是内在的,也是外在的。即境脉不仅包含了利益相关者的意图、动机、价值观,同时又在他们与客体、其他利益相关者及环境的互动中不断地生成出来。活动本身是由境脉决定的,同时又决定着境脉。因此,他在对境脉进行分析时,提出诸如分析"工作群体的信仰、假设以及他们常用的方法""有益于或无益于主体完成工作的工具"等。而实际上,这些因素在"共同体"和"工具/中介"分析中也被作为重要的方面加以解析。其实,正如布朗等人所说,境脉应该是包含一切的(all-embracing)[20]。主体、客体、共同体、工具/符号、分工、规范等一系列活动要素及其之间的关系共同构成了完整的境脉信息。乔纳森的六个分析步骤之间存在着某种重叠和交叉,因此我们在乔纳森相关研究的基础上提出如下的问题活动系统分析模型,该模型包括活动目标、活动要素、活动子系统和活动结构四个层面的分析,并将对境脉、动态性等因素的考虑渗透入这四个层面的分析之中。

明确活动系统的意图,分析推动活动系统向目标状态发展的驱动力是分析活动系统时的首要因素。活动的意图实际上就是将要呈现给学习者的问题,而活动发展的驱动力则可能会受到活动主体的动机以及活动系统本身内在与外在矛盾等方面的影响。

接着,我们将对活动系统的组成部分进行剖析,将各要素中的关键点抽出,以使得整个分析变得切实可行。对活动主体的分析包括:活动中涉及哪些人物? 这些人物在活动中的角色是怎样的? 他们的信仰是怎样的? 具有哪些技能? 他们对目标的预期是怎样的? 对活动客体的分析包括:需要制作哪些产品? 评价这些产品的标准有哪些? 在生产这些产品的过程中是否存在一些困难? 整个过程是否可行? 对共同体的分析包括:活动中的共同体都有哪些? 影响活动发生、发展的共同体的观点、信仰与价值观有哪些? 与活动相关的社会互动结构是怎样的? 这些共同体的内在持久性怎样? 可能会存在哪些因素造成这些共同体的瓦解或凝聚该共同体的成员? 对分工要素的分析,则可以考虑,与任务相关的角色都有哪些? 他们各自承担怎样的责任? 需要完成哪些任务或工作? 随着时间的变化,活动中的角色有哪些变化? 对法则的分析将涉及:隐藏在活动背后的规则有哪些? 是谁或哪些群体制订了这些规则? 这些规则对于任务而言有哪些影响? 对工具/符号的分析包括,活动中将用到哪些工具? 这些工具是专业性的还是非专业性的? 它们各自的功能是怎样的? 问题的描述中将用到哪些专业术语或符号? 这些专业术语或符号是已为学习者熟知的还是未知的?

再次,需要进一步分析互动的子系统,包括生产子系统、消耗子系统、分配子系统、交流子系统,这个阶段在厘清了活动要素之后要判断他们之间的互动关系和可能存在的矛盾,如主体为了生产客体是怎样与工具、符号以及其他中介互动的? 这些工具对于主体作用于客体而言产生了哪些作用? 随着活动的发展,所使用的工具有哪些变化? 会出现哪些新的工具? 哪些工具将退出历史舞台? 主体为完成任务必须掌握的信息有哪些? 将用到哪些资源? 问题中呈现的信息是解决问题所必需的吗? 在解决问题的过程中,这些信息和资源是如何被使用的？主体的活动目标与其他群体的目标有哪些一致性和冲突性？主体以外的共同体是如何来看待这项活动的？利益相关者之间或共同体之间是否存在意见冲突或矛盾？这些因素是如何影响活动发展的？活动系统中的角色是如何分配的？是谁决定了这些角色的分工？这些角色的持久性怎样？共同体中的规则和规范是怎样协商的？这些规则、规范是怎样作用于活动系统的？违反了共同体内在的约定将会受到怎样的处罚？共同体间通过何种工具或中介相互沟通与交流等。

此外，对活动结构的分析也是非常重要的。在分析活动结构时，可以考虑诸如问题解决的过程包含哪些活动？主体在不同的历史阶段参与的活动将发生哪些变化？主体在完成每一个活动的过程中需要发展哪些行为，进行哪些操作？实际上，这也正是学习者在问题解决、达成活动目标时所需要经历的整个活动过程，以及所需要完成的各种行为、进行的各种操作。活动结构决定了问题操作空间。通过各种要素的设计推动学习者参与到这些活动操作之中。

3. 问题设计所需考虑的其他方面

除了上述谈及的问题设计方法之外，作为设计者还应考虑诸如问题的熟悉度、相关性、复杂度、清晰度以及表征形式等因素[21]。问题的熟悉度考量的是学习者对问题情境、要素以及相关知识的了解程度。完全陌生的、专业领域的问题对处于基础教育阶段的学习者显然是不合适的。更多的是，我们应该找寻那些存在于真实世界、贴近学习者日常生活的问题。问题的相关性关乎学习动机，决定着学习者的投入与参与程度。这就要求我们选择那些学习者关注的、与他们有着较高利益相关性的问题。复杂度主要关注的是问题境脉信息以及知识结构复杂程度。问题是从简单到复杂的连续统，问题的境脉也是一样，表现为从简单到复杂的递进。对于新手来说，境脉信息太过复杂不宜识别问题和解决问题所需的信息。因此，对于问题复杂度的把握要建立在对学习者分析的基础之上，包括学习者对基于问题的学习方式的熟悉程度以及对内容和境脉信息的先拥知识等。问题的清晰度表明的则是问题的指向性，问题的目标状态是否清晰明确。最后，关于问题的表征形式，问题是以什么方式呈现给学习者的？是文字描述、文图结合还是视频录像？我们并不能说某一种或某几种方式更好，实际上这最终取决于问题的性质和内容。

五、案例设计与分析

在生活环境日益严峻的今天，如何提高学习者的环保意识显然已成为一项重要的教育议题。本研究设计的案例正是基于真实存在的环境问题，为当前小学阶段综合实践活动课设计的问题导向的学习。以下将在呈现整体问题的基础上对问题的设计进行分析和解读。

1. 以垃圾分类为主题的真实性问题设计

最近，就读于智尚小学（化名）的四年级学生王梓轩（化名）遇到了一件烦心的事。三个月前，王梓轩的爸爸王博怀（化名）偶然得知距离其居所大约 2 公里处有一个大型的垃圾焚烧厂，这让他觉得很不安。最让王博怀担心的是，垃圾焚烧所带来的二噁英排放，这是国际上在垃圾处理问题中争论的焦点。二噁英被国际癌症研究中心列为人类一级致癌物，其毒性比砒霜大 1 万倍，注入人体 35 μg 即可致死。实验证明，二噁英不溶于水而溶于脂肪，一旦进入人体，就会长久驻留，会损害多种器官和系统，并可透过间接的生理途径致癌。而且二噁英检测难度较大，检测费用较高，一个样品的分析测试就需花费近万元人民币；再加之我国能够检测二噁英的实验室极少，目前仅有中科院武汉水生生物研究所以及北京大学的二噁英研究实验室能够检测。这对于实时监控垃圾焚烧中的二噁英排放带来了极大的困难。

王博怀在和一位朋友的电话中谈起了自己的忧虑，他曾想过为了家人的健康搬至他处，但是经过对当前房价的考察，他不得不放弃了这个想法。他的朋友建议是否可以将这个问题向政府反映，了解是否有可解决的途径。王博怀想了想，打算先了解其他社区居民的意见。他在社区论坛上发了一个帖子，立即引起了社区居民的极大反响，居民们为自己和家人的健康感到非常担忧，同时认为垃圾焚烧厂建在居民区实在不合理。经过几次碰头会议，居民们决定一起去与市政府和市环保局沟通，并联名致信建议该垃圾焚烧厂搬迁。政府部门认真听取了居民们的意见，并对垃圾焚烧厂搬迁的可行性进行了慎重的考虑和调研。由于新厂选址所带来的一系列问题，如新厂周围居民的意见、建厂及设备搬迁的费用、垃圾运输的成本增加、由于工作地点偏远导致员工补贴支出的增加等，市政府决定暂时还不能考虑垃圾焚烧厂搬迁的事宜。

获知结果的王博怀和社区居民们有些失望,他们试图寻找其他可行的解决方案。居民们发现,实际上,严格进行垃圾分类便可以从源头上减少垃圾焚烧总量。自 20 世纪 70 年代起,日本在全国大力推广垃圾焚烧,焚烧厂的数量一度占到全球的 70%,60% 的城市固体废弃物通过焚烧处理。然而到 90 年代,日本大气中测得的二噁英水平达到了其他工业国家的 10 倍,空气与土壤中的二噁英含量均严重超标。于是日本转变了垃圾处理的思路,颁布实施了一系列法律,以个人与家庭为单位,实行垃圾分类,从源头上减少垃圾。2008 年,东京的垃圾年产量相比 20 年前减少了一半,而这也导致东京的 25 座垃圾焚烧厂中有 10 座因无垃圾可烧而关闭。看来宣传垃圾分类的知识并让市民身体力行是目前最具操作性的解决方案。王博怀和居民们决定由点及面地开展此项工作,从自己所在的社区及周边垃圾焚烧可能波及的社区入手,进行宣传和落实。他们一边了解垃圾分类的相关知识,一边向社区工作站求助,获得了这些社区的人口数量、分布与人员构成等信息,打算针对不同的对象群体设计和选择最优的宣传方法和途径。同时,他们又联系了传媒公司和环保局,就宣传材料的制作和分门别类的垃圾桶制作与安置等问题进行了探讨,这个过程中他们考虑到了宣传效果、成本支出等因素。作为整个事件的目击者,王梓轩决定发动其他的小伙伴,为改善自己的生活环境出一份力,整理垃圾分类的信息,提出自己的宣传方案并制作宣传产品。

2. 关于上述问题设计的分析

在以垃圾分类为主题的真实性问题的设计中,我们实际上是应用了上面提出的真实性问题设计模型作为分析与设计的框架。以下将从知识层面设计、活动系统分析以及其他问题因素的考量三个方面对该问题案例进行解析。

(1) 知识层面设计

首先,在对该综合实践活动课程的主题选择中,我们与教师结合当今社会备受关注的生态问题,选定了环保的主题。接下来,我们根据这一主题组建专家团队,包括科学课程专家,环境保护专家与教学设计专家。在结合学习者年龄阶段、实际学业水平以及问题与是否贴近学习者生活(因为该小学所在的地区就在距离垃圾焚烧厂大约 3 公里处)等因素的考量后,经教师及专家团队的讨论,将问题进一步聚焦在垃圾分类上,并对垃圾分类的大概念知识网络进行分析。同时,选定环保局的工作人员作为实践从业者,围绕与垃圾分类相关的核心概念对曾经真实出现的实践案例进行选取。随着问题设计的进一步演进,我们想到的是对于学习者而言,好处不仅仅在于他们自身环保意识的提升,同时也能够使他们的活动惠及社会,能够对解决真实存在的垃圾污染问题有所推进,增强其社会性价值,从而衍生出了社区居民的宣传问题,如对宣传材料的设计与制作,以及在此过程中可能包含的对社区居民的宣讲活动等。因此,在问题的设计过程中,我们又将媒体宣传专家引入进来,进一步完善与解决垃圾分类及常识宣传相关的知识网络,为学习者的问题解决提供支撑。

(2) 活动系统分析

以下,我们将从真实性问题设计模型中的活动系统分析层面对该案例相关信息进行分析。在与环保局工作人员的讨论中,我们尝试从活动的六个要素、四个子系统的互动关系以及活动的三层结构对其进行引导,以此回复(回归与恢复)问题发生与发展的丰富境脉,比如,在垃圾焚烧事件中涉及哪些人物?存在哪些利益相关的共同体?他们各自持有什么样的观点和态度?有哪些内在的规则和活动模式会影响事件的发展?这些规则又是如何形成的?

环保局工作人员在对垃圾焚烧及垃圾分类案例的回顾和陈述中,更多的信息是以描述故事或者事件的形式呈现的,比如居民的焦虑情绪,因需扩建或新建垃圾焚烧厂曾出现居民群体抗议事件,政府召开居民听证会、座谈会,居民赴垃圾焚烧厂实地考察事件等。往往环保局的工作人员可能会将与该案例相关的信息一并道出,呈现出来的信息往往是描述性的、散的。而其中,有些信息需要在问题中加以呈现,有些信息则不需要呈现,比如,垃圾焚烧抗议事件、听证会及实地考察等信息,在问题中就没有加以呈现。因此,这就需要我们做好信息记录,并与教师、科学课程专家、环境保护专家以及教学设计专家根据学习者的可接受与理解的程度以及是否有必要呈现在问题中对问题呈现的信息进行转化、梳理和整合。

活动的目标应该优先确定,在这个案例中,活动的目标是让学习者学习垃圾分类的知识并能够制定科学可行的宣传方案,产生实际的社会价值。在现实生活中,一个问题目标的最终呈现,往往来自若干因素的影响以及若干事件的铺垫,这是真实性问题的一个重要特点。因此,在该案例中对于问题目标的呈现也经过了抽丝剥茧的过程。实际上,活动的目标在问题展现初始并不明确,主人公王博怀只是希望能够减轻对自身生活与健康的伤害,所以他做出了一系列的尝试,如房屋置换、与政府部门沟通等,虽然这些信息对最终的问题解决并不是必要的,却反映了问题的真实性以及事件演进的真实过程。

随后,我们根据环保局工作人员给出的信息,对呈现给学习者的问题信息进行整合。该案例中所涉及的活动要素、活动子系统和活动结构分析如下。在这个案例中,涉及王梓轩、王博怀以及社区居民等人物(主体)的一些日常活动,最终将拿出一份关于垃圾分类的宣传方案作为产品(客体)。整个问题的呈现,穿插着关于垃圾焚烧的危害、如何减少二噁英排放等背景信息,以此增强学习者对问题的重视与投入,以及合理地抛出问题。问题中涉及了多方共同体,如政府部门、王博怀所在的社区以及广告传媒公司,而每一个共同体都有着固有的规则、信仰与价值观。如政府部门在考虑垃圾焚烧厂能否搬迁时需要权衡方案的可行性以及各方利弊;社区居民则本能地会从自身利益出发,希望能减少对自己健康的伤害,最大化地保障个人利益,而他们在与广告传媒公司合作时则又必然会考虑宣传的效果和成本支出;对于广告传媒公司来说则需要努力在客户满意度与公司效益之间达到平衡。在真实的境脉中,主人公王博怀是怎样从最初获知垃圾焚烧厂的存在到最后决定对垃圾焚烧知识进行宣传,整个思想与活动过程的演变均穿插在问题的呈现之中,这实际上隐含了对活动结构的分析。对部分工具的表述也渗透于问题之中,但更多的工具则是学习者在实际的问题解决过程中即将涉及的,如社区居民人员分布与构成材料(用于对宣传对象的分析)、关于垃圾焚烧以及导致二噁英产生的关键因素的材料(作为问题呈现的补充,这对垃圾分类的研究是关键的,因为不同的目的将导致不同的垃圾分类标准)、市民对垃圾分类的态度以及为何难以实施的材料(作为问题呈现的补充)、网络搜索工具、信息采集工具(如摄像机、照相机、录音笔,用于采集素材制作展板或者视频等)、方案文本制作工具等。

(3)对问题设计的其他考虑

除了对问题设计所隐含的知识层面以及活动系统进行分析外,我们在设计问题时还需考虑问题对学习者而言的相关性、熟悉度以及问题的复杂度、清晰度和表征形式等因素。在这个案例中,需要解决的问题实际上是与学习者自身息息相关的,学习者就读的学校和居住地都距离垃圾焚烧厂不足 3 公里。其次,垃圾分类的概念对于小学生而言并不陌生,其实是渗透在他们日常生活中的,如随处可见贴有不同垃圾分类标志的垃圾桶等。在问题的设计中考虑到学习者可能缺乏部分专业知识,加入了对学习者的"提示",如应对宣传对象的群体特点、宣传途径与效果以及成本支出等因素加以考虑。同时,对于问题的呈现也采用文字与图片相结合的方式,以符合小学生的认知发展规律与特点。

参考文献 ••

[1][8] Michael Spector, David Merrill, Jan Elen, Bishop. Handbook of

Research on Educational Communications and Technology (4th Ed) [M]. New York: Springer Science+Business Media, 2014:401 - 412.

［2］赵健,裴新宁等.适应性设计(AD):面向真实性学习的教学设计模型研究与开发[J].中国电化教育,2010(10):6 - 14.

［3］郑太年.真实学习:意义、特征、挑战与设计[J].远程教育杂志,2011(2):89 - 94.

［4］赵健.学习共同体:关于学习的社会文化分析[M].上海:华东师范大学出版社,2006.

［5］［9］ Barab S A, & Hay K E. Doing Science at the Elbows of Experts: Issues Related to the Science Apprenticeship Camp [J]. Journal of Research in Science Teaching, 2001,38(1):70 - 102.

［6］基思·索耶.剑桥学习科学手册[M].徐晓东,等译. 北京:教育科学出版社,2010:389 - 409.

［7］［10］ Young Hoan Cho, Imelda S Caleon, Manu Kapur. Authentic Problem Solving and Learning in the 21st Century: Perspectives from Singapore and Beyond [M]. Singapore: Springer Science+Business Media, 2015:41 - 56.

[11] Jonassen D H. Toward a design theory of Problem Solving [J]. Educational Technology Research and Development, 2000,48(4):63 - 85.

[12][15][17][美]戴维·乔纳森.学习环境的理论基础[M].郑太年,任友群,译. 上海:华东师范大学出版社,2002:84 - 112.

[13] 张静静,安桂清.学校场域中儿童整体人格的建构:第三代活动理论的视角[J].教育研究与实验,2015(6):17 - 21.

[14][18] Jonassen D H, Tessmer M, Hannum W H. Task Analysis Methods for Instructional Design [M]. Mahwah, NJ: Lawrence Erlbaum Associates, 1999.

[16] Norbert M S, Sanne D. Curriculum, Plans, and Processes in Instructional Design (international perspectives) [M]. Mahwah, NJ: Lawrence Erlbaum Associates, 2004: 10.

[19] Jonassen D H, Rohrer-Murphy L. Activity Theory as a Framework for Designing Constructivist Learning Environments [J]. Educational Technology Research and Development, 1999,47(1):61 - 79.

[20] Beswick K. Putting Context in Context: An Examination of the Evidence for the Benefits of Contextualized' Tasks [J]. International Journal of Science

and Mathematics Education, 2011(9):367 - 390.

[21] Hung W. Theory to Reality: A Few Issues in Implementing Problem-based Learning [J]. Educational Technology Research & Development, 2011, 59(4):529 - 552.

36

基于复杂学习的高考应答心智建构指导策略*
——以广西高考 2019 年化学试题为例

黄 都

高考试题旨在测量考生的学科核心素养,区分考生不同的学科水平,有效促进考生真实/复杂情境中的认知加工和问题解决心智建构。应答心智建构的复杂性主要体现为信息负荷总量大、干扰信息影响大、信息重组强度大、知能迁移要求高、应答速度要求快。倡导 4C/ID、整体认知、原型迁移、远离平衡态以及优化认知负荷的复杂学习教学设计模型,能有效化解考生高考应答心智建构过程中普遍存在的观念模糊、思维定势、逻辑失控、本质失察等问题。下面笔者以广西高考 2019 年化学试题为例,谈谈基于复杂学习的高考应答心智建构指导策略。

一、广西高考 2019 年理科综合全国Ⅲ卷化学试题的"真实/复杂情境"特征及具体表现

根据国家近年来有关高考考试内容改革的指导意见以及教育部考试中心确立的"一核四层四翼"高考评价模型,2019 年广西高考理科综合全国Ⅲ卷化学试题在结构上体现了"真实/复杂情境中的认知加工和问题解决"这一关键特征,具体表现在以下两点。

---

* 原文发表于《广西教育》2019 年第 11 期。

1. 彰显绿色、高效和创意化学思想，大量使用化学物质的转化、制备、合成、再生、应用等真实素材

全卷共 12 道题，除了在原子共面、弱电解质电离、微粒数计量、元素周期表/律等基础知识考查中有 18 分采用了非实践类情境，其余 82 分试题均采用了来自生活、生产和科研实践的真实/复杂的化学情境。试题中真实/复杂的化学情境包括：高铁建设中合金的使用，太阳能发电中硅晶体的使用，消毒剂碘酒，吸附剂活性炭，离子交换净水器，高效 3‑D 锌电池，实验室制备次氯酸、氧气、二氧化硫、乙酸乙酯，高纯度硫酸锰制备，阿司匹林药物合成，氯气再生方法，锂离子电池正极材料磷酸亚铁锂（$LiFePO_4$）的合成材料结构解析，基于 Heck 反应的氧化白藜芦醇 W 合成。以上情境素材彰显了浓浓的化学教育功能：首先，在日常生活中正确选用和使用化学品，是每一个公民科学态度与社会责任素养的综合体现；其次，在实验教学中的简洁、实效、创新举措，是师生必备的科学探究和创新意识素养；最后，主动参与化学工程研讨、化学发明、新物质合成、新方法研发等化学实践创新前沿课题，是每一个未来化学学习与研究者的必备品格和关键能力。以上教育功能既为化学教学指明了方向，也为甄别、选拔未来国家建设所需的化学基础人才提供了量规。

2. 设置科学性、技术性、解释性、设计性和算法性问题，实现测量评价模型中的基础性、综合性、应用性和创新性目标

科学性问题包括日常行为或实验行为是否符合化学原理，是否物尽其用、名实相符等问题。比如：用活性炭来消毒，可以吗？碳酸钠溶液或碳酸氢钠溶液可以作为溶剂吗？饱和亚硫酸钠溶液可制备少量二氧化硫吗？

技术性问题包括为达成特定生产、实验目的而采用的物质分离、提纯、反应条件控制等技术问题。比如：用什么加热方法可满足受热均匀、反应温度不太高的实验需求？在一定温度下，如何提高可逆反应中某种反应物的转化率？如何调节 pH 值，使溶液中的金属阳离子分步沉淀？有机合成产物纯化的方法是什么？操作步骤是怎样的？

解释性问题包括解释化学合成工艺中所采用步骤、技术、仪器、方法、试剂的理由，或者从结构的角度分析、解释物质性质差异的缘由等问题。比如：为什么用 MnF_2 除去 Mg^{2+} 时，酸度不宜过高？为什么要用冷水来分离有机酸合成产品？为什么进料比不宜过高或过低？为什么结构相似的有机物,熔沸点差异却很大?

设计性问题包括基于分析完善现有化学合成路线或独立设计合成路线的问题,而合成路线设计实质上就是实验方案设计。比如:化工流程中酸浸、沉淀、除杂、洗涤分别用什么试剂? 如何利用特征反应实现目标产物的有效合成?

算法性问题指的是化学计量方法在实际问题解决中的应用。比如转化率、化合价、质量分数、晶胞密度、平衡常数等有关计算。

上述五类问题整合于真实、复杂的生产与科研情境,设问源于实践者实际遇到或需要明晰的问题,不偏不怪,不"穿靴戴帽",且设问有梯度、有意义,考生需要综合调用已有知识和经验、排除干扰信息、识别关键信息、再生或创造新的认知模型来解决上述问题。这样的问题,让不同能力水平的考生均有得分点,既体现了命题的基础性,又体现了命题的综合性、应用性和创新性,而其中的综合性、应用性和创新性"三性"可用于区分较高能力水平的考生群体。高考试题中考查高阶思维的设问,具有信息负荷总量大、干扰信息影响大、信息重组强度大、知能迁移要求高、应答速度要求快等特征,体现了复杂学习的基本属性。因此,考生备考和解答高考试题的过程,都是复杂学习的过程。

二、广西考生在化学试题应答过程中存在的心智建构问题

今年的高考化学试题应答过程,需要破解"两新两老"的问题,分别对应试题的理解和应答。所谓"两新两老",指的是新情境、新理解、老问题、老方法。全面、正确地理解新情境,是成功答题的第一关(理解关);运用已经训练过的老问题及其解法来撰写答案,是成功答题的第二关(应答关)。综观我区考生在今年高考理综卷化学试题中的答题情况,可知观念模糊、思维定势、逻辑失控和本质失察是导致考生出现高考应答障碍的主要因素。

1. 观念模糊

在高考应答过程中观念模糊的考生,通常表现为对试题中的基本概念理解不清、区分不明,对事实性知识辨识度不高、确定性不强,对程序性知识目的不清、手段不明。多数化学知识处于前结构水平或单点结构水平,未加以关联、比较、分辨和整合。例如第 27(5)

题,很多考生其实是知道"固体经纯化得白色的乙酰水杨酸晶体 5.4 g"这一过程是将上一步得到的粗产品在较高温度的溶剂中溶解,然后降温使之重新析出,得到纯度更高的精产品,但就是记不清这一过程叫做"重结晶"。之所以出现以上观念模糊现象,根源在于考生在学习或复习过程中未对重结晶方法的适用条件、操作过程进行剖析,也未将这一过程与结晶、洗涤、分离、提纯等概念加以辨别、区分。

通常情况下,模糊观念的形成既与新授课学习的精细程度有关,也与高考备考时未能进行知识整合学习、精细化理解学习有关。复习备考,应追求"温故知新"的复习效果。

2. 思维定势

在高考应答过程中的思维定势,指的是考生在遭遇困惑或陷入混乱时,最先想到那些最熟悉的概念、功能或方法。例如,第 26(2)题,部分考生错误地认为"氧化"中添加适量 MnO_2 的作用是发挥催化剂的作用(实为将 Fe^{2+} 氧化为 Fe^{3+}),其根源在于,考生最熟悉 MnO_2 是催化剂,而情境中明显提示的"氧化"未能成为考生摆脱已有的"功能固着"思维,这暴露了考生对新情境的"新理解"未过关,对物质性质与应用的多样性与一致性缺乏灵活判断的能力。

考试中的焦虑、紧张心理,也是促发思维定势的重要因素。如果考生能够坚持"遭遇混乱,冷静自我,从题干信息中找答题线索"这一应答心法,就有可能避免不必要的错误。这同时反映了师生在备考时,对知识创新性应用和灵活性选用准备不足、重视不够、训练不到位的问题。

3. 逻辑失控

在高考应答过程中的逻辑失控,主要表现为需要多步复杂推理或高技巧推理思维时,逻辑链失去控制,从而导致思维混乱、内心出现失衡和焦虑等消极情绪状态。例如,第 28(1)题"按化学计量比进料可以保持反应物高转化率,同时降低产物分离的能耗。进料浓度比 $c(HCl) : c(O_2)$ 过低、过高的不利影响分别是_____",其逻辑链如下:增大 $c(O_2)$,可提高 HCl 转化率→但如果 $c(O_2)$ 过大,则产物分离能耗高→因此,以化学计量比进料最为合适→答案为"过低则转化率低,过高则产物分离能耗大"。我区考生在实际应答该题时多数留空,少数答出来的考生给出的答案也是五花八门:要么把两个影响直接写反了;要么误以为进料浓度比过低将不利于收集气体、O_2 转化率低、反应速率低、产率低、反应物不足、降低分离能耗,进料浓度比高可保持高转化率、平衡逆向移动、不利于正向移动等。考生在该题应答中逻辑失控的主要根源,在于师生在研究工业情境中的化学平衡问题时,未能深入探讨转化率与能耗、投入与产出、成本与效价之间的关系,并从中提取探讨这些问题的基本原则和基本原理。

要使逻辑推理的链条不断链、顺序不混乱,考生需要具备正确的思维方向,加强多步逻辑分析和技巧性逻辑分析的训练。

4. 本质失察

高水平的考生既能正确答题,也能及时、正确地洞察情境材料中化学事件的本质,特别是有关技术创新点和物质本性的洞察。例如,第13题3D—Zn—NiOOH 二次电池的创新点在于强碱性电解质的巧妙应用;第26题"沉锰"时加入 NH_4HCO_3 且产物为 $MnCO_3$ 而不是 $Mn(OH)_2$,这一信息会让很多高水平考生有所觉察,进而想到 $Mn(OH)_2$ 是"难溶于水和碱,易溶于酸和强酸的铵盐";第27题解答过程中,考生应整体把握乙酰水杨酸弱酸性、在水中溶解度大且受温度影响大的性质;第28题,应洞察到电解法回收 HCl 装置中阴极附近加入的 Fe^{3+} 可循环利用,但不是催化剂。试题情境中的创新点,展现了化学科学家和工程师的科研攻关最新成果,可在一定程度上促发考生积极的情绪状态,进而达成命题者与考生高水平的对话、理解和交互,使考生在应试过程中的学科素养得以高阶释放。这也正是考试命题者、人才选拔者共同追求的考试实施的应然状态。然而事实上,在高考应答实践中能够真正做到洞察本质、情绪积极、协商对话、动情移情的高格局考生为数并不多。因此,教师在指导学生高考备考时,可适当引导学生在洞察题目本质、鉴赏评价题目以及对话探讨题目的过程中进行一定的思维训练。

三、用复杂学习模型促进学生高考应答心智建构

复杂学习是人们在特定情境中应对多变量、多维度、多角度、多领域问题时所发生的学习行为[1]。化学高考试卷中的每一道选择题和综合题均为复杂问题。解决此类复杂问题需要学习者亲历复杂学习过程,构建良好的复杂问题解决心智结构。这种心智结构的基本要素包括情绪状态、情境理解、问题领会、答案建构、答案表征和反观自省等。这些要

素相互支撑、协同作用,最终形成应答者所能做出的"最佳"答案(或最高表现水平)。应答者会通过短暂的反观自省对其"最佳"答案进行确定性和正确性判断,同时产生游动于积极到消极情绪之间的某种情绪状态,如顺畅 vs 阻滞、愉悦 vs 沮丧、自信 vs 犹豫、清晰 vs 混乱、专注 vs 脱离等[2]。这些情绪状态会影响应考者的后续答题行为。

能正确认识、对待和处理复杂性事件(或问题)的考生,往往在顺境中仍然保持谨慎及自我评判意识,在逆境中则保持清醒而不陷入混乱、急躁状态,并能合理而有效地处理不确定性和确定性之间的关系。由此可见,即将参加高考的学生,需要在处理复杂问题的问题认识论、情绪调节、知能调用、原型迁移、模型创生等方面得到充分的学习和训练。复杂学习指导者通常采用 4C/ID、整体认知、原型迁移、远离平衡态和优化认知负荷等设计模型或教学策略来培育复杂学习者的综合素养。

1. 教学设计模型——4C/ID

4C/ID(Four-component Instructional Design Model)是荷兰教学设计专家范·梅里恩伯尔提出的面向复杂技能学习的四要素教学设计模型[3]。4C/ID 的"四个要素"分别是真实/整体性学习任务设计(C1)、复用性技能中规则汇编的限定性信息设计(C2)、非复用性技能中模式建构的支持性信息设计(C3)、复杂技能精熟化训练中的分任务练习设计(C4)。与 4C/ID 相对应的高考复习教学设计任务包括:C1,高考试题命制与使用;C2,答题套路/规范训练设计;C3,新异问题答题训练设计;C4,专题训练或模拟考试设计。其中,C1 为高考试题的整体设计与开发,要求试题具备真实性、情境性、综合性、复杂性和整体性等特征;C2、C3、C4 则是在对高考试题进行解构的基础上实施的训练设计,训练目标是知识理解、技能掌握、套路熟练、规范养成、信息利用、建模能力和心理调适能力等七个方面素养的协同发展,这七个方面的素养整合于复杂性问题解决行动之中,遵循了"总体大于部分之和,多出来的部分是协调和综合这些部分的能力"的系统科学原理(如图 36.1)。

图 36.1 为笔者根据相关文献及实践反思有所改编后重新制作的一个教学设计模型,其中的 C1、C2、C3、C4 为复杂学习教学设计的四要素。以第 27 题实验探究题为例,本题考查的复杂认知技能为"有机合成实验过程中的条件控制、产品分离和产品纯化技能"。其中,可复用的技能为回流装置、反应温度控制、产物分离方法(分液或结晶)、产品纯化方法(蒸馏或重结晶),不可复用的技能为反应时间、投料比、分离/纯化中的试剂选择。在复习时,应选择方法上有典型差异的有机物合成实验作为复杂问题解决任务情境,要求考生

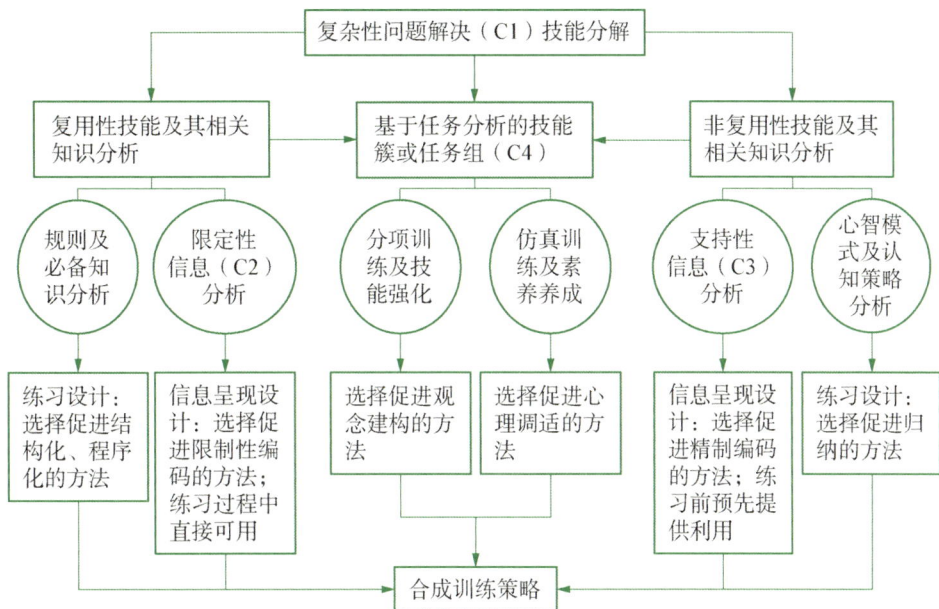

图 36.1　4C/ID 复杂学习教学设计模型

亲历实验或对实验过程进行深度剖析,形成可复用技能的程序性知识和非复用技能的原型,甚至还可能把非复用技能转化为可复用技能。2019 年高考,我区多数考生在理综试卷第 27 题的"重结晶"方法辨识和调用中,遇到了非常大的思维障碍,原因大概是教师在指导考生备考时,未从类似问题情境中分离出可复用技能,而且未对该技能进行程序化、结构化认知处理。

任何高考复习方案,均离不开基础知识和基本技能的融会贯通和灵活应用。传统的"三轮复习(知识梳理→专题训练→模拟考试)"模式,其基本假设是"分步或分项学习必然带来复杂技能的习得",其训练路径是采取自下而上的"加法原理",而 4C/ID 方案采用的则是任务导向、自上而下的"整体原则"。虽然"4C/ID"方法已经在机械、专利检验、计算机课程、航空飞行等技能训练应用中取得了诸多成功的实证案例,但在高考应答训练中的应用,仍有待于实践者开发应用并实证其效益。

2. 认知策略——整体认知

整体认知是指对事物构成要素及其关系的整体把握。就高考试题结构特征及其对考生应答心智建构的需求而言,整体认知的主要内容是创生各种有意义的联结和观念,包括基于多维视角的知识点之间的联结,经验结构、知识结构与问题结构之间的联结,统摄性观念/概念的归纳概括和抽象提炼等。

以对碳酸氢盐的专题研究为例,我们可以从酸性、碱性、水解、电离、中和反应、复分解反应、分解反应、缓冲溶液、生产方法等角度,将它与碳酸盐、其他酸式盐进行比较,形成"实验现象—微粒行为—物质转化—物质应用—解释与表征"等多重联结及知识结构。这些知识结构应用于问题解决时,会相应地产生多种经验结构,如:NH_4HCO_3 用于"沉锰"时,会产生 $MnCO_3$ 沉淀和 CO_2 气体;$NaHCO_3$ 用于处理浓硫酸灼伤及溶解难溶性有机酸时,会生成盐、H_2O 和 CO_2。在解决上述问题时,不用碳酸盐、亚硝酸盐、亚硫酸盐、亚硫酸氢盐,原因是碳酸盐碱性过强、亚硝酸盐无法反应、亚硫酸盐会产生有毒气体。由此可见,在实验室、工业生产和生活应用中,碳酸氢盐因其弱性、柔性和环保性而具备广泛的应用价值,应当予以重视。如此对碳酸氢盐展开专题式学习,便是一个从单点结构、多点结构逐步过渡到多点关联结构再到拓展抽象结构,从点式关联、结构关联到观念建构的整体认知过程。

3. 应答策略——原型迁移、方法迁移或新模建构

原型迁移是运用典型案例、类似方法解决新问题的思维过程。原型迁移往往只需要变换新情境中类似结构的要素就能成功答题。如:生活中食醋的稀释,冲水稀释后没有那么酸,即酸度降低,pH 值增大;实验室中弱酸的"越稀越电离",其原理可类比为"人群冲散效应"(若家人分散到人海中,再次相遇的机会少),对于弱电解质而言,生成物相遇机率降低,逆反应速率减少,正反应速率增大,直到达成新的平衡。这些经验或事实可迁移应用于其他弱电解质的电离分析之中。

方法迁移通常是在很难找到类似原则的情形下,调用类似问题的思维方法,用于解决新情境中的问题。如原电池的迁移分析:总反应元素价态变化情况→得失电子情况→判断电池正负极→书写电极反应式→判断电解质在电极反应中的作用→分析并发现原电池的创新之处和不足之处。这样的思维方法,可应用于任何新型原电池的分析。

当然,高考试题中,仍有一部分是原型迁移和方法迁移都不奏效的新问题,此时,需要根据化学基本原理,调用限定性信息,具体情况具体分析,建构新的逻辑结构和表征方式。如书写新异化学方程式离子方程式时,要根据反应所处的微粒环境和反应条件来决定产物、反应物,不能因循守旧,过多纠结于新模型与旧模型的选择中。

4. 训练策略——在远离平衡态寻求确定性知识

备考训练的最终目的,是寻求可用于解决新情境中的问题的确定性原型、方法、思路,用确定性知识、方法、经验来解决不确定性问题。这些确定性知识、方法和经验的获得,是备考者自己发现、归纳、提炼、汇编的结果,而不是由一线教师或教育领域专家总结好确定性知识、方法和经验,学生去背诵、模仿的结果。

有关问题解决的确定性知识、经验、方法的建构,遵循复杂学习的动力学模型,要求学习主体不断地向自己提出"有何区别、联系?""本质是什么?""为什么?""可迁移应用的部分是什么?""能否再简便些?"等问题,促使自己的思维远离平衡状态,在无尽的追问和有效的总结提炼中,逐渐形成属于自己的确定性知识体系。

例如,考生收到了老师总结的有关化学与生活(解决每道选择题)的 80 条信息,这些信息分别来自衣、食、住、行、生命、健康、环保、科技创新等领域,考生经过阅读分析、提问追问、研讨交流等学习过程,最终发现此类应用性问题的基本原理均是常见物质的物理性质和化学性质应用,进而建立了基于"化学逻辑与事实逻辑一致性"判据的解答策略。这一策略就是不确定性中的确定性。

5. 教学指导——避免因不恰当指导所引发的专业技能逆转效应

专业技能逆转效应是因为不恰当的外部指导而造成较高水平学生额外认知高负荷、用于处理新知识获取和专业水平提升的工作记忆容量被人为缩减的现象。专业技能逆转效应在高考复习指导中主要表现在:高分段学生无论再努力,进步仍不明显;低分段学生无论练习、讲解再多,仍然找不到能够自主学习、自我提升的良好感觉。

因额外认知高负荷而导致的专业技能逆转效应的教学情境可以分为两种类型:第一种类型,对于初学者或专业技能水平较低者,外部指导不足可能无法弥补这些学习者有限的知识,从而迫使他们启动基于搜索的过程,导致生成额外的认知负荷;第二种类型,对于经验更为丰富的学习者,其知识基础与所提供的教学指导相重叠,导致内外重叠的相同信息被交叉引用,产生负荷冗余,只有较少的容量可供新知获取和绩效提升,造成专业知识逆转效应[4]。

因此,教师在指导学生复习的过程中,要注意分析学生的实际发展水平,避免因不当的教学决策或教学指导而耽误学生的高考复习大事。

四、结论与展望

正确、有效、创造性地处理复杂事件中的种种问题,是国家和民族未来基础人才品质的基本需求。高考内容改革实践中,加大了真实、复杂、有意义的实际问题解决的试题比重,这种变革将学生的学科学习导向了复杂学习。同样地,教师指导学生进行复习的过程,也是一个非常复杂的问题解决过程。唯有在科学把握复杂事件的结构特征、本质特征的基础上,借助已有相关研究成果,在实践中大胆破除已有观念、做法,以探究者身份去重构我们的实践路径和问题解决方法,才有可能在应对挑战性任务的过程中,成功驾驭复杂性问题,增长智识和才干,化被动为主动,变模仿为创造。

参考文献 ∙∙

[1] 黄都. 关于复杂学习的研究——以科学教育为例[D]. 上海:华东师范大学,2006.

[2] Davidson R J. Affective Style and Affective Disorders: Perspectives from Affective Neuro-science [J]. Cognition & Emotion, 1998(12):307 - 330.

[3] 赵健. 面向复杂认知技能的训练:四要素教学设计模型(4C/ID)述评[J]. 全球教育展望,2005(5):36 - 39.

[4] Kalyuga S. Expertise Reversal Effect and Its Implications for Learner-tailored Instruction [J]. Educational Psychology Review, 2007(19):509 - 539.

37

场馆中的学习环境设计 *

鲍贤清

　　我国第八次公民科学素养调查结果显示,2010 年我国公民具备基本科学素养的比例为 3.27%。这个数字相当于日本(1991 年的 3%)、加拿大(1989 年的 4%)和欧盟(1992 年的 5%)等国家和地区 20 世纪 80 年代末、90 年代初的水平。[1]调查中的科学素养水平从科学知识、掌握基本科学方法和崇尚科学精神程度三个方面进行评判。被调查者只有同时通过以上三个方面的评价,才会被认定为具备基本的科学素养。

　　受教育程度是影响公民科学素养的主要因素。在终身教育体系中,教育不仅包括学校教育,还包括家庭教育和社会教育。虽然目前学校教育仍是教育体系中的主体,但不可否认的是,学校教育只是知识来源的一小部分,更多的知识是在校外以及毕业之后通过各种非正式的学习方式获得的。[2]比如,观看科普电视节目,阅读杂志书籍,参观博物馆、科技馆等,都是公民提高科学素养的途径。近二十年来,非正式学习逐渐走进学习科学研究领域的视野。欧美研究者把博物馆等场馆中的学习视作了解和研究非正式学习的重要途径。国内的各类场馆也逐渐开始重视教育职能的发挥。那么,场馆环境中的学习有哪些特点,面临哪些问题? 如何更好地服务于教育?

---

* 原文发表于《远程教育杂志》2011 年第 2 期。

一、场馆中的学习及其特点

说到学习,人们马上就会联想到学校。这是因为我们习惯依据行为发生的地点来定义行为的性质。比如在学校发生的行为是学习,在游乐场是休闲娱乐,在博物馆是参观,等等。这种认识使得场馆并没有天然地和学习连接在一起。但随着对学习研究的深入,非正式学习环境日益得到研究者们的重视。美国学习改革委员会在 1994 年的"为个体学习而设的公共机构"国际学术会议上,将"场馆"界定为"各种与科学、历史、艺术等教育有关的公共机构,如自然博物馆、科技馆、天文馆、历史博物馆、美术馆、动物园、植物园、水族馆等"。[3]相对于学校而言,发生在场馆环境中的学习和与场馆相关的经历是一种非正式的学习方式。场馆凭借其丰富的实物资源,逐渐发展成为学校之外的第二教育系统。[4]

学习是个体与环境之间复杂的交互引起的行为或思维的变化。[5]在场馆环境中,学习是通过个体与环境、个体与展品、个体与个体之间的交互进行的。虽然参观者参观场馆的目的多样,可能是学习,也可能是休闲娱乐,但只要个体在这个过程中产生因交互而引起的认知或情感上的变化,都可被视作是学习的发生。与学校环境中的学习相比,场馆学习在学习对象、学习方式上有着显著的区别。

1. 基于实物的学习

实物是场馆环境中最主要的学习对象,具有独特的吸引力。虽然网络已使我们可以轻易地通过点击鼠标看到珍品善本的图片、资料,但当实物陈列在博物馆中,人们依然会趋之若鹜,一睹真容。博物馆中的木乃伊、美术馆中的油画、自然历史博物馆中巨大的恐龙骨架、科技馆中的声光电装置等,使人产生惊叹、好奇,进而获取知识。这种体验会留存很长时间,很多成人在回忆儿时参观博物馆的经历时,还能清晰地描述特定的展品或是第一次看到恐龙骨架的情形。这种独特的感受和亲身体验真实物体的经历,是学校无法提供的。按照戴尔经验之塔的划分,展品实物提供了参观者做的经验和观察的经验。

实物本身往往不能单独发挥教育功能。场馆中的实物是学习发生的必要条件,但不充分。实物还依赖于环境和周边的设计共同传递信息。比如,展品故事线的设计、展品说明、文字的设计,等等。参观者通过对展品、文字、图像的解读,获得体验,建构知识。这也正是场馆环境需要从学习的角度进行设计的缘由之一。

2. 情境中的学习

传统的学校教学重视传授书本知识。为使学生理解抽象的概念、原理,教师会使用图片、视频、音频等方式帮助理解。场馆则是一个天然的"多媒体"环境,通过运用场景、声光电的手段还原展品所处的环境、历史背景,让参观者通过各种感官来获取知识。例如,某国外场馆设计的"丝绸之路"展览,选取了四座沿途的城市作为故事线,来叙述这条路线对当时世界科技、文化传播的贡献和相互影响。在"丝绸"这个内容上,设计者用图片展示中国古人发现蚕丝的传说和养蚕的方法。透明展柜中饲养活体的蚕,展示幼蚕、成蚕到织茧的过程。视频中播放的是将蚕茧手工抽丝的方法,一旁还放置了古代的织布机以及丝绸的成品。参观者仿佛置身古代的中国,了解丝绸的相关知识。

场馆不仅提供了学习的物理情境,也提供了学习的社会情境。情境学习理论的研究者认为,真正的、完整的知识是情境性的。学习是处于某种情境中的学习,它是活动、情境和文化相互作用的结果。学习不是简单的知识传递过程,而是一个社会互动的过程。人们通常会与家人、朋友或同学结伴前往场馆参观。不同年龄、知识背景的个体在一起,通过观察、相互讨论、动手操作获得知识。在我们对参观者的现场观察中发现,很多时候,展品只是提供了一个话题和讨论的空间,说明文字也只提供了一小部分信息。参观者通过相互讨论所获得的知识也很丰富。

3. 自我导向的学习

学校学习带有一定的强制性,学生在课堂上学一样的内容,完成相同的作业,进行标准化的考试。而在场馆中,参观者没有外界的约束,可以自由地选择学什么、怎么学、在哪里学、和谁一起学。因此,有研究者把这样的学习称为"自由选择的学习"(free-choice learning)。[6]在场馆里,参观者可以根据各自的兴趣有取舍地进行浏览。看多少,怎么看都是由参观者自行决定的。有些家庭会一次把所有的展品都看完,有些则是一次一个主题地逛。个体的学习风格在场馆中得到了充分的体现。

多数发生在学校中的学习受外在动机影响,比如成绩、他人的表扬等。[7]场馆中的学习大多由好奇心、兴趣等内在因素驱动。场馆所提供的独特环境和展品比较容易激发参观者的好奇。获得感兴趣知识后的满足感是一种内在的奖励,激励个体进一步探索,形成自我导向的良性循环,成为某一个知识领域的"业余专家"。

二、场馆学习所面临的问题

虽然场馆环境提供了独特的体验和学习方式,但目前我国场馆学习功能的发挥,还受到主客观因素的影响。2005 年,我国公民科学素养的调查数据显示,一年中参观过科技馆和自然史类博物馆的公众比例只有 9.3% 和 7.1%。[8]这种情况一方面反映出主观上公众对场馆作为终身学习机构的认知还不够,另一方面也折射出目前场馆在发挥公众教育功能上的不足。从学习环境的视角看,目前,国内的场馆面临这样一些问题。

1. 重陈列,轻教育

我国很多场馆注重收藏和保存,陈列方式上常从研究者的角度,用专业性文字进行展示。参观者的体验是和一大堆放在玻璃柜中冷冰冰的实物和术语对话,以至于参观者看了很多,但不解其意,能留下深刻印象的更少。更有一些场馆,除了入口处的文字简介和每个展品的名称标签,没有一点解释。这样的陈列,除非是行家里手,普通的参观者无法产生兴趣,更难以从中获取知识。

多媒体技术的应用丰富了展示方式。一时间,各种夺人眼球的技术被一股脑地投入到场馆中,使陈列走向另一个极端。不少场馆为了吸引观众,不惜投入大量资金增加娱乐项目,采用了大量的声、光、电、图像合成、多媒体和虚幻影像等。但这些"没有更多教育目的的手段只带来短暂的新鲜期,不可能让参观者接触更深层次的科学内容"。[9]吸引眼球,动手参与固然重要,但关键还是要让参观者动脑。在场馆学习的研究中,研究者们通常会测量参观者驻足观看展品的时间来衡量展品的吸引力,这种方法也被用于观察参观者的学习行为。利昂娜·沙布尔(Leona Schauble)等人发现,参观者与每个展品实际的交互时间很短。这种浏览式的参观使参观者仅停留于对展览主题浅层次的了解,只能获得有限的事实信息。[10]

2. 展品更新率低

笔者小时候对上海自然历史博物馆的记忆是进门大厅那个偌大的恐龙骨架,阴森森的场馆内放置了很多动植物的标本。很多年后重访,发现还是那些陈设。十多年如一日,难怪参观者稀少。

兴趣是观众入馆参观的主要动机。只有激发和保持公众的兴趣,学习才会发生和持续。根据国际经验,为保持对观众的吸引力,每年展品的更新率应不低于10%。[11]根据我国科技馆的建设标准规定,科学技术馆常设展品的年更新率应达到5%—15%。很多场馆受制于经费的投入,展品一旦建成就鲜有变动,更新率远没有达到这个数字。一般而言,场馆在建成5年后参观率就会开始下降。如果不对展品进行必要的更新,公众的参观热情就会下降,从而影响重复参观率这一衡量场馆的重要指标。

3. 缺乏有针对性的教育服务

目前,我国不少场馆所提供的教育服务仅限于场馆内的讲解,外加一张展品平面图和介绍。参观者带着不同的知识背景、兴趣进入场馆,希望得到的信息是不同的。讲解虽然是一种高效率的教育传播手段,但标准化的讲解内容并不能满足各种参观人群的需要。

家庭和学生团体是场馆的重要服务对象,占到多数场馆半数以上的比例。家庭参观者是指家庭成员一起参观场馆的家庭团体。成员间可以是夫妻、母子、父子或祖孙关系,也可以是几个近亲大家庭。博物馆观众行为调查显示,家庭观众中以父母双方或一方带未成年孩子来博物馆参观的家庭观众居多数。这部分群体参观科技馆、博物馆的目的除了休闲娱乐,更多的是希望孩子开阔眼界、学习知识、陶冶情操。然而中国台湾学者在访谈家庭中发现,家长有时会感到受挫。家庭在参观博物馆时,孩子会问很多与展示内容有关的科学原理或现象。有些是家长也不知道的,由于感觉丢脸就会造成负面的参观体验。[12]

这种无助也同样会发生在学生团体。学生团体通常由教师带队,以班级为单位进行参观,教师在其中扮演了核心的角色。教师大多有利用科技馆、博物馆进行教学的意愿,而场馆却并未给教师提供足够的支持。教师往往因不熟悉场馆中的教育资源,或未能掌握场馆教学的方法,而备感挫折。[13]在这种情况下,参观场馆就会成为学生简单的课外活动,教师难以给予指导,无法将这种学习体验整合到课程之中。学生虽然在参观中取得了一些信息,但较少能发展成为未来的学习机会。在我们实际的观察中,不少教师、学生把参观科技馆和博物馆当作是春游或秋游,没有明确的教育和学习目标。这会使学生对参观的目的产生困扰,甚至影响学生以后对场馆的印象。

这些问题反映出我国的场馆尚处于从展品陈列到教育公众的探索阶段。而欧美国家场馆的运营重心已从收藏、研究、陈列逐渐转向对公众提供各类服务。一个显见的现象是,欧美博物馆、科技馆的网站常设有"学生""教师"甚至"家庭"的栏目,配套提供合适的资源和使用场馆的指引。这在我国博物馆的网站上还不多见。对此,国家文物局在回顾与展望新中国博物馆事业时指出,"我国博物馆要从传统的保藏和研究功能,逐步转向更加突出文化传播、宣传教育和休闲娱乐功能"[14]。而要进一步发挥教育公众的功能,场馆需要改变"我展你看"的传播模式,将重心从设计陈列向设计学习环境发展。

三、从设计传播系统到设计学习环境

20 世纪 60 年代,邓肯·卡梅伦(Duncan Cameron)将传播模型引入博物馆领域,用以解释信息的传播过程,并认为藏品实物是场馆中的核心传播媒介(如图 37.1 所示)。肯兹和赖特(Knez & Wright)认同卡梅伦将博物馆视作传播系统的观点,并认为场馆的主要功能是将信息有效地传递给公众。藏品实物虽然是最重要的传播媒介,但展品解说词、图示等作为次级媒介,也非常重要的。[15]

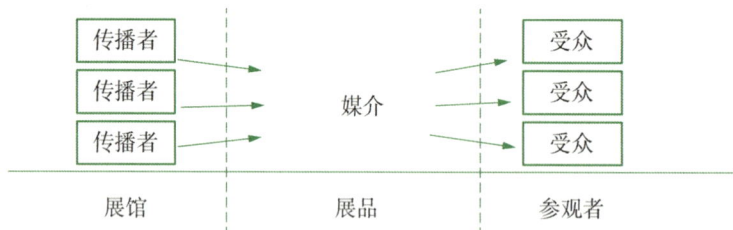

图 37.1　卡梅伦的传播模型[16]

迈尔斯(Miles)认为这种传播模型指导下的开发流程使得展品和学习的设计割裂开来了(如图 37.2 所示),博物馆工作者和研究人员根据自己的专业知识选择主题内容和展品,决定了所要传递的信息。设计师根据内容设计和制作展品,决定了信息如何传递给观众。教育工作者最后参与进来,为普通参观者和特定的群体(学生)开发教学内容。事实上,教育工作者可以更早地介入,协助策划和设计。以美国自然历史博物馆为例,教育部门在策划展览之初就参与到展品设计部门的工作中,筹备开发教师资源包和参观学习单。当展品投入运营,教育部门会策划组织工作坊,邀请教师参观新的展品,并培训如何将展览与课堂教学联系在一起。在评估阶段,教育部门又会与展品设计部门、评估小组一起对展览的教育功能进行研究和评价。

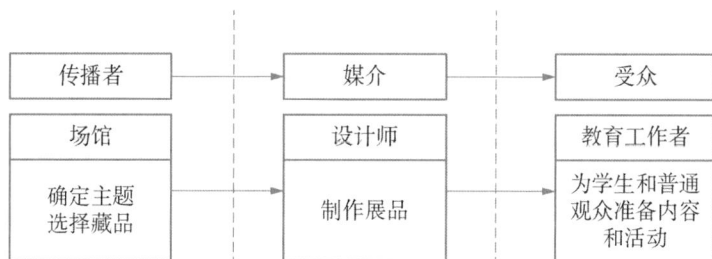

图 37.2　传播模型对应的工作流程[17]

在传播模型中,展品是设计的中心。这容易使人产生知识单向传播的错觉,把参观者看成被动的接受者。以此来理解场馆中的学习会造成偏差。当博物馆将教育作为"主业",[18]则需要将关注点由设计陈列转向设计学习环境。

学习环境是支持学习者进行学习的各种资源的组合。场馆是一个人工创设的学习环境,是博物馆管理人员、展品设计者和教育者精心设计的结果。理解和设计这个学习环境的前提是了解影响场馆学习的各个因素。美国场馆学习研究者约翰·福克(John Falk)等人通过分析大量的文献以及自己的实证研究,提出场馆中的学习情境模型(contextual model of learning)。福克指出场馆中的学习体验是个体因素、物理情境和社会文化情境共同作用的结果。[19]在这个模型中,个体因素包括:参观动机、期望、先前知识、个人经历、兴趣等。物理情境包括:物理环境、展品设计等。社会文化情境包括:同伴、家庭之间的社会交往等。

学习情境模型中的要素涵盖了该领域大部分的相关研究,能为我们思考如何设计场馆学习提供参考。与其他学习环境一样,当今的场馆同样强调以参观者(学习者)为中心的设计理念。学习情境模型中个体因素所包含的动机、兴趣、先前知识等,可视作是对学习者的分析,这是设计学习环境必不可少的。物理情境和社会文化情境中的各要素意味着场馆学习环境不仅包括空间、展品的硬环境,还包括人际互动的软环境设计。

四、场馆学习环境的设计

场馆中的学习是通过个体间的交互和个体与展品间的交互来完成的。场馆学习设计实质上是对人——环境、人——展品、人——人交互的设计。与课堂环境不同的是，场馆没有教师这样一个权威角色作为主导，参观者的年龄、地域、知识背景多样，参观行为不受任何约束，这使得设计者很难对交互进行精确的预设，也不可能通过单一的手段来影响交互。因此，场馆需要通过多个层面的设计间接地影响互动。这里，笔者将场馆学习环境分作物理环境、展品、活动三个层面。物理环境是场馆学习发生的基础，展品设计决定了获取信息的方式，学习活动设计是根据学习主体的特点对前两者的二次解读。三者共同决定了场馆的学习体验和效果。

1. 物理环境的设计

场馆比其他学习环境更依赖建筑空间。设计物理环境的目的是让参观者感知到场馆是一个适合进行学习的环境。人的行为模式会受到建筑空间设计的影响。[20]如同教室桌椅的布局会改变学生的合作交流方式一样，场馆建筑的空间大小、布局、光线强弱、色彩、行走动线（动线是指人在室内室外移动的点，将这些点连起来就成为动线），在室内设计中至关重要。都会影响参观者对场馆的感知。比如，宏大的空间容易使人产生惊叹、进而引发参观者的兴趣。

除了空间本身，对空间环境的使用方式同样需要设计。很多参观者都试图一次参观完所有的展品，而有些参观者则抱怨走进偌大的场馆使人手足无措。这就使人产生"场馆疲劳"或参观焦虑。[21]大部分的场馆都会提供一张建筑平面图，这种方式可以避免物理方位不迷路，但无法避免"认知上的迷路"。根据契克森米哈赖（Csikzentmihalyi）对内在动机的研究，为参观设定恰当的目标是获得良好体验的方式之一。[22]对于同一个空间，不同的群体可以有不同的使用和学习方式。在平面图的基础上增加导览可以起到引导学习的作用。比如，上海科技馆在导览图上为家庭、青少年、老人推荐了不同的参观线路。这使得第一次来科技馆的参观者能在有限的时间内获得较好的参观体验。又如，位于纽约的美国大都会博物馆是世界四大博物馆之一，参观者可以在服务台拿到普通的平面图、给孩子看的平面图和给残疾人的地图。

2. 展品的设计

展品设计包括展示方式、展品故事线、说明文字、多媒体等多方面的设计，它们共同决定了参观者获取信息的方式。展品设计在不断演进，这个过程体现了场馆对于学习过程理解的变化。以自然类博物馆为例，较早的展示方式是动植物标本加上标签的简单陈列。后来，设计者开始尝试将动植物以立体布景(diorama)的方式再现它们的生活场景。前者是去情境的事实性展示，后者将知识置于情境帮助参观者理解。1937 年巴黎世界博览会上的"发现宫"、1969 年创办的旧金山探索馆则开创了科技馆类场馆的先河，让参观者通过多种感官的亲身体验理解科学原理。现在，这种方法逐渐被其他类型的场馆借鉴。

展品设计还决定了参观者获取信息的可能性。这里，笔者借用生态心理学家吉布森(Gibson)创造的供给(affordance)一词来解释。[23] 吉布森认为，有机体对供给的直觉控制了其行为。比如，看到地上的小石子，你可能会捡起来扔向远处或踢上一脚。这时，石子提供了抓取、扔、踢的供给。如果这块石头有沙袋大小，你可能会把它当成凳子用来歇脚。这时的石子提供了坐的供给。在场馆中，展品本身提供了看的供给、动手操作的供给。而如何看、如何操作才能促进更好的学习则需要设计，参观者不会本能地识别到，需要设计者来提供。我们的一些场馆目前只注重了展示和浅层次的互动，为展示而展示，为操作而操作，并未给参观者深度学习创造供给。比如，以说明文字的设计为例，一种简单的方法是加入恰当的问题，促使参观者在观察之余产生更深层次的好奇，而不仅仅停留在"这是什么"上。有研究发现，在展品的说明文字中加入问题能引发参观者的思考，延长驻足观看的时间。同时，这样的引导问题也能增加参观者间的互动，不同的提问方式也会影响参观者对展品内容的记忆。[24]

3. 学习活动的设计

物理环境和展品的设计为大多数参观者提供了学习的空间和对象。设计学习活动的目的是针对不同类型的参观者设计相应的学习体验，更好地利用场馆的环境和学习资源。学习活动的设计是对场馆和展品的二次解读。同样的展品在不同的学习活动中可以扮演不同的角色，提供多样的解读方式。例如，美国的自然历史博物馆里有很多再现动物生存环境的立体布景(diorama)。除了动物标本,这些布景里的植物、天空的云彩都是按照标本采集地的样式复原和绘制的。场馆工作人员在给中小学生设计活动时,不只是将这些立体布景用作学习动物的生活习性,还用作学习气候和地理的素材。这种方式在不进行展品更新的前提下,提高了展品的使用频率和效果,也激发了参观者更多的学习兴趣。

目前,欧美国家的场馆大都设计有多种形式的活动来满足参观者的个性需求。比如,针对成年参观者的展品讲座、针对儿童的工作坊等。就目前我国场馆的情况而言,家庭和学校学生团体是场馆的重要服务对象。学习单(worksheet)是一种简便有效的学习活动设计方式,学习单是场馆为协助教师或家长指导孩子而设计的引导参观、自我学习的教育资料。[25]对于家庭参观者,学习单能引导家长和孩子观察、思考。对于学生团体,学习单能使教师和学生将展品内容与书本知识联系起来。[26]

学习活动的设计不仅限于场馆内的参观。有研究表明,参观前与参观后的活动同样有助于提高场馆中的学习体验。导引活动能激活或储备必要的先前知识,带着明确的目的进行参观,从而提高场馆学习的效果。[27]而参观后的"复习"能加强知识的连接,引发后续的学习。前延后续的学习活动能放大场馆的教育功能,使参观者,特别是孩子从小就建立对场馆的认知。此外,除了真实的参观体验,在线学习活动也将逐渐成为今后场馆学习环境设计的一个重要发展方向。[28]

五、结语

1905 年,著名的爱国实业家、教育家张謇创办了中国第一个现代意义上的公共博物馆——南通博物苑。百年后,我国博物馆总数已超过 3 000 家。并且,各种行业博物馆还在如雨后春笋般成立。以上海为例,各类大大小小的场馆已达到 150 余家。丰富的场馆已成为不可忽视的教育资源。探索场馆中的学习有助于我们从另一个角度了解人类学习的图景,反思学校教育。同时,对场馆学习进行研究也有助于场馆自身的发展,发挥更大的社会效益,进而形成完整、立体的国民终身教育体系。

目前,有关场馆学习的理论和实证研究多来自欧美。我国场馆在体制、机制上与国外同类机构不同,在教育服务的提供上还存在较大的差距,国民对场馆的认知和使用场馆的方式也可能存在差异。这都有待我们基于本土的场馆资源进行实证研究,探索适合我国国情的场馆学习开发模式。

参考文献 ••

［1］中国科学技术协会. 第八次中国公民科学素养调查结果［EB/OL］. http://www. cast. org. cn/n35081/n35473/n35518/12451858. html［2010 - 12 - 01］.

［2］Banks J, Au K, Ball, A. , et al. Learning in and out of School in Diverse Environments: Life-long, Life-wide, Life-deep ［R］. Seattle: The LIFE Center and the Center for Multicultural Education, University of Washington: 2007.

［3］伍新春,曾筝,谢娟,康长运. 场馆科学学习:本质特征与影响因素［J］. 北京师范大学学报(社会科学版),2009(5):13 - 19.

［4］宋娴,忻歌,鲍其泂. 欧洲博物馆教育项目策划的特点分析［J］. 外国中小学教育,2010(7):25 - 29.

［5］陈琦,刘儒德. 当代教育心理学［M］. 北京:北京师范大学出版社,1999:47.

［6］Falk J H. Free-Choice Environmental Learning: Framing the Discussion ［J］. Environmental Education Research, 2005,11,(3):265 - 280.

［7］［22］ Csikszentmihalyi M, Hermanson K. Intrinsic Motivation in Museums: Why does One Want to Learn? In Falk J H, and Dierking L D. (ed.) Public Institutions for Personal Learning ［M］. Washington, D C: American Association of Museums, 1995:9 - 14.

［8］［9］续颜,冯永忠,王丽华. 浅论自然博物馆的学习功能［J］. 中国博物馆,2008(2):99 - 104.

［10］Schauble L, Gleason M, Lehrer R, et al. Supporting Science Learning in Museums. In Leinhardt, G., Crowley, K., ℰKnutson, K. (Eds.) Learning Conversations: Explanation and Identity in Museums ［M］. Mahwah, NJ: Erlbaum, 2002:425 - 452.

［11］吴建国,李卫东. 科技馆在社会经济发展中的作用［J］. 科协论坛,2009(10):45 - 48.

［12］王启祥,朱仕甄. 科学博物馆家庭观众参观行为之研究—身份取向的解读 ［J］. 博物馆学季刊,2010(2):57 - 81.

［13］常娟. 呼唤教师在科技馆教育中新的角色定位［J］. 中国校外教育(理论),

2008(Z1):886+929.

[14][18] 中国博物馆协会.中国博物馆年鉴[M].北京:科学出版社,2010.

[15] Knez E I, Wright G. The Museum as a Communications System: An Assessment of Cameron's Viewpoint [J]. Curator: The Museum Journal, 1970,13(3):204-212.

[16] Cameron D F. A Viewpoint: The Museum as a Communications System and Implications for Museum Education [J]. Curator: The Museum Journal, 1968,11(1):33-40.

[17] Hooper-Greenhill E. Communication in Theory and Practice. In Hooper-Greenhill, E. (ed.) The Educational Role of the Museum [M]. London: Routledge, 1999.

[19] Falk J H, Storksdieck M. Using the Contextual Model of Learning to Understand Visitor Learning from a Science Center Exhibition [J]. Science Education, 2005,89(5):744-778.

[20] 亚历山大.建筑的永恒之道[M].赵冰,译.北京:知识产权出版社,2004.

[21] Allen, S. Designs for Learning: Studying Science Museum Exhibits that do more than Entertain [J]. Science Education, 2004.88,(S1):17-33.

[23] Gibson J J. The Theory of Affordances. In Shaw R. & Bransford J. (Eds.), Perceiving, Acting, and Knowing: Toward an Ecological Psychology [M]. Hillsdale, NJ: Lawrence Erlbaum, 1977:67-82.

[24] Kim K. Museums Ignage as Distributed Mediation to Encourage Family Learning [D]. United States: University of Pittsburgh, 2009.

[25] 孟庆金.学习单:博物馆与学校教育合作的有效工具[J].中国博物馆, 2004(3):15-19.

[26] Mortensen, M.F., K.Smart. Free-choice Worksheets Increase Students' Exposure to Curriculum During Museum Visits [J]. Journal of Research in Science Teaching, 2007,44(9):1389-1414.

[27] Lebeau R B, Gyamfi P, Wisevich K, Koster E H. Supporting and Documenting Choice in Free-choice Science Learning Environments. In Falk J H.(Ed.), Free-choice Science Education: How we Learn Outside of School [M]. New York, NY: Teachers College Press, 2001:133-148.

[28] Hawkey R,李远航,秦丹(译).在博物馆、科学中心和展览馆中利用数字技术学习[J].远程教育杂志,2009(3):43-47.

第五部分

学习科学与教学变革

呈现在本部分的 13 篇文章，向我们展示了一幅有关学习科学变革的生动且完整之图景。13 篇论文各有侧重、视角不一，有的视野宏阔、纵论源流，有的则精巧细微、透视实践，还有的则对话探讨、争锋辨析，但细细读完，一定会让读者有一种相互映照、酣畅淋漓之感。纵贯这 13 篇论文中的一条主线，其实就是一种"新知识观及其带来的新教学观"。

新知识观首先是一种流动知识观。传统的知识观认为，知识是一个固体、一个可以打包并被传递的信息团，显然，这在当前这个知识创新时代受到了质疑和挑战。新的学习科学强调，知识是每个个体基于自身经验的一种建构，它是一个可以不断发展、不断改变的"流体样态"，是每个个体经验体系的组成部分，显然，这为每个人的知识创新、知识发展提供了可能。由此，绝对的、真理意义上的知识体系就无法在课堂教学中生存，如何激发每个个体的知识建构潜能、发展每个个体生动的知识创新品质、不断提升每个个体的知识深度理解，就成为了课堂教学的思考基点。

新知识观还是一种情境知识观。传统的知识观认为，知识是一个独立的、封闭性的存在样态，它可以脱离其生发的情境而直接存在。很显然，新的学习科学直接否定了这样的知识观，而提倡一种基于情境的、关注脉络关联的新知识观。基于此，课堂教学就需要创建丰富的、与学生的真实生活情境紧密联系的主题活动，让学习者浸润在这样的情景中展开主动的、积极的、建构性的学习，把知识从一种固化的对象性实体转变为解决问题的工具性存在，让"习得的知识"成为学习者直面和解决生活中的问题的一种"识知的支架"。

新知识观还是一种社会知识观。传统的知识观认为，知识一旦产生就可以独立地、直接地传递给每个个体，即知识是个体可以"独立拥有的实体"。新的学习科学则强调，知识镶嵌在一种社会文化脉络中，知识是一种社会的建构。语言、文化、规则、交往，一切社会性的要素，都跟每个个体的知识建构密不可分。学习者之间的对话交往、身份建构之过程，创建了一种知识生发的合法的参与机制与活动场域，知识始终处于个体—他人之间的交往与活动过程中，但正是在这个过程中，知识才会具有情境的活力和流动的可能。由此,课堂教学就需要形成更加多样且丰富的共同体样态,让学习者在充分的彼此交流、相互观察和认真模仿等活动中,不断推动知识的深度且创新的建构。

本部分的论文立足于有关学习科学的新知识观和新教学观,在背景梳理、理论阐释的基础上,从学科学习文化的重建、教师教学技能的培养、教师教学理念的比较、教师专业发展的变革、幼儿哲学探究的再思考等多个方面,进行了独到且颇具深度的探讨。在人工智能飞速发展、脑科学研究不断推进、全球化变革日趋深入的时代背景下,学习科学所带来的教学变革将会是一个需要持续研究、不断推进的课题与话题,而"历久弥新",恰恰是其价值之所在。

38

学会学习与学习策略 *

高 文

一、学会学习是时代的需要

当下，一种新的经济形态——知识经济形态已经展现并成为冲击人类社会各个领域的势不可挡的历史潮流。它预示着人类正在步入一个以智力资源的占有、配置，知识的生产、分配、使用（消费）为最重要因素的经济时代。为了迎接 21 世纪知识经济的挑战，教育必须担负起国家最重要的战略资源——拥有先进技术和最新知识，尤其是具有知识创新能力的人才的培养任务，由此，教育优先发展的战略性地位得到世界各国的一致认同。鉴于知识经济归根结底是"以知识为基础的经济"（knowledge-based economy），知识经济所蕴涵的"新增长理论"反映了对知识和技术在驱动生产力和经济发展中巨大作用的全新理解，由此凸显了具有高素质的人在经济发展中的关键作用。这一极其重要的启示必然导致以培养人为宗旨的教育基点在迈向 21 世纪时发生战略性的转移，将每个人的终身学习作为 21 世纪教育的定位。早在 1972 年 5 月，联合国教科文组织国际教育发展委员会主席埃德加·富尔（Edgar Faure）在为递交《学会生存》报告而致函联合国教科文组织总干事勒内·马厄（Rene Maheu）时，曾明确地指出："我们再也不能刻苦地一劳永逸地获取知识了，而需要终身学习如何去建立一个不断演进的知识体系——学会生存"。该报告特别强调两

---

* 原文发表于《外国教育资料》2000 年第 1 期。

个基本观念——"终身教育"和"学习化社会"，并希望据此改造现行的教育体制，使之达到一个学习化社会的境界。24 年后，1996 年 4 月 11 日，联合国教科文组织"国际 21 世纪教育委员会"正式提交教科文组织总干事马约尔（Mayor）的报告已十分明确地命名为《学习——内在的财富》(Learning the Treasure within)，强调要通过持续的学习，让像财富一样隐藏在每个人灵魂深处的全部才能（记忆、推理能力、想象、体力、审美观、与他人交往的能力、领导者的天然气质等）都能充分发挥出来，从而把超越启蒙教育和继续教育之间传统区别的终身学习放在了社会的中心地位并将终身学习概念视作进入 21 世纪的一把钥匙。由此，该报告将学会四种基本学习作为 21 世纪教育的四大支柱，即学会认知、学会做事、学会共同生活和学会生存，从而从根本上更新了学习的内涵，将学会学习置于 21 世纪教育的核心。学习已经不仅仅是国家强加于公民的义务，学习应该成为每一个人的基本需求和权利。学习应该是个人、组织、国家、社会进步与发展的机制。

然而，应该强调指出的是，21 世纪教育基点的战略性转移，是建立在对"学习"概念的全新理论基础上的。我想，正是在这一意义上，我们可以说当今世界正面临着一场"学习的革命"，我们将彻底改革几个世纪以来人们已经习以为常的、旧的、传统的教育观念和教学与学习方式，创造出一种在真正意义上尊重人的主体性、激发人的创造性、相信并注意开发人的潜力、便于人与人交际与合作的崭新的教育观念和教学学习方式。正是在这样一个时代背景下，学会学习、掌握学习的策略成为学术界备受关注的热点问题。本研究将对此问题做一个简要的介绍。

二、学会学习与学习策略的掌握

1. 培养策略学习者的重要性

据上所述，今天，我们正处在一个科学技术与社会快速发展的时代，一个人若想在社会上处于有利的地位，他就必须成为一个终身学习者。所以，学会学习，掌握学习的策略，对自己的学习承担起责任，这对社会与个人都是至关重要的。显然，长期来把教育视作是为工作做好准备的观念已经大大落后于时代的发展，而基于这种工作准备观念的教育模式当然也相应地过时了。一个学生在校期间不仅应该增进知识，掌握技能，他们更应该学会学习，学会管理自己的学习。这就要求每一个学生成为一个策略型的学习者，从而能对自己一生中在学术性与非学术性情境中的学习承担起全部的责任并随时对学习进行自我调节，以适应社会发展的需要。

2. 策略、学习策略、学会学习的策略与策略型学习者

"策略"一字源于希腊语，意为"将才"，指行为或行动计划，以及为解决某问题或达到某目标而有意识作出的一套活动。学习策略是指"学习者在学习过程中用以提高学习效率的任何活动"；指"学生在形成概念和知识结构的过程中如何运用各种认知过程及其不同组合形式开展学习活动的技术和方法"。"学会学习的策略则包括能促进学习、理解、知识与技能的获得以及某个知识库的重组的任何想法、情感或行为"。这些策略或技能的学习和教学是十分重要的，因为它能帮助学生成为一个善于运用策略的学习者。所谓策略型学习者就是指该学习者能"对自己的学习负责""有能力为自己设定真实的、富有挑战性的目标""能运用多种类型的知识"，还能"运用执行性控制过程去创建一个学习计划，挑选实施这一计划的方法并对这一过程进行监控，此外，在必要时，还可以对他们的目标和他们正在使用的方式作些修改"。以下将对学习策略的这几个组成成分做进一步的论述。

3. 策略学习者的特征

怎样才意味着成为一个专家级的策略型学习者呢？

（1）具有各种有效的知识类型

专家级的策略学习者应拥有各种各样的有效的知识类型，这些知识包含 5 个基本范畴：有关自己作为学习者的知识；有关他必须完成的任务的知识；有关他所拥有的一整套学习策略和技能的知识；有关自己原有的知识；有关知识的情境，他打算现在或将来在这一情境中进行新的学习。对这一情境的知晓还有助于学生选择研究或学习新的信息与技能的有效途径。除了上述 5 种知识范畴外，要成为一个专家级的学习者还必须知道如何利用这些不同范畴的知识去达到自己的目标，以及怎样对自己的进步进行监控，只有这样，他们才能成功地在发生问题时灵活地做出应变。他们还必须知道怎样进行自我评估或自我测试，以确定他们是否达到自己的目标并激励自己不断进步，不断超越自我。

（2）学习的愿望与动机

专家级的策略学习者当然是愿意学习、热爱学习、具有强烈的求知欲望和学习动机的。这意味着有效的学习要求将理性与激情、认知与情感、技能与意志成分整合起来。在

学习中,动机和积极的情感来源于许多因素,而且与源于许多因素的结果产生互动。这些因素包括:场景、任务的分析、目标的设定、预期的功效、结果的归因、兴趣、价值、工具手段以及效用等。

(3) 有关学习的元认知意识

策略型的学习者还应具有元认知的意识并善于运用各种策略去协调和管理自己的学习与研究。这是由一系列互动的、以动态方式彼此影响的组成成分构成的活动。这些活动的目的是创建一个计划去达到一个目标,选择特殊的策略或方法用于目标的实现,运用所选择的方法去实施计划,对形成性与非形成性的主要成分进行监控,一旦需要也可修改计划、方法或最初的目标,对达到目标的途径进行评价以确定其是否有效。当然,评价是一个完整的过程,它可以帮助学生组建起可供未来在相似情境中使用的一整套策略。

4. 策略学习必需的知识

策略型的学习者的特点之一是具有许多不同范畴的知识,这些知识包含以下 5 个范畴。策略型的学习者正是在利用和整合这些知识的基础上去达到自己设定的目标的。下面将对这些范畴的知识作进一步的说明。

(1) 有关自己作为学习者的知识

策略型的学习者应对自己有较多的认识和了解,例如,他们知道自己在学术性学习方面的长处与短处;哪些学科学起来比较容易,哪些比较困难;自己对什么感兴趣;自己的天赋是什么,等等。他们还知道自己偏爱什么、擅长什么,怎样才能使自己喜欢学习,一天中什么时间最适合工作,如何安排自己的学习时间,自己有哪些学习习惯,哪些习惯好,哪些习惯不好,有什么办法改变不良习惯,学习的环境怎样以及自己参与哪些实践活动,等等。

学生对自己作为一个学习者的了解是十分重要的,因为只有这样,他们才能对达到学习目标所必需的内部与外部资源进行管理。值得注意的是,在这一范畴的知识中包括了个人资源,如情感、动机以及有关认知技能与认知策略的知识。所有这些信息资源的利用可以帮助学生做出决策以提升他们达到学习目标能力。例如,当学生在学习某一学科的知识遇到困难时,基于对自己的了解,他会做出增加一些课外学习时间,或改变学习方法,或补充相关的背景知识,或改变学习策略等的决策。

(2) 有关不同类型学术性任务的知识

策略型学习者需要的另一类知识是有关他们必须完成的不同学术性任务的知识。这些任务的类型有:阅读课文、听讲座、观看演示、写作文、记笔记、准备测验,等等。如果学生不了解一个既定任务的适宜结果是什么,他就很难为自己设定一个相应的学习或研究的目标。例如,学生应该了解阅读一篇科普性课文与阅读文学课上的一篇小说有什么不同。他们还必须知道如何针对不同的测验(如,多项选择或综合理解)作好准备。总之,缺少了这一类型的知识,学生确立清晰的目标时以及优化他们的研究性学习或其他学习活动时,就会遇到困难。

(3) 有关学习策略和研究性学习的知识

运用有效的学习策略和学习技能可以促进信息的获取、整合、组织与储存。在这一类型的知识中有各种各样的过程与方法,它们可以用于组织研究性的学习环境,还可以用于产生和维护动机,激发面对学习目标和任务的积极情感,并使新信息获得意义,将新信息组织成比较有意义的形式,将新信息与原有的知识整合在一起,或者对已有的知识进行重组,只有这样才能将信息与新的理解整合在一起。

目前已经识别出一些研究性学习策略。最普通的策略有:时间管理方法、听课的技术、阅读的策略、测验的技能、处理学习焦虑的方法等。认知学习策略包括产生和维持动机、使焦虑衰减、产生热爱学习的积极情感、在所学材料的各个部分之间建立其联系、通过各种精制的方法将新信息与已有信息相关联、利用认知监控集中注意力、运用理解监控检查理解、利用执行性控制策略组织和协调学习活动。

在学会学习的过程中,学生需要学习各种不同的学习策略和研究性学习技能,他们需要在实践中运用这些策略与技能,他们还应该知道在什么条件下运用这些策略和技能是合适的或不合适的。这些策略和技能实际应用的另一个潜在副产品就是十分清楚自己偏爱用哪种方式的信息加工和学习学校教材认知风格。有许多学生虽然已经进入较高的学习阶段,但是他们并不清楚自己偏爱何种学习方法,他们实际上只是学习方法的奴隶。他们长时间地使用某种学习方法,但也许这并不是最适合他们的有效学习方法。所以,让学生在学习知识、技能的同时,掌握各种各样的学习策略显然能帮助他们对学习策略作出明智的选择,以便使他们能在学习中表现出色。同时,当他们在学习中遇到问题时或他们偏爱的策略失效时,策略学习还能为他们提供丰富的策略资源供他们选择。

(4) 有关学习者原有知识的知识

在学习中学习者原有的知识是新学习的起点。策略型的学习者应该能够利用他们获得的源于不同知识领域的原有知识,帮助自己理解他们试图学习的新信息,将这些新信息与相关的知识储存在一起,以便将来取用。了解自己原有的知识,激活原有知识结构并将新信息同化于其中,通过这种方法对原有知识进行思考,能增强学生对原有知识的理解,还能帮助学生在新信息与原有知识结构之间建立联系,从而使新信息获得意义,从而变得较难遗忘。学习者在学习中碰到的另一种情况是：当新知识无法直接同化于原有的知识结构，这时学习者必须改变自己的知识结构，以便有可能接纳新知识，实现知识的顺应。一般而言，一个人对某一领域中的原有知识越多，他对该领域中的新信息的理解就越容易。这说明，相对宽泛的知识背景对于新信息的学习是十分有利的。

（5）有关情境的知识

根据韦伯斯特词典所下的定义：情境是指"与某一事件相关的整个情景、背景或环境"。情境的这一定义表明情境是复杂因素的集合体。学习的一个十分重要的方面是确立目标。为了确立一个真实的、富有挑战性的学习目标，学生必须有可能认同该学习目标的重要性和独特的价值。有关情境的知识则能帮助学生思考他们将在怎样的情境中应用今天所学习的知识，以符合个人的、学术的、社会的或职业的目标。情境是渗透在任何学习过程和迁移中的潜在影响因素。适宜的情境可以克服学习内容的抽象性，促进理解和记忆的保持，有利于学习的强化和迁移。先于学习事件的情境可影响学习者学习的动机、需要、认知准备和情感的因素。学习中的情境则直接涉及影响学习兴趣、动机、理解、态度、方法的种种因素以及帮助学生认识如何从愿意学习转变到善于学习，即学会学习的重要性。对知识迁移情境的了解有助于增强其学习的灵活性和举一反三的能力。

5. 学会学习的元认知方面

元认知是有关思维的思考过程。约翰·弗拉维尔（John Flavell）是这样描述元认知的："元认知涉及某人有关自己的认知过程或某些与之相关的知识，例如，与学习相关的信息或数据的特性。比如，我注意到我在学习 A 时比学习 B 时困难多，如果这使我觉悟到在我将 C 作为事实加以接受之前，我应该对 C 进行双倍的检查，这时，我就是在进行元认知。"弗拉维尔认为，元认知能解释不同年龄的儿童以不同方式对待学习任务，也就是说，他们发展了新的思考的策略。研究似乎确定了这一结论，随着孩子的长大，他们表现出越来越多的对自己思考过程的知晓。元认知包括对认知过程的积极监控和调节，这是对一种执行性控制系统的表征。元认知对于制订计划、问题解决、评价和语言学习的许多方面而言，是处于中心地位的。元认知与认知风格和学习策略相关，它们都表明个人对自己的思考或学习过程的知晓。

元认知是学会学习至关重要的一个方面。元认知主要包括对自己思维过程的觉知、有关这些过程的知识、与这些过程相联系的认知成果以及评价和调控这些过程的能力。元认知与学会学习的执行性成分或管理成分密切相关。在获得和改进学习策略的储备以及运用这一储备中的策略中，对思维过程的觉知是十分关键的一个步骤。不具备对学习新材料时运用的过程进行反思的能力，在选择合适的运用过程、检查这些过程是否成功以及在需要时修正这些过程以便有效地达到学习的目标时，学生将会遇到困难。这在理解监控中表现得十分清晰。

理解监控是元认知加工的一个子集，它可以帮助学生以形成性或总结性的方式去探查他们是否正在接近他们的学习目标。基于形成性方式的理解监控包含在学习过程中对学习进步的定期检查。理解监控的控制方面能帮助学生识别问题，考虑有哪些可选的学习策略或技能，选择潜在的优化新方式。同时，将以相似的模式对这一新方式进行监控。基于总结性方式，理解监控包括对是否达到目标的检查。这一监控形式不具备形成性监控的诊断功能，不过它有助于学生确定他们是否达到全部目标。在学习中，理解课文中的每一段落并不意味学生对整个章节的把握。在总结性水平上的理解监控关注的正是整合、组织、分析和评价水平上的理解。策略学习者应以各种方式对自己的理解进行监控。那么，所有这些方法的共同成分是什么呢？即它们都包括某些自我评估的形式。一般的方法通常都包括总结、分段、产生和回答潜在的测试问题、实践、试图将所学材料教给他人等。理解监控的目的是帮助学生识别是否产生理解上的错误，是否有问题。学习过程中，应帮助学生增加理解监控方法的储备，这样，他们就能拥有足够的工具以便在需要时去对付各种不同的学习任务，去达到各式各样的学习目标。

总之，元认知既包括决定使用什么样的加工方法，又包括如何评价运用这些加工方法而得到的成果。

6. 学会学习的动机与情感成分

策略学习者应该知道利用什么策略去完成任务，知道怎样利用这些策略，甚至于知道为什么和何时利用策略。但是一个策略学习者仅仅知道这一切是不够的。他还应具有学习的强烈愿望，还要重视学习的价值，这样他们才能为达到学习目标而坚持不懈地努力。

情感、动机因素能在很大程度上影响学生达到某一特定学习目标的努力。比如，一个想当工程师的学生对干这一行所必需的数学、物理等学科的兴趣就会比其他学生强烈。信念与态度对激发和维持动机也有相当大的影响。例如，学生对自己某一能力的自信会从情感上影响学生在相应的学习中克服困难，作出出色的表现。此外，对策略运用的自信也可以通过影响学生选择达到目标的方法类型而间接地影响学生的业绩。学生认识到某一特定的目标更适合于另一种学习，或者学生的生活目标也会影响他们达到学习目标的动机水平。

因果归因是影响学生选择和运用有效的学习策略的另一种类型的信念。韦纳（Weiner）在其《动机和情绪的归因理论》一书中，重点论述了归因的后果，即由归因引起的期望的改变和情感的反应。这种情感的反应对后继行为有一种促动作用。例如如果学生将学习的成果主要归因于外部的或不可控制的资源，如任务的困难水平或内部固有的能力，那么，他就不会感到"自己应该在学习中发挥积极的作用"这样一种强烈的需要。反之，如果学生将学习结果的取得主要归因于自身的努力和不断发展的能力，那么，他将有可能以更加积极的方式去接近学习的目标。显然，内部的、可控制的归因能引导学习的动机水平更上一层楼。

7. 学会学习中的执行性控制过程

执行性控制也是学会学习中的重要组成成分。学生可以运用执行性控制管理学习过程，协调各种学习策略和研究技能的运用。这些过程说明了学生拥有的各种范畴知识（如，适宜的动机与情感、适合某一任务的特定学习目标、对所学内容的了解，对相关的原有知识的了解等）所处的水平。利用这些信息，学生就有可能为每一个目标创建相应的计划，选择达到目标的特定策略或方法，运用所选择的方法，监控整个过程，在需要时对目标或方法作出修正并评价完成任务的全部方式。

对全部方式进行评价作为最后一个步骤对优化未来学习是十分重要的。人的信息加工系统就其储存信息的容量而言是独一无二的，但加工信息的能力却有明显的限制。个人扩大信息加工容量的一个方式是在知觉水平和认知水平上把各种不同信息的"比特"集合成较大的协调的整体，或"记忆单位"即形成一个知识的"组块"（chunking），研究表明，将零散的信息组织成块，可以在相当程度上提高记忆的能力，如果把信息组合成有意义的组块则不仅能增加信息的摄入量，而且有助于记忆的保存。个人扩大信息加工容量的另一个方式是创建智力子程序。这些子程序包含置于单一过程之下的若干不同的步骤，借助于这些子程序，可以减少工作记忆的负荷，释放出加工容量，将其集中用于该任务的别的方面或其他任务。就本质而言，这些子程序降低了在学会学习的执行性控制中对步骤的策划、选择和实施的有意注意的需要。一旦学生确立并学会完成若干典型的学术性任务的子程序，他们就能以有效得多的方式对待这些任务。只要学习目标发生变化或者发现了一个理解上的问题，学生就能提供有关他们打算如何达到目标的大量补充想法。当然，要学会这一套程序需要花费许多时间和精力，但是，一旦学生开发了全套程序，他们就能成为十分有效的学习者。

小结

在一般情况下,学习者掌握和运用学习策略的能力是在学习中随经验的增长和积累而逐渐得到发展的。学习者通过对自己学习的反思以及在学习过程中作出用什么方法处理新信息的决策,逐渐丰富自己拥有的学习策略的储备,发展灵活运用学习策略的能力,形成对自己学习的元认知并掌握一整套策划、启动、实施、监控、调节和评价学习的有用技能。与此同时,如果能对学生进行学习策略的教学和评价,则更有助于学生成为一个专家级的有效的策略学习者。因为在掌握学习策略、学会学习的过程中,如果学生能得到教师或有经验的成年人或同龄人的指导,这对于学生正确掌握学习策略和运用学习策略是十分有益的。有关学习策略的研究是当今教学心理学中的一个新的研究领域。随着社会对具有创新意识与创新能力的人的需求的不断增长,学会学习已成为全社会关注的焦点,有关学习策略、学会学习的策略以及培养学生成为专家级策略型学习者的研究也已经提上议事日程。鉴于我国在这一领域的研究还相对滞后,一方面,我们应该继续关注、追踪国外关于该课题的研究进程、成果和新的动向,另一方面,我国学者必须以已有的成果为起点,在理论与实践、原理与技术的交汇中开展自己的原创性研究,用我们自己的研究成果去丰富为人类所共享的知识财富。

参考文献 ●●

［1］ Eggen P, Kauchak D. Educational Psychology ［M］. Upper Saddle River: Merrill, 1997.

［2］ Tessmer M, Richey R C. The Role of Context in Learning and Instructional Design ［J］. Educational Technology Research and Development, 1997,45(2):85－115.

［3］ De Corte E, Weinert F E (eds). International Encyclopedia of Developmental and Instructional Psychology ［M］. Leiden: Elsevier Science

Ltd, 1996.

［4］史良方.学生认知与优化教学[M].北京:中国科学技术出版社,1991.

［5］张卿.学与教的历史轨迹[M].济南:山东教育出版社,1995.

［6］高文.现代教学的模式化研究[M].济南:山东教育出版社,1998.

［7］李维.心理学百科全书(第一卷)[M].杭州:浙江教育出版社,1996.

［8］阿瑟·雷伯.心理学词典[M].李伯黍,等译.上海:上海译文出版社,1996.

39

面向新千年的学习理论创新 *

高　文

　　20世纪末,西方学术界对学习理论的研究给予了高度的关注,研究人员从各个不同领域共同开展有关学习的跨学科、跨文化研究,从而使学习理论发生了深刻、本质与革命性的变化。这证明人类已经进入创建学习科学的新纪元,一场彻底改变人类学习的理念与方式的革命已经兴起。

　　我认为,学术领域这一现象的出现必然有其理由,跟踪国外有关学习的研究动向,了解这一方面的突破性进展将有助于我们发现有价值的线索,拓展国际视野,寻找支撑自身研究的高起点,亦即我们通常所谓的"巨人的肩膀"。显然,只有站在学术的前沿,看清发展的方向,我们才有可能事半而功倍地参与国际学术前沿领域的对话,从本国的实践出发,建构自身对学习的理解,为学习科学的兴起与发展奠基,并在此基础上为建设"全民学习、终身学习的学习型社会"、为在更新与完善"现代国民教育体系"的同时,构建与其相辅相成的"终身教育体系"而努力。

一、学习理论创新的时代背景

　　20世纪末,学习理论的创新是有着特定的时代背景的。在世纪交替之际,人类社会从

＊　原文发表于《全球教育展望》2003年第4期。

工业社会向着知识经济社会的转型使得生产形式发生着根本性的变革——基于知识与人力资源的生产形式与服务正在取代传统的物质生产并逐渐占据主导地位,对具有创新精神与创造能力的人才的需求也相应地从可望而不可即的理想变成社会真正的、迫切的现实需求。与此同时,在脑科学有关人的高级认知机制的研究中不断取得的成就则在科学的水平上揭示了人脑所拥有的、有待开发的学习潜力,为创造性人才的培养提供了科学的依据。社会的进步与发展,尤其是以计算机与网络为代表的现代信息技术与通信技术的结合则作为"现代社会发展不可分离的两大支柱"[1],不仅为研究人脑、开发人脑、保护人脑提供了技术的保证,而且为教育培养创造性的人才搭建了全新的平台,由此为满足社会对创造性人才的需求提供了可能性。我认为,正是在培养创新人才的必要性与可能性之间的张力中,在致力于将可能性转变为现实性的切实努力中,众多领域的研究者才将注意力集中到对学习的研究上,因为学习是有助于个人、社群以及整个社会充分发掘其自身潜力的有效机制,是承担起知识传承、生产与创新重任的重要活动方式。这一切标志着人类正在迎接一个学习的时代,并着手创建一个鼓励终身学习的学习型社会。

二、学习隐喻的演变

众所周知,科学的研究总是受到各种隐喻的指引。在整个 20 世纪,有关学习的不同隐喻也同样制约着人们对学习的认识与理解以及相关的研究方式,而有关学习研究的成果则进一步影响教学、课程,乃至对整个教育的认识。

20 世纪上半叶,学习理论主要是行为主义的活动舞台,占主导地位的隐喻是"学习是反应的强化"。这一有关学习隐喻的提出主要依据的是实验室中对动物学习行为的研究。桑代克在《人类的学习》一书中曾明确地指出:"学习,部分地,是由 S→R 联结强度的变化所组成的……学习也包含新反应的产生。"就其哲学传统而言,有关学习的反应强化观扎根于传统的联结说。根据这一观点,学习者是奖励与惩罚的被动接受者,而教师则是奖励与惩罚的施与者,操练与练习成为首选的教学方法,该方法最极端的形式就是基于记忆的复述。在实践中,如果教师将操练的方法运用至极端,那么教师自己也就从一个教育者变成一个训练师。显然,学习的这一隐喻表明当时有关学习的研究是以动物行为建模的,并试图将解释动物低级学习的原理推演至对人的学习的解释,这显然是一种还原的研究方式。

由于作为反应强化的学习过分强调死记硬背的学习,而忽略了有意义的学习,它所侧重的是对知识的记忆而不是知识的迁移。为此,学习的这一隐喻首先受到了格式塔心理学家的挑战。他们认为应该经由理解使学习导向记忆与迁移。虽然,格式塔心理学首先提出学习是对理解的探索的观点,尽管这一观点是正确的,然而由于缺乏表述这一思想的清晰语言以及支撑这一思想的相应技术,这一观点在当时并没有被广泛接纳,因此也就没有能够成为一种有意识的学习隐喻。随着现代认知心理学在50年代中期的形成,时至60、70年代,认知心理学家在对人与计算机进行比较的过程中,将计算机中信息的符号形式等同于人的知识,将基于计算机符号的计算运作等同于人的认知。由此,有关学习的信息加工理论逐渐取代了行为主义的理论,有关"学习是知识获得"的隐喻也同时取代了学习是反应的强化的隐喻。根据这一学习观,学习者是信息加工者,教师被视作信息的施与者,为此,教师应该具有丰富的知识,学生则是一个空的容器,而可以加以分割的知识则像用品一样可以由教师传递给学生。学业成绩的考核可用以确定学生学到了多少知识。显然,学习的这一隐喻是参照计算机处理信息的方式建模的,该隐喻仅仅将学生视作个体的信息处理者,这显然有将人的学习简单化的嫌疑。

当有关人的认知研究从人工实验室转移到比较真实的场景中时,关于学习是知识获得的信息加工的观点由于它的狭隘性和脱离真实世界的特殊实验场景而遭受到越来越强烈的攻击。研究人员开始在包括教育场景在内的比较真实的场景中研究人的认知,人的学习的建构本质也越来越清晰地显现出来。20世纪80—90年代,基于认知建构主义基本原理的有关学习是知识建构的隐喻已经作为主要隐喻出现。这一观点强调学习者是在探索理解的过程中建构自己的知识的。学习者是意义的制定者,教师则成为认知的引导者和支撑者。这一隐喻的确立表明人类首次参照人脑的机制构建学习模型,是真正意义上对人的学习研究的开端。当然,这一隐喻的形成与科学家对人脑研究的长足进步是分不开的。与这一有关人的学习隐喻的建立相应的是,有关计算机的进一步研究与开发也开始以人脑为隐喻。人与计算机隐喻的互换标志着人类在长期以来分析、还原、简化研究的基础上开始直面世界的真实性与复杂性,其中包括正视人的学习的本质。

在20世纪的最后10年中,维果茨基思想的传播已对其祖国和整个世界的教育改革产生重大的影响。作为建构主义重要流派之一的社会建构主义思想正是在维果茨基里程碑式的研究工作基础上形成的。但是,我们必须给予充分重视的网络时代的到来为广泛意义的协作学习提供了物质与理念相结合的最有力的支持。适应这样一种时代的需求,基于现代信息通信技术提供的平台,目前,在社会建构主义的理论框架中正在形成第四种有关学习的隐喻,即"学习是知识的社会协商"。这表明,认知—建构正在被纳入学习的社会和文化情境之中。有关学习的研究将更多地关注人的社会性互动,关注审视问题的多重视角、多元价值以及视界的交融,关注以各种符号体系为载体的人类文化对个体发展、个体间相互作用的中介意义,关注个体与组织运用各种符号体系的能力,并由此关注人解决真实复杂问题的动机与能力以及个体智力与集体智力的有效互动。在现代信息通信技术的有力支撑下,一种高效、互动、浸润式、分布式的学习新范型正在形成。

自 20 世纪 80 年代末以来,有关认知与学习的情境理论逐渐成为一种能提供有意义学习并促进知识向真实生活情境转化的重要学习理论。基于情境认知与情境学习的理论研究和实践模式的开发正越来越受到心理学、人工智能、人类学等领域研究者的关注。尤其是其中源于人类学领域的情境认知与学习的研究,在理解实践的基础上,大量开展有关学徒制、从业者以及普通人日常认知的研究,并在此基础上提出了"学习是参与实践共同体的隐喻"。[3]人类学学习观的价值正如麦克尔·杨(Michael F. D. Young)指出的:"以这种源于人类学研究的基本定义为起点的好处是,它不是'学校中心'的,而且避免了学习自动地跟教学相联系。然而,它并不拒绝有计划的教学和系统的课程有能力辅助学习,它只是指出作为任何一种成功的学习过程基础的是一种社会过程。这种学习观点的另一个优点是它将作为一种社会参与形式的学习置于学校中心观点中作为社会选择形式的学习之前。"[4]

综上所述,以各时代的理论与教育实践为基础的主导的学习隐喻的产生与更替表明人类对于人的学习本质认识的不断深化。正是在一代代学者坚持不懈努力的基础上,在人类进入新千年之际,有关人自身学习的本质与机制问题的研究终于成为学术界直面的研究热点。来源于不同学术领域,从各个角度对人的学习的关注与研究,使我们面对着十分可观而又极富价值的研究成果。

三、学习理论的突破

在回顾学习理论的演化和追踪国际上有关学习理论的最新研究成果的过程中,我们发现,有关学习的研究经历了一个从猜测到科学,从简单到复杂,从低级到高级,从静态到动态的发展过程。今天有关人的学习的研究正在形成一个全新的学习科学的研究领域。可以说,在人类历史过去的十年中,学习理论发生了并正在发生着最本质与革命的变化。使这场学习理论的革命具有实质性意义的是:"人是怎样学习的"这样一个极其重要的研究课题已被提上众多研究领域的议事日程。将学习仅仅视作心理学或至多是社会心理学议题的传统假设已遭到批判。[5] 在层出不穷的最新的研究中,人的学习的建构本质、社会协商本质和参与本质也越来越清晰地显现出来,而且与之相应的新的教学隐喻也在质疑支持知识获得的教学的课堂隐喻和产品交付隐喻的基础上得以确立。为此,我们认为以下观点不仅在理论层面上具有原创性,而且在实践层面上具有可操作性,深入了解这些观点对于目前我国正在进行的课程改革和整个基础教育的改革是具有极其重要的启迪性意义的。

1. 优化学习环境促进知识的建构

在教育中,客观主义的知识观一直占据着主导地位,这种客观主义的知识观假设客体的基本特性是可知的和相对不变的,所以知识是稳定的,是对客观世界的反映。教育的作用是帮助学生了解真实世界。设计者或教师的目的是向学生解释各种事件,告诉学生有关世界的事情并希望他们在自己的思维中复制世界的内容和结构。显然,这种知识观把知识看作是一种客观的、稳定的物品。知识的获得就意味着用各种事实或信息填充一个空的器皿。因此,对于学习者,学习的目的就是获取这种知识;对于教育者,教学的目的则是传递这种知识。这种知识观最大的问题在于它忽略了世界的无限复杂性以及作为认识主体的人所具有的巨大的主观能动性。

20世纪80年代末在西方兴起的建构主义思潮试图从"新认识论"的视角对仍然误导着教育的这种传统的客观主义的认识论作深刻的反思。它们不再将知识看作是有关绝对现实的知识,而认为主要是个人对知识的建构,即个人创造有关世界的意义而不是发现源于现实的意义。所有的建构主义,尤其是其中的激进建构主义宣称,认识者只有在依靠自己的经验建构真实或至少是解释真实的过程中,才能在心中拥有较多的真实。建构主义主张,脑在解释事件、对象和有关真实世界的各种观点中是工具性的,是必不可少的,而且,这些解释构成了个人的知识库。源于建构主义信念的一个重要结论是:我们每个人都以不同的方式想象外部世界,这种不同基于我们对世界的独特的经验集合以及我们对这些经验的信念。总之,激进建构主义强调,认知不是对某一客观存在的实在的发现,即不是去发现本体论意义上的实在,而是主动建构个人有关世界的经验现实。为此,为鼓励个体对知识的积极建构,激进建构主义建议用"生存力"(viability)作为衡量建构的唯一标准,强调知识若有助于解决具体问题或能够提供有关经验世界的一致性解释,它就是适应的,就是有"生存力"的。因此,一切知识都是个体在认知过程的基础上与经验世界进行对话的过程中建构起来的。总之,源于皮亚杰的认知发生论的认知建构主义经由激进建构主义的继承与发展,明确指出,知识是由认知主体积极建构的,建构是通过新旧经验的互动实现的;认知的功能是适应,它应有助于主体对经验世界的组织,衡量知识建构的唯一标准是知识的"生存力"。由此,"学习是知识建构"的学习隐喻才得以真正确立。

基于"学习是知识建构"的学习隐喻,一种开放系统的教学观点被证明是有效的。这种教学并不是由预先详细制定的目标所定义的,而是对学生与教师的独创性持更加开放性的态度。由此,能提供认知工具,蕴含丰富资源,鼓励学习者通过与环境的互动去建构个人意义的"学习环境的创设"成为与"学习是知识建构"的学习隐喻相对应的教学隐喻。与直接教学不同,学习环境的创设关注的不再是教师应该以什么方式最有效地传递信息以及使信息为学生所理解,而是如何优化学习环境中蕴含的丰富资源以便为学习者提供丰富的"给养"以影响他们与环境的互动和意义的制定。目前,在新的认识论的引导下,各种创新性的、令人激动的、以学习者为中心的学习环境正在不断被创造出来,以满足学习者个人独特的学习兴趣和需求,支持学习者对知识的积极建构。

2. 组建学习者共同体,促进知识的社会协商

在研究建构主义的各个不同流派时,我们发现,在建构主义的连续统中,激进建构主义正是从个人的角度接近学习和认识的,重点描述的是个人方面的心理。社会取向的建构主义理论则更强调知识的社会本质,"学习是知识的社会协商"这一有关学习的新的隐喻正是在这些理论框架中形成的。

社会取向的建构主义理论都在不同程度上受到苏联心理学家维果茨基有关心理发展的社会中介理论的影响。以维果茨基的理论为基础的社会建构主义将知识视作社会的建构。其主要依据是:知识的基础是语言知识,而语言则是一种社会的建构;人类知识对某一领域知识真理的确定和判定起着关键作用;知识的社会建构是一个循环的过程,即个人的主观知识经人际交往的社会过程,如他人的审视和评判,通过发表而转化为使他人有可能接受的客观知识;而个人所具有的主观知识就其本质而言则是内化了的、再建构的社会性知识。这一知识社会建构的循环过程充分证明个体的主观世界是和社会相互联系的。知识是在人类社会范围内,通过自身的认知过程及其个体间、各种社群间的社会协商而建构的。因此,尽管社会建构主义也把学习或意义的获得看成个体自己建构的过程,但它更关注社会性的客观知识对个体主观知识建构过程的中介,更重视社会的微观和宏观背景与自我的内部建构、信仰和认知之间的相互作用,并视它们为不可分离的、循环发生的、彼此促进的、统一的社会过程。由此可见,社会建构主义的中心论点是:只有当个人建构的、

独有的主观意义和理论跟社会和物理世界"相适应"时，才有可能得到发展。因为发展的主要媒介是通过交互作用导致意义的社会协商。

　　具有激进形式的社会建构论同样把社会置于个体之上，在社会而不是心理水平上谈社会交往对个体学习的影响。社会建构论最基本的关注点既不是外部世界（像外源论一样），也不是个人心理（像内源论那样），而是语言以及语言作品的知识库，是人类交互作用的完整连续的偶发流程。社会建构论认为，我们所陈述的一切是通过社会的交换、协商与约定过程而获得合法性的。据此，杰根对语言做了三点详细的说明：首先，语言的意义是通过社会性的相互依赖而获得的，这意味着，意义的制定是两个或更多的人共同努力的结果，因此，应该用一种公共意识形态替换传统知识观念中的个人主义意识形态；其次，语言中的意义依赖于语境，这说明关于语言与指代物之间关系的约定总是植根于特定的社会历史环境的；再者，语言主要服务于公共功能，这就是说，语言不是事实的运载，对语言的理解不能脱离使用语言的语境，因此必须注意研究处于动态关系中的语言功能，关注语言运用的实际条件和限制。为此，杰根还提出了一个学习隐喻：对话或会话。杰根正是从社会建构论的角度提出可从以下几方面改造现存的传统教学实践：削弱权威；赋予社会关系以生命力；在实践中形成意义；在处理问题的实践中允许多元声音的存在。

　　与"学习是知识的社会协商"这一有关学习的新的隐喻相应的有关建立"学习共同体""学习者共同体"的新的教学隐喻也已呈现并受到关注。我们更主张以学习者共同体作为培养终身学习者的一种崭新的学习型组织形式，并以此取代班级授课制这种传统的教学组织形式。我们认为在这种"学习者共同体"的新型学习组织中，教师与学生都应该是或应该成为一个真正意义上的终身学习者。这意味着教师首先应该以一个"专家"学习者的身份出现在学生面前，示范、指引和支撑学生的学习。同时，教师更应该以自身热爱学习的态度和善于学习的能力，创造一个浸润学生、与学生积极互动的氛围，支撑学生完成由"新手"学习者向"专家"学习者身份的转变。我们提倡在未来的学校中组建学习者共同体更是强调创建一种全新的学习文化，即一种开放的、鼓励创新的、浸润的、师生互帮互学的、以学生为师的"并喻与前喻文化"。总之，我们认为，学习者共同体的组建将从组织层面上实现对"以教师为中心的"和"以学生为中心的"两极教学方式的双重超越，完成教学组织形式向学习组织形式的过渡。

3. 鼓励社会参与，进行意义与身份的双重建构

　　有关知识、学习、理解的情境性研究是多视角的，其中包括以莱夫、温格为代表的人类

学的视角、以布朗、柯林斯和杜吉德为代表的心理学的视角[6]以及以格里诺等为代表的强势知识情境观。[7]尽管上述各观点在研究的侧重点上,使用的语言上以及所提出的解决问题的方案上存有差异,但是,情境理论发展的主要因素都包括两个方面:其一是不满现行的学校教育实践,其二是需要一种对发生在学校以外的学习进行解释的理论。为此,情境理论的研究虽关心对传统学校教育的改革,但其关注点又不局限于学校内部的学习,而是拓展到对日常生活中普通人学习的研究以及对各行各业从业者学习的研究。而且,所有的情境理论都强调认知与学习的交互特性,个体、认知、意义正是在互动中以社会和文化的方式建构的。同时,情境理论都强调实践的重要性,并认为,实践不是独立于学习的,而意义也不是与实践和情境脉络相分离的,意义正是在实践和情境脉络中加以协商的。这一切都为研究和理解学习的社会、历史、文化的本质开辟了新路。为此,情境认知与学习在20世纪90年代已经成为学术界的主流。

20世纪80年代末,雷斯尼克在美国教育研究会就职演说中指出,与个体在校外学习和应用知识的方法相比,现行学习教学实践主要关注的是知识的获得,并由此造成知与行的分离和惰性知识的产生。她对学生校外学习的分析则表明,校外学习的主要特征是学习的合作性、情境性与具体性,这与校内学习的个体化、抽象性、去情境性等特征形成了强烈的反差。可以认为,正是雷斯尼克的这个分析推动了强调情境化活动的学习参与观的发展。[8]

与此同时,布朗、柯林斯和杜吉德对不同于正式的学校教育的学徒制方式进行了研究[9],并指出,这种学徒制的方法通常不包括学校教育中通用的说教式教学,而普遍采用观察、交流、训练和逐渐地接近成功。学校教育与学徒制方法最重要的区别是:在学校中,作为教与学的对象的知识与技能被人为地从它们实际运用的情境中抽象了出来,由此造成了理论与实践明显的脱节。然而在学徒制的方法中,作为学习对象的知识与技能是镶嵌在它们实际运用的情境之中的,而且这些知识与技能对于从事学习的学徒则是完成有意义的任务所必需的工具,他们正是在这些技能与知识镶嵌其中的社会性和功能性的情境中进行解决真实复杂任务的学习的。由此,他们提出了有关认知与学习的情境观,该理论的中心观点是:参与实践促成了学习和理解。所有的知识都和语言一样,都是对世界的索引,都是人的活动和情境互动的产物。因此,心理学的情境认知理论强调,将知识视作工具并试图通过真实实践中的活动和社会性互动促进学生的文化适应。为此,该情境学理论强调的是用认知学徒制取代现行的学校教学模式,因为,认知学徒制是在真实领域的活动中为学生提供获得、发展和运用认知工具的机会的,并据此支持学生通过某一领域的真实学习去实现对文化的适应。这样学生就能通过在学校内部和外部的学习中协作性的社会互动和知识的社会建构而获得发展。

布朗等将情境认知作为有关知识的新观点，并明确提出将概念性知识看作一整套工具，因为工具和知识共享着若干重要特征：它们都只有通过运用才能完全被理解，它们的运用既必须改变使用者对世界的看法，又必须适用所处文化的信念体系。因此，概念既是情境性的，又是通过活动和运用不断发展的。这一知识观抛弃了概念是独立实体的设想，强调了把知识看作工具，只有通过应用才能被完全理解的观点。格里诺和穆尔强化了这个观点，指出情境性在所有认知活动中都是根本性的，并据此提出强势知识情境观的构想。他们的观点使学习的内涵远远超过了理解的获得，进一步扩展到对使用工具的世界和对工具本身形成日益丰富的内在理解，而这个理解正是由在其中学习和应用这种理解的情境中促成的。格里诺等还试图根据这种情境观为评价学生的成绩提供一种清晰的理论构想。他认为从情境理论出发必须从以下几个方面去评价学生的成绩：对实践的参与；学生作为共同体成员的资格以及身份的确认；学生在作为特定共同体的成员，以特殊的方式看待世界的过程中，提出问题和问题的解决方案以及目标和应用的标准；意义的建构；实用技术方法和表征的流畅性。[10]

上述理论研究都十分关注改革学校情境下的学习，因此特别注意达到特定的学习目标和学会特定的内容，其研究重点是真实的学习活动中的情境化内容，中心问题就是创建实习场，在这个实习场中，学生遇到的问题和进行的实践与今后校外所遇到的是一致的。

与上述情境理论相关但又略有差异的是人类学视角的情境学习与认知理论。源于人类学研究的情境理论不是把知识作为心理内部的表征，而是把知识视为个人和社会或物理情境之间联系的属性以及互动的产物，并将研究学习的焦点移至实践共同体中学习者的社会参与，从而将参与视作学习的关键成分。据此，我们注意到在该理论的框架中一个新的学习隐喻——"学习是社会参与"的隐喻已显露出来。从参与隐喻出发，该理论将"实践共同体"视作教学的场所，强调新手作为一个完整的人在实践共同体中通过合法的边缘性参与（作为一种特殊的社会实践）在互动中同时建构意义和身份。显然，该理论希望建立一个学习的生态系统，从而将个人和环境看作是相互建构的要素而包含其中。总之，人类学的情境观点不同于心理学的情境观点，前者研究的重点是个体与共同体的关系，后者是认知；学习者对于前者是实践共同体的成员，对于后者则是学校中的学生；前者的分析单位是共同体中的个体，后者则是情境化活动；前者认为共同体中互动的结果是意义与身份的建构以及共同体的形成与发展，后者是意义的建构；前者学习的场所是日常世界，后者是学校；前者认为学习的目标是满足共同体的社会需要，后者认为学习是为未来的工作做准备；前者强调对于教育具有重要意义的是实践共同体，后者强调的是实习场。我认为人类学的框架明显地丰富了情境性理论的框架。

总之,人类学的情境理论认为,如果参与实践共同体是学习的基本形式,那么,对实践共同体所特有的潜在课程——学习课程以及对隐含在这一学习过程中的社会世界应给予必要的关注。也就是说,应将学习置于使学习获得意义的对社会世界的实践参与之中。该理论认为,"社会世界"是通过社会实践而辩证建构起来的。为此,该实践理论在进一步的发展中还需要进一步揭示活动与互动系统之间、活动系统与共同体、文化以及政治、经济之间的相互联系,进一步掌握彼此联系的"人""活动"与"知识"的关系。

以上对国际领域中有关学习理论创新成果的梳理表明,有关人的学习的研究正在突破心理学领域的局限性,而成为跨学科研究、跨文化研究的对象,这种专业分布式的合作对于进一步发展学习科学是至关重要的。学习研究的这些进展已将科学与实践的关系带入一个新时代:正式学习与非正式学习、学校中的学习与工作场所中的学习一起进入了研究者的视野。严格的质性研究方法和案例研究方法的运用更开阔了研究学习的视野,补充和丰富了实验研究传统,并使研究者有可能将基础研究与应用研究、开发研究密切结合起来。在今天的学习研究领域,学习理论流派纷呈、视角多元,然而,众多学派竟然共享着如此多的理论假设和共同基础。这在学习理论相对短暂的历史上是少见的,因而也就更引人瞩目,发人深思。

这一切意味着人类已经进入一个建立在跨学科合作研究基础上的学习理论的新纪元,学习科学的雏形已经显现。我想,我们不能也不应该对学习理论研究领域中已经取得的成绩熟视无睹,因为它们正全方位地挑战着作为现存教育体制重要基石的传统的学习理论以及与之相应的课程与教学理论的合理性,并由此颠覆现存教育体制的合法性。我们必须认真总结,继续跟踪学习科学研究领域的新动向、新发展。我们深信只有建立在学习理论革命性进展基础上的教育改革才能真正担负起改革传统教育体制、创建教育新体制,从而承担起培养具有创新精神和实践能力的人才的历史使命。我想,我们现时的任务应该是继续跟踪和整合学习理论的最新成果,结合我国现实开展理论与案例相结合的研究,并据此参与国际相关领域的对话。

参考文献 ●●●●●●●●●●●●●●●●●●●●●●●●●●●●●●●●●●●●●●

[1] http://www.etic.be/convair. Towards the Information Society: a Rationale for Fure Reserch and Development. a CPNVAIR view, p.3.

［2］桑代克.人类的学习［M］.李月甫,译.杭州:浙江教育出版社,1993:3.

［3］Lave J, Wender E. Situated Learning: Legitimate Peripheral Participation ［M］. Cambridge: Cambridge University Press, 1991:49.

［4］［5］Michael F D Young. The Curriculum of the Future ［M］. London: Falmer Press, 1998:179.

［6］戴维·乔纳森.学习环境的理论基础［M］.郑太年,任友群,译.上海:华东师范大学出版社,2002:25.

［7］［10］Learning and Knowledge. edited by Robert McCormick and Paechter at The Open University, Paul Chaman Publishing in Association with The Open University, UK. p. ⅩⅢ.

［8］Resnick L B. Learning in School and out ［J］. Educational Researcher, 1987,16(9).

［9］John Seely Brown, Allan Collins and Paul Duguid. Situated Cognition and the Culture of Learning ［J］. Educational Researcher, 1989(18):32－42.

40

基于学习创新的课程与教学研究 *

——研究背景、改革理念与研究方法

高 文

以下是一份报告,这份报告实际上是对教育部重点课题"基于学习创新的课程与教学改革研究"所做的基础研究的一个综述。其中阐述了聚焦于学习研究来推动课程与教学改革具有深刻的经济、社会、教育和技术背景,从多学科的视野考察学习的本质是国际学术界所共识的研究取向,也是我国课程与教学改革所要寻找的支点。我们提炼出(1)创建资源丰富的学习环境,支撑知识意义的建构;(2)组建学习者共同体,促进知识的社会协商;(3)鼓励社会实践参与,进行意义与身份的双重建构等核心理念。相应地在研究的方法论上提出如下主张:(1)研究者自身作为学习者的身份确立;(2)在经验与理性的综合中进行真正意义上的概念重构;(3)关注分析与设计——沟通理论与实践的中间环节。

一、研究背景

1. 改革的必要性与可能性

近年来,包括我国在内的整个世界都在反思现行学校教育中存在的问题,并据此进行改革。在这一始于反思的探索过程中,我们始终坚持"立足本土,放眼世界",即一方面我

＊ 原文发表于《全球教育展望》2004 年第 5 期。

们试图追踪相关研究的国际前沿,寻找巨人的肩膀;另一方面,我们始终站在中国的大地上,面对中国教育中的实际问题,这意味着改革必定是最新理念与本土实际的结合。今天我们所面临的学校教育的改革是整个人类社会变革的重要组成部分,我们这一代人正涉足人类有史以来最深刻的一场变革——人类的社会正在从关注物质、能源生产的工业社会进入一个更加关注知识生产与创新的知识社会。这场改革将是艰巨的、漫长的、曲折的,这与人类历史上任何重大的变革一样,甚至于更有甚之。这样一种研究背景使我们十分清晰地意识到培养具有实践能力、创新精神与团队合作能力的人才已经不再仅仅是几个世纪以来进步的教育家们梦寐以求并终生为之奋斗的教育理想,而已真正成为社会发展的现实需求。这表明,为克服现实与需求之间的落差,改革势在必行,不可回避。同时,我们也注意到,随着社会的进步与科学技术的突飞猛进,探索与揭示脑的奥秘也正在从人类长期以来的一个美好梦想逐渐变为现实的活动。由于研究方法、手段和技术的不断更新,以及跨学科科学家的通力合作,脑科学研究领域出现了突破性的进展,其研究成果正深刻地改变着人类对自身拥有的高级器官脑的认识,同时,也进一步促进了计算技术、信息工程与技术以及其他许多相关的科学技术领域的发展。总之,脑科学研究的序幕已经揭开,认识脑、保护脑、开发脑,尤其是仿造脑的研究已经被提上议事日程,有效地促进和增强有关脑的创造性研究,如:人工智能、生物芯片电脑、生物脑网络和人工脑网络的连接、互补等,这一切将对人类社会产生深远影响,将引发与人自身的健康成长与发展相关的医学、教育、通信,乃至整个人类生活领域与生存状态的根本性变革。显然,对脑的原理的研究与探索人类智慧的起源以及开发智力和研发以计算机、多媒体、网络等为代表的现代信息技术等问题密切相关,并正在导致一场以网络为基础设施的信息革命。据此,我们完全有理由认为当前我们正面临的这场教育的变革不仅是必要的,而且也是可能的。但是,我们也应该做好迎接困难、克服阻力的准备,因为人类历史上的任何改革都不可能是一帆风顺,毫无障碍的。

面对这样一个大而深刻的变革的背景,我始终感到,我们现在的研究绝不可能也不应该局限于某一人为划定的、狭窄的学科的研究范围,而应该直面真实问题,大胆地突破学科间的界限,从事跨学科的、开拓性的研究。千里之行,始于足下。为了跨好这第一步,我们一直在思考的一个问题就是:这样一次以彻底颠覆传统教育的理念与范型为目的教育改革,它的支点在哪里,既然我们把它称之为一场与传统决裂并以建构全新的教育理念和开创新的教育范型为己任的、具有跨世纪重大意义的改革,那么,找准支点将是十分重要的,因为只有这样才能更经济有效地启动这样一场改革,把握好改革的航向,降低改革的成本,真正做到事半而功倍。

2. 寻求改革的基点

大家都知道,阿基米德(Archimedes)是古希腊最富有传奇色彩的科学家。据说,当年阿基米德在致力于杠杆问题的研究时,国王曾责问他"为什么你的研究只停留在学问的游戏上? 你所研究的学问到底有什么用处?"面对国王的指责,阿基米德语出惊人:"如果给我一个支点,我就能把地球挪动!"我想,阿基米德的这一豪言壮语充分体现了这位长期迷恋于杠杆原理研究并对此有着极其深刻理解的杰出科学家丰富的想象力、过人的智慧、锲而不舍的探索精神和学以致用的追求。当然,阿基米德并没有去寻找这个支点,地球也因此没有被挪动。但据说当时他曾设计过一套杠杆滑轮系统,把一艘巨船轻松地从岸上推到水中,此举在他的国家引起轰动,国王还特为此下令:"以后凡阿基米德讲的话,务必一律听从。"我们从这一小故事中获得的启示是:第一,我们在进行一场改革的时候,必须了解这次改革的支点是什么,即战略性的基点是什么。我们认为只有搞清这样一个问题,我们才有可能确定,我们应该把时间和精力主要放在什么问题上? 我们前进的方向是什么?我们该走哪条路,采取什么样的研究方法去实现我们的理想? 第二,任何以原创为目的的研究都必须将理论的建构与从经验中获取实践知识密切结合起来,在理性与感性的互动中、在基础研究与应用研究的联系中走出自己的前行之路。关于第二点,我将在研究过程中再谈。

基于这种思考,我们当时就尝试着突破自己原有的狭小学术圈子,把研究的触角伸向知识经济、现代信息技术、脑科学等相关的研究领域,去关注这些方面的进展及其研究成果对于学校教育改革的重要影响。当时我们看到的是以知识为基础的这样一种经济形态的出现。这种经济形态的出现,离不开整个技术层面上的变化。对此,今天大家都很清楚。因为,没有现代信息技术搭建起来的这么一个平台,人与人之间的交往、通信等等将会受到时空很大的阻碍。所以,从技术的背景,从整个经济的这样一个转型出发,我们感觉到,知识经济最核心的一个词就是内涵已发生重大变化的"知识"这个词。但是这里所谓的知识并不仅仅是指我们可以轻易地通过简单模仿去获取和积累的知识,即有关事实与原理的知识,也就是今天我们可以凭借现代信息技术被编码、被压缩成信息的知识。所有这些被编码与被压缩成信息的知识,都能通过现代化的通信设施以极其有限的成本长距离地进行传送并为人们随机访取。数码革命正在强化这种知识编码的趋势,从而使信息资源通过各种通信网络而相互连接,逐渐形成一个可广泛接近与访取的海量的数字化知识库,大大方便了人们对信息的获取、利用、加工和交流。我想,正是有了这样一个前提，新知识的生产，即知识的创新才有可能成为新经济的基础。所以，知识经济的关键词应该是落在知识的"建构"和知识的"创造"上，也就是在"know what""know why"的基础上进一步重点关注"know how""know who""know where""know when"。这实质上已经颠覆了我们多少年来对知识的狭义理解，大大拓展了知识的内涵，揭示了知识的本质属性。从这里开始，我们进一步考虑，什么是知识生产活动？在工业革命时代，工业生产主要是指物质和能源的生产，由此产生了相应的工业化的生产方式、生产关系、劳动组织管理方式、生产设施、生产场地、技术工具以及对劳动密集型人力资源的需求，等等。那么，今天在信息获取和加工的基础上进行的知识的生产、建构和创造，它所依托的就是在对象性的活动中得以充分发挥的每一个人与生俱来的巨大的学习潜能，在社会协商、交流的平台上加以整合的集体的智慧，以及与此相应的全新的人际关系、组织建制与管理机制、网络化的基础设施、认知与交流的技术和工具，支持并鼓励创新的环境与评估体系，等等。具有实践能力、创新和协作精神的人才也因此成为知识社会重要的人力资源。知本与资本共同促进着知识的生产与创新。

从经济发展与社会进步的这样一个要求出发，我们再反思一下现行学校教育，我们发现，近两百多年来，随着社会的发展，学校也在不断地发生变化，但其基本结构、组织运行方式和评估遴选制度等基本构件基本上没有发生本质性的改变。简言之，现行的学校范型是随着工业化时代的到来而诞生，并伴随着工业化时代对人才的需求而逐渐定型的。在那样一个时代，无论是物质产品的生产，还是人才的培养也就不可避免地具有很多相似之处。学校的校舍类似于工厂的厂房，一间间的教室就像工厂中的车间，类似于工人在不同的流水线上，借助于各种机器、工具加工产品，各级各类学校的教师则按界限清晰的不同学科的要求，随着年级的升高，传递客观难度递增的预定知识，对学生进行加工，即人才的培养。如果说，工厂产品的质量标准是按照社会的实际需求制定的话，那么由于学校教育体制（尤其是普教）的相对独立性，学生质量标准的制定实际上是不符合社会各行各业的真实需求的。此外，将知识兑换成分数的形式进行评价和始终定位于个人评价的选拔制度是否有利于培养具有团队合作精神的创新人才，这也是存疑的，还有孤立的学科体系，再加上简单地、直接地传授现成知识的教学方式所导致的知识意义的丧失、内在认知动机的抑制、教学与生活的脱节，等等——这一切都使得当今社会迫切需要的求真务实创新合作的人才难以从现行学校教育体制中脱颖而出。

正是在这个不断反思的过程中，我们认识到，处于这样一个社会大变革时期，目前我们所面临的相应的教育改革的基点应该经历一次战略性的转移，将重新审视真正的人的学习作为 21 世纪教育改革的支点。在对人类学习的真实的、深层次、全方位、多层次的认识的基础上,重构改革的理念,并同时以案例研究的方式推进实践层面上重建教育新范型的努力。应该再一次强调指出的是,21世纪教育基点的战略性转移,是建立在对"学习"概念的全新理解的基础上的。我们的研究团队正是沿着这样的研究思路,持续追踪国际相关领域的前沿研究。

二、理念聚焦

这一跟踪的结果使我们发现了一个非常重要的现象,当今,无论是企业界还是教育界,乃至整个社会都非常关注人的学习、组织的学习、社会的学习问题。也就是说,对学习问题的关注已经超越了学校教育的框架而成为一个与经济发展、社会进步、人才培养密切相关的意义重大的大课题,因此有关学习的研究也从心理学的单一视角发展成为哲学、脑科学、神经科学、认知科学、认知神经科学、人工智能、社会学、人类学、心理学(包括学习心理学、教学心理学、发展心理学、认知心理学、普通心理学等)、教育学、课程与教学论等多元视角的跨领域研究课题。一个崭新的学习科学的研究领域已经呈现。正是从对这样一个国际学术现象的关注开始,我们跟踪了围绕学习问题的不同领域的研究。其中包括脑科学、认知神经科学研究成果对教育的影响、人类学、社会学、心理学、教育学、教育技术学、课程与教学论等。在这个过程中我们查阅、研读了大量论文、专著,在研读文本的过程中进行着书面话语的意义建构。2002年由华东师范大学出版社推出的"21世纪人类学习的革命"译丛正是从我们所学习的这些文献中精选出来的一部分。当初学习时并没有打算翻译,后来决定翻译出版是考虑到中译本的中介可以使国内更多的人了解相关的研究成果,成为我们的对话者,共同拓展我们的研究视界,同时,我们也希望更多的志同道合者能成为我们的合作者。

在回顾学习理论的演化和追踪国际上有关学习理论最新研究成果的过程中,我们认为以下观点不仅在理论层面上具有原创性,而且在设计和实践层面上具有可操作性,深入了解这些观点对于目前我国正在进行的课程改革和整个基础教育的改革是具有极其重要的启迪性意义的。

1. 在关注脑的研究与现代信息技术发展的基础上推进学习的革命

有关人脑的关注和研究在 20 世纪后期开始兴起。而且，人脑的研究和开发与电脑的研究和开发是相互促进、并驾齐驱的。在美国，人们称台式电脑为"desktop"，便携式电脑为"laptop"（膝上电脑），而戏称人脑为"necktop"（颈上电脑），可见两者之间的关系是密不可分的。人脑研究的早期，电脑是其参照物，随着研究的深入隐喻发生了变化——有关电脑的研究转而以人脑为参照物。电脑的研究从认识脑揭示脑的奥妙，到保护脑、开发脑、仿造脑、创造脑，完成了一个从辅助性工具到电脑作为高级认知工具、作为互动交往的伙伴、作为蕴含实践机会、搭建合作平台和支撑、激励人的创造的、真正的学习文化的体现的发展历程。以电脑、多媒体、网络为代表的现代信息技术的发展，通过知识库、信息银行的建立储备了海量的编码知识，从而大大拓展了人脑的记忆功能，将人脑从繁重的记忆工作中解放出来，更好地从事信息选择、加工和进一步的知识创新；网络的构建则使得众多的 PC 机及其使用者摆脱孤立的状态转变为可共享共建网上信息、参与互动，在平等交往的主体间关系中开展社会协商，发扬集体智慧的合作的人、社会的人；从文本到多媒体，再到超文本、超媒体，从直接诉诸真实，到通过模拟真实的中介，再到几乎乱真的虚拟真实、人工真实的中介——技术的每一次进展都是对人脑潜能的开发，都促使人类从原始状态下直面现实的感性的人，在经历了掌握符号、运用符号进行推理的理性的人的发展阶段之后，又朝着以更高水平、更为多元化、更为灵活开放、更为逼真的方式中介人与人、人与现实的关系的整体和谐的人的发展方向回归。因此我们认为对脑的研究以及对相关现代信息技术发展的关注是每一个从事教育研究、投身于教育改革的人不可回避的问题，因为，在 21 世纪之初席卷整个世界的学习的革命正是在基于现代信息技术和利用脑的研究成果的基础上以提高人的生命质量、关注人的生命潜力的发挥为重点的。

2. 多角度更新学习理念的基础上进行教学的创新

在拓展心理学角度有关人的学习的研究过程中，我们梳理出两条重要线索，一条是 20 世纪以来最著名的心理学家皮亚杰从发生心理学的角度开辟的，另一条是著名心理学家维果茨基从社会维度开辟的。同时，我们注意到在今天的有关学习与认知的建构主义研究中，这两种传统不仅得到继承与发扬，而且得到进一步深入的发展，并在与现代信息技术相结合的过程中得到具体体现。更为重要的是,我们认为,这并不是两条平行的学术线索,在进行改革的今天,我们全面地继承两大学派的学术遗产,在进一步的研究中,对其加以整合与发展是十分必要的。从研究中,我们提炼出以下有关学习的新理念。

(1) 创建资源丰富的学习环境,支撑知识意义的建构

源于皮亚杰认知发生论的认知建构主义经由激进建构主义的继承与发展,明确指出,知识是由认知主体积极建构的,建构是通过新旧经验的互动实现的;认知的功能是适应,它应有助于主体对经验世界的组织,衡量知识建构的唯一标准是知识的"生存力"。"生存力"概念的引入强调任何一种描述都与观察者相关,因为该描述正来源于观察者的经验。因此,解决一个问题或达到一项目标不会只有一种方式。而且,无论是教师还是任何成年人都必须正确对待孩子在认识过程中可能犯的错误,事实上教师只有引导孩子自己认识自己的问题并以此为起点在新旧经验互动的基础上改变原有的观念,促进认识的发展与深化。其实,只要回顾一下人类的认识史,我们就会发现很多几百年前、几十年前被认为是正确的、是真理的东西,现在正在被颠覆、被否定,被作为一种"错误的概念"。因此,今天的教学应该帮助学生形成批判性的思维能力,而不是简单地接受现成的知识,养成盲从的习性,应使学生明白,为什么一个特殊概念或理论只是在一个特定的历史或实践背景下才是科学的,而不仅仅是作为绝对真理的、一成不变的概念或理论传授给他们。基于对学习的这样一种认识,一种开放系统的教学观点被证明是有效的。这种教学并不是由预先详细制定的目标所定义的,而是索引性的、开放性的,主张通过学习环境的创设,提供丰富的学习资源、认知工具,编织知识网络,以一定的结构性的知识去支撑学生对知识的建构,利用开放性的、结构不良的问题创设认知情境,鼓励并引导学习者从通过解决一系列初始问题、类似问题、拓展性问题到独立提出自己的问题,与环境积极互动,形成较为长期的研究项目,探索问题的解决方案,并同时建构知识的个人意义,达到对知识的理解(既包括对因果的解释,又包括叙事的诠释)。

(2) 组建学习者共同体,促进知识的社会协商

建构主义的连续统在不同程度上受到心理学家维果茨基有关心理发展的社会中介理论的影响。社会取向的建构主义理论更关注知识的社会本质,强调学习是知识的社会协商过程,知识意义的建构正是这一协商过程的结果。

为此,社会建构主义将知识视作社会的建构。知识的社会建构是一个循环的过程,即个人的主观知识经人际交往的社会过程,如他人的审视和评判,通过发表而转化为使他人有可能接受的客观知识;而个人所具有的主观知识就其本质而言则是内化了的、再建构的

社会性知识。这一知识社会建构的循环过程充分证明个体的主观世界是和社会相互联系的。知识是在人类社会范围里,通过自身的认知过程及个体间、各种社群间的社会协商而建构的。

社会建构论则把基本的关注点放在语言以及语言作品的知识库上,强调语言的意义是通过社会性的相互依赖而获得的,语言中的意义依赖于语境,语言主要服务于公共功能,因此必须注意研究处于动态关系中的语言功能,关注语言运用的实际条件和限制。为此,其代表人物杰尔根提出学习就是参与对话或会话,学习就是人类交互作用的完整连续的偶发流程。由此出发,我们可以从削弱权威、赋予社会关系以生命力、在实践中形成意义、在处理问题的实践中允许多元声音的存在等几方面改造现行的传统教学实践。

关注学习的社会性已经成为当今众多学者所关注的问题,由此,改革传统教学工厂化的组织形式的呼声也日渐增长。创建"学习共同体""学习者共同体"的研究已经启动。我们主张以学习者共同体作为培养策略型、合作型终身学习者的一种崭新的学习型组织形式,并以此取代班级授课制这种传统的教学组织形式。我们认为在这种"学习者共同体"中,无论是专家、课程开发者、教学设计者,还是教师与学生都应该是或应该成为一个真正意义上的平等的学习者。这样的学习者共同体应当以协同性活动为中心,逐渐从组织层面上实现对"以教师为中心的"和"以学生为中心的"两极教学方式的双重超越,完成教学组织形式向学习型组织形式的过渡。

(3)鼓励社会实践参与,进行意义与身份的双重建构

目前对学习的关注已经突破学校的框架,无论是心理学还是人类学的视角都已经开始重视情境学习与认知的研究。他们的研究对象包括日常生活中的普通人、各行各业中的从业者、专业领域中的专家等。所有的情境理论都强调实践不是独立于学习的,而意义也不是与实践和意义产生的情境脉络相分离的,为此有关学习的情境理论强调学习就是对于实践的参与,学习者不仅在从边缘到中心的参与过程中建构知识的意义,而且同时在共建实践共同体文化传统、价值取向的过程中,形成对于共同体的归属感,完成作为共同体成员的身份建构。显然,有关学习的这一研究为更加深刻地理解学习的社会、历史、文化的本质开辟了新路,并试图通过构建实践共同体消除学校中的学习与真实的工作场景中的学习之间的鸿沟。

1. 研究者自身作为学习者的身份确立

我们认为在一项研究工作中，最重要的因素就是从事研究的人：他们的理想、他们的追求、他们的奋斗。在对人的学习问题进行反思的漫长的过程中，我觉得无论是我自己还是团队的其他成员始终都在面临着一种两难的选择：是继续在自己过去熟悉的封闭的学术领域里前行，还是为了真正地解决问题，另辟一条新路？这首先意味着我们敢不敢挑战自我，敢不敢在超越、甚至于否定自己原有知识的基础上，进入新的领域，一切从零开始。事实上，在历史发展的长河中，人类任何一次知识的创新都是建立在对许多陈旧知识的质疑、批判、否定和超越之上的。因此，在我们把学习作为自己的研究重点时，我们首先遇到的挑战就是如何从我做起，如何改变自己原有的狭隘的学习观、学习方式，在研究过程中，同时建构自己作为一个真正的学习者的身份和对学习的理解。这一转变是需要勇气的，因为新的探索是在不断挑战自己的传统思维、惯性思维的过程中进行的，是在摆脱原有的熟手身份甚至于专家身份的过程中进行的。"研究者首先要确立自己作为一个善于学习的策略型、合作型学习者的身份"，这是我们开展研究的一个重要前提和宗旨。

2. 在经验与理性的综合中进行真正意义上的概念重构

作为理论工作者，我们要完成的是有关人的学习的一种真正意义上的概念重构。我们认为，无论是经验还是理性都不能单独提供真正的知识，知识只能诞生在经验与理性的综合中。为此，十年来，我们在关注相关领域的理论研究成果的同时，也在实践层面上进行了实验研究。我们的实验研究主要是以案例的方式进行的，其中包括以配对的方式进行案例研究，即选择具有典型意义的国际案例为参照，结合我们自身的条件在本土进行类似的案例研究，例如，与德国的数学案例相对应的"走进计算机世界"、与美国"Jasper 项目"对应的"基于旅游情境的数学教学"研究、与日本的基于网络的蓖麻种植项目对应的"基于网络的异地大豆种植活动"的研究，等等。在对这些跨文化的案例进行比较研究的过程中,我们还进行了对照性的调查研究。例如,在对"Jasper 项目"进行研究的过程中,我们曾与美国学者共同对两国师生进行了"设计一名成功的学生"的问卷调查。该调查先后在上海市 8 所不同层次的中小学以及美国 4 所不同层次的学校中,对传统教学与贾斯珀系列所倡导抛锚式的教学进行了跨文化的调查研究,这一研究是为了寻找全新的学习理论在不同文化、不同情境中的共同点与差异性,以便在诉诸实践的过程中提出真实问题,并据此更好地、更有针对性地对理论与实践进行反思、重审与重构。

其实,在这些年来从事案例研究的过程中,我们每个参与者都有非常深刻的感受。首先,我们真切地感受到每个孩子都有很大的潜力,但是在传统的学校教育的束缚下,这些潜力却得不到发掘。记得当年我们在一所小学做实验,参加实验的 24 位小学生来自三年级不同的班级,他们是自愿报名参加的,他们中间大多数孩子在老师的眼里都是很一般的,甚至比较差。但是在实验所创设的比较宽松、鼓励思考的氛围中,恰恰是这样一些学生表现出极强的认知兴趣、探索愿望和推理能力。其中个别孩子的表现真可谓极其出色,因为相关的实验内容在国外是放在初中进行的。而且在这样一种比较自然的环境和比较平等的交往中,孩子会真情流露,会将其天性一展无余,充分表现了人性的多样性、丰富性、能动性以及对他人的亲和性。在实验中,我们接触到的不少老师也都十分好学,能挑战自我,具有改革意识并积累了相当丰富的实践知识。正是在脚踏实地的案例研究中,我们不仅从理论上,而且从自身新旧经验的碰撞中,理解一个真正的研究者必须是反身性的,必须首先将自己视作研究的对象,关注自己在实验中的言行、对待实验中其他参与者的态度、看法等,不断反省所说与所行之间的差异。事实上,正是因为自身有了这样的反身性的参与,我们才真正认识到何为生态建构论和二阶控制论。将反身性引入研究领域正是将循环的过程置于这种方法论的核心,并表明这样的循环过程应该能体现经验的丰富性与批判性的反思之间的联姻。实际上,反身性正是循环性在探究过程中揭示其自身的一种方式。这说明,我们必须将循环性作为学习的核心特点,必须时刻关注我们自己是如何在丰富的情境脉络中建构我们的认识和行动系统的,并在不断反思的基础上启动一轮又一轮新的学习周期,从而使我们的研究有可能在深度与广度上取得进展。

3. 关注分析与设计——沟通理论与实践的中间环节

虽然我们注意到理论与实践的结合是产生新知识的关键,但是我们究竟应该怎样有效地沟通理论与实践呢? 要解决这个问题,显然需要一个重要的中间环节。我们认为这个中间环节就是分析与设计——对课程、教学、学习、评价的分析与设计等。遗憾的是,这是一个至今涉足不多的领域,却又是我们无法回避的问题。

　　基于这样的考虑,我们认为首先需要一个分析框架,用以分析已有的各种课程与教学,并在此基础上根据我们的理念通过设计与实践去建构新的课程与教学。为此,我们参照了伯恩斯坦在20世纪70年代提出的有关教育知识的分类与构架的设想,他指出,正规教育知识的传递可以通过三种信息系统得以实现,即课程、教学、评价,并在最一般的层次上根据作为课程基本结构的分类和作为教学基本结构的构架之间的联系以及相应的评价功能,设定集合(collective)与整合(integrated)两种教育知识的编码。他试图通过对教育知识的编码的分析来研究一个社会是如何选择、分类、分配、传递和评价它认为具有公共性的知识的,并据此反映权力的分配与社会控制的原则。他强调指出,这样一种研究应该是文化变迁过程中结构和变化的重大问题。鉴于20世纪70年代特定的聚焦教学的文化背景,伯恩斯坦只确立了课程、教学、评价三个与教育知识的传递相关的信息系统,不过,在他的分析中已经不可避免地涉及不同的教育编码中的学习问题与新知识的生产问题。然而,今天我们所面临的教育改革正是以人类文化传递方式的变革为背景的。众所周知,著名人类学家米德曾将整个人类的文化划分为3种基本类型:前喻文化、并喻文化和后喻文化。前喻文化,是指晚辈主要向长辈学习;并喻文化,是指晚辈和长辈的学习都发生在同辈人之间;而后喻文化则是指长辈反过来向晚辈学习。我们认为今天的社会正在朝着单纯的前喻文化向前喻文化、并喻文化和后喻文化并存的方向发展。为充分发掘人的学习潜力,进行教育知识的创新、揭示对新知识的生产进行建设性控制的机制等问题已经提上议事日程,我们认为完全有必要将学习与课程、教学、评价一起作为与教育知识的建构相关的四大信息系统,而且学习的性质将在很大程度上影响到其他三大系统的性质,反之亦然。从这样一个设想出发,我们正尝试着进行我们自己有关分析框架的建构。我们认为可以运用集合编码和整合编码构建一个连续统,并以课程内容分类的强弱、教学关系构架的强弱和学习的被动与主动构成三维坐标来判断教育知识在集合与整合编码连续统上的位置。分类的强弱是根据课程内容的封闭性,即知识之间界限的清晰程度来区分的,凡是内容之间具有清晰边界的分类就强,反之模糊了学科之间的界限,强调知识之间的联系的则分类就弱。构架的强弱则是根据教学中传递与接受知识的背景与形态以及教育者与被教育者之间特殊的教学关系,及教学的组织方式来区分的:传递内容与非传递内容之间、日常的社会知识与教育知识之间界限清晰程度的强弱,表明了教师对知识的控制的强弱以及学生对知识的选择的可能性的大小,此外,区分构架的强弱的标准还有教学中参与人员之间(包括教师与教师之间、学生与学生之间、教师与学生之间)是各自为政,还是彼此联系,这种联系是机械的还是有机的。据此,我们可以相应地对学习的性质:主动与被动、孤立与合作等进行分析。与此同时,从培养新型学习者的需求、支撑学习者主动积极协同性的活动出发,我们将探索一体化设计的问题,以便重构课程内容、教学组织形成、资源丰富的学习环境,乃至创建全新的学习文化,并在这一过程中重审相关的评价的功能与形式。当然,这只是一个初步的思考,这一分析与设计框架还有待在研究中建构、修正与完善。

41

共建教师发展的开放学习环境 *
——探索以网络为中介的研究型课程的教师教育模式

高　文

在今天社会转型和教育改革的背景下,学校在职教师必须时刻面对改革中不断涌现的新事物,如活动课、拓展课、研究课、综合实践等各种新的课程形式和新的学习与教学活动方式。为此,如何帮助在职教师通过做中学从实际出发进行探索与创新,迅速适应各类新课程的需要,在更新教育观念的同时形成一整套行之有效的方法与策略,便成为教师教育中一个需要深入研究的新问题。本研究正是从当前新形势下教师教育面临的新问题出发,试图利用学习科学的研究成果,从共建教师发展的开放学习环境着手,探索一种新的学习型、参与型的教师教育模式。该模式的主要特点是立足真实活动,在教师与学生共同参与的过程中,在与社会的积极交往中,在整合各种形式的资源中,以主题性网络为中介,帮助教师学会学习,在学习中成长,在学习中发展。该项目主要涉及以下方面的研究:(1)上海市二期课改的需求——项目研究的背景;(2)有关开放学习环境的理论假设;(3)实验的设计与具体实施;(4)结论与新的起点。

一、项目研究之背景

本项目的研究正处于上海市积极推进中小学课程教材改革二期工程的背景下,而研

＊　原文发表于《开放教育研究》2005 年第 6 期。

究型课程则是上海市中小学二期课改所构建面向素质教育的基础教育新课程体系的重要组成部分。二期课改的基本要求是："构建以国际化大都市为背景，以德育为核心，以培养学生的创新精神和实践能力为重点，以学习方式的改变为特征，以应用现代信息技术为标志的课程体系。"[1]根据课改的要求，1998年，研究型课程（九年义务教育阶段称为探究型课程）正式提出，并成为上海市二期课改提出的"以功能型课程为主干的多维度课程结构"的重要组成部分，成为提升学生"永不满足，追求更好"的态度和培养学生"提出问题，获取信息，分析和解决问题"的能力，使学生形成研究性学习方式的重要载体之一。鉴于研究型课程是在教育行政部门作出课程定位，提出设置要求和学生学习要求的基础上，由学校师生自主开发和组织实施的一种课程，因此，该课程的一个鲜明的特点就是课程的生成性。所谓生成性课程是指课程的内容不是预先设定的，课程的构建不是由课程专家游离于研究型学习之外来完成，而是在学校学生的研究型学习和教师的指导过程中，通过社会人力物力资源的整合，在多方面协作的过程中，通过不断提出问题与解决问题的实践、经验的累积以及内容的总结和提炼来开发与形成的。

在这样一个改革的背景下，研究型课程的研究与开发显然是教育研究人员、学校领导、教师与学生必须共同面对的一项重要的改革任务，而其中作为研究型课程的主要开发者与实施者的教师更是责任重大，如何帮助教师承担起开发与实施研究型课程的重任也因此成为当前改革形势下教师专业发展的一个重要课题。本研究正是从改革的实际需求出发，提出共建开放学习环境作为研究型课程教师专业发展的一种新模式。

二、有关开放学习环境的理论假设

近十几年来我们团队一直在跟踪研究国际上具有创新意义的各种学习理论研究的最新动态，其中包括建构主义的学习理论、情境认知与学习、分布式认知与学习、学习的活动理论、弹性认知理论、日常认知和日常推理、学习的生态心理学理论等。正如乔纳森指出的："过去的十年见证了在历史中学习理论发生的最本质与革命的变化。……我们已经进入学习理论的新世纪。在学习理论相对短暂的历史上（一百多年），从来没有这么多的理论基础分享着如此多的假设和共同基础，也从来没有关于知识与学习的不同理论在理念和方法上是如此地一致。"[2]以上我们所列举有关学习的最新研究理论虽然有各自的切入点和侧重点，但是它们都有着许多共享的信念和理论假设。本研究试图从当前改革的实际需求出发,在综合 21 世纪起主导作用的学习科学研究成果的基础上提出了为"促进研究型课程教师专业发展,构建开放学习环境"的基本理论假设:(1)开放的学习环境是以学习者为中心的;(2)开放的学习环境是围绕有意义的学习主题创设的;(3)开放的学习环境重视资源的开发与整合;(4)开放的学习环境有助于学习共同体的孕育;(5)开放的学习环境是基于实绩的评价与反思的;(6)创建以网络为中介的开放学习环境。

1. 开放的学习环境是以学习者为中心的

研究型课程的目标在于使学生改变传统的、被动的学习方式,培养一种主动的、基于问题的探索与研究的学习方式。我们认为要达到这样一个改革的目标首先必须改变教师自身有关学习与教学的传统观念,逐步确立新的学习观,并将其付诸自身的实践,在实践中确立学习者的身份。这一要求同样诉诸包括我们研究人员在内的课题的其他参与者。也就是说,课题的每一个参与者都必须从自己做起,以学习者的身份参与开放的学习环境的建设。

开放的学习环境强调以学习者为中心,还试图克服传统的教师教育脱离学生的做法。一贯以来,在职教师的培训方式基本上都是脱离教学的对象——学生进行的。如果说这种培训方式还可以与以传授知识为目的的课堂教学模式相匹配的话,那么在面对由师生共同开发的研究型课程时,传统的在职教师的培训模式的不足之处就显露无遗了。因为,这种师生分离的教师专业发展模式是与研究型课程的宗旨相违背的,也不符合研究型课程的生成性特点。所以我们强调,以研究型课程教师专业发展为目标的开放的学习环境是教师与学生共同参与其中的,而且双方都必须在参与中确认自己作为学习者的身份,在共同学习中更新学习观、教学观,在共同学习中加深对彼此的了解,在共同学习中学会学习、获得发展。

强调学习者中心还意味着开放学习环境的设计必须对学习者已有的准备(包括相关的知识、观念、前概念、错误概念、幼稚概念、惯习、经验、兴趣爱好、资源等)进行前期的分析,并以此作为设计的重要依据。

2. 开放的学习环境是围绕有意义的学习主题创设的

我们认为开放的学习环境是围绕有意义的研究型课程的主题创设的,围绕这一主题设计并运作的网站可以成为师生共同学习的"锚",即便于大家围绕着共同的主题开展研

究活动,并依托网站所提供的便利共同参与资源的开发、知识的共建与分享。研究型课程的主题选择可以依据以下标准:

- 该主题与当前社会生活中的热点问题相关;
- 该主题与某一学科或若干学科的内容相关;
- 该主题与学生原有的经验和目前的生活相关,为学生的能力所及并能引起学生的兴趣;
- 该主题与教师原有的经验和目前的生活相关,能引发教师的兴趣,并有助于教师发挥其特长;
- 该主题能很好地发掘学校的特色文化,延续并拓展学校的历史脉络;
- 该主题具有较强的开放性与发散性,有利于加强学校各学科之间的联系,并与其他重大主题相关。

3. 开放的学习环境重视资源的开发与整合

我们认为开放学习环境的建设必须确立新的资源观:首先,我们认为人力资源是一切资源开发之本,有了人的需求,人指向真实世界对象的积极活动,人与人之间的互动与合作,客观存在的、呈分布式状态的各种形式的资源才有可能被发掘出来,通过凝聚与整合转变为被激活了的学习资源,并进一步转化为促进人的发展、支撑知识建构与意义协商的、有助于创建学习共同体文化的给养,最终被每一个人以积极主动的方式占为己有变为同化或顺应人的知识结构、形塑人的社会品质的营养。其次,我们认为资源可以是以实体形式存在的(如物质形态的资源),但更重要的资源应该是在人际互动中形成的关系资源,即"社会资本"[3]的优化。再次,我们强调资源的数字化开发方式,因为这是开发资源比较节约的方式,而且只有以数字化方式存在的资源才有可能让人们跨越时空的局限去共建和共享。

4. 开放的学习环境有助于学习共同体的孕育

开放的学习环境在其创设过程中十分重视学习共同体的孕育。我们试图组建具有以下基本特征的学习共同体:(1)共同体成员的互动依托网络的中介不受时空限制;(2)保持共同体的开放性和交流的透明性,注意围绕主题吸纳各方人士的参与,鼓励合法的边缘性参与,在成员之间形成以能者为师的平等相待、多元互动、取长补短、相互学习的民主格局；(3)在共同体中提倡价值的多元化，对他人的认同，和为了学会而犯错误的自由；(4)在围绕主题共同学习、共同探究的基础上，帮助班级、学校与其他共同体(如其他学校、家庭、社区、专业技术共同体、政府机构、商业团体、企事业单位等)建立密切联系。总之，在开放学习环境中组建的学习共同体是建立在自愿参加的基础上的，其成员不受时间、地点、年龄、职业、性别等限制。这样的学习共同体鼓励异质互动，有助于加强学校与家庭、社会的联系，在拓展人际交往空间的过程中帮助每一个人更好地了解自己、了解他人、了解社会以达到严以律己、宽厚待人、和谐相处的目的。

我们相信围绕共同主题的相互学习可以重塑人与人的关系，而新技术则可以把局限于传统教室中的教师和学生与校内其他师生、家长、社区、其他学校、领域专家、社会其他人士联系，甚至可以和世界其他地方的人联系，组成真正的学习共同体。

5. 开放的学习环境是基于实绩的评价与反思的

无论是考虑开放学习环境对共同体的孕育，还是关注问题推进的学习活动，都使得我们必须对评价与反思给予充分的重视。评价的关键是根据预定的目标与标准去衡量进行中的学习活动与成果，并据此提供必要的反馈和回溯。着眼于过程的形成性评价是提供反馈信息的重要来源，自评与他评的结合有助于比较全面严格地审视自己，同时学会客观公正坦诚地对待他人；关注绩效的总结性评价的存在有利于将学习活动的过程与活动的成果统一起来加以考虑，使参与者在关注提高过程质量的基础上，以多元表征的方式阶段性地呈现每一轮个人与集体的学习成果。准备展示的过程本身其实也是一种更为深入的学习与相应的实际学习成果整理与清晰表述的过程。这样一种学习实绩的显性化，显然有利于争取更多人的理解，同时也为自己的反思提供了依据。因此，作为学习活动不可或缺的重要环节，总结性评价与形成性评价、过程评价与绩效评价共同构成了不断推动学习活动通过认真反思呈开放式螺旋上升的动力机制。

6. 创建以网络为中介的开放学习环境

显然，计算机与网络已成为人的生存方式之一，成为人们认识真实世界、认识他人、认识自己的中介。这种高新技术在解放人的学习力和营造新型学习文化方面的强大作用已有目共睹。但是，对技术的误用也同样会造成对人的严重伤害。面对技术的这种双刃性，我们认为与其因噎废食、谈虎色变、消极抵制，不如正视现实，从提高自身的信息素养、技术素养入手主动应对新技术的挑战,抓住新技术带来的新机遇。总之,掌握新技术,充分发挥其巨大的积极作用并将其作为高效的认知工具、学习工具、交流平台、资源整合平台,支撑创新的开放的学习环境,已成为今天个人、组织学会学习、终身学习的必由之路,成为建设学习型社会的重要支撑。

三、实验的设计与具体实施

从研究型课程开发的实际需求出发,我们依据上述有关共建开放学习环境以促进研究型课程教师专业发展的理论假设,进行了课题的设计与具体实施。

1. 主题的选定

我们选择"面向公众的优秀历史建筑的保护、开发与利用"作为创建开放学习环境的主题是基于以下几点考虑。

第一,主题与当前社会生活中的热点问题相关。从 1843 年 11 月 17 日正式开埠至 1949 年历经 106 年,上海已从一个中等城市一跃成为近代中国第一大城市,中国的金融、经济、贸易、文化、教育、交通中心,远东乃至全世界屈指可数的国际大都会。在上海的历史进程中,各国建筑师和中国建筑师共同创造了中西文脉交汇的、风格迥异的"海派"建筑华章,上海也因此被誉为"万国建筑博览"之城。

自 1986 年上海被国务院批准为"国家历史文化名城"后,进一步提高了保留保护意识。1989 年,上海市人民政府公布第一批 61 处优秀近代建筑,此后分别于 1994 年、1999 年、2004 年公布了第二批 175 处、第三批 162 处、第四批 234 处。优秀历史建筑从点到面,上海还提出"成片保护"的先进理念。2003 年上海市政府公布了外滩、人民广场、老城厢等中心城区 12 个历史文化风貌区,总面积达到 27 平方公里。2005 年,市政府决定进一步扩大保留保护范围:凡 1949 年以前建造的花园住宅、大楼、公寓、成片的新式里弄、有特色的石库门里弄和有历史人文价值的民居,代表不同时期的工业建筑、商铺、仓库、作坊和桥梁等建筑物、构筑物,以及建成 30 年以上、符合有关规定的优秀建筑都必须妥善保留,根据不同现状实施保护工程。"老房子"的保护还正在通过一系列政府规章和地方法规,被赋予法律效力,以实行最严格的保护制度。2004 年 8 月,上海市主要领导又进一步提出"开发新建是发展,保护改造也是发展"的新的发展观,将保护和发展相结合,这标志着上海对城市遗产保护的认识进入了一个相当成熟的阶段。

因此,选择"面向公众的优秀历史建筑的保护、开发与利用"主题,让优秀建筑面向公众,让公众走近优秀建筑,显然有助于我们通过提升对优秀建筑保护的认识与理解、了解相关的保护法规,感受建筑本身所承载和包蕴的厚重历史文明和丰富文化内涵,从中汲取营养,并通过了解优秀历史建筑以及建筑中人与事的历史变迁,进一步深入认识上海城市风貌的形成、文化的积淀、城市精神形成的来龙去脉,并在此基础上进行城市文化的传承、延续与开拓、创新。2010年"世博会"更凸显出优秀历史建筑资源的发掘、开放、整合与共享在延续城市记忆、激发城市活力、建设城市文明、形塑民族灵魂中的重要意义。

第二,主题具有较强的开放性与发散性,不仅与某一学科或若干学科的内容相关,有利于加强学校各学科之间的联系,而且与其他重大主题相关。在今年新高中一年级选用的各科教材中跟"建筑"直接相关的就有历史学科"社会生活·居住"、艺术学科"承载艺术的建筑"、劳动技术学科"设计的由来和发展·室内平面设计与CAD"等。围绕建筑主题的研究领域是极其丰富的,因此该主题必然与其他学科有着内在的联系。该主题的开放性与发散性还使得它与其他重大主题相互关联,如2010年上海"世博会",这与提高公众对于优秀历史建筑及历史文化风貌区保护、开发与利用的法治意识、参与意识等有着极其密切的联系。

第三,主题与教师、学生原有的经验和目前的生活相关,为教师、学生的能力所及并能引起学生的兴趣。我们每个人从出生起都生活、工作、休闲在各种建筑物中,跟建筑的接触是自然而然的。这两年随着城市的改造很多家庭都迎来了乔迁之喜,房子更是各家茶余饭后涉及最多的话题。接连两年的开放日活动则使普通人有可能零距离地接触优秀历史建筑,深入地了解其中的历史。因此,这一主题的选择可以充分激活、利用师生原有的生活经验和培养对建筑的关注与兴趣,从而为研究奠定了较高的起点。

第四,主题能很好地发掘学校的特色文化,延续并拓展学校的历史脉络。我们所选择的两所学校都是具有百年历史的老学校,其中徐汇中学已于2005年11月迎来建校150周年校庆,而南洋中学也在2006年10月庆祝建校110周年。这两所学校在历史背景上也存在着很大的差别:徐汇中学是外国人按西洋办学模式创办的学校,几乎与上海开埠同步,开我国西方科学文化教育的先河,在我国教育史上有着特殊的地位,被誉为我国西洋办学第一校。而南洋中学则是爱国教育家王培孙先生于1896年自主创建的新式学校最早的范例。因此,两校在历史根源上可以形成鲜明的对照,其建筑也有很大的不同,但客观上它们都为中国教育的发展作出了自己的贡献。两所学校各自的特色文化则为延续、传承学校的历史文脉进而拓展、开创新时代教育的新精神提供了依据。

2. 学习共同体的孕育与学习者身份的建构

为共建研究型课程教师专业发展的开放学习环境，今年 7 月初，我们华东师大"建筑与人"网站创建团队与徐汇区政协教卫文体委员会课题组以及徐汇中学、南洋中学两所学校各 9 名学生和 1 名教师组成"面向公众的优秀历史建筑的保护、开发与利用"课题调研协作组。在两个月的时间里，协作组共开展了四次优秀历史建筑相关的现场调研并在调研前通过工作单和热身问题与基本问题引导、组织老师与学生就被调研的保护建筑展开讨论，汇集资源，做好前期准备。在调研活动中，无论是研究者、教师还是学生，协作组的成员都以平等的学习者身份积极参与，听取报告，参观现场建筑，收集现场资料，并在讨论中踊跃发言，与他人分享自己的看法与意见。四次集中的现场调研之外，两所学校的学生还以小组为单位开展了多次自主活动。他们带着真实的任务，利用在集中的现场调研中获得的支撑性知识，完全承担起独立面对问题、解决问题的责任。在调研活动结束后，参与者各自将活动的成果（如被调研单位负责人的报告、现场照片、活动体会、保护老建筑的建议等）通过网络上传供大家分享并提出反馈意见，就相关问题展开网上讨论。正是在这种真实与虚拟形式相结合的互动中，一个立足学习、提倡参与和互动的学习共同体逐渐在开放的学习环境中生成；一种每一个人作为学习者积极参与、贡献资源，又彼此支撑的新型的学习文化也在其中孕育；每一个人在知识的建构与意义的协商过程中，同时建构自己作为学习者的身份，形成学习者的品格与共同学习的策略和规范，经历并体验着学会学习的真实过程。正是在这样一种真实的、开放的学习环境中，教师通过亲身的感受体认着新的学习方式、新的学习型的组织——学习共同体的氛围与文化，并在实际活动的进程中从研究人员那里学习如何设计作为推动活动开展的工作单，这可以说是教师进一步将这种体认运用于研究型课程的开发与实施前的一种逼真的演练。

3. 网络中介与"L to L"新型学习文化的创建

我们认为，学习方式的变革需要开放的学习环境，而开放的学习环境的创设则离不开新技术的支持。以网络、计算机、多媒体为代表的现代信息通信技术（ICT）为创建开放的学习环境、发掘新的潜力和整合分布式存在的资源提供了机遇。在新技术的支持下，人的学习能力（如知识的结构化与建构、知识的表征、基于问题的学习、基于资源的学习、合作的学习、情境认知与学习、分布式的认知与学习等)可以凭借适宜的认知与学习工具而得到提升,各种传统的技术(如书籍、黑板、单向通信媒体、收音机和电视机等)也可以发掘自身的潜力并提供新的可能。正是在这种理念的指引下,我们通过将近一年的策划创办了"建筑与人"网站,试图将该网站作为一个开放式、参与式、互动式的主题学习平台,去凝聚共同关心这一主题但来自不同领域的人力资源,并进一步做好相关资源的整合工作。为此,在进行网站总体设计时,我们特别关注了商业网站的"C to C"(customer to customer)的模式(如易趣网和淘宝网),即消费者对消费者,也就是说在这样的商品交易网上每一个普通人都可以将买家与卖家两种身份集于一身进行商品的买卖。我们从中获得的启发是,作为学习型网站的"建筑与人"应该是"L to L"的互动模式,即学习者对学习者(learner to learner),也就是说每一个人都是将信息提供者与信息享用者的身份集于一身的学习者。这意味着每一个人都应该成为独立自主积极的学习者,与此同时又必须学会关心他人、支撑他人的学习、与他人合作,还意味着以资源的共建为前提进行知识的建构与意义的协商,从而对知识进行分享,由此在凝聚个人智慧的基础上形成学习共同体的集体智慧;对身份进行重构,同时建构学习者的身份和对共同体的归属;在躬行中创建共同体的"L to L"新型学习文化,并在传承中弘扬它。因此,围绕"建筑与人"主题建设的学习型网站通过提供各种上传模板(主图片上传、相关图片上传、建筑叙事上传、Start 讲坛中各种相关内容的上传、人物聚焦栏目中相关人物的叙事上传等)为所有参与者提供了积极开拓资源、参与网站资源建设、在参与者之间进行信息交流与知识共享的可能,并在网络中介的真实活动与交往中形塑一个关注有意义的社会主题、具有社会责任感、能面对真实问题解决的积极行动并与他人合作的学习者的品质。

在创建开放学习环境的过程中,强调网络的中介还传递了这样一个重要的信息——只有敢于面对新技术、理解新技术、掌握新技术,才能克服由它的误用和控制不当所造成的伤害,因此迅速提高教师的信息素养和技术素养应该是当前教师专业发展,尤其是研究型课程教师发展的一项重要任务,因为网络是研究型课程共同开发中必须加以利用的工具与平台。在教师教育这项任务的完成中,我们提倡结合实际设计、开发、运用网络,发挥网络潜在的功能,同时我们认为面对这样一种崭新的技术,人人都站在同一起跑线上,所以我们倡导"师教生、生教师、生教生",将米德提出的前喻文化、并喻文化、后喻文化结合起来。[4] 总之,我们试图通过网络中介的开放学习环境为研究型课程的教师专业发展创设一种基于新的学习科学成果与学习技术创新的全新的学习文化的浸润空间。

四、结论与新的起点

在有关创设教师专业发展的开放学习环境的研究中,我们对以网络为中介的研究型课程的教师教育模式进行了初步的探索,并从中得出以下几点结论。

实验表明,我们所提出的有关培养研究型课程教师的几条彼此相关的理论假设是有助于指导以网络为中介的开放学习环境的共建的,而且其理论意蕴只能在付诸实践的过程中彰显,并在经受实践检验的过程中将其转化为可操作的程序,从而更为有效地推进这一新的教师教育模式的实施和完善。

应用学习科学的成果培养学习型教师是改革教师教育的必行之路。教师的专业发展,尤其是承担着与学生共同开发研究型课程的教师的专业发展必须帮助教师在真实的教改实践中,即与学生的合作中、与其他教师的交往中、与一切关注教改的社会人士的积极互动中建构自己作为学习者的身份。为此,教师应该在学会学习的过程中使自己成为一个策略型的学习者、一个专家型的学习者;在支撑学生、同伴及其他人的学习中成为一个学习的促进者;在学会尊重学生及其他人的学习中成为一个合作型的学习者;在不断面对挑战、解决真实世界问题的过程中成为一个不断挑战自我的终身学习者。

在实验中我们发现,相对成年人而言年轻而充满活力和追求的中学生,尤其是其中对学习主题有着浓厚兴趣的学生在整个有组织的调研活动与自组织的调研活动中所表现出的热情和积极参与都是非常值得包括研究人员、教师在内的成年人学习的。我们的一个研究人员在与中学生接触后写下了这样一段反思:"他们对建筑、文化及传媒的理解新颖、独特而多彩,尤其关于学习型网站建设的建议极具创造性和可行性。当我们问及他们这些见识源自何处?他们的回答是'平日的观察和积累'。当我问其中一名同学'你是怎么看待学校里的学习的?'他的回答令人震惊:'仅占人的学习的一小部分'。"为此,我们的研究人员发出了这样的呼声:"不要说今天的学生这也不行,那也不是,他们是老师!"[5]。同样,在开放的学习环境中,学生的变化也给教师带来冲击和反思,一位教师在和学生共同以学习者的身份进入开放的学习环境之后,面对着学生所展现出来的巨大潜能和充分释放出来的学习天性,很有感触地说,学生"比在平时的学习中表现得更积极主动,自主意识更强。学生的动手能力提高了,更主要的是学生的社会责任感增强了。从学生的表现上,我发现了他们身上巨大的潜力。在今后的教学中,我将更注意开发学生的潜力,给学生更多的发展空间。"可见"以孩子为师"应该成为与学生共同开发生成性研究型课程的教师必须确立的观点,包括家长、教师在内的成年人和各级教育组织都应该真心诚意地尊重孩子,平等对待孩子,为孩子主动积极的学习提供支撑,为解放学生潜在的巨大的学习能量创设开放的学习环境。

当然,这次的尝试也让我们切身体会到了改革的艰巨性。首先,作为研究者,光有理论的认识是远远不够的,如何通过设计将理论付诸实践,如何在行动中焕发理论的生命力,如何与教育实践工作者、领导者一起去设计未来教育的蓝图、去创建以解放人的学习潜能为宗旨的全新的教育范型——这一切都离不开研究人员在理论与实践的密切结合中的认真深刻的思考、体认与反思。同时,作为研究者我们也希望今天的教育体制和评价机制都能更有效地支持这样一种研究的理念与方式。其次,要使教师将表述出来的观点与实际体现出来的观点达到一致,即要求从理论到实践、从言到行的一以贯之,也确实并非易事。在传统的教育体制中,西方如美国的教师被奉为"讲坛上的圣人",在应试教育仍然盛行的我国,教师似乎更像"学生学习的监工",而今天的教育改革则要求教师与学生一起共同开发时空,大大拓展面向真实世界、真实问题的研究型课程。大跨度的改革必然是对教师的一个很大的挑战,改革所要求的教师角色的转变会在很大程度上有意识或无意识地受到来自社会、学校、他人与自己等方方面面的习惯势力的制约与阻挠。因此,教师从观念到角色的转变固然离不开自身的觉悟,但也离不开他人的支撑,更离不开整个教育从观念到制度的变革以及整个社会变革的大背景。

我们当然应该承认教师在教育中所发挥的重要作用,但是单独的教师群体是不可能承担起改革的重任的,因为教师的任何改革的努力必然受到来自学校现有规定的制约(如课时的规定、对教师进行评估的标准、帮助学生应试的要求等)。因此,各级教育领导对创设开放的学习环境作为教师教育的新模式的支持与否便成为影响这一模式生存的重要因素,而支持与否最有效的评估标准就是各级教育领导能否从"我"做起,在面对新事物、新问题时首先做一个学习者,在学会学习的过程中成为一个学习型的领导,一个服务于师生发展的领导,一个打开校门创建开放学习环境的领导,一个将学校改造成为"学习共同体"的领导。

令人欣慰的是,我们看到有些学校的领导已经有了学习共同体的概念,通过第一阶段的实验,有的教师也已经跃跃欲试,表现出打算在新学期研究型课程的开发中继续合作的意向,而且在与研究方的合作下已经开始共同的研究工作。在第一阶段的总结交流会上,我们也看到来自社会各方人士对该实验理念的认同与支持。我们希望通过实验的继续,在共创开放学习环境的过程中,培育网络中介的异质互动的学习共同体,呵护教师专业发展中自发的积极性,并使其成为有可能形成燎原之势的可贵的火种。总之,第一阶段实验的结束预示着新一轮研究的开端,我们将从新的起点开始新的探索!

参考文献 ••

［1］上海中小学课程教材改革委员会办公室.上海市中小学研究型课程指南(征求意见稿)［M］.上海:上海教育出版社,2003:1.

［2］戴维•乔纳森.学习环境的理论基础［M］.郑太年,任友群,译.上海:华东师范大学出版社,2002:3.

［3］1980 年,法国社会学家皮埃尔•布迪厄在《社会资本随笔》的短文中正式从社会学的意义上提出"社会资本"概念,并把它界定为"实际或潜在资源的集合,这些资源与由相互默认或承认的关系所组成的持久网络有关,而且这些关系或多或少是制度化的"。转引自:曹霑霖.社会资本:一种解释社会的理论工具［J］.理论与争鸣.2003(8).

［4］玛格丽特•米德.文化与承诺:一项有关代沟问题的研究［M］.周晓虹,周怡,译.石家庄:河北人民出版社,1987.

［5］暮云.不要说今天的学生这也不行,那也不是,他们是老师!［EB/OL］.http://www.21start.net/jianzhuyuren/yjfs.asp?stlt_id=21.

42

人是这样学习的 *
——有关学习研究对象的拓展

高　文

　　近几十年来,西方学者将有关人的学习研究的对象拓展至专家、儿童、普通人、从业者和学徒,从而使有关人是怎样学习的研究变得更加全面、深入和细致。关注这一研究的成果将有助于立足学习的创新推动教育改革的深化。

　　为适应复杂多变的生存环境和因社会转型所带来的种种不确定因素,人们越来越清楚地认识到,充分发掘作为人类发展的重要机制的学习潜力,无论对于个人、组织和社会都是极为重要的。遗憾的是传统的学习理论在面对时代的新需求时显得束手无策。我们认为,传统的学习理论至少存在四个有争议的问题:(1)传统的学习研究者通常只将学习看作是学习者头脑中的一个内部过程来研究,忽略了真实世界对于人脑运用的影响,无视人在真实世界中的学习,认为知识是一种真实实体的积累,学习便是通过知识内化的过程将知识植于人脑中,从而使学习"远离经验",把学习与真实世界分割开来;(2)传统的学习理论还将"学习"从人类活动中区分出来。这一区分基于两个理论假设:其一,处在学习与发展的具体阶段内,行为者与其活动中知识的联系是固定的;其二,在特殊的教育机构安排的特殊环境中,通过知识的反复灌输所进行的与日常实践相分离的学习是十分必要的。据此,该理论将学习与其他类型活动进行区别,使人们日常理解的学习似乎总是与学校场景有着割不断理还乱的千丝万缕的联系。这种强大的思维定势在很大程度上制约着有关人的学习的科学研究;(3)这种学习理论,包括知识的传播、迁移或内化,都暗示着知识的一致性,并由此片面强调学习是对现存知识、显性知识的获取,却无视实践中出现的新知识、

＊　原文发表于《全球教育展望》2005 年第 11 期。

隐性知识与默会知识，也不承认在实践中，一切有意义的印痕、多样化的活动、不同的目标和情境，在特定情形下通过一个关联的事件都可以构成认知与学习。后者的研究显然是学习理论研究中的一大空白；(4)传统学习理论涉及的仅仅是个人的学习过程，却无视学习的社会文化脉络以及学习过程中的社会性协作。

正是在批判与反思传统学习理论的基础上，20世纪下半叶，研究人员开始从不同的学科视角对人的学习进行了多视角、全方位的研究，并在此基础上催生了一个全新的研究领域——学习科学。在全新的学习理论的形成中，研究对象的拓展对深刻了解人类学习的本质显然具有十分重要的意义。

一、有关专家学习的研究

专家，顾名思义就是在某一特定领域具有广博而深刻的知识的人。在学习领域中对专家的研究是为了揭示最终能促成专业知识形成的成功的学习过程究竟有哪些基本特征，这一研究对于人的学习与教学显然有着重要的意义。在美国国家研究院行为科学、社会科学和教育委员会学习科学开发项目委员会主持的"人是如何学习的"课题中，16位国际著名的学习专家曾对有关国际象棋、物理、数学、电子学和历史等领域专家学习的研究成果进行了分析，并从中总结出以下几点与专业知识的形成密切相关的结论：

（1）专家能识别新手注意不到的信息特征和有意义的信息模式。

（2）专家获得的是大量有组织的内容知识，正是这些知识的组织方式反映出专家对学科的理解深度。

（3）专家的知识不能简化为一些孤立的事实或命题，而应包括知识应用的情境脉络，也就是说，这些知识受一系列环境的制约。

（4）专家能够毫不费力地从自己的知识中灵活地提取重要内容。

（5）尽管专家谙熟自己的学科，但这不能保证他们会教导他人。

（6）专家能以灵活多样的方法应对新情境。[1]

1. 有意义信息模式的识别

有关专业知识形成的研究表明，专家与新手最大的差异不在于一般策略的使用上，而在于专家能更好地应用组块策略,具有把一个结构中的不同成分组成模块的能力,因此,他们比新手更善于识别有意义的信息模式,并从中获得策略性的启示。这是因为某一领域的专业知识有助于增加人们对有意义的信息模式的敏感度。例如,国际象棋大师就比业余棋手更能识别和把握有意义的国际象棋布局并据此想出应对棋局变化的高招。同样,数学家、物理学家对于各种专业图表、公式、特定的问题类型及其解决方案的熟悉程度就远远高于这些领域的新手。研究还表明,这一结论不仅适用于科学家、棋手,而且同样适用于专家型的教师,他们从教室中师生之间发生的一切琐事中所获得的信息就要比一个不了解教学的新手多得多。显然,专家知识涉及有组织的概念结构或图式的发展,这些结构或图式有助于说明问题的表征和理解的方式。有关专业知识的这一研究结论揭示了专家学习的一个重要的本质特征,它为基于学习的课程教学改革提供了一条十分有价值的思路,那就是教学应该尽可能为学生提供更多的机会,以帮助他们获得识别有意义的信息模式的学习经验并从中形成对有意义的信息模块进行编码的能力。

2. 知识的组织

有关专家知识的研究还表明,专家的知识并不是相关领域的事实知识或公式的罗列,或者说是互不相干的孤立的知识点的排布。事实上,专家的知识是围绕着核心概念或"大观点"(big ideas)组织起来的结构性的知识。在专家的知识结构中,存在着大量彼此联系的概念模块,这些模块是采用有意义的联系方式将各种相关的成分围绕基本概念和原理组合成的相关单元。知识的这种组织方式极大地提高了专家理解问题和表征问题的能力。他们正是依据这些有组织的概念和观点对自己的专业领域进行进一步的思考与拓展的。以物理学研究领域的专家为例,他们通常是根据原理对问题进行分类,然后能直接将概念与物理法则及其应用的条件联系起来,熟练地利用各种物理学的主要定理或定律来解决问题。不仅如此,他们还能提出运用这些定理和定律的依据,并围绕着物理学上的大观点思考问题。正因如此,他往往可以通过对某一片断知识的回忆迅速激活其他相关的知识。

研究表明,无论是在自然科学的研究领域还是在社会科学的研究领域,专家都是围绕着大观点组织问题的解决的。据此反思传统的课程与教学设计就会发现,传统的课程设计主要关注一些表面性的事实知识或孤立的、缺乏内在联系的知识点,在教学过程中,教师往往也过分强调事实知识,而不提供足够的时间让学生为理解进行有意义的知识组织。这种缺乏内在联系的课程设计与停留在浅表的教学往往是造成学习者知识的惰性、不能真正形成学生对知识的理解力和问题解决能力的一个重要原因。

3. 知识应用的情境脉络

通常,专家的知识不能简化为一些孤立的事实或命题,而应包括知识应用的情境脉络(context)。这就是说,专家获得的不是片断的、孤立的知识,而是与解决具体任务相关的知识,也就是受一系列环境制约的"条件化的"知识。这样的知识包括对知识运用的情境脉络的具体说明,因此,专家在解决具体问题时就有可能迅速调动、熟练提取相关的子集知识。与这种条件化知识相对的是非条件化知识,即在需要时难以激活的"惰性"知识。

在传统的教科书中,各种有关原理、定理、法则等的知识都是以直接方式呈现的,虽然在后来的改进中为了有助于知识的应用,增加了应用题,但这种直接指向所学知识的应用题由于过强的功利性往往是不真实的,也很难承担起帮助学生生成解决新问题所需的条件与活动规则的任务。这种将知识与其应用的情境分离的教学正是造成学生知与行脱节以及高分低能现象产生的原因之一。显然,条件化知识的概念对基于学习的课程与教学的整体改革具有重要的启示意义。

4. 知识的顺畅与灵活提取

研究发现,专业知识的另一个重要特征就是知识提取的"顺畅性"和"自动化"。知识提取的顺畅性并不是指专家与新手相比通常用较少的时间完成一项任务,而是强调在问题解决的整个过程中,专家往往将较多的时间花费在理解问题上,然后才考虑解决问题的策略。另外,在解决问题的过程中,专家总是力求达到驾轻就熟的程度,也就是从顺畅过渡到自动化。这样在以后处理任务的相关方面时就能十分顺畅和灵活地提取知识,而很少需要意识的参与,专家也因而能腾出更多的精力来关注任务的其他方面。显然,顺畅、灵活、自动化地提取知识是成功地完成认知任务必不可少的前提。目前的课程与教学改革应认真考虑如何创设学习环境,提供机会以培养学生在解决特定领域的问题类型时顺畅地和自动化地提取知识的能力。

5. 内容领域的专业知识与有效教学的知识

有关专业知识的研究还揭示了有关专业领域的具体内容的知识与有关具体专业内容

的有效的教学知识之间是有差别的。也就是说,具有了一定专业领域的内容知识,并不意味着就同时拥有关于这些专业知识的教学知识。像陈景润这样杰出的数学家恰恰在现实生活中很难成为一个出色的教师。显然,具体专业领域的专家与能以有效的方式进行教学的专家型教师所拥有的专业知识在类型上是有区别的。

专家型教师不仅要掌握与学科相关的一定的专业知识,还必须具有从事该学科有效教学所必需的其他知识,如掌握学科教学与评价的策略,了解学生的需求、个别差异、不同的学习风格,了解学生可能遇到的困难;如何创设学习环境以激励学生学习的动机,支撑学生对问题的探索;如何组建学习共同体,以鼓励合作互动的学习以及学会与人相处,等等。总之,一个专家型的教师必须具备的专业知识并不是某一学科领域的内容知识简单地加上一般的教学与评价策略,而是对所面对的每一个独特的学生的学习情况作出深入了解,并据此有效地指导、协助、支撑学生的积极学习。

6. 适应性的专门知识

在实践中,我们常常发现专家是可以被区分为不同类型的:一类专家在某一技能或知识内容领域十分擅长,成就卓越,但往往也因此故步自封,墨守成规,按部就班,始终固守着原有的知识与技能的圈子,不敢越雷池一步;另一类专家则放眼全局,善于反思,始终将已有的成就作为起点,不断适应变化的过程。这正是作为专家创造力的重要表现的元认知能力,即监控问题解决方式与过程的能力,使专家有可能在不断反思自我的过程中,敢于将具有挑战性的新的需求作为挑战自我,拓展原有专业知识水平的机会。显然,前者只是具有一技之长的"工匠"或为做学问而做学问的通晓现有知识领域的"专家",而后者则是今天这个变革的时代所需要的具有高度创造能力的、敢于面对挑战、与时俱进的"大师"级的专家。之所以要区分这两种不同的专业知识和两种不同类型的专家,不仅因为在现实中确实存在着这种差异,更因为在社会转型时期,新时代的高变化性、高风险性更迫切地需要能自觉适应变化的具有创新精神和创造能力的专家。

总之,有关适应性专业知识的概念的研究表明,真正的专家是具有适应变化的能力的,是能够面对新情境弹性处理新问题的人,是具有自我监控与反思能力即元认知能力,不断质疑自我、挑战自我、超越自我的终身学习者。这一研究为成功的学习提供了一个重要的模式,并要求相应的课程与教学改革能有效地帮助学生通过元认知能力的培养,学会公正客观地评价自己,并持续不断地追求新的学习目标,并由此成为一个兼具发展适应性与专业知识的终身学习者。

值得注意的是有关专业知识研究的六点结论彼此之间是密不可分、相互联系的,因此,在探索对教育的启示时它们应该被看作一个整体。

二、有关儿童学习的研究

近年来众多的研究揭示了这样一个事实:虽然与成人相比,儿童是一个特殊的学习者群体,但是,不同年龄层的学习者却具有不少共性。因此,对儿童的研究可以帮助我们更好地理解学习的本质,反思现行学校教育的种种弊病。以下将从"脑与学习"和"儿童的学习能力"两个方面阐述有关儿童学习的研究。

1. 脑与学习

研究表明,不同时代的孩子是在完全不同的环境中成长起来的。现今的孩子的成长环境具有这样一些特点:越来越快的生活节奏使儿童面临着不断变化和更新的挑战,这使孩子习惯于快速的感觉和情感变化,并通过参加各种类型的短期活动来应对快速变化;在高新技术的支撑下,各种媒体带来的极其强烈的感官刺激与信息冲击正在改变着儿童发展中的脑向外部世界学习的内容、形式与途径,使儿童的脑更乐于对独特、新奇的事物做出反应。然而遗憾的是学校环境,尤其是课堂教学环境的变化似乎大大落后于校外环境的变化。与校外丰富多彩的世界相比,学校对于学生而言似乎过于沉闷和缺乏生机。长期以来一成不变的教学内容也难以激发学生的内在认知动机与学习欲望。教育的滞后使我们认识到改革学校教育已经势在必行,我们深信在这场以改变教育的传统范型为目的的"转向型"改革中,在有关儿童的脑与学习的新拓展的研究领域中,新出现的一些研究方向可能具有重要的意义。这些全新的研究成果将有助于我们更为深刻地理解人的学习的本质特征,并据此调整学校以适应社会的快速变化。

(1) 机会的窗口

有关"机会的窗口"的研究[2]主要目的在于检验年幼的脑是如何成长和学习的。出生时,人脑仅拥有万亿个突触中的很少一部分。出生后,新生儿的脑以难以置信的速度产生连接,脑的突触增至成人的三分之一。人脑中突触连接的增加是通过两种方式进行的:第一种方法是突触产出过剩,然后选择性地消失。第二种方法是添加新的突触,突触添加过程涵盖了人的一生,其在人的中老年生命中更显重要。这一过程不仅对经验敏感,事实上它就是由经验驱动的。突触的添加是一部分或大部分记忆的基础。突触产出过剩和消失(synapse overproduction and loss)是脑用以吸收经验信息的基本机制,通常出现在发展的早期。就像孩子从环境中吸收养分一样,环境越丰富,脑所产生的相互连接的数目越大,学习进行得也就越快而且越有意义。随着孩子的成长,凡是脑发现有用的连接就会被固定,而那些没有用的连接就会被消除。脑以选择性的方式加强和修剪基于经验的连接。这个过程在人2—11岁时最为显著,伴随着不同发展区域窗口的开放和闭合。

这些机会的窗口代表了学习的关键期。例如,发展情感控制的窗口开放期似乎是从2个月到30个月。当然,在那个年龄之后,一个人也能学习控制情感。但孩子在那个窗口期学到的东西将是很难改变的,而且将会强烈地影响在窗口关闭之后学到的东西。学习语言的窗口在10或11岁左右关闭,所以一个人如果想以母语一样流利的程度学会另一种语言,就必须充分利用语言的窗口开放期。

这一研究使我们比以前更加清晰地意识到,儿童在出生的最初几年(2—4岁),通过各种学习活动了解外部世界的意义是十分重要的。同时,它还建议我们利用机会的窗口充分发掘儿童身上蕴含着的巨大的潜在的可能性。脑发育关键期现象的揭示促使人们思考教育培养的最佳时机问题,特别是促使人们重视如何在个体神经系统发育最为迅速的早期提供适宜的环境与经验。

(2)经验、环境与教学对脑的发展的影响

有关脑的研究表明,发展不仅仅是预先编制好的程序模式的展现,经验可以通过修正大脑的结构建立人的心理结构,在复杂环境中经验的多少与大脑结构改变的程度有很大的相关。由此揭示了一个最简单的主导的学习规则——实践增强学习。

从神经科学的视角来说,教与学是儿童大脑和心理发展的重要部分。儿童与外部环境的不断互动会影响脑和心理的发展。越来越多的证据显示大脑的发展和成熟是随学习的发生而在结构上产生变化的。这意味着,具体任务的学习似乎可以改变该任务所涉及的脑的具体区域。这些发现也表明脑是一个动态器官,它在很大程度上是由经验塑造的。对遭受打击或脑部分切除的个体的研究从另一角度证明教学能够功能性地重塑人脑。对于这类病人,功能的自然恢复几乎是不可能的,因此,为了帮助这类个体康复,让他们有可能重新获得失去的功能,医生试图通过提供必要的指导,帮助他们进行康复训练。结果表明这样的学习虽然需要很长的时间和努力,但是有效的教学确实能够促成功能的部分或全部恢复。这说明,指导性的学习和通过个体经验进行的学习在脑的功能组织中同样起到举足轻重的作用。

总之,从上述有关学习与脑的研究中可以得出这样的结论:学习(基于经验的、在资源丰富的环境中进行的、有合适的指导的)可以改变脑的生理结构,脑的生理结构的变化会导致脑的组织功能的改变,换言之,脑和心理的功能性组织取决于并得益于学习。这意味着,发展不仅仅是生理驱动的拓展过程,也是从经验中获得基本信息的主动过程。脑的不同区域可能在不同的时间进行最有效的学习,因为研究表明,一些经验在某些具体的敏感时段具有最大的效应,不过,还有一些经验则能在更长的时段中不断影响脑的发展。与此同时,由于神经细胞的突触的增加是涵盖人的一生的,所以学习也应该是贯穿人的一生的。

　　可以肯定地说,有关脑科学研究不断更新的成果确实能够为我们提供很多有用的信息,但是我们不能寄希望于将这些研究成果简单直接地平移至教育领域。因此,在脑科学与教育科学之间开拓一个新的科学研究领域已经被提上议事日程。

2. 儿童的学习能力

　　长期以来,人们一直受到将人脑视为"白板"或"容器"的隐喻的影响,而习惯于将婴幼儿看成是被动和无知的。然而,大量有关幼儿研究的最新成果却很有说服力地推翻了这些不正确的想法,并证明幼儿具有强烈的求知欲望与主动探究世界的非凡能力。总之,学习是人与生俱来的能力,儿童是主动的学习者。首先是瑞士心理学家皮亚杰通过对儿童的长期观察与询问提出了有关儿童认知发展的阶段说,强调儿童具有复杂的认知结构,在发展的不同阶段,儿童在与环境的互动中寻求刺激来促进自身智力发展并形成不同的认知图式。维果茨基不仅强调了儿童作为学习者的主动性,还进一步指出作为社会文化载体的符号尤其是语言在中介个体发展中的重要作用。他认为,儿童通过与比自己更有能力的人的合作能有效地挑战自身的现有发展水平,创设"最近发展区",从而促进自己的发展。[3] 所有这些研究虽然在理论与方法上有所区别,但是它们都抛弃了儿童心灵的"白板"说,而充分肯定了儿童作为主动积极学习者的存在。随着理论和方法的发展,我们今天在研究幼儿学习能力方面又前进了一大步。这些研究主要涉及儿童学习能力的两大方面:其一是有关婴幼儿早期表现出来的对某些特定事物的生理上的学习倾向;其二是儿童像其他人一样进行的自我指导和他人指导的学习。

　　(1) 儿童生理上的学习倾向

　　目前相当数量的研究表明了婴儿在生理上所具有的十分明显的学习能力倾向。[4] 这些倾向使幼儿的早期学习成为可能,并继续支撑着在早期教育中对幼儿能力的培养。这些倾向有助于婴儿迎接未来生活中适应性学习的复杂挑战。很多精心设计的研究表明，在早期生活中，婴儿能观看他们感兴趣的东西、主动选择经验，而且还能证明婴儿有能力感知、了解和记忆某些东西。这说明婴儿是有选择地感知周围事物的，且有能力和兴趣学习如何控制自己的知觉环境。这说明幼儿是主动了解他们的世界的。他们的很多能力都是在与环境的积极互动中被激发出来的。儿童在早期生活中通过跳跃式的学习积累的知识与经验既可能有助于后续的学习，也可能妨碍后期的学习。

还有些关于婴儿在一些特定领域中，对物理与生物的概念、因果关系、数字和语言等的感知和理解的研究，正在帮助人们理解人是从何时起，以何种方式开始了解他们各自所面对的世界的复杂性的。

（2）儿童自我指导与他人指导的学习

尽管儿童具有很大的发展潜力，但是他们仍然需要凭借意志和毅力去学习并在学习过程中学会如何计划、监控、修正和反思自己的学习和他人的学习。大量的研究表明，幼儿与其他学习者一样具有掌握策略性知识的能力和元认知的能力，他们也同样能凭借自己的意志、灵性和毅力来促进自身的学习，并在成长的过程中逐渐形成有关学习、智力和理解的不同看法和相应的学习风格、途径与方法。研究还表明，儿童既是问题的解决者又是问题的生成者：在问题的解决过程中，他们不但要面对失败，而且要通过对先前成功建构的反思，精心推敲以及改进自己的问题解决策略并不断生成新的、更具挑战性的问题。虽然儿童的大量学习是基于自我激励、自我指引的，但是来自于同龄人、成年人以及大众媒体的影响仍然不容忽视。成年人的合作与帮助以及他们所提供的新信息的不断复杂化有利于创设儿童发展的最近发展区，并通过引导儿童的注意力、支持他们的学习意图、维持儿童的好奇心和坚持性，使儿童在不断挑战自我的过程中形成与更新自己的认知结构。许多研究表明，儿童与他人的合作以及参与学习共同体不仅有助于他们认知的发展，而且有利于他们的社会成熟。

三、有关普通人与从业者的学习研究

20世纪后半叶以来，很多教育学家、心理学家和人类学家在反思存在将近两个世纪之久的学校教育的弊病时，不约而同地提出两个问题：其一是在现代学校诞生以前，人是怎样学习的；其二是个体作为学生在学校文化环境中的学习与他们作为普通人在日常生活中的学习有什么不同。据此,学者们从 20 世纪 80 年代开始将普通人和从业者列为有关人的学习的研究对象。

1. 有关普通人的学习研究

以莱夫等为代表的人类学家在对人的学习和日常活动的研究中揭示了这样一个事实:正是文化与活动赋予我们所学的东西以目的与意义。他们认为某一领域中的活动是由其文化规定的。活动的意义和目的是通过现今与过去成员之间的磋商而以社会方式构建的。因此,一切有意义、有目的的活动都是真实的。这种真实活动可以最简单地定义为日常的文化实践。为了获得有关人是怎样学习的本真意义上的理解,人类学家曾试图通过对普通人在杂货店购物时的日常活动的观察,去研究并理解在杂货店购物中所包含的日常"数学活动"。他们的观察发现,购物时,顾客常常在杂货店里走来走去,不断观察货架上装满食品的罐头、瓶子、盒子以及其他一些商品,端详出厂日期、价格、物品的分量、生产地等,并最后做出主观的选择。显然,真实环境中的数学活动是与具体的场景、氛围、顾客对货物的需求、经济承受能力等很多生活中的现实因素交织在一起的,完全不同于课堂上抽象的数学运算。

莱夫还曾提供一个普通人通过参与真实活动,利用问题产生的情境,去发现问题的解决方案的实例。问题是这样的:桌上放着奶酪,一个节食者为了准备一份食物,需要取三分之二量杯奶酪的四分之一。在开始解决问题时,该人嘀咕说,他曾在大学里学过微积分……然后,停顿了一小会儿,他突然宣称,他已经找到了答案! 在他完成这一过程之前,他已对自己的正确性表现出充分的自信。他拿起量杯,装满三分之二杯奶酪,将它们倒在砧板上,拍打着奶酪,使它们排列成圆圈,然后在上面画一个十字,取出其中的一份。应该说,以上的问题解决方法是很合理的,而且有创造性,显然,仅依靠抽象知识是不可能这样解决问题的。在这一案例中,该创造性解决方案的产出依靠的是节食者从镶嵌在具体背景和活动中的真实问题出发,与他所处的环境积极互动。在这一互动中,他不仅清晰地识别出要解决的真实问题,并能根据所看到的量杯、砧板和刀等物件加以组合以找到解决问题的途径。[5]

这些案例说明,普通人日常解决问题的方式不同于课堂上的学生,而更接近于从业者、专家的活动。所有这些活动都发生在他们所处的文化之中,他们在这一文化中切磋意义,构建理解并在他们实施的活动范围内详细地说明问题和寻找解决问题的方法。

2. 有关从业者的学习研究

人类学家为了重新建构学习的含义对从业者的学习活动进行了研究。他们将这种活动称为"学习工艺"，意指关于成年人所从事的以文化的、社会的历史的形式出现的普通的生产性活动。他们研究了在美国海军直升艇上海员的职业与工作实践、临床医学专家与顾客之间的关系、芬兰的公共诊所医学的实践、作为一种工艺实践的人工智能以及铁匠的工艺等。这些研究的背景都处于传统的教育体制之外，远离通常对儿童和新手的研究，而是将关注的焦点放在平凡的日常实践上。总之，这一研究试图在真实实践的基础上研究人的学习特征与本质，它试图表明：

（1）学习并不是一个孤立的过程，也不是一个自生自灭的过程。学习应该被看作是生活实践的一部分，学习是无所不在的。

（2）人总是以一种由情境性活动支持的无痕迹的方式在活动中学习。

（3）人总是基于错综复杂的问题去学习知识。人的知识总是在运用中经历建构和变化的。

（4）知识与学习是分布在个体情境活动的综合性结构中的，也就是存在于活动中的个体、任务、外在工具以及环境的关系之中。学习就是对正在进行的活动的理解或参与[6]。

四、对传统学徒制的研究

另一项重要的研究就是对学校出现以前曾经是人们的最普遍的学习方式——学徒制的研究。研究表明，在正式的学校教育产生之前，从语言、绘画、雕刻、复杂的社会交往技能到某一专业领域的知识与技能都可以通过类似学徒制的方式进行非正式的学习获得。这种学徒制的方法通常不包括学校教育中通用的说教式教学，而普遍采用观察、交流、训练以及逐渐地接近成功。在学徒制的方法中，作为学习对象的知识与技能是镶嵌在它们实际运用的情境之中的，熟练的从业者在教学的过程中始终持续地使用着这些技能，而且这些知识与技能对于从事学习的学徒则是完成有意义的任务所必需的工具，他们正是在这些技能与知识镶嵌其中的社会性和功能性的情境中进行解决真实复杂任务的学习的。

学徒制的优点在于它为学习者提供大量实践的机会，教师和教学在这种学徒制的学习中通常是无形的。学徒获得的有关行动的指示基本上不是来自教师的教学,而是来自对从业者如何从事同一工作的观察。也就是说,在这种学徒制的学习中,师傅作为"教师"始终参与同一实践活动,他们的实际操作为学徒构建了标准,而作为学习者的学徒则在观察、模仿、训练、交流等过程中逐渐被一个专家的实践共同体所接纳,而由边缘进入中心。有关的研究还识别出传统学徒制学习的若干结构性特征:

(1)工作是一种驱动力。在传统的学徒制学习中,学徒逐渐掌握完成任务的方式。在这一学习过程中学习的动机主要不是为了一步步接近一个遥远的、象征性的目标(诸如获得一份证书),而是为了出色地完成工作。

(2)学徒制是从掌握相对简易的技能开始的,因此很少出错。

(3)学习的重点是亲自动手操作。因此,这种学习包括的主要是"做什么"的能力,而不是"说什么"的能力。

(4)实际操作的标准是镶嵌在工作环境中的。对学习者能力的判断是自然地、持续地在工作背景中显现的。学徒是在继续掌握下一个技能时,产生"自己的"问题的。

当然,传统的学徒制学习并不能完全、直接迁移至现代社会。因为,现代社会所需要的许多技能,如:数学的、法律的或基于计算机的处理等,至多也只有部分是可视的。因此,在反思传统学徒制的基础上,认知科学家试图建构一种将各种关键要素融为一体的认知学徒模式,并进行了一系列开发有效学习环境与课程的尝试。认知学徒模式的建立立足于改造传统的学校教学环境,试图消除学术性教育与职业教育之间通常存在的差异,并将其目标定位于接纳新手进入专家的实践共同体。目前,这一领域的研究呈现出跨学科的态势,其中包括:数学、物理、阅读、写作和室内设计。

总之,这种有关学习研究的创新方法得益于各个领域研究者的通力协作,更得益于学术界对事实的尊重和敢于挑战传统的创新思维与开拓新的研究领域的勇气。毋庸置疑,对不同对象的学习进行的深入细致的观察与分析,大大拓展了研究者有关学习与学习者研究的广度与深度,并提供了一幅比较接近真实的、比较完整的有关人的学习图景。我们深信关注这些方面的研究成果将有效地打开我们有关人是怎样学习的研究视野,并为我们推进"终身学习"、创建教育新范型提供重要启示。

参考文献 ●●●

[1] John D Bransford, et al. How People Learn: Brain, Mind, Experience,

and School: Expanded Edition ［M］. Washington, DC: National Academy Press, 2000.

［2］ David A Sousa. 脑研究的分支[J]. 胡丞英,高文,译. 全球教育展望,2001 (5):9－13.

［3］ 维果茨基. 儿童心理与教育论著选[M]. 龚浩然,等译. 杭州:杭州大学出版社,1999:306－321.

［4］ Brown J S, Collins A, Duguid S. Situated Cognition and the Culture of Learning ［J］. Educational Researcher, 1989,18(1):32－42.

［5］ Lave J, Chaiklin S. Understanding Practice: Perspectives on Activity and Context ［M］. Cambridge: Cambridge University Press, 1993.

［6］ Lave J, Wenger E. Situated Learning: Legitimate Peripheral Participation ［M］. Cambridge:Cambridge University Press, 1990:29－43.

43

学科教学中学习文化的培育 *

徐斌艳

教师传授方式与学生学习方式之间的落差,导致学生体验到的学科知识基本上是"成品知识",学生很少有机会独立探索与领会知识以及知识背后的思想与方法。为缩小这种落差,需要培育一种学习文化,也就是强调教师应向学生提供充分从事学科活动的机会,帮助他们在自主探索和合作交流的过程中真正理解和掌握基本的学科知识与技能、学科思想和方法,获得广泛的学科活动经验,使学生对知识的理解达到一个更高的层次。项目学习不失为一种培育学习文化的实践模式。

一、背景

长期以来,我们的学生习惯于等待教师传授知识,习惯于跳钻教师事先设计好的思维魔圈。原本多姿多彩和生动活泼的学科教学,在学生看来仅仅是一套程式化、模式化的教学活动。在这种程式化教学活动中,学生与各学科的自然关系经常受到干扰。因为教学主要集中在各学科的演绎结构上,学生往往被要求参照这种结构进行学习。安得费格(Andelfinger)认为,"对大多数学习者而言,教师传授文化与学生学习文化不太兼容,通过传授文化产生的是岛屿式的、实时性的知识,而不是知识的结合;它产生的是不完整的知

---

* 原文发表于《开放教育研究》2007 年第 4 期。

识碎片,而不是一系列观点与观点的连接;它产生的是形式操作的、毫无意义的、无法控制的技巧,而不是各种可以表述的体验;它使人获得标准化的感觉,而不是对各种不同意义的思考"[1]。

例如,从数学学科角度看,来自美国加州大学戴维斯分校的数学教授斯坦(Stein)形象地描述了数学学习中"瞎子摸象"的现象,他阐述道:"如果你把它(数学)当作计算的工具,用来计算长度与面积,或算出成本与利润,那它就类似铁锤和螺丝起子。如果你用它来描述重力或染色体的结构,你可能认为数学是物理和生理宇宙中的创世语言。或者在几何、微积分的课堂里,你认为数学是很好的分析方法,是贸易、法律或医学的职业训练基础。"[2]在程式化的课堂教学中,学生接触到的数学可能只是一长串枯燥的计算,只是每天分配到的几页一定要完成的练习,或是一堆没有好好解释的难懂的规则。这可以解释为什么抱怨数学的学生多于喜欢数学的学生,显然,学生只触摸到了"数学大象"的一小块皮肤。为使学生能够感受到数学不再是抽象枯燥的课本知识,而是充满魅力与灵性、与现实生活息息相关的活动,使学生能够从抱怨数学转向喜欢数学,进而探究乃至钻研数学,我们应该为学生创设触摸这一"数学大象"全身的机会。也就是说,在学科教学中,我们应该给学生独立探索与领会知识、体验问题解决途径的机会,而这些机会对于提高学生学习激情、培养学习独立性非常重要。

近年来,TIMSS 以及 PISA 等国际教育评价项目的结果显示,学生学业成绩与学生学习兴趣以及能力之间出现不协调现象。也就是说,在测试中获得高分的学生,表现出对学习的无奈甚至厌倦。因此各国的教育改革都提出,有效的学科学习活动不能单纯地依赖模仿与记忆,动手实践、自主探索与合作交流应该是学生学习的重要方式。与之相对应,学科教学活动则强调,教师应激发学生的学习积极性,向学生提供充分从事学科活动的机会,帮助他们在自主探索和合作交流的过程中真正理解和掌握基本的学科知识和技能、学科思想和方法,获得广泛的学科活动经验。也就是说,在学科教学中,要使学生对知识的理解达到一个更高的层次,为学生营造一种促进理解的学习文化。

二、促进学生理解的学习文化

1. 现代学习理论对于理解性学习文化的关注

现代学习理论的重要成果之一是提出学习的自然性、建构性、发展性、终身性等观点,这些观点折射出对于学习的理解性侧面的深刻关注。

学习的自然性强调人生来就是一个灵活的学习者、主动获取知识和技能的行动者,并且人学习到的很多东西并不是从正规的教学中得到的[3],而是一种自然的默化过程。在这种过程中包含了认知的不协调性,而这种不协调性使人能以一种自然的、具有学习者物主身份的方式去与其他人或者人工制品进行互动,并自然地、持续性地试图理解这样一种互动。

学习的建构性强调学生不是被动的知识接受者,而是依据自己的经验去主动建构知识的意义,理解知识对于自己以及世界的真实含义;主动性学习明确了学习的过程不是直接灌输以及思想的直接传递,而是一个主动的,包含着思考、分析、批判、加工等的内化过程。

学习的发展性强调学习者作为人的无穷学习和发展潜能,正如脑科学和神经科学所揭示的那样,"脑具有无穷的学习能力,无穷的创造力以及探寻模式和做出估测等各方面的能力"[4]。学习的发展性也暗示了学习者通过学习能获得自身各个方面的发展;学习可以作为意义的制定过程,因此也蕴涵了学习者参与实践共同体、协商共同体的话语与实践意义,获得理解的过程也必然是无限发展的。

学习的终身性则强调学习不是按照时间与空间的维度被阶段化与区域化,恰恰相反,学习是社会化的,并且对人来说,学习不能是一种"终极性的学习方式,而应该是一种终身性的学习方式,是持续人一生的学习方式"[5]。作为终身教育目标的终身学习应该具有几个关键特征,"它是有目的的——学习者意识到他们正在学习;它有具体的目标,并且这种目标不是那种含糊的陈述,如'开发思维';这些目标是进行学习的原因(学习动机不是简单地出于厌倦生活);学习者有意在相当长的一段时间里保持并且运用所学的知识"[6]。

学习的自然性、建构性、发展性以及终身性进一步展示了理解的哲学意义,即"人生通过理解不断地把握人生的意义,把自己投入可能性中去……理解建立了人与世界的关系,因为理解是人生活的方式,生活本身就是不停地理解活动"[7]。

2. 促进理解的学习文化要素

现代学习理论对学习的理解性的关注,影响着学科教学中对理解的关注,美国"促进学生数学与科学的学习和发展国家中心"(National Center for Improving Student Learning and Achievement in Mathematics and Science)的研究者指出,学生应该为了理解而学习,在学科教学中应该培育一种促进理解的学习文化。理解不是或有或无的现象,应该把理解看成是一种形成和发展的过程,而不是个体知识的静态特征。[8] 以数学学科为例,理解性学习文化应该包括如下要素:

(1) 构建关系。对于学生学习数学来说,新概念与其他概念联系起来了,那么新概念的意义就产生了。而为了理解的学,不仅仅是把新的概念与程序添加到原有知识中,还要创建一个丰富整合的知识结构。

(2) 拓展和应用数学知识。为了理解的学最重要的特征在于它的生成性(generative)。生成性是指当学生和教师理解了某些知识,他们能够应用这些知识去学习新的主题和解决不熟悉的问题。

(3) 证明、解释概念和程序。数学家们与自己的同事分享想法时,总是要向对方证明和解释清楚自己的发现。让学生向他人证明和解释清楚自己的想法,可以使他们获得数学家们的经历。研究发现,当学生在一起学习的时候,他们会产生并验证新的概念和程序,在证明和解释新的概念和程序时,他们成为了真正意义上的学习者,而且能产生有意义的数学思想。

(4) 使知识成为自己的。要理解数学知识,就要通过个体自身的活动来内化这些数学知识,要让学生和教师投入自己的知识建构中。

为了培育出这种促进理解的学习文化,需要一种为了理解的学科教学。也就是说,教师要知道如何帮助学生把要学的知识和原有的知识联系起来;如何帮助学生构建一个连贯的知识结构,使得知识不是割裂的;如何帮助学生参与探究和解决问题;如何使学生自主验证他们的概念和程序。

为了理解而教要求教师对以下几方面有系统的认识:所要教的知识;学生在学习某个知识点时常有的概念、错误概念和问题解决策略,以及学习的难点;学生常走的学习轨道;可能帮助学生思考、支持他们学习和解决问题的任务和工具;能够帮助学生理解和解决问题的脚手架;促进学习的课堂纪律和活动结构。

三、培育理解性学习文化的实践模式

学习理论不仅向我们展示了培育理解性学习文化的必要性,而且为我们培育新型学习文化提供各种途径。项目学习作为一种促进学习文化培育的实践模式,将有助于学生真切感受学科教学的多姿多彩和生动活泼,帮助学生学会用科学、理性的思维去分析、理解或创新生活。

项目学习是通过学习环境的设计达到学习文化培育的有效实践模式,它的五个特征也是新型学习文化的写照。项目学习的五个特征包括[9]:

(1)以驱动性问题或者为了某个问题的解决而启动学生的学习。

(2)学生在(模拟)真实的问题情境中,探究驱动性问题,学习并应用学科中的重要知识。

(3)学生、教师以及共同体成员充分合作,寻找驱动性问题的答案。

(4)学生在从事探究的过程中以技术为支撑,完成一些复杂任务。

(5)项目学习是成果(作品)导向的,学生最终通过成果(作品)展现学习成效。

具体而言,结合学科教学实施项目学习时,应该关注以下几个要素。

首先,项目学习应该以学生的"生活"或"环境"为取向,进行学科综合的学习。因为生活在内容丰富的社会环境下,学生的需求和兴趣不一定在于某个学科,而在于他们生活中遇见的真实事件。如果学生的需求与兴趣合理,我们就可以将这些事实作为学习的切入口,并将其作为学习活动讨论的中心。因为这些事实原则上都是复杂又自然的,所以我们必须从学科综合的角度研讨这些事件。不同学科有着各自不同的特征,它们有助于我们克服由事物的错综复杂关系带来的困难,有助于我们理解事物间的这类关系。现代技术迅猛发展,对各个领域产生了不同程度的影响。学生对现代技术所引起的社会各领域的变化,也表现出了极大的热情。关于信息技术的话题成为不可忽视的学习主题,我们几乎无法用一种学科来表达这种新主题,而是需要单一学科综合思想才能予以体现。

其次,项目学习强调学生的学习自主性。传统教学中,教师往往根据其无法论证的教学目标传授知识,学生完全是命令的接受者,学习成为满足教案的过程。而项目学习强调的是学生自己选择主题,确定学习目标,寻找材料。然而,这种观点过于理想,在实践中难以实现,因此人们对这种思想加以改善,即为学生提供几个能引起他们兴趣的主题,学生可以在这些主题中进行选择,同时在老师的咨询和共同建议下,确定要解决的项目。

然后,项目完成后学生对整个过程进行反思与批判性的评价,并就相应的评价结果(可能是分数)进行讨论。这一特殊的学习方式需要教师的民主和自由意识。教师必须把握好所实施的教与学的方法;组织小组讨论时,教师根据学生的需要充当咨询者与合作者。

最后,项目学习的学习活动起源于问题或者学生所生活的环境,活动立足于成果(作品)的产生。在此不是强调练习式活动,而是要关注活动所需的各种材料。按照杜威的观点,学生应该以牢固的知识基础投入项目活动中,但是在某些项目中仅仅靠学生现有的知识或能力是不够的,当出现这种情况时,学生的内部动机可能会受影响,对自己的能力产生疑问。因此,我们应该让学生意识到,在项目学习中除了使用已经熟悉的学科工具,还应该正视自己陌生的问题,请求专家帮助或者进一步学习。

另外,我们也可以对项目学习活动范围有所限制,事先考查学生是否具备了从事项目学习所必需的学科知识,从而使项目学习活动成为应用或巩固知识与技能的途径。项目学习活动可以包括五个步骤:准备(即选择包含问题的实际情境);限制问题范围;设计项目;实现项目设计;评价和展示结果。

四、项目学习案例分析

这里以"制作多面体艺术品"的项目学习活动为例,具体分析项目学习的五大特征。这个项目学习活动的对象可以是所有初、高中学生,其总体目标是:通过学生亲自动手制作各种各样的多面体,让他们感受数学几何知识的形成过程,提高其几何知识的应用能力,发挥其立体几何和空间想象力,进而提高他们探索几何问题的信心与兴趣,通过最终形成的学习成果,让学生直接认识数学几何作品的艺术性,体验数学的美学价值。

第一,本项目学习活动具备驱动性问题(生活)情境。教师节的设立无疑是对教师职业价值以及社会地位的认可。每当教师节来临,学生们经常会问自己:如何向老师表达节日的问候? 如何用自己的实际行动感谢老师的辛勤培育? 在这类问题的驱动下,同时在数学老师的建议下,形成了这个具体的项目学习活动:以自己亲手制作的数学作品(主要是多姿多彩的几何体),作为献给教师的节日礼物。

第二,在探究问题中,注重学科知识的学习与应用。形状各异的三维几何图形,吸引着许许多多的数学家和艺术家。选择制作多面体为活动主题能拓展学生的数学视野,让学生体验数学的美,同时提供机会给学生动手实践,促进学生对多面体的探索和深入思考,并在探索和思考中加深对原有知识的理解。表 43.1 揭示了这个项目活动包括的内容,以及在这些活动内容中涉及的数学知识、技能与思想方法。

表 43.1　项目学习活动的设计方案

项目活动内容	所涉及的数学知识与技能、数学思想方法
正多边形	正多边形的内角、边长
正多面体的认识	正四面体、正六面体、正八面体、正十二面体、正二十面体五种正多面体存在性分析分类讨论
制作正多面体	正多面体的展开图
观察正多面体	欧拉定理对偶多面体
制作组合多面体	等腰三角形、直角三角形的性质、角度的计算等

　　第三,学生、教师以及共同体成员之间充分合作。制作精美的多面体艺术作品,学生需要有一定的几何基础知识,如"能拼成正多面体的正多边形有哪几种?""各种多面体的顶点数、面数、棱数有什么关系?"还需要一系列平面或立体几何图形的分析辨别能力,如"只用正六边形,或者正七边形、正八边形能不能拼成正多面体?"另外,需要一定的信息技术的应用能力,如"如何使用几何画板画出多面体的展开图?"最后,需要动手制作能力、色彩搭配能力等。这是一个较为多元的、复杂的学习环境,当学生因为缺少或遗忘一般的几何基础知识而无法开展制作活动时,老师需要进行适当的知识传授;当一些学生不熟悉相应的数学软件时,学生之间或者师生之间可以相互指导和帮助;当学生选择的多面体作品较为复杂时,需要学生之间进行分工合作;当学生对多面体色彩无所适从时,师生之间又可以相互建议等。为了在有限的时间内完成各种作品的制作,各个活动成员需要进行合作协商。

　　第四,学生在从事探究的过程中,以技术为支撑,完成一些复杂性任务。"以自己的学习成果作为献给教师的节日礼物",在这种愿望驱动下,学生们主观上乐于挑战自己,往往选择复杂的多面体作为制作对象,例如各种由互为对偶的多面体组合成的新多面体。制作这些多面体需要学生一定的空间想象力,首先需要绘出几何体的平面展开图。这里就需要借助一定的几何软件(如几何画板等),辅助学生实现自己的主观挑战。

　　第五,学生通过成果(作品)展现学习成效。教师信任与协助,学生之间分工与合作,学生充分发挥自己的知识基础、想象能力、动手能力,创造出一系列精美作品,体验到学习的乐趣,向教师献上一份珍贵的节日礼物。

　　上述案例表明,在这样以驱动性问题展开的项目学习中,教师能向学生提供充分的从事学科活动的机会,帮助他们在自主探索和合作交流的过程中真正理解和掌握基本的学科知识与技能、学科思想和方法,达到对知识的理解层次,同时获得广泛的学科活动经验,让学生亲身获得学习的成就感，为后续学习提供有意义的学习环境。

参考文献 ···

［1］Anderfinger B. Sanfter Mathematikunterricht-andere Lebenszeichen［M］. Berliner: Berliner Tagung zur Didaktik der Mathematik, 1991.

［2］斯坦.干嘛学数学(Strengths in Numbers)［M］.叶伟文,译.台北:天下远见出版股份有限公司,2002.

［3］约翰·布兰思福特.人是如何学习的:大脑、心理、经验及学校［M］.程可拉,译.上海:华东师范大学出版社,2002.

［4］雷纳特·N·凯恩,杰弗里·凯恩.创设联结:教学与人脑［M］.吕林海,译.上海:华东师范大学出版社,2004.

［5］顾明远,孟繁华.国际教育新理念［M］.海口:海南出版社,2003.

［6］克里斯托弗·纳普尔,阿瑟·克罗普利.高等教育与终身学习［M］.徐辉,等译.上海:华东师范大学出版社,2003.

［7］金生鈜.理解与教育:走向哲学解释学的教育哲学导论［M］.北京:教育科学出版社,2001.

［8］Carpenter T. Scaling Up Innovative Practices in Mathematics and Science ［EB/OL］. http://www. wcer. wisc. edu/ncisla/publications/reports/ NCISLAReport1. pdf.

［9］Krajcik J S, Blumenfeld P C. Project-Based Learning［M］//Keith Sawyer（Ed.）, The Cambridge Handbook of the Learning Sciences. Cambridge: Cambridge University Press, 2006.

44

学习科学：为教学改革带来了新视角 [*]

任友群

学习科学的研究成果日益受到教育领域决策者和实践者的关注，学习科学已经成为诸多发达国家或地区教育变革之理论指引的关键词，也成为一些教师进行教学实践探新的理论基础。华东师范大学和经济合作与发展组织、美国国家科学基金会、联合国教科文组织、上海师范大学、香港大学于 2014 年在上海联合举办了"学习科学国际大会"，来自世界各地的学习科学研究者、教育决策者、资助机构、教育实践者展开了一场深入、充分的对话，就如何将基于研究的学习科学的前沿知识以最佳的方式应用于对人类学习的更好理解、对学习和教育实践的改进，以及如何把学习科学作为决策参考以正确引领和充分支持教育变革等议题进行批判性思考，形成了建设性共识。

以下是该次会议上围绕"学习科学与教学改革"进行的一次研讨。研讨的主持人是任友群，研讨人有裴新宁、赵健、郑太年、罗陆慧英（Nancy Law）。

一、在教育教学改革中引入学习科学是无可争议的立场

任友群：我们一直在思考，在我国的教育教学改革中，学习科学的研究成果能够为我们带来哪些新的视角和变革路径？

＊ 原文发表于《中国高等教育》2015 年第 2 期。

裴新宁：从国际组织的研究和实践中，我们能看到不同国家在这方面的努力。比如OECD(经济合作与发展组织)教育研究与革新中心，他们一边进行关于学习本质的理论研究，提出一系列理论主张；一边分析实践革新的案例，并在案例分析的基础上形成革新性学习环境设计的若干原则和方法。欧洲研究者也从学习视角研究教育，每年组织2至3次学习科学的深度工作坊。在这些工作坊中，不同地域和背景的研究者不断进行交流，一边梳理学术脉络，建构新的话语，包括编写学习科学术语辞典，一边探索未来的研究发展和实践推进。2014年11月我刚参加了在里昂举行的工作坊，讨论的主题是"社会性学习"，这也是2014年"学习科学国际大会"的核心主题之一，来自剑桥大学、巴黎第六大学、法国科研中心等机构的知名研究者分享了各自的研究成果。

罗陆慧英：我在香港大学领导了"学习科学战略研究主题"的研究与行动，这是香港大学2008年启动的20个"战略研究主题"之一。我们力图通过跨学科和多学科交叉视域下的协同，促进与学习相关的人类发展的理论与实践探索。为此，我们构筑了一个十分广阔的网络，来自教育学院、文学院、理学院、社会科学学院、医学院、工程学院以及牙科学院的专业人员汇集到了一起，共同探讨学习的基本问题和探究路向。在学习神经科学、语言和运动技能学习、读写能力、利用信息科技支撑的学习和评估以及教育政策等领域，团队成员已经建立起较深厚的研究积累。接下来，我们把重点放在三个子主题上，来整合研究成果和形成新的卓识。

第一个子主题是语言学习，研究从神经、认知、教学法三方面展开，并以教育手段加以促进。第二个子主题是以信息技术促进学习与评估，从以信息技术促进学习及教学创新向自然语言数据挖掘方面拓展。第三个子主题旨在建立理论和工具，把目前状态下我们关于不同层面——从个体到团队、组织、社群和整体社会系统——的学习的知识关联起来，以本地及国际学校的课堂创新项目、教学和学生成就的比较研究为基础，研究大规模改进学习的成功战略和政策干预。

二、学习科学为实践和政策"应该如何做"提供理论支撑

郑太年：讨论在教育教学改革中引入学习科学这个话题，我们就要考虑研究和实践的互动。所谓互动，就是说，一方面，理论研究有了成果，实践中可以应用；另一方面，研究本身要考虑实践的需要，为实践提供解决方案、工具和技术手段等。学习科学的研究本身比

较关注实践问题，并在真实的实践中进行研究，这是一个很好的立场。

在我国的教育改革中，不同层面的人士，不论是研究者还是实践者，常常会谈到以学生为主体、以学生为中心、关注学生的学习等观念。要真正做到这些，离不开对学生学习的深入理解。学习科学力图为这些观念向实践的转化提供坚实的研究支撑，正在成为教育教学实践变革的新引擎。目前看，这是研究和实践互动的主要方面，即理论向实践的转化。为什么可以转化，为什么应该转化？是因为学习科学的研究提供了设计革新性实践的基础。学习科学的研究有些是实证性的，即探索"是什么""什么因素会导致什么结果"的研究，这些研究可以为实践和政策"应该如何做"提供理论支撑。

赵健：学习科学研究中有大量的设计研究（design-based research），这是一种在真实学习场景中的自然性的实验研究，研究者基于理论或者相关实证研究成果设计出实践方案，经过真实场景中的实践检验，解决实践中的问题并形成概括性的理解，由此形成的实践方案和路线常常可以迁移到不同的情境中。我们可以说，这种研究提供了关于"应该如何做""可以如何做"的直接参考。

学习科学的研究还在实证研究和设计研究等的基础上提出了若干具体的实践模式和技术手段，如责任性谈话（accountable talk）方法，为教师提供了直接的实践方案，同时也提供了在不同类型的教学活动中可以直接应用的技术。例如，在结构化和指导性的教学中应有更多的社会性互动，要监控学生思维的进展，以多种适宜的方式推动思维前进。

学习科学贡献于教育实践变革的另一个途径是提供案例和资源供实践者参考和使用。在教师培训中我们常常发现，教师偏爱案例的分析和分享。从学习科学的视角看，案例可以将理论和方法情境化地内置于他们自身经验可以感受的实体形式之中，而资源为教师提供了变革行动的直接支持。教师通过参透案例、模仿案例、重构实践，乃至形成自己的创新案例并与他人分享，成为学习科学知识的应用者、共创者。

郑太年：不仅如此，学习科学还可以提供理解实践经验和分析教育实践问题的基础。在实践中，有很多优秀的教师，他们会很好的教学方法，能有效提高学生的学习兴趣，取得良好的学习效果，但是这些方法常常源于教师的经验和直觉，因而不易被分析、归纳和分享。同样地，教育实践中也会存在一些问题，人人知道，却不知如何分析和处理。学习科学的研究可以提供一些分析的框架和工具。比如，关于概念转变的研究有助于我们理解为什么有的课堂上学生能发展出正确的科学概念，而在另外的课堂上，学生只是在记忆的层次上知晓一个概念。

三、要重点推进基于学习科学的教育教学创新和变革

任友群：还有一点我们也必须关注，就是新情境中新的教育教学问题。我们的社会变化迅速，社会经济文化的复杂性高，因此，我们的研究工作应该求实求新，为教育教学问题的解决、为教育教学实践的创新提供源源不断的动力。

作为研究者，我们要想对教育教学实践的变革与创新产生更大的影响作用，就要从多个方面去考虑。比如，对于已有的研究和已有的理论主张，我们要进一步分析其实践的具体方式，开发资源和案例；进一步建立以学习科学为基础的教育教学实验基地，形成自己品牌性的案例学校和案例实践。另一项可能的工作，是从学习科学的视角去分析有效的教育教学实践，分析这些实践从哪些方面为学生的学习构建了支持性的环境。

罗陆慧英：香港大学也非常注重推进基于学习科学的教育教学创新，我们已经形成了几个关键机制：第一，在多种教育场景中实施基于学习理论的教学创新，与学校和教师建立伙伴关系，通过设计研究改进学习与教育的理论和实践。我们的许多设计研究都是以专业学习和领导力发展网络的形式开展的，包括与国际网络的关联。第二，开展对创新项目（如信息技术推动的教学创新）以及本地和国际比较背景下整个教育系统发展（如阅读素养、信息素养、数学及科学的学业成就）的评价研究。第三，创办政策对话、论坛和知识交流活动，比如开设面向教育实践者、学校领导和决策者的专门会议、工作坊和课程等。

裴新宁：我们在讨论以学习科学研究推动教育教学变革的时候也不能忽略神经科学领域的研究，这个领域的研究致力于揭示学习的生理基础。"创建脑与教育的连接"已成为当今国际最为活跃的研究领域之一，从脑科学来解释学习与教学中的问题也日渐成为教育者的热望。

目前社会上存在着许多关于思维及大脑的错误认识，表现之一就是"神经神话"，指在教育以及其他领域中因对脑科学研究成果的误解、误读或误引而产生的误识。我们发现，流行于西方国家的"神经神话"在我国东部沿海地区中小学教师群体中也普遍存在。比如，238名抽样教师中，97％的教师认为"学生以他们喜欢的学习风格（如视觉型、听觉型、动觉型）接受信息的时候，会学得更好"，84％的教师认为"经常做短时的协调性练习可以提高左右大脑半球功能的整合"；71％的教师认为"优势半球（左脑、右脑）的差异有助于解释学习者的个体差异"。然而，神经科学领域的研究并没有为这些观念的适当性提供充分

的科学证据。导致"神经神话"流传的原因除了一些传统文化因素之外，还包括在传播过程中对脑科学研究结果过于简化的解读或过度推论、对专业术语内涵的日常化理解，以及对研究表象的渲染及附加情感因素的宣传等。从这一结果看，有必要将脑科学成果正确地纳入教师发展项目，成为教师专业知识的组成部分。

克服"神经神话"，还要重视发展教师对待脑科学成果的批判性态度。同时，实现脑科学与教育的有效连接，建设多领域、多层次、多样式的对话机制。神经科学研究者，教育研究者、决策者和实践者，媒介研究和工作者等都要参与进来，并将这种对话作为专业责任。

任友群：这提示我们在学习科学研究和实践推动中要关注另外一个方面，即教师对于学习这一主题及相关领域的先前概念。从学习科学本身的视角看，我们在探讨实践推动的时候，首先要推动教师关于学习的概念转变。我们要研究我们自己的情境、我们的教师、我们的学生、我们的社会，也要努力地诠释学习科学的研究成果，努力地开发支持性的实践方案、技术和工具、资源和案例，为教师的"概念转变"和基于学习科学的教育教学专长发展提供全方位、多层次的支持。

45

中美优秀教师教学理念及行为比较 *

孙亚玲　莱斯莉·格兰特　徐娴轩　詹姆斯·斯特朗

一、研究方法

本研究建立在斯特朗(Stronge)和孙亚玲的有效教师素质理论之上,这些理论框架对有效教师的素质和行为作出了高度概括。本研究试图在此基础上,立足于多种教学情境,通过对中美两国优秀教师的个案进行跨文化研究来解释有效教师的素质。

1. 样本的选择

本研究要对中美两国的优秀教师进行比较,所选样本在各自的国家要具有代表性。因此,本研究首先要确定如何界定优秀,其次是怎样才能找到这些优秀教师。根据斯特朗的理论框架,参照其他研究者的优秀教师标准,本研究将受过各自国家或国际组织表彰与奖励的教师定义为优秀教师,例如,中国获得教育部颁发的"全国优秀教师奖"的教师,美国获得密尔肯教师奖(Milken National Award)、迪士尼教师奖(Disney Teacher Award)和入选国家杰出教师名录(National Teachers Hall of Fame)的教师。这就是本研究对优秀

＊ 原文发表于《教育科学研究》2015 年第 2 期。

教师所下的操作性定义。

对优秀教师所下的这个定义并不十分完善。毫无疑问,还有很多优秀的、值得表彰与奖励的教师并没有获得表彰与奖励。但当我们考察了中美优秀教师的选拔标准后,我们认为这些奖项的甄选过程是严谨的,这些教师在课堂教学方面都是"优秀"的。还有,当我们问这些优秀教师他们认为自己被选中的原因时,他们的回答集中在三个方面:(1)与学生和同事的关系密切,全身心地投入教学;(2)教学成绩突出,尤其是学生的成绩突出;(3)谦虚。表45.1呈现的是教师的部分回答。

表45.1　优秀教师对自己获得表彰原因的解释

受表彰原因	中国教师的回答	美国教师的回答
好的人际关系/献身精神	因为我的学生喜欢我的教学,这就是我获得表彰的原因。我的同事们也认可我……我认为良好的人际关系对我获得表彰起了作用。我总是和我的学生保持良好的关系,我的学生喜欢在课堂上说出他们的需要,这让我在学生以及同事中有很好的声誉	我想说是因为我的热情。我爱我的学生,我喜欢学校,我喜欢与我的同事一道工作。我很有创造性,无论我在课堂上做什么,我的领导都非常支持我。几年前,一位家长跑来告诉我说他们要求我做他们五年级孩子的老师。他说:"你知道吗? 邻居们都在谈论你。"我很欣喜:"哦,我的天哪,他们在邻居之间谈论我!"
学生的学习成绩	我的学生的考试成绩在学区排名很靠前。我还是年级主任、班主任。我所带的班在学区获得过5次奖励,我的一名学生在2007年获得"全国十佳科技少年"称号	我对这个工作充满热情和献身精神。我的校长说我是一个追求极致的人,我申请研究课题,我喜欢尝试新东西。在我的脑海中,我始终在问自己一个问题"我还能做些什么以便进一步改进"
谦虚	我能受到表彰是机遇。我们有很多教师和我一样或者做得比我还好。我之所以被选上纯属机遇	全美教师荣誉殿堂——噢,天哪。很难说清楚为什么,我告诉你因为……你知道我获得了荣誉认可,可是你也知道有那么多的优秀教师,他们也应该获得荣誉认可,所以,我感觉很不安

本研究采用目的性抽样从中美数以千计的获得表彰的教师中选择研究个案,确保样本在教龄、所教年级、学科、区域、性别等方面具有代表性。最终,13位美国教师、12位中国教师成为本研究的研究样本。

2. 资料的收集

本研究采用标准化的观察量表和半结构式的访谈,以便理解这些获得国家表彰的优秀教师的教学理念和行为。每个样本由两名研究者同时对其进行一整天的观察，至少观察两节课，并对其进行半结构式访谈，查看其教案或者进行其他一些有关的非正式的观察和交流。本研究主要反映正式的课堂观察与访谈结果。

本研究使用"差异性课堂观察量表"收集观察资料。这个工具使观察者能够记录下课堂上每5分钟内发生的几组数据：教师使用的教学策略（活动）、学生的参与度、教学活动的主导者（教师或者学生）、认知水平。

为了方便记录，与这个观察量表一同使用的还有一套编码符号。由于教学活动的种类不计其数，本研究首先对此进行了理论归纳，区分出主要的26种教学活动，然后对每一种教学活动都下了操作性定义并编码。比如，"讲授"用符号"L"编码，"提问"用符号"Q"编码。那些无法纳入这26种教学活动的活动统统归入"其他"，这样实际上就有27种教学活动，也就有27个编码。

学生的参与度是在事先定好的时间点记录学生参与教学活动人数的百分比，即在规定时间段内学生投入课堂学习活动的人数比例。这种方法的不足之处是观察者可能难以判断一个学生是否真正"参与"到某个活动中。有时候，学生看上去似乎在参与，眼睛看着教师，好像还在写着什么，但实际上他也许走神了，或者是在写着与课堂学习无关的东西。要解决这个问题，就要用不同的标准，包括认知（比如学生是否努力获得信息）、行为（比如参加课堂活动或者坚持学习的时间长短）及情感（即学生对学习某一个学习内容或参与某个活动的态度）。每一个指标都能够帮助我们判断学生是否真正参与。将行为指标或所花时间的多少作为判断学生是否参与的指标，与学生的学习成绩相关联，这一点在很多人的研究中都有提及。除此之外，行为指标还可以通过直接的观察获得。

对教学活动的主导者也每5分钟进行一次总的观察记录，主要是看课堂活动由教师还是学生发起和控制。

对每5分钟的教学活动的认知水平作出评估，我们主要采用2001年布鲁姆教育目标分类学认知领域的修订版进行评估。修订后的6个认知层次分别为：知识、理解、应用、分析、评价、创造。

整个课堂的数据就是以这样的方法收集的。这个观察量表是由波尔州立大学的研究者开发的，其原意是用来了解教师在教资优学生时的差异性教学程度。然而，研究者发现这个观察工具适用于观察任何学习程度学生的课堂教学活动。为了保证内部信度，在实施观察之前，观察者们聚集到一起讨论每一个细节，形成统一的观察程序和判断尺度。

半结构式访谈的问题主要基于斯特朗的六类教师素质框架和孙亚玲的研究，外加几个要求教师反思其教学实践的问题以及他们对自己获得表彰的看法。访谈问题设计的目的在于引导被访者反思其实践,探讨教学专业的主观经验。每次访谈大约45~90分钟,根据被访者的反应而定。本研究对访谈过程进行录音并且逐字逐句抄录,然后作归纳分析,提炼主题。

3. 数据分析

用描述统计的方法对课堂观察得到的数据进行分析,主要描述中美优秀教师相同和不同的有效教学方法。访谈资料主要用质化的方法分析,归纳出一些在量化上尚不明显的特征。同时,在定性分析的过程中不断地将中美优秀教师作比较,在比较中浮现出主题:在材料中区分相同与不同、编码、分类。为了达到观察(评判)者之间的一致性,对于两国之间概念的差异性,研究者们一起讨论,直到达成统一的认识。

二、观察与访谈结果

1. 观察结果

使用"差异性课堂观察量表"进行观察,反映课堂教学活动的数量和质量、学生的参与度、教学活动的主导者。表45.2呈现了每一节课观察数据的平均数和百分比。没有呈现标准差是因为样本太小没有意义。

表45.2　课堂观察结果

观察指标	中国教师	美国教师
每节课观察到的平均教学活动数	9.50	9.30
每5分钟观察到的平均课堂活动数	4.45	3.65
学生参与度	2.85	2.69
教师主导 vs.学生主导	1.46	1.70

教学活动的数量。每隔5分钟将所有教学活动以编码的形式记录下来。如表45.2所示,中国优秀教师每节课平均有9.5个不同的教学活动,美国优秀教师有9.3个不同的教

学活动。

学生参与度。为了记录学生的参与情况,观察者在每 5 分钟的 4 分 30 秒时用眼扫描教室并且很快在(1)低、(2)中、(3)高三个选项中作出标记,而选择低、中还是高则根据事先拟定好的操作性定义。无论是中国教师还是美国教师的课堂,如表 45.2 所示,学生的参与度相对都较高。中国学生的参与度平均为 2.85,美国学生的参与度平均为 2.69。

教学活动的主导者。观察者根据连续性量表对整个课堂上的教学活动作出判断。(1)代表整个教学活动都由教师主导,(5)代表整个教学活动都由学生主导,(2)(3)(4)介于其中。从表 2 我们可以看出,无论是中国课堂还是美国课堂,大多数教学活动都由教师主导。中国教师的平均分为 1.46,美国教师的平均分为 1.70。

教学活动的认知水平。除了以上分析的内容以外,研究者还分析了每 5 分钟之内所有教学活动的认知层次。具体来讲,在每 5 分钟的观察期内,观察者运用布鲁姆教育目标分类框架修订的六个认知水平层次进行观察,判断每一个教学活动在六个认知层次上是(1)不明显,(2)明显,还是(3)很明显。表 45.3 是中美优秀教师在每个认知水平层次上的平均表现。知识、理解、应用和分析在中美优秀教师的教学活动中都表现为"明显"和"很明显"的程度,但评价和创造却处于明显和不明显之间,这说明在某些情况下,学生的参与属于高级思维水平,只是没有连续性,但至少不是一直在低水平认知层次上。值得注意的是,中美优秀教师课堂教学活动中显示最多的认知层次都是理解。

表 45.3　中美优秀教师教学活动的平均认知层次

认知水平	中国教师	美国教师
知识	2.28	2.45
理解	2.70	2.50
应用	2.27	2.44
分析	2.22	2.21
评价	1.33	1.64
创造	1.27	1.43

教学活动的类型。表 45.4 反映的是中美优秀教师使用最多的教学活动以及使用某一种教学活动的教师百分比和这种教学活动在所有观察片断中出现的百分比。这一数据可以用来分析在所有 5 分钟观察片断中教师平均使用的教学活动。中国教师使用最多的教学活动是讲授、讲授带讨论、提问、学生应答以及学生独立学习。相对而言,美国教师也

使用这些方法,但比中国教师程度低。最为明显的是,中国教师在 82% 的观察时间中都使用讲授,而美国教师使用讲授的方法只占观察时间的 17%。除此之外,12 名中国教师(100%)都使用讲授的方法,而 13 名美国教师中只有 7 名(54%)教师使用了讲授法。从教师使用讲授法的百分比来看,中国教师使用讲授法的频率远远高于美国教师。中美教师使用提问和学生应答方法的频率基本相同。

表 45.4　中美教师使用最多的教学活动比较

教学活动	中国教师		美国教师	
	教师百分比（%）	占总观察片断的百分比（%）	教师百分比（%）	占总观察片断的百分比（%）
提问	100	84	100	62
学生应答	100	83	100	64
讲授	100	82	54	17
讲授带讨论	100	62	46	11
教师与学生个体互动	50	8	69	24
教师与学生小组互动	25	4	62	24
教师示范	50	7	69	17
教师运用现代技术	58	40	46	17
学生独立学习	83	29	54	16

此外,中美优秀教师都使用师生互动的方法,只是使用的途径不同。在所有的观察片断中,美国教师使用频率最多的教学方法是提问、学生应答、教师与学生个体和小组之间的互动、教师示范和讲授。中国教师与学生之间的互动主要是在教师和全班学生之间,而美国教师与学生的互动主要是在学生个体和学生小组之间。另一个差别是,中国优秀教师在课堂上使用多媒体等技术的频率略微高于美国优秀教师,这出乎研究者的预料,但是,中国教师的多媒体应用大多是附加在讲授上,为呈现教学内容和讲授服务的。

2. 访谈结果

对中美优秀教师的访谈内容非常丰富,总括起来可以归纳为四大类、八个方面的主题思想,每个类型和主题思想都有更详细的内容。四种类型和主要主题见表 45.5。

表 45.5　访谈结果的主要类型与主题思想

类型	主题思想
教育目的与社会地位	明确教育目的
	意识到教育之外更大的系统及其对教育的影响
教学中的思维习惯及教学实践	根据课程标准、课本和学生的学习需要来备课
	具有丰富的教与学的知识与实践技能
	扎实的学科知识以及具体的教学方法
	区分及关注群体与个体的差异
	建立和维护一个安全、有趣、富有挑战的学习氛围
专业发展	个体的成长与专业发展相结合
	经常自我反思
关系	与学生、家长以及同事保持良好关系

受篇幅所限，本文只讨论四种类型中的"教学中的思维习惯和教学实践"。这一类型也是教师访谈回应中内容最多的部分。其中，涉及最多的是"具有丰富的教与学的知识与实践技能"，其次是强调教学差异性实践和特定的学科知识及其具体的教学方法。与有效教师的素质相联系，这些素质包括设计与组织的能力、有效地实施教学、通过评价监督学生、把评价作为教学的一部分。

在"具有丰富的教与学知识与实践技能"这一大的主题下又有三个分主题。首先，教师们都强调了教学设计的重要性，并明确教学设计要与评估相联系。其次，教师们都谈到在教学设计和实施过程中要关注学生的多样性和灵活性的问题。最后，教师非常注重课堂环境和现实条件下的学生参与。

（1）重视教学设计

每一位中美优秀教师都谈到了他们的教学设计的细节。大多数教师都说，他们在教学设计时首先做的事是深入研究课程标准，同时使教学设计更适应学生的需求。中美优秀教师似乎都认为学生的有效学习需要一套循序渐进的、连贯的学习目标。他们参照国家或者州以及学区的课程标准以便更加完整地覆盖所教学科的总的目标和内容。另外，他们都认为自己有责任清楚地界定每一节课的预期结果，描述出学生在学完一节课后能够表现出来的具体行为。比如，中国教师说：

"我会问自己我的目的是什么？我想要达到什么样的目标？我怎样才能达到我的目标？我还经常这样问自己：我想要澄清哪些问题？学生会有什么样的困难？我怎样组织

我的教学活动？"

美国教师说：

"我有一些比较粗放的想法……有很多单元都需要完成,比如四年级有一个有关建筑的单元,但我们可以自己决定怎么教。课程编制者们希望我们将其与五年级的桥梁建筑单元联系起来,所以,我的五年级学生们正在学习如何建筑桥梁。"

在决定教什么这个问题上,这些优秀教师说,他们常常将规定的课程内容分解,在脑海中筹划一个大的蓝图,并不断地形成、再形成。大多数优秀教师都说,因为他们教授同一个年级或同一个内容的时间长了,他们一直在经历一个设计——反思——精炼的过程。他们不再写每一节课详细的、格式化的教案,而是将多年来的教案整合,在脑海中设计教学过程,将以前熟悉的教学方法与当前的课堂和情境联系起来。举个例子,有一位美国教师说：

"如果我教新的内容……我就会非常详细地设计每一节课,几乎逐字逐句地撰写教案,预先设计我要这样说、这样说……我非常注重细节。在我做了两年后,我心里就知道什么问题是恰当的,我还需要做些什么样的拓展,以后,我的每节课的设计就不是那么详尽了。"

同样,中国教师说：

"设计并不是那么详细。但是,我有目标、重点、学生可能遇到的困难,还有教学的大体过程。"

（2）重视教学设计与实施的差异性和灵活性

优秀教师在教学过程中并不单纯地依赖教案,他们的教案并不是一成不变的,而是根据学生的需求不断修改。在这一点上美国教师比中国教师更愿意变通。课堂充满了变数,随时都在变化。相应地,这些优秀教师倾向于运用灵活多变的教学方法和恰当的教学资源最大限度地促进学生的学习。好几位美国教师表示,随着他们的教学经验的积累,他们能够随心所欲地通过不同的途径和方法教授同一个内容,而不是固守最初的计划。由于这些教师具有变通的自信,他们才能做到这一点。一位美国教师说：

"我试图保证自己有一个线性的规划,这样我就可以通过每一天的课堂教学一点一滴地进步。但同时,当课堂上发生预料之外的事情时,我也试图利用这样的机会,既灵活又有结构。"

美国教师经常提到他们在教学设计阶段就在心里进行评估。这些优秀教师在教学设计中利用正式的和非正式的评估材料。有几个教师说他们经常性地使用评估,有意识地将评估和教学目标联系起来,这种方法已经成为他们经过仔细打磨并经历时间考验的特别技能领域。一位美国教师说：

"最近,我越来越对逆向设计感兴趣……某种程度上说。在过去的两年中,我开始阅读并思考《重视理解的课程》这本书,我强迫自己改变以往的教学设计。我一直喜欢设计——这是我最喜欢的教学部分。现在我发现,设计得越好,课堂教学才能更好,因此,现在我总是先设计评估。"

相反,中国的优秀教师趋向于事先预测学生在学习新内容过程中可能遇到的问题和困难,考虑学生的思维特点以评价其教学设计的可行性并对其设计进行及时调整。所有的中国教师都提到要站在学生的角度看问题,预设他们在学习新的内容时可能碰到的问题,并根据这些问题设计教学。有位中国教师说:

"我的目的或目标是什么? 我可能遇到哪些问题和困难? 学生会问什么样的问题? 这些我都会作个预测。考虑到学生的先前知识和基础,我应该用什么样的教学方法?"

(3) 重视各种教学方法的选择和学生的参与

访谈中反映出的另一个问题是有关学科知识以及如何根据学科知识选择具体的教学方法。大约 80% 的教师具体地谈到他们如何把学科知识与教学策略融合在一起,如何组织、表征某些特别的话题、例题或者问题以适应学生多样化的兴趣和能力。关于这一点,中美教师都谈到使用多种教学方法和策略使学生参与学习的重要性。除此之外,这些优秀教师直接阐述了他们对满足特定学生或学生团体需要的理解,以及他们针对学生的差异性而设计和使用不同类型的教学方法。教师还谈到了解具体学生个性的重要性,这包括学生的学习偏好、学习方式,使不同学生学得最好的进度和形式,学生每天、每年带到课堂上来的背景知识等。一位美国教师反思道:

"我试图——不一定是针对特定的学习方式——认可每个孩子的优势。我不教他们所擅长的,而是帮助他们掌握一些其他的学习方式,使其他的学习方式也成为他们的强项。这样做的原因是到了中学,他们需要运用多种学习方式。但是因为并不是所有的孩子生来就掌握这些学习方法,因此,我试图弥补这一点。我试图尽可能地以学生为中心,使各种学习方式与孩子们的日常生活有所关联。"

相应地,一位中国教师说:

"我会根据学生的需要给予不同的学生特殊的尊重和不同帮助。对那些学习比较慢的学生,我会多教一遍,多花一些时间,在课堂上多给他们一些表达的机会,或者给他们布置不同的作业。对于那些学得比较快的学生,我会根据他们的优势提出更有挑战性的要求。"

虽然大多数的中国教师都报告说他们使用多种教学方法和策略教学,但观察结果显示,中国教师在课堂上使用最多的教学方法是讲授,而且有过度使用的现象(见表 45.4)。造成中国教师自我陈述与被观察事实之间存在差异的原因可能有三方面。其中之一是,讲授法是效率最高的方法,在有限的时间内能够教授最多的内容。另一个原因可能是各种考试压力造成的。有些中国教师承认,面对不断分化的挑战,很难在一个人数众多的班级有效地满足每个个体的需要,要在有限的时间内有效地满足学生的不同需要还有很多障碍。最后,所观察的中国的班额比美国的班额要大得多。中国的班级一般有 50 至 70 人,而所观察的美国教师的班级最多只有 25 人。有些中国教师说:

"因为考试,我们要教的内容很多,我没有更多的时间让学生讨论。我花费更多的时间以便跟上进度。"

"你不能使用刻板的方法,你要根据学生的个性使用不同的方法,使用真实的例子。但是,有时候由于考试指挥棒,我不能使用在我看来最好的方法。"

"我认为在课堂上考虑学生的差异性很难。我的班上有 50 多名学生,他们之间的差异实在是太大了。"

谈到教师在课堂使用的教学策略时,美国教师强调他们会根据具体的学科内容为学生设计真实的学习情境和体验。比如,一位美国中学英语教师说她有一个习惯是"给学生看一个优秀的作家是如何运用素材,给他们举例说明这样做的重要性"。她表示,她努力做到既能使所学的语言技能得到应用,又能使模拟的情境具有真实的语境。这种对真实情境的重视正好与美国教师自己的学科知识相吻合,大多数美国教师将其看作工作中至关重要的一部分,并且是得到学生信任的关键。

(4) 重视教室环境与学生的参与

中美教师都讲述了他们是如何建立一个有利于学生参与、令人兴奋、能够增进学习、促进学生成长和发展的学习环境。他们说他们会建立一些交流沟通的规则,明确所期望的行为,监督学生的行为,促使学生全神贯注,在与学生的互动中运用幽默、玩笑、关照并尊重学生,以此营造一种有益于学生学习的气氛。他们还说,他们通过建模仔细地将学习经验与学生的发展水平匹配,以刺激学生的学习热情。总体上,他们的课堂充满着积极的气氛,能够使学生的认知、动机、情感和行为都得到积极的鼓励和发展。一位美国教师说道:

"我希望学生表扬我说,上我的课让他们的学习变得有趣,让他们的一天过得开心,而不是仅仅静坐在那里做不得不做的事情。他们还要能明确地说出他们开心的原因、他们为什么学习,以及学习带给他们的价值是什么。"

这些优秀教师还谈到他们的课堂环境充满支持和鼓励,安全同时又具有挑战性,还有充足的学术气氛。这些特征正好解释了在有益课堂环境下学生学习成功的原因。以下是教师对这一观点的一些陈述:

"有好多学生都对我说,'你使我想做得更好',这对于我来说是一件很酷的事。我使他们做他们原来想都不敢想的事,他们最终做得比想象得还好。他们不断地冲击他们的能力极限。不断地超越自我。"

"我想的是:我严格要求学生了吗? 我给他们提出挑战了吗? 因为我告诉学生们我在那栋楼里的工作就是让他们的大脑疼痛,因为如果你的大脑没有挣扎,那它就不能成长。"

三、研究结论

通过对这些优秀教师的观察与访谈,我们发现了中美优秀教师教学理念及行为的一些共同点和不同点。

1. 中美优秀教师的共同点

不同的教育制度孕育了各具特色的教学文化,中美两国尤其如此——两个国家有着巨大差异:历史、人口、政治制度以及社会经济状况都有极大的不同。教师的教学作为一种文化行为,在具体的文化环境中发生、受到更大社会环境的影响而演变。尽管如此,中美两国优秀教师的教学理念及行为仍然有一些共同的特点。

第一,优秀教师都能够根据学科内容和教育需要选择使用多种教学活动或教学策略。他们不固守刻板的行为,能够根据学生的需要以及课堂上的情境灵活、适时地选用和调整他们的教学方法和行为。他们既重视教学设计,重视预先的筹划,但又不囿于设计。

第二,中美两国的课堂都是教师主导课堂学习活动。尽管中美优秀教师在这一点上有细微的差别,但总体上都是教师主导课堂活动。教师主导不等于教师中心。从课堂上的提问、学生应答、教师与学生小组以及学生个体的互动、学生独立学习的比例来看,他们的课堂都不是教师中心,而是教师主导。

第三,学生参与度高。正因为这些优秀教师正确地主导了课堂教学,有效地引导了学生的学习,因此,在这些优秀教师的课堂上,学生的学习参与度很高。这是保证学生学习的有效条件,只有这样,课堂教学质量才能提高。也正是因为有这一点,这些教师才有机会被选为优秀教师。

第四,这些教师在各方面都表现得很专业。无论是在学科知识还是在教学设计、教学方法、教学评估、课堂组织与管理及教学反思等方面,他们都具有很高的专业自觉。他们的行为更多的不是外部压力所致,而是他们自我的专业追求和超越。他们能够预测学生的困难,根据课堂情境及时调整教学进程,最大限度地使学习活动有意义;他们想方设法创造最佳的学习环境;他们会自觉地规划自己的专业发展进程,不断学习新东西。

2. 中美优秀教师的差异

虽然本研究的观察与访谈显示中美优秀教师在课堂实践中有很多共同点,但在具体的教学中他们还是有一些差异。

第一,中美优秀教师在教学活动或策略选择上有差异。中国教师使用最多的教学活动是讲授、讲授加讨论、提问、学生应答以及学生独立学习。美国教师使用最多的教学活动是提问、学生应答、教师与学生个体及小组的互动、程序建模以及讲授。要解释这些差异以及这些差异对各自国家教师有效教学实践的影响,除了要考察两国的文化传统外,可能还需要作更深入的研究。进一步需要回答的问题是:有效教学是否存在文化上、制度上的差异? 在中国,过多的全班性直接教学或讲授的方法与西方关于有效教学的主流思想似乎格格不入。

第二,中美优秀教师教学设计考虑的侧重点不同。中美教师都强调教学设计要以课程标准为依据,但美国教师更强调在教学设计阶段就考虑到学生学习结果的评估,中国教师则更多地谈到他们对学生学习困难的预测、对课堂纪律和教室控制的要求,很少考虑到对学生学习结果的评估。

第三,中美优秀教师在对待学生的差异上有所区别。中国教师由于班级学生过多和考试压力过大很难照顾学生的差异。中国教师说,他们要教授的内容很多而时间相对不够。本研究的观察证实了这一点,他们的教学活动更多的是全班性集体教学。相比较而言,美国教师则更喜欢使用那些能使他们与学生个体和学生小组互动的教学活动,他们更能够照顾到学生间的个别差异。

第四,中美优秀教师在将教学与真实生活情境联系上有差别。在访谈中,美国教师更多地强调他们是如何让学生在真实的学习体验中学习某一个具体的学科领域。然而,没有一个中国教师谈到这一点。这一发现证实了此前的一项研究发现,即美国教师认为他们的主要任务是教会学生在真实世界中解决真实问题,相信在真实生活情境中教授学科知识,将其明确地建模是一种重要的教学策略。而中国教师似乎也强调教学生运用各种学习方法和将所学知识迁移到真实世界的能力,但是,他们几乎不在自己的教学中具体建模,他们给学生创设的情境大都是结构化的、脱离真实世界的。

综上,尽管教师效能的表现各不相同,大量有说服力的研究都支持教师效能是有效教学的主要因素的观点。然而,对于教育政策和实践来说,更为有用的是揭示有效教师身上所具备的优秀品质,从而在教师教育和教师培训中将其凸显出来。本研究揭示出来的体现在中美优秀教师身上的相同或不同的特点与存放于行政管理系统档案中的教师背景信息不同,我们不是用学历、教龄、职称等资格来描绘教师的有效性,而是通过实证的观察与访谈数据、事实来描绘有效教师的形象。尽管本研究样本较小,课堂观察的时间也很有限,我们还不能确切地定义有效教师,但是,我们相信,本研究使用的方法和研究发现对于我们理解有效教师是有帮助的。

参考文献

[1] Anderson L, Krathwohl D. Taxonomy of Learning, Teaching and Assessing: A Revision of Bloom's Taxonomy of Educational Objectives [M]. New York:Longman, 2001.

[2] Cassady J C, Speirs Neumeister K L, Adams C M, et al. The Differentiated Classroom Observation Scale [J]. Roeper Review, 2004,26(3): 139 - 147.

[3] Crossley M, Waston K. Comparative and International Research in Education: Globalization, Context, and Difference [M]. New York: Routledge Falmer, 2003.

[4] Palardy G J, Rumberger R W. Teacher Effectiveness in First Grade: The Importance of Background Qualifications, Attitudes, and Instructional Practices for Student Learning [J]. Educational Evaluation and Policy Analysis, 2008,30(2):111 - 140.

[5] Sargent T C. Institutionalizing Educational Ideologies: Curriculum Reform and the Transformation of Teaching Practice in Rural China [D]. Unpublished Doctoral Dissertation, University of Pennsylvania, Philadelphia, 2006.

[6] Stronge J H. Qualities of Effective Teachers (2nd ed.) [M]. Alexandria, VA: Association for Supervision and Curriculum Development, 2007.

［7］Strong J H. Teacher Effectiveness＝Student Achievement: What the Research Says ［M］. Larchmont, NY: Eye on Education, 2010.

［8］Strong J H, Ward T J, Tucker P D, Grant L W. What Makes Good Teachers Good? A Cross-case Analysis of the Connection Between Teacher Effectiveness and Student Achievement ［J］. Journal of Teacher Education, 2011,64(2):339－355.

［9］孙亚玲.课堂教学有效性标准研究[M].北京:教育科学出版社,2008.

46

基于情境实践模式的高校新教师教学技能培养研究 *

丁 炜

　　刚入职的高校新教师一般具有良好的专业知识素养，但是教学技能欠佳。探索高校新教师教学技能培养的科学路径，是提升高等教育课程与教学质量的关键。我们从 2013 年起接受政府委托，尝试构建高校新教师教学技能培养的"情境实践模式"（situational practice model，下文简称 SPM），并基于 SPM 开展上海市市属高校新教师教学技能培养。SPM 指依托一定的培训机构，以认知学徒制为理论基础，以情境中的教学实践为主要方式，以专家支持为主要支撑条件，以高校新教师教学技能提高为主要目的的培养模式，适用于高教师新教师的集中培训，或者集中与分散相结合的培训。

一、SPM 的理论基础：认知学徒制

　　认知学徒制是情境实践模式构建的理论基础。20 世纪末兴起的认知学徒制，是伴随认知科学发展与情境学习理论兴盛而涌现的重要教学理论，代表人物为布朗、柯林斯等人。认知学徒制主要关注如何通过参与真实的学习情境发展学习者的认知技能。

　　1989 年，柯林斯、布朗和纽曼发表《认知学徒制：教授阅读、写作和数学的技艺》一文，将传统学徒制的核心特征与现代学校教育结合，提出一种新的教学理论——认知学徒制。

＊　原文发表于《教师教育研究》2019 年第 5 期。

"认知学徒制"理论一经发表,就引发了广泛的关注,一些学者将其视为"最能体现情境学习的信条"。认知学徒制理论揭示了创建理想学习环境的四个要素,即内容、方法、顺序和社会性。[1]

1. 内容:两类知识并重

认知学徒制理论的核心是促进学习者在置身知识运用的真实或逼真情境中习得知识与技能,这些需要习得的知识与技能就是"内容"。内容包括两个方面:一个方面是相对静态的领域知识,即某个领域的概念、事实或程序,以课本或其他媒介为呈现载体;另一个方面是相对动态的策略知识,包括有助于学习者完成学习任务或解决问题的启发性策略、有助于学习者监控问题解决过程的元认知策略、有助于学习者更好地学习领域知识的学习策略等。

2. 方法:指向有效地教与学

教的方法包括示范、指导与搭建支架。示范指教师亲自执行任务,让学习者观察;指导主要指学习者执行任务时教师的观察与辅导;搭建支架指教师提供多个方面的支持,以帮助学习者解决困难时"跳一跳摘桃子"。学的方法包括探究、反思和清晰表达。探究指学习者要自己提出问题和解决问题;反思指学习者将自己的任务学习过程与问题解决过程与他人作比较,对学习的状况与问题作出自我评估;清晰表达指学习者将习得的知识、策略与思维过程用清晰的语言表述出来。

3. 顺序:决定学习成败的关键

学习的顺序在某种程度上决定了学习的成败。学习的顺序需要考虑整体与部分、简单与复杂、单一与多样之间的关系。认知学徒制主张:先学整体,再学部分;先完成简单任务,再完成复杂任务;先考虑单一情境中的学习,再扩展至多个情境中的学习。

4. 社会性:浸润于专家支持下的共同体

理想的学习环境具有社会性特质。社会性特质表现在以下方面:(1)任务情境是真实的,在社会生活中真实存在和真实发生的;(2)学习是合作完成的,多个学习者需要共同学习；(3)学习存在竞争，不同学习者的学习任务是相同的，是可以比较的；(4)学习是内部驱动的，对学习者个体具有实际意义，学习者可以自己设定目标去完成学习任务，解决真实问题；(5)学习在有专家介入的共同体内进行，可以获得专家的指导，可以观察专家，感受由专家参与的共同体文化。[2]

认知学徒制为有效培养高校新教师教学技能提供了新思路。学习教育学、心理学知识及其他专业知识，置身解决真实教学问题的情境，在专家支持的共同体中开展教学实践，探究问题解决策略及相关的反思策略，可以有效提升高校新教师的教学技能。

二、SPM 的三大特征与五个要素

1. SPM 的三大特征

（1）在问题解决实践中培养教学技能

从本质上看，教学技能是一种问题解决技能。学生已有的知识经验、情感态度决定了教学的初始状态，学生应掌握的知识、技能或需要形成的情感态度是教学的目标状态。教师运用自身的教学技能，根据学生的实际情况、课程要求、教材、教学环境、教学时间等，通过确定教学目标、表征教学目标，确定教学内容，选择教学方法，开展教学实践、反思教学实践等一系列行为引领学生由初始状态走向目标状态。这一过程就是发现问题、探索问题解决方法、执行问题解决，反思与评估问题解决成效的过程。问题解决过程具有很大的内隐性，如果单靠明确知识的授受，很难有效培养教师的教学技能，唯有亲历问题解决的过程，即亲历真实的教学实践，在"做"中运用领域知识、教育学知识与心理学知识，深化对知识与学习者的理解，探究有效促进学习者开展学习的教学步骤与教学策略，才能促进自身教学技能的提高。

（2）在真实情境中培养教学技能

真实的情境往往与现实生活一致。真实情境的重要价值在于：第一，真实情境是复杂的、结构不良的，可以培养新教师的高阶思维技能；第二，真实情境是根植于生活的，对新教师是有意义的，可以激发新教师的动机和潜能，促进高质量教学行为的发生和保持；第三，真实情境有利于可用知识的获得。去情境化的学习或生造情境中的学习，往往只能让人们获得"惰性知识"，即那种记住了但不会使用的知识。

（3）在专家参与的实践共同体中培养教学技能

当代的学习理论研究揭示了知识建构与技能发展的社会性。知识的建构与技能的发展并不是人脑独立活动的结果，而是人在一定的社会结构中的行动成果。建构主义学习理论认为，人的内部心理结构不能与外部行为，以及行为发生的社会情境相分离，学习通过社会结构中介的合作过程而发生。[3]实践共同体的本质特征是成员的异质性、意义的协商、身份的认同等。成员的异质性是意义协商得以发生、对话得以进行的重要基础。专家的参与使得实践共同体的异质性得以凸显。在专家参与的实践共同体中，高校新教师通过协商与对话，生成对于教育教学的新理解，建构教育教学的新策略，并以此促进自身教学技能的发展。

2. SPM 的五个要素

SPM 有五个基本要素（如图 46.1），即反思性实践、真实情境、专家资源、技术平台、认知工具。反思性实践是情境实践模式的核心。反思性实践置身于真实情境中，真实情境对反思性实践既是支持，又是限定。专家资源、技术平台和认知工具是反思性实践有效实现的关键条件。

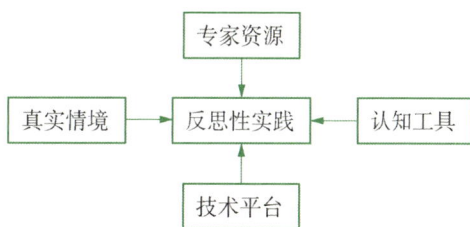

图 46.1　SPM 要素及其关系

（1）反思性实践

教学实践在很大程度上依赖于尝试、错误与直觉式的探究。优质的教学实践常常是比一般教师观察力更敏锐、更善于创造、更具有洞察力的教学实践者经验的产物。教师在教学实践中一方面依赖领域知识，另一方面则依靠与情境的相互作用来为自己的直觉提供策略知识依据，领域知识与策略知识蕴含在实践中。

反思性实践是高校新教师教学技能提升的主要途径。SPM 中的反思性实践，指高校新教师以两类人群为对象开展的教学实践，一类是参与集中培训的同伴学员，另一类是自己的专业学生。高校新教师教学实践中的反思包括显现、批判、重构、检验、总结等。

（2）真实情境

情境，又指场合，包含行为及其目的，角色及其结构、行为的背景等要素。教学情境指教学行为发生的场合，即教学任务及其目的，教师、学生及两者的关系，以及教学行为发生的背景。当教师与学生真实存在，教与学的关系真实存在，教学的任务及其目的真实存在时,教学情境就是一种真实情境。

SPM 着眼于依托一定的培训机构,对新教师教学技能开展集中与分散相结合的培训。培训机构在集中培训的过程帮助新教师与专家建立实践共同体,给予新教师反思性实践的机会,并强调实践置身于真实情境中。SPM 中的真实情境涉及两类:一类是集中培训阶段新教师以同伴学员为教学对象,自定教学内容的教学情境;另一类是分散培训阶段,新教师以专业学生为教学对象,教学专业课程的情境。第二类情境的真实性是显而易见的,第一类情境其实也是真实的。一个实践共同体内的新教师来自不同的学校、不同的专业,有着不同的知识基础和生活经验,因此就某一学科内容的教学而言,具有这一学科专业背景的新教师与他的同伴学员之间存在真实的师生关系,教学任务的实施也是真实的,通过参与学习,同伴成员在知识、技能等方面也有真实的成长。SPM 中两类真实情境的设置,不仅能够激发新教师的教学动机,而且让新教师在实践与比较不同对象、不同关系、不同内容的教学中体会教学策略,让新教师在完成复杂任务的过程中获得灵活可用的策略知识,促进自身教学技能的改进。

(3)专家资源

专家,指在某一行业内达到成熟状态的人,具有较高的专业技巧和全面的专业知识。教学专家指具有专家水平的教师。与新教师相比,教学专家能在更深的层次上揭示问题,能更有效地组织信息、更快地解决问题,并具有更好的自我监控技能。针对不同复杂程度的教学情境,教学专家会采取不同的处理方式,在处理课堂教学事件时,他们往往以直觉的方式立即作出反应。

心理学研究表明,参与性示范是提高新手问题解决技能的有效方法。参与性示范,指专家和新手共同参与完成任务,并且出声说明在完成任务的过程中自己的想法,新手需对照两者的思维过程,或者由专家对新手完成任务的过程进行点评,让新手寻找差距和有待改进的地方。[4]

专家是 SPM 的重要支持资源。专家参与实践共同体,对执教者的教学实践行为进行观察与指导,引导执教者探究并反思自己的教学,领导其同伴学员开展教学评议。SPM 中每个实践共同体都由新教师与多位指导专家组成。多位指导专家具有不同的专业背景,如教育学背景、心理学背景或其他专业学科背景,以便增强实践共同性的异质性,增加实践共同体内领域知识与策略知识的多样性。

(4)技术平台

技术平台是支持反思性实践与专家指导的数据支持系统,是依托多种信息技术手段、运用数字化方式服务于实践共同体实践与学习的支持平台。SPM 中的技术平台常用的是

网络化数字化微格教学系统,它具有如下功能:

第一,创设教学实践环境。网络化数字化微格教学系统提供真实的信息化教学环境与良好的教学设施,为新教师在实践共同体中实施教学活动提供了良好的支持。

第二,实现存储传输的数字化。网络化数字化微格教学系统能将教学实践环境的多种视听信息,包括教的信息、学的信息、媒体呈示的信息等转化为数字信号,并合成为流媒体文件,实现快捷方便的存储和传输。

第三,助力观察与反思。在实践共同体开展观察、反思与对话时,可以跨时空、不限次地调用网络化数字化的教学实践信息,为准确分析与诊断新教师教学技能状况提供有用的实证材料。

(5)认知工具

认知工具可以指内在于人的心理活动调节工具,如思维的方法与技巧,也可以指外化于人,以促进知识建构为目的的人造工具。乔纳森在《什么是认知工具》中将认知工具视为人类大脑的延伸,它们深入到个体大脑认知图式的建构层面,与人脑合作完成认知任务,促进知识的同化与顺应。[5]

SPM中的认知工具主要涉及两类:第一类,引导反思性实践发生的认知工具,如新教师学习手册等;第二类,促进反思的支架性认知工具,以教学行为检核表的形式呈现。新教师设计教学、反思自己的教学实践,以及观察他人的教学实践时都可以借助此类工具进行,以拓展反思的范围与深度。SPM中的支架性认知工具包括教学设计时可以使用的反思学情分析的认知工具、反思教学目标的认知工具,也包括教学实施时可以使用的反思课堂讲解的认知工具、反思课堂互动的认知工具、反思媒体呈现的认知工具、反思动机激发的认知工具等(见图46.2)。每一个支架性的认知工具,都分维度列出了反思检核条目,以促进反思的具体化、可视化、清晰化。如反思课堂讲解的认知工具,从语言、经验、逻辑、可视化、个性化等五个维度列出了检核条目(见图46.3)。

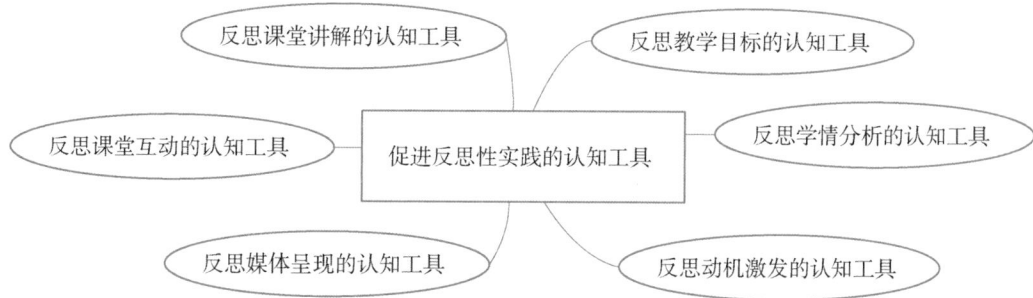

图 46.2　促进反思性实践的支架性认知工具

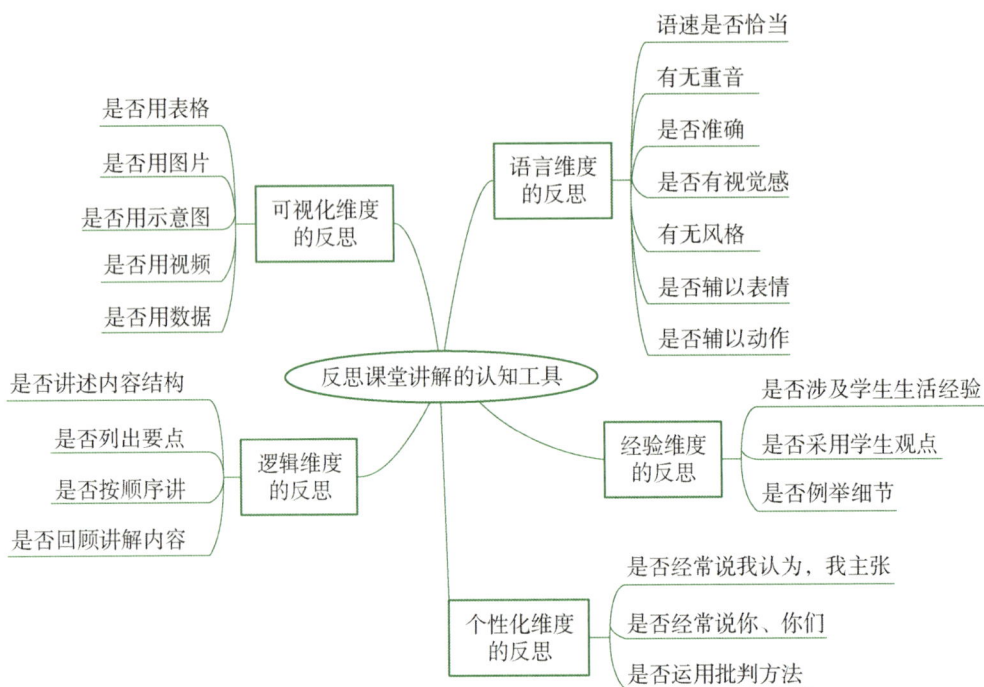

图46.3 反思课堂讲解的认知工具检核维度与整体架构图

三、基于SPM的上海市高校新教师教学技能培养实施策略

1. 嵌入新师入职培训

基于SPM的上海市高校新教师教学技能培养依托上海市高校新教师入职培训实施。该入职培训由上海师范大学主持,分视野博览、专业提升、技能精炼与素质养成四大模块。技能精炼模块主要用于培养高校新教师的教学技能,学时一般占入职培训总学时的三分之一左右,如2017年技能精炼共208学时,占全部培训600学时的34.7%。

2. 一个核心三个阶段

以"实践共同体内的反思性实践"为核心,基于SPM的上海市高校新教师教学技能培养分准备、实践与总结三个培养阶段(见图46.4)。准备阶段的主要目的是为实践共同体内的反思性实践做好准备,从条件性知识学习、反思性实践导学、技术平台操作学习等方面展开。条件性知识学习提供知识准备,反思性实践导学提供方法准备,技术平台操作学习提供技术准备(详见表46.1)。实践共同体的组建包括导师团队组建、学员小组组建,以及导师与学员的配对。10—15位来自不同高校专业相同或相近的新教师组成一个学习小组,配备2位指导教师,包括一位教育学导师,一位与学员专业相同或相似的导师。

表46.1 准备阶段的培养

	学习方式	学习内容	学习目标
条件性知识学习	讲座、自学、研讨	教育学与心理学理论;教学设计;媒体制作等	了解教育学与心理学知识,知道教学设计和媒体制作要点
反思性实践导学	讲座、研讨	课堂观察与教学反思;认知工具的运用	理解观察与反思性实践意义,知道反思性实践方法,明确反思性实践任务,掌握认知工具的使用
技术平台操作学习	讲座、操作演练	微格教学;微格教学系统使用	认识微格教学与微格教学系统,掌握课堂视频的摄录、上传、调阅与回看

实践阶段的培养活动可以概括为"2323",即2个环节、3次教学实践、2次评议指导、3次反思。2个环节,指集中实践环节与返岗实践环节。各环节的培养活动详见表46.2。

表46.2 实践阶段的培养

环节	教学实践	评议指导	教学反思
集中实践环节	2次,每次10分钟;以同伴学员为对象;同内容同情境教学,第二次是第一次的改进版;由微格教学系统摄录保存	1次;基于参与式观察和微格视频回看	2次;第一次反思着眼于重演教学行为,评估教学效果,发现教学问题,外化和重构教学策略与问题解决方案;第二次反思重点在于比较两次教学实践的异同,检验问题解决成效
返岗实践环节	1次,40分钟;以大学专业学生为对象;异情境教学;自行摄录	1次;基于回看视频	1次;反思重点在于思考不同情境的教学策略,即不同教学时间、不同教学内容、不同教学对象的教学策略的异同

实践共同体内的评议指导主要运用如下方法：(1)追问，引导执教新教师反思自己的实践过程；(2)发现，指出执教新教师教学的优势与问题；(3)建议，指出问题改进的方向与办法；(4)启发，引导开展头脑风暴，思考教学设计与实践的多元视角；(5)清晰化，引导对教学行为、策略与问题做出明确表述；(6)澄清，引导新教师们正确认识教学与其他问题；(7)评估，对新教师投身教学实践努力的程度作出评价；(8)鼓励，激励新教师以问题为起点，开展持续的更为深入的教学实践与观察研究。

总结阶段，新教师需回顾整个学习过程，书面总结得失，参与教学展示活动，并与其他实践共同体成员对话交流，在多元视角下进一步建构知识、发展技能。

3. 线上线下多元支持系统

基于 SPM 的高校新教师教学技能培养是系统工程，需要线上线下多元支持系统。除了导师团队、数字化微格教学系统外，我们编制了纸质版的高校新教师教学技能培养手册与高校新教师教学技能培养专刊提供线下支持，开发高校新教师教学技能培养 APP 与高校新教师教学技能培养 BLACKBOARD 交流平台提供线上支持。高校新教师教学技能培养手册从日程安排、导师介绍、学习目标与要求、学习日志记录、观察工具等多个方面支持培养的全过程；高校新教师教学技能培养专刊及时刊发学员的反思与心得；高校新教师教学技能培养 APP 实时跟踪培养动态，提供课程学习资料，以及高校名师与往届学员优秀视频；高校新教师教学技能培养 BLACKBOARD 交流平台主要提供线上讨论平台，导师和学员共同参与，可以随时随地进行跨时空交流指导。

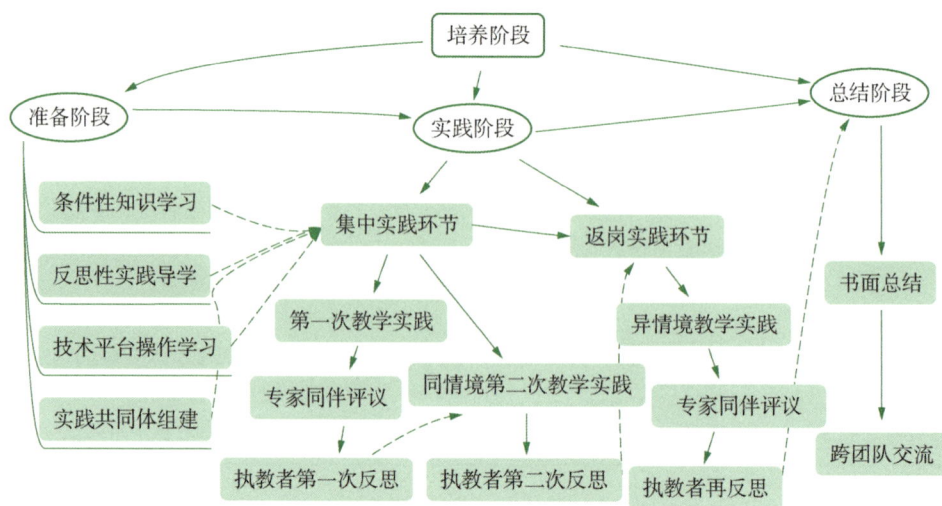

图 46.4　三个培养阶段

四、基于 SPM 的上海市高校新教师教学技能培养成效

2014 至 2018 年,由上海师范大学负责的上海市新教师入职培训项目运用 SPM,对来自华东政法大学、上海理工大学、上海海洋大学等 16 所高校的 866 名新教师(2014 年 187 名;2015 年 178 名;2016 年 162 名;2017 年 190 名;2018 年 149 名)实施了教学技能培养,取得了良好的成效。成效主要表现在以下三个方面。

1. 引发高校教师教学理念的更新和教学知识的增长

教学理念的更新和教学知识的增长是高校新教师教学技能提高的必要条件。在培养总结阶段的问卷调查中,超过八成的教师认为自己的教学观念得到了更新、教学知识得到了补充(见表 46.3)。

表 46.3 基于 SPM 的上海市高校新教师教学技能培养成效调研结果(一)

	2014(%)	2015(%)	2016(%)	2017(%)	2018(%)	均值(%)
教学观念得到更新	88.2	89.3	84.6	86.8	88.6	87.5
教学知识得以增长	90.3	88.8	82.1	86.3	87.9	87.1

我们对 5 年间在高校新教师教学技能培训专刊上发表的 104 篇培训反思与心得作了内容分析(见表 46.4),这些培训反思与心得的作者只有 4.8% 拥有教育学专业背景,95.2% 来自法律、语言、管理等其他专业。63.4% 的教师描述了他们对教学与教师的新认识。

表 46.4 基于 SPM 的上海市高校新教师教学技能培养成效调研结果(二)

	高校新教师的观点(括号为提及此观点的人数)
关于教学的本质	教学是教师与学生的互动、沟通与交流(14);教学是交际,是教师和学生思想、情感、信息的交流(2);教学是一门艺术(2)
关于有效教学	教学应传播知识,激发兴趣(15);教学应发展学生能力,让学生学会学习(10);教学应培养创造性思维(3);大学教学要有学术氛围(2);教学一定要有明确的价值导向(2);好的教学应精心打磨,磨出精品(2)

	高校新教师的观点(括号为提及此观点的人数)
关于教师	教师应拥有丰富的知识,并且对知识了解透彻(7);教师应在人格上影响学生(3);教师应有独特的思想(2);教师应有良好的形象,自信、优雅(2)

2. 促进高校新教师多项教学技能的提升

平均来看,有88.6%的新教师认为,基于SPM的高校新教师教学技能培养提高了他们的教学设计能力,也有86.9%与82.3%的新教师认为,他们的教学实施能力与教学评价能力在培养过程中得到了提升(见表46.5)。

表46.5　基于SPM的上海市高校新教师教学技能培养成效调研结果(三)

	2014(%)	2015(%)	2016(%)	2017(%)	2018(%)	均值(%)
提高了教学设计能力	91.4	90.4	84.0	87.9	89.3	88.6
提高了教学实施能力	88.8	88.2	82.7	86.3	88.6	86.9
提高了教学评价能力	82.4	81.5	81.5	82.1	83.9	82.3

在104篇新教师教学反思与心得中,72.1%的新教师反思了自身教学实践中存在的问题,74.0%的新教师提出技能运用的策略。从这些策略的表述来看,新教师已经很好地吸收了导师和同伴的建议,内化了认知工具,能用比较规范的教学语言表达自己的观点与想法,并愿意付诸实践(见表46.6)。

表46.6　基于SPM的上海市高校新教师教学技能培养成效调研结果(四)

	高校新教师的观点(括号内为提及此观点的人数)
教学语言运用	语言准确、简洁、严谨(8);声音洪亮,抑扬顿挫(5);语速不能过快(5);要有语言风格,使用九零后习惯的网络语言风格(3)
教态	改掉小动作(6);用眼光与学生交流(4);保持微笑(3)
教学设计	教学环节要有合理结构,要计算每一环节的时间(3);要有小结(3);
教学实施	要运用提问增加互动,提问目的明确,有启发性(9);根据学生表现控制课堂节奏(7);运用视频、图片、示意图、动画、引入新鲜事物、联系生活中的知识激发学生学习兴趣(6);多媒体突出重点,减少字数(5);总结简单的方法或窍门教给学生(3)
教学评价	及时评价(3);用思考题反馈教学效果(2);布置作业(2)

3. 增强高校新教师发展教学技能的意识，掌握发展的方法

基于 SPM 的高校新教师教学技能培养激活了教师对教学的兴趣和热爱，增强了他们发展教学技能的意识，97.1％的新教师在教学技能培养专刊上表达了发展教学技能、站稳三尺讲台的强烈愿望。虽然 55.7％的新教师第一次接触微格教学，但 94.2％的新教师认为微格教学是全方位、立体化的专业发展手段与方法，对发展教学技能是极其必要的，也是十分高效的。有的教师甚至将微格教学实践视为发展教学技能最为有力的手段，强烈要求增加教学实践的学时。70.2％的教师认为，指导教师将经验、教育理论与学科理论融为一体，给了他们实在又深刻的建议，纠正了他们原有的错误观念和想法。同伴学员的讨论评议得到了 62.5％的新教师的认可和欢迎，参加实践共同体，在相互观察、相互启发中取长补短、共同进步也是提高教学技能的有效方法。

实践证明，基于 SPM 的高校新教师教学技能培养是有意义的，也是富有成效的。但是我们对基于 SPM 的高校新教师教学技能培养实施过程的监控、评估的手段还不够多样，也缺乏对新教师教学技能发展的追踪研究。未来我们将加强过程监控和追踪调查，进一步修正和完善培养模式，推动高校新教师教学技能培养走向新阶段。

参考文献 ••

［1］Collins A, Brown J, Newman S E. Cognitive Apprenticeship: Teaching the Crafts of Reading, Writing, and Mathematics. In Resnick L B (ed.). Knowing, Learning, and Instruction: Essays in Honor of Robert Glaser ［M］. Hillsdale, NJ: Lawrence Erlbaum Associations, 1989:453 - 494.

［2］［3］高文等.学习科学的关键词［M］.上海:华东师范大学出版社,2009: 87,152.

［4］王小明.学习心理学［M］.北京:中国轻工业出版社,2009:247.

［5］Jonassen D H. What are Cognitive Tools? ［M］//Cognitive Tools for Learning. Berlin, Heidelberg: Springer Berlin Heidelberg, 1992:1 - 6.

47

什么知识最有价值：从常规专长到适应性专长 *

——知识社会背景下对知识价值与学习目标的反思

王 美

一、导言

在迅猛发展的信息技术的支持下，知识革新和创造的步伐不断加速，它们一方面在迅速地变革着我们当下的社会生活以及创造着未来的各种远景，另一方面也在加剧社会环境的多变性和不确定性。

对教育和学习的思考从来都不能脱离社会发展和变革的大背景，换言之，社会发展过程中的一些重大趋势或事件也应该激发起研究者回过头来重新反思关于知识、学习、教育的一些根本性问题。在一个扁平的全球化世界格局中，我们需要面对知识社会的不断变革和创新的复杂性本质以及与之相伴的不确定性特质，同样也要以此为基点，在知识时代的背景下审慎地思考知识、学习的新涵义，并基于此展望乃至设计教育的未来。

＊ 原文发表于《远程教育杂志》2010 年第 6 期。

二、什么知识最有价值：知识社会背景下的再次追问

自从正规教育的制度（学校）诞生以来，知识的价值成了课程内容选择的重要标准。因为学校教育的时间是有限的，所以有必要将最有价值的知识教给学生。但和自然科学领域中的那些"硬"科学不同，教育研究很难在一些根本性的问题上形成相对稳定不变的科学共识并进而作为学科发展的知识基础，所以，"什么知识最有价值"这一问题始终吸引着一代代的教育研究者不断对其进行分析和讨论。斯坦福大学教育史研究者戴维·拉巴里（David Labaree）曾用西西弗斯来隐喻教育研究者："尽管竭终身之力以求有所进，却又总似困在原地而无所得。若西西弗斯是学者，则其领域定是教育。"[1]而关于知识的价值问题正有如西西弗斯手中的巨石，一次次地困扰、折磨着古今中外的教育研究者。

从课程研究的角度看，斯宾塞最早明确提出了"什么知识最有价值"这个命题，指出了科学知识对人们的实际生产和生活的重大价值。但在斯宾塞之前和之后，对这一问题的思考也一直或隐或显地长久存在，而且产生的答案也因时代的发展变迁而不同。例如，在我国的殷周时代，以历算与星占为主的天象之学、以龟测预言吉凶的预测之学、以象征为主的礼仪之学被视为最有价值的知识，只有祝、卜、史、宗等半巫半史的贵族知识者才能拥有[2]；春秋战国时期，由"礼、乐、射、御、数、书"等知识构成的"六艺"被认为是最有价值的知识；而在汉武帝"罢黜百家，独尊儒术"之后，儒家经典和思想成为两千多年来统治中国知识界和思想界的正统，直至近现代西方科学思想传入之后才逐渐为科学知识所取代。西方对知识的价值判断也是不断变化的。如，希腊时期的教育崇尚体育和音乐，后来流行"七艺"，到中世纪则尊崇基督教义，及至文艺复兴、启蒙运动之后，人本的、理性的和实用性的知识又得到重视[3]。

如果说在 20 世纪之前，关于知识的价值观的讨论还比较粗略的话，那么进入 20 世纪以后，随着教育学科的逐步成型与专业教育研究者的加入，以及知识总量的日益快速积累和发展，对知识的价值判断以及应该教给学生什么样的知识的讨论也日渐深入。杜威和布鲁纳是 20 世纪继续推动"西西弗斯巨石"的两位巨人。哲学出身的杜威以"经验"作为其教育理论的基石，认为"传统课程中已经归了类的、按逻辑顺序组织的各门科目，是许多年代的科学的产物，而不是儿童经验的产物。这种课程与儿童的社会生活脱节，结果使儿童的记忆力和知识领域'被全人类的长期的多少世纪的历史压得窒息了'"[4]。所以，要从

儿童的经验出发,使教材成为儿童经验的一部分,教学活动也要以儿童为中心,所有教学措施都要围绕儿童来组织。可以说,尽管杜威承认科学的学科知识本身是有价值的,但是他更强调经验的重要性,强调"教育即是经验继续不断的改造"。认知心理学出身的布鲁纳是美国 20 世纪 60 年代课程改革运动的巨擘,他将知识的价值问题与教育目标联系起来,指出"任何人只要一开始问到关于各专门课程的价值问题,他就是在问关于教育的目标问题",而在"变动着的社会、文化和政治情况不断地改变着学校和学生的周围环境,改变着学校和学生的目标"的世界中,让学生掌握学科的基本结构是更有价值的、更经济的,因为学生对所学材料的接受是有限的,但是一旦掌握了学科的基本结构、观念和原理,就能够使得学科更易于理解,而且使已有的结构成为理解新情境的再生性工具,从而使未来的学习更加容易。由此,布鲁纳强调,"不论我们选教什么学科,务必使学生理解该学科的基本结构"[5]。

从以上关于知识价值观的一个简短的历史脉络概览可以看出,对"什么知识最有价值"的判断背后镶嵌着各个历史时期特定的社会文化脉络。同样,当今教育领域的"西西弗斯"们对这一问题的考量必然也无法剥离当今这个时代,更无法回避对未来社会的想象与期待。与杜威、布鲁纳时代不同的是,今天这个世界已越来越凸显出不断变革、自我创造的本质,它的不确定性和不可预测性甚至超出我们的意料。许多研究者都已意识到创造性、革新或独创性在知识经济社会的重要性,新增长理论学派甚至将知识经济视为"创造型经济",提出当前的经济是由人类的创造性所推动的,创造性以及观念的生成是当前经济的关键特征和核心[6]。哈格里夫斯(Hargreaves)也指出,在这种新的社会形态中,人们不再也无法仅仅吸收和利用从大学或其他地方获得的外部"专家"知识,发明、革新、创建知识成为知识社会中工作、生产、生活的重要形式。如果知识社会的核心是创造性,那么应该让学生获得什么样的知识才能创造性地参与创新型经济,才能更好地应对未来社会的不确定性?[7]换言之,对面向知识社会的学生而言,什么样的知识才是最有价值的?

在知识社会中,传统的尤其是工业社会的知识价值观受到了强烈的冲击。我们将认为是承载了人类文明的、最有价值的知识经过精心组织传递给学生,并由此期待获得这些知识的学生能够满足他们今后的生活所需,但现实的反馈却使这一期待大大落空。越来越多的迹象表明,当今学校教育培养出来的受教育者难以满足或适应社会的需求,一方面是雇主不愿意招收应届大学毕业生,另一方面是学生抱怨在学校里学不到有用的知识,或走上工作岗位后发现所学的专业知识都已过时。就像诺曼(Norman)所指出的那样,人们花费了很长时间去学会掌握一种复杂技能,但与此同时,任务和技能所在的境脉却发生了深刻的质性变化,这些先前的任务和技能招致了废弃[8]。

种种问题表象还折射了教育目标的传统假定与新的社会发展之间的错位。我们曾经假定，学校教育应该提供给受教育者可以直接应用于将来工作和生活的确定的知识和技能，因此关注的是如何让学生获得已有的知识（手段通常以记忆、背诵、操练为主），并通过以复现式为主要形式的考试来测量他们是否牢固地掌握这些知识。但现在的问题是：谁能完全预计到未来的工作和生活需要什么样的知识和技能呢？所以，这种"获得知识—直接应用"的教育观面向的是过去或至多仅着眼于当前，而没有面向未来。要适应不断变革的知识社会，更重要的是拥有一种能够帮助自己在不确定的、变化的新情境中学习的知识。

近年来，在学习科学领域，一个表征这种帮助学习者在新情境中学习的知识概念得到了越来越多的关注。它就是 20 世纪 80 年代初由日本学者波多野谊余夫（Giyoo Hatano）提出的"适应性专长"（adaptive expertise）。在提出之初，这个概念并没有迅速得到广泛的关注，但是临近世纪之交，当人们越来越清醒地认识到知识社会的到来及其变革性本质后，对它的大量探讨和研究开始在多个领域涌现，它也被认为是面向知识社会的每个领域的学习者所值得追求的目标[9]。

三、掌握最有价值的知识：从常规专长到适应性专长

考虑到国内目前对"适应性专长"的研究还很少，这里我们主要对适应性专长的概念提出、界定进行具体的介绍和阐释，讨论适应性专长内在的"为新的学习做准备"的深刻涵义，并初步介绍促进适应性专长发展的一种可行途径。

1. "适应性专长"概念的提出

适应性专长的提出源自波多野谊余夫对专家与专家的比较研究。他及同事发现，算盘专家在心智算术方面表现惊人，但这种表现高度受限于特定刺激（如，受数字而非单词的刺激）、特定条件（如，没有干扰）。而且，他们满足于停留在以算盘为本的专长领域，而不是尝试着将自己的专长拓展到更为复杂的数学运算领域[10]。由此，他们开始关注专家表现或专长发展与外在环境（条件/限制）之间的关系，特别是专家在面对非常规的、变化的环境时的反应。

进而,波多野谊余夫发现专家之间的这些差异反映了不同的专长类型,即存在着两种类型的专家,一种是常规专家,另一种是适应性专家。1986年,他与同事稻垣佳世子(Kayoko Inagaki)进一步从对程序性知识和概念性知识的区分出发,区别了这两种不同的专家类型[11]。所谓程序性知识,是关于"如何做"的知识,"由决策规则、执行策略与应用技能构成",可以通过直接观察、言语传授、纠错、指导的方式传递给个体,个体在反复应用中日趋熟练地掌握之后,甚至可以在不理解程序性知识的意义的情况下运用它有效地解决常见问题。能够高效地执行程序性知识的人是"常规专家"(routine expert),他们以速度、准确性和自动化为表现特征。所谓概念性知识,则是关于"为什么"的知识,或者说"关于程序所指向的客体的本质及其周遭世界的本质的综合知识",它源于人类天生具有的追求理解的内在动机,即人们并不满足于仅仅获得程序性知识,相反,他们还希望理解、发现程序性知识的意义,如,为什么要如此行事,运作的机制是怎样的,等等。概念性知识使个体能够为程序性知识的每个步骤赋予意义,获得选择程序内的其他步骤的标准,调整已有的程序,甚至能够发明新的程序,做出新的预测,乃至超越给定的文化。与常规专家相比,适应性专家不仅能够高效地执行程序性知识,而且能够理解程序性知识的意义及其所指向的客体的本质,他们以灵活性、适应性为表现特征。

　　在波多野谊余夫和稻垣佳世子看来,常规专家所拥有的"常规专长"(routine expertise)和适应性专家所拥有的"适应性专长"是专长发展的两条路径,其中,常规专长在解决稳态环境中的日常问题时非常有效,而适应性专长却能够使个体在深刻理解客体本质和外在环境本质的基础上适应多变的环境。

2. 适应性专长的概念界定

　　学习科学研究领域目前还没有形成一个公认的对适应性专长的定义,研究者都尝试着从自己的研究视角给出定义。例如,林(Lin)等研究者将波多野谊余夫及其同事对适应性专长的界定概括为"程序上的流畅性伴随着清晰的概念性理解,这种概念性理解使得对多变性的适应成为可能",它区别于常规专长的三个特征分别为"能够将个体技能背后的原则言语化""能够恰当地判断技能的常规性应用或非常规性应用""能够根据当下的限制,调整或发明技能"[12]。

　　霍尔约克(Holyoak)认为适应性专家"能够利用自己的专家知识发明新的程序",以解决独特的或新颖的问题,而不是仅仅应用已熟练掌握的程序。而且,"理解导向的学习和专长的适应性形式是一致的""监控个体自我理解的动机和能力对弹性专长的获得也至关重要"[13]。

温伯格(Wineburg)将适应性专长定义为"一种应用、改变、拓展知识,以应对新情境(通常是欠缺核心知识的情境)的能力",是"领域内的'一般性专长'(generic expertise)"。由此定义出发,"专长不仅仅包括迅速地应用知识的能力,还包括面对困扰、理出头绪,使自己适应在手问题的能力"[14]。

美国国家研究理事会(NRC)出版的《人是如何学习的:大脑、心理、经验与学校》对适应性专家的描述性界定如下:"适应性专家能够灵活地面对新情境并终其一生持续学习。他们不仅会运用自己已经学会的知识,还会运用元认知,持续质疑自己已有的专长水平并试图超越它们。他们不仅仅尝试更有效率地(efficiently)做相同的事情,而且尝试着把事情做得更好。"[15]

布兰思福特通过对常规专家和适应性专家的对比来界定适应性专长。常规专家"学会一套非常复杂而精湛的常规并能够非常熟练地加以应用",他们"终身都在持续学习,但是他们的学习通常是不断提高他们一直所做事情的效率,或者可能加上一些新的技巧"。适应性专家"会更喜欢那些要求他们'延伸'自身知识和能力的挑战",能够"至少在一定时间内接受不确定性,把自己看作所知甚多而对所有可知事物又所知甚少的人",他们尤其意识到"识知的假设性本质"(如,自己的当前信念和知识如何影响新知的建构),"能够放弃这些假设而不会感受到高度威胁",而且"还积极地尝试使自己的默会假设外显化,并根据不同的标准进行检验"。适应性专家区别于常规专家的两个最重要的特征在于:(1)对自身作为学习者和问题解决者的系统理解——包括自身的优势和不足,以及对建立"分布式专长"团队的重要的理解;(2)学习解决新问题的能力(而不仅仅是根据已有知识解决常规问题),包括生成学习目标、界定问题的多元视角、对待批判和对立的数据,等等。至于适应性专长,它是"不同于常规专长的心智惯习、态度、思维方式和知识组织方式"[16]。

施瓦茨(Schwartz)等从适应性专长的发展出发,提出"效率和革新之间的平衡"是发展适应性专长的最佳路径,仅仅关注通过反复实践提高效率的"效率取向"通常导致常规专家的产生,而一味强调革新和发明的"革新取向"则往往产生"挫败的新手"[17]。这一定义避免了非此即彼的二元论立场,将常规(效率)和革新同时看作适应性专长的两个重要维度(见图 47.1)。

克劳福德(Crawford)和布罗菲(Brophy)根据 2005 年 9 月举行的"适应性专长:理论、方法、发现及新兴议题"研讨会上的讨论,将与会者对适应性专长的概念界定概括为"熟练的技能、知识和能力与将知识应用于新境脉时放弃或超越常规的能力、从新的途径解决熟

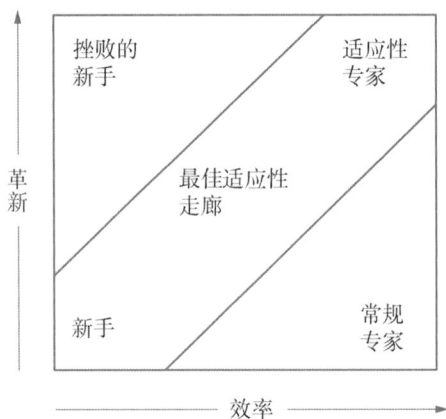

图 47.1　平衡效率与革新：适应性专长的发展模型
(Schwartz，Bransford，&Sears，2005)

悉问题的能力、通过问题解决建构知识的能力、革新问题解决过程和解决方案的能力之间的一种平衡"。涉及适应性专长的两个重要方面是"认知弹性"和"判断力"。而"适应性"(adaptiveness)是"革新和效率之间的平衡"，它的两个基础分别为"改变的意愿"以及"愿意承担犯错的风险和承认'我不知道'"[18]。

马丁(Martin)等概括了已有研究对适应性专长的描述性界定，指出适应性专家"拥有所在领域的深度内容知识，这些境脉化的、自动化的知识可以在解决问题时被有效地访取"；"具有相当的灵活性，会考虑问题的多种解决方案""在职业生涯中会不断寻找新的学习机会""会监控自身的知识状态"。常规专家"拥有适应性专家也拥有的内容知识，但是缺乏其他关键的特征，尤其在新的情境中表现出更低的弹性"[19]。

从上述界定可以看出，它们大多聚焦于概念性理解、对新情境(问题/任务)的反应、对已知与未知的反应、弹性/适应性改变、革新/发明与创造、作为学习者的身份意识和信念、元认知等多元维度。通过借鉴、综合上述界定，并结合对适应性专长的表现特征、内在功能的分析，我们可以将适应性专长理解为适应性专家表现出的区别于常规专家的知识、技能和倾向。它通常表现为深度的概念性理解、在新情境中的适应性改变、学习新知乃至创建新知的倾向以及元认知行为。与之相反，常规专家通常表现为对客体和环境缺乏深度的概念性理解、固守于已有常规和知识而不愿意作出适应性的改变、更愿意运用已有的知识和经验解决熟悉问题而对新知识的学习不感兴趣、较少进行自我反省等元认知活动。有些新手也会表现出适应性专家的某些特征，我们可以称之为新手的"适应性倾向"[20]。

适应性专长能够帮助主体跨越不同的问题类型、境脉或领域，解决新的问题，这是一种能够很好地迁移到新情境或陌生情境中的专长。相反,拥有常规专长的专家通常只能够解决熟悉领域中自己所擅长的特定类型的问题,因此常规专长是一种能够很好地迁移到熟悉情境中的专长,但却难以应对新情境或陌生情境。此外,适应性专长还能够帮助主体在限制与革新之间作出权变和平衡,从而在革新的同时也考虑并尊重外在环境的客观规律。常规专家往往更多地为已有限制所束缚,而不愿作出改变和革新。

3. "适应性专长"概念的核心内涵

适应性专长为我们设置了一个全新的学习和发展的目标。它与常规专长的本质区别在于对迁移(知识应用)的认识,换言之,以适应性专长作为目标的学习对知识的应用有着不同于常规专长的理解。

从传统评价范式的角度可以很好地理解常规专长的迁移观。传统的评价认为,只要学习者能够将习得的知识和行为在一个新的情境中重复运用,那么学习便成功了。所以,传统评价只关注学生已经获得了哪些知识,而不关注他们是否知道自己还需要学习哪些知识,是否具备了在新情境中灵活反应和适应性改变的能力,是否拥有持续性学习和改进的意愿,是否具有进一步访取学习资源的能力。在这种迁移观和评价观的影响下,教学通常是在会运用到目标性的知识和技能的特定情境中进行,评价则在孤立隔离的环境中进行,即除了先前所学的东西外,不会接触到其他芜杂的信息来源,也没有机会尝试新观点或者对已有假设、想法做出修正,就像我们常用的标准化考试一样。施瓦茨等将这种范式称为"孤立的问题解决"(sequestered problem-solving,SPS),它反映了"直接应用"(directly apply,DA)的观点,评价焦点就是看学习者的"迁出"(transfer out)能力,亦即是否具有直接应用先前所学知识的能力,或是否能生成一个最终的产品[21]。

在"直接应用"的评价范式下,教学就是发展学生的常规专长。通过教给学生某种特定类型问题的图式,从而把非常规问题变为常规问题,由此提高学生问题解决的效率。这样,如果学生以后遇到类似的例子,他们就不太可能被难住[22]。但正如我们在第一部分文末提出的那个问题:我们精心地将非常规的问题转变为常规性的问题,教给学生解决常规问题的知识,但未来他们自己遇到非常规的问题怎么办? 此外,即便他们能够将非常规的问题转变为常规问题从而运用常规方法来解决,但知识社会所需要的革新和创造又如何实现?

在不断发展变革的知识社会中,学校教育越来越难以设想学生在日常生活中、毕业后的工作场所中所需的知识与技能,因此通过简单地"训练"学习者掌握特定的知识和技能只能帮助学习者应付一次性的、标准化的考试，却不能帮助他们应对新的学习和未来生活的挑战。例如，现在的公司在招聘新员工时不会要求应聘者已经学会了适应工作的所有知识，而是希望他们能够学习，能够利用各种资源（如，文本、计算机程序、同事）来促进学习[23]，但学校教育却很少去培养学生发展这种在真实的工作环境中切实所需的能力。

传统的迁移观过多地关注了对"迁出"阶段的研究，而忽视了对"迁入"(transfer in)阶段的研究。学习不仅包括学习者从特定情境中将所获得的知识和技能"迁出"，直接用于解决新情境中的问题，也包括学习者在将已有知识和技能"迁入"新情境时的适应性调整与改变。正如斯洛博达（Sloboda）所说，"一个人不能学会任何自己事先并不知道的东西"[24]，即便最初始的学习也包含了已有知识、经验乃至社会文化的"迁入"阶段，"迁入"的方式和阐释对学习者在新情境中的学习以及从新学习中"迁出"的后续能力有着重要的影响。这种"为新学习做准备"(preparation for future learning，PFL)的新迁移观、评价观也正是适应性专长的核心内涵。

需要注意的是，"为新学习做准备"和"学会学习"(learning-to-learn)存在根本性区别[25]。后者强调的是学习的一般性方法、技能和策略，通常与特定的领域知识无关。而适应性专长概念所内涵的"为新学习做准备"却直接与特定的领域知识紧密相连，是发生在具体的学科或专业领域之中的。

4. 发展适应性专长的可行路径：以波瑞特（Bereiter）和斯卡德玛利亚（Scardamalia）的研究为例

尽管适应性专长的发展问题已经为研究者所关注，但是因为适应性专长的研究尚处于它自身历史发展的早期，而且我们的教育教学又长期过于关注常规专长的发展，所以目前还没有非常成熟的关于适应性专长发展的理论或模型。但研究者已经认识到，如果将适应性专长真正确立为学习者发展的一个重要目标，那么我们必然需要更多的、富于革新的教育教学和评价方法以及学习环境设计实践来满足这一需求[26]。

目前，一些研究者已经开始进行这方面的思考和探索。例如，布兰思福特等提出，要提高学生的适应性专长，学习环境应包括反思和元认知丰富的活动，从而使学生能够[27]：（1）进行"知识建构"而不仅仅是"知识讲述"；（2）将重点放在理论建构和理论否定的系统探究，而不是仅仅遵循怎样找到结果的程序；（3）设计促进革新的"好用的"的环境，以提高效率。

笔者也曾提出促进适应性专长发展的一些路径还包括聚焦挑战性的复杂问题解决、聚焦弹性认知、聚焦知识创建和革新、聚焦元认知等[28]。下面我们以波瑞特和斯卡德玛利亚的一项研究为例,讨论如何通过"渐进式问题解决"(progressive problem solving)来促进学习者适应性专长的发展。

波瑞特和斯卡德玛利亚以两种教师类型为例,阐述了渐进式问题解决及其与导致常规专长的"常规学习"(normal learning)的区别[29]。从表 47.1 可以看出,教师辛西娅(Cynthia)和教师玛格特(Margot)在专业发展的初始阶段并没有表现出明显的差异,她也一直在解决问题,但解决的问题在本质上没有变化,而且她所做的只是使开头很难的事情变得容易,直到能够用习得的常规来处理,即便对本应加以仔细考虑的事情也是如此,结果,她需要投入的心智活动和身体活动越来越少。但这种常规学习只能使一个新手变成一个有经验的老手,却不能促进适应性专长的发展。相反,玛格特却在不断地拓展问题解决的领域,她在最初的职业生存期关注的也是课堂管理问题,但在这一问题解决之后,她又转而关注学生的学习困难问题、学生互助潜力的挖掘问题。也就是说,玛格特把自己通过常规学习释放出来的心智资源不断地"再投资"到自身适应性专长的发展中。对辛西娅而言,问题解决的理想目标是不断地用常规清除教学问题,直到问题永远消失。但像在教学这样的专业活动中,问题是无法一劳永逸地清除的,最好的办法就是像玛格特一样尝试解决不同的、更具挑战性的问题,从而增加面对复杂环境的专业适应性,而不是把问题简单、肤浅地抹去。因此,玛格特的专长发展过程呈现出一条渐进式的挑战性问题解决的路径。

表 47.1 适应性教师与常规教师的不同表现及其发展路径分析

		玛格特(Margot)	辛西娅(Cynthia)
表现描述	相同之处	都是具有约 20 年教学经验的小学教师;都性格随和,对待学生严格而又不乏耐心;学生生活的社会环境相似;在她们的课堂中,学生都很快乐地忙碌着;都被校长和学监认为是优秀教师	
	不同之处	学生的阅读问题很少,大多数学生的阅读水平超过了预期;学生的数学能力也非常熟练,而且经常在写作和科学上有令人惊叹的表现,显示出较高的知识和思维水平	学生在阅读和数学上存在困难,数学成绩通常很低,写作中虽然字迹可辨但却有些邋遢,而且根本不教科学

		玛格特(Margot)	辛西娅(Cynthia)
发展路径的对比分析	相同之处	在专业发展的早期,都聚焦于课堂管理,使自己的班级走上安宁、舒适的轨道	
	不同之处	• 在课堂管理问题解决之后,开始关注新的学习问题,如学生的学习困难、学生互助的潜能等 • 不仅仅追求问题解决的速度,而且追求学习的累积效应 • 不仅仅尝试新观念,而且根据学生的学习需求和教学活动的实际不断地实验、修正新观念 • 不断发现新的学习生长点	• 一直关注课堂管理问题 • 课堂管理的技能发展表现为教师花费大量的时间坐在讲桌后面,学生花费很多时间做练习 • 注重管理而不是学生的真实发展,如只关注学生是否安静地合作,无论学生是否存在互相抄袭 • 不教科学的原因是科学太芜杂而且难以控制 • 对课堂中不断出现的问题,通常以类似"(罗伯特)Robert,请你过来一下!"的方式作为可靠的解决方案

根据 Bereiter & Scardamalia 1993:78-82 整理

与渐进式问题解决相伴随的是心智资源的持续性再投资,波瑞特和斯卡德玛利亚把它看作适应性专长发展的动力机制,并从三个方面分析了这种动机的形成。

首先,主体在成功解决挑战性问题过程中获得的心流体验会激发再投资的动机。这一点上文已经初步提及。需要注意的是,重复相同的问题解决最终可能会使主体获得的心流体验越来越少,因此必须逐步提高问题的复杂性从而渐进地提高主体的能力水平。此外,心流体验和主体对问题情境的感知也有着密切关系,主体必须能够感知到问题的存在并认为这个问题是可解决的,在一些高度常规性的工作中,甚至需要主体去发现问题。

其次,专家共同体亚文化(subculture)也会影响主体再投资的动机。我们日常生活和工作的情境(一阶环境)通常由一系列固化的常规条件构成,当主体逐渐适应这些条件后,学习也随之消减。虽然这种环境中充斥着问题和危机,但是它们都被视为反常事物而必须加以消灭。这通常是常规专家(或有经验的非专家)所处的环境。但在适应性专家所处的共同体亚文化(二阶环境)中,主体必须渐进地适应由于其他人的成功所推动的环境变化。也就是说,环境的变化并非无迹可寻,在某专业领域,某个主体的产品发明、策略改进或技术更新很可能就为领域设定了新标准。而要适应环境的变化,其他主体必须或者提高表现标准,或者在更复杂的水平上重构问题,或者投入更多的知识。另一方面,在一阶环境中,新手随着经验的增长就能掌握先前所不具有的知识、技能和习俗,但在二阶环境中,环境变化所带来的适应性需求远远超过掌握某一套知识和技能,它要求主体通过持续渐进的问题解决去追求共同体文化中的理想目标,并为共同体的问题解决和知识发展作出贡献。显然,二阶环境更能激发主体心智资源的再投资。

最后,英雄主义也是促进主体心智资源再投资的重要因素。这也可以理解为对某种专长的激情或理想主义的追求,主体愿意全身心地投入某领域并追求卓越表现或推动领域知识的发展,尽管其付出的努力与社会给予的奖励或支持并不匹配。

波瑞特和斯卡德玛利亚还提出了再投资的三种常见形式:(1)再投资于学习。学习是适应性专长的重要方面。专业人员不断跟踪领域内的期刊、参加新的培训工作坊是再投资的一种形式。这是一种有意学习,需要向学习本身倾注努力,仅仅身处专业的日常实践本身并不足以获得足够的学习经验。(2)搜寻难度更大的问题。问题通常是一些新的障碍或限制,不能通过运用先前习得的程序来解决。学习者需要运用新的知识,发展新的技能,或者以新的方式运用已有的技能。因此,将释放出来的心智能量再投资于更复杂的新问题可以避免常规学习导致的将问题常规化的倾向。在很多职业中,这也许意味着改换工作甚至转换专业。(3)对反复出现的问题加以更复杂的表征。这是适应性专长发展过程的最关键之处。主体利用常规学习所释放出来的可用资源,对反复出现的问题进行更加复杂的表征。

波瑞特和斯卡德玛利亚的"渐进式问题解决"构想的提出,意义在于指出了常规学习并不能导致适应性专长的发展,所解决问题的类型比问题解决的熟练程度更重要。关于这一点,乔纳森也曾经从有意义学习的角度进行过分析,指出"学生所从事的任务的性质决定了他们所完成的学习的性质",在正规教育情境中,问题解决是一种最有意义的学习活动,而为了考试的记忆不仅浪费了有价值的学校时间,侮辱了学习者,而且还模式化并阻碍了学生的智力发展[30]。与此相比,渐进式问题解决理论以心智资源的再投资这一假设依据,更进一步地说明了渐进式的挑战性复杂问题解决比重复性的问题解决更能促进适应性专长的发展。

挑战性问题解决蕴含了创新的可能。对主体而言,挑战性有两层含义。一是问题本身具有挑战性,主体无法找到惯用的解决方案;二是问题解决过程具有挑战性,主体需要开发创新性的解决方案。当主体能够成功地征服挑战时,这种创新的过程和经验便会对适应性专长的发展产生影响。另外,创造性地解决挑战性问题也是真实世界对主体的需求。因为挑战并非人为设置的无谓游戏,而是真实世界中问题本身的复杂性直接造成的,同时环境的不断发展变化又使这种复杂性不断增强。遗憾的是传统的学校教育却不愿意正视这种复杂性,简化倾向在教学内容的选择、教学方法的运用、教学评价的设计中处处可见,最终培养出的也只能是排斥复杂、惧怕挑战、固守常规的人,而不是面向知识时代的适应性专家。

虽然波瑞特和斯卡德玛利亚的理论构想未能进一步提出促进适应性专长发展的学习环境设计的原则、要素与策略,但却为适应性专长的研究者留下了广阔的探究和设计的空间。例如,如何根据复杂性、挑战性的递增设计问题?如何为主体的挑战性问题解决提供支持?专家共同体亚文化与个体专长发展之间如何相互促进、共同发展?如何激发和培养主体的英雄主义精神和致力于推进知识创新的价值观?等等。

四、发展适应性专长:知识社会中教师面临的双重挑战

知识社会对人的培养提出了新的要求:培养会学习并且能够发明、革新、创建知识的人。哈格里夫斯把教学的这一新的使命称为“为独创性而教”(educating for ingenuity),即通过教学去创造人的技能和能力,使个体和组织能够在当今的知识社会中生存并获得成功,并且建立学习共同体,创建知识社会,培养革新能力,发展灵活性,承担变革的责任[31]。这一点也为索耶(Sawyer)所认同,他认为,如果知识社会的核心是创造性,那么教育者的重要任务就是培养学习者创造性地参与革新经济的能力。但是为了迎合工业经济需求而建的学校常常不能满足这一需求,极少的学校教学生如何创造知识,学校教给学生的知识是静态的、完成式的,学生成为消化知识的专家而不是生产知识的专家[32]。换言之,工业社会中的传统教学模式培养出来的是常规专家,而知识社会需要的是适应性专家。

所以,作为未来人才的培育者,教师在知识社会的第一个重要挑战就是把学习者培养成适应性专家,帮助他们学会应对环境变化带来的不确定性,并从变革中学习。教师应该改变自身传统的知识授受者的角色,重构起适应性专家的培育者的新身份:不是传授一些片断的、零散的、肤浅的事实性知识和程序性技能,而是发展学习者对知识的深度理解;不是给学习者提供唯一正确的答案,而是发展学习者灵活地改变已有知识、批判性思维的能力和考察问题的多元视角;不是将学习看作学习者个体的行为,而是创建学习共同体促进学习者的协作学习;不是让学生知道如何应付考试,而是让他们知道如何为未来的学习做好准备;更重要的,不是无视、抵制社会的发展和变化而将学生封闭在陈旧、狭窄的视界中,而是正视知识社会的到来,并和学生一起探讨如何看待与应对这个新的时代,以及如何在其中更好地生存和发展。

和帮助学习者适应变革、从变革中学习一样，教师自身如何从变革中学习，同样也对社会的未来发展至关重要。这可以看作教师面对知识社会的第二个挑战，即教师自身也需要成为一个适应性专家。虽然和其他专业相比，教学作为一门专业曾经受到了更多的"专业信任危机"，但在知识社会中，它的专业性已得到了极大的肯定和重视。人们认识到，"当今的教学活动已经越来越成为一项复杂的工作，要想把它做好，需要极高的专业实践水平"，而且"教育是当今知识社会的核心职业，是推动社会变革的关键力量，而教师则是这一社会变革的助产士"[33]。同时，我们也已经看到，知识时代不断变革的特性使本已充满复杂性、不确定性的教学专业更加面临着"对适应性有着空前的要求"的形势，就像舍恩所指出的那样，"今天专业的两难在于专业工作者就好似站在峡谷的两端，他被期望以专业连接的鸿沟两端——专业工作者所必须使用的知识本身以及他们必须为之服务的社会对他们的期望——都快速变化着……四个专业领域——医学、工程学、商业管理及教育——必须承受产生及管理这一变革的核心责任。这种将专业置于回应适应性的要求是史无前例的"[34]。

作为对知识社会所提出的适应性要求的回应，教师首先应该是不断学习的专业知识工作者，不仅拥有和律师、医生、工程师、管理者、咨询家一样的专业知识和技能，并且深刻地理解关于学生是如何学习的理论原则和最新知识，熟悉专业的科学家、历史学家、数学家或文学评论家的真实实践[35]。与此同时，教师还应该拥有更多的自治权和创造性，不仅仅作为一个墨守成规的专业技术人员，服从上级所制定的规章和方案，严格执行特定的日常任务，而且能够利用共有的专业知识和积累起来的经验，利用自身专业的教育知识、经验、网络和自主判断能力，跳出常规的"专业智慧"，针对如何才能更好地提升学习目标做出决策，在特定的情况下尽可能走得更远[36]。可以想象，这是对教师专业发展的更高要求。但我们相信，一旦教师自身行进在通向适应性专长的发展之路上，那么他就更能理解发展学习者的适应性专长的重要意义，也更有可能挖掘自己学生身上的适应性发展的潜力。而要做到这一点，在很大程度上则又有赖于教师教育改革的努力与成功。

五、结语

《教育的科学研究》一书中有这样一句话，"我们教育年轻一代的期望总是和我们对社会发展方向的期望紧密联系的"[37]，但很多时候事实也许并非如此，特别是当传统的教育制度或教学模式已经成为一种常规的惯性力量时，我们可能就是波多野谊余夫所说的常规专家，仅仅是轻而易举地按照已有的知识、程序和规则在行事，而不再愿意去想为何这样做，也更不愿意真正地面向社会发展的未来去改变已有制度和惯习。从这个视角看，"适应性专长"这一概念并不仅仅启发我们为学习者提出一个面向知识社会、面向未来的新的发展目标，更启发我们研究者自身努力地成为敢于打破常规、善于学习、勇于革新和创造的适应性专家。因此，这个概念的内在意义也是广泛而深远的。当然，对适应性专长的强调并不意味着对常规专长的全盘否定，在保证问题解决的效率和结果方面，常规专长发挥着重要作用，这也是本文最后需要特别强调的。

参考文献 ••

［1］Labaree D F. Educational Researchers: Living with a Lesser Form of Knowledge［J］. Educational Researcher, 1998,27(8):4 - 12.

［2］葛兆光.中国思想史(第一卷):七世纪前中国的知识、思想与信仰世界［M］.上海:复旦大学出版社,2007.

［3］雷通群.西洋教育通史［M］.北京:东方出版社,2007.

［4］张小平.从杜威到布鲁纳——看美国教学论思想的发展［J］.华东师范大学学报(教育科学版),1983(1):67 - 74.

［5］布鲁纳.教育过程［M］.邵瑞珍,译.北京:文化教育出版社,1982:29 - 31.

［6］［33］Sawyer R K. Educating for Innovation［J］. Thinking Skills and Creativity, 2006(1):41 - 48.

［7］［32］安迪·哈格里夫斯.知识社会中的教学［M］.熊建辉,等译.上海:华东师范大学出版社,2007.

［8］Engeström Y. Learning by Expanding: An Activity-theoretical Approach to Developmental Research. Helsinki: Orienta-Konsultit, 1987［EB/OL］. http://lchc. ucsd. edu/MCA/Paper/Engestrom/expanding/toc. htm.

［9］［19］Martin T, Petrosino A, Rivale S, Diller K. The Development of Adaptive Expertise in Biotransport［J］. New Directions for Teaching and Learning. 2006,108:35 - 47.

[10][18] Crawford V M. Brophy S. Adaptive Expertise: Methods, Findings, and Emerging Issues. Menlo Park, CA: SRI International, 2006[EB/OL]. http://ctl. sri. com/projects/displayProject. jsp?Nick=maestro.

[11] Hatano G, Inagaki K. Two Courses of Expertise. In Stevenson H, Azuma H, and Hakuta K(Eds.), Child Development and Education in Japan [M]. San Francisco: Freeman, 1986:262 - 272.

[12] Lin X, Schwartz D L, Bransford J. Intercultural Adaptive Expertise: Explicit and Implicit Lessons from Dr. Hatano[J]. Human Development, 2007, 50:65 - 72.

[13] Holyoak K J. Symbolic Connectionism: Toward Third-generation Theories of Expertise. In Ericsson A & Smith J(Ed.), Toward a General Theory of Expertise: Prospects and Limits [M]. Cambridge, UK: Cambridge University Press, 1991:301 - 335.

[14] Wineburg S. Reading Abraham Lincoln: An Expert/expert Study in the Interpretation of Historical Texts [J]. Cognitive Science, 1998, 22(3): 319 - 346.

[15] Bransford J D, Brown A L, Cocking R R. How People Learn: Brain, Mind, Experience, and School (Expanded Edition) [M]. Washington, DC: National Academies Press, 2000.

[16] Bransford J D. Thoughts on Adaptive Expertise [EB/OL]. http:// www. vanth. org/docs/AdaptiveExpertise. pdf.

[17][21] Schwartz D L, Bransford J D, Sears D. Efficiency and Innovation in Transfer. In Mestre J(Ed.), Transfer of Learning: Research and Perspectives [M]. Greenwich, CT: Information AgePublishing Inc, 2005:1 - 51.

[20][28] 王美. 面向知识社会的教师学习:发展适应性专长[D]. 上海:华东师范大学,2010.

[22][23][25][27] Bransford J D, Barron B, Pea R, et al. Foundations and Opportunities for an Interdisciplinary Science of Learning. In Sawyer R K (Ed.), The Cambridge Handbook of the Learning Sciences [M]. Cambridge NY: Cambridge University Press, 2006:19 - 34.

[24] Sloboda J. Musical Expertise. In Ericsson A & Smith J(Eds.), Toward a General Theory of Expertise: Prospects and Limits [M]. Cambridge, UK: Cambridge University Press, 1991:153 - 171.

[26] Brophy S P, Hodge L, Bransford J D. Work in Progress-adaptive

Expertise: Beyond Applying Academic Knowledge [C]. In Proceedings of the 2004 Frontier in Educations Conference in Savannah, GA, 2004.

[29] Bereiter C, Scardamalia M. Surpassing Ourselves: An Inquiry into the Nature and Implications of Expertise [M]. Chicago: Open Court, 1993.

[30] 戴维·乔纳森,简·豪兰,乔伊·摩尔,罗斯·马尔拉.学会用技术解决问题——一个建构主义者的视角(第 2 版)[M].任友群,李妍,施彬飞,译.北京:教育科学出版社.2007:22.

[33] 艾弗·古德森.专业知识与教师职业生涯[M].刘丽丽,译.北京:北京师范大学出版社,2007.

[34] 唐纳德·舍恩.反映的实践者——专业工作者如何在行动中思考[M].夏林清,译.北京:教育科学出版社.2007.

[35] Sawyer, R. K. Optimising Learning: Implications of Learning Sciences Research [M]. OECD, Paris, 2008.

[36] 科林·兰克希尔,米歇尔·诺贝尔.教师研究:从设计到实施[M].刘丽,译.北京:北京师范大学出版社,2007.

[37] 理查德·沙沃森,丽萨·汤.教育的科学研究[M].曹晓南,等译.北京:教育科学出版社,2006:16.

48

幼儿哲学探究的个案追踪研究[*]

王海澜

自 1989 年马修斯(Mathews)、李普曼(Lipman)的儿童哲学著作被引入以来,我国的儿童哲学研究不断增强,2000—2009 年发文量达到了年均 9.2 篇。[1]

尽管多数学者认为儿童哲学包括儿童的哲学、童年哲学和儿童哲学探究计划三方面,但实际的研究成果中,儿童哲学探究计划占绝对优势。[2]原因在于:相对于"怎么做"儿童哲学,关于儿童的哲学是什么及为什么的研究,时间长、难度大。研究这两个问题是开展儿童哲学活动的前提。为此,本研究以笔者儿子子衿成长中的原始记录为依据,追踪幼儿的哲学探究过程及其特征,便于读者窥一斑而见全豹,了解幼儿丰富的精神世界。^{**}

一、什么是"儿童的哲学"及本研究资料的选取标准

关于什么是"儿童的哲学",最初的研究者李普曼和马修斯都未给出明确的界定,这给后人留下了探索的空间,也带来了含糊不清的麻烦。幸运的是,刘晓东教授给出了明确解释:"儿童的哲学即是儿童关于世界(即常说的宇宙人生)的观念,既包括儿童的好奇、困惑、探究,也包括他们对世界的理解与阐释。广义上,'儿童的哲学'可以涵盖儿童的科学、

---

* 原文发表于《教育学报》2021 年第 5 期。
** 文中的"3.01 岁"表示子衿 3 岁 1 个月时。

儿童的伦理学、儿童的艺术、儿童的宗教、儿童的文学等，也即可以涵盖儿童的整个精神世界。"[3]据此，广义上儿童的哲学世界即儿童的精神世界。这一界定强调的不是"爱智慧"的结果，即哲学的逻辑体系，而是"爱智慧的过程"，即儿童对周围世界或自我积极探索、思考和解释的过程，一种求知、求真、追源的哲学精神。

就哲学在个体上发生的过程而言，儿童的哲学最初确实是包罗万象的。任何问题都能激发起儿童的好奇心和探究欲，因此都可能成为哲学的问题。但可能成为哲学的问题并不等于一开始就是哲学问题，儿童的任何思考也不一定都是哲学思考。哲学的本义是"爱智慧"，但"智慧是关于某些原因和原理的知识"，[4]它不是感性经验，而是普遍知识和思想；哲学思维的基本特征是：追问到起点；加以概念化（抽象化）；对自身及某些观点从本源和前提上加以反思。[5]因此，类似于"飞机为什么掉不下来？""王维是在哪里死的？"等问题，虽然都表现了儿童的求知欲望，但若不能深化，则难以体现哲学思维的特征。

因此，为了体现哲学性问题的独特性，避免造成"因为什么都是、所以什么都不是儿童的哲学"的局面，结合幼儿的思维特征，本研究选取研究资料的标准如下。

第一，子衿所探究的问题是他自己主动提出而非家长刻意引导的。相对于常规的儿童哲学方法——设置问题、访谈儿童，以了解他们对某一主题的哲学认识，[6]本方法更能真实地呈现幼儿哲学探究过程及能力发展的面貌。

第二，多是孩子持久关注、反复寻求答案的问题，而非一次性、偶然的提问。

第三，探究过程要体现哲学思维的基本特征，即向第一原因方向的追问和反思；适当的（非高度的）概括性和抽象性。

二、个案幼儿的哲学探索：发展状况及特征

马修斯说过："就我所知，五六岁（也可能七岁）的儿童，他们早就喜欢提出哲理性的问题，还要做哲理性的评论，比十三四岁的儿童做得更多。关于这种现象，原因是错综复杂的。"[7]子衿的探索过程也证明，幼儿的哲学探索内容丰富、问题深刻，并体现出不同于成人哲学探究的特征。

1. 追问是幼儿哲学思考的萌芽,3.06～6.06岁是关键期

哲学探究就是追根求源地提问,即追问。因此,儿童只有首先懂得提问和追问,才有可能萌生哲学思维。[8]幼儿追问大致始于2.06～3岁。

(1)子衿2.06岁开始爱提问并懂得追问

依儿童哲学的开创者李普曼的观点,当孩子开始问字词的含义或者问"为什么"时,他们就开始了哲学探究的过程。[9]若如此,这个时间至少是他们能够比较流利地说话之后,即2岁左右。像绝大多数幼儿一样,自19个月起,子衿的口语表达能力有了质的飞跃,至2岁时他已经可以用完整句表达所见之物,如"有很多白鸽""杨柳掉到水里了"。此后他有了明显的提问迹象,如,自问自答:"这是什么? 这是空调";问:"子衿是谁呀?"然后指着自己答:"这个是子衿"。同时,也会一本正经地回答大人的问题,如,问他:"这是怎么搞的?"他答:"没怎么搞的。"但此时他尚不会有意识地提问。

子衿喜欢提问则发生在他2.06岁时,无论是否熟悉身边事物,他都喜欢提问,如:"这是什么地方?""新床单是在哪里买的?""宝宝和妈妈去干什么?"同时,他也理解了因果关系:"草绿了,因为春天来了。"而理解事物间的因果关系是幼儿思维能力的一大飞跃。

2.07岁时,他不仅喜欢提问,还能够步步深入、有条理地加以追问:

"牙刷是在哪里买的呀?"("在雅客多超市买的呀。")

"是在哪里的雅客多超市买的呀?"("是在校门口那里的雅客多超市买的呀。")

"在哪个校门口呀?"("在华师大的校门口呀。")

"在华师大哪个校门口呀?"("在华师大正门那个门口呀!")

此后,他类似的追问有很多。3岁左右他学会了反问,像是玩语言游戏。比如,"谁在日本学习呀?"("是谁呢?")"×××是什么东西吗? 是陶冰冰吗?"

总体上说,这一阶段他的提问有三大特征:一是喜欢提问,二是懂得追问,三是时而明知故问,类似文字游戏。其原因大概有二:一是孩子自然成长的结果,二是家长的耐心倾听起了引导作用。当然,这种追问只是表明孩子有了追问的能力,其目的也在于了解事实,并不意味着这些追问涉及哲学性思考。

(2)3.01岁起,开始有意识地探寻概念的本质含义

3岁之后,子衿的问题有了哲学意味,表现为他不断地探寻概念的含义。如:"天涯在哪里?""天边在哪里?"(3.01岁)

"小偷小不小?""(不小)为什么叫小偷?"(3.01岁)

"下周在哪里?""修男到哪里去了?""大家是谁?"(3.01岁)等,举不胜举。

(3)4.02~6.06岁是幼儿的主要哲学思考期

本案例中,子衿主要的哲学性思考发生在4.02岁至6.06岁,其中5岁前后所提哲学问题更多。如,"太阳落山落到哪里去了?""地球是从哪里来的?""地球什么时候爆炸? 地球爆炸后我们在哪里?""妈妈的妈妈的妈妈……是从哪里来的?""小孩是怎么进到妈妈肚子里的呢?""有没有妈妈没有生自己的儿子的?""人为什么会死呢? 汽车、火车会不会死?""为什么蚕宝宝是益虫,而蚊子、蟑螂都是害虫呢?""我怎么才能再回到昨天?""赶快把坏话消掉,可是怎么消掉呢?",等等。诸事万物的起源、来龙去脉、人类的终极命运、相互关系及概念的本质、事物的评判标准等,都是哲学研究中的重要问题。而6岁半之后,随着知识的相对增多,孩子的好奇心降低,他们自发的哲学探索活动也相对减少。因此,3岁时幼儿的哲学思维开始萌芽,而4.00~6.06岁是幼儿提问和哲理性思考的关键期。

2. 持久关注的问题:我从哪里来? 我最终会到哪里去?

我是谁、我从哪里来、我要到哪里去,是哲学三大永恒的主题,令人惊异的是,这些同样也是儿童很早就开始关注的重点问题。

(1)"我是谁":如何认识自己

像哲学家一样,幼儿最先思考的是自己,"我是谁"包括认知自己的性别、身体和身份。

性别是儿童认知自我的第一步,正常情况下,儿童不足3岁时已经清楚地知晓自己的性别,并能够根据服装和头发等特征区分同伴的性别。但幼儿约4岁半时才会真正明白区分男女性别的关键不在于外表和服装,而在于第一性征。

子衿的头发很长了,但他坚决拒绝理发,说:"我不会变成小女孩的,因为我有'小鸡鸡'。"有一天他甚至要脱掉裤子证明自己虽然头发很长了,但仍然是个男孩。(4.06岁)

至于儿童何时对自己的身体感兴趣,则没有统一的结论,大致是2—4岁。子衿对自己身体的好奇,则始于3.01岁时,这时候,他会时不时地裸着身子跑到镜子前,扭摆身体,照了又照,以便"看看屁股是什么样的"。

不过,认知自己的性别和身体只是孩子认识自我的第一步,而对自己身份的思考才真正具有哲学意味。

4岁的一天,他突然问:"你怎么知道我是你儿子的?"("因为你是我生的呀!")"有没有妈妈没有生自己的儿子?"("没有。否则,那就不是她儿子了。")他一脸困惑……

但有没有妈妈不生育却有儿子的情况呢? 当然有,继子、义子等都不属于妈妈亲自生育,因此这个问题关系到判断母子关系的标准。当然,幼儿还思考不到这些问题。但这时他对代表自己的抽象符号"姓名"非常感兴趣。有一天,他在一份班级名单上找到自己的名字,一边哈哈大笑一边问:"这是谁呀?"(是呀,这到底是谁呀?)然后回答:"这是我呀,我怎么在纸上……哈哈哈。"

(2)"我从哪里来":对人类来源的关注

相对于"我是谁","我从哪里来"更是一个让孩子着迷的问题。从困惑自己如何出生再到关注人类的来源,子衿那追根求源的精神让人惊讶和感动。

一方面,小孩何时存在、是怎么存在于妈妈的肚子里的。从3.06岁起,子衿开始对生命的来源感兴趣,所以他很早就通过主动提问得知所有的小朋友都是妈妈所生、所有的小狗也是狗妈妈所生。但直到4.04岁,他还不确定男性是否可生育(如,他认为"姑姑是奶奶生的、姑父是爷爷生的"),也不明白自己的父母不能是亲兄妹(如,他认为"爸爸也是外婆生的"),可见,他对自己及人的来源的认知仍然是初步的。

但很快,他进一步关注自己是何时存在、怎么存在于妈妈腹中的:

"妈妈,你小时候在哪里?"("在你外婆家里呀。")

"那时候有我吗?"("没有。")

"我在你的肚子里吗?"("不在,那时候妈妈的肚子里还没有你。")

"我在哪里呢?"("哪里也没有你。")

他听了,眼眶里立即蓄满眼泪。经过我一番安抚,他才情绪好转。(4.04岁)

也许子衿委屈的原因是以为我们抛弃了他,但这时他对自己的来源有了真正的思考:自己什么时候、怎样才有的呢? 这让他不仅疑惑而且恐惧。5个月后,他看到书中的妈妈抱着宝宝,突然问道:"可是,小孩是怎么进到妈妈肚子里的呢?"(4.09岁)我以植物种子为例,简单给他讲了一下生理知识。

但子衿的探索并没有停止,且随着时间的推移他有了新的问题。

4.11岁的一天,晚饭后他故意把自己的肚子挺得高高的:"你瞧我的肚子,已经成为阿姨的肚子了。"在他的理解里,"阿姨"的肚子有两种含义:一是太胖,肚子圆鼓鼓的;二是肚子里怀有宝宝。接着,他似乎灵光一闪,突然问道:

"妈妈,小孩在妈妈的肚子里干什么呢?"("在慢慢地长大呢。")

"他慢慢地长大时在干什么呢?"("在睡觉吧。")

"除了睡觉,小孩还在妈妈肚子里干什么呢?"("大概没有事情可干的。")

"小孩会哭吗? 妈妈肚子里黑黑的。"("不会哭。")

"为什么呢?"("因为你在我肚子里的时候,我从来就没有听见你哭。")

"我在你肚子里的时候,我害怕吗? 妈妈肚子里很黑很黑的呀!"

说到此,他的眼泪又开始在眼眶里打转。我安慰他:小孩在妈妈肚子里的时候,都是闭着眼睛的,还不知道是不是黑呢。他愣了半天,才止住眼泪。

不过,小孩在妈妈肚子里干什么呢? 他怕不怕黑呢? 他真的没有恐惧感吗? 不仅让孩子疑惑又恐惧,也让成人困惑不解。

另一方面,"人是从哪里来的?"从"孩子是从哪里来的"到"人是从哪里来的",是子衿哲学探究的一大飞跃,充分证明了"儿童是天生的哲学家"。当然,他从探究具体的问题发展到探究相对抽象的问题,并非完全自动的,而是与环境的激发有关。

子衿5岁前后,我们多次带他参观上海自然博物馆,其中两个展厅让他印象深刻:一个是古人尸体展厅,展出的是一具明代早期官员完整的干尸,另一个是人类演变史展厅,通过文图结合的方式展示了人类由古猿演变而来的历程。5.04岁时,他颇为自信地得出一个结论:"我知道人是怎么来的,有的是妈妈生的,有的是从猴猿变来的。"随即又很疑惑地问道:"可是哪些宝宝是猴子变来的呢? 潇潇是猴子变来的吗? 怎么变来的呢?"

真是有趣的童言童语,但却提出了一个我们至今难以肯定的问题:人是从哪来的? 人是从猴子变来的吗? 是怎么从猴子变来的呢? 猴子又是从哪变来的呢?

至此,在将近两年的时间里,子衿从关注自己的来源到探索抽象"人"的来源,完成了独特的认知和推理过程。虽然这种认识不是科学性探究,但他在一次次的探索过程中,已经自发自觉地接近哲学。

(3)"我(我们)要到哪里去":对自己及人类死亡问题的忧虑

爱思考的幼儿不会停止探索的脚步。与人的来源相比,子衿对自己以及人类终极命运的关注,最为持久也最感恐惧。

像大多数儿童一样,3岁之前他对死亡事件基本无动于衷,3岁之后则有明显的情绪反应,如表情凝重;而4岁之后,他通过书籍、见闻等途径初步了解到死亡是怎么回事,4岁半时他不断地追问"人为什么会死?""是不是有人可以不死?""死亡之后还能活过来吗?"等更抽象的问题。

在不断深究的过程中,子衿了解到导致个人死亡及人类终结的各种原因:车祸、地震、海啸等意外事故;寿终正寝带来的自然死亡;地球爆炸带来的全人类覆灭等。他的思考不仅严肃而沉重,还时常伴随着强烈的焦虑和恐惧:"我想到了一件非常可怕的事,地球没有的时候,我们去哪儿呢? 会不会死?""我们不要住在地球上,去其他地方吧,把东方绿舟也带走。"(6岁)并且,他还会因恐惧而哭泣。

自4.06岁起,在长达两年的时间里,子衿基于自己有限的知识和丰富的想象,积极地寻求着解决死亡问题的对策:购买让人长生不死的蟠桃;搬到其他星球上去住;让时间静止,永远都是小时候的样子;创办"火山喷发、地震、海啸大学",提前预防意外死亡事故的发生;发明万能药或者用新心脏代替衰老的心脏,让人起死回生。[10]至此,他对这一问题的关注才暂时告一段落。

3. "哪里才是我们最后的家园":对未来命运的关注

幼儿用好奇的目光不断地打量着周围的世界,我们生活在怎样的时空里、哪里才是我们最后的家园等问题,很早就进入了他们的视野。

(1)"我"生活在怎样的时空里:对太阳落山问题的关注

儿童出生后一个月就适应了白天黑夜的变化,这与太阳的东升西落有关,子衿对自己生活时空的关注正是从好奇太阳如何东升西落开始的。

2.02岁时,他首次在乡村旷野里看到太阳落山的全过程,目不转睛、全神贯注。自此"太阳落到哪里去了?"就成了他一直挂念的问题。终于,3.01岁的一天,他不再满足于"太阳回家睡觉了"这类无说服力的答案,而切实地踏上了寻找之旅——"太阳的家在哪里?我要去(它家)玩玩",于是我们一直往西走,直到天黑才悻悻而归,子衿委屈得泪流满面。

找不到太阳的家,子衿只好退而求其次,开始借助家长的讲解来描述太阳落山的过程:"太阳圆圆的红红的,然后慢慢变成了半圆,再然后整个脸蛋都消失了,最后光线也消失了,太阳就回家了。"(3.04岁)此后三个月,他不只是描述现象,而是探寻太阳落山的原理:时不时地把球当作太阳、让我和他拿地球仪模拟地球运转、太阳落山的过程,甚至睡觉时也把地球仪放进被窝。

(2)"哪里才是我们最后的家园":对地球最终命运的高度担忧

5.01岁起,子衿从书籍及与我们的互动中知道了宇宙大爆炸、地球的来源及命运等基本知识,而这些又引发了他对人类命运的高度担忧:"在我们以前有地球吗?""地球是个小不点,为什么地球上还会有这么多人? 我为什么感觉不到地球在转呢?""地球爆炸时,我们该怎么办? 我们在哪里呢? 会不会死?""其他星球上的人会让我们去住吗? 那里的恐龙会吃掉我们吗? 那里的星球会爆炸吗? 也有火山吗?""火星上有火吗? 火星上如果都是火,像火焰山一样,我们可怎么去住呢?"(5.02岁)

显然,这些问题都是关系到地球及万物来源去处的哲学问题。

4. "尽头在哪里":对事物走向的追问

诸事万物既然有起源和开端,自然也有尽头和走向,二者是同一问题的两个方面,而对此的追求正是哲学思考的基本表现方式。子衿在2.07岁时学会了追问,如果说那时他追问的主要是事实,那么,4.06岁之后,他追问的则是事物的终极走向及答案的合理性。如,"数数为什么总是数不完呢?"(4.06岁)"烟飘到哪里去了?""烟会死吗?"(4.07岁)。而最有代表性的莫过于"然后之后又怎样?"的不断反问(4.07岁)。

我:有3个小朋友,但只有2本书,还需要几本书才能让每个小朋友都有一本?

他不答却反问:"要是幼儿园里没有书了呢?"("老师再在书店里买一本吧。")

"要是书店里也没有了呢?"("就买一本其他书吧。")

"要是书店里不卖给老师呢?"("那么两个小朋友一起读一本书吧。")

"要是那个小朋友不同意呢?"("就等那个小朋友看完了,另一个小朋友再看吧。")

"可是那个小朋友还是不同意呀。"("请读过书的小朋友给这个小朋友讲讲,怎么样?")

"可是那个小朋友还是不同意呀。"("你拿玩具和那个小朋友交换书,可以吗?")

"可是那个小朋友也不同意交换呢?"("请老师帮忙,和那个小朋友商量商量,怎么样?")

"要是小朋友还是不同意呢?"("嗯? 你有好办法吗?")

同样,对小孩不早睡的不良后果,他也不断反问"然后又怎样呢?",如,即使长不高、身体不好的话,那又怎样呢? 这种反问一方面源于孩子刨根问底的好奇心,另一方面也说明他能对命题进行否定性考察和分析。

5. "为什么要保护蚯蚓而杀死蟑螂":对伦理标准的困惑

有学者认为"儿童有许多不是以任何明显的方式来自父母、同伴或教师的道德标准。……儿童有一种他自己的道德,在其中,儿童是以一种有组织的方式考虑对与错的问题",即"同教师和成人一样,儿童有他们自己的关于价值观问题的思维方式,因此,正确的方法是将儿童看作'道德哲学家'"。[11]6岁的伊恩会认真地批判成人社会的利益最大化原则:"为什么3个人的自私比1个人的自私好?"[12]子衿也同样困惑:"为什么我们不杀蚯蚓而杀蟑螂呢?"(5.05岁)这种困惑关系到评判生命价值的标准。孩子们并无"人是万物的尺度"这种霸道的标准,但他们能基于朴素的怜悯心而质疑。

不过,相比起对事物的起源及走向的探究,幼儿的道德水平还处于皮亚杰所言的服从成人的他律阶段,又因缺乏相关的生活阅历,他们往往不会自发地关注、也不能理解生活的哲理。从子衿等几位5～6岁幼儿的反应来看,他们既不能从绘本《爱心树》中领悟"奉献与索取"的关系,也不能从《失落的一角》中认识到"圆满与缺憾"的辩证性,而仅是作为故事来读。这也说明哲学活动课的必要性。

三、讨论:幼儿哲学探索的过程及特征

1. 幼儿期是哲学探究的敏感期,幼儿的探究过程完整、系统而不零碎

显然,幼儿具备了哲学产生所需要的基本条件:惊异、闲暇、自由,而这些都与认知成熟度没有必然联系,因此,他们的探索不遵循"成熟阶段说"[13]。

而我们对幼儿却有诸多错误认知,如幼儿很容易转移注意力,他们不会长久地关注难解的问题;要经过漫长的成长期,他们的认知和思考才会从肤浅走向丰富;他们会轻信成人的安慰性解释。但研究表明,这些"常识"其实都是错的。就子衿而言,他对地球与太阳的关系、人的死亡及终极命运等问题的探究持续了近三年之久,不达目的誓不罢休。在此过程中,无论家长怎么强调"那是很久很久以后的事""科学家会解决这些问题"等,都不能劝止他探寻终极方案,直到他得出自己满意的答案和方案。从发现困惑、思考解决问题的不同路径再到结论,整个探究过程完整、系统,他的学习、思考及判断能力远超我们的预想。可见,幼儿的探究很早就体现了完整的学习过程,而非终有一日才变完整的。

2. 成人持续的而非偶尔的关注是幼儿持续探究的保障

如前文所述,子衿对问题的探索往往是持续的,不达目的誓不罢休。而他之所以能持续地关注某些问题,除了孩子天生的求知欲及惊人的探究能力外,还取决于我们成人对其探究问题的敏感性及持续关照。如我们及时购买地球仪,助其探讨昼夜的变化规律;正视"小孩是怎么进到妈妈肚子里的?"之类的难题,多次带他去自然博物馆了解人类的起源史,去科技馆倾听心脏起搏器的跳动等。这对他建构人的来源去踪之问的答案、消除对死

亡的恐惧,无疑至关重要。

换言之,虽然孩子有探索的意识和能力,但成人也要花时间和精力耐心地倾听和回应他们,帮助他们把探索的目标和问题逐步系统地展开。

3. 幼儿的哲学探究多半是严肃的思考,而较少是概念游戏

马修斯认为,幼儿的哲学常常是概念的游戏。他举例说,3.04 岁的尼休拉好奇心强、比较顽皮,当妈妈说睡着了痛就会消失时,尼休拉就问:"痛会上哪儿去呢?"因此这应该是一种游戏。[14]

但从本个案来看,子衿的探究多数时候是严肃而郑重的思考,尤其是探究人类的终极命运和家园所在时更是如此。在近三年的时间里,他虽与其他幼儿一样在吃喝玩乐,但一直在探寻该问题的终极答案。其实,即使是顽皮的孩子,他们的问题也反映了他们真实的困惑,就像子衿问"下周在哪里?"其实是为了探究概念的含义而不只是调皮的游戏一样,"孩子提出问题,是因为对某事不理解或者缺乏经验。提出问题有助于孩子吸收新的经验"[15]。

4. 幼儿哲学探究的主题和内容,因环境不同而差异显著

如刘晓东所言,儿童的哲学由环境直接激发,不同的环境对哲学的具体内容会产生直接的影响。优美、健康、丰富的环境益于儿童哲学思维的发展。[16]

家庭是幼儿生活的首要环境。在家庭生活中,子衿对自己所处时空(星辰、太阳、地球的来源等)的关注早于对自己是谁的关注;我从哪里来、我要到哪里去以及概念的属性,是他无意识中最为关注的问题;虽然 2 岁的孩子就知道同情他人并愿意分享,[17]但关于听话、分享、诚实、谦让等道德伦理上的哲学问题,恰恰是他最不关注的。另据周国平的记录,他女儿啾啾和他们聊天主要涉及审美、爱、生命、认识等主题,也很少有诚实、分享与否等方面的问题。[18]

其中的原因无非有二:一是家庭生活环境自由,孩子不仅少了人际交往的困惑,也有了更多的探究空间,不仅不会被指责和纠正,还会得到家长的鼓励与帮助;二是在幼儿园,相对于维护纪律及培养友谊,教师对孩子的问题敏感性和开放度都不足,并会更强调孩子听话、分享、谦让、合作等伦理要求,相应地,孩子会默会较多的伦理知识。[19]这也反映出幼儿园生活中,孩子的思想和精神受到规训的一面。当然,无论是在哪里,最为关键的也许

不是幼儿所处的场所,而是是否有成人营造的探究氛围。

四、对幼儿哲学探究问题的再思考

1. 探究儿童自身的哲学思考何以重要

正如丁海东教授所言,童年的人文性精神(即儿童精神)及经验是个体精神成长的根基与渊源,更是孕育人类精神及文化的母体。[20]对个体而言,童年的发现、困惑、幻想等经验,往往镌刻在记忆深处,进而成为他们探索世界的基础与动力。即童年的探究经历构成了成人关于"我是谁"的关键部分,没有童年的探究历程,成人也成不了当下的自己。[21]而对整个人类而言,关于人类本质的许多深刻问题都能够通过对孩子的思考来获得解答,同时对孩子的思考自身也会引发很多新的深刻问题。[22]例如,儿童很早就开始关注、并持续探究我是谁、我从哪里来、我要到哪里去等问题,而这些也正是成人哲学探究的三大主题。可以说,成人延续和利用了孩子童年时期探究过的问题及探究能力。

因此,研究幼童探究经验的意义,不仅仅在于孩子本身可贵,也在于对人类而言,孩子是真理、爱和人生意义的最大来源,即孩子是我们的未来。[23]

2. 所有的儿童是否是以相似的轨迹走在哲学的道路上

每个儿童都是一个鲜活的个体,都有独特的环境及对世界的认知和体悟。那么,他们探究的内容、方式与进程会有一致性吗?从现有结论看,在蕴含问题原型的相似生活环境中,幼儿哲学探究的发端和轨迹确实相似。刘晓东也认为所有儿童都以相似的轨迹走在哲学的路上,如儿童什么时候开始提问、对什么问题感兴趣、对世界的基本感受与基本观念等,是一致的。同时代的孩子同一个阶段会问相同的问题,不同时代的孩子也大致会问相同的问题。这些问题本身也有原型。[24]

但同时,幼儿好奇心的强弱、是否喜欢探讨问题、所提问题的深度,以及对世界的基本感受和态度等,都因环境而差异很大。

就本个案而言,子衿之所以超越年龄地担忧地球和人类的未来,关键在于他通过书籍及我们的讲解知道了宇宙大爆炸方面的非日常性知识。若没有书本或成人引导的"那一套非日常的知识和观念,给他们插上了想象的翅膀"[25],儿童的童年状态就无法得到充分的发展,从而也就难以进行深度的哲学探究。研究表明,90％的幼儿都问过"我是从哪里来的"这个问题,但对死亡问题的敏感性和认知深度,则因经历及成人的互动性质而有差异。[26]诚如苏霍姆林斯基所言:"大自然并没有任何直接影响理智情感和意志的魔力。只有当人认识大自然,从思想上深入到因果关系中去的时候,大自然才能成为教育的强有力的渊源。"[27]可见,像其他能力一样,幼儿的哲学思维能力会有很大差异。因此,幼儿的哲学探索精神需要有探究精神的成人去孕育和支持。

3. "问题比答案更重要"吗

"问题比答案更重要",我们常常会听到这种观点。但本案例说明,这种回避问题的做法很不妥。虽然哲学产生的关键是追问和怀疑,但追问和怀疑本身并不是目的,而是为了更好地理解我们习以为常的事情,更好地建构我们的生活。没有明确答案的追问和怀疑,既会让孩子恐惧,又会导致虚无主义,而这对价值观还没有形成的幼童危害更大。此外,成人本该负起的传道授业解惑之责,不能因为是哲学探讨而被搁置。因此,面对孩子的哲学困惑,成人不能含糊其辞,而应与孩子一起探寻满意的答案。

4. 如何兼顾儿童的究理精神和审美情趣

哲学探究必然涉及分析和判断,这就难免会造成朱自强教授所担忧的"爱发议论、明智理性、爱说教、谨小慎微但却缺少了生机和想象力的小孩",因为"不合时宜的理性思维给幼儿的审美欣赏造成了难以逾越的障碍"。例如,在《拔萝卜》阅读中发问"猫为什么不吃老鼠"的孩子,往往受到事理逻辑的重压,而体会不到人和动物叠加在一起、把拔萝卜变成游戏的乐趣。[28]类似,子衿也曾经非常不认可把绳子挂到月亮上荡秋千的那种想象。即"作为哲学家"的儿童会影响到"作为审美者"的儿童的审美。

这让我们思考:究理精神是否会影响到儿童的想象力发展和审美情趣？仔细想来,其实二者并不是完全对立的,因为在事理逻辑范围里,儿童自己或者在成人的引导下,完全有能力构造自己多元的知识体系和体验。儿童对故事的感受并不唯一,他们在问"猫为什么不吃老鼠"的同时,也会感受到它们融洽相处的乐趣,关键在于我们应多元引导。

参考文献

［1］方红.儿童哲学研究的回顾与前瞻［J］.湖南师范大学教育科学学报,2011(1):102－105.

［2］白倩,于伟.马修斯儿童哲学的要旨与用境——对儿童哲学"工具主义"的反思［J］.全球教育展望,2017(12):3－11.

［3］［24］刘晓东.儿童哲学:外延和内涵［J］.浙江师范大学学报(社会科学版),2008(3):54－57.

［4］杨适.哲学的童年［M］.北京:中国社会科学出版社1987:34

［5］Chrisman M, Pritchard D. Philosophy for Everyone ［M］. New York: Routledge,2014:2.

［6］Lipscomb A, Gersch I. Usinga 'Spiritual Listening tool' to Investigate how Children Describe Spiritual and Philosophical Meaning in their Lives ［J］. International Journal of Children's Spirituality. 2012(1):5－23.

［7］［12］［14］加雷斯·马修斯.哲学与幼童［M］.陈国荣,译.北京:生活·读书·新知三联书店,1989.

［8］袁宗金:回归与拯救:儿童提问与早期教育［M］.北京:高等教育出版社,2008:31.

［9］Murris K. Can Children do Philosophy? ［J］. Journal of Philosophy of Education 2000,34(2):261－279.

［10］王海澜.关于幼儿认知死亡的个案研究［J］.学前教育研究,2006(7－8):49－51.

［11］［16］刘晓东.儿童精神哲学［M］.南京:南京师范大学出版社,1999.

［13］［26］加雷斯·马修斯.童年哲学［M］.刘晓东,译.北京:生活·读书·新知三联书店,2015.

［15］克伦茨.风不吹,它睡了吗?——儿童提问的背后［M］.王怀成,译.北京:华文出版社,2003.

［17］高普尼克.宝宝也是哲学家［M］.杨彦捷,译.杭州:浙江人民出版社,2014:9.

［18］周国平.女儿四岁了,我们开始聊哲学［M］.北京:电子工业出版社,2016:10.

[19] 古秀蓉. 理解情境:走近幼儿的伦理视界[D]. 上海:华东师范大学,2007.

[20] 丁海东. 儿童精神:一种人文的表达[M]. 北京:教育科学出版社, 2009:189.

[21][22][23] 高普尼克. 孩子如何思考[M]. 杨彦捷,译. 杭州:浙江人民出版社,2019.

[25] 康永久. 作为知识和意向的童年[J]. 教育研究,2019(5):18-30.

[27] 苏霍姆林斯基. 育人三部曲[M]. 毕淑芝,等译. 北京:人民教育出版社, 1998:137.

[28] 朱自强. 经典这样告诉我们[M]. 济南:明天出版社,2010:99.

49

卓越教师的 10 个心智框架：《可见的学习》与《学记》的比较*

彭正梅　施芳婷　伍绍杨

在过去一个世纪中，教师形象从"台上的圣哲"（sage on the stage）到"身边的向导"（guide on the side）的转变被认为是教育现代性的基本特征之一。"台上的圣哲"使我们很容易联想到一种"师道尊严"的教师形象：教师拥有知识和权威，无私地将知识传授给学生。而学生被假想成一个空洞的容器，只需要被动地接受和记忆这些信息，然后在考试中不假思索地把它们重现出来。这种知识传递的教育模式受到现代教育理论的极大批判，甚至早在杜威在芝加哥实验学校开展进步主义教育的时期就已被批评为过时和无效的。因为在现代社会中，人们期望每个人都能够独立思考，能够提出和解决复杂问题，成为知识的创造者，而非复制知识的机器。

这样一种教师形象的现代转向还受到新兴的建构主义心理学的支持。在现代建构主义的学习观中，知识无法以文字、言语或其他形式从一个人完整地传递给另一个人；相反，知识是一种只能发生在学习者头脑中的理解状态，知识是由学习者自己建构或者再建构的。学生利用他们已有的知识和经验去理解新的材料，并使它们之间产生新的联系；当学生以有意义的方式积极地重建知识时，他们更可能牢固地习得并灵活地运用它们。这种学习观意味着教师形象的重大转向：教师不再高高在上，而是成为学生"身边的向导"；他们习惯于把自己"隐藏"起来，把学习的主动权交还给学生；他们扮演协调者的角色，只在有必要的时候提供引导、资源和帮助。

虽然教师形象从"台上的圣哲"到"身边的向导"的转变，促使教学的聚光灯从教师转

＊ 原文发表于《湖南师范大学教育科学学报》2022 年第 5 期。

向学生——这是一种非常有益的改变,但大量实证证据表明,学生并没有因为这种转变而获得更好的学习结果。其中可能的原因:一是让学生通过独立探究和问题解决来学习会耗费大量时间,但课堂学习的时间是有限的,学习的效率和总量都会因此被降低。二是从权威处获得信息并不像我们想象的是一个完全被动的过程,学习者的大脑仍然参与了积极的建构,而且"站在巨人的肩上"能够看得更远。三是教师的角色和责任被削弱。人们通常期望学生能够成为一个完全自律、有自我导向的积极学习者,而教师淡出学习场景。但不幸的是,对于大部分学生而言,这是一个很遥远的目标,很多学生在缺乏教师督促的情况下很难把控自己的学习。

对此,一些研究者尝试探索一种新的教师形象。有学者指出,建构主义是一种"学"的理论,而不是一种"教"的理论,学生的学习是一个主动建构的过程,但这并不意味着教师应该完全放手让学生自己去建构知识和理解[1]。也有学者认为,教育是一种主体间的指导学习过程,在这一过程中,教育者和受教育者都是主体[2]。有学者认为,教师应该具有提升"育人价值"的视野与研究能力[3]。有学者在考察美国"素养本位教师教育"运动后认为,其强调培养教师胜任教学工作的能力,关注结果,而非投入的教师素养观和教师教育,具有可取之处[4]。有学者提出教师的"学习支持"素养,即教师用以引导、推动和支持学生学习的综合能力,是新时代教师核心素养架构中的重要组成部分[5]。更有学者呼吁,教师应该以学科知识为前提,以教育知识为语言,与学科教育现象深度对话,在此基础上形成的学科教学知识才能真正推进有效教学[6]。这些研究者试图从不同的角度来重构教师的新形象,更加强调教师的积极作用。

约翰·哈蒂(John Hattie)与克劳斯·齐雷尔(Klaus Zierer)在新近出版的《可见的学习:十个心智框架》①著作中,基于海量的实证证据和元分析研究,提出了卓越教师应该具有的10个心智框架。"可见的学习"是哈蒂进行的一系列具有世界影响力的循证研究,其于2008年出版的《可见的学习:对800多项关于学业成就的元分析的综合报告》被《泰晤士报教育副刊》称为发现了"教学的圣杯",在世界教育改革讨论中产生了轰动性的影响[7]。按照"可见的学习"的研究,影响学生成绩的最重要因素是教师如何看待学习与他们自己的角色;超过0.4效应量的"关节点"的卓越教师是存在的,他们就在我们的身边;这些卓越教师的形象就体现在该书所呈现的有证据基础的10个心智框架之中。

本研究将指出,哈蒂所提出的卓越教师的10个框架,与我国古代教育学经典《学记》中蕴含的理想教师的10个教育信条之间存在着惊人的一致性,显示了某种超越"台上的圣哲"和"身边的向导"的教师形象;两者之间也存在着富有意义的差异和张力,但两者都把"博喻"作为良师标准的信条,体现了一种指向情境性的富有教育机敏的教师形象。

1. 教师作为其影响力的评价者

哈蒂提出的第一种教师形象是"影响力的评价者"。"可见的学习"传达出一个重要信息——与教师相关的因素对学生学业成就的影响最大,并呼吁教师:"认识你自己的影响力!"[8]教师的影响力不仅体现在学生取得高学业成就,而且体现在他能为学生带来多方面的真正改变和进步,包括促进学生认知能力的发展,激发学生的学习动机,培养学生的积极态度和良好品质,增强学生对社会或群体的归属感等。具体而言,这一教师形象包含以下 3 个心智框架。

(1) 评价自己对学生学习的影响力

这一心智框架的实证基础包括形成性评价(效应量为 0.40)和干预反应法(效应量为 1.09)。这些策略十分有效的原因是,教师不断地评估和反思自己的教学行为,从学生的视角看待自己,系统地理解自己对学生的影响,并根据这种见解调整自己的策略。它要求教师将教学活动结构化成一种"诊断—干预—评价"(diagnosis, intervention, evaluation, DIE)的循环模式,即诊断学生的现有水平,采取最有可能产生效果的干预措施,最后评估这些措施是否起作用,以决定是延续原先的措施还是"改弦易辙"。

(2) 运用评估结果指导下一步行动

这一心智框架的实证基础是评价与反思(效应量为 0.75)。评估可以是教师用来检验学生学习进展的任务、工作或作业,也可以是单元测试、考试或者全国性学业评估。这一心智框架强调,教师需要转变对评估、考试和分数的观念,即它们并非学习的终结,从评估中获取的信息可以作为设计下一个学习周期的出发点:一是判断学生处于何种学习水平、运用了哪些学习策略和产生了何种效果;二是分析教学过程,考查教学的目标、内容、方法和媒介是否适合。这也是"为教而评"这一理念的来源。

(3) 与同事和学生合作,确定什么是进步和影响力

这一心智框架的实证基础包括集体效能感(效应量为 1.36)、微格教学/课堂录像分析(效应量为 0.88)、专业发展(效应量为 0.37)。这些因素的共同点在于教育者之间的合作,

如集体备课、教学观摩和点评、分享教学材料和教案、共同讨论学生的学习进展、提出批判性的建议等。教师与同事间的合作与沟通构成了其发展教育专长、形成教学判断力的最重要的因素。建构这一心智框架的挑战在于:学校、教室和教师办公室需要形成一种高度信任和允许犯错的文化和氛围,使所有人都敢于将自己的表现和意见呈现在他人的面前。

2. 教师作为学习的激活者

第二种教师形象是"学习的激活者",能够激发学生对学习的热情、内在动机和成长心态。毫无疑问,学习是需要付出努力和消耗认知资源的,这意味着在学校里或者课堂上,并不是每个学生都能投入学习、敢于面对那些超出他们当前水平的学习任务。因此,激活者的角色要求教师设法激励和帮助学生以积极的心态开启学习之旅,走上正确的轨道。作为前提,教师本身应该对学生和教育专业持有积极的态度,并将这样一种热忱传递给学生,从而营造一个最有可能激发学习者潜能的适宜的学习环境。具体而言,这一教师形象包含以下两个心智框架。

(1)驱动变革,相信所有学生都能进步

这一心智框架的实证基础包括自我效能感(效应量为 0.65)、深层动机(效应量为 0.57)、自我概念(效应量为 0.46)、不给学生贴标签(效应量为 0.61)。这些因素都表明,学生如何看待自己和他们的学习会极大地影响学业成就,但问题在于教师能否改变学生身上的这些特质。这一心智框架强调的是,教师首先要相信自己能够带来真正的改变——他们有能力教会学生在遇到挫折时调用成长型思维,有能力在恰当的时机运用有效的策略激发学习者的内在动机。一种结构化的方法是 ARCS 模型,即集中注意力(attention)、产生关联性(relevance)、发展自信心(confidence)、增强满足感(satisfaction)。

(2)乐于迎接挑战,而不仅仅是"尽力而为"

这一心智框架的实证基础包括有挑战的目标(效应量为 0.59)、教师清晰度(效应量为 0.84)、加速学习(效应量为 0.62)、无聊(效应量为 -0.33)。这些因素都突出了向学生提供清晰和有挑战性的学习目标和内容的重要性。当学生清晰地知道目标和他们朝目标的进展情况时,当学生感知到任务挑战性与其自身能力之间保持平衡时,他就更有可能进入心流的状态,即全身心地投入学习,并从学习中获得持久和深刻的快乐,这种状态是使学生长时间保持求知欲和毅力的关键。这一心智框架强调教师能够根据学生的学习水平,设计有挑战性的学习任务和内容,使学习目标落在学生的最近发展区上。

3. 教师作为适应性学习专家和更有能力的他者

第三种教师形象是"适应性学习专家和更有能力的他者",这包括两层含义:一是教师在特定的领域或主题方面比学生拥有更多知识、经验或能力,知道学习内容的难易程度和最佳的学习路径,因此能够向学生提供必要的支持和指导;二是教师理解学习的规律,拥有一个关于教学与学习的策略工具箱,当学生陷入困难或停滞时,他能够运用恰当的策略帮助学生突破瓶颈,而当学生进展顺利时,他能够让学生独立探索和承担更多学习的责任。具体而言,这一教师形象包含以下 5 个心智框架。

(1) 给予学生反馈并帮助他们理解,解读学生的反馈并以此作为行动依据

这一心智框架的实证基础包括反馈(效应量为 0.62)、提问(效应量为 0.49)、元认知策略(效应量为 0.60)。它强调教师有意识地将反馈融入教学的重要性,同时反馈被理解为一个双向的过程:一方面,教师要根据学生的学习水平,适当地提供任务、过程和自我调节层面上的反馈,并帮助学生理解反馈;另一方面,教师也通过聆听学生的评论和观察他们的行为,获取关于自身的反馈,比如课程是否成功、教学策略是否有效。这种双向的反馈能够发挥一种校准的作用,使错误和误解转化成学习的机会。

(2) 同样多地运用对话与独白

这一心智框架的实证基础包括直接教学(效应量为 0.59)、课堂讨论(效应量为 0.82)、合作学习(效应量为 0.45)、小组学习(效应量为 0.47)。这里强调的是合作学习与直接教学同等重要,关键在于如何富有成效地实施它们,以及如何维持均衡的比例。对大多数确定的知识和技能而言,教师的示范和讲解会是更高效的教学方法;当学生掌握了足够多的表层知识,尝试在复杂的概念之间建立联系并探索创造性的新观点时,对话和讨论就更加重要。

(3) 从一开始就清晰地告诉学生学习成功的标准是什么

这一心智框架的实证基础包括样例(效应量为 0.37)、掌握学习(效应量为 0.61)。教师需要不断阐明学习成功意味着达到哪些标准或做到哪些事情。只有当学生有明确的目标和努力方向时,成功的学习才会发生。比如,教师可以使用样例,向学生展示最终的学习成果,与学生讨论它们具有哪些特征,让学生能够通过观察和模仿进行学习。掌握学习则是将复杂的知识或技能分解成若干步骤,确保学生达到特定的掌握水平,再进入下一个步骤的学习。

(4) 建立关系和信任,使学习发生在允许犯错和相互学习的环境中

这一心智框架的实证基础包括师生关系(效应量为 0.47)、教师期望(效应量为 0.42)、教师可信度(效应量为 1.09)。这些因素都强调在教学过程中非认知性的人际关系的重要性。当学生信任、认同和尊重某位教师时,他就更有可能视其为榜样,向其学习。当教师在与学生的互动中充满激情,表现出他对所教学科和教育的热爱时,就更有可能感染学生,使学生形成一种主观规范。值得注意的是,最有利的师生关系是权威型的,其特征是高亲密度、高控制性,教师抱有高期望,但愿意与学生协商。这样的关系有助于创设一种公平和可预测的环境,在这种环境中,犯错、求助、冒险及与他人合作会被视为学习过程的自然组成部分。

(5)关注学习如何发生,让学生也理解学习

这一心智框架的实证基础包括皮亚杰项目(效应量为 1.28)、先前成就(效应量为 0.82)、绘制概念图(效应量为 0.64)。在某种意义上,只有知道学习是如何发生的,我们才会知道如何教学。因此,这一心智框架强调的是教师对学习规律本身的理解,知道哪些因素会对学习产生影响,以及其中的机制是什么。这有助于教师根据学生的具体情况,从策略工具箱中挑选合适的方法去支持学生,并且排除学习环境中无关因素的干扰。在这一过程中,教师也在将学习的语言传递给学生,使他们逐步拥有自主的适应性学习能力。

这 10 个心智框架更多的是针对教学方法,而不是学习方法,再次强调并体现了教师以教育为专长的形象。实际上,如果把"可见的学习"中有关教学的表层结构和深层结构的效应量作一个对比(如表 49.1 所示)[9],我们就可以"直观"地看出"身边的向导"的教学低效以及"台上的圣哲"的高效(例如左列直接教学的效应量高于任务时间能力分组和个体学习;右列较高的效应量都与教师"教学"有关)。这也是为什么"可见的学习"一经提出,就被欢呼为发现了"教学的圣杯"。

表 49.1 影响学业成就的部分教学因素的效应量对比

教学的表层结构	效应量(d)	教学的深层结构	效应量(d)
直接教学	0.59	教师可信性	1.09
协同教学	0.19	形成性评价	0.40
班级管理	0.35	班级讨论	0.82
小组学习	0.47	教师清晰性	0.84
合作学习	0.45	反馈	0.62
任务时间	0.42	互惠学习	0.74

教学的表层结构	效应量（d）	教学的深层结构	效应量（d）
能力分组	0.10	师生关系	0.47
全纳教育	0.25	元认知策略	0.60
个体学习	0.24	同伴辅导	0.51
班级规模	0.18	学生的自我概念	0.46

　　需要指出的是，德国教学论家希尔伯特·迈尔（Hilbert Meyer）还结合了《可见的学习》中卓越教师高效应量的教学成功因素，提出了在德国具有广泛影响力的优质教学模式（如图 49.1 所示）[10]。其中，我们可以看出，优质教学的 10 项特征与卓越教师的 10 个心智框架具有某种一致性，例如都强调课堂管理、教学的清晰性、课堂讨论及反馈。这也说明"可见的学习"中卓越教师形象具有普遍的教学论意义。

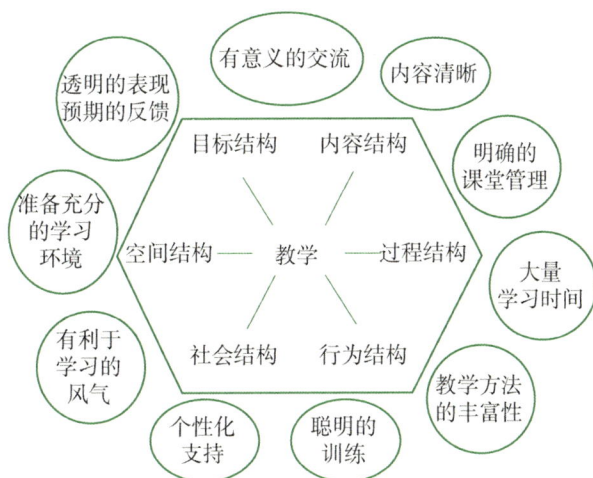

图 49.1　优质课堂教学的 10 项特征

　　当然，哈蒂并未将这种新教师形象简单地称为"台上的圣哲"，而是称为集合了"影响力的评价者""教学的激活者""适应性专家""更有能力的他者"等诸种形象的卓越教师（excellent teachers）。与哈蒂之前的成果相比，卓越教师的 10 个心智框架更具有简约性和系统性，对所有致力于专业成长并借以提升学生学业成就的教师以及领导者具有重要参考价值。

二、《学记》中关于理想教师的 10 个教育信条

《学记》被认为是中国古代教育学的雏形。《学记》的研究重心经历了从训诂注疏和义理阐释，到教育救国和学科学术的变化[11]，甚至还关注到了其知识组织学的特征[12]。《学记》中的教学思想和教师形象也被很多研究者和实践者不断地讨论。《学记》最具意义的地方就是提出了一系列教育原则和教学方法，表现在"教学相长""学不躐等""长善救失""豫时孙摩""藏息相辅""启发诱导"这 6 个方面[13]。《学记》中对理想教师有着 4 点要求：一要有深厚的学养，二要发扬学生长处，三要善于引导、鼓励和启发，四要表达中肯、语言得当[14]。教师"博喻"的育人能力主要体现在教师"道而弗牵""强而弗抑""开而弗达"，从而彰显出教师循循善诱而不是强制灌输的实践智慧[15]。

可以看出，源于周秦之变的《学记》所提出的政教关系的理想至今仍发挥着作用，其所蕴含的理想教师形象，至今仍启迪着教师的教学及其发展。作为我国最为古老、流传范围最广的教育经典文本，《学记》提出的教学思想与理想教师形象，几乎构成了中国教师集体无意识的教学信念。这里拟从 10 个方面，讨论《学记》中有关理想教师的信念，以与哈蒂提出的心智框架进行比较。

1. 教学关乎天下兴亡

教育和教学是建国君民、化民成俗的大事，系及天下兴亡。因此，教师的地位也是崇高威严的，即使天子也不可以以臣子待之。"能为师"是官员乃至君王的基本素养（"能为师然后能为长，能为长然后能为君。故师也者，所以学为君也"）。这里的逻辑是"师严然后道尊，道尊然后民知敬学"；而"民知敬学"，就可以"建国君民、化民成俗"了。这一逻辑与"修己以安人，修己以安百姓""修身齐家治国平天下"的儒家教育思想相一致。这种"天下兴亡，匹夫有责"的宏大逻辑，构成了理想教师深层的良心和责任。这种官师一体的传统教师形象，至今仍然体现在我们对教育的政治功能、教师的政治素质以及"立德树人"的重视上。

2. 教学需要管理和纪律保障

教学是一种发生在特殊场所(塾、序、庠、学)的实践活动。它有着自己的基本制度和原则,例如"大学"的"教之大伦":要有隆重开始("示敬道"),要兴发志向("官其始"),要重视学业("孙其业"),要显示警戒("收其威"),要给予学生学习、自修和自主思考的空间("游其志,存其心"),要有自己的渐进次序("学不躐等")。教学不是没有边界的学生自由活动,它必须有管理、纪律甚至惩戒的支持。这一纪律传统仍体现在我国今天比较严格的学校和班级纪律氛围上,并对学业成就有着积极的正向作用[16]。

3. 教师要了解"至学"之难易及学生的资材和准备性

教学以内容为先,所谓传道授业。教师在古代被称为教"书"(如儒家的经典)先生。对教学内容,教师自己首先要有深刻的认识和领会,并体现在自己的为学态度和言行上。学养深厚、道德方正,是教师的根本特征和其教育专长的体现,而"记问之学,不足以为人师"。因此,对于所教内容,教师要能够确定什么是表层学习,什么是深度学习,什么是迁移学习。只有当教师精通自己所教,有能力设计不同层阶的学习任务,并在教学上自由地往来于不同的学习层阶时,学生才可能产生真正的有效学习[17]。

《学记》强调教师不仅要知"至学之难易",还要了解学习者的资材和准备性。例如,学生学业的失败或在学习任务的多、寡,或在态度上的浅尝辄止和知难而退("学者有四失,教者必知之")。如果忽视学生的个体资材和准备性的差异,那么教学就会流于不顾学生是否理解的照本宣科、例行公事和追求进度("呻其占毕,多其讯言,及于数进,而不顾其安")。这样的教学就不能"长其善而救其失"。好的教师要有"听语"的能力,根据学生的准备性来进行讲解,否则会导致"至学"的衰微,也使学生怨恨其师("隐其学而疾其师")。

4. 能"博喻"者才能为良师

"君子知至学之难易,而知其美恶,然后能博喻。"这里的"博喻",是指教师能够根据"至学之难易",以及学习者的资材和准备水平来施教,做到"道而弗牵,强而弗抑,开而弗达"。这意味着,教学就是寻找学生现有水平和学习目标之间的最近发展区(维果茨基),使学习任务具有恰当的挑战性,既不过于简单,也不过于艰难。因此,善于教学的教师"如攻坚木,先其易者,后其节目"。这样才能使师生关系融洽,学生既受到敦促,又能独立思考("和易以思")。

这里的"博喻"也就是《学记》后文所说的"比物丑类",即连缀同类事物,进行类比、比较和归纳。"博喻"的本质就是赫尔巴特所说的"对世界的审美展示"。《学记》也同时提醒,教育的"博喻"要典型精到,要"罕譬而喻"。需要指出的是,教师的"博喻"同时也指向了学习的目的,即"知类通达"。

5. 学习和教学需要合作观摩

《学记》认为"独学而无友,则孤陋而寡闻",因此,在表述学习的"小成"和"大成"时,《学记》强调要考核学习者在"敬业乐群""论学取友""知类通达"方面的表现。这对教师也一样。教师可以通过"观摩"来提升自己的教学能力。当然,《学记》也指出,不好的交往会导致教学的失败,即所谓的"燕朋逆其师,燕辟废其学"。这里也体现了一种社会建构主义的学习理论:学习的意义建构源于主体间的良好协作。

6. 教师要了解自己的教学效果

《学记》反复指出,教师要不断地评估自己的教学效果,从而了解教之所由兴、教之所由废、学之所由失[18]。否则,教学事倍功半,学生即使勉强毕业,也很快忘记所学。这说明,评价是教学的基本组成部分。当然,这种评价需要符合教学规律和学习规律,不可频繁使用。《学记》指出,即使天子、诸侯也不可以随便进入学校督察。这种对评价的克制态度,也体现了《学记》的另一个思想,即让学生有空间自主学习。

7. 学生须有空间去自我思考和修炼

《学记》重视教师的教学和评价,但同时强调教学要给学生"游其志""存其心"的空间。"大学"教育的目的是使学生做到义理通达、独立独行、不违师教。但这不仅仅是通过教师的教学和评价来达到的,而是学生在自由的空间里,通过自己的思考和修炼达到的。这个自由空间不仅仅是学校之外的空间。

《学记》指出,教学失败的原因之一就在于教师反复唠叨、反复询问、频繁解释和追赶进度。因此,教师在教学的时候要留白,要让学生自己思考,要多观察,少喋喋不休,少叮咛告诫,让学生自己站稳脚跟,甚至在错误中学习。《学记》甚至强调教师如钟,不叩不鸣,"叩之以小者则小鸣,叩之以大者则大鸣"。只有在学生"力不能问"的情况下,才去帮助他、告诉他;而且,如果告诉他,学生还不懂,可以暂时放一放,不必强行要求。不恰当、不必要的帮助,会压抑学生自己的思考,使之对教师产生不恰当的依赖。教师的目的是使学生自立("虽离师辅而不反也")。

8. 课后作业和练习是教学的基本组成部分

教学需要有作业和练习,必须把正式学习和非正式学习结合起来[19]。学校教学时必须有"正业",学校教学之外必有"居学"。如果不在学校学习时间之外学习比兴之法,课内就不能真正以诗明志。只有把"正业"修习和"居学"玩弄杂艺结合起来("藏焉修焉,息焉游焉"),学习者才能"安其学而亲其师,乐其友而信其道"。这种藏息相辅的做法,逐渐演化为布置课后作业的教育传统。这说明,学习者的学习成功还取决于学习者自己的课后修炼,取决于学习者自己的勤奋和努力,因为其学习的目的是脱离教师的帮助,走向独立学习的道路。这也体现了《学记》对于教学和学习可以实现人的可塑性的信任和雄心("玉不琢,不成器;人不学,不知道")。

9. 教学具有时机性

教学是一种带有时机性的活动("当其可之谓时""时过然后学,则勤苦而难成")。赫尔巴特称这种时机性为"教育机敏"。它是指教师的教学行动对于情境的恰当性[20]。教学对象、内容、媒介和方法处于不断的变动和互动中,因此,教师需要不断对教学情境进行分析,寻求最佳的教学行动。例如,教师要确定学习者的学习问题是否在于学习内容太多或太少、太易或太难,或者结交品行不端之人。教育者必须明察其故,采取不同的方法来应对,而不是一味推进教学进度或一味指责和惩罚学生。每种教学情境都需要不同的方法,都需要教师把"至学之难易"与学生资材之"美恶"结合起来的"博喻"。因此,《学记》所提出的教之所由兴的"豫时孙摩"四种情况,也都需要教师对情境加以分析和判断,做出最佳选择。

10. 教师需要不断学习

教学的时机性也表明,教师必须不断地学习,才能每次做出恰当的教学决定。这种学习不仅包括对教学内容的理解，还包括对不同的学习者、教学方法和媒介及其最佳组合的不断理解和掌握，对舒尔曼所说的学科知识和学科教学知识的掌握。但无论如何，教学总会面临困境，教师总要不断学习。"学然后知不足，教然后知困"，这是一种教学相长之道。

《学记》的一个特色就是"以学论教"[21]。文中所提出的"虽有嘉肴，弗食，不知其旨也；虽有至道，弗学，不知其善也"，对于教师也同样适合。教师不过是处于更高层次的学习者而已。只有不断学习的教师，才会向学习者示范一种追求"止于至善"的学习者形象，才能做到"善教者，使人继其志"。要求学生做到的，教师自己也要能做到，而且要做得更好。教师的为学之道，对学生来说，构成了教育；学生中学习优秀者的为学之道，也对其他同学构成了教育。因此，学生和教师都处于教和学的两种身份之中。《中庸》强调"修道之谓教"，这意味着教的根本在于教育者的修道，且对受教育者来说，教育主要是一种对修道者的模仿[22]。因此，教师和学生要不断地相互谈论学习、为学之道以及学习策略。学做圣哲就是为学的志向，这种志的根本在于认识到"大德不官，大道不器，大信不约，大时不齐"。

从《学记》所总结的理想教师的 10 个信念中可以看出，《学记》中所蕴含的教师形象并不是现代教育学家所批判的宣讲教条的"台上的圣哲"。这个形象固然强调教师的权威和师道尊严，但也强调学生自主性和学习方法的多样性。这与"可见的学习"中基于证据的卓越教师形象具有深层的呼应性。

三、比较和结论：善于"博喻"是卓越教师的根本特征

1. 比较：高度的共识及有意义的差异

《学记》中的 10 条教师信念，与哈蒂提出的卓越教师的 10 个心智框架之间存在高度的相似性和共识。例如，它们都强调教师的教学专长和主导责任，都强调教学评价，都强调教学和学习的合作性，都强调在适当的时机运用合适的策略，以及最终推动学生走向独立。当然，两者之间仍然存在着有意义的差异性。

第一，哈蒂更加强调以评价/反馈为核心的教学，即教师要认识自己的影响力，把评价作为自己教学的改善契机和出发点，寻求每个学生实质性的提升（added value）。哈蒂提出的卓越教师的 10 个心智框架都建立在对数据（效应量）的计算之上，是一个有证可循的卓越框架，其实施模型就是"诊断、干预和评价"。因此，哈蒂基于证据的框架与《学记》框

架之间的高度共识或重叠,也许证明了《学记》框架是带有一定"证据基础"的普遍原理。当然,这只是一种逻辑推论。《学记》中的教师形象是一种理想性的建构,其真正的时代相关性和有效性需要有来自中国教育的数据支撑。实际上也存在这方面的数据,例如,经合组织 2016 年公布的 TALIS 问卷调查结果反映出上海教师优秀的专业发展水平、教育教学的实践水平和为人师表的敬业精神,并且这种成功深受中华民族优秀文化传统影响[23]。

第二,哈蒂的框架给予师生关系更多的重视,强调建构一个允许错误发生的学习环境的重要性。哈蒂的框架限制了教师独白的数量,并鼓励教师多谈论学习和学习科学。《学记》框架则强调师道尊严,没有触及师生关系的民主性问题。不过,哈蒂框架也强调教师的权威性和师生关系的可信性具有较高的价值。石中英认为:"批评教育活动中的权威主义并不能否定教育活动中教师权威的积极作用,也不能不加分析地一概反对和抛弃教师权威的存在和使用。作为专门的教学人员,教师的权威是自然存在的,从幼儿园一直到大学都是这样,尽管不同阶段教师权威的来源和表现形式不同。在相当的程度上可以说,没有权威,就没有教育关系的建立,也就没有良好的师生关系。"[24]

第三,哈蒂框架把自己的视野限制在学校之内,而《学记》框架更加强调教师的社会责任,同时把教学的关注扩展到学生的校外或课后生活。当然,哈蒂并不否认教师对社会的责任和关怀,而是认为,教师如果不能帮助每个孩子有效成长,那么这种社会关怀就并不是卓越教师的重要特征,也不是其教学低效或教学失败的堂皇借口。教师的责任在于有效地教学。因此,哈蒂不断强调,不要谈论教师的一般性人格特征,而要看他课堂中的学生求助指数(即有多少学生愿意向教师求教)。

第四,令人惊奇的是,这个带有"台上的圣哲"色彩的前现代的《学记》框架更加强调学生学习的自主空间,更加强调教学的目的是使学生离开教师支持后的独立性和自主性("强立不反")。同时,令人疑虑的是,哈蒂框架对于不断评估的执念(或称为教学评估的技术主义)可能会把教和学卷入不断的测试之中,从而缩减教育和学习的自主空间。但更讽刺的是,受《学记》传统所滋养的当下中国课堂,学生却深陷日测、周测和月考的漩涡之中,几乎没有自主学习空间;而本来测试较少的澳大利亚或美国课堂上,教师却在不断地抱怨他们正在陷入"为考而教"的危险之中。

当然,这两个框架的最大共识在于认为理想教师或卓越教师要超越"台上的圣哲"或"身边的向导"。哈蒂框架中教师作为评价者、激活者、适应性学习专家和更有能力的他者,显示了教师已经从"身边的向导"走向了学习过程,甚至走向了学习过程的中心,并带有某种"台上的圣哲"的色彩。"可见的学习"用较高的效应量(0.60)否定了之前对直接教学的污名化,从而也捍卫了《学记》框架中强调师道尊严的"台上的圣哲"的某种有效性。

但《学记》框架中的教师形象并不仅仅是"圣哲",它甚至还是学生"身边的向导"("君子如钟,不叩不鸣")。哈蒂框架和《学记》框架中的教师形象是变化的、有时机性的,其致力于培养学习者的独立性、迁移学习和创造力。

2. 结论:善"博喻"是卓越教师的核心特征

这两个框架都是为了学生和学生的学习,但教师的角色并不限于某一种或两种。这也意味着,教师形象存在于一端是"台上的圣哲",另一端是"身边的向导"的宽幅谱系之中。学生的准备水平、任务的层次水平及情境的特殊性决定了教师最佳的角色选择和表现。

哈蒂把学习目标分为表层学习、深层学习及迁移学习,其中,不同水平的学习目标要求不同的教学策略。这种教师就是"适应性专家"。能对不同的学习目标采取不同的教学策略,《可见的学习》称之为"善激励的"(inspired)。而更加强调教育具有时机性的《学记》则把这种"善激励"称为善"博喻",将其作为"良师"的根本特性。也就是说,只有教师能把"至学的难易"与学生的"材之美恶"有效地结合起来,成功的教学才会真正发生。

那么,什么是不好的"博喻"呢?《庄子·达生》里记载了这样一个例子。有人向扁子抱怨说,他在乡里修德修身,别人面临危难时也能勇敢相助,但上天不公,他总是命运多舛:种田遇不到好年景,从政又遇不到好世道,被乡里人所抛弃,被州县官吏所放逐。扁子说:"你这人啊,修饰己智以显示别人愚昧,修养自身以显示别人卑污,趾高气扬像举着日月行走。你这种人能保全身躯,身体器官完备,就算是侥幸了,怎么还敢抱怨老天啊!真正的至人会'忘其肝胆,遗其耳目,芒然彷徨乎尘垢之外,逍遥乎无事之业,是谓为而不恃,长而不宰。'"那人离去后,扁子仰天长叹,忧虑地说:"那个人资材平庸,我却告诉他至人之德,就好像用马车去装载鼷鼠,用钟鼓去娱乐小鸟一样,他又怎么能不受到我的话的惊吓呢!"扁子认为自己没有很好地做到"博喻",即把至人的德行与求教者的平庸资材进行有效比类,尽管他也在打比方、作类比。

在《学记》看来,雷霆棒喝、循循善诱甚至不教之教,都是好教师的形象。运用之妙,存乎一心。教师需要对具体对象、具体情境做具体分析,借助赫尔巴特所说的"教育机敏"做出最恰当决定。这里没有现成公式可用。口号性倡导的某种教师形象都是偏颇的、无效的。而在过去,教育总是遭受着口号性转向(例如,转向建构主义教学论,转向"身边的向导")的伤害。

与这种善"博喻"或"善激励"相应的并不仅仅是一种或两种心理学。这两个框架还显示,在这个教师形象的谱系中,不仅仅建构主义心理学,同时认知心理学、行为主义甚至人文主义,都可以有自己的恰当位置,都可以是一种有效的教学理论,只要它有利于促进"至学之难易"与资材之"美恶"之间的高效的互动。因此,在"博喻"的视角之下,如果任务是要培养学生的创造力,而学生也处于一种创造力培养的合适水平上,那么教师无论是作为"台上的圣哲"还是作为"身边的向导",都是不合适的。因为"台上的圣哲"和"身边的向导",都假定了一个固定的或可预测的世界,没有开启新的可能性。

为了培养富有创造力的学习者,教师需要进一步转变成与学生一同探索未知事物的"共同探究者"。这一教师形象包含着三重意涵:首先,教师卸下了"无所不知"的包袱,表现出一种"有用的无知"(useful ignorance),从而营造出一个充满可能性、敢于冒险的教学空间;其次,当教学不再从教师无所不知的预设出发时,它就可以被理解为价值创造和交换的过程,教师不再传递仅供学生"消费"的信息产品,而是与学生共同参与到文化产品的建构和解构中;最后,教师面临的主要挑战是如何评价学生在共同创造文化产品的过程中所扮演的角色和作出了何种程度的贡献,谁有资格做出这种评价,以及如何保持客观性。因此,对教师作为"共同探究者"的建议是:减少讲授的时间,更多地扮演"有用的无知"的合作者的角色;减少管控风险的时间,更多地扮演实验者和冒险者的角色;减少监督或督促的时间,更多地扮演设计者、编辑和建构者的角色;减少提供咨询或意见的时间,更多地扮演有建设性的评论家和真诚的评估者的角色[25]。

需要指出的是,这一"共同探究者"的形象对于受《学记》框架浸润的我国教师来说,是一个需加以学习的新召唤,因为创造力已经成为个体生存、社会繁荣和维持国际竞争优势的重要基础。但就我们的文化教育传统来说,这种角色的扭转存在着巨大的困难。对于这一教师形象的重新学习,显然需要教师高度的职业热忱(passionate)。正如哈蒂和齐雷尔所指出的那样,教师理解为什么去做,要比如何去做和做什么更加重要[26]。这是哈蒂框架和《学记》框架的精神实质。

进而言之,两个框架都强调一种"高热忱、善激励、高影响力"(passionate, inspired, influential)的教师形象。相比之下,《学记》更加强调理想主义的"高热忱",而《可见的学习》更加强调一种技术性、结果性的"高影响力"。"认识你自己!"是对每个人的呼吁;"认识你自己的影响力",这是哈蒂框架和《学记》框架对教师、家长、教育领导者和教育改革者,甚至学习者自身的共同的迫切呼吁。

不过,一种源于教育机敏的"善博喻"或"善激励",则是卓越教师的核心特性。我们当然要整体性、系统性地理解和试验这两个卓越教师的心智框架,以成为"高热忱、善激励、高影响力"的卓越教师。但作为卓越教师,其根本特征在于利用自己的热忱和专长并采取恰当的教学策略高效地促进学生的学习。

因此,这两个框架再次提醒我们教育事业的核心是教学,教学是教师最核心的责任,"善博喻"或"善激励"是卓越教师无尽的追求。这是在大谈"学生学习""学习科学"时代容易被遗忘的教育事业的核心。学生自己学习,这不是教育;有教师干预的学习才是教育;有教师恰当干预且获得良好结果的学习,才是卓越的教育。这个结论对于强调"师道尊严"的中国传统来说,也蕴含着一种新的教育自信。

注释 ●●

① Hattie J, Zierer K. 10 Mindframes for Visible Learning: Teaching for Success [M]. Routledge, 2017. 中文版由本文作者翻译,于 2022 年由教育科学出版社出版。本文涉及的效应量是"可见的学习"2021 年 7 月的最新数据(https://www.visiblelearningmetax.com/Influences)。

参考文献 ●●

[1] 王小明. 西方教育心理学对建构主义的评析[J]. 基础教育,2013(1):97 - 102.

[2] 冯建军. 回到"人"——世纪之交教育基本理论研究的共同主题[J]. 基础教育,2013(1):5 - 18.

[3] 李政涛. 深度开发与转化学科教学的"育人价值"[J]. 课程·教材·教法,2019(3):55 - 61.

[4] 饶从满. 美国"素养本位教师教育"运动再探——以教师素养的界定与选择为中心[J]. 外国教育研究,2020(7):3 - 17.

[5] 苗学杰,李丹. 比较视野下的教师"学习支持"素养:意义阐明与指标建构[J]. 外国教育研究,2022(1):17 - 31.

[6] 周彬. 知识驱动教学:论有效教学的知识路径[J]. 课程·教材·教法,2020(3):81 - 88.

[7] 彭正梅. 寻求教学的"圣杯"——论哈蒂《可见的学习》及教育学的实证倾向[J]. 教育发展研究,2015(6):1 - 9.

［8］ 彭正梅,伍绍杨,邓莉.如何培养高阶能力——哈蒂"可见的学习"的视角
［J］.教育研究,2019(5):76-85.

［9］ 约翰·哈蒂.可见的学习:对800多项关于学业成就的元分析的综合报告
［M］.彭正梅,邓莉,高原,等译.北京:教育科学出版社,2015:347-350.

［10］ 彭正梅,张玉娴.德国普通教学论传统、危机与新方向——对德国教学论
专家迈尔的访谈［J］.全球教育展望,2014(12):10-17.

［11］ 孙杰.论《学记》研究者群体的形成及演变［J］.社科纵横,2021(3):129-
136.

［12］ 刘庆昌.《学记》文本的知识组织学分析［J］.山西大学学报(哲学社会科学
版),2021(5):90-99.

［13］ 郭晓东.《学记》与中国古代教育之道［J］.大学教育科学,2017(6):95-99.

［14］ 吴默闻.《学记》教育思想及其对思想政治理论课教学的启示［J］.思想教
育研究,2018(3):80-83.

［15］ 张铭凯,王潇晨.《学记》中的教师育人能力及其培育管窥［J］.教育科学研
究,2021(6):88-92.

［16］ 宁波.课堂纪律对学生学业成绩的影响及干预研究述评［J］.外国中小学
教育,2016(6):18-22.

［17］ 彭正梅.教师如何评价21世纪能力［J］.语文学习,2021(5):4-8.

［18］ 彭正梅.论学与兴:被制度化学校教育遗忘的儒家传统［J］.江淮论坛,
2013(2):182-187.

［19］ 彭正梅,顾娟,王清涛.布因克曼的练习理论及其与儒家练习传统的比较
［J］.外国教育研究,2021(8):37-55.

［20］ 底特里希·本纳,顾娟,温辉等.论赫尔巴特的教育机敏理论及其当代研
究［J］.比较教育学报,2021(1):3-15.

［21］ 孙杰.重新理解《学记》:基于整体教育史观的审思［J］.华东师范大学学报
(教育科学版),2019(5):153-160.

［22］ 彭正梅.修道、立教与模仿:现代教师专业发展中被遗忘的儒家传统［J］.
全球教育展望,2013(12):41-50.

［23］ 张民选.PISA、TALIS与上海基础教育发展［J］.外国中小学教育,2019
(4):1-9.

［24］ 石中英.教育中的民主概念:一种批判性考察［J］.北京大学教育评论,
2009(4):65-77.

[25] Mcwilliam E. Unlearning how to Teach [J]. Innovations in Education and Teaching International, 2008(3):263-269.

[26] Hattie J, Zierer K. 10 Mindframes for Visible Learning: Teaching for Success [M]. New York: Routledge, 2017:10-15.

　　我对学习研究的关注始于 20 世纪 80 年代初师从杜殿坤先生、刘佛年先生攻读硕士、博士期间。当时百废初兴,学者们豪情满怀,问学于天下。我因有俄语背景,便着力研究苏联教育。1984—1986 年,我获得前往苏联访学的机会,有幸得到苏联教育科学院通讯院士休金娜教授的亲授。她的学术专著《教育学中的认知兴趣》曾荣获乌申斯基奖。苏联时期众多心理学家、教育学家诸如维果茨基、鲁宾斯坦、赞可夫、达维多夫、休金娜、巴班斯基等,关于学习、教学、教育及其与人的发展的研究立意高远又深入实践,从此我便与这一领域的研究结下学术之缘。

　　以维果茨基学派为代表的苏联教育研究有着鲜明的特点,特别体现于对人的发展的社会文化历史起源与因素的关注,对活动与实践的重视,以及方法论上的整体性、真实性取向。这既弥补了主导西方学界的皮亚杰学派的不足,也激发了对主导教育实践的行为主义和认知主义的反思。因此,20 世纪末西方学界大力引介、研究和推崇维果茨基学派。20 世纪 90 年代初兴起的学习科学(the learning sciences),则在大的学习观和方法论上与维果茨基学派高度契合。2022 年出版的第三版《剑桥学习科学手册》甚至将社会文化取向作为学习科学的核心标识。20 世纪 90 年代,知识经济、信息科技、全球化的浪潮席卷而来,网络的开通使得有关学习科学、教学设计、教育技术等领域蓬勃发展的大量新信息扑面而来,令人目不暇接。由于深感时不我待,我便学英语、游网络、钻技术,上下求索,以全面深入洞察学习科学研究的前沿发展和全球教育变革的前进方向。

　　20 世纪 90 年代末,学校开启"211 工程"项目建设,上海二期课改如火如荼地进行着,国家也开始谋划和启动基础教育课程改革。我与吴刚教授、徐斌艳教授一起,创建了"课程与教学开发实验室"(1999 年)和"学习科学研究中心"(2006 年),助力"学习科学与技术设计"自主设置博士点(2007—2010 年),共同推动学习科学的研究,探索以学习科学为基础的课程教学变革之路。在此期间,研究生尤其是博士生群体加入团队,使得研究力量逐步充实,研究领域不断拓展,涉及学习科学前沿发展和基本理论、教学设计的理论与模型、学习技术、学科领域的学习与创新等。在团队中,大家共同研读名著,分享学习心得,交流实践经验,开展头脑风暴......正是这种无拘无束的交流、对话,逐渐构筑了一种充沛而有意义的学术生活,让大家学在其中、乐在其中,团队每个成员也在相互成就中共同进步与成长。感谢吴刚教授,感谢徐斌艳教授,感谢历届研究生,正是大家的共同努力和无私付出,才将团队打造成真正意义上的学习共同体,使学习成为每一位成员存在于这个共同体中的方式。今天,当年的学子已成为导师,他们正带领着自己的弟子在学术领域继续深耕。而且,学习者的身份、好学不辍的精神也让大家继续携手共进,使学习共同体得以开枝散叶、持续壮大。

这些年来,团队成员精诚合作、共同努力,一起译介前沿著作,探索建构本土化的教育观和方法论,深研教育发展难题,设计与实施教育教学创新方案。大家一面沉潜学术,一面躬耕实践,转眼已过近四分之一个世纪。在此期间,我们先后出版了"21世纪人类学习的革命(第1、2辑)""教学设计理论与模型的国际前沿研究""国际视野中的研究性学习""学习科学与技术设计"等多套丛书和《教学模式论》《建构主义教育研究》《学习科学的关键词》等著作,并主持编撰了《中国大百科全书(第三版)》教育学卷中的学习科学分支。今天看来,这些工作对于丰富我国学习科学和教育研究的理论资源、助力新世纪的学习与教育变革,不无启迪和助推之功。

值我八秩之年,大家提议将我发表的散落于各期刊的论文汇集成册出版,以便阅读。同时,团队主要成员各自选一篇论文,共同结集,遂成此书。我希望能借此书更好地呈现团队研究全貌,纪念团队的长期合作和共同发展,并激励大家继续努力,再续华章。

高文

2024 年 10 月